Claudia Bittelmeyer

Patente und Finanzierung am Kapitalmarkt

GABLER EDITION WISSENSCHAFT

Geld – Banken – Börsen

Herausgegeben von Professor Dr. Wolfgang Bessler

Mit der Schriftenreihe *Geld – Banken – Börsen* wird der zunehmenden Bedeutung der kapitalmarktorientierten Sichtweise innerhalb der Betriebswirtschaftslehre Rechnung getragen. In diese Reihe sollen Dissertationen und Habilitationen aufgenommen werden, die aktuelle Fragestellungen in den Themengebieten Finanzierung und Geldanlage sowie Finanzmärkte und Finanzinstitutionen behandeln und sich durch neue, für Theorie und Praxis relevante Forschungsergebnisse auszeichnen.

Claudia Bittelmeyer

Patente und Finanzierung am Kapitalmarkt

Eine theoretische und empirische Analyse

Mit einem Geleitwort von Prof. Dr. Wolfgang Bessler

Deutscher Universitäts-Verlag

Bibliografische Information Der Deutschen Nationalbibliothek
Die Deutsche Nationalbibliothek verzeichnet diese Publikation in der Deutschen Nationalbibliografie; detaillierte bibliografische Daten sind im Internet über <http://dnb.d-nb.de> abrufbar.

Dissertation Universität Gießen, 2007

1. Auflage Oktober 2007

Lektorat: Frauke Schindler / Sabine Schöller

Der Deutsche Universitäts-Verlag ist ein Unternehmen von Springer Science+Business Media.
www.duv.de

Umschlaggestaltung: Regine Zimmer, Dipl.-Designerin, Frankfurt/Main
Gedruckt auf säurefreiem und chlorfrei gebleichtem Papier
Printed in Germany

ISBN 978-3-8350-0916-5

Geleitwort

Innovationen bilden oftmals die Grundlage für den langfristigen Erfolg einzelner Unternehmen und sind die Voraussetzung für das Wachstum ganzer Volkswirtschaften. Deshalb nimmt auch der relative Anteil immaterieller Vermögensgegenstände und des Innovationskapitals am gesamten Unternehmenswert stetig zu. Durch den technologischen Fortschritt wächst derzeit die Bedeutung von Wissen überproportional und eine Fortsetzung dieser Tendenz ist deutlich erkennbar. Eine besondere Rolle spielen hierbei zunächst die Investitionen in Forschung und Entwicklung. Aber vor allem das immaterielle Vermögen, also bereits gewährte Schutzrechte wie z.B. Patente, Marken und Geschmacksmuster, die grundsätzlich geeignet sind, geistiges Eigentum zu schützen, hat einen zentralen Stellenwert. Trotz dieser wachsenden Bedeutung des technologischen Fortschritts für den leistungswirtschaftlichen Bereich sind die Finanzierung von Innovationen und die Finanzierung von innovativen Unternehmen aufgrund der hohen Unsicherheiten bei der Bewertung von immateriellen Vermögen mit gravierenden Problemen behaftet.

Der Herausforderung, die Bedeutung, Bewertung und Wertrelevanz von Patenten differenziert theoretisch und empirisch zu untersuchen und Vorschläge zu Finanzierungsalternativen und zu Finanzinnovationen zu unterbreiten, stellt sich Frau Bittelmeyer in der vorliegenden Dissertation. Das Ergebnis ist eine grundlegende Arbeit zur Bewertung und Wertrelevanz von Patenten am deutschen Kapitalmarkt, in der die Werthaltigkeit von Patenten und Innovationen kritisch beleuchtet wird. Dabei werden zunächst die Bedeutung von Patenten auf der Unternehmensebene dargestellt, die Grundlagen der Schutzrechte erläutert und die Bewertungsmodelle für Patente vorgestellt. In der eigenen empirischen Untersuchung wird dann mit Daten des deutschen Kapitalmarktes die Wertrelevanz von Patenten untersucht. Nachdem die Methodik und die bisherigen Studien vorgestellt wurden, liegt der Schwerpunkt der Arbeit im empirischen Teil auf dem Einfluss von Patenten zuerst auf den Marktwert von etablierten Unternehmen und dann auf den Marktwert von jungen Unternehmen, die einen Börsengang am Neuen Markt durchgeführt haben. Zudem wird der Zusammenhang zwischen Patenten und Überlebenswahrscheinlichkeiten von Erstemissionen empirisch untersucht und die Bedeutung von Patenten bei Unternehmensübernahmen analysiert. Im dritten Teil werden zunächst die Probleme bei der Finanzierung innovativer Unternehmen dargestellt, um dann ausgesuchte Finanzierungsalternativen zu diskutieren. Schließlich werden einige konkrete Finanzinnovationen wie Asset-Backed-Securities (ABS) und Patentfonds vorgestellt. Die Arbeit schließt mit einer Schlussbetrachtung und einem Fazit.

Mit dieser Arbeit hat Frau Bittelmeyer nicht nur ein aktuelles, sondern auch ein für Theorie und Praxis gleichermaßen relevantes Forschungsgebiet umfassend bearbeitet. Das Thema ist von hohem akademischem Interesse, da in diesem Bereich der empirischen Kapitalmarktforschung bisher nur sehr vereinzelte Studien vorliegen. Vor allem die Integration von Technologiemanagement und Finanzierung sowie der empirischen Kapitalmarktforschung sind in dieser Form bisher kaum zu finden. Das Thema ist aber auch von besonderer praktischer Relevanz sowohl für innovative Unternehmen als auch für die Akteure an den Kapitalmärkten und hier vor allem für die Banken, die einer patentbasierten Finanzierung immer noch sehr zurückhaltend gegenüber stehen, obwohl mittlerweile überzeugende Ansätze zur Bewertung von Patenten bestehen. Die bereits erfolgte Schaffung von Patentfonds ist hier glücklicherweise ein erster konstruktiver Schritt zur Finanzierung von Innovationen. Deshalb sind die theoretischen Überlegungen und empirischen Ergebnisse dieser Dissertation insbesondere für Unternehmen, für Banken sowie für Analysten und Portfoliomanager von hohem Interesse, verbunden mit der Hoffnung, dass die Finanzierung von Innovationen mit Finanzinnovationen bald eine größere Bedeutung bei den Banken und am Kapitalmarkt haben wird.

Ich wünsche der Arbeit eine sehr gute Aufnahme und weite Verbreitung in Wissenschaft und Praxis..

Prof. Dr. Wolfgang Bessler

Vorwort

Die vorliegende Arbeit wurde am Fachbereich Wirtschaftswissenschaften der Justus-Liebig-Universität Gießen als Dissertation angenommen. Sie entstand während meiner Tätigkeit bei der IP-Bewertungs AG, Hamburg, sowie meiner Tätigkeit als wissenschaftliche Mitarbeiterin an der Professur für Finanzierung und Banken der Justus-Liebig-Universität, wobei letztere über ein Stipendium der hessischen Graduiertenförderung ermöglicht wurde.

An dieser Stelle möchte ich mich bei der Vielzahl Personen bedanken, die zum erfolgreichen Abschluss meiner Dissertation beigetragen haben. Zu diesen zählt insbesondere mein akademischer Lehrer Prof. Dr. Wolfgang Bessler, der mich stets unterstützt hat und durch unzählige wertvolle Anmerkungen, Anregungen und Hinweise maßgeblich an dem Gelingen meines Promotionsvorhabens beteiligt war. Prof. Dr. Axel Schwickert danke ich herzlich für die Übernahme des Koreferates.

Weiter möchte ich mich für die Unterstützung durch die IP-Bewertungs AG, Hamburg, bei Herrn Karsten Müller bedanken und für die intensiven Diskussionen insbesondere bei Herrn Stephan Lipfert. Für die Gewährung des Stipendiums und die Übernahme des Zweitgutachtens zur Stipendiumsvergabe bedanke ich mich bei der Universität Gießen bzw. bei Herrn Prof. Dr. Volbert Alexander.

Bei meinen Mitdoktoranden möchte ich mich ganz herzlich bedanken. Jürgen Herf danke ich dafür, dass er mich in meiner Entscheidung für eine Promotion bestärkt hat. Sehr gerne bedanke ich mich für die gute Zusammenarbeit und die vielen wertvollen Hinweise bei Dr. Heiko Opfer, Dr. Andreas Kurth, Christian Koch, Julian Holler, Christoph Becker, Peter Lückoff, Daniil Wagner, Markus Spory und neben der fachlichen ganz besonders für die moralische Unterstützung bei meinem langjährigen Bürokollegen Dr. Matthias Stanzel.

Großer Dank gilt Jörn Volckmann, der mich die meiste Zeit meines Promotionsvorhabens begleitet, mir in schwierigen Zeiten Rückhalt gegeben und mich immer wieder motiviert hat.

Der größte Dank gilt meinen Eltern und meiner Schwester. Ohne die Unterstützung meiner Familie wäre mein bisheriger Lebensweg in dieser Form nicht denkbar gewesen.

Claudia Bittelmeyer

Inhaltsübersicht

Inhaltsverzeichnis

Abbildungsverzeichnis

Tabellenverzeichnis

Abkürzungsverzeichnis

$	Dollar
€	Euro
ABS	Asset-Backed-Securities
AICPA	American Institute of Certified Public Announcement
AZ	Aktenzeichen
BGII	Bundesgerichtshof
BHAR	Buy-and-Hold-Abnormal-Return
BHR	Buy-and-Hold-Return
BIS	Bank for International Settlement
BVK	Bundesverband deutscher Kapitalbeteiligungsgesellschaften
bzw.	beziehungsweise
CAFC	Court for Appeals for the Federal Circuit
CAR	Cumulative-Abnormal-Return
CDO	Collateral-Debt-Obligation
CDS	Credit Default Swap
CF	Cashflow
CII	Current Impact Index
CIS	Community Innovation Survey
CLN	Credit-Linked-Notes
CMO	Collateral-Mortgage-Obligation
CON	Conceptual Framework
DIN	Deutsches Institut für Normung e.V.
DM	Deutsche Mark
DPatG	Deutsches Patentgesetz
DPCI	Derwent Patent Citation Index
DPMA	Deutsches Patent- und Markenamt
DRS	Deutscher Rechnungslegungsstandard
DWPI	Derwent World Patent Index
EAD	Exposure-at-Default

ELD	Expected-Loss-Default
EPO / EPA	European Patent Office / Europäisches Patentamt
EPÜ	europäisches Patentübereinkommen
EVA	Economic Value Added
F&E	Forschung und Entwicklung
f.	folgende Seite
FASB	Financial Accounting Standards Boards
FDA	Federal Drug Association
ff.	folgende Seiten
FHLMC	Federal Home Loan Mortgage Cooperation
FLIP	Financial Lease of Intellectual Property
FNMA	Federal National Mortgage Association
GNMA	Government National Mortgage Association
HGB	Handelsgesetzbuch
IAS	International Accounting Standards
IASB	International Accounting Standards Boards
IFRS	International Financial Reporting Standards
IP	Intellectual Property
IPC	International Patent Classification
IPIQ	Intellectual Property Intellectual Quotient
IPO	Initial Public Offering
IPR	Intellectual Property Rights
ISA	International Search Authority
IDW	Institut deutscher Wirtschaftsprüfer
JPO	Japanese Patent Office
KfW	Kreditanstalt für Wiederaufbau
KMU	kleine und mittlere Unternehmen
LBO	Leveraged-Buy-Out
LGD	Loss-Given-Default
MBO	Management-Buy-Out
MBS	Mortgage-Backed-Securities

Med	Median
Mio.	Millionen
Mrd.	Milliarden
MW	Mittelwert
NBER	National Bureau of Economic Research
NSSBF	National Survey of Small Business Finance
OECD	Organisation for Economic Cooperation and Development
OLG	Oberlandesgericht
OLS	Ordinary Least Square
p.a.	pro anno
PAS	Publicly Available Specification
PatG	Patentgesetz
PCSE	Panel Corrected Standard Errors
PCT	Patent Cooperation Treaty
PD	Probability of Default
PREPS	Preferred Pooled Shares
PSA	Public Security Administration
QIS	Qualitative Impact Study
RDFO	Research and Development Financial Organisation
RZ	Rückwärtszitierung
S&P	Standard&Poors
S.	Seiten
SFAS	Statement of Financial Accounting Standard
SIC	Sector International Code
SL	Science Linkage
SOP	Statement of Position
SPV	Special Purpose Vehicle
SS	Science Strength
SWORD	Stock Warrants Off-Balance-Sheet Research and Development
TCT	Technology Cycle Time

TIB	Steinbeis Transferzentrum Technologiebewertung und Innovationsberatung
TRIPS	Trade Related Aspects of Intellectual Property Rights
TS	Technology Strength
TSCS	Time Serie Cross Sectional
TSI	True-Sale Initiative
UK	United Kingdom
USA	United States of America
US-GAAP	United States-General Accepted Accounting Standards
USTPO	United States Trademark and Patent Office
vgl.	vergleiche
VZ	Vorwärtszitierung
WIPO	World Intellectual Property Organisation
WKN	Wertpapierkennnummer
WTO	World Trade Organisation
ZEW	Zentrum für europäische Wirtschaftsforschung

Einführung

Kapitel I: Problemstellung

Der Anteil der Investitionen in immaterielles Vermögen an den Gesamtinvestitionen ist in den letzten Jahren kontinuierlich gestiegen.[1] Dies lässt vermuten, dass immaterielles Vermögen einen erheblichen Einfluss auf den Erfolg und den Wert eines Unternehmens hat. Konträr zu dieser Situation spielt immaterielles Vermögen bei der Unternehmensfinanzierung nur eine untergeordnete Rolle. Dies liegt insbesondere an den Schwierigkeiten bei seiner Bewertung. Die Bewertungsproblematik wird durch die folgenden drei Eigenschaften des immateriellen Vermögens begründet:[2]

- Hohe Spezifität,
- hohe Unsicherheit und schiefe Risiko-Renditeverteilung,
- hohe Informationsasymmetrien.

Diese Probleme sind für verschiedene Formen des immateriellen Vermögens unterschiedlich stark ausgeprägt. Eine Möglichkeit, verschiedene Formen immateriellen Vermögens (Intellectual Capital) zu charakterisieren, ist seine Einteilung in Strukturkapital (Structural Capital), Humankapital (Human Capital) und Beziehungskapital (Relational Capital).[3] Das Humankapital kann dabei als das nicht kodifizierte Wissen „in den Köpfen" der Mitarbeiter beschrieben werden, das Strukturkapital ist das Wissen, das in dem Unternehmen bleibt „wenn die Mitarbeiter abends nach Hause gehen", beispielsweise Datenbanken, Rezepturen und Schutzrechte (Intellectual Property Rights). Unter Beziehungskapital lässt sich der Wert der Beziehungen mit dem Umfeld des Unternehmens bezeichnen wie beispielsweise Beziehungen zu den Kunden und Lieferanten. Die Umwandlung von Humankapital in Strukturkapital kann für den Erfolg einer Innovation entscheidend sein.

So geht Teece (1986) davon aus, dass durch die Kodifizierung die Erfolgswahrscheinlichkeit einer Innovation steigt. Sherry und Teece (2004) argumentieren, dass der Wert einer Erfindung steigt, wenn der Eigentümer die Erfindung durch ein staatliches

---

1 Nakuruma (2003) zeigt einen kontinuierlichen Anstieg seit dem Jahr 1978, der sich in der jüngsten Vergangenheit verstärkt, sodass die Investitionen privater Firmen in immaterielles Vermögen betragsmäßig mit denen in materielles Vermögen übereinstimmen.

2 Siehe zum Beispiel Barth (2001) zu den Auswirkungen der Spezifität, der Unsicherheit und der Informationsasymmetrien.

3 Edvinson und Sullivan (1996), Allee (2000), Lev (2005), Bundesminsterium für Wirtschaft und Arbeit (2005).

Schutzrecht schützt und so Strukturkapital entsteht. Durch den Schutz wird es möglich, entweder Wettbewerber von der Nutzung der Erfindung auszuschließen oder von dem Wettbewerber Lizenzgebühren für die Nutzung der Erfindung zu verlangen.

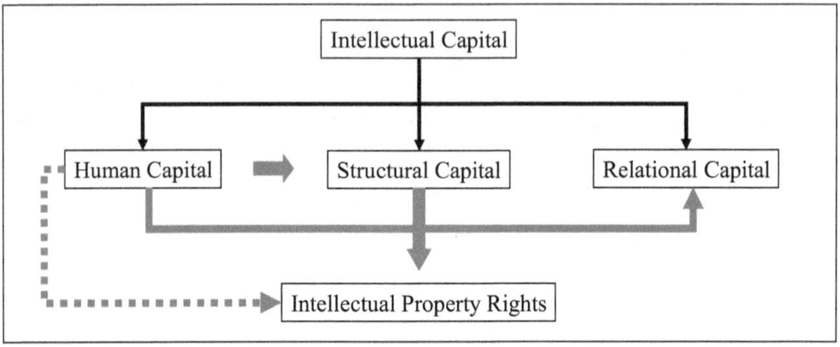

Abbildung 1: Kategorisierung immateriellen Vermögens
Quelle: Eigene Darstellung

Abbildung 1 stellt die Aufteilung des Intellectual Capital dar. Schutzrechte (Intellectual Property Rights) werden ursprünglich zwar von dem Humankapital generiert, sie sind jedoch dem Strukturkapital zuzuordnen. Der Vorteil des Strukturkapitals gegenüber dem reinen Humankapital liegt darin, dass es in dem Unternehmen verbleibt, selbst wenn ein Mitarbeiter zu einem konkurrierenden Unternehmen wechseln würde. Speziell für Patentanmeldungen zeigen Kim und Marschke (2005) modelltheoretisch, dass eine hohe Mitarbeiterfluktuation ein Unternehmen veranlasst, vermehrt Patente anzumelden, um sich vor dem Ideenabfluss zu schützen.[4]

Soll immaterielles Vermögen für die Finanzierung genutzt werden, ist eine denkbare Möglichkeit, es als Sicherheit bei der Kreditfinanzierung zu nutzen. Für die Formen Humankapital und Beziehungskapital ist diese Lösung jedoch kaum vorstellbar, da neben objektiven Bewertungsverfahren verbriefte Besitzansprüche fehlen. Human- und Beziehungskapital sind jedoch unverzichtbare, wenn auch kaum veröffentlichte Werttreiber in einem Unternehmen. Eine strukturierte Kommunikation über das Humankapital und das Beziehungskapital könnte deshalb dazu beitragen, Informationsasymmetrien zwischen Unternehmen und externen Kapitalgebern zu reduzieren. Dies

---

4 Einflussfaktoren, die die Patentneigung determinieren, werden in Teil 2 Kapitel 1 E näher erläutert.

könnte auch die Fremdkapitalfinanzierung von Unternehmen mit einem hohen Anteil immateriellen Vermögens am Unternehmenswert verbessern.[5] Dabei hinaus ist es vorstellbar, dass Banken bei ihrer Kreditentscheidung bestimmte Kennzahlen, die immaterielle Vermögensgegenstände, beispielsweise das Humankapital, qualifizieren, im Rating berücksichtigen könnten. Die Berücksichtigung des immateriellen Vermögens in bankinternen Ratings ist besonders interessant, da nach Basel II das Rating eine zentrale Rolle bei der Kreditvergabeentscheidung einnimmt. Basel II verlangt von den Banken, dass jedes Unternehmen ein Rating erhält, nach dessen Höhe sich die Unterlegung eines vergebenen Kredites mit Eigenkapital richtet.[6]

Im Gegensatz zu den nicht kodifizierten immateriellen Vermögensgegenständen sollten gewerbliche Schutzrechte als ein Teil des Strukturkapitals darüber hinaus zur Finanzierung eingesetzt werden können. Gleichzeitig können sie bei entsprechender Entwicklung des Patent- und Kapitalmarktes einen wichtigen Beitrag zur Unternehmenswertsteigerung liefern. Bessler et al. (2003) leiten dementsprechend finanzierungstheoretisch die in Abbildung 2 dargestellte Ursache-Wirkungskette ab. Die zentralen Elemente sind dabei Institutionen, die den Handel von Patenten[7] sowie die Emission und den Handel wissenbasierter Finanztitel ermöglichen. Sie werden in Abbildung 2 vereinfachend IP-Bank und IP-Börse genannt. Mit den folgenden Ausführungen, soll gezeigt werden, wie das durch Innovationen induzierte Unternehmenswachstum und so der Unternehmenswert effizient gesteigert werden könnte. Die Steigerung des Unternehmenswertes kann dabei über die Steigerung der durch Innovationen generierten Cashflows sowie über die Senkung der Kapitalkosten erfolgen. Mit Hilfe der angesprochenen Intermediäre können diese beiden Ansatzpunkte miteinander verknüpft werden. In Abbildung 2 ist dieser Zusammenhang aufgezeigt. Auf der linken Seite werden die grundlegenden Alternativen des Innovationsmanagements sowie des Patenthandels und auf der rechten Seite die finanzierungstheoretischen Möglichkeiten zur Steigerung des Unternehmenswertes schematisch abgebildet.

---

5 Aktuell bemüht sich der „Arbeitskreis Wissensbilanz" eine einheitliche Berichterstattung über immaterielles Vermögen in Unternehmen zu strukturieren. Diese Informationsquelle sollte parallel zu den Jahresabschlüssen publiziert werden. Das Bundesminsterium für Arbeit und Wirtschaft (2005) hat einen Leitfaden zur Bilanzierung von Wissen für KMU aufgestellt.

6 Siehe zu dem grundsätzlichen Basel II Akkord beispielsweise Deutsche Bundesbank (2004a), zu dem aktuellen Stand siehe http://www.bis.org/bcbs/ Stand: 12.01.2007, Homepage des Basel Committee on Banking Supervision.

7 Im Folgenden wird vereinfachend von Patent anstatt gewerblichen Schutzrecht gesprochen. Prinzipiell sollten die Zusammenhänge auf für andere gewerbliche Schutzrechte gelten.

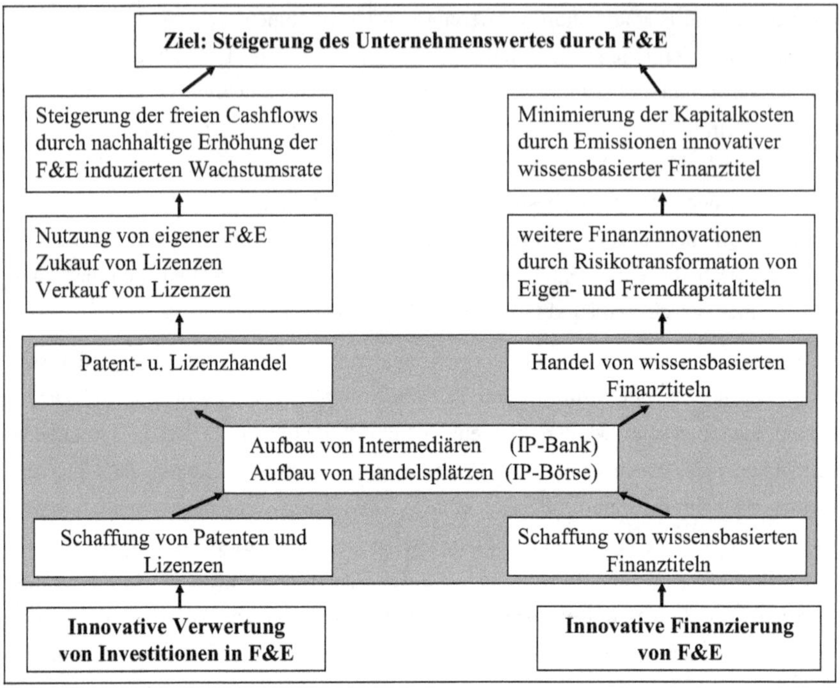

Abbildung 2: Grundlegende Determinanten eines Patentfinanzplatzes

Quelle: Bessler et al. (2003).

Innovationen ermöglichen es einem Unternehmen mit immer neuen Produkten auf den Markt zu treten und auf Marktänderungen schnell zu reagieren. Dies sind Grundvoraussetzungen für ein stetiges Unternehmenswachstum. Ziel ist es nun, dieses Wertsteigerungspotenzial der Innovationen zu optimieren. Für die folgenden Überlegungen ist eine Grundvoraussetzung, dass Unternehmen ihre Innovationen in Form von Patenten verbriefen und so die Grundlage für die Handelbarkeit von Innovationen schaffen. Ein nicht näher spezifizierter Intermediär könnte den Handel der in Form von Patenten und Lizenzen verbrieften Rechte organisieren. Ein organisierter Marktplatz hätte zur Folge, dass durch das örtliche und zeitliche Zusammenführen von Angebot und Nachfrage der Handel liquider und sich die Preisfindung verbessern würde. Die so geschaffene höhere Liquidität im Patentmarkt erweitert die Möglichkeiten des Patentmanagement eines Unternehmens. Wenn die Marktteilnehmer zu fairen Preisen Patente und Lizenzen kaufen und verkaufen können, steigt die Wahrscheinlichkeit, dass die Innovationen und Patente zu den Marktteilnehmern gelangen, die sie am effizientesten einsetzen können. Diese Entwicklung sollte zu einer Erhöhung der unternehmerischen Cashflows führen. Dieser Zusammenhang wird in der linken Seite der Abbildung 2 schematisch dargestellt.

Auf der Finanzierungsseite, rechte Seite der Abbildung 2, ist es das Ziel, die Kapitalkosten zu senken. Um Kapitalkosten zu senken, sollten die Unternehmen, unter Beachtung von Transaktionskosten, eine Finanzierungsart wählen, bei der die Risiko-Rendite-Profile der Kapitalgeber mit denen der genutzten Finanztitel möglichst übereinstimmen. So können Reibungsverluste, in Form von Renditeforderungen, vermieden werden. Die nicht näher spezifizierten wissensbasierten Finanztitel können über einen Intermediär emittiert und gehandelt werden. Die Bündelung von Angebot und Nachfrage und die Zerlegung der Finanztitel in homogene Parten würde die Liquidität des Marktes erhöhen. Es ist vorstellbar, dass die so geschaffenen Finanztitel auch in heterogene Parten zerlegt sowie zu Globalpositionen unter Ausnutzen von Diversifikationseffekten zusammengelegt werden. Über diese Risikotransformation können Finanztitel generiert werden, die den Risiko-Rendite-Profilen der Investoren entsprechen. Mit Hilfe der bedarfsgerechten Finanzierung scheint es möglich die Kapitalkosten der Unternehmen zu senken. Die Investoren verlangen keine Renditeaufschläge, die damit begründet sind, dass das Risiko und das Auszahlungsprofil der finanzierten Objekte nicht ihrem gewünschten Risiko-Rendite-Profil entsprechen.

Die Finanztitel können unterschiedliche Formen annehmen. Für große Unternehmen scheint es beispielsweise möglich ein größeres Patentportfolio am Markt zu platzieren. Auch für kleinere Unternehmen ist der Verkauf einzelner Patente an Patentfonds eine Alternative. Es gibt bereits erste Möglichkeiten für Unternehmen, ihr Wissen, wenn es mit gewerblichen Schutzrechten geschützt ist, an Patentfonds zu verkaufen. Der Verkauf von Patenten bietet sich für solche Unternehmen an, die nicht in der Lage sind, ihre Innovationen selbst zu vermarkten, oder Erfindungen besitzen, die nicht in ihr Patentportfolio oder ihr Geschäftsmodell passen. Bisher ist das Angebot an Patentfonds noch sehr überschaubar. Erste Beispiele sind der im Herbst 2005 aufgelegte „Patentinvest I“ Fonds sowie der im Herbst 2006 aufgelegte „Patent Select I“ Fonds.[8] Das Ziel des ersten Fonds ist es, kapitalschwachen innovativen Unternehmen Patente abzukaufen und diese gewinnbringend zu vermarkten. Der zweite Fonds hat zum Ziel, ein Portfolio von zwölf Patenten gewinnbringend zu veredeln und zu vermarkten. Ein

8 Bisher ist die Finanzierung über Patentfonds nur eingeschränkt möglich. Erste Beispiele sind der Patent-Invest der Credit-Suisse und der Patent-Select der Deutschen Bank.

ähnliches Modell besteht mit dem „Ocean Tomo Capital Fund“ aus den USA. Dieser Fonds stellt Unternehmen mit Patenten Mezzanine- und Eigenkapital zur Verfügung und berät sie bei der Vermarktung ihrer Patente.[9]

Der Verkauf der Patente ist jedoch für kleinere Unternehmen, die ihr Geschäftsmodell auf ihrem Patentportfolio aufbauen, kaum attraktiv. Mangels Größe ist auch anzunehmen, dass eine Verbriefung des Patentportfolios keine zufrieden stellende Lösung ist. Für diese Unternehmen wäre es sicher attraktiv, wenn Banken die Schutzrechte als Kreditsicherheiten akzeptierten.[10] Die Kreditsituation sollte sich für die Unternehmen mit viel immateriellem Vermögen, die kaum materielle Kreditsicherheiten bieten können, dadurch verbessern. Dass Kreditsicherheiten bei der Kreditvergabe für mittelständische Unternehmen eine hohe Relevanz besitzen, verdeutlichen die Ergebnisse des Mittelstandspanels der KfW-Bankengruppe (2006, S. 55). 85 Prozent der befragten Unternehmen geben unzureichende Kreditsicherheiten als Grund für eine Kreditablehnung durch eine Bank an.

Unabhängig davon, wie gewerbliche Schutzrechte zur Unternehmensfinanzierung eingesetzt werden, ist es notwendig zu klären, welche Unternehmenseigenschaften durch die gewerblichen Schutzrechte gemessen werden. Als die wichtigsten Schutzrechte sind Patente, Gebrauchsmuster und Marken zu nennen. Dabei sichern Patente und Gebrauchsmuster neues technisches Wissen (Innovationen), während Marken Logos und Namen und somit die Identifizierung des Unternehmens oder Produktes schützen. Da Innovationen eine notwendige Voraussetzung dafür sind, dass Unternehmen auf geänderte Umweltbedingungen schnell reagieren können, beschäftigt sich die vorliegende Arbeit mit der Werthaltigkeit von Patenten und ihrem Einsatz bei der Finanzierung.

Das Bewusstsein für die Relevanz von Wissen und durch staatliche Schutzrechte geschützten Technologien (Patente)[11] für die zukünftige erfolgreiche Entwicklung der Unternehmen des Standortes Deutschland sowie des Standortes als solchen steigt. Diese Entwicklung ist sowohl auf privatwirtschaftlicher als auch auf staatlicher Seite zu

9 Börsenzeitung vom 01.12.2005, Nr. 232, S. 29, Oceaontomo (2005), http://www.oceantomo.com/PDFs/Ocean_Tomo_Capital_Brochure.pdf, Stand: 12.01.2007.

10 Siehe zu den Einsatzmöglichkeiten von gewerblichen Schutzrechten als Kreditsicherheit auch Klawitter/Hombrecher (2004). Diese Idee kann auch auf andere Schutzrechte übertragen werden. So stellt Milbradt (2004) in einem Artikel in der Börsenzeitung die Möglichkeit vor, Filmlizenzen als Kreditsicherheiten zu nutzen, Börsenzeitung vom 04.08.2004, Nr. 148, S. 10.

11 Hierunter sind insbesondere Patente als die gewerblichen Schutzrechte zum staatlichen Schutz von Technologien zu verstehen. Die Arbeit konzentriert sich auf die geschützten Innovationen, da vermutet und in der Arbeit herausgearbeitet wird, dass ihr Einsatz am ehesten zur Lösung der Finanzierungsprobleme innovativer Unternehmen beitragen kann.

beobachten. So hat das Bundesministerium für Bildung und Forschung eine Verwertungsoffensive für Innovationen von Hochschulen durch Patente ins Leben gerufen.[12] 3M wirbt in einer Anzeige mit seinen 20.000 Patenten[13] und aus einer Umfrage von PricewaterhouseCoopers (2003) geht hervor, dass die größten deutschen Unternehmen als ihre wichtigsten Werttreiber Human- und Innovationskapital an erster bzw. vierter Stelle sehen. An dritter Stelle wurden finanzielle Ressourcen genannt, was die Notwendigkeit der bedarfsgerechten Finanzierung des Innovationskapitals hervorhebt. Deutschland liegt mit ca. 90 triadischen Patentfamilien[14] pro einer Million Einwohner (OECD 2006, S. 12) auf Platz fünf der OECD-Länder. Die F&E-Intensität ist im internationalen Ranking etwas schwächer. Mit einer Intensität von ca. 2,6 Prozent des Bruttosozialproduktes liegt Deutschland im internationalen Vergleich auf Platz acht (O-ECD 2004, S. 9). Die Bereitschaft, Innovationen mit gewerblichen Schutzrechten zu schützen, ist also vorhanden. Weltweit steigt das Umsatzvolumen an Lizenzzahlungen seit einigen Jahren stetig und auch zukünftig ist ein weiterer Anstieg zu erwarten.

Ziel und Motivation der vorliegenden Arbeit ist zu analysieren, ob immaterielles Vermögen gemessen über Patente wertsteigernd und risikoreduzierend wirkt. Von großem Interesse ist dabei, wie der Markt die Informationen über Patentanmeldungen derzeit verarbeitet und ob es auf diesen Ergebnissen aufbauend möglich scheint, die Finanzierungssituation patentierender Unternehmen zu verbessern.

Kapitel II: Fallbeispiel Astra Zeneca gegen Schwarz Pharma

Grundsätzlich bieten nur wenige Patente einen vollkommenen Schutz. Shapiro (2003, S. 395) bezeichnet Patente als partielle Schutzrechte: *„... uncertain and imperfect rights that we call a „patent“. These rights are typically far less valuable than would be idealized „ironclad“ patent rights.“*

---

12 Wie stark das Arbeitnehmererfindungsgesetz dabei die Patentanmeldungen der Universitäten fördert, bleibt noch abzuwarten, da die Forscher an Universitäten das Eigentum an ihrem Forschungsergebnis abtreten müssen. Seit Einführung des Gesetzes im Jahr 2002 verdoppelte sich die Anzahl der Patentanmeldungen inländischer Universitäten von 249 in 2001 auf 519 in 2004, DPMA (2004), S. 13.

13 Die Anzeige ist unter anderem im Spiegel vom 06.02.2006, S. 131 geschaltet.

14 Ein triadischer Patentschutz bedeutet, dass in Europa, USA und Japan ein Patentschutz beantragt wurde. Man geht davon aus, dass diese Innovationen besonders wertvoll sind.

Die Werthaltigkeit von Patenten ist nicht immer eindeutig. Vielmehr haben Patente in verschiedenen Branchen einen unterschiedlichen Stellenwert, und selbst wenn prinzipiell die Bedeutung von Patenten in einer Branche hoch ist, ist nicht jedes Patent wertvoll. Doch auch ein wertvolles Patent ist unterschiedlichen Einflüssen ausgesetzt, die seinen Wert nachhaltig verringern können. Zu nennen ist hier beispielsweise die Gefahr, dass Patente im Rahmen von Rechtsstreitigkeiten angefochten werden. Das Urteil der Nichtigkeit eines Patentes kann zu Umsatzeinbrüchen durch in den Markt drängende Wettbewerber und zu einem erheblichen Wertverlust führen. Neben diesem rechtlichen Risiko können technische Risiken und das Marktrisiko den Fehlschlag einer Innovation verursachen.

Welche Auswirkungen dieser nicht vollständige Schutz einer Innovation oder Änderungen in den Schutzzuweisungen haben können, soll am Beispiel der Patentstreitigkeit von Astra Zeneca[15] und Schwarz Pharma[16] um das Magenmedikament Prilosec verdeutlicht werden. In dem Fall handelt es sich um die Streitigkeit, die über das Schutzrecht für das Magenmittel Prilosec im Sommer/Herbst 2002 entstanden war. Astra Zeneca besitzt ein Patent, dessen reguläre Schutzdauer Ende 2003 ausläuft. Dennoch ist Astra Zeneca vorzeitig Patentangriffen ausgesetzt. Insbesondere besteht die Gefahr, dass Schwarz Pharma mit dem Generikum Omeprazol, das die gleiche Wirkung wie Prilosec aufweist, das Patent für Prilosec nicht verletzt und deshalb auf dem Markt bleiben darf. Die Rechtsprechung, dass Schwarz Pharma mit dem Generikum Omeprazol das patentgeschützte Medikament Prilosec nicht verletzt, wird am 12.10.2002 bekannt gegeben.[17]

Im Folgenden wird zuerst der Einfluss des Geschehens auf den Renditeverlauf der beiden Unternehmen beschrieben. Anschließend werden die Effekte auf die Umsätze der beiden Unternehmen vorgestellt. Die Renditeentwicklung (Buy-and-Hold-Rendite) der

---

15 Astra Zeneca PLC wurde 1992 in England und Wales gegründet. 1999 wurde die Chemiesparte verkauft und das Unternehmen ist seitdem auf den pharmazeutischen Bereich fokusiert. Das Unternehmen ist sehr stark in der Forschung tätig und verfolgt die Strategie zu innovieren und die Medikamente mit Patenten zu schützen. Im gleichen Jahre fand der Zusammenschluss mit Astra AB, Schweden statt. Bei einem weltweiten Umsatz von ca. $21 Mrd. beschäftigt das Unternehmen 64.000 Mitarbeiter, davon 37.000 in Europa, Astra Zeneca (2004).

16 Die Schwarz Pharma AG wurde in den 40er-Jahren in Mohnheim gegründet. Das Pharmaunternehmen ist seit 1995 gelistet. Seine erfolgreiche internationale Ausrichtung fand ihren Anfang in den 70er Jahren, als Folge wurden im Jahr 2000 65% der Umsätze im Ausland generiert. Die Absatzmärkte sind neben Deutschland die USA und Europa. Der Schwerpunkt der Forschung ist weniger die Grundlagenforschung, sondern vielmehr die Entwicklung von Medikamenten (Generika) bis zur Marktreife und deren internationalen Vermarktung. Die Forschung wird hauptsächlich über Kooperationen betrieben. Dies ist ein Gründ dafür, dass von den weltweit 3.800 Mitarbeitern 50% im Marketing und Vertrieb arbeiten, Schwarz Pharma (2002).

17 Dies ist darin begründet, dass die Wirkung der beiden Mittel zwar die gleiche ist, das Verfahren der Herstellung sich aber unterscheidet.

Schwarz Pharma AG sowie die von Astra Zeneca sind in Abbildung 3 dargestellt. Die Schwarz Pharma Aktie reagiert auf die Ereignisse mit heftigen Kursschwankungen. Für Astra Zeneca sind eher moderate Kursbewegungen zu beobachten. Der Kurs der Schwarz Pharma Aktie steigt bei bekannt werden der Rechtsgültigkeit von Omeprazol am 12.10.2002 von €10,40 auf €18,70. Diese Reaktion wird bei der Zulassung von Omeprazol durch die Federal Drug Association (FDA) am 02.11.2002 noch übertroffen. Der Kurs steigt innerhalb weniger Tage (29.10 – 08.11.2002) von €17,50 auf €31,75. Das entspricht einem Kursanstieg von ca. 80 Prozent (Abbildung 3 graue Linie).

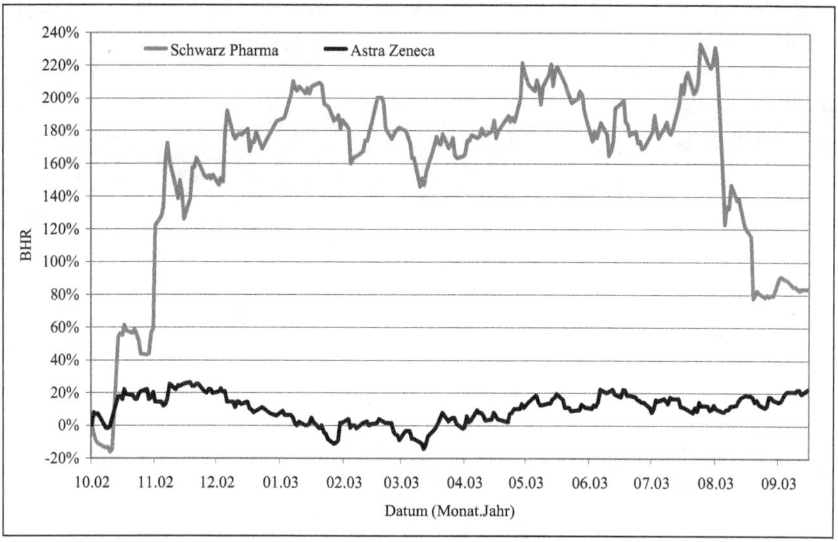

Abbildung 3: BHR Schwarz Pharma und Astra Zeneca, ab 01.10.2002

Quelle: Kursdaten von Reuters, eigene Berechnung

Bei Veröffentlichung der rasanten Umsatzentwicklung in dem Halbjahresbericht vom 28.07.2003 ist hingegen kaum mehr eine Reaktion zu erkennen Mit minus zwei Prozent reagiert der Kapitalmarkt sogar leicht negativ.[18]

[18] Allerdings könnte die positive Entwicklung im Juli 2003 als eine Vorwegnahme der Veröffentlichung der Ergebnisse interpretiert werden.

Diese Beobachtung entspricht den Ergebnissen der in Teil 2 Kapitel I vorgestellten Studien. Bei neuen bewertungsrelevanten Informationen reagiert der Markt sofort, während das Umsatz- oder Produktivitätswachstum erst verzögert auf Informationen über immaterielles Vermögen reagiert.

Im August 2003 treten weitere Wettbewerber, Novartis und Mylan, mit einem o-meprazolähnlichen Wirkstoff in den Markt ein. Der verheerende Kursrutsch der Schwarz Pharma Aktie zeigt die Konsequenzen der Abhängigkeit von Schwarz Pharma von diesem Medikament (Abbildung 4). Der Kurs sinkt am 04.08.2003 und 05.08.2003 um 21 Prozent bzw. 12 Prozent. Da Astra Zeneca nach dem Entscheid in Oktober 2002 in Berufung ging, führt der Entscheid durch ein Berufungsgericht im Dezember 2003, dass Schwarz Pharma das Patent Prilosec nicht verletzt, zu einem erneuten Kursanstieg der Schwarz Pharma Aktie von €20,6 auf €23,15.[19]

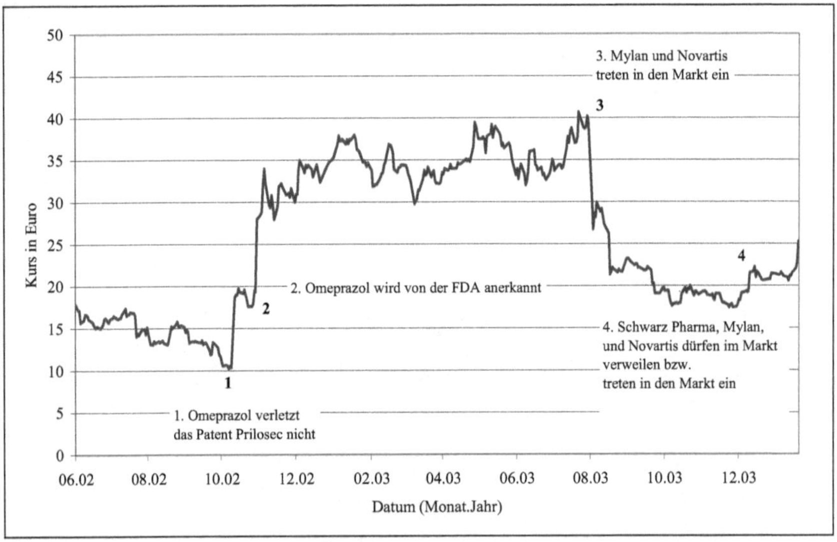

Abbildung 4: Kursreaktionen von Schwarz Pharma. Patentstreitigkeit Omeprazol vs. Prilosec

Quelle: Kurs von Reuters, für die einzelnen Ereignisse siehe Angaben im Text

Werden nicht die Renditen, sondern die Marktwerte der Unternehmen betrachtet, werden die unterschiedlichen Größendimensionen der Unternehmen deutlich. Schwarz

19 Börsenzeitung vom 13.12.2003, Nr. 241, S. 9.

Pharma ist um ein vielfaches kleiner als Astra Zeneca und von einzelnen Produkten abhängig. Astra Zeneca ist aufgrund seiner Größe und der breiten Produktpalette weniger anfällig. Der Marktwert des Eigenkapitals von Astra Zeneca schwankt im Jahr 2002 zwischen €50 Mrd. und €100 Mrd. Der höchste Rückgang findet dabei zwischen März 2002 und Juli 2002 statt, also noch bevor die Entscheidungen über Prilosec und Omeprazol gefallen sind. Der Marktwert von Schwarz Pharma verdreifacht sich nach Veröffentlichung der Zulassung zeitweilig von €600 Mio. auf €1,8 Mrd.[20] Der imposante Umsatz und Ergebnisanstieg der Schwarz Pharma AG ist hauptsächlich auf den Erfolg von Omeprazol zurückzuführen. Für Astra Zeneca scheinen jedoch weitere Einflussfaktoren auf das Betriebsergebnis zu wirken. Eine Erklärung ist die Größe und operative Breite von Astra Zeneca.

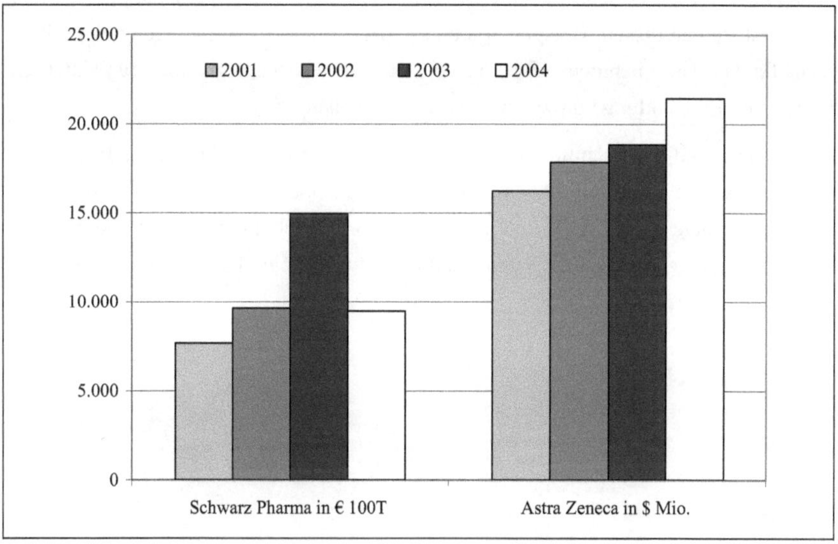

Abbildung 5: Umsatzentwicklung Schwarz Pharma Astra Zeneca 2001-2004

Quelle: Jahresberichte von Schwarz Pharma und Astra Zeneca (2001-2004)

[20] Gleichzeitig steigt das Betriebsergebnis von €15,6 Mio. im dritten Quartal 2002 auf €275,5 Mio. im dritten Quartal 2003, allerdings erleidet Schwarz Pharma im vierten Quartal, bedingt durch den Eintritt neuer Wettbewerber einen Verlust.

Der relative Einfluss der Schwankungen des Umsatzes unterscheidet sich zwischen den beiden Unternehmen ebenfalls stark. Bei Astra Zeneca löst der Umsatzrückgang des patentierten Medikamentes Prilosec keinen ungewöhnlichen Umsatz aus (Abbildung 5).[21] Für Schwarz Pharma führen die Ereignisse zu einem Umsatzanstieg von ca. €950 Mio. in 2002 auf ca. €1.500 Mio. in 2003 (+58 Prozent). In 2004 ist jedoch auch gegenüber 2002 keine Umsatzsteigerung mehr zu erkennen. Der Umsatzrückgang in 2004 ist auf den Verlust der Alleinstellung als Anbieter von Omeprazol zurückzuführen. Der Kapitalmarkt hat auf den in 2002 für 2003 erwarteten Umsatzanstieg sofort reagiert. Er scheint einen nachhaltigen Anstieg antizipiert zu haben. Als sich der Umsatz in der zweiten Hälfte in 2003 und in 2004 auf das Niveau des Jahres 2001 reduziert, notiert die Aktie zwar immer noch deutlich über dem Kurs vor der erfolgreich gewonnenen Patentstreitigkeit (ca. 80 Prozent, vgl. auch Abbildung 4). Aber mit knapp über €20, ist er deutlich unter dem Peak von über €40 von August 2003. Prinzipiell lässt sich an diesem Beispiel erkennen, was für eine hohe Bedeutung ein Schutzrecht für den Unternehmenserfolg haben kann. Insbesondere gilt dies für Unternehmen, deren Entwicklung von wenigen Produkten abhängig ist.[22]

In Tabelle 1 sind durchschnittliche Aktienkursreaktionen auf verschiedene Informationen über Patente dargestellt. Auch hier werden die stark negativen Kursreaktionen bei schlechten Nachrichten (A-D) über den Erfolg von Forschungsprojekten und die positiven Reaktionen bei positiven Patent- und Forschungsnachrichten (E-G) deutlich.

---

[21] In dem Jahresbericht 2003 geht Astra Zeneca von Umsatzeinbußen in Höhe von 3 Mrd. Dollar aufgrund des Rückganges von Prilosec und anderen Medikamenten aus, die aber von neuen Produkten überkompensiert wurde, Astra Zeneca (2003).

[22] Neben der Bedeutung eines Schutzrechtes macht dieses Beispiel auch deutlich, wie wichtig eine volle Pipeline, in Form viel versprechender Forschungsprojekte in forschungsintensiven Industrien ist. Nach Angaben von Schwarz Pharma sind neue Produkte in der Pipeline, die heftigen Kursreaktionen auf die Umsatzrückgänge von Omeprazol stützen diese Aussage nicht. Quantitativ überrascht auch der geringe Mehraufwand in der F&E nach dem gewaltigen Ergebnisanstieg. Laut Schwarz Pharma soll die Forschung 2004 aber intensiviert werden. Allerdings ist die Forschungsintensität (F&E-Ausgaben / Umsatz) von 12,89% in 2002 auf 9,63% in 2003 gesunken. Dies entspricht einer Erhöhung der Forschungsausgaben um ca. 15% (auf €144 Mio.) bei einem Umsatzwachstum von über 50%. Erst für 2006 werden Markteintritte der ersten eigenen Medikamente, darunter ein Parkinson-Pflaster, die sich derzeit in der klinischen Phase III befinden, erwartet. Im Jahr 2006 steht die Schwarz Pharma jedoch wieder sehr gut da. Für den Erfolg ausschlaggebend war verstärkte Forschung in der Chemiebranche sowie im pharmazeutischen Bereich. Die Aktie notiert zum 01.03.2006 bei über €66.

Tabelle 1: Patente und F&E in der Pharma-Branche, Kursreaktionen am Ankündigungstag

	Ereignis	Durchschnittliche Marktreaktion	Anzahl Beobachtungen
A	Abweisen / negatives Testergebnis / oder positives bei Wettbewerb	-11,11%	9
B	Erhöhtes Risiko (Nebenwirkungen)	-6,7%	7
C	Eintritt von Wettbewerbern wegen Patentauslauf	-1,76%	1
D	Niederlage bei Anfechtung, Patentauslauf	-5,77%	3
E	Zulassung / positives Testergebnis / oder negativ bei Wettbewerb	15,5%	8
F	Gewinn bei Anfechtung	4,5%	2
G	Kooperation / Lizenzkauf / Patentkauf	1,1%	5

Quelle: Verschiedene Zeitungsberichte (Handelsblatt, Börsenzeitung, Wall Street Journal Europe).[23]

Kapitel III: Gang der Arbeit

Abbildung 6 zeigt den Aufbau der Arbeit. Die Arbeit gliedert sich in drei Teile. Der erste Teil leitet die Bedeutung von Innovationen und insbesondere durch Patente geschützte Innovationen für den Unternehmenswert ab und zeigt Probleme sowie Lösungsansätze bei der Bewertung von Wissen auf. Der zweite Teil analysiert empirisch, wie Unternehmen, die ihre Innovationen mit Patenten schützen, am deutschen Kapitalmarkt bewertet werden und welchen langfristigen Einfluss Patente auf den Unternehmenswert haben. Der dritte Teil erläutert die Probleme bei der Finanzierung innovativer Unternehmen sowie die theoretischen Grundlagen zu Finanzinnovationen. Es werden derzeitige Lösungsansätze im Bereich der Finanzierung innovativer Unternehmen vorgestellt und die Eignung des Konzeptes der Verbriefung zur Finanzierung von Patenten wird analysiert. Die Arbeit schließt mit einem Ausblick, in dem, aufbauend auf den Ergebnissen, Empfehlungen zur Finanzierung innovativer Unternehmen abgeleitet werden.

---

[23] Detaillierte Informationen zu den Unternehmen und Ereignissen sind in Tabelle 1 im Anhang I aufgeführt.

Vorgehensweise

Teil 1: Werthaltigkeit von Innovationen und Patenten

Kapitel I:	Innovationen und Innovationsindikatoren
Kapitel II:	Bedeutung gewerblicher Schutzrechte (Patente)
Kapitel III:	Patentbewertung

Teil 2: Empirische Kapitalmarktstudie

Kapitel I:	Methoden und Literaturüberblick
Kapitel II:	Wertrelevanz von Innovationen für etablierte Unternehmen
Kapitel III:	Wertrelevanz von Innovationen für Unternehmen des Neuen Marktes
Kapitel IV:	Innovationen und Ausfallwahrscheinlichkeit der Unternehmen des Neuen Marktes
Kapitel V:	Bedeutung von Patenten bei Unternehmensübernahmen

Teil 3: Finanzierung innovativer Unternehmen

Kapitel I: Probleme bei der Finanzierung junger innovativer Unternehmen

Kapitel II: Finanzinnovationen und Verbriefung

Kapitel III: Finanzierung von Intellectual Property Rights

Abbildung 6: Aufbau der Arbeit

Teil 1 der Arbeit gliedert sich in drei Kapitel. Im ersten Kapitel wird theoretisch abgeleitet, wie Innovationen den Unternehmenswert steigern können. Dabei wird die Bedeutung staatlicher Schutzrechte für den Innovationsprozess näher analysiert. Im zweiten Kapitel werden die Vor- und Nachteile des Patentschutzes für Innovationen diskutiert und der Ablauf des Patenterteilungsverfahrens vorgestellt. Das dritte Kapitel stellt Bewertungsmöglichkeiten für Patente vor. Dabei wird der Ansatz der Bewertung mithilfe von Patentindikatoren, der im empirischen Teil der Arbeit genutzt wird, ausführlich erläutert.

In Teil 2 der Arbeit wird im ersten Kapitel ein Überblick über die Methoden, mit denen die Wertrelevanz von Innovationen für den Unternehmenswert gemessen werden kann, gegeben. Anschließend folgt ein Literaturüberblick zur Wertrelevanz von Innovationen und ihrem Einfluss auf die Ausfallwahrscheinlichkeit von Unternehmen. In den folgenden drei Kapiteln werden die empirischen Untersuchungen vorgestellt. Dabei werden unterschiedliche Forschungsdesigns genutzt. Zur Analyse der Wertrelevanz der Patentierung für etablierte Unternehmen wird in einer Kapitalmarktanalyse untersucht, ob Unternehmen mit vielen Patenten eine höhere Rendite erzielen als Unternehmen ohne Patente. Um gezielt die Auswirkungen des Schutzes von Technologien durch gewerbliche Schutzrechte auf junge technologieintensive Unternehmen zu analysieren, werden die Unternehmen des Neuen Marktes analysiert. Es ist zum einen von Interesse, ob die Unternehmen des Neuen Marktes, die Patente besitzen, durch den Kapitalmarkt langfristig mit einer Prämie bewertet wurden, und zum anderen, ob die Insolvenzwahrscheinlichkeit für innovative Unternehmen, die staatliche Schutzrechte zum Schutz ihrer Innovationen vor Wettbewerbern nutzen, geringer ist. Die Prämie würde sich in einer höheren Rendite widerspiegeln und wäre für potenzielle Investoren von großem Interesse. Wenn die Insolvenzwahrscheinlichkeit patentanmeldender Unternehmen geringer ist als die der Unternehmen ohne Patente, könnte dies die Wahrscheinlichkeit eines Totalverlustes in einem Portfolio verringern oder einen wertvollen Baustein in einem Rating zur Kreditvergabeentscheidung darstellen. Um einen tieferen Einblick zu gewinnen, wie stark der Kapitalmarkt Patente in seine Bewertung bei Unternehmensneubewertungen einfließen lässt, werden im letzten Kapitel des empirischen Teils die Ankündigungseffekte von Unternehmensübernahmen in den forschungs- und patentintensiven Branchen Pharmazeutik und Biotechnologie in Europa analysiert.

In Teil 3 der Arbeit werden die Finanzierungsprobleme innovativer Unternehmen theoretisch abgeleitet. Aufgrund der hohen Bedeutung der Finanzierung mit Fremdkapital in Deutschland werden zunächst die Probleme bei der Finanzierung mit Fremdkapital hervorgehoben. Anschließend wird gezeigt, welche Möglichkeiten die Finanzierung mit privatem Eigenkapital bietet. Die Entstehung von Finanzinnovationen wird darauf folgend theoretisch, insbesondere am Beispiel der Asset-Backed-Securities (Verbriefung), erläutert. Die Fokussierung auf die Verbriefung findet statt, da diese die traditionell vorherrschende Finanzierung durch Hausbanken in dem bankorientierten deutschen Finanzsystem mit der direkten Finanzierung über den Kapitalmarkt verbindet und daher für die Aufgabenstellung der vorliegenden Arbeit besonders interessant erscheint. Der Teil schließt mit einem Ausblick, der die Möglichkeiten der Verbriefung von Patenten und mit Patenten besicherten Krediten skizziert. In der Schlussbetrachtung werden die Erkenntnisse aus der empirischen Untersuchung und die aktuellen und potenziellen Entwicklungen der Innovationsfinanzierung zusammengefasst.

Teil 1: Werthaltigkeit von Patenten und Innovationen

Ziel des ersten Teils der Arbeit ist es, die Werthaltigkeit von immateriellen Vermögensgegenständen insbesondere Patenten herauszuarbeiten. In dem ersten Kapitel werden in Abschnitt A und B die grundsätzlichen Zusammenhänge zwischen Erfindungen, F&E-Ausgaben und Patenten sowie deren Eignung als Innovationsindikatoren abgeleitet. In Kapitel II werden in Abschnitt A die Erklärungsansätze für staatliche Schutzrechte aufgezeigt und im Abschnitt B der Ablauf des Patentverfahrens mit Schwerpunkt auf das deutsche Verfahren vorgestellt. Nachdem in Abschnitt C die Einflussfaktoren auf die Patentneigunge und Motive zur Patentierung vorgestellt werden, schließt das Kapitel mit einem Überblick über die internationalen Patentanmeldungen in Abschnitt D.

Das Kapitel III beschäftigt sich in Abschnitt A mit dem Ausweis von F&E-Projekten, Patenten und anderen immateriellen Vermögenswerten in der Rechnungslegung. Abschnitt B stellt alternative Bewertungsmöglichkeiten vor, und in Abschnitt C wird ein Indikatorenset zur Bewertung von Patenten abgeleitet, welches in den empirischen Untersuchungen der Arbeit verwendet wird.

Kapitel I: Bedeutung von Patenten auf Unternehmensebene

Im folgenden Abschnitt werden die Begriffe Invention, Innovation und Patent näher definiert, um die verschiedenen Einflüsse, die diese auf die Unternehmensbewertung haben können, in den folgenden Kapiteln der Arbeit besser eingrenzen zu können.

Wird von einem Unternehmen das Ziel verfolgt, Patente strategisch zur Steigerung des Unternehmenswertes einzusetzen, in dem die Cashflows erhöht oder die Kapitalkosten reduziert werden, dann ist es erforderlich, das Patent unter Einbeziehung verschiedener Risikoaspekte zu bewerten. Grundlage für eine Bewertung von Patenten ist das Verständnis des Patentrechtes. Es ist wichtig, den Patenterteilungsablauf und die Schutzwirkung eines Patentes zu kennen. Dies gilt sowohl für das zu finanzierende Unternehmen als auch für den Anleger. Die folgenden Abschnitte beschäftigen sich mit diesen Zusammenhängen und stellen das geltende Patentrecht in seinen Grundzügen vor.

A. F&E, Inventionen, Innovationen und Patente

Schumpeter sieht in Innovationen die Grundlage für das Wachstum einer Volkswirtschaft.[24] Die Befriedigung der Nachfrage erfolgt durch neue Produkte und ist Grundlage für ein dynamisches Wachstum. Zwangsläufig werden alte Technologien und Produkte verdrängt, und es entstehen neue Produkte, die Innovation und somit Fortschritt bedeuten (schöpferische Zerstörung). Für Schumpeter sind neue Konsumgüter, neue Produktions- und Transportmethoden, neue Märkte und neue Formen der industriellen Organisation die fundamentalen Antriebskräfte des Wachstums im Rahmen der (kapitalistischen) Wirtschaft. Arrow (1962), S. 619 vertritt die Meinung, dass unter vollständigem Wettbewerb und vollständigen Informationen nicht genügend in Forschung investiert wird. Gründe hierfür sind die hohe Unsicherheit, mit der Forschung behaftet ist, und die Problematik, dass ein Unternehmen nicht die gesamten Gewinne aus einer Erfindung abschöpfen kann. Es ist also notwendig, die Forschungsanstrengungen einer Marktwirtschaft zu fördern. Der positive Zusammenhang zwischen Forschung und Wachstum wird auf makroökonomischer Ebene regelmäßig überprüft und allgemein bestätigt.[25] Je nach Form der Marktwirtschaft und Durchführung der Forschung ist dies auch auf Unternehmensebene gültig.[26]

Die Bedeutung des wissensbasierten Vermögens für Innovationen lässt sich an einem Beispiel veranschaulichen.[27] Nicht die Menge oder Art der Rohstoffe hat sich im Zeitablauf verändert, sondern die Art und Möglichkeiten, wie diese verarbeitet und genutzt werden. Wurde Eisenoxid (Rost) ursprünglich zum Einfärben von Wänden genutzt, wird es heute bei der Produktion von Videokassetten verwendet. Solche Entwicklungen werden nur durch neue Ideen, Rezepte und Formeln möglich. Ähnliche Entwicklungen werden in der Informationstechnologie und anderen Technologien deutlich. Die Grundstoffe eines Produktes bleiben eigentlich die gleichen, allein durch neue Kombinationen werden bessere Leistungen erzielt.

---

[24] Schumpeter (1993), S. 136f., Wiederabdruck von Kapitalismus, Sozialismus und Demokratie von 1942. Siehe auch Bass (1999) für eine Zusammenfassung der Arbeit zu der schöpferischen Zerstörung.

[25] Bspw. OECD-Studien, Community Innovation Survey (CIS), siehe OECD (2002). Baumol (2003), S. 442 weist hierbei jedoch auch auf die Möglichkeit der "reinen Imitation" hin, die einem Land zum Wachstum verhelfen kann. Als ein Beispiel nennt er China.

[26] Baumol (2002), Handelsblatt vom 6.10.2003, Nr. 191, S. 11. Del Monte/Papagni (2003) zeigen, dass das Umsatzwachstum F&E-intensiver Unternehmen höher ist als das ihrer Wettbewerber. Zu weiteren Studien, die den Zusammenhang zwischen Ausgaben für F&E, Patenten und dem Marktwert von Unternehmen untersuchen, siehe Teil 2 Kapitel I.

[27] Für eine Erläuterung der Gemeinsamkeiten und Abhängigkeiten von Informationen und Erfindungen siehe auch Arrow (1962), S. 616, der Erfindungen als die Produktion von Informationen sieht.

Nach Romer (2003, S. 65f.) lassen sich drei Inputfaktoren zur Generierung neuer Produkte nennen: Software (Rezepte, Formeln, kodiertes Wissen), Hardware (Rohstoffe, die an sich gleich bleiben aber, durch Software neu verbunden werden) und als Letztes Wetware (das Wissen in den Köpfen der Menschen).[28]

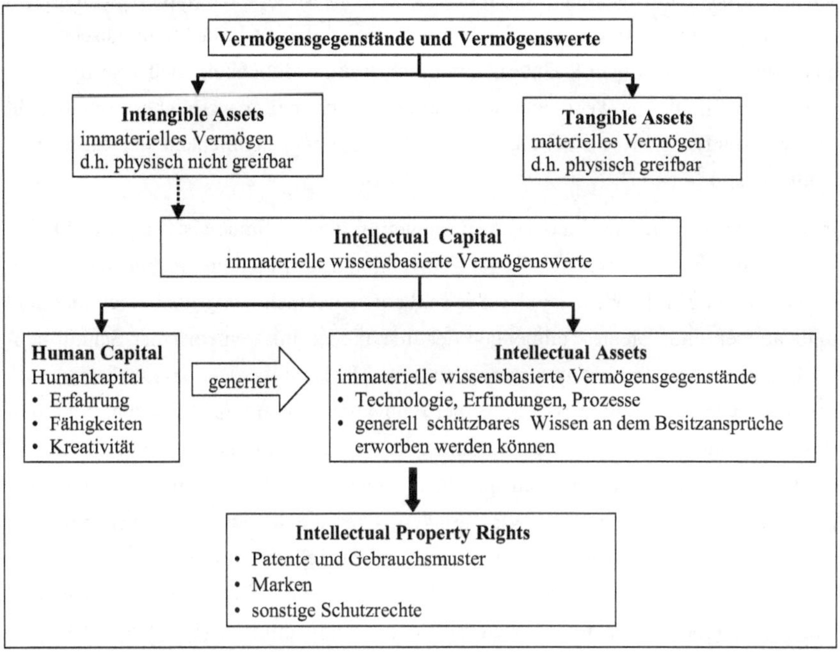

Abbildung 7: Kategorisierung Immaterieller Vermögenswerte
Quelle: in Anlehnung an Edvison/Sullivan (1996)

Soll das Wissen und sein Innovationspotenzial gemessen werden, ist es notwendig, eine geeignete Messgröße zu seiner Operationalisierung zu finden. Es ist also wichtig zu erkennen, wie Innovationen generiert werden und wie sie im Unternehmen gemessen werden können. Abbildung 7 zeigt den Zusammenhang zwischen immateriellem Vermögen und seinem Entstehen. Dabei generiert das Humankapital, dessen Wert durch Erfahrungen und Fähigkeiten der Mitarbeiter bestimmt wird, immaterielle wis-

---

28 Da es einfacher ist, an bereits aufgeschriebenem Wissen einen Eigentumsanspruch geltend zu machen, wird kodifiziertes Wissen an sich, unabhängig ob es bereits geschützt ist oder nicht, als „tangible intangible assets“ oder explizites Wissen bezeichnet, während nicht kodifiziertes Wissen „intangible intangible assets“ oder „tacit knowledge“ genannt wird, Roos (1998).

sensbasierte Vermögenswerte (Intellectual Assets), welche nach Allee (2000) dem Strukturkapital zugeordnet werden. Sie zeichnen sich dadurch aus, dass an ihnen prinzipiell Besitzansprüche, zum Beispiel in Form gewerblicher Schutzrechte, erworben werden können (tangible intangibles).[29] Der Ursprung des immateriellen Vermögens ist jedoch meist die Forschungstätigkeit eines Unternehmens. Grundlage der Forschung ist das Humankapital. Durch das Wissen der Mitarbeiter werden Erfindungen generiert (Inventionen), die unter Umständen in marktfähige Produkte umgesetzt werden können (Innovationen). Unternehmen haben die Möglichkeit, sich ihre Inventionen bei Erfüllung notwendiger Bedingungen durch ein gewerbliches Schutzrecht (bspw. Patent) sichern zu lassen, was die Erfolgswahrscheinlichkeit der Innovation erhöhen kann.[30]

Inventionen, Patente und Innovationen können in diesem Sinne als Output der F&E-Aktivität gesehen werden.[31] Die Begriffe Invention, Innovation und Patent stehen nicht überschneidungsfrei nebeneinander. Sie sind aber auch nicht kongruent. Vielmehr sind Innovationen und Patente Teilmengen der Inventionen mit gemeinsamer Schnittmenge. In der weiteren Betrachtung muss also immer bedacht werden, dass viele Inventionen nicht patentiert werden oder zu keiner Innovation führen (vgl. Abbildung 8). Unter (Produkt-)Innovationen im engeren Sinne werden dabei marktfähige neue Produkte verstanden.[32] Im weiten Sinne entsprechen Innovationen dem gesamten Innovationsprozess: Angefangen bei der F&E-Tätigkeit, über die Invention, als Ergebnis von F&E-Projekten, und die Innovation (im engeren Sinne) als marktreifes Produkt. Darauf folgen die Phasen der Diffusion und der Imitation durch Wettbewerber, wobei letztere ein hemmender Faktor für den Erfolg der Innovation ist (Brockhoff 1999, S. 36ff.).

---

29 Edvison/Sullivan (1996). Zu den gewerblichen Schutzrechten zählen beispielsweise Patente. Welche weitere Formen Staatliche Schutzrechte annehmen können, wird in Teil 1 Kapitel II näher erläutert.

30 Teece (1986), wobei die Stärke des Schutzrechtes eine nicht zu vernachlässigende Rolle spielt.

31 Diese Sichtweise vertreten bspw. auch Licht/Zos (1998), Schankerman (1998). Für eine ausführliche Diskussion des Zusammenhangs siehe Griliches (1990).

32 Daneben gibt es die Prozessinnovationen, diese Beziehen sich auf Innovationen in den Prozessen und Verfahren bei der Herstellung von Produkten oder Arbeitsabläufen, die zu Kostensenkungen führen.

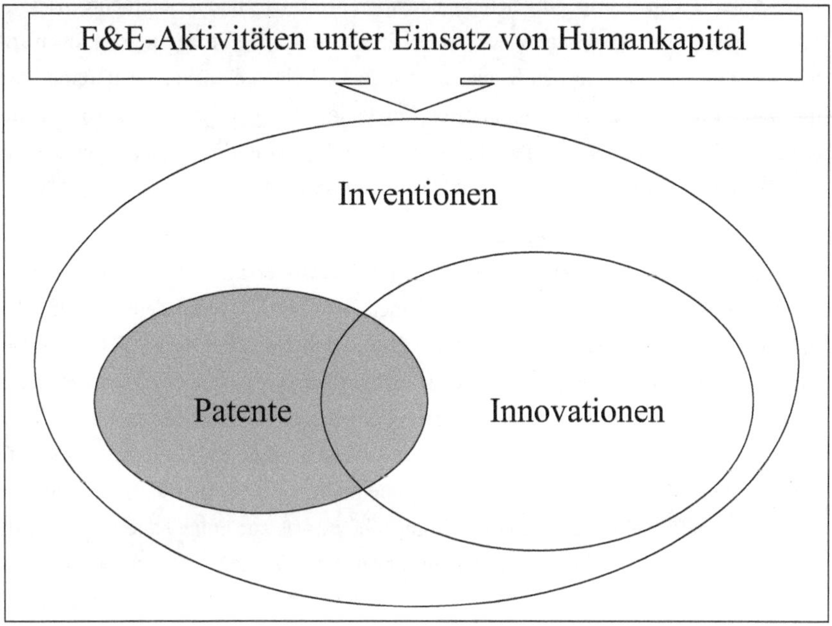

Abbildung 8: Abgrenzung Invention, Patente und Innovationen
Quelle: in Anlehnung an: Basberg (1987) nach Ernst (1999)

Der Anteil patentierter Innovationen und Inventionen an den gesamten Innovationen variiert nach Land und Sektor. In den USA wurden in den 80er-Jahren zwischen 66 Prozent und 84 Prozent Inventionen patentiert (Mansfield 1986). Taylor und Silberston (1973) beobachten ähnlich hohe Zahlen für England. Arundel und Kabla (1998, S. 129) beobachten mit 33 bis 50 Prozent für Europa geringere Anteile. Man kann diese Werte aufgrund unterschiedlicher Berechnungsmethoden nicht uneingeschränkt vergleichen. Je nach Studie werden die patentierten Innovationen, die Anzahl angemeldeter oder erteilter Patente auf alle Inventionen, auf die Innovationen oder auch auf die F&E-Ausgaben bezogen.[33] Arundel und Kabla (1998) analysieren für den europäischen Raum die Patentierungsquote aufbauend auf den Umfrageergebnissen von MERIT und SESSI.[34] Die Unternehmen wurden nach dem Patentierungsverhalten ihrer

[33] Für einen kurzen Überblick siehe Arundel/Kabla (1998).

[34] Die Umfragen beziehen sich auf Holland bzw. Frankreich. Befragt wurden 787 Unternehmen, die in 101 verschiedenen Sparten aktiv sind. MERIT Universität Maastricht, SESSI, Statistical Service of the French Minstry of Industry in Kooperation mit INSEE (National Institute of Statistic and Economic Studies).

F&E-Abteilungen befragt. Im Schnitt patentieren die befragten Unternehmen ca. 36 Prozent ihrer Produktinnovationen und ca. 25 Prozent ihrer Prozessinnovationen. Allerdings gibt es zwischen den Branchen erhebliche Schwankungen. Im Bereich Pharma werden mit 79,2 Prozent die meisten Innovationen patentiert, gefolgt von Chemie (57,3 Prozent) und Maschinenbau (52,4 Prozent). In den traditionellen Branchen, wie zum Beispiel Textile ist der Anteil mit 8,1 Prozent sehr gering.

Unabhängig von Branchenunterschieden führt die Globalisierung der Märkte zu einem Anstieg der Bedeutung von Patenten. Der sich intensivierende internationale Wettbewerb erfordert, dass erfolgreiche Unternehmen in immer kürzeren Zeitabständen Produktinnovationen realisieren müssen. Die Produktlebenszyklen haben sich in einigen Bereichen signifikant verkürzt. Gleichzeitig werden die einzelnen Produkte zunehmend komplexer, sodass sich bei gleicher Forschungsintensität die Produktentwicklungszeiten tendenziell verlängern. Diesem Trade-Off müssen die Unternehmen mit verbesserten und auch teureren Forschungsmethoden begegnen.[35] Diese Entwicklung kann zu einer Abnahme der Patentintensität führen, was zur Folge hätte, dass sich die Relation Patente zu Forschungsausgaben verringert.[36] Wilson (2003) beobachtet von 1953 bis 2000 einen Rückgang der Patentintensität.[37] Gegen einen Rückgang der Patentintensität spricht das gestiegene Patentaufkommen bei den weltweiten Patentämtern (siehe Teil 1 Kapitel II). Ein Erklärungsansatz für das gestiegene Patentaufkommen bei geringerer Patentintensität ist eine durchschnittlich gestiegene Patentqualität. Eine weitere Erklärung ist wie oben angesprochen, dass technologische Fragestellungen an Komplexität gewinnen und deshalb der Quotient, Patente je Geldeinheit F&E-Ausgabe, rückläufig ist. Dabei ist zu beachten, dass eine wachsende Anzahl Patente nicht zwingend zu mehr Innovationen führt. Harhoff (2006) verweist auf die Gefahr, dass durch strategisches Patentverhalten und Gewährung von Trivialpatenten der Patentschutz sogar innovationshemmend wirken könnte.[38]

---

[35] Zumindest in der Computerindustrie scheint dies erfolgreich. Hier wird beispielsweise alle 18-24 Monate eine Verdoppelung der Transistorendichte auf Computerchips erzielt. Das Moor'sche Gesetz, siehe Book (2001), S. 102.

[36] Lanjouw/Schankerman (2004). Dabei weisen die Autoren darauf hin, dass der Rückgang beunruhigend ist, wenn er auf einen Rückgang des Verhältnisses Invention zu F&E-Ausgaben zurückzuführen ist. Auch Griliches (1990) weist bereits auf einen Rückgang der Patentintensität hin.

[37] Die Patentintensität triadischer Patente, also Patente die in den USA, in Japan und in Europa angemeldet wurden, liegt für Deutschland bei 123,15 Patenten je 1 Mrd. Dollar F&E-Ausgaben. Die Intensität ist beinahe doppelt so hoch wie in den USA, Baudry/Dumont (2006), S. 325. Patente wurden in den USA bis 2002 erst nach Gewährung veröffentlicht, sodass gescheiterte Anmeldungen im Gegensatz zu Deutschland nicht beobachtet werden können, was dieses Verhältnis extrem verzerren kann.

[38] Zu dieser aus der gesamtwirtschaftlichen Perspektive relevanten Diskussion siehe auch Teil 1 Kapitel II.

Für die empirische Untersuchung der Arbeit muss ein Indikator gefunden werden, der die Innovationstätigkeit von Unternehmen möglichst verlässlich misst. Im folgenden Kapitel wird der Zusammenhang von F&E-Ausgaben und Patenten mithilfe der Wissensproduktionsfunktion analysiert. So ist es möglich, die Stärken und Schwächen der Betrachtung von Patentdaten und/oder F&E-Ausgaben als Wissensindikatoren zu strukturieren und zu diskutieren.

B. F&E und Patente als Innovationsindikatoren

I. Der Unternehmenswert und die Wissensproduktionsfunktion

Wenn Wissen den Unternehmenswert positiv beeinflusst, sollte sich dies in der Unternehmensbewertung widerspiegeln. Unternehmen, die viel in Wissen investieren, werden, wie Griliches (1981) zeigt, am Markt höher bewertet.[39] Diese Beobachtungen entsprechen dem Shareholder Value Gedanken. Wird diesem Ansatz in seinen grundsätzlichen Überlegungen gefolgt, so sollte ceteris paribus sowohl eine Erhöhung der erwarteten Cashflows als auch eine Reduzierung der Kapitalkosten zu einer nachhaltigen Steigerung des Unternehmenswertes führen. Der Unternehmenswert lässt sich nach der Discounted-Cashflow-Methode unter Annahme eines konstanten Wachstums wie folgt berechnen:

(1.1) $$P_0 = \sum_{t=1}^{\infty} \frac{CF_0(1+g)^t}{(1+k_{wacc})^t}$$ oder vereinfachend (1.2) $$P_0 = \frac{CF_1}{(k_{wacc} - g)}$$

wobei P_0 der Unternehmenswert, CF_0 aktuelle freie Cashflows, k_{wacc} die gewichteten Kapitalkosten (Weighted Average Cost of Capital oder kurz WACC) und g die erwartete Wachstumsrate darstellen. In diesem Modell wird davon ausgegangen, dass die Cashflows jährlich mit der konstanten Wachstumsrate g ansteigen, wobei langfristig g kleiner als k sein muss.[40] Da immaterielles Vermögen in Form von Wissen auch als Wachstumsoption interpretiert wird, müsste der Eigenkapitalwert innovativer Unternehmen höher sein als der von Unternehmen ohne Wachstumsoptionen.[41]

---

39 Eine ausführliche Diskussion, wie der Wert von Wissen über den Unternehmenswert gemessen werden kann, findet in Teil 1 Kapitel II statt.

40 Zur Herleitung und Bedeutung der Kapitalkosten siehe Bessler/Thies (2004) und (2006).

41 Die Fremdkapitalgeber profitieren vom Wachstum nicht in gleichem Maße, da sie nicht am Gewinn des Unternehmens beteiligt sind, sondern fixe Zahlungen erhalten.

Der Marktwert des Eigenkapitals errechnet sich aus dem Unternehmenswert abzüglich des Markwertes des Fremdkapitals oder aus den mit den Eigenkapitalkosten (k_{EK}) diskontierten Cashflows (Dividenden) an die Aktionäre (Dividendenbarwertmodell). Dem Management stehen grundsätzlich verschiedene Möglichkeiten zur Verfügung, den Wert des Unternehmens und des Eigenkapitals (Shareholder Value) langfristig zu erhöhen.

Die potenziellen Werttreiber für eine langfristige Unternehmenswertmaximierung sind in Abbildung 9 schematisch dargestellt. Die gewichteten Kapitalkosten werden minimiert, indem man z.B. die Kostenkomponenten für Fremd- und Eigenkapitaltitel oder für Finanzinnovationen minimiert oder Veränderungen in der Finanzierung so vorgenommen werden, dass die optimale Kapitalstruktur erreicht wird.[42] Neben der Minimierung der Kapitalkosten führt die nachhaltige Steigerung der erwarteten freien Cashflows zu einer Erhöhung des Unternehmenswertes und des Wertes des Eigenkapitals. Innovationen und F&E sind wichtige Werttreiber, um die Wachstumsrate und damit die Cashflows eines Unternehmens zu erhöhen. Ausgaben für F&E können als Investitionen in Wissen interpretiert und als zusätzliche Möglichkeit gesehen werden, das Unternehmenswachstum durch Innovationen zu fördern, (Abbildung 9).

---

[42] Bessler et al. (2003), Bessler/Thies (2004).

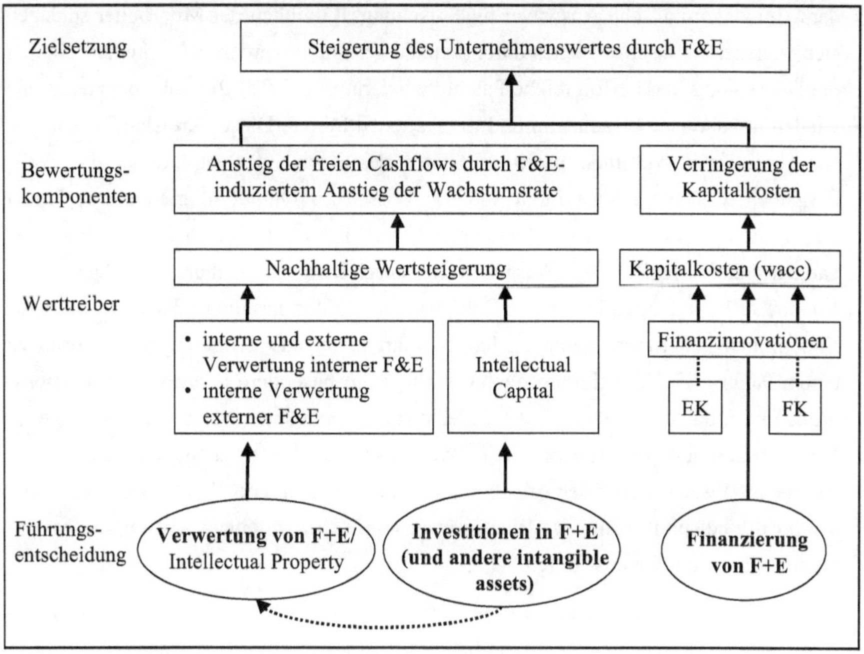

Abbildung 9: Werttreiber des Shareholder Value

Quelle: Bessler et al. (2003)

Die Grundlagen für den Zusammenhang zwischen F&E-Ausgaben, Patenten und dem Unternehmenswert analysiert die Wissensproduktionsfunktion von Pakes und Griliches (1984). Darüber hinaus stellt sie den Zusammenhang zwischen F&E-Ausgaben und Patenten dar. Wie im vorangegangenen Kapitel angesprochen, ist es wichtig zu entscheiden, welcher Indikator verlässlich zur Innovations- und/oder Unternehmensbewertung herangezogen werden kann. Grundsätzlich analysieren Pakes und Griliches (1984) den Zusammenhang zwischen F&E-Ausgaben als Inputfaktor, Patenten als Outputfaktor und dem Einfluss des generierten Wissens auf die Bewertung des Unternehmens am Aktienmarkt sowie auf seine Produktivität. Die Wertrelevanz von Innovationen über den Aktienmarkt zu messen ist besonders viel versprechend, da sie in der Bewertung durch den Kapitalmarkt sofort, in der Produktivität aber nur mit einer zeitlichen Verzögerung zu beobachten ist.

Griliches (1990) erläutert die Wissensproduktionsfunktion und den positiven Einfluss von Wissen auf den Unternehmenswert. Die Wissensproduktion beginnt, wie auch im vorangegangenen Abschnitt abgeleitet wurde, bei den Ausgaben für Forschung und dem Humankapital. Die Ausgaben für Forschungsaktivitäten der Mitarbeiter schlagen sich in neuem Wissen, welches durch Patente geschützt werden kann, nieder. Neu ist die Überlegung, dass erfolgreiche Patente wiederum F&E-Tätigkeiten finanzieren, die wiederum zu Wissenswachstum und Innovationen führen. Dieser Kreislauf beeinflusst das Patentierungsvolumen positiv. Initiator des Kreislaufes sind dabei die F&E-Ausgaben, weshalb sie als Input und das Wissen als Output fungieren. Das Patent nimmt die Stellung des „Zwischenoutputs" ein.[43] Patente sind also das Ergebnis vergangener und aktueller F&E-Ausgaben. Im Vergleich mit Forschungsprojekten haben patentierte Erfindungen den Vorteil, dass sie durch Vermarktung oder Lizenzvergabe Einkommen generieren können.[44] Jedoch führt nicht jede Erfindung automatisch zu einem Patent. Die Patentierungsquoten variieren insbesondere je nach Unternehmensgröße und Industriezugehörigkeit.[45] Patente reflektieren somit bereits erste Erfolge im F&E-Bereich und sind ein akzeptabler, wenn auch kein perfekter Indikator für die Zunahme an Wissen. Unter der Annahme, dass der Kapitalmarkt Wachstum durch Wissen positiv bewertet, sollte das Wissenswachstum sofort zu einem Anstieg des Marktwertes des Unternehmens führen.

Neben diesen grundsätzlichen Zusammenhängen ist es wichtig, den zeitlichen Zusammenhang zwischen der Ausgabe für F&E, der Patentanmeldung, der erfolgreichen Vermarktung und dem Marktwert- und Produktivitätsanstieg zu kennen. Pakes und Griliches (1984) analysieren die zeitliche Verschiebung zwischen F&E-Ausgaben und dem Wissenswachstum. Die Wissensproduktionsfunktion wird als eine Cobb Douglas Funktion, die einen Zeittrend und unternehmensspezifische Merkmale zulässt, modelliert.

Griliches (1990, S. 1672) stellt den Zusammenhang vereinfacht dar. Dabei wird das nicht zu beobachtende Wissenswachstum ($\dot{k}$) in Einheiten von F&E-Ausgaben (R), gemessen. Die Höhe und Varianz des Residuums (u) gibt dabei Auskunft über die Güte der Regression.

(1.3) $$\dot{k} = R + u$$

[43] Auch Stoneman (1983) argumentiert auf unternehmerischer Ebene, dass Patente als ein Inputfaktor für weitere F&E-Ausgaben interpretiert werden sollten, da die Patentierung gemeinhin in einem frühen Forschungsstadium angestrebt wird und dann weitere Forschung nach sich zieht (zitiert nach Hall (1986), S. 266).

[44] Pakes/Griliches (1984), S. 57, ausführlich argumentiert hier auch Teece (1986).

[45] Griliches (1990), S. 1673ff. Die Diskussion zur Patentierneigung wird in Teil 1 Kapitel II geführt.

Als zweite Funktion muss eine Indikatorfunktion aufgestellt werden, die das Wissenswachstum mit der Anzahl angemeldeter Patente (P) des Unternehmens verbindet. Die Patente sind dabei eine lineare Funktion mit der Steigung (a) des generierten Wissens. Auch hier kommt die Qualität von (P) als ein Indikator für die Werthaltigkeit des Wissens in der Größe und Varianz des Residuums (v) zum Ausdruck. Wird ($\dot{k}$) durch (R) ersetzt, lassen sich Patente durch die Forschungsausgaben und die Residuen (u) und (v) erklären.

(1.4) $$P = a\dot{k} + v = aR + au + v$$

Die dritte Gleichung ermöglicht es, den Einfluss des Wissenswachstums auf verschiedene Outputgrößen (Z, beispielsweise Marktwert des Unternehmens) zu bestimmen, wobei die Frage zu klären ist, ob es besser ist die F&E-Ausgaben oder die Patente als erklärenden Faktor in das Modell aufzunehmen. Wiederum wird ein linearer Zusammenhang mit dem Regressionskoeffizienten (b) angenommen. (e) ist das Residuum.

(1.5) $$Z = b\dot{k} + e = bR + bu + e$$

Da die Varianz von (au+v) aus der Indikatorgleichung größer ist als die Varianz von (v), ist der Korrelationskoeffizient zwischen den Ausgaben für F&E und Patente eine untere Grenze für die Eignung des Indikators Patente für das Wissenswachstum. Hierbei sind zwei weitere Überlegungen zu beachten. Wenn auf der einen Seite der Fehler (v) in der Indikatorgleichung (1.4) extrem hoch ist, dann ist es besser, F&E-Ausgaben als Indikator zu nutzen, obwohl die Information über (u) verloren geht. Auf der anderen Seite spricht es für die Nutzung von Patenten, wenn diese bereits einen Teil der Residuen (u) in dem Wissenswachstum aus der Gleichung (1.3) abdecken.

II. Vor- und Nachteile von F&E und Patenten als Innovationsindikatoren

Die Wissensproduktionsfunktion stellt also den theoretischen Zusammenhang zwischen Innovationen und dem Marktwert (Z) her. Sie liefert aber keine eindeutige Aussage darüber, welcher der beiden Indikatoren, F&E-Ausgaben oder Patente, der bessere Innovationsindikator ist. Griliches (1990, S. 1673f.) beobachtet zwar, dass in einer Querschnittsregression ein großer Anteil des Patentverhaltens durch Forschung erklärt werden kann (R^2=0,9), was nach dem Modell für die Nutzung von Patenten als Wissensindikator sprechen würde. Werden aber die Patentanmeldungen durch Ausgaben für F&E auf Unternehmensebene in einer Zeitreihenregression erklärt, dann sinkt die

Erklärungskraft jedoch erheblich (R^2=0,3).[46] Mahlich (2004, S. 406) weist für europäische Unternehmen einen signifikanten Einfluss der F&E-Ausgaben auf die Anzahl Patente nach. Dabei führt ein Anstieg der F&E-Ausgaben um $100 Mio. zu einem zusätzlichen Patent.

F&E-Ausgaben sind grundsätzlich zeitlich früher zu beobachten als Patente oder bereits marktfähige Innovationen. Allerdings haben Patente den Vorteil, dass sie gut dokumentiert und einfacher zu bewerten sind als Ausgaben für F&E. Pakes (1986) begründet damit ihre wachsende Relevanz in der empirischen Forschung. Entsprechend der Überlegung von Griliches (1990, S. 1674) wäre es möglich, dass bewertete Patentanmeldungen dem Kapitalmarkt Informationen bieten, die über den Wert vorangegangener F&E-Ausgaben hinausgehen.[47] Die Ergebnisse von Hall et al. (2001) unterstützen diese These. Zwar korrelieren die kumulierten Ausgaben für F&E (F&E-Stock) stärker mit dem Unternehmenswert als der Patentstock, aber der mit Zitierungen gewichtete Patentstock liefert eine Zusatzinformation.[48] Ramb und Reitzig (2005a und 2005b) finden Hinweise darauf, dass europäische Patentanmeldungen den Marktwert eines Unternehmens besser erklären als in der Bilanz ausgewiesene F&E-Ausgaben.

Hirschey und Richardson (2004) beobachten für US-Unternehmen, Hirschey (2001) für japanische und US-Unternehmen und Trautwein (2006)[49] für deutsche Unternehmen, dass Patentinformationen den Marktwert von Unternehmen besser erklären als Kennzahlen aus dem Jahresabschluss. Diese Ergebnisse stützen die Interpretation von Patenten als Output der F&E-Abteilung, der neben der Betrachtung von F&E-Ausgaben einen Informationswert besitzt.[50]

Im Gegensatz dazu werden bei volkswirtschaftlicher Betrachtung, beispielsweise von Schmockler (1952) Patente als Ausdruck für erfinderische Aktivitäten, also als Innova-

---

46 Die Ergebnisse könnten eventuell durch die Betrachtung eines Timelags verbessert werden. Allerdings finden beispielsweise Hall et al. (1986) einen stärkeren direkten als einen zeitverzögerten Zusammenhang zwischen F&E und Patenten.

47 Dies wäre der Fall, wenn Patente die Größe des Residuums „u“ in der Wissensfunktion reduzieren (Gleichung 1.3). Naturgemäß sollte dies bei bewerteten Patenten eher der Fall sein.

48 Hall et al. (2001), S. 14. Eine Erhöhung um eine Zitierung je Patent führt zu einer 3%igen Marktwertsteigerung auf Unternehmensebene. Der Wert einer höheren Patentintensität bezogen auf die F&E-Ausgaben fällt geringer aus. Wird je Million Dollar ein Patent mehr gewährt, erhöht dies den Unternehmenswert um 2%. S. 17. Die Bewertung von Patenten über empirische Indikatoren, zu denen auch Zitierungen gehören, wird in Teil 1 Kapitel III vorgestellt.

49 Hirschey (2001) sowie Trautwein (2006) vergleichen den Informationsgehalt der Patente dabei nicht mit Ausgaben für F&E, sondern mit der Aussagekraft des Models in Anlehnung an Ohlson (1995), welches mit im Jahresabschluss ausgewiesenen Gewinngrößen arbeitet.

50 Griliches (1990) interpretiert Ausgaben für F&E als Input und betrachtet Patente als Indikator für den Innovationserfolg eines Unternehmens. Zu gleichen Ergebnissen kommen Licht und Zos (1998, S. 330), Hirschey und Richardson (2004) und Hirschey (2003), S. 162.

tionsinputgröße aufgefasst.[51] Griliches (1981 und 1990) führt diese konträre Auffassung auf die schlechte Datenbasis von 1952 zurück. Lach (1995) interpretiert auch in einer volkswirtschaftlichen Betrachtung F&E-Ausgaben als Inputindikatoren und Patente als Outputindikatoren. Cockburn und Griliches (1988, S. 421) beobachten, dass die Erklärungskraft der Patentvariablen abnimmt, wenn F&E-Ausgaben mit in das Modell zur Erklärung des Marktwertes von Unternehmen aufgenommen werden. Allerdings erhöht sich die Erklärungskraft leicht, wenn die Fähigkeit das Patent zu nutzen (appropriability) mit in das Modell aufgenommen wird. Aber auch Mairesse und Mohnen (2004) beobachten eine größere Aussagekraft von F&E-Ausgaben als von Patenten auf den Unternehmenserfolges, wenn dieser über die Produktivität gemessen wird. Den Überlegungen von Licht und Zoz (1998) folgend stellen Patente dennoch eine wichtige Information für den Kapitalmarkt dar, da aufgrund der Kosten für die Patentierung eine Invention nur patentiert wird, wenn sie einen gewissen Wert besitzt.[52]

Bei der Indikatorenwahl muss sichergestellt werden, dass der Indikator möglichst früh verlässlich zu beobachten ist. Daher ist die zeitliche Abfolge zwischen F&E-Ausgaben und Patentanmeldungen wichtig. Es ist durchaus vorstellbar, dass die heutigen Ausgaben beispielsweise für Grundlagenforschung erst nach Ablauf einiger Jahre und erfolgter Entwicklungsforschung zu einem Patent führen. Allerdings führen diese nach der Wissensproduktionsfunktion wieder zu Ausgaben für F&E, sodass es nicht verwundert, dass die Ergebnisse für den zeitlichen Zusammenhang zwischen F&E und Patenten variieren. Pakes und Griliches (1984, S. 63) beobachten eine zeitliche Verzögerung zwischen F&E und Patenten von 1,6 Jahren, wobei diese Schätzung je nach Jahr und Industriesektor schwankt. Entgegen den angestellten Vermutungen zeigen Hall et al. (1986) an einem Sample von 650 Unternehmen für den Zeitraum von 1972-1979, dass der zeitgleiche Zusammenhang von F&E und Patenten stärker ist als der verzögerte. Die Interpretation wird allerdings durch die hohe Autokorrelation in der F&E-Variablen erschwert. Der Einfluss von F&E-Ausgaben auf das Patentierungsverhalten der Unternehmen ist dabei stärker als andere firmenspezifische Effekte.

---

[51] Schmocker (1952) zitiert nach Griliches (1990), S. 1670.

[52] Aber auch sie stellen heraus, dass nicht zwangsläufig alle Innovationen patentiert werden. Als Einflussparameter sehen sie insbesondere die Unternehmensgröße. Die Untersuchung bezieht sich auf Daten des Zentrums für europäische Wirtschaftsforschung (ZEW), eine Stichprobe westdeutscher Unternehmen und deren Patentierungsverhalten. Neben Anmeldungen am deutschen Patentamt werden auch Anmeldungen beim europäischen und amerikanischen Patentamt untersucht. Europäische Patentanmeldungen sollten dabei, aufgrund der höheren Anmeldegebühren, wertvoller sein als nationale.

Der Einfluss von Patenten auf Veränderungen der F&E-Ausgaben unter Einbeziehung einer möglichen zeitlichen Verschiebung ist eine verbundene Fragestellung. Schwalbach und Zimmermann (1991, S. 442) gehen ihr nach und beobachten in vorangegangenen Studien, je nach gewähltem Timelag und Branche Elastizitäten zwischen 0,32 und 1. Darüber hinaus beeinflusst die Unternehmensgröße das Verhältnis Patente je F&E-Ausgaben. Kleine Unternehmen weisen per se eine höhere Patentintensität auf. Neben erfolgreicheren Forschungsabteilungen könnte nach Griliches (1990) eine Erklärung für diese Beobachtung sein, dass kleinere Unternehmen nicht ihre gesamten Forschungsausgaben veröffentlichen. Wird die pharmazeutische Branche betrachtet, ist ferner möglich, dass kleinere Unternehmen eher in der Forschung tätig sind und größere in der Entwicklung. In der Forschungsphase werden tendenziell mehr Patente angemeldet als während der Entwicklung eines Medikamentes. So sollten nach Mahlich (2004) kleinere Unternehmen in der Forschung und große Unternehmen in der Entwicklung erfolgreicher sein, da Letztere die hohen Fixkosten besser verteilen können und aufgrund der Unternehmensgröße die Forschungsanstrengungen der Mitarbeiter ungewollt reduzieren.[53]

Schwalbach und Zimmermann (1991) untersuchen die Daten des Stifterverbands für die deutsche Wissenschaft auf den Zusammenhang zwischen F&E-Ausgaben und Patentanmeldungen in 33 Branchen.[54] Sie betrachten einen Lag von vier[55] beziehungsweise zwei Jahren. Die höchste Patentintensität in der Untersuchung hat der Straßenfahrzeugbau mit zwei Patenten je Mio. DM F&E-Ausgaben. Die Patentelastizität liegt bei ca. 1,2. Eine einprozentige Steigerung der F&E-Ausgaben bewirkt demnach einen 1,2 prozentigen Anstieg der Patentanmeldungen bei einem Lag von zwei (1,219) sowie von vier Jahren (1,206).[56]

---

53 Als Gründe hierfür nennt Mahlich (2004), S. 4 weniger Anreize, da sich der Forschungserfolg nicht direkt im Unternehmenserfolg widerspiegelt, lange Entscheidungswege bei der Beantragung von Forschungsgeldern und die Tatsache, dass die besten Forscher in leitende, nicht mehr forschende Posten befördert werden. Vor der Konsolidierungswelle der letzten Jahre konnte auch beobachtet werden, dass Pharmaunternehmen versuchen ihre Forschungsabteilungen klein zu halten. Nach Di Masi et al. (2002) betragen die durchschnittlichen Kosten für die Entwicklung eines Medikamentes mit $467 Mio. mehr als 50% der gesamten Kosten des Forschungs- und Entwicklungsprozesses (ca. $800 Mio.).

54 Untersucht werden die F&E-Ausgaben der Jahre 1979 und 1981, die Patenterstanmeldungen beziehen sich auf das Jahr 1983.

55 Bereits Scherer (1965) verwendet ebenfalls einen Timelag von vier Jahren. Er begründet dies mit einer durchschnittlichen Dauer von 9 Monaten, nach denen ein Patent für eine Erfindung angemeldet wird, und der durchschnittlichen Dauer von 3,5 Jahren, die das USTPO benötigt, um ein Patent zu prüfen, S. 1097. Die durchschnittliche Zeit in Deutschland beträgt nach Angaben des DPMA 3 Jahre, (Teil 1 Kapitel II).

56 Die Elastizität der Ausgaben für Sachaufwendungen übertrifft die für Personal und im Investitionsgüterbereich ist die Patentneigung höher als in der Konsumgüterindustrie. Schwalbach/Zimmermann (1991), S. 446f. Greif/Schmiedl (2002, S. 33) berechnen bei einem Timelag von einem Jahr für Deutschland einen Korrelationskoeffizienten von 0,98 zwischen F&E-Personal und Patentanmeldungen in Wirtschaftssektoren.

Patente können in Abhängigkeit von der Branche und unternehmensinternen Einflussfaktoren einen positiven Einfluss auf den Unternehmenswert haben. Wie oben dargelegt, stellen sie einen Indikator dar, der vor den realisierten Gewinnen beobachtet werden kann. Die Anzahl und der Wert der Patente eines Unternehmens hängen dabei neben anderen Einflussfaktoren von der Höhe der Ausgaben für F&E ab. Auch haben die Verwendung der F&E-Ausgaben sowie die Forschungsschwerpunkte einen Einfluss auf die Werthaltigkeit von Patenten.[57]

III. Patente als Wissens- und Innovationsindikatoren

Grundsätzlich können also die F&E-Ausgaben sowie die Patentanmeldung oder die Patentgewährung für den Kapitalmarkt bewertungsrelevante Informationen darstellen. Verschiedene Studien nutzen deshalb F&E-Ausgaben, die Patentanzahl oder Patentindikatoren, beispielsweise Zitierungen als Innovationsindikatoren (siehe Teil 2 Kapitel VI). Hagedoorn und Cloodt (2003) argumentieren, dass aus der Verknüpfung der Indikatoren ein guter Gesamtindikator für die „innovative Performance" eines Unternehmens gebildet werden kann. Sie schlussfolgern aber, dass die Nutzung eines Indikators ausreichend ist, da die Korrelation der Indikatoren sehr stark ausgeprägt ist.

Patente werden nicht zwangsläufig als Innovationsindikatoren, sondern auch als eine Möglichkeit des Ausschlusses der Wettbewerber von der Wissensnutzung gesehen (Brockhoff 1999, S. 95). Dabei gibt es zwischen diesen Sichtweisen durchaus Überschneidungen. Wird die Innovation im weiteren Sinne als Prozess gesehen, ist die Forschungs- und Entwicklungsarbeit oft standardisiert und führt über einen Wissenszuwachs zu einer Innovation. Allerdings muss berücksichtigt werden, dass nicht alle Innovationen auf F&E-Ausgaben aufbauen. Baudry und Dumont (2006, S. 327) nennen als weitere Innovationsquellen den Einkauf von Wissen oder die Imitation von Wettbewerbern.

Dass die Patentinformationen für externe Dritte einsehbar sind, erhöht die Eignung von Patenten zur Operationalisierung des Innovationsverhaltens eines Unternehmens. Dabei darf nicht vergessen werden, dass bei Bestimmung der Innovationskraft oder der Wissensbasis eines Unternehmens über Patente immer nur ein Teilbereich des Outputs der Forschungsabteilung erfasst wird. Genau dieser ist jedoch sehr gut dokumentiert

---

[57] Ernst (1998), so sind Patente von Unternehmen, die hauptsächlich in Grundlagenforschung investieren tendenziell werthaltiger als von Unternehmen, die vermehrt in Entwicklung investieren. Ernst weist einen positiven Zusammenhang zwischen der Forschungsintensität der betrachteten Unternehmen und der Patentqualität auf. Ein Einfluss der F&E-Intensität auf die Patentqualität konnte jedoch nicht bestätigt werden. Allein ein höherer Forschungsanteil innerhalb der F&E-Ausgaben führt zu einer höheren Patentqualität und beein-

und sollte in Abhängigkeit von der Branche und Unternehmensgröße auch die wertvollsten Inventionen umfassen, insbesondere dann, wenn Wertindikatoren für die Patentqualität berücksichtigt werden.[58]

In Abbildung 10, ist eine Auswahl der vorgestellten Indikatoren dargestellt. Die aufgeführten Indikatoren sind in vertikaler Reihenfolge: F&E-Ausgaben, aktivierte immaterielle Vermögenswerte und Patente. Zu beachten ist, dass Forschungsausgaben in den meisten Rechnungslegungssystemen (siehe Teil 1 Kapitel II A) nicht aktiviert werden dürfen. Diese Restriktion spiegelt sich ebenfalls in der Eignung der aktivierten immateriellen Vermögenswerte wider. Für bereits im Markt befindliche Innovationen scheinen weder F&E-Ausgaben noch aktivierte immaterielle Vermögenswerte als Indikator geeignet. Da Patente in jeder Phase des Entwicklungsprozesses: F&E-Ausgabe, Invention und Innovation auftreten können, scheinen sie besser geeignet. Bei Patenten bleibt jedoch zu berücksichtigen, dass nicht alle Innovationen patentiert werden und so nur ein Teil der Innovationen beobachtet wird. Ebenfalls wird nicht ersichtlich, in welcher Phase sich die Innovation befindet. Eine weitere Einschränkung der Patente ist, dass das Patentanmeldejahr erst mit einer Zeitverzögerung offen liegt. Jedoch ist der Patentstock der letzen Jahre als Innovationsindikator für die generelle Innovationstätigkeit des Unternehmens verfügbar. Ein weiteres beliebtes Maß für die Innovationsproduktivität ist das Verhältnis der Patentanmeldungen zu F&E-Ausgaben.[59] Für dieses Maß gelten jedoch die gleichen erläuterten Schwächen, wie für die F&E-Ausgaben und Patente.

flusst dadurch den Markterfolg des Unternehmens positiv.

58 Basberg (1987), zitiert nach Ernst (1999), S. 1148; Hall et al. (1986) vertreten eine ähnliche Meinung.

59 Lanjouw/Schankerman (2004), Griliches (1990), Hall et al. (2005).

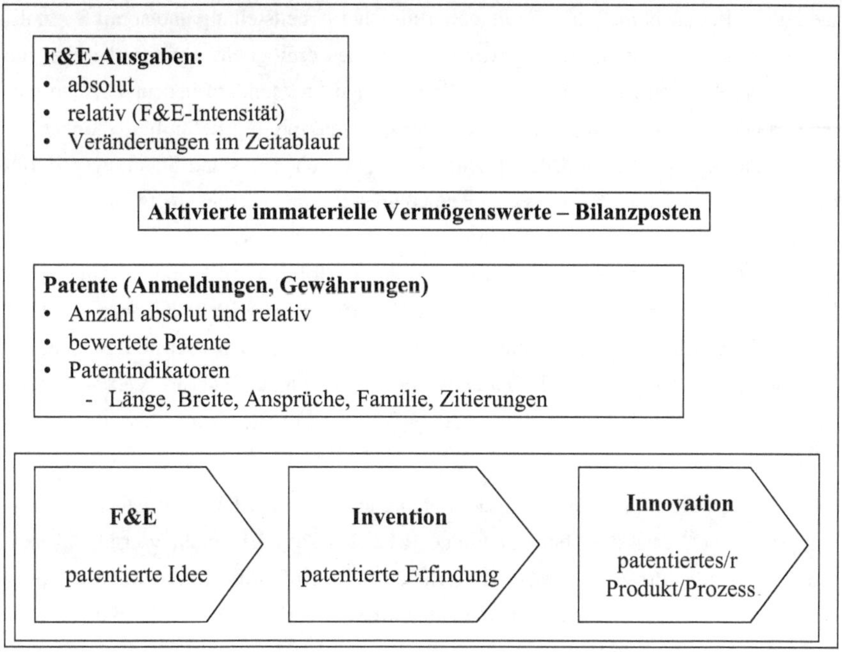

Abbildung 10: Indikatoren zur Operationalisierung von Innovationen
Quelle: Eigene Darstellung

Für das Beobachten der Patente im Vergleich zu F&E-Ausgaben spricht, dass Patente den Unternehmen eine erfolgreiche Vermarktung der Innovation durch Lizenzvergabe eher ermöglichen.[60] Baumol (2003) fasst sechs Beobachtungen zusammen, die dafür sprechen, dass die Patentierung und anschließende Lizenzierung einer Innovation ihren Wert für das Unternehmen im Vergleich zur Geheimhaltung und alleiniger Nutzung erhöht. Die Lizenzierung kann dabei nicht nur für den Erfinder, sondern auch für den Lizenznehmer vorteilhaft sein.[61] Erstens dienen Erfindungen der forschenden Unternehmen den (produzierenden) Herstellern als Input für Produkte. Um ihre Produkte herstellen zu können, sind sie bereit, Lizenzgebühren zu zahlen, sodass die Erfindung auch für das forschende Unternehmen an Wert gewinnt. Eng damit zusammen hängt

60 Siehe Teece (1986) zur den allgemeinen Wirkungen von Patenten und komplementären Fähigkeiten auf die Erfolgswahrscheinlichkeit einer Innovation und Sherry und Teece (2004) zu der Bedeutung der Patentierung (insbesondere nach einem Einspruch bestätigter Patente) für den Wert einer Innovation. Letztere betonen dabei, dass es wichtig ist, zwischen dem Wert einer Erfindung und dem Wert des Patentes für den Patentinhaber zu unterscheiden.

61 Die Situation wird allerdings nicht mit einer Open-Source Situation verglichen, sondern mit der Geheimhaltung.

die zweite Beobachtung, dass die Patentierung eine Arbeitsteilung und somit Spezialisierung forschender und anwendender Unternehmen ermöglicht. Drittens bereitet die Lizenzvergabe dem Erfinder keine zusätzlichen Kosten, sondern bedeutet reinen Gewinn, und viertens sind Lizenznehmer bereit, Lizenzzahlungen für Innovationen zu leisten, da sie dadurch die Möglichkeit zu Kooperationen mit und Schulungen durch den Lizenzgeber erhalten, die sie bei einer unerlaubten Nutzung nicht in Anspruch nehmen könnten. Die fünfte Beobachtung zielt darauf ab, dass der Lizenznehmer vom Beginn der Lizenznahme bis zur Einführung eines erfolgreichen Produktes einige Zeit benötigt. Die Lizenzvergabe reduziert für den Erfinder bei eigener Nutzung des Produktes die Abschöpfung der Monopolrente nicht vollständig. Die sechste Beobachtung bezieht sich auf die Aufgabe des Patentwesens, Innovationen und ihre Verbreitung zu fördern. Dabei erlaubt das Patentwesen dem Erfinder, die positiven Externalitäten der Offenlegung zu internalisieren.

Als weiterer Punkt für die Nutzung der Patente und nicht der F&E-Ausgaben als Indikatoren spricht, dass die Datengrundlage für F&E-Ausgaben nicht vollständig sein muss. So werden die Zahlen teils nur vierteljährlich veröffentlicht und Grundlagenforschung oftmals nicht erwähnt.[62] Patentdaten werden veröffentlicht. Sie sind also allgemein zugänglich und können als Information bei der Bewertung von Wertpapieren dienen.

Zum Verständnis der Bedeutung der unterschiedlichen Patentlebensphasen und der im empirischen Teil der Arbeit genutzten Patentindikatoren wird der rechtliche Ablauf einer Patentanmeldung bis zur Patentgewährung im folgenden Kapitel dargestellt.

Kapitel II: Grundlagen zu gewerblichen Schutzrechten

In den folgenden Abschnitten werden die theoretischen Begründungen und rechtlichen Grundlagen für gewerbliche Schutzrechte mit dem Fokus auf Patenten erläutert. Darauf aufbauend folgt eine Diskussion, unter welchen Umständen Unternehmen einen Patentschutz der Geheimhaltung derzeit bevorzugen und wann sie ihn bevorzugen sollten.

---

62 Griliches (1990), Lev (1999), Deng et al. (1999).

A. Erklärungsansätze für ein staatliches Schutzrecht

I. Argumente für und wider gewerbliche Schutzrechte

Die Ausgestaltung und der rechtliche Rahmen des Patentschutzes in einem Land spielen eine große Rolle für durch Forschung erzielbare Gewinne und die Forschungsaktivitäten der betroffenen Unternehmen. Nur wenn Unternehmen für ihre F&E-Aufwendungen entschädigt werden und so rentierliche Forschung betreiben können, sind sie bereit, Forschungsaktivitäten zu leisten. Ob Patente, volkswirtschaftlich gesehen, die wohlstandsmaximierende Alternative sind, ist strittig. Nicht nur bis zur Durchsetzung des Patentschutzes Mitte des 19. Jahrhunderts, wurde seine Berechtigung kontrovers diskutiert. Nach Boldrin (2004) ist das Hauptargument gegen staatliche Schutzrechte, dass ein Monopol nicht wohlstandsmaximierend sein kann, da die Konsumenten durch die mit dem Patentschutz einhergehende Monopolstellung schlechter gestellt werden. Die Argumentation des wohlfahrtschädigenden Monopols wird durch die Beobachtung von Mansfield et al. (1981, S. 913) abgeschwächt. Imitatoren gelingt es in 60 Prozent der Fälle, patentierte Produkte zu imitieren, ohne das Patent zu verletzen. Der geschätzte Anstieg der Kosten der Imitation durch den Patentschutz beträgt moderate elf Prozent. Dieser geringere Wert ist damit zu begründen, dass im Falle einer Nichtpatentierung die Technologie der Innovation nicht offen gelegen hätte.

Bei der Diskussion für oder wider Patente muss folgender Trade-Off beachtet werden. Wie Scotchmer (2004, S. 34ff.) argumentiert, werden zum einen Innovationen zum Teil nur wegen der staatlichen Schutzrechte entwickelt, zum anderen führen geschützte Monopole zwangsläufig zu einem Wohlfahrtsverlust.[63] Wegen des Schutzrechtes ist es dem Anbieter möglich, für ein Produkt einen höheren Preis als die marginalen Kosten zu verlangen.[64] Deshalb werden Konsumenten mit einer geringeren Zahlungsbereitschaft als dem Preis des mit einem staatlichen Schutzrecht geschützten Produktes von dem Konsum ausgeschlossen. Dieser Ausschluss führt volkswirtschaftlich gese-

---

63 Dieses Argument scheint nach den Beobachtungen von Mansfield (1981, S. 915) in unterschiedlichen Branchen unterschiedlich stark zu greifen. Wird die pharmazeutische Branche aus der Beobachtung genommen, geben nur ein Viertel der Unternehmen an, ohne die Möglichkeit einer Patentanmeldung die Innovation nicht entwickelt zu haben. Inklusive der pharmazeutischen Branche steigt der Anteil auf 50%. Befragt wurden Unternehmen der Chemie, Pharma und Elektrobranche zu 48 Produktinnovationen. Das Sample ist relativ klein.

64 Im Fall von Wissen wären die marginalen Kosten zu Produktion einer weiteren Einheit null, da nach Veröffentlichung des „Wissens" keine weiteren Einheiten produziert werden müssen. Das Wissen würde sich ohne Kosten für die Konsumenten verteilen.

hen zu einem teilweisen Verlust des Konsumentenüberschusses. Aoki und Small (2004) beschreiben neben diesem Trade-Off, den sie zwischen einem statischen Verlust im Sinne des Wohlfahrtsverlustes und den dynamischen Gewinnen durch die Produktion von Innovationen sehen, einen zweiten informationsbasierten Trade-Off. Letzterer herrscht zwischen einer statischen (kurzfristigen) Marktineffizienz und der Offenlegung, die langfristig zu mehr Informationen in den Märkten führt. Da für die Gewährung eines Patentes die Offenlegung der patentierten Idee Voraussetzung ist, wird unter Umständen erst durch die Patentierung ein Wissensfluss zwischen Unternehmen möglich, wenn man die Situation mit Patent mit der Situation der Geheimhaltung vergleicht.[65] Gleichzeitig kann der Schutz Innovationen hemmen. Dies ist der Fall, wenn Unternehmen, die Folgeforschung betreiben möchten, dies unterlassen, weil sie die patentierten Innovationen für die Forschung nutzen müssten. Doch ist fraglich, ob bestehende Innovationen ohne Schutzrechte überhaupt entstanden und veröffentlicht wären. Scotchmer (2004, S. 127ff.) stellt dar, dass die mit dem staatlich gesicherten Monopol einhergehende Offenlegung der Innovation durch die Möglichkeit der Lizenzvergabe weitere Erfindungen auf diesem Gebiet fördert oder erst ermöglicht. Innovationen können somit, wenn auch nicht kostenlos, in der weiteren Forschung eingesetzt werden. Es gibt drei mögliche Lizenzkonstellationen, um Folgeforschung zu ermöglichen:

1.) Bauen nachfolgende profitable Anwendungen auf einer einzelnen Basisforschung auf, muss ein Teil der Gewinne aus den Anwendungen in Form von Lizenzzahlungen an den Ersterfinder weitergegeben werden.

2.) Eine vermarktbare Anwendung kann verschiedene Ergebnisse aus der Basisforschung benötigen. Bei einer anonymen Lizenzierung der einzelnen Patente besteht dann für den Folgeforscher die Gefahr, dass er in Summe zu hohe Lizenzzahlungen entrichtet. Patentpools, in denen die benötigten Grundlagenpatente zusammen lizenziert werden, oder die Konsolidierung der Grundlagenforschung, das heißt Forschungskooperationen, sind mögliche Lösungsansätze für dieses Problem. Die Überlegung zum Patentpool deutet an, dass kumulative Forschung durch staatliche Schutzrechte und ihre Informationsfunktion vereinfacht wird.

3.) Resultiert die Folgeanwendung in einer Qualitätsverbesserung des grundlegenden Produktes, wäre Forschung für den Erfinder der Basisanwendung, insbesondere bei schnelllebiger Forschung, nicht rentabel. Es würde keine Folgeforschung be-

[65] Takalo/Kanniainen (2000) drücken den Vorteil der Offenlegung als Vermeidung von Doppelforschung aus.

trieben werden, da der Besitzer des verbesserten Produktes einen ungleich höheren Marktanteil gewinnen würde. Auch in diesem Fall wird durch die Möglichkeit der Patentanmeldung ein Teil des Gewinnes des Produktanbieters mit höherer Qualität an den (vorangegangenen) Erfinder in Form von Lizenzzahlungen weitergegeben.

Denicolò und Franzoni (2004, S. 375) argumentieren generell für einen Patentschutz. Eine Veröffentlichung der Technologie, wie sie durch das Patentsystem erfolgt, fördert die soziale Wohlfahrt. Allerdings findet der Vergleich hierbei nicht zwischen einer Open-Source Regelung und Patentierung statt, sondern zwischen Geheimhaltung und Patentierung.

Gans und Hsu (2004) finden Hinweise darauf, dass die Patentierung von Innovationen, vorausgesetzt die staatlichen Schutzrechte sind stark, nicht nur die absolute Rendite für das Unternehmen steigert, sondern auch den relativen Renditevorteil zwischen einer Marktlösung und einer Hierarchielösung verschiebt. Dies bedeutet, dass durch die Möglichkeit einer Patentanmeldung Kooperationslösungen (Zusammenarbeit mehrerer Unternehmen über den Markt) vorteilhafter werden als die Eingliederung einer bestimmten Forschungstätigkeit im Unternehmen.

Saint-Paul (2004) kritisiert das Problem der ungerechten Lohnverteilung aufgrund von Schutzrechten. Als Beispiel zieht er das Vermögen von Bill Gates, Gründer von Microsoft, heran, das hauptsächlich auf die Verdrängung von Wettbewerbern mithilfe staatlicher Schutzrechte zurückzuführen ist. Da eine Umverteilung eine verzerrende Wirkung hat, wirkt der Patentschutz seiner Meinung nach eher innovationshemmend. Sein Vorschlag ist es, den Patentschutz zu begrenzen, um die Benachteiligung der Konsumenten zu verringern. Saint-Paul (2004, S. 130f.) kommt zu dem Schluss, dass ein Patentschutz mit nachfolgender Umverteilung die gesamtwirtschaftlich beste Alternative wäre. Hingegen analysieren Boldrin und Levine (2004) modelltheoretisch, ob es durch gezielte Patentpolitik eines sozialen Planers zu einer volkswirtschaftlich besseren Lösung kommen kann, als wenn die Unternehmen in einer Marktlösung durch Geheimhaltung versuchen, eine Monopolstellung zu generieren. Die Autoren können diese Frage nicht eindeutig beantworten. Die Antwort ist abhängig von den betroffenen Gütern, Industrien und Märkten. Das Patentrecht wird sozial schädigend, wenn der Staat versucht, daraus selber einen Profit zu generieren. Insgesamt schlussfolgern sie, dass eine Volkswirtschaft ohne Patentschutz besser gestellt wäre.

Die Angst vor einem Patentschutz, insbesondere im mittelständischen Bereich, wurde bei der Diskussion um die EU-Richtlinie zur Vereinheitlichung des Schutzes von Software deutlich. Diskutiert wird die Problematik, dass sich einen internationalen

Patentschutz[66] nur ein Großkonzern, nicht aber ein mittelständisches Unternehmen leisten kann. Somit würde durch den Patentschutz, der eigentlich dem Erfinder einen Ausgleich für seinen Einsatz bieten soll, eine Wettbewerbsverzerrung herbeigeführt. Ein weiteres Argument gegen die Patentierung von Software ist der Erfolg der Open-Source Programmierung. Lerner und Tirole (2002) analysieren den Erfolg der Open-Source Bewegung. Dabei stellt sich die Frage, welchen Nutzen Open-Source Programmierer aus ihrer Tätigkeit ziehen. Zum einen können persönliche Gründe den Open-Source Programmierern Nutzen stiften. Ein Beispiel ist die Verbesserung einer Software, die der Programmierer dann auch in seiner Haupttätigkeit nutzen kann oder die Freude an der Art der Arbeit und die damit einhergehende Anerkennung aus der „Community". Ein karrierebezogener Anreiz ist, eventuell später von einem entsprechenden Unternehmen beschäftigt zu werden.[67] Maurer und Scotchmer (2006, S. 5) zeigen, dass die Open-Source Programmierung in Märkten Vorteile bietet, in denen die erschaffenen Produkte mit nicht zu imitierenden Leistungen (Humankapital) komplementär oder wenn die Motive zur Erfindung intrinsisch sind. Dabei schlussfolgern sie, dass Open-Source zu einem geringen Angebot führt und insbesondere für reine Anwender das Angebot dann nicht zufrieden stellend ist. Ihrer Meinung nach ist es deshalb von der Marktstruktur abhängig, ob Open-Source oder Patente die bessere Lösung sind.

Würde die amerikanische Patentpraxis mit Bezug auf die Möglichkeit der Patentierung von Software auf Europa ausgedehnt, würde dies vielen europäischen Unternehmen hohe Kosten verursachen. Ein nahezu klassisches Beispiel ist der patentierte Hyperlink der British Telecom, der in den USA noch bis 2006 Patentschutz genießt.[68] Die Höhe der Schadensersatzklagen ist auch im Softwarebereich enorm. Microsoft musste für die Nutzung des Patentes einer Browsertechnologie $521 Mio. an die Eolas Technology zahlen.[69] Am 24.09.2003 wurde vom EU-Parlament eine EU-Richtlinie beschlossen, die die Patentierbarkeit computerunterstützter Innovationen regelt. Der ehemalige Entwurf der EU-Kommission wurde dabei stark modifiziert, um angesprochene Probleme zu umgehen. So sollte sichergestellt werden, dass Trivialerfindungen, reine Software, bloße Datenverarbeitung und Komprimierungsprogramme nicht patentierbar sind und kleine Anbieter nicht benachteiligt werden.[70] Im Juli 2005 wurde der Vor-

66 Zu dem internationalen Verfahren und dem europäischen Gemeinschaftspatent, siehe Teil 1 Kapitel II B.

67 Lerner/Tirole (2002), S. 213. Dieser Nutzen steht den Opportunitätskosten gegenüber, dass sie in der Zeit der Open-Source Programmierung keiner bezahlten oder anderen Tätigkeit nachgehen können.

68 Börsenzeitung, 14.11.2001, Nr. 220, S. 8.

69 Börsenzeitung, 13.08.2003, Nr. 154, S. 9.

70 Handelsblatt, 25.09.2003.

schlag der europäischen Kommission von September 2003 im europäischen Parlament erneut abgelehnt und auch eine Wiederaufnahme vorerst ausgeschlossen.[71]

II. Theorien zur Begründung staatlicher Schutzrechte

Für den Patentschutz sprechen grundsätzlich vier Theorien: die Naturrechts-, die Belohnungs-, die Ansporungs- und die Vertragstheorie.[72] Die Naturrechtstheorie begründet den Patentschutz über das Recht an dem eigenen geistigen Eigentum. Angriffspunkt dieser Theorie ist der befristete Zeitraum für einen Patentschutz. Es fehlt die Begründung für ein zeitlich befristetes Eigentumsrecht.

Die Belohnungstheorie möchte durch den befristeten Patentschutz die Erfinder für ihre Mühen entlohnen. Kritiker gehen davon aus, dass der zeitliche Vorsprung, den ein Erfinder erlangt als Entlohnung ausreicht. Allerdings spricht die leichte Imitation bereits entwickelter Technologien hiergegen.[73] Im Gegensatz zur Belohnungstheorie verlangt die Anspornungstheorie nicht nach einer gerechten Belohnung, sondern hofft, durch den Patentschutz vermehrt Forschung zu erreichen. Problematisch scheint hier die Lenkungsfunktion, die dem Patentrecht bei dieser Theorie zugesprochen wird.

Dem Charakter des Patentrechtes am nahsten kommt die Vertragstheorie. Diese besagt, dass der Erfindungsinhaber durch die Offenlegung der Volkswirtschaft einen Nutzen stiftet, für den er entschädigt werden muss. Mit dieser Theorie können auch die geringeren Erneuerungsgebühren bei einer Lizenzvergabe begründet werden.[74] Der Ansatzpunkt ist also genau gegensätzlich zur Belohnungstheorie. Die Vertreter der Theorie gehen davon aus, dass Unternehmen in der Lage sind, die Technologien geheim zu halten.[75] Insbesondere bei Grundlagenforschung kann es jedoch sinnvoll sein, diese jedem frei zugänglich zu machen. Patents-Buy-Outs und der Erfolg der Open-Source Programmierung im Software-Bereich sprechen hierfür.[76]

Neben der Diskussion um den Sinn einer Patentierung stellt sich die Frage nach der geeigneten Patentpolitik. Hier spielen Überlegungen, wie weit der Schutz gehen sollte, die Dauer des Schutzes und sein geographischer Bezug eine entscheidende Rolle. Die

---

71 Börsenzeitung, 07.07.2005, Nr. 3, S. 7.

72 Siehe für einen Überblick über die Theorien Machlup (2000), zur Belohnungs- und Vertragstheorie Denicolo/Franzoni (2004b). Andersen (2004) resümiert die Diskussion um staatliche Schutzrechte und findet keine eindeutige Antwort. Das Patentrecht sollte mit Vorsicht eingesetzt werden.

73 Nordhaus (1969), zitiert nach Denicolò/Franzoni (2004), S. 366.

74 Im deutschen Patentwesen reduzieren sich die jährlichen Patentgebühren um 50%, wenn der Erfinder das Patent lizenziert, siehe auch den folgenden Abschnitt.

75 Denicolò/Franzoni (2004b), S. 366.

76 Kremer (1998), Patent-Buy-Outs, der Staat kauft ein Patente auf und gestattet seine kostenfreie Nutzung.

Schutzrechtpolitik lässt sich aus betriebswirtschaftlicher sowie aus volkswirtschaftlicher Sicht diskutieren.

B. Ablauf des Patenterteilungsverfahrens

In den meisten Ländern wird einem Patent eine Laufzeit von zwanzig Jahren zugesprochen, wobei diese sowohl für Produkte als auch für Prozesse in fast allen Bereichen der Technologie vergeben werden.[77] Generell wird den Regierungen freigestellt, bei Verstößen gegen die öffentliche Ordnung oder Moral bzw. bei diagnostischen, therapeutischen und chirurgischen Methoden, Pflanzen oder Tieren und biologischen Verfahren, um diese herzustellen, keinen Patentschutz zu erteilen.[78]

I. Ablauf des nationalen Patenterteilungsverfahrens

Das deutsche Patentwesen ist im bundesweiten Patentgesetz geregelt. Hier sollen nur die grundsätzlichen Paragraphen zur Patentierfähigkeit einer Invention kurz vorgestellt werden. Nach § 1 PatG (Patentfähige Erfindung) Abs. 1 werden Patente für Erfindungen erteilt, die neu sind (§ 3 PatG[79]), auf einer erfinderischen Tätigkeit beruhen (§ 4 PatG[80]) und gewerblich anwendbar sind (§ 5 PatG[81]). Ausgenommen sind nach § 2 PatG (- Ausnahmen von der Patentierbarkeit) Abs. 1 Erfindungen, deren gewerbliche Verwertung gegen die öffentliche Ordnung oder die guten Sitten verstoßen würde. Ein solcher Verstoß kann nicht allein aus der Tatsache hergeleitet werden, dass die Verwendung der Erfindung durch Gesetz oder Verwaltungsvorschrift verboten ist. Explizit von der Patentierung ausgenommen werden beispielsweise das Klonen von menschli-

---

77 Insbesondere im Pharmabereich ist zu beachten, dass aufgrund der langen Forschungs- und Entwicklungszeit (bis zu 10 Jahren) hohe Kosten anfallen und die Zeit des Patenschutzes sich durch den langen Forschungszeitraum verkürzt. Unter besonderen Voraussetzungen kann der Schutzzeitraum durch das ergänzende Schutzzertifikat / Supplementary Protection Certificate 768/92/EWG um 5 Jahre verlängert werden. Es ist daher essenziell, durch den Verkauf des Medikamentes in kurzer Zeit hohe Umsätze zu erzielen. Dies erklärt die hohen Marketingaufwendungen, die Pharmaunternehmen typischerweise aufweisen. Siehe dabei zum Verhältnis der Werthaltigkeit von Ausgaben für Marketing und F&E zum Beispiel Hall (1993), S. 259.

78 World Trade Organization, www.wto.org. Diese Regelungen sind in den TRIPs (trade related aspects of intellectual property rights) verankert. Die TRIPs werden am Ende des Abschnittes über internationale Patentanmeldungen kurz erläutert.

79 § 3 PatG Abs. 1 – (Neuheit, ältere Anmeldungen, unschädliche Offenbarungen) Eine Erfindung gilt als neu, wenn sie nicht zum Stand der Technik gehört. Der Stand der Technik umfasst alle Kenntnisse, die vor dem für den Zeitrang der Anmeldung maßgeblichen Tag durch schriftliche oder mündliche Beschreibung, durch Benutzung oder in sonstiger Weise der Öffentlichkeit zugänglich gemacht worden sind.

80 § 4 PatG – (Erfinderische Tätigkeit) Eine Erfindung gilt als auf einer erfinderischen Tätigkeit beruhend, wenn sie sich für den Fachmann nicht in nahe liegender Weise aus dem Stand der Technik ergibt.

81 § 5 PatG – (gewerbliche Anwendbarkeit, medizinische Verfahren) Abs. 1. Eine Erfindung gilt als gewerblich anwendbar, wenn ihr Gegenstand auf irgendeinem gewerblichen Gebiet einschließlich der Landwirtschaft hergestellt oder benutzt werden kann. Abs. 2 schließt hiervon medizinische Verfahren zur therapeutischen oder chirurgischen Behandlung aus.

chen Lebewesen Abs. 2 oder die Veränderung von menschlichem Genmaterial Abs. 3. Das Patent wird durch den Staat erteilt und ist zeitlich sowie territorial begrenzt. Es garantiert dem Besitzer die gewerbliche Nutzung des Rechtes nicht, sondern es erlaubt ihm, andere von der Nutzung der Erfindung auszuschließen.[82]

Das nationale Patenterteilungsverfahren in Deutschland beginnt mit der Anmeldung des Patentes beim Deutschen Patent- und Markenamt durch den Patentanmelder. Nach dem Tag der Patentanmeldung besitzt der Patentanmelder ein Prioritätsjahr (12 Monate), während dem der Anmelder das nationale Patent in den Industrieländern der Pariser Verbandsübereinkunft anmelden darf (§ 41 PatG). Für ihn gilt in diesem Zeitraum das Recht des Erstanmelders.[83] Nach 18 Monaten, während denen die formelle Prüfung durchgeführt wird, wird der Patentantrag veröffentlicht. Die aktuellen Patentanmeldungen und -gewährungen werden wöchentlich (jeweils donnerstags) zum einen von der Bundesdruckerei in der Patentrolle in gedruckter Form, zum anderen im Patentblatt elektronisch publiziert.[84] Da der Anmelder in dieser Zeit die Einsicht in seine Anmeldeakten kategorisch verweigern kann, ist in diesem Zeitraum von 18 Monaten eine Einsicht nur bedingt möglich. Es liegt im Ermessen des Patentamtes, ob der Nutzen durch die Einsicht in die Akten größer ist als der Schaden, der für den Anmelder entsteht. Überwiegt der Nutzen, ist eine Einsicht, teils gegen Gebühr, möglich (§ 31 PatG). Ebenso hat der Anmelder die Möglichkeit einer vorzeitigen Offenlegung zuzustimmen.[85] Die Folge dieses Wahlrechtes ist, dass es schwierig ist, einen offiziellen, allgemeingültigen Zeitpunkt der Offenlegung der Patentanmeldung zu bestimmen.

Ab dem zweiten Jahr der Patenterteilung sind jährliche Patentgebühren zu entrichten.[86] Da eine Diffusion der Forschungsergebnisse gewünscht ist, halbieren sich bspw. in Deutschland nach § 23 PatG die Gebühren, wenn die Innovation zur Lizenzierung frei gegeben wird.[87] Neben den nationalen Patentgebühren sind bei internationaler Patentanmeldung noch die Anmelde- und Erneuerungsgebühren in den betroffenen Ländern zu beachten. Soll eine Schlüsseltechnologie in den wichtigsten Industrieländern geschützt werden, bringt der Schutz erhebliche Kosten mit sich.[88]

---

82 Kraßer (2004), S. 2.

83 Siehe den folgenden Abschnitt über den Ablauf des Verfahrens bei der internationalen Patentanmeldung.

84 Siehe, www.patentblatt.de, Stand Januar 2007.

85 Zu dem Procedere des Patentanmeldeverfahrens siehe das Merkblatt des DPMA für Patentanmelder, Deutsches Patent- und Markenamt, DPMA (2005a).

86 Ca. 70 € im ersten Jahr bis 2000 € für das 20. Jahr, siehe Deutsches Patent- und Markenamt (2005), S. 7.

87 Dies entspricht der Begründung eines Patentschutzes nach der Vertragstheorie, siehe vorangegangener Abschnitt.

88 Zu den Möglichkeiten der inernationalen Anmeldung siehe den folgenden Abschnitt.

Die eigentliche Patentgewährung oder Abweisung findet ca. drei Jahre nach der Stellung eines Prüfungsantrages statt. Der späteste Termin für den Prüfungsantrag ist sieben Jahre nach dem Anmeldetag, und es ist auch für Dritte möglich den Prüfungsantrag zu stellen (§ 44 PatG). Die Prüfantragserlaubnis für Dritte soll vermeiden, dass Wettbewerber bzgl. eines schwebenden Patentes in Unsicherheit bleiben. Verletzt der Wettewerber ein schwebendes Patent, so läuft er Gefahr, zu einem späteren Zeitpunkt Schadensersatzzahlungen leisten müssen. Denn der Patentschutz besteht rückwirkend schon ab dem Zeitpunkt der Erstveröffentlichung (§ 33 PatG). Dies entspricht noch nicht einem Nachahmverbot. Der Anmelder kann aber für den Zeitraum von der Offenlegung bis zur Patenterteilung Schadensersatz verlangen. Hierbei ist es die Pflicht des Wettbewerbers sicher zu gehen, dass er mit seiner Tätigkeit kein Patent verletzt.[89]

Zur Recherche historischer, das heißt bereits veröffentlichter und unter Umständen gewährter Patente, stehen verschiedene elektronische Datenbanken zur Verfügung.[90] Die zeitlichen Stationen der Patentanmeldung sind wegen der Veröffentlichungen in der Patentrolle dokumentiert. Abbildung 11 gibt einen schematischen Überblick über die zeitliche Abfolge der rechtlichen Schritte im Rahmen der Patentgewährung.

---

[89] Ilzhöfer (2002), S. 69.

[90] Hierbei ist das Angebot vielfältig. Neben kostenfreien Recherchedatenbanken, bspw. Depatisnet gibt es auch kommerzielle Anbieter (bspw. Derwent, Delphion, STN).

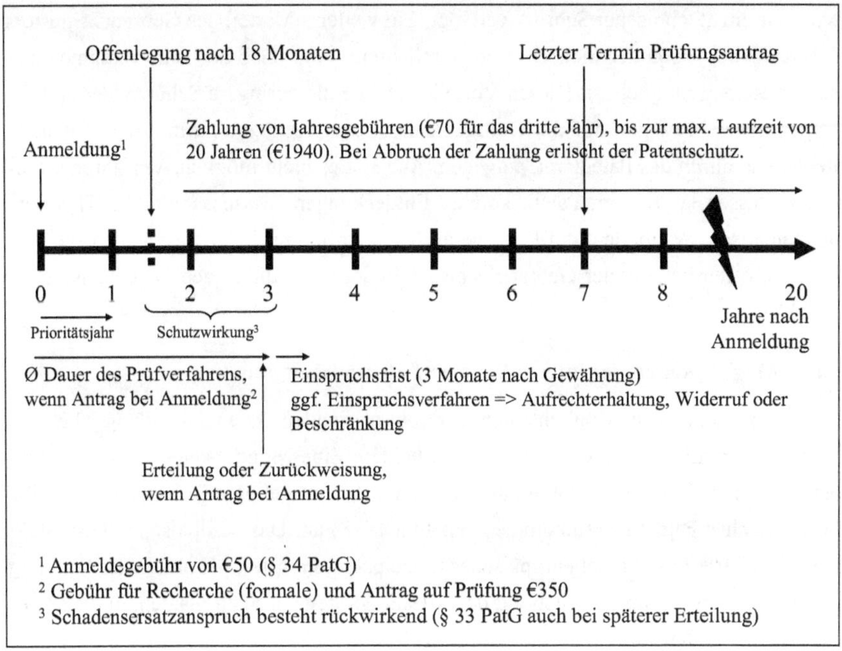

Abbildung 11: Ablauf des nationalen Patenterteilungsverfahrens[91]
Quelle: in Anlehnung an Reitzig (2002)

Zum Schutz von Erfindungen oder anderem unternehmenseigenen immateriellen Vermögen gibt es weitere staatliche Schutzrechte. Im technischen Bereich besteht neben dem Patent das Gebrauchsmuster, das auch als kleines Patent bezeichnet wird. Seine maximale Schutzdauer beträgt zehn Jahre, und die Kosten betragen nur einen Bruchteil der Kosten eines Patentes (€40 für Anmeldung und die ersten drei Jahre). Allerdings findet keine Überprüfung der technischen Neuheit statt, was zwar den Anmeldevorgang verkürzt, aber den Anmelder Gefahr laufen lässt, sein Produkt auf einem ungültigen Schutzrecht aufzubauen. Deshalb wird dem Anmelder empfohlen, eine eigene Recherche durchzuführen. Die Anforderungen an die Neuheit sind bei einem Gebrauchsmuster geringer als bei einem Patent. Anstatt einer „technischen Leistung“,

---

[91] Nach dem Patentkostengesetz belaufen sich die standardmäßig zu entrichteten Gebühren bei einer Aufrechterhaltung bis zur maximalen Schutzdauer von 20 Jahren und keine Lizenzierung auf ca. €13.500, siehe http://transpatent.com/gesetze/pkosteng.html#Anlage, Stand 12.01.2007. Das US-amerikanische Patentamt hat beispielsweise eine andere Gebührenstruktur. Die Anmeldegebühr beläuft sich auf $300. Nach 3,5 Jahren muss eine Verlängerungsgebühr von $900 nach 7,5 Jahren von $2300 und nach 11,5 Jahren von $3800 gezahlt werden. Es werden Gebühren in Höhe von $7300 fällig, wenn das Patent bis zur maximalen Laufzeit Aufrecht erhalten wird, http://www.uspto.gov/go/fees/fee2006october14.htm, Stand 12.01.2007.

wird nur ein „technischer Schritt" verlangt. Ein weiterer Vorteil des Gebrauchsmusters ist, dass bei vorangegangener Veröffentlichung eine Gebrauchsmusteranmeldung durchaus noch möglich ist. Diesen Vorteilen stehen die geringere Schutzdauer und die Ungewissheit, bezogen auf die Gültigkeit des Schutzrechtes aufgrund der fehlenden Recherche durch das Patentamt, entgegen. Auch ist es nicht möglich, Verfahren schützen zu lassen. Wie beim Patent können Entdeckungen, wissenschaftliche Theorien, mathematische Methoden und Datenverarbeitungsprogramme nicht geschützt werden. Eine Veröffentlichung der Gebrauchsmuster findet ebenfalls in den Datenbanken des DPMA statt.[92]

II. Möglichkeiten der internationalen Patentanmeldung

Es gibt verschiedene Möglichkeiten der internationalen Patentanmeldung, die sich nach Schutzumfang und Verfahren unterscheiden. Eine Möglichkeit zur internationalen Patentanmeldung ist das europäische Patent. Zurzeit gehören 31 Staaten dem EPÜ (Europäisches Patentübereinkommen seit Juni 1978) an. Das europäische Patent stellt ein zentral erteiltes Bündel europäischer Einzelpatente mit jeweils nationaler Wirkung dar. Die Kosten summieren sich mit der Anzahl der gewünschten Staaten, in denen das Schutzrecht gelten soll.[93]

Das Verfahren des EPÜs ähnelt dem deutschen Patenterteilungsverfahren. Bei der Anmeldung muss mindestens ein Vertragsstaat benannt werden, und die Anmeldung ist in einer der drei Amtssprachen, deutsch, englisch oder französisch einzureichen. Die Prüfung der formellen und materiellen Voraussetzungen der Patentfähigkeit erfolgt auch ohne einen besonderen Antrag des Patentanmelders. Die Einspruchsfrist nach Veröffentlichung der Erteilung beträgt anstatt drei Monate neun Monate. Die Vorteile für den Anmelder liegen in nur einer Anmeldung für mehrere Staaten, nur einem Prüfungs- und Erteilungsverfahren und nur einer Verfahrenssprache.[94]

Ein geplantes Sonderpatent des EPÜs, das nicht in einzelne nationale Patente zerfällt, sondern als Gemeinschaftspatent in allen Ländern der EU gilt, war das EU-Patent (Gemeinschaftspatentabkommen als Sonderfall des europäischen Patentübereinkom-

---

[92] DPMA (2005b). Neben den technischen Schutzrechten (Patente und Gebrauchsmuster) sind noch Geschmacksmuster, Schriftzeichen und Marken für Designs sowie das Urheberrecht zu nennen. Des Weiteren gibt es zum Schutz neuer Pflanzenzüchtungen den Sortenschutz nach dem Sortenschutzgesetz sowie den Topographieschutz für dreidimensionale Strukturen von mikroelektrischen Halbleitererzeugnissen nach dem Halbleiterschutzgesetz, siehe Empting (2003), S. 57ff.

[93] Ausführliche Informationen bietet das Europäische Patentamt in München, http://www.european-patent-office.org, Stand 12.01.2007.

[94] Siehe Reitzig (2002), S. 16f. für eine Diskussion der Vor- und Nachteile des Verfahrens.

mens). Es sollte in den 25 EU-Mitgliedsstaaten gültig sein. Eine Anmeldung war ursprünglich ab 2008 geplant. Die EU-Kommission wollte hiermit den Wettbewerbsnachteil von Europa verringern, da nach ihrer Berechnung Patente in Europa durchschnittlich achtmal so teuer sind wie in den USA, da ein Patentanspruch in alle Sprachen der EU übersetzt werden muss. Expertenschätzungen zufolge ergeben sich insgesamt durchschnittliche Kosten von €25.000 bis €30.000. Dies entspricht etwa den Kosten eines Bündelpatentes im Rahmen des EPÜs, das sich in sieben bis acht nationale Patente aufgliedert. Bisher ist die Anmeldung eines europäischen Gemeinschaftspatentes noch nicht möglich. Am 13. Juni 2006 war eine erneute Anhörung der Mitgliedstaaten, die zu keiner positiven Abstimmung führte.[95]

Als umfassendste Anmeldung kann eine internationale Patentanmeldung im Rahmen des Patent Cooperation Treaty (PCT) bei der Weltorganisation für geistiges Eigentum (WIPO) erfolgen.[96] Dem PCT gehören zurzeit 124 Vertragsstaaten an. Hierbei geht es jedoch nur um die Anmeldung und technische Vorprüfung auf internationaler Ebene, jedoch nicht um die Erteilung eines internationalen Patents. Durch die Anmeldung lässt sich ein globaler Prioritätsanspruch sichern. Die International Search Authority (ISA) erstellt innerhalb der ersten 18 Monate einen internationalen Recherchebericht, der danach veröffentlicht wird. Nach der Veröffentlichung besteht für den Anmelder die Pflicht der Weiterleitung an die jeweiligen nationalen Patentämter, damit diese ihre Prüfung anschließen können. Oftmals wird der Prüfungsbericht der ISA von den nationalen Patentämtern anerkannt, und so entfallen nationale Prüfungsgebühren. Es verbleiben allerdings Anmeldungs- und Übersetzungsgebühren. Der PCT-Prüfbericht kann auch für die Erteilung eines europäischen Patentes anerkannt werden.

Die Trade Related Aspects of Intellectual Property Rights (TRIPs) sollen nachfolgend vorgestellt werden. Sie verfolgen das Ziel, im internationalen Handel zu klären, 1.) welche Grundprinzipien beim Handel und anderen IP-Übereinkommen angewandt werden sollten, 2.) wie ein adäquater Schutz für IP gewährleistet werden kann, 3.) wie innerhalb der Länder diese Rechte weiter verstärkt werden können, 4.) wie Streitigkeiten der WTO Länder beigelegt werden können und, 5.) welche Regelungen während der Übergangszeit bis zur endgültigen Einigung der WTO Staaten gelten.

---

95 Börsen-Zeitung vom 10.01.2006, Nr. 11, S. 6. Stand Januar 2007 schreibt die europäische Kommission, dass noch keine Aussage über den Zeitpunkt der Einführung eines Europäischen Gemeinschaftspatentes getroffen werden kann, da es sich um ein sensibles Thema handele, http://www.europa.eu/scadplus/glossary/community_patent_de.htm, Stand 12.01.2007.

96 Die WIPO gehört zum UN-Organisationsnetz und zählt zurzeit 179 Staaten als Mitglieder, http://www.wipo.org, Stand 12.01.2007. Reitzig (2002), S. 20 f. stellt das Verfahren ebenfalls vor.

Die TRIPs wurden in der Uruguay-Runde (1986-1994) beschlossen und sollen den Patentschutz in allen Mitgliedstaaten der WTO verstärken und neu organisieren.[97] So muss die maximale Schutzdauer mindestens 20 Jahre (article 33) betragen. Patente müssen für Prozesse und Produkte in beinahe allen Technologiefeldern gewährt werden können, wenn die Prozesse und Produkte neu sind, ihnen ein erfinderischer Schritt vorausgeht und sie gewerblich anwendbar sind. Der Patentschutz darf dabei aus moralischen oder gesellschaftlichen Gründen verweigert werden (article 27).[98] Wenn der Patentinhaber einen Markt nicht mit dem Produkt bedient, kann er zur Lizenzvergabe verpflichtet werden.[99]

Weit diskutiert ist der Schutz für Medikamente für Entwicklungsländer.[100] Da patentierte Medikamente für Entwicklungsländer oft unerschwinglich sind und die höheren Preise zu einem Wohlfahrtsverlust insbesondere für die Konsumenten führen,[101] wurden während der Übergangszeit bis 2016 Übergangsregeln geschaffen. So dürfen Entwicklungsländer mit eigener Produktion unter bestimmten Bedingungen[102] Generika herstellen (articles 30, 31). Eine zufrieden stellende Lösung für die Länder ohne entsprechendes Know-how ist jedoch noch nicht gefunden worden. In der Doha Erklärung von 2001 wurde Nationen mit ungenügenden Fähigkeiten zur Produktion von Medikamenten die Einfuhr von Generika erlaubt und so ausdrücklich die sozialen me-

---

97 Das „Agreement on Trade Related Aspects of Intellectuel Property Rights" (TRIPs) steht als Anhang C der Marrakesh Erklärung unter http://www.wto.org/english/docs_e/legal_e/27-trips.pdf, Stand 12.01.2007 zum Download bereit, World Trade Organisation (2007).

98 Dies sind die bekannten Forderungen aus dem deutschen Patentgesetz.

99 Die obligatorische Lizenzvergabe wurde für Australien von dem „Intellectual Property and Competition Review Committee" untersucht. Wenn der Wettbewerb in einem Markt nicht ausreicht und die obligatorische Lizenzierung die Situation verbessert, ist sie erlaubt. Aoki/Small (2004) weisen aber darauf hin, dass darauf geachtet werden muss, dass die obligatorische Lizenzierung nicht die langfristigen positiven und innovationsfördernden Anreize des Patentwesens zunichte macht.

100 Für ausführliche Erläuterungen der TRIPs siehe „Understanding the WTO: Intellectual Property: Protection and Enforcement, http://www.wto.org/english/thewto_e/whatis_e/tif_e/agrm7_e.htm, Stand 12.01.2007.

101 Chaudhuri et al. (2003), S. 6. Sie untersuchen den indischen Markt. Dieser bietet sich für eine Untersuchung von Patenten im internationalen Kontext an, da hier von 1970 bis 2003 pharmazeutische Produkte von einer Patentierung ausgeschlossen waren. Fink (2000) simuliert ebenfalls die Auswirkungen, die die TRIPs auf die pharamzeutische Branche in Indien haben. Seit 1970 ist in Indien nur ein Patentschutz für Verfahren und das nur für sieben Jahre möglich. Dieser Schutz wird noch weiter eingeengt, da es dem Staat frei steht eine Lizenzvergabe zu erzwingen, wenn der Markt nicht ausreichend mit den betroffenen Medikamenten bedient wird. Ferner wird das Patent hinfällig, wenn nicht innerhalb von drei Jahren nach der Patenterteilung mit der Vermarktung des Produktes begonnen wird. Durch diese Lockerung des Patentschutzes in 1970 veränderte sich die Struktur der pharmazeutischen Industrie in Indien gewaltig (Fink (2000), S. 7). Die Anzahl der pharmazeutischen Unternehmen stieg von ca. 2.000 in 1969 auf ca. 16.000 in 1993/1994 bei einem Anstieg der Exportquote. Gleichzeitig verloren internationale Firmen enorme Marktanteile. Eine Vermutung ist, dass sie sich wegen der drohenden Gefahr von Reimporten und damit einhergehenden Preisverfällen aus dem indischen Markt zurückzogen. In 2000 wurde der Patentschutz bereits gestärkt und in 2005 musste Indien sein Patentrecht an die TRIPs anpassen. Es ist also eine zukünftige spannende Frage, wie sich die Veränderungen des Patentrechtes auf die Industriestruktur auswirken werden.

102 Hierbei handelt es sich bspw. um medizinische Notfälle wie Epidemien. Die Entscheidung soll fallweise vorgenommen werden.

dizinischen Belange über den Patentschutz gestellt.[103] Problematisch bleibt die aufkommende Biopiraterie, bei der von Entwicklungsländern bereits seit Generationen genutzte Heilpflanzen durch westliche Unternehmen patentiert werden.

Grundsätzlich führen die TRIPs zu einer Vereinheitlichung der Patentrechte in verschiedenen Ländern. Das erklärt, warum sich nationale Patentwesen, oder auch das europäische dem deutschen Patentwesen, in den Grundsätzen ähneln.

C. Patentneigung und weitere Mechanismen zur Innovationsverwertung

Neben der Patentierung haben Unternehmen weitere Möglichkeiten, das Potenzial ihrer Erfindung auszuschöpfen. Da Patente mit hohen Kosten und einer detaillierten Offenlegung der Erfindung verbunden sind, könnten Unternehmen es vorziehen, ihre Erfindung geheim zu halten, um so einen höheren Gewinn zu erwirtschaften. Welche Faktoren hierbei auf Unternehmensebene und Marktebene das Patentierungsverhalten beeinflussen, ist Gegenstand des folgenden Abschnittes.

I. Einflussfaktoren auf die Patentneigung von Unternehmen

Grundsätzlich beeinflussen das Patentrecht in einem Land,[104] die Unternehmensgröße, die Branche sowie die Art des Produktes die Patentneigung eines Unternehmens. Im Folgenden sollen die Einflussfaktoren anhand eines Top-Down Ansatzes vorgestellt werden. Abbildung 12 folgend, beginnt die Analyse mit einer Länderbetrachtung, gefolgt von der Branche, unternehmensspezifischen Einflussfaktoren und anschließend der Analyse des Produktes.

---

[103] Mercurio (2004), S. 213. Weitere Erläuterungen zur der Doha Erklärung finden sich auf S. 223ff. Ein entscheidender Schritt für die Möglichkeiten der Pflichtlizenzvergabe war die Zwangslizenzierung durch die USA gegenüber der Bayer AG und dem Medikament Cipro im Zuge der terroristischen Antrax Anschläge. Danach konnten die USA gegen die obligatorische Lizenzvergabe (compulsory licensing) schlechter argumentieren.

[104] Wird im Folgenden von Land gesprochen, bezieht sich dies auf Staaten und nicht auf Länder im Sinne von Bundesländern, wie in einem föderalen System wie der Bundesrepublik.

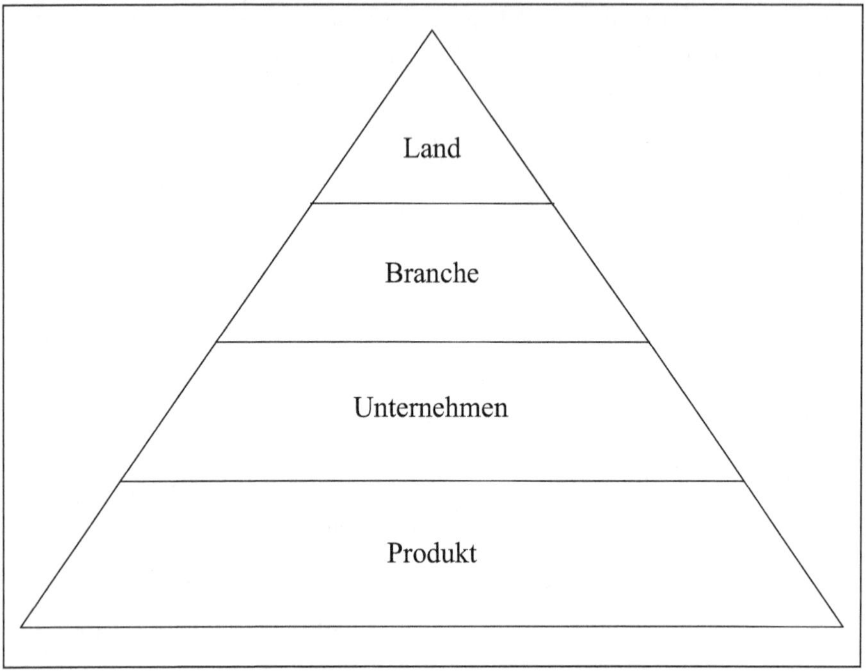

Abbildung 12: Einflussfaktoren auf die Patentneigung eines Unternehmens
Quelle: Eigene Darstellung

1. Land

Auf den Länderunterschied bezogen stellt sich zuerst die Frage, ob in einem Land überhaupt ein Patentrecht existiert. Allerdings verliert diese Fragestellung im Zeitablauf durch das sich international angleichende Patentrecht und die Möglichkeiten der internationalen Patentanmeldungen an Bedeutung.[105] Moser (2003) vergleicht die Innovationstätigkeit in Ländern mit und ohne Patentschutz während des 19. Jahrhundert anhand der Aussteller bei den Weltmessen im Crystal Palace (London 1851) und der Centennial-Messe (Philadelphia 1876). Er kann keine Auswirkung des Vorhandenseins eines Patentrechtes auf die Anzahl der Innovationen eines Landes finden. Die Möglichkeit, ein Patent anzumelden, beeinflusst aber, in welchen Industrien Innovationen entwickelt werden. Moser (2003) schlussfolgert, dass auch die Ausgestaltung des

[105] Zu nennen sind die Möglichkeiten der europäischen Anmeldungen, der Anmeldung bei der WIPO und die TRIPs als internationale Patentübereinkommen; siehe vorangegangenen Abschnitt.

Patentrechtes eine Landes nicht zwingend die Anzahl der Innovationen in einem Land beeinflusst, sondern vielmehr die Forschungsrichtungen und Forschungsschwerpunkte.

Für die Analyse des Landeseinflusses ist das Patentrecht eines Landes dennoch von entscheidender Bedeutung. Die Kosten, der Umfang der Offenlegung, die maximale Länge des Patentschutzes sowie die Verfahren im Falle von Patentverletzungen beeinflussen die Patentneigung der Unternehmen. Diese Rahmenbedingungen beeinflussen den privaten Wert, den ein Patent seinem Besitzer liefert. Nach der Untersuchung von Schankerman (1998) ist der Wert eines Patentes tendenziell in Japan und Frankreich höher als in den USA, England und Deutschland. Es ist vorstellbar, dass in Ländern mit stärkerem Patentschutz auch die Patentneigung höher ist.[106]

Damit ein Unternehmen Anspruch auf einen staatlichen Monopolschutz hat, muss es seine Technologie sehr detailliert offen legen. Dem Wettbewerb wird die Nachahmung zwar einerseits verboten, andererseits aber auch erst ermöglicht.[107] Horstmann et al. (1985) modellieren die Entscheidung für oder wider ein Patent unter Berücksichtigung der Offenlegungspflicht. Sie kommen zu folgendem Ergebnis: Wenn eine Offenlegung im Rahmen der Patenterteilung die potenziellen Gewinne der Wettbewerber erhöht, dann sinkt die Patentneigung der innovativen Unternehmen in dem Land. Duguet und Kabla (1998, S. 304) vergleichen zwar nicht die Patentneigung in verschiedenen Ländern, dennoch wird auch in dieser Untersuchung deutlich, dass die Veröffentlichung der zu patentierenden Idee, wenn von einem Unternehmen als zu umfassend eingestuft, die Patentierung verhindern kann. Aoki und Prusa (1996) untersuchen, wie der Zeitpunkt der Patentanmeldungsveröffentlichung die Qualität der angebotenen Produkte und die sozialen und privaten Gewinne beeinflusst. Hierfür vergleichen sie Japan und die USA. In den USA wurden Patente bis Ende 2001 erst bei ihrer Gewährung veröffentlicht, in Japan werden sie, wie in Deutschland oder Europa üblich, nach 18 Monaten veröffentlicht. In einem spieltheoretischen Modell, unter der Annahme, dass japanische Unternehmen die Patententscheidungen und Informationen der Wettbewerber in ihre Strategie integrieren und dass Unternehmen bewusst eine geringere Qualität

---

106 Schankerman (1998), S. 80. Allerdings ist fraglich, ob eine Self-Selection der Grund hierfür ist, oder die Auswahl durch die Patentämter. Hierbei gilt das deutsche Recht gemeinhin als strenger als in den USA, was auch in einer höheren Patentgewährungsquote in den USA (Griliches (1990), S. 1663) und in der Kritik vieler ungerechtfertigter Patenterteilungen in den USA (siehe auch Jaffe/Lerner (2004)) deutlich wird. Schankerman/Pakes (1986, S. 1072) bestimmen den durchschnittlichen Wert für fünf Jahre alte Patente in UK ($6.963), Frankreich ($6.656) und Deutschland ($19.124). Die Bewertungsmethode stützt sich auf Erneuerungsdaten.

107 Damit einem Patentantrag stattgegeben wird, wird überprüft, ob die Erfindung die Anforderungen technische Neuheit und gewerbliche Anwendbarkeit erfüllt. Dies ist naturgemäß nur möglich, wenn der Prüfer einen tiefen Einblick in die Technologie erhält.

wählen, um die Wettbewerber nicht mit zu guten Informationen zu versorgen, kommen Aoki und Prusa (1996) zu folgenden Ergebnissen: Für Unternehmen führt die japanische Regelung zu höheren Gewinnen, für die Konsumenten ist jedoch die US-amerikanische Praxis besser. Die Offenlegung und Diffusion ist für Unternehmen nach diesen Ergebnissen vorteilhafter. Über den Einfluss des Zeitpunktes der Offenlegung auf die Patentneigung macht die Studie allerdings keine Aussage. Vergleicht man die Anmeldezahlen in Japan und den USA unter Beachtung der Größenunterschiede, dann scheint die Patentneigung in Japan erheblich höher zu sein, auch wenn in den USA zwangsläufig die nicht gewährten Patente nicht in die Beobachtung einfließen und so ein direkter Vergleich der Patentzahlen nicht gegeben ist.

Im Fall von Patentrechtsverletzungen können verschiedene Berechnungsmethoden der Schadenshöhe sowie verschiedene Grundlagen für die Höhe der Zahlungsforderungen gelten. In vielen Ländern hat der Kläger in Bezug auf die Berechnungsgrundlage das Wahlrecht. Es können die Gewinne ohne eine Patentverletzung, die Gewinne aus der unrechtmäßigen Nutzung sowie der faire Lizenzvergabepreis zur Bestimmung des Schadensersatzanspruches herangezogen werden.[108] Auch die Patenterteilungsquote ist in verschiedenen Ländern unterschiedlich hoch. Von 1950-1980 wurden in den USA 65 Prozent, in Frankreich während der 70er-Jahren über 90 Prozent der beantragten Patente gewährt. In Großbritannien liegt die Quote bei 80 Prozent und am geringsten ist sie in Deutschland mit 35 Prozent (Schankerman und Pakes (1986), S. 1058).

Die Schutzdauer ist in der Zwischenzeit in den meisten Ländern angeglichen. In den USA wurde die Schutzdauer eines Patentes 1984 insbesondere für die Pharmaunternehmen verlängert. Auf Antrag war es möglich, die eigentliche Schutzzeit von 17 Jahren um fünf Jahre zu verlängern. Eine generelle zeitliche Verlängerung auf 20 Jahre wurde 1994 gewährt. Boldrin und Levine (2004, S. 129) sowie Jaffe und Lerner (2004, S. 131 ff.) beurteilen die Entwicklung des Patentrechtes seit 1982 in den USA kritisch.[109] Seitdem der „Court for Appeals for the Federal Circuit" (CAFC) eingeführt wurde, um Patentangelegenheiten in einem einzelnen Gericht zu zentralisieren, hat sich gleichzeitig das Verständnis des Patentrechtes in den USA gewandelt.

---

108 Reitzig et al. (2002, S. 27). Unter Berücksichtigung von Wohlfahrtseffekten ist es wichtig, durch die Regelungen sowohl weitere Forschung und Patentierung zu fördern als auch die Gewinne aus einem Patentverfahren dem Unternehmen sowie der Gesamtwirtschaft zugutekommen zu lassen. Bedenklich wäre es, wenn der Patenthalter eine zu große Entschädigungssumme erreichen könnte, da dann kein Anreiz mehr für eine Lizenzvergabe besteht. (S. 27f.).

109 Patente auf Geschäftsmethoden wurden explizit durch den Fall State Street 1998 gewährt, siehe Lerner (2002).

Die Erteilung und Gerichtsbarkeit hat sich für den Patentanmelder vereinfacht. Damit explodierten die Gewährungszahlen von 62.000 in 1982 auf 177.000 in 2002. Jaffe und Lerner (2004, S. 12) urteilen, dass damit eine Verschlechterung der Qualität der gewährten Patente einher geht „... the increase in the rate of patenting has been accompanied by a proliferation of patent awards of dubious merit." Als Gründe nennen sie die hohe Belastung der Patentprüfer und die Verwendung der Patentgebühren, die der Regierung zukommen und nicht dazu genutzt werden, die Gehälter der Patentprüfer (durchschnittlich $60.000 p.a.) aufzubessern. Wären die Verdienstmöglichkeiten in dem USTPO besser, würden nicht die besten und erfahrensten Prüfer durch die Industrie abgeworben werden. Im Vergleich mit dem europäischen Patentamt ist die Mitarbeiterfluktuation sechsmal und die Arbeitsbelastung ca. doppelt so hoch. Weiterhin führt die provisionsabhängige Bezahlung, in Abhängigkeit der Anzahl gewährter Patente in der Zeit dazu, dass Prüfer auch Patente geringer Qualität gewähren. So zitieren Jaffe und Lerner (2004, S. 137) einen Prüfer: „When I first started here, I was told „when in doubt reject" and to try to reject. Now I am told, „when in doubt allow" and try to find a reason to allow." Dieses Verständnis wirkt sich auf den Erfolg US-amerikanischer Patente aus. So wuchs die Anzahl wichtiger, das heißt internationaler Erfindungen aus den USA zwischen 1987 und 1998 um 51 Prozent, hingegen die Anzahl erteilter US-Patente um 105 Prozent.

Das Patentrecht in Deutschland ist eingeschränkter. So sind beispielsweise „Pläne, Regeln und Verfahren für gedankliche Tätigkeiten, für Spiele oder für geschäftliche Tätigkeiten sowie Programme für Datenverarbeitungsanlagen" nach § 1 PatG Abs. 3 nicht durch ein Patent schutzwürdig. Somit sind Software und Geschäftsmethoden weitestgehend von einem Patentschutz ausgeschlossen, was die Gefahr gewährter Trivialpatente verringert.

2. Branche

Bei der Branchenbetrachtung beeinflussen die Technologieintensität, die rechtlichen Rahmenbedingungen und die Wettbewerbsituation die Patentierungsneigung der Unternehmen.[110] Wie dargestellt, müssen patentfähige Erfindungen auf einer erfinderischen Tätigkeit beruhen und gewerblich anwendbar sein.

In Branchen mit hoher Forschungsintensität, wie beispielsweise der pharmazeutischen Branche, der Biotechnologie oder des Maschinenbaus, ist die Wahrscheinlichkeit einer

110 Die folgenden Ausführungen beziehen sich auf das deutsche Patentgesetz, sind aber international ähnlich.

erfinderischen Tätigkeit selbsterklärend höher als beispielsweise bei Unternehmen des Handelgewerbes, Dienstleistungsunternehmen wie Reiseanbieter oder bei Banken. Empirisch zeigen Arora et al. (2003, S. 30) basierend auf den Umfrageergebnissen des Carnegie Mellon Survey in den USA (1994), dass in den medizinischen Branchen (Pharma sowie medizinische Geräte) und in der Biotechnologie die höchsten Patentprämien zu erzielen sind. Unter der Patentprämie wird der Zusatzwert verstanden, den eine Innovation durch die Patentierung erfährt. Wird in dem Sample dabei nicht nach Branchen differenziert, ist die Patentprämie negativ. Eine positive Patentprämie ist in den pharmazeutischen Branchen (Biotechnologie, Medikamente und medizinische Instrumente) sowie in der Maschinenbau- und Computerbranche zu beobachten.

Schankermann (1998, S. 104) untersucht anhand der Erneuerungsdaten, wie hoch der Anteil an F&E ist, der mit durch Patente erwirtschafteten Erlösen finanziert wird. Die so genannte Rückfinanzierungsquote bestimmt er in Frankreich für die Jahre 1969-1982. Diese Betrachtung ist von Bedeutung, da nur durch Folgeinnovationen der langfristige Erhalt des Unternehmens erzielt werden kann.

In der Studie wird zwischen verschiedenen Branchen differenziert. In der pharmazeutischen Branche und Chemie Branche werden nur 5-10 Prozent der F&E-Ausgaben über Patente finanziert, in den Bereichen Elektro sowie Fahrzeug- und Maschinenbau sind es immerhin 15-35 Prozent. Die geringe Werthaltigkeit in der Pharmabranche überrascht, da insbesondere im Pharmabereich die Entwicklungszeiten sehr lang und die Prämie für patentierte Medikamente sehr hoch ist. Sie kann aber durch die Preisbindung in der Pharmabranche in Frankreich erklärt werden. Angesichts heutiger Schadensersatzansprüche bei Patentverletzungen und enormer Kursreaktionen bei Patentausläufen könnten sich die Dimensionen geändert haben. Schankerman (1998, S. 86) untersucht darüber hinaus, ob es auch von der Nationalität des Anmelders abhängig ist, in welcher Branche die Patente den höchsten Wert aufweisen. Die Ergebnisse sprechen für diese Vermutung. Für deutsche Anmelder liegt in den Jahren 1970 bis 1980 der durchschnittliche Wert der Patente der Chemieindustrie über dem der pharmazeutischen Branche sowie dem Maschinenbau und der Elektrotechnik, wobei diese Relationen nach Nationalität der Anmelder divergieren.

Bei der Branchenbetrachtung ist jedoch zu beachten, dass beispielsweise in der Softwarebranche von rechtlicher Seite in Deutschland nur eingeschränkt Patentschutz erlaubt ist. Als Erfindungen werden insbesondere nicht angesehen: Entdeckungen sowie wissenschaftliche Theorien und mathematische Methoden; ästhetische Formschöpfungen; Pläne, Regeln und Verfahren für gedankliche Tätigkeiten, für Spiele oder für geschäftliche Tätigkeiten sowie Programme für Datenverarbeitungsanlagen. Die Patentfähigkeit von Software wird jedoch relativiert. Software, die mit einem technischen Gerät verknüpft ist, kann durch die Patentierung des technischen Gerätes wiederum geschützt werden kann.

Wählt das Unternehmen als Schutzmechanismus die Geheimhaltung, umgeht es die Offenlegung der technologischen Ausgestaltung seiner Innovation. Die Wettbewerbssituation in einer Branche hat im Zusammenhang mit der Offenlegung daher Einfluss auf die Patententscheidung.[111] Die Wettbewerber erhalten, wie Arundel (2001) ausführt, detaillierte Informationen bezüglich der Innovation und werden eventuell erst auf neue Forschungsgebiete aufmerksam. Ebenso könnten sie veranlasst werden, nach Produktverbesserungen zu suchen, was in teuren Patentrennen enden kann. Durch Patentierng wird der Markt einer Branche transparenter. Es wird möglich, mithilfe von Patentdaten Stärken und Schwächen von Konkurrenten zu identifizieren. Der Zugriff auf Patentdatenbanken und die Klassifizierung der Patente anhand von „International Patent Classification" (IPC), erleichtern die Informationssuche. Arundel (2001, S. 611) beobachtet, dass Unternehmen bei intensivem technologischen Wettbewerb die Patentierung bevorzugen, da die Wahrscheinlichkeit steigt, dass Wettbewerber die Technologie nachahmen können. Somit ist auf weniger konzentrierten Märkten die Patentneigung der Unternehmen höher.

3. Unternehmenseigenschaften und Unternehmenszusammenschlüsse

Die Unternehmensgröße wird oft als wichtiger Faktor für die Patentneigung eines Unternehmens untersucht. Bei frühzeitiger Patentanmeldung noch im Forschungsstadium befindlicher Erfindungen stehen den Konkurrenten bereits vor Markteinführung detaillierte Informationen zur Verfügung. Cohen et al. (2000, S. 15) bemerkt, dass relativ einfach zu umgehende Patente, dem Wettbewerber die Möglichkeit bieten, frühzeitig an der Erstellung von Substitutions- bzw. Komplementärprodukten zu forschen. Insbesondere für kleine Unternehmen ist es dann sehr schwer, den Markt bezüglich Patentüberschreitungen zu überwachen [Arundel und Kabla (1998, S. 134)]. Generell ist die Gefahr des Patentmissbrauchs für kleine Unternehmen besonders groß und selbst bei Entdecken des Missbrauchs eine strafrechtliche Verfolgung oft zu teuer.[112] Der Verkauf oder die Lizenzierung eines Patentes durch ein kleines Unternehmen an ein gro-

---

[111] Die Offenlegungspflicht im Rahmen des Patentantrags kann kritisch für die Wettbewerbssituation des Unternehmens sein, siehe Hall/Ham (1999), S.10, Arundel/Kabla (1998), S. 130.

[112] Für große Unternehmen ist es auch eher möglich, den Wert einer Innovation durch den Marktanteil und Produktionskapazitäten auszunutzen, siehe Arundel (2001), S. 614.

ßes kann dem kleinen Unternehmen aber durchaus eine ergiebige Finanzierungsquelle bieten. Diese Entwicklung kann in der symbiotischen Beziehung zwischen Pharma- und Biotechnologie-Unternehmen beobachtet werden. Unternehmen der pharmazeutischen Branche benötigen neue Forschungsmethoden oder Medikamente und suchen deshalb kleine Biotechnologie-Unternehmen zu Kooperationszwecken. Dadurch gewinnen die tendenziell kleinen Biotechnologie-Unternehmen einen finanzkräftigen Partner oder können ihre Inventionen an große Pharmaunternehmen auslizenzieren.[113]

Die Patentierung sollte aber auch für kleine Unternehmen Vorteile bringen, wenn ein kleines Unternehmen die verschiedenen Motive der Patentierung internalisiert. Beispielsweise können durch die Implementierung eines Intellectual Property-Management (IP-Management),[114] das neben der reinen Schutzfunktion eines Patentes auch seine weiteren strategischen Vorteile abwägt, die Profite aus der Patentierung maximiert werden.[115] Dennoch scheint die Unternehmensgröße einen signifikanten Einfluss auf das Patentierungsverhalten zu haben.[116] Zimmermann und Schwalbach (1991) beobachten in ihrem Sample für große Unternehmen einen positiven Zusammenhang zwischen Größe und Patentaktivität eines Unternehmens.[117] Die Unternehmensgröße hat den größten Einflussfaktor auf die Patentaktivität mit einem Bestimmtheitsmaß von 0,8. Allerdings ist sie aufgrund der Besonderheiten des Funktionsverlaufes nur sehr schwer zu interpretieren, und die Patentaktivität steigt mit der Unternehmensgröße nicht streng monoton (Zimmermann und Schwalbach (1991), S. 219). Als weitere Einflussfaktoren nutzen sie die Marktmacht[118] sowie den Diversifikationsgrad des Unternehmens, da diversifizierte Unternehmen, wie Zimmermann und Schwalbach (1991) argumentieren, eine Innovation eventuell in verschiedenen Bereichen nutzen können. Auch Garcia-Vega (2006) weist einen positiven Zusammenhang zwischen dem Diversifikationsgrad und der Anzahl angemeldeter Patente sowie der F&E-Intensität eines Unternehmens nach. Lerner und Wulf (2006, S. 21) analysieren den

---

113 Handelsblatt, 01.10.2003, Nr. 189, S. C1. Siehe Kaufmann/Schmidt (2004) zu der strategischen Zusammenarbeit zwischen Unternehmen der Biotechnologie und der pharmazeutischen Industrie.

114 Insbesondere in den USA ist das Intellectual Property-Management (IP-Management) weiter verbreitet als in Europa, insbesondere Deutschland. Hierunter wird die strategische Ausrichtung und Verwertung des Patentportfolios eines Unternehmens verstanden, bspw. Rivette/Kline (2000), Davis/Harrison (2002), Anton/Yao (2004) und Jennewein (2005) mit Beispielen für Deutschland.

115 Zu Patentierungsmotiven siehe, Rivette/Kline (2000), Cohen et al. (2000), Elton (2002). Abbildung 15.

116 Arundel/Kabla (2001), S. 614. Allerdings merken sie an, dass kleine Unternehmen durchaus mehr patentieren sollten und es erstrebenswert wäre, ihre Patentneigung, unter Umständen auch staatlich, zu fördern.

117 Da die Unternehmensgröße kubisch spezifiziert wurde, ist die Interpretation der Ergebnisse schwierig und ib bestimmten Umsatzbereichen ist der Zusammenhang auch negativ, siehe Zimmermann/Schwalbach (1991), S. 219.

118 Die Marktmacht wird über die Marktkonzentration, die durch den Herfindahlindex gemessen wird, operationalisiert.

Einfluss der Entlohnung des F&E-Managements auf die Patentneigung und die Patentqualität. Sie schlussfolgern, dass eine höhere und erfolgsabhängige Vergütung des Managements die Innovationsqualität, gemessen an der Anzahl Zitierungen und der Anzahl Patentgewährungen, erhöht.

Im Zusammenhang mit dem Einflussfaktor Diversifikationsgrad soll die Bedeutung der Forschungsintensität für die Werthaltigkeit der Diversifikation näher untersucht werden. Für breit gestreute Unternehmen kann es möglich sein, ihre Innovationen vielfältig anzuwenden. Den Unternehmen würde es dann gelingen, informationsbasierte „Economies of Scale and Scope" zu realisieren. So führt eine Ausdehnung des Diversifikationsgrades in Unternehmen mit einem hohen Anteil immateriellen Vermögens zu einer Wertsteigerung und bei Unternehmen mit einem geringeren Anteil immateriellen Vermögens tendenziell zu einer Wertminderung.[119] Der Anteil immateriellen Vermögens am gesamten Unternehmensvermögen ist in den vergangenen Jahren stark gestiegen.[120] Tendenziell sollten deshalb neuere Studien, die die Bewertungseffekte von Unternehmensübernahmen analysieren, also eher eine Diversifikationsprämie finden. Aber in der Literatur wird zeitunabhängig mal ein Diversifikationsabschlag[121] und mal eine Diversifikationsprämie[122] beobachtet, sodass eine solche Aussage nicht möglich ist.[123] Morck und Yeung (2003) unterteilen Unternehmenszusammenschlüsse danach, ob es möglich scheint, informationsbasierte „Economies of Scope" zu erwirtschaften.[124] Der genutzte Datensatz ist von 1978. Die Studie kann also keine Erklärung für einen etwaigen Wandel im Zeitablauf bieten. Der Diversifikationsgrad wird durch die Anzahl verschiedener Branchencodes (SIC Codes), die den Unternehmen zugeordnet werden, bestimmt. Sind die beiden Ursprungsindustrien nur wenig miteinander verwandt, ist ein Diversifikationsabschlag zu erkennen. Dieser ist aber geringer, wenn das Verhältnis F&E-Ausgaben zum materiellen Vermögen (gemessen über Tobin's q) hoch ist. Gleiches gilt für die geographische Diversifikation, die sogar zu einer Diver-

---

119 Merck/Young (2003), Chiang/Mensah (2004), S. 298.

120 So haben sich die anteiligen F&E-Ausgaben am unternehmerischen Bruttosozialprodukt beispielsweise in den USA von 1950 bis 2000 (von 0,7% auf 1,8% mehr als verdoppelt. Der Anteil der Investitionen in materielle Güter blieb hingegen beinahe konstant (9,5% vs. 11,2%), siehe Nakamura (2003), S. 21.

121 Montgomery/Wenerfelt (1988), Lang/Stulz (1994), Berger/Ofek (1995, 1996), Kose/Ofek (1995), Rajan et al. (2000), Denis et al. (2002).

122 Rumelt (1982), Schipper/Thomson (1983), Matusaka (1993), Hubbard/Palia (1999).

123 Morck/Yeung (2003), S. 270ff.

124 Der genaue Ablauf der Unterteilung ist kurz gefasst und auch Morck und Yeung bemerken, dass sie keine perfekte Unterteilungsmöglichkeit gefunden haben. Sie rechtfertigen dieses Manko mit ihren Ergebnissen, Morck/Yeung (2003), S. 277.

sifikationsprämie führen kann.[125]

Ein weiterer auf das Unternehmen zu beziehender Einflussfaktor, der die Patentierungsentscheidung beeinflusst, ist die Art der Forschung. Die Frage ist hier, ob es sich um interne oder externe F&E-Einrichtungen handelt. Externe Forschung kann in Kooperation geschehen oder Auftragsforschung sein. Unternehmen mit Kooperationen im F&E-Bereich weisen eine höhere Patentneigung auf als Unternehmen mit ausschließlich unternehmensinterner F&E. Eine einfache Erklärung für die erhöhte Patentneigung ist, dass die Patente bei F&E in Kooperationsform zur Abgrenzung der Besitzansprüche an die Resultate der F&E-Tätigkeit genutzt werden.[126] Die Klarstellung der Besitzansprüche ist auch für Unternehmen mit hoher Mitarbeiterfluktuation von großer Relevanz. So beobachten Kim und Marschke (2005), dass Unternehmen mit hoher Mitarbeiterfluktuation tendenziell eine höhere Patentneigung besitzen.

Ferner können Patente die Suche nach einem Kooperationspartner oder Übernahmekanditaten erleichtern. Die Wahrscheinlichkeit einer Übernahme steigt für Unternehmen mit Patenten in ähnlichen Technologiesschwerpunkten. Auch kann die Qualität der Forschung in verschiedenen Forschungsschwerpunkten im Due Dilligence Prozess als Entscheidungskriterium herangezogen werden. In welchem Ausmaß diese Überlegungen in den letzten Jahren in der pharmazeutischen Branche bei Unternehmensübernahmen einen Einfluss hatten und wie dies von den Kapitalmarktteilnehmern wahrgenommen wurde, wird in dem empirischen Teil der vorliegenden Arbeit näher beleuchtet.

---

[125] Morck/Yeung (2003), S. 286. Wie die F&E-Intensität die Diskontprämie im Rahmen geographisch diversifizierter Unternehmen beeinflusst, untersuchen auch Kotabe et al. (2002). In der Literatur werden teils Hinweise auf einen linear positiven, Daniels/Bracker (1989) oder negativen, Al-Obaidan/Scully (1995) aber auch konkaven Zusammenhang gefunden, Hitt et al. (1997), Katrishen/Scordis (1998), Mishra/Gobeli (1998), Gomez/Ramaswamy (1999). Diese Zusammenhänge werden unter anderem durch die Weite der Produktdiversifikation beeinflusst. Eine Querschnittsanalyse scheint angebracht. Kotabe et al. (2002) untersuchen, inwieweit die F&E-Intensität den Einfluss der Multinationalität auf den Unternehmenswert verstärkt. Sie finden Hinweise darauf, dass bei einer hohen F&E-Intensität ein höherer Grad der Multinationalität zu einer verbesserten Performance führt, Kotabe et al. (2002), S. 89.

[126] Arundel (2001), S. 618. Gans/Stern (2002) gehen davon aus, dass Unternehmen mit Patenten mit einer um 23% höheren Wahrscheinlichkeit als nichtpatentierende Unternehmen eine strategische Kooperation eingehen. Der Ursache-Wirkung-Zusammenhang ist hier also nicht eindeutig. Aber es wird klar, dass Patente die Verhandlungsmacht eines Unternehmens durch die monopolistische Schutzwirkung erhöhen und somit Verhandlungen und Zusammenarbeit von Unternehmen durchaus fördern können.

4. Eigenschaften der Produkte und Innovationen

Als letzter Einflussfaktor wird das zu patentierende Produkt oder Verfahren analysiert. Hier spielt die Komplexität der betrachteten Innovation eine entscheidende Rolle. Cohen et al. (2000, S. 19) beobachten, dass die Komplexität von Produkten einen positiven Einfluss auf die Patentneigung hat. Komplexe Produkte bestehen aus mehreren komplementären Komponenten. Da Unternehmen nicht alle notwendigen Patente zu ihrem Produkt halten, gehen sie Tauschbeziehungen mit anderen Unternehmen ein. Das wird durch einen Patentschutz der eigenen Komponente erleichtert.[127]

Weiterhin führt die Größe des Absatzmarktes des Produkts zu einer vermehrten Patentneigung. Scheint der Gewinn aus dem abzusetzenden Produkt überdurchschnittlich, werden Wettbewerber in die Forschung zur Nachahmung des Produktes investieren. Die Wahrscheinlichkeit, dass die Schutzdauer durch Geheimhaltung nicht langfristig bestand hat, ist damit relativ hoch, wie Denicolò/Franzoni (2004b, S. 373) demonstrieren. Zudem beeinflusst auch die Länge des Produktlebenszyklus der Innovation die Entscheidung für ein Patent. Hall und Ham (1999, S. 10) argumentieren, dass Geheimhaltung und zeitlicher Vorsprung effektiver zu sein scheinen als eine Patentierung, wenn der Lebenszyklus der Innovation voraussichtlich kürzer ist als das Patentierungsverfahren.

Nach der Carnegie-Mellon-Umfrage patentieren Unternehmen eher Produkt- als Prozessinnovationen, da Prozessinnovationen für Unternehmensexterne meist schlechter zu erkennen sind. Durch die Patentierung des Prozesses würde dieser öffentlich zugänglich. Gleichzeitig ist es schwierig, die Verletzung des Exklusivrechts an einem Prozess nachzuweisen. Cohen et al. (2000) betonen allerdings auch, dass bei Geheimhaltung der Prozesse die Gefahr besteht, dass dennoch, beispielsweise durch die Fluktuation von Mitarbeitern, Informationen über Prozesse das Unternehmen verlassen, ohne dass dann rechtliche Schritte eingeleitet werden können.

---

127 Durchschnittlich schützen fünf bis sechs Patente eine Innovation, Arora et al. (2003), S. 30.

II. Bedeutung alternativer Verwertungsmöglichkeiten

Neben der Patentierung kann ein Unternehmen von seinen Innovationen auch über Geheimhaltung profitieren. Insbesondere zeitliche Vorsprünge und komplementäre Fähigkeiten „schützen" dabei den Erfolg einer Erfindung (Abbildung 13a).[128]

In der Carnegie-Mellon-Umfrage beobachten Cohen et al. (2000), dass die „First-Mover-Advantage" Strategie, also zeitliche Vorsprünge gegenüber den Wettbewerbern, insbesondere für kurzlebige Produkte, genutzt wird. Die alleinige Verwertung der Innovation wird dadurch sichergestellt. Bei der Analyse der Umfrageergebnisse des Community Innovation Survey (CIS) von 1993 wertet Arundel (2001) Antworten von 2.849 regelmäßig forschenden Unternehmen aus. Auch hier bewerten mehr als die Hälfte der Unternehmen (54,4 Prozent) den zeitlichen Vorsprung als wichtigsten Faktor für eine erfolgreiche Innovation. Patenten sprechen hingegen nur ca. 11 Prozent der Befragten die höchste Relevanz bei der Nutzung von Innovationen zu.

Teece (1986) nennt neben dem „iron clad" Patentschutz, der nur selten gegeben ist, komplementäre Fähigkeiten und Ressourcen als wichtige Kriterien, die eine Innovation einen Erfolg werden lassen. Komplementäre Fähigkeiten, die den Absatz einer Innovation steigern, können in Vertrieb, Marketing, Produktion oder Kundenservice liegen.[129] Es kann sich aber auch um die Vermarktung weiterer komplementärer Güter, wie z.B. Hardware und zugehörige Software, handeln.[130] Die Option, den Wert der Innovation vollständig zu nutzen, ohne einen Teil der Gewinne an den Imitator abgeben zu müssen, besitzen eher große Unternehmen. Nach Arundel (2001, S. 613) können sie meist auf mehr Ressourcen und überlegene Vertriebsmöglichkeiten zurückgreifen. Verschärft sich der Wettbewerb um das auf der Erfindung aufbauende Produkt und ist die Imitation der Innovation ist leicht möglich, dann ist die Vermarktungsfähigkeit durch komplementäre Werte von besonderer Relevanz (Teece (1986), S. 287). Diese Beobachtung bestätigen die Ergebnisse der Carnegie-Mellon-Umfrage im Jahr 1994, bei der 1.478 forschende Unternehmen des produzierenden Gewerbes befragt wurden, in welcher Weise sie versuchen, den Erfolg ihrer Innovation zu maximieren. Unternehmen können sich dabei verschiedener Mechanismen bedienen, sodass sich die

---

128 Cohen et al (2000). Komplementäre Güter spielen gleichsam bei der Patentbewertung eine Rolle. Der Wert eines Patentes ist dabei von den Gütern des Wettbewerbs abhängig. Besitzt ein Wettbewerber ein komplementäres Gut, welches ebenfalls durch ein Patent geschützt ist, sind die beiden Unternehmen jeweils von der Preissetzung und Verkaufspolitik des anderen abhängig. Besitzt ein Unternehmen beide Patente, steigt der Wert, siehe. Reitzig (2002), S. 52.

129 Hall/Ham (1999) S. 10, auch Cohen et al. (2000) beobachten dieses Verhalten.

130 Dieser Gedankengang wird von Teece (1986), S. 288 ausführlich erläutert.

anteiligen Summen der Antworten auf über 100 Prozent belaufen können. 30 Prozent der Unternehmen sehen Patente für einige Innovationen als die beste Verwertungsmöglichkeit an. Für einen Teil ihrer Innovationen bevorzugen 50 Prozent der Unternehmen die Geheimhaltung. Insbesondere für Innovationen auf Produktebene spielen der zeitliche Vorsprung und die komplementären Fähigkeiten eine große Rolle (Abbildung 13a).

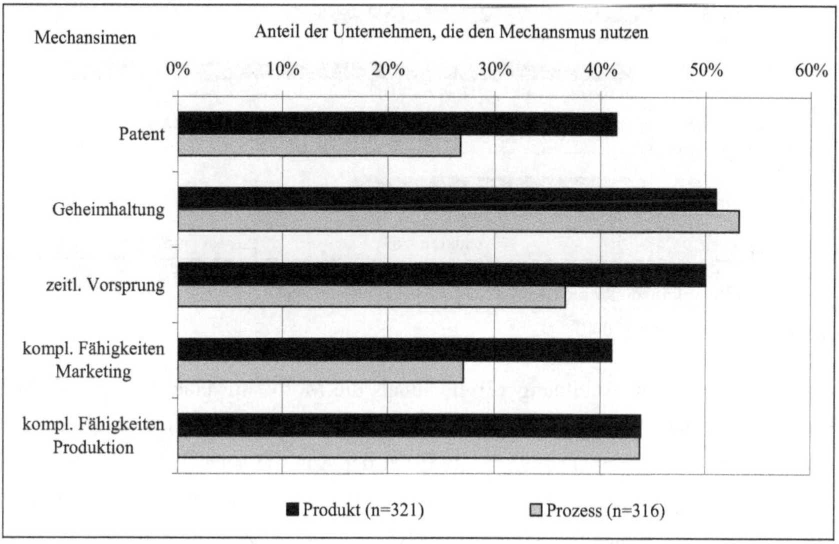

Abbildung 13a: Nutzen einer monopolartigen Stellung durch Innovationen

Quelle: Cohen (2000)

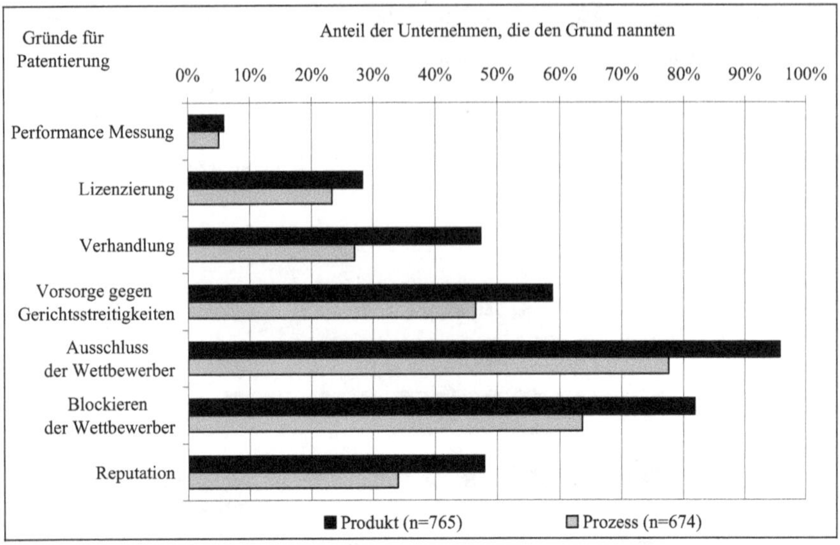

Abbildung 13b: Gründe für die Beantragung eines Patentschutzes

Quelle: Cohen (2000)

Abschließend sind in Abbildung 13b nochmals die Motive für eine Patentierung der Unternehmen nach der Carnegie-Mellon-Umfrage dargestellt. Ähnliche Motive beobachten Duguet und Kabla (1998, S. 295) bei der Analyse verschiedener Datensätze aus den Jahren 1990-92. In diesem Sample nennen über 90 Prozent der Unternehmen als Grund für einen Patenschutz, Wettbewerber von der Nachahmung auszuschließen. 62 Prozent möchten Rechtsstreitigkeiten umgehen und die Patente in Verhandlungen einsetzen. Die Gründe Lizenzierung, Eintritt in neue Märkte und Bewertung der Mitarbeiter werden von ca. der Hälfte der befragten Unternehmen genannt. Harhoff und Reitzig (2002) nennen neben dem reinen Ausschlussrecht der Wettbewerber die Lizenzierung des Patentes, den Einsatz der Patente in Verhandlungen, beispielsweise bei Kreuzlizenzen oder in Patentpools, zu denen Unternehmen nur dann Zugangsrechte erhalten, wenn sie eigene Patente einbringen. Strategisch können Patente zum Imagegewinn oder zur Abschreckung der Wettbewerber dienen. Wettbewerber treten unter Umständen gar nicht in den Markt ein oder sie werden gezielt blockiert. Wenn Unternehmen in den Markt eintreten möchten und der Patentbesitzer hohe Lizenzgebühren verlangt oder das Patent gar nicht zur Lizenzierung frei gibt, müssen Wettbewerber mit großer Wahrscheinlichkeit zu hohen Kosten um das bestehende Patent herumerfinden (invent around). Blind et al. (2006) untersuchen die Motive für Unternehmen in

Deutschland zu patentieren. In Übereinstimmung mit den vorgestellten Studien nennen die 500 erfolgreich befragten Unternehmen den Ausschluss von Wettbewerbern als wichtigstes Motiv am Häufigsten, gefolgt von dem Motiv der Blockade, der Reputation, des Handels und des Schaffens von Anreizen für die Mitarbeiter.

Die Patentierung kann einem Unternehmen insbesondere bei einem strategischem Einsatz und gezielten Management Vorteile bringen. Dennoch sollten die Vor- und Nachteile der Entscheidung sorgfältig abgewogen werden.

III. Gewinnung und Verwertung von Erfindungen

Die Patentierung einer Innovation oder die Entwicklung einer Technologie ist nur Erfolg versprechend, wenn sich Abnehmer im eigenen Unternehmen oder externe Abnehmer finden. Die Abnehmer müssen der Erfindung gleichzeitig einen höheren Wert beimessen, als die Entwicklungs- inklusive Patentanmeldekosten betrugen. Dabei ist es gleichzeitig wichtig, dass Unternehmen die Kosten für Nutzungsrechte beachten, die auf sie zukämen, wenn ein anderes Unternehmen die gleiche Erfindung patentieren ließe. Zur Steigerung der Rendite aus F&E-Investitionen sollten daher Aspekte der F&E-Erstellung (Eigenerstellung oder Fremdbezug) und Verwertung (Verwertung im eigenen Geschäft oder externe Verwertung über Technologietransfers, beispielsweise in Form von Lizenzen) beachtet werden. Die Nutzung von Lizenzvergaben wird immer beliebter, was zeigt, dass Unternehmen sich dieser Einnahmequelle bewusst werden. So generierte bspw. International Business Machines (IBM) mit seinen Patenten von 1993-2002 €8,13 Mrd. an Lizenzeinnahmen. Dabei ist IBM schon lange führend im Bereich der Patentanmeldezahlen. So zeigt Griliches (1990, S. 1663), dass IBM bereits 1984 der weltweit zweitgrößte Patentanmelder mit 608 gewährten Patenten in einem Jahr war. Innerhalb von ca. 10 Jahren hat sich die jährliche Gewährungszahl für IBM ungefähr verfünffacht.[131]

Grundsätzlich bieten sich Unternehmen verschiedene Strategien, zum einen ihren Innovationsbedarf zu decken und zum anderen ihre Erfindungen erfolgreich zu verwerten. In einem ersten Schritt soll die Wahl der günstigsten Alternative bei der „Herstellung" von Patenten und Innovationen behandelt werden. In einem zweiten Schritt werden die Verwertungsmöglichkeiten angesprochen. Wird ein Unternehmen innovativ tätig, muss es sich zwischen externer oder interner F&E entscheiden. Unter der externen F&E kann das Konsultieren externer F&E-Anbieter wie Universitäten oder For-

---

[131] Im Jahr 2002 erhielt IBM 2.357, im Jahr 2003: 3.399 Patente. Zu diesen sowie den weiteren Angaben zu Zahlen über IBM, siehe Wall Street Journal Europe (2003), 15.12.2003, S. A10.

schungseinrichtungen für die Produktentwicklung gesehen werden, aber auch das Eingehen von Kooperationen und die Gründung von Joint-Ventures. Forschungskooperationen entwickeln sich insbesondere in der pharmazeutischen und biotechnologischen Industrie sehr rasch, sodass nach Schätzungen im Jahr 1999 rund 2/3 der Ausgaben für externe Forschung bestimmt waren.[132] Zudem ist der „Zukauf" bereits erfolgter Innovationen durch eine Lizenzierung möglich.[133] Mahlich (2004, S. 403) diskutiert, welche Überlegungen für die interne Forschung und welche für den Einkauf der Forschung sprechen. Grundsätzlich sind für diese Entscheidung die Kapitalintensität und die Arbeitsintensität ausschlaggebend. Hohe Arbeitsintensität spricht für die externe Forschung, hohe Kapitalintensität für die interne. Weiterhin erleichtert eine Standardisierung und Kodifizierung des zu generierenden Wissens die externe Beschaffung. Eine hohe strategische Relevanz des Projektes spricht für die interne Generierung.[134] Tapon und Thong (1999) nennen als Gründe für das Outsourcing, den Vorteil neue Methoden kennen zu lernen ohne hohe finanzielle Investitionen in die eigene Forschungseinrichtung durchführen zu müssen, den leichteren Abbruch des Projektes bei Misserfolg sowie die Leistungssteigerung im Unternehmen durch Wettbewerb und mehr Transparenz.

Im zweiten Schritt werden die Möglichkeiten der Verwertung kurz angesprochen. Unabhängig davon, ob eine patentierungsfähige Innovation durch die eigene F&E-Abteilung oder durch externe Forschungsaufträge entwickelt wurde, muss eine den Unternehmenswert steigernde Verwendung gefunden werden. Zur Auswahl stehen hierbei die interne Verwertung im eigenen operativen Geschäft und die externe Verwertung in Form von Verkauf oder Lizenzvergabe, die ausschließlich an einen oder an mehrere Nachfrager geschehen kann. Ebenso ist abzuwägen, ob eine gemischte Verwertung, das heißt parallele interne und externe Nutzung, einen geldwerten Vorteil schaffen kann.

Die Auswirkungen, die Innovationen und ihr bewusstes Management auf das Wachstum der zukünftigen Cashflows und damit auf den Unternehmenswert haben, sind in Abbildung 14 exemplarisch dargestellt. Jedes erfolgreiche Unternehmen sollte in aller Regel ein Grundwachstum, zumindest entsprechend dem Branchenwachstum, aufweisen. Das Ziel eines marktwertmaximierenden IP-Managements muss es sein, in signi-

---

132 Mahlich (2004).

133 Jennewein (2005, S. 121f) systematisiert ähnliche Möglichkeiten als Quellen zur Erstellung immaterieller Vermögenswerte, wobei der Fokus auf den F&E-Ausgaben liegt. Zu Möglichkeiten des Zukaufes von Intangible Assets, siehe Jennewein (2005), S. 140.

134 Picot/Maier (1993), S. 9f. leiten die Bedeutung der Relevanz aus der Transaktionskostentheorie ab.

fikanter Weise dazu beizutragen, dass sich die Wachstumsrate der Cashflows nachhaltig erhöht. Dies kann zunächst durch F&E und durch Verwertung der F&E-Ergebnisse im eigenen Unternehmen erfolgen, das heißt die Einzahlungen aus F&E sind höher als die Auszahlungen für F&E. Des Weiteren können bei patentierten Innovationen Lizenzen an andere Unternehmen verkauft werden, wobei hieraus zusätzlich Einzahlungen (Lizenzzahlungsströme) resultieren. Eine weitere Möglichkeit zur Unternehmenswertsteigerung ist der externe Zukauf von Know-how in Form von Lizenzen, wobei die Einzahlungen aus der Verwendung der Lizenzen höher sein müssen als die Auszahlungen für die Lizenzen. Im Sinne der Investitionsrechung handelt es sich hier um ein Projekt mit einem positiven Nettobarwert.[135]

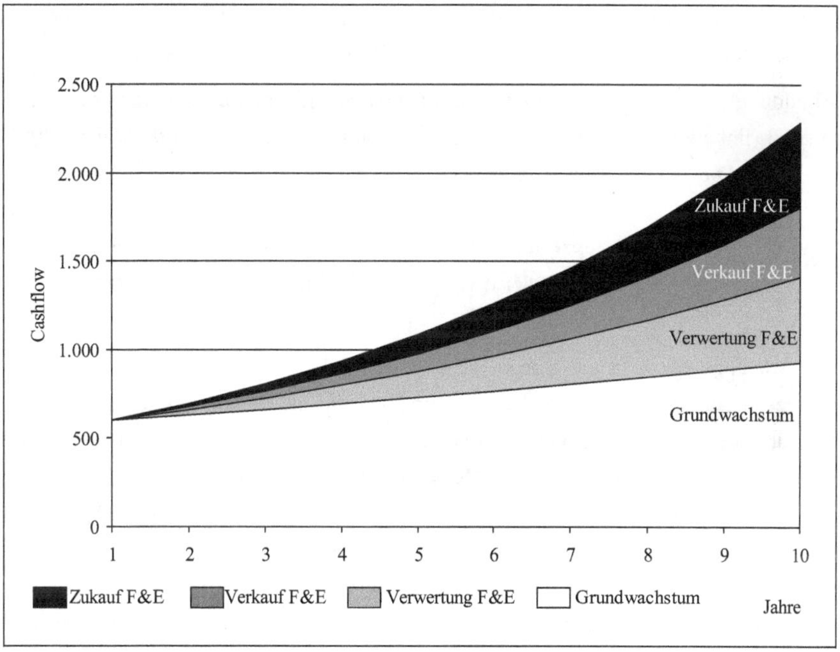

Abbildung 14: Mögliche Erhöhung der Cashflows bei Verwertung von F&E

Quelle: Bessler et al. (2003)

135 Zu den Möglichkeiten eines IP-Managements, siehe bspw. Rivette/Kline (2000), Elton et al. (2002), Davis/Harrison (2001), Roos et al. (1998).

D. Entwicklung der Patentanmeldungen im Zeitablauf

Um abschätzen zu können, wie sich die Patentaktivität und Lizenzzahlungen im Zeitablauf entwickelt haben, wird in diesem Abschnitt das Patentaufkommen kurz dargestellt. Der Schwerpunkt der Betrachtung liegt auf Deutschland und den Anmeldungen deutscher Unternehmen. Die Entwicklungen in den USA, in Japan und beim Europäischen Patentamt werden ebenfalls vorgestellt.

Bei dem DPMA ist die Zahl der Patentanmeldungen und auch der Patentgewährungen in der Zeit von 1995 bis 2005 unverändert hoch, mit leicht steigender Tendenz bis 2001. In den USA zeichnet sich seit den 80ern und 90ern ein deutlicher Anstieg sowohl der Patentanmeldungen als auch der Patentgewährungen ab.[136] Dies ist nach Kortum und Lerner (1999) zum einen auf eine höhere Quote gewährter Patente (schnellere Patenterteilung) aber auch auf ein verbessertes IP-Management zurückzuführen.

Abbildung 15 zeigt die Entwicklung der Patentanmeldungen beim europäischen Patentamt (linke Seite) und beim deutschen Patentamt (rechte Seite) in den Jahren 1995 bis 2005. Die Anmeldungen beim europäischen Patentamt wachsen stetig von ca. 60.000 in 1995 auf über 120.000 in 2005. Dabei steigen die Anmeldungen aus Deutschland, USA und Japan ungefähr gleich. Die Anmeldungen US-amerikanischer Unternehmen steigen beispielsweise von ca. 16.000 im Jahr 1995 auf über 32.000 in 2005.

Die Anmeldungen beim deutschen Patent- und Markenamt (rechte Seite) stagnieren. Die meisten Anmeldungen fanden im Jahr 2000 mit ca. 64.800 Anmeldungen statt. Danach ist ein leichter Rückgang zu erkennen. Dabei sind die Zahlen aus 2004 aufgrund geänderter Veröffentlichungen der PCT-Patente in internationaler und nationaler Phase nicht direkt mit den Vorjahren vergleichbar. In Deutschland ist entgegen dem langfristigen Trend seit 2001/02 ein leichter Rückgang zu erkennen. Dieser könnte mit dem konjunkturellen Abschwung begründet werden. Es ist durchaus möglich, dass sich Unternehmen in Rezessionszeiten die Kosten der Patentanmeldung sparen. Für den Zusammenhang von Patentanmeldungen und Konjunktur gibt es verschiedene Erklärungsansätze. Oft wird ein positiver Zusammenhang nachgewiesen.[137] Auch kann

[136] In den USA wird allerdings kritisiert, dass so genannte Trivialpatente, insbesondere im Softwarebereich gewährt werden. Dies ist problematisch, da für die Konkurrenten unmäßig hohe Lizenz- oder Schadensersatzzahlungen anfallen. Die Situation hat sich insbesondere seit Gründung des Court of Appeals for the Federal Circuit (CAFC) im Jahr 1982 ergeben, siehe Jaffe/Lerner (2004), S. 9f.

[137] Greif/Schmiedel (2002), Griliches (1990), S. 1663 weist auf einen Rückgang der Patentanmeldungen während starker Rezessionen oder bspw. während des 2. Weltkrieges hin.

man davon ausgehen, dass die Veränderung der Intensität der F&E-Ausgaben mehr oder weniger stark von dem Konjunkturverlauf abhängt. Wälde und Woitek (2004) finden für die G7-Staaten bei Betrachtung des Zeitraumes von 1973-2000, dass F&E-Ausgaben für Grundlagenforschung und angewandte Forschung zeitweilig insignifikant antizyklisch laufen, das Gros der Ausgaben und insbesondere die Ausgaben für Entwicklung sich jedoch zyklisch verhalten. Eine Patentierung ist nur nach erfolgten F&E-Ausgaben und Projekterfolgen möglich. Von daher lässt dies auf ein zyklisches Verhalten der F&E-Ausgaben und Patentanmeldungen schließen. Zu beachten ist, dass die Patentierung, insbesondere die Patenterteilung, jeweils nur zeitverzögert stattfinden kann.

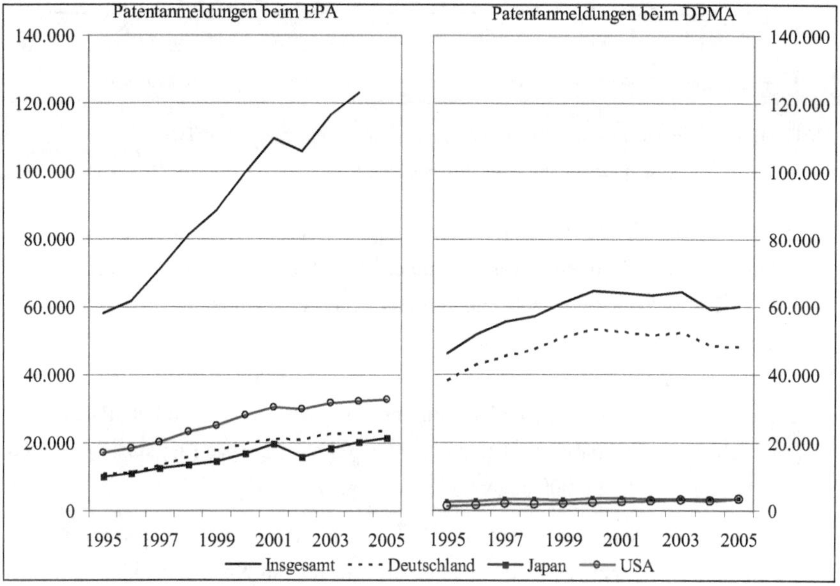

Abbildung 15: Patentanmeldungen insgesamt beim EPA und beim DPMA

Quelle: Jahresbericht DPMA (1999) und (2005c)

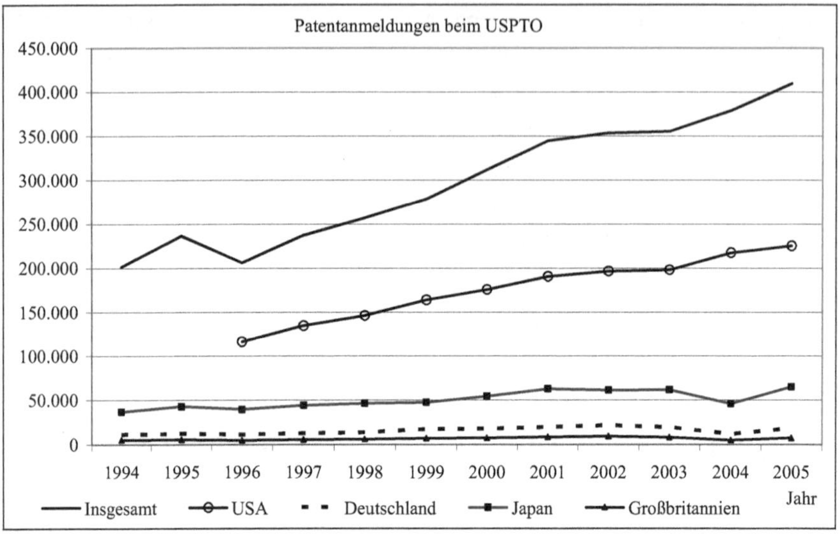

Abbildung 16: Patentanmeldungen pro Jahr ausgesuchter Länder beim USPTO

Quelle: Verschiedene Jahresberichte des USPTO

Beim US-amerikanischen Patentamt (Abbildung 16) ist seit 1995 ebenfalls eine Verdoppelung der Anmeldungen zu sehen. Von ca. 200.000 stiegen die Anmeldungen auf 400.000 in 2005. Aufgeteilt nach Ländern aus denen die Anmeldungen stammen, ist der größte Anstieg bei US-amerikanischen Unternehmen zu erkennen. Von deutschen Unternehmen gehen jährlich zwischen ca. 11.000 und 21.700 Anmeldungen ein. Unternehmen aus Großbritannien melden durchgängig weniger als 10.000 Patente pro Jahr an. Sehr viele ausländische Patentanmeldungen stammen von japanischen Unternehmen mit jährlich ca. 50.000 angemeldeten Patenten.

Ähnlich wie beim deutschen Patentamt sind, wie in Abbildung 17 zu sehen ist, die Anmeldungen beim japanischen Patentamt, auf sehr hohem Niveau, rückläufig. Dabei sind die Anmeldungen ausländischer Unternehmen im Zeitablauf relativ konstant.

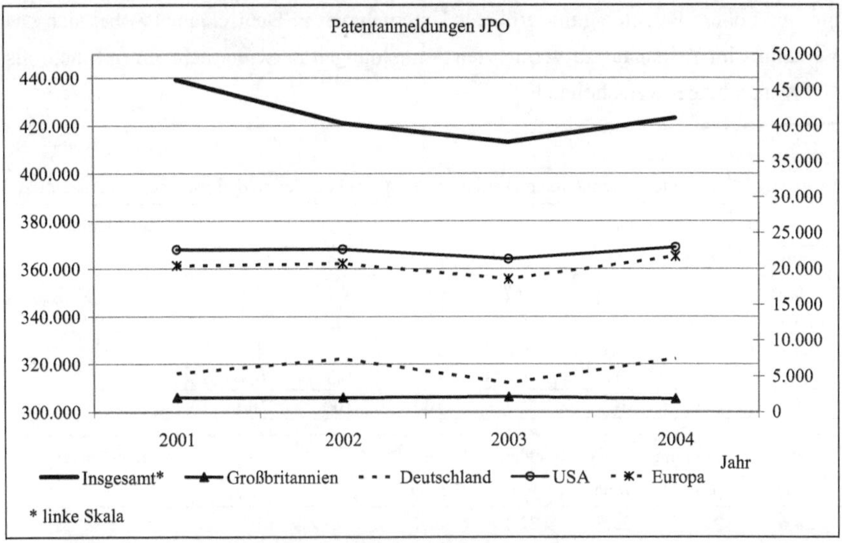

Abbildung 17: Anmeldungen pro Jahr ausgesuchter Länder beim JPO

Quelle: Verschiedene Jahresberichte des JPO

Insgesamt scheint es einen Trend weg von den Anmeldungen in kleineren Staaten hin zu den großen Patentämtern zu geben. Dies verdeutlicht der Anstieg bei dem europäischen Patentamt sowie bei dem US-amerikanischen Patentamt. Bei letzterem ist der Anstieg beispielsweise nach Hall (2004), aber auch wie bereits dargelegt[138] auf Änderungen im amerikanischen Patentwesen zurückzuführen.

Generell sind Patentanmeldungen in Europa auf einem relativ hohen Niveau. In Europa führt die Schweiz mit 629 Patentanmeldungen je einer Million Einwohner, auf Platz vier liegt Deutschland mit 279 Patentanmeldungen je einer Million Einwohner. Den zehnten Platz mit 68 Patentanmeldungen belegt Italien.[139] Werden für Deutschland die anteiligen Anmeldungen in Tabelle 2 betrachtet, wird deutlich, dass die meisten Anmeldungen in Deutschland (jährlich ca. 70 Prozent) von Unternehmen stammen, die nur ein Patent anmelden. Ca. 27 Prozent aller Anmeldungen werden von Unternehmen mit zwei bis zehn jährlichen Anmeldungen und die restlichen drei Prozent werden von Unternehmen mit mehr als zehn jährlichen Anmeldungen getätigt. Diese drei Prozent der Anmelder melden jedoch über 50 Prozent aller Patente an. Das Verhältnis spricht

---

[138] Vgl. Teil 1 Kapitel II C I 1.

[139] O.V. (2006a), S. 36.

für eine höhere Patentneigung größerer Unternehmen in Deutschland, wobei sich das Verhältnis im Zeitablauf zu vermehrten Anmeldungen der Unternehmen mit mehr als 100 Anmeldungen verschoben hat.

Tabelle 2: Anteil Patentanmeldungen nach der Anzahl der Anmeldungen eines Unternehmens

Anteile der Anmelder in %							# Anmeldungen
1998	1999	2000	2001	2002	2003	2004	
70,9	70,1	71,3	70,7	68,7	69	68,2	1
26,7	27,4	26,4	26,6	28,5	28,1	28,8	2-10
2,1	2,2	2,1	2,4	2,5	2,6	2,7	11-100
0,2	0,2	0,2	0,3	0,3	0,3	0,3	>100
100	100	100	100	100	100	100	
Anteile der Anmeldungen von Anmeldern in %							#Anmeldungen
1998	1999	2000	2001	2002	2003	2004	
24,6	22,7	23,5	22,1	20,7	19,9	19	1
28,9	27,8	27,47	25,6	27,3	26,2	25	2-10
18,7	18,9	17,5	19	18,5	19,3	19	11-100
27,8	30,6	31,6	33,3	33,5	34,6	37	>100
100	100	100	100	100	100	100	

Quelle: Jahresbericht DPMA 2004

Da das Patentaufkommen beachtlich ist, scheint es sinnvoll, einen näheren Blick auf die Möglichkeiten zu richten, Patente bei der Finanzierung einzusetzen. Unumgänglich ist vorab die Bewertung der Patente. Aus diesem Grund werden im folgenden Kapitel verschiedene Bewertungsansätze und Möglichkeiten vorgestellt.

Kapitel III: Bewertungsmodelle für Patente

Traditionell werden Patente bewertet, wenn strategische Entscheidungen des Patentmanagements, Rechtsstreitigkeiten, insbesondere bei Schadensersatzklagen, Lizenzvertragsabschlüsse oder Unternehmensübernahmen und Zusammenschlüsse anstehen.[140] Bei der Bewertung ist insbesondere die hohe Unsicherheit des Patenterfolges problematisch. Verschiedenen Bewertungsmodellen gelingt es mehr oder weniger gezielt, das Risiko zu berücksichtigen. Von daher werden die Modelle in Abhängigkeit des Ausmaßes der Berücksichtigung der Risiken und Chancen des patentierten Forschungsprojektes vorgestellt.

---

[140] Für einen kompakten Überblick zur Patentbewertung siehe Pitkethly (1997), S. 3f, zur Bedeutung von Patenten bei Unternehmensübernahmen siehe Breitzman (2002).

A. Informationen aus den Jahresabschlüssen

Da der Jahresabschluss Investoren über den Unternehmenserfolg und die Unternehmensentwicklung objektiv informieren soll, wird in diesem Abschnitt vorgestellt, inwieweit Jahresabschlüsse über die Qualität und Quantität von F&E-Ausgaben und Patenten informieren. Die Bewertungsproblematik würde vehement reduziert, wenn es möglich wäre, Indikatoren für den Wert der innovativen Tätigkeit der Unternehmen in den Pflichtveröffentlichungen der Unternehmen zu beobachten. Dabei wäre es zielführend, wenn die Rechnungslegungssysteme in verschiedenen Ländern einen internationalen Unternehmensvergleich ermöglichten. Die folgenden Ausführungen erheben keinen Anspruch auf Vollständigkeit.

I. Aktivierung immaterieller Vermögenswerte

Immaterielle Vermögenswerte, die hier vorgestellt werden, sind Ausgaben für F&E und Patente.[141] Demzufolge wird in den Abschnitten zur Rechnungslegung, im Gegensatz zu den folgenden Abschnitten, nicht nur die Bewertung von Patenten sondern auch der Pflichtausweis der F&E-Ausgaben vorgestellt. Auch diese Information kann für Kapitalmarktteilnehmer wertrelevant sein.

Die 4. EG-Richtlinie[142] grenzt immaterielle Vermögenswerte in den Jahresabschlüssen ab. Wegen ihres langfristigen Charakters interessieren die immateriellen Vermögenswerte im Anlagevermögen, die nach der Richtlinie in vier Kategorien unterteilt werden:[143]

- Forschungs- und Entwicklungskosten,
- Konzessionen, Patente, Lizenzen, Warenzeichen, ähnliche Rechte und Werte,
- Geschäfts- und Firmenwert,
- Aufwendungen für die Errichtung und Erweiterung des Unternehmens.

---

141 Neben den F&E-Ausgaben wird über die Aktivierung von Marketing-Ausgaben diskutiert. Diese sind eher den Marken zuzuordnen. Oft werden sie neben den F&E-Ausgaben als Proxy für immaterielles Vermögen analysiert, siehe Chauvin/Hirschey (1993), Barth et al. (2001), Chan et al. (2001), Nelson (2006). In einer verwandten Fragestellung zeigen Frieder/Subrahamanyam (2005), dass für private Investoren, im Gegensatz zu institutionellen Investoren, der Markenwert des Unternehmens für die Investoren ein wichtiges Entscheidungskriterium darstellt. Ho et al. (2005) beobachten, dass für Handelsunternehmen eher Ausgaben für Marketing und für Industrieunternehmen eher Ausgaben für F&E relevant sind.

142 Ursprünglich 78/660/EWG vom 25.07.1978, Amtsblatt L222.

143 Grottel (2002), S. 14. nutzt die gleiche Unterteilung.

1. HGB

Die deutsche Gesetzgebung hat den Begriff der immateriellen Vermögenswerte rein sachlich vorgegeben. Das bedeutet nach § 266 Abs. 2 HGB, dass sich die immateriellen Vermögensgegenstände im Anlagevermögen wie folgt gliedern:

- Konzessionen, gewerbliche Schutzrechte und ähnliche Rechte und Werte sowie Lizenzen an solchen Rechten und Werten,
- Geschäfts- und Firmenwert sowie
- geleistete Anzahlungen.

Dabei ist zu beachten, dass in diesen Posten nur solche Vermögensgegenstände ausgewiesen werden, „die bestimmt sind, dauerhaft dem Geschäftsbetrieb zu dienen" (§ 247 Abs. 2 HGB). Sofern ein Unternehmen immaterielle Vermögensgegenstände in Auftragsforschung herstellt, um diese an den Auftraggeber oder an Dritte zu veräußern, so ist es verpflichtet, diese im Umlaufvermögen auszuweisen. Diese Vermögenswerte sind zudem nicht mehr an die Definition des § 266 Abs. 2 HGB gebunden.

Für immaterielle Vermögensgegenstände des Anlagevermögens, die nicht entgeltlich erworben wurden, besteht nach § 248 Abs. 2 HGB ein Aktivierungsverbot. Somit unterliegen selbst erstellte immaterielle Vermögensgegenstände einem Ansatzverbot, wenn sie zur eigenen Nutzung und einer Ansatzpflicht (zu Herstellungskosten), wenn sie zum Absatz bestimmt sind.[144] Ausgaben für die Entwicklung immaterieller Vermögensgegenstände werden als Betriebsausgaben und daraus resultierende Einnahmen als Betriebseinnahmen erfasst.[145] Isoliert entgeltlich erworbene immaterielle Vermögensgegenstände, wie beispielsweise Patente, Lizenzen oder Urheberrechte, werden zum Kaufpreis aktiviert.

Für Kapitalgesellschaften wird gefordert, dass sie ihre F&E-Aktivitäten im Lagebericht ausweisen.[146] Dies ist sicherlich ein richtiger Ansatz. Allerdings entsteht bei der Bewertung der Patente und anderer immaterieller Vermögenswerte ein für den Investor nicht zu beurteilender Bewertungsspielraum. Der Ansatz einer gesonderten IP-Bilanz geht zwar in eine ähnliche Richtung, auch dabei ist ein objektiv anerkanntes

[144] Für einen ausführlichen Überblick siehe Schildbach (2002), S. 72.

[145] Benzel/Wandschneider (2002), S. 3f.

[146] Maul (2000), S. 7. Haller/Linz (2002) schlagen vor, in den Lagebericht einen Intellectual Capital Bericht zu integrieren. Eine objektive Quantifizierungsvorschrift findet allerdings nicht statt. Siehe hierzu auch das folgende Kapitel. Nach § 275 HGB ist weder nach dem Umsatz- noch nach dem Gesamtkostenverfahren ein gesonderter Ausweis der F&E-Ausgaben in der GuV vorgesehen.

Bewertungsschema unerlässlich.[147] Auf diese Forderungen wird im Anschluss an die Vorstellung der Rechnungslegungssysteme näher eingegangen.

2. IFRS und DRS

Im Gegensatz zum HGB wird nach IFRS ein immaterieller Vermögensgegenstand hauptsächlich über seine Eigenschaften definiert. Ein immaterieller Vermögenswert ist dadurch gekennzeichnet, dass er eindeutig identifizierbar, ohne physische Substanz und nicht monetär ist.[148]

Nach IAS 38 ist ein immaterieller Vermögenswert ansatzfähig, wenn er identifizierbar ist (IAS 38.11), das Unternehmen den Vermögenswert kontrolliert (IAS 38.13) und der Gegenstand einen mit hoher Wahrscheinlichkeit erwarteten wirtschaftlichen Nutzen bringt (IAS 38.17).[149] Die Aktivierung findet hierbei zu den Anschaffungs- oder Herstellungskosten statt. Beispiele für immaterielle Vermögenswerte nach IAS (38.9) sind beispielsweise Patente, Lizenzen, Rechte und ähnliches. Die Aktivierung von selbsterstelltem immateriellen Vermögen (F&E-Ausgaben) findet in Abhängigkeit davon statt, ob die Ausgaben in der Forschungsphase[150] oder in der Entwicklungsphase auftreten. Kosten während der Forschungsphase dürfen nicht aktiviert werden, Kosten, die während der Entwicklungsphase (IAS 38.54) unterliegen einer Aktivierungspflicht (IAS 38.57).

Die Aktivierung darf nur bei einer objektiv möglichen Messung der Kosten durchgeführt werden, ansonsten werden die Ausgaben erfolgswirksam verbucht. Wie Küting (2006) erläutert, wäre bei einer Fair Value Aktivierung die Problematik offensichtlich, dass es bei immateriellen Gütern keinen aktiven Markt zur Ermittlung des fairen Wertes gibt und die Gefahr einer subjektiven Bewertung und damit schwankenden Eigenkapitalquoten recht hoch wird. Die Abschreibungsdauer umfasst im Regelfall höchs-

---

[147] Für börsennotierte Konzerne wird der Jahresabschluss nach IAS/IFRS ab dem Geschäftsjahr 2005 in großen Teilen verpflichtend eingeführt, sodass die Relevanz der HGB-Bewertungsvorschriften abnimmt. ABl L261 vom 13.10.2003.

[148] Der IAS 38 ist seit Juli 1999 operativ und ersetzt den IAS 4, (Abschreibung immaterieller Vermögensgegenstände) sowie den IAS 9 (Kosten für Forschung und Entwicklung). Finanztitel werden gesondert behandelt (IAS 39), Stand 2006.

[149] Wobei diese Anforderungen an materielle Vermögensgegenstände ebenso gestellt werden.

[150] Forschungskosten werden in der anfallenden Periode als Aufwand verbucht. Grund hierfür ist die mangelnde Vorhersagbarkeit eines zukünftigen Nutzens. Beispiele hierfür sind Aktivitäten, die auf die Erlangung neuer Erkenntnisse ausgerichtet sind (IAS 38.54).

tens 20 Jahre. Ausschlaggebend ist die Nutzungsdauer.[151]

Eine Angleichung des HGB an die IFRS findet im Rahmen des von dem Deutschen Standardisierungsrat (DSR) 2002 veröffentlichten Deutschen Rechnungslegungsstandard (DRS) DRS 12 statt.[152] Die Standards des DSR haben unter anderen zur Aufgabe, Tatbestände, die nicht konkret durch das HGB bestimmt sind, zu spezifizieren (DRS 2005, S. V). Der DRS 12 ist für Unternehmen gültig, die der Konzernrechnungslegung verpflichtet sind und ihren Jahresabschluss nicht nach einem internationalen Standard abschließen. Die Definition immaterieller Vermögensgegenstände entspricht grundsätzlich der nach IFRS:

„Immaterielle Vermögenswerte werden definiert als identifizierbare, in der Verfügungsmacht des Unternehmens stehende, nicht-monetäre Vermögenswerte ohne physische Substanz, welche für die Herstellung von Produkten oder das Erbringen von Dienstleistungen, die entgeltliche Überlassung an Dritte oder für die eigene Nutzung verwendet werden können." (DRS 12, S. 9).

Der Vermögenswert ist nach DRS 12 anzusetzen, wenn er entgeltlich erworben, dem Unternehmen einen zukünftigen wirtschaftlichen Nutzen mit großer Wahrscheinlichkeit zukommen lassen wird und er verlässlich zu bewerten ist. Die Bewertung findet zu Anschaffungskosten statt und der bestimmte Wert ist planmäßig über die geschätzte Nutzungsdauer, maximal 20 Jahre abzuschreiben. Sinkt der Zeitwert unter den Buchwert, ist eine außerplanmäßige Abschreibung erforderlich, die bei Anstieg des Zeitwertes, durch eine Zuschreibung bis zu den um die planmäßigen Abschreibungen gekürzten Anschaffungskosten, wieder rückgängig gemacht werden muss. Grundsätzlich ähneln sich der DRS 12 und der IFRS 38 stark. Langecker und Mühlberger (2003) vergleichen die beiden Standards. Dabei werden Unterschiede in der Erstbewertung, in

---

[151] Fraglich ist die Anwendung des IAS 38.9 auf Humankapital. Homberg et al. (2004) testen die Bilanzierbarkeit von Profifußballspielern für Fußballvereine. Diese eignen sich besonders zur bilanziellen Erfassung aufgrund der strengen Vorgaben bzgl. der Übertragung von Spielerlizenzen. Der Identifizierbarkeit wird wegen des Spielervertrages von Seiten der Autoren bejaht. Gleiches gilt für die Verfügungsmacht. Die Begründung liegt in der langfristigen Bindung der Spieler und schlechten Kündigungsmöglichkeiten. Geht man von einem erfolgreichen Einsatz des Spielers aus, sollte auch das letzte Kriterium, der künftige wirtschaftliche Nutzen, gegeben sein (Homberg et al. (2004), S.253 ff). Schwierig bleibt die isolierte Bewertung, da ein Spieler in einer Mannschaft spielt. Bei der Bewertung des Human Capital gibt es verschiedene Wertansätze. Vom Aktienmarkt werden diese Informationen aufmerksam beobachtet. Die umstrittene Diskussion zum Human Ressource Accounting führt bis zu 40 Jahren zurück, siehe Carper (2002, S. 5).

[152] Die Grundlage für die DRS(C) [Deutsches Rechnungslegungs Standard (Committee)] wurde durch § 342 HBG geschaffen. Hiermit wird die Bundesrepublik in internationalen Standardisierungsgremien vertreten. Im September 1998 wurde es vom Bundesministerium der Justiz anerkannt. Deutsche Rechnungslegungsstandard (2005, S. V.

den Bewertungsmethoden sowie beim Ausweis im Lagebericht offensichtlich.[153]

3. US-GAAP

In den US-GAAP wird ein Vermögenswert nach dem Conceptual Framework (CON) 5.25 definiert. Ein Vermögenswert ist ein wahrscheinlicher zukünftiger wirtschaftlicher Nutzen, den das Unternehmen erhält oder kontrolliert.[154] Damit ein Vermögenswert bilanzierungsfähig und -pflichtig ist, müssen neben der Definition des Wertes drei weitere Kriterien erfüllt sein. Dies sind die zuverlässige monetäre Messung, die Informationsrelevanz (relevance) und die Zuverlässigkeit der Information (reliability).[155] Immaterielle Werte sind nach SFAS 142 unkörperliche, nicht finanzielle Vermögenswerte und müssen die Kriterien eines Vermögenswertes erfüllen um ansatzfähig und ansatzpflichtig zu sein. Sie werden nach drei Kriterien unterschieden und darauf aufbauend unterschiedlich behandelt (APB 17):

- Art des Erwerbs: isoliert, mit anderen Gegenständen oder selbst erstellt,
- nach der Abgrenzbarkeit und
- der beabsichtigten Nutzung.[156]

Aktivierungsfähig sind abgrenzbare und einzeln zu bewertende immaterielle Vermögenswerte, unabhängig davon, ob diese erworben oder selbst erstellt sind. Für die Forschungsausgaben besteht ähnlich wie bei IFRS stets ein Aktivierungsverbot (SFAS 2.12). Ähnliches gilt für die Entwicklungsausgaben (SFAS 2.12), allerdings mit branchenspezifischen Ausnahmen, beispielsweise bei der Softwareentwicklung, der Musik- und Filmbranche sowie der Erdölexploration.[157]

---

153 Langecker/Mühlberger (2003), S. 115f. Sie weisen auch Unterschiede in den Abschreibungen von immateriellen Vermögensgegenständen mit begrenzter und unbegrenzter Nutzungsdauer aus (S.122). Der Überblick ist jedoch nicht mehr aktuell, da der IAS 38 2004 grundlegend überarbeitet wurde. Nach dem Stand von 2005 ist aber sowohl nach IAS 38.88-106 als auch nach DRS 12.14 ein Gegenstand mit begrenzter Nutzungsdauer planmäßig und nach IAS 38.107-110 als auch nach DRS 12.20 ein immaterieller Vermögensgegenstand, dessen Nutzungsdauer unbegrenzt ist, nicht planmäßig abzuschreiben, sondern er unterliegt einem jährlichen Wertminderungstest.

154 Wagner (2006), S. 46. Hier finden sich auch ausführliche Ausführungen zur bilanziellen Behandlung nach IFRS und HGB.

155 Siehe für eine Erläuterung der Kriterien beispielsweise Wagner (2006), S. 46f.

156 Schildbach (2002), S. 70. Zur Bilanzierung von Goodwill und immateriellen Vermögenswerten siehe auch Pfeil/Hendrik (2002).

157 SFAS 2.8a und SFAS 2.12 für Forschungsausgaben; nach SFAS 2.8b sowie SFAS 2.12 besteht ein Aktivierungsverbot, vorbehaltlich branchenspezifischer Ausnahmen. Diese beziehen sich nach SOP 98-1 auf Softwaremodifikationen und nach SFAS 86 auf Software die zur Vermarktung gedacht ist. Ebenso ist die Erdöl- und Gasexploration nach SFAS 19 ausgenommen, die Musikindustrie und Filmbranche nach SFAS 50 und 53.

Wagner (2006, S. 49) schlussfolgert, dass sich die Bilanzierungsfähigkeit immateriellen Vermögens nach US-GAAP im Vergleich zum deutschen Rechnungslegungssystem kaum unterscheidet. Erschwerend ist bei den US-GAAP, dass eine heterogene Gruppe an Ressourcen die Definition immaterieller Vermögenswerte erfüllt. Der Ansatz sollte zum Zeitwert geschehen. Da ein Marktpreis den Zeitwert am besten operationalisieren würde, der aber für immaterielles Vermögen nicht zu beobachten ist, ist die Objektivität des Ausweises verschiedener immaterieller Werte nicht zwangsweise gegeben.

II. Konsequenzen aus der Rechnungslegung

Das folgende Kapitel zeigt zuerst anhand empirischer Untersuchungen auf, welche Auswirkungen die eingeschränkte Berichterstattung immaterieller Werte auf die Unternehmensbewertung haben kann, und anschließend, welche Vorschläge national und international diskutiert werden, um eine breitere Informationsbasis in der Unternehmensberichterstattung zu schaffen.

1. Einfluss auf die Unternehmensbewertung

Lev und Zarowin (2003) bezeichnen das US-Rechnungslegungssystem als nicht mehr zeitgemäß. Die wahren Werttreiber des Unternehmenswertes werden nicht aktiviert, sondern als Kosten verbucht. Dies dokumentieren sie über den zeitlichen Rückgang der Aussagekraft ausgewiesener Gewinne auf die jährliche Renditeentwicklung eines Unternehmens. Ihr Beobachtungszeitraum läuft von 1978-1996 und umfasst zwischen 3.700 und 6.800 Unternehmen pro Jahr. Der Einfluss ausgesuchter Gewinngrößen auf die am Markt zu beobachtende Rendite verringert sich signifikant.[158] Ursächlich hierfür sehen sie die wachsende Bedeutung immateriellen Vermögens in der heutigen Informationsgesellschaft. In einer differenzierteren Betrachtung wird deutlich, dass insbesondere für die Unternehmen mit stark gestiegenem Marktwert die Erklärungskraft der ausgewiesenen Erfolgsgrößen rückläufig ist.[159] Da insbesondere F&E-intensive Unternehmen von dem Anstieg der Marktwerte und somit einer rückläufigen Aussagekraft der Gewinngrößen betroffen sind, vertreten Lev und Zarowin (2003) die Meinung, dass eine Aktivierung der F&E-Ausgaben die Informationssituation verbessern

[158] Lev/Zarowin (2003) weisen zwar eine signifikante Verringerung nach, generell ist die Erklärungskraft jedoch recht gering.

[159] Lev/Zarovin (2003), S. 487, Elliott/Jacobson bemängeln bereits (1991) den fehlenden Shareholder Value Gedanken auch im US-amerikanischen Rechnungslegungssystem und die daraus mangelnde Informationsfunktion für Investoren. Sie betonen, dass ein Wandel insbesondere aufgrund der wachsenden Bedeutung von Wissen für den Unternehmenswert notwendig sei, S. 55.

könnte.[160]

Zu einer ähnlichen Schlussfolgerung kommen Healy et al. (2002). Sie plädieren für eine Aktivierung und Abschreibung der F&E-Ausgaben nach der „Successful-Efforts"-Methode. Nach dieser Methode kann bei erfolgreichen F&E-Projekten eine Aktivierung und Abschreibung über die Lebenszeit erfolgen, bei Misserfolgen dagegen ist eine Sonderabschreibung der F&E-Ausgaben erlaubt. Dies würde dazu führen, dass die Eigenkapitalrendite in den ersten Jahren der Forschung erheblich verbessert und über den Zeitraum geglättet würde. Dadurch sollte es ceteris paribus zu einer höheren Unternehmensbewertung kommen.[161] Ein ähnliches Vorgehen findet sich im Economic Value Added (EVA)-Konzept von Stern Stewart. Eine spezifische Shareholder Value Anpassung ist hier die Aktivierung und Abschreibung von Forschungsausgaben über den erwarteten Nutzungszeitraum.[162] Dieses Konzept führt dazu, dass durch F&E-Ausgaben geschmälerte Gewinne in der heutigen Periode höher ausgewiesen und spätere Gewinne durch die Abschreibungen gesenkt werden, was eine Glättung der Eigenkapitalrendite zur Folge hat.

Für Unternehmen, die ihren Wert überwiegend aus immateriellen Vermögenswerten ableiten, ist die bisherige Bilanzierungssituation also problematisch. Den größten Ermessensspielraum bezogen auf die Bewertung[163] haben die nach US-GAAP bilanzierenden Unternehmen, gefolgt von den nach IFRS bilanzierenden[164] und den nach HGB bilanzierenden. Esser und Hackenberger (2004, S. 414) bewerten jedoch auch die Vorschriften nach IFRS und US-GAAP als nicht ausreichend informativ *„wenngleich ... der Verlässlichkeit Rechnung getragen wird, so kann von der Vermittlung entscheidungsrelevanter Informationen ... nicht die Rede sein."*

---

160 Lev/Zavorin (2003), S. 501. Sie schlagen weiter vor, Veränderungen im Geschäftsablauf dem Investor offen zu legen. Dieser Vorschlag respektiert die hohen Unsicherheiten der Investitionen nicht nur in der F&E, sondern auch bei Mitarbeiterfortbildungen und Restrukturierungen. Würde der Investor im Nachhinein durch überarbeitete Geschäftsberichte über den Erfolg der Maßnahmen informiert, würde dies seine Informationsbasis verbessern. Allerdings ist dies wieder eine rückwärtsgerichtete Sichtweise und informiert den Investor eher wenig über die Zukunft des Unternehmens, außer er geht von sich wiederholenden Erfolgen aus. Für potenzielle Bewertungsmöglichkeiten siehe Seethraman et al. (2002).

161 Healy et al. (2002), S. 689, Schwartz (1999), S. 9.

162 Hatfield (2002), S. 42.

163 Für den Ausweis des Wertes müssen die Unternehmen nach US-GAAP nicht auf die reinen Kosten abzielen sondern können in Abhängigkeit der jeweiligen Informationsqualität zwischen dem Marktansatz, dem Einkommensansatz und dem Kostenansatz wählen.

164 Siehe für einen Vergleich der Bilanzierung nach IFRS und US-GAAP Esser/Hackenberger (2004). Für einen Vergleich der DRS mit IFRS und US-GAAP und eine Erläuterung der Veröffentlichung nach HGB, siehe Bentele (2004). D'Arcy et al. (2004, S. 73) vergleichen die Vorschriften des japanischen Handelsrechtes mit den oben aufgeführten.

Beispielsweise Dangel et al. (2001, S. 51) und Lev (1999, S. 23) weisen darauf hin, dass bei einem internationalen Vergleich erschwerend hinzukommt, dass die Vorschriften zwischen einzelnen Ländern divergieren. Dies wird insbesondere dann problematisch, wenn die Bewertungsmethoden bei einer Aktivierung nicht einfach nachvollziehbar sind. Dadurch kann es zu Fehleinschätzungen zukünftiger Gewinne durch Analysten und Anleger kommen, was für die betroffenen Unternehmen langfristig zu einer erschwerten Kapitalaufnahme über den Kapitalmarkt führt.

Neben den Vertretern, die für eine Erfassung immaterieller Vermögenswerte in der Berichterstattung der Unternehmen sprechen, gibt es auch solche, die das Vorsichtsprinzip der Rechnungslegung betonen.

Neben dem Eigenkapitalgeber wird hier insbesondere die Rolle der Fremdkapitalgeber als Leidtragende der Aktivierung risikobehafteter F&E-Ausgaben gesehen. Kothari et al. (2002) weisen auf das überdurchschnittliche Risiko hin, welches F&E-Ausgaben inhärent ist.[165] Auch steht es den Unternehmen frei, ihre innovativen Aktivitäten außerhalb der Jahresabschlüsse zu veröffentlichen. So reagieren F&E-intensive Unternehmen auf den mangelnden Informationsgehalt von Bilanzkennzahlen mit gezielter und intensiver Kapitalmarktkommunikation. Gelb (2002, S. 469) beobachtet, dass eine freiwillige Veröffentlichung eines F&E-intensiven Unternehmens fünfmal so wahrscheinlich ist wie die eines Unternehmens mit geringer F&E-Intensität. Aus diesem Grund argumentieren Kanodia et al. (2004), dass F&E-Ausgaben zwar durchaus einen Wert besitzen, eine marktwertbasierte Rechnungslegung aber nicht erforderlich ist. Sie kommen zu dem Schluss, dass eine Anpassung der Rechnungslegung nicht nötig ist, da der Kapitalmarkt bereits eine Bewertung vornimmt, was impliziert, dass die freiwilligen Unternehmensveröffentlichungen ausreichend sind. Sie sehen nur einen akademischen, aber keinen politischen Anreiz, das System anzupassen. Ob der Kapitalmarkt eine korrekte Bewertung vornehmen kann, diskutieren sie jedoch nicht. Sie gehen in ihrem Modell von einer symmetrischen Informationsverteilung zwischen Unternehmen und Investor aus und diskutieren die Frage der Vergleichbarkeit der freiwilligen Veröffentlichungen nicht.[166] Lev et al. (2005) untersuchen, ob der Kapitalmarkt F&E-Ausgaben entsprechend einer Aktivierung und linearen Abschreibung bewertet. Sie schlussfolgern, dass die Aktivierung und Abschreibung von Ausgaben für F&E den Investoren eine zusätzliche Information bieten würde. Ihren Ergebnissen zur Folge

---

165 Zu der Rendite/Risiko-Verteilung aus F&E-Ausgaben siehe auch den dritten Teil der Arbeit.

166 Kanodia et al. (2004), S. 93 und S. 114. Zu der Fähigkeit des Kapitalmarktes, F&E-Projekte, Ausgaben und Patente richtig zu bewerten vgl. Teil 2 Kapitel I.

gelingt es dem Kapitalmarkt nicht, nicht aktivierte F&E-Ausgaben bei der Unternehmensbewertung fair zu bewerten.

2. Anpassungsvorschläge

Insgesamt lässt sich festhalten, dass der Innovationserfolg, gemessen über immaterielle Vermögenswerte wie beispielsweise erfolgreiche interne F&E, kaum mithilfe von Bilanzposten beobachtet werden kann. Hier stellt sich die Frage, welche Aufgaben Jahresabschlüsse erfüllen sollen. Offensichtlich erfüllen sie eine Informationsfunktion, die den Investor über die derzeitige Vermögenssituation des Unternehmens aufklären soll. Jäger (2002) hält jedoch fest, dass die Rechnungslegung dazu führt, dass der Stuhl, auf dem der Ingenieur sitzt, mehr Wert ist, als die Konzepte, die der Ingenieur entwickelt. Es scheint also für den privaten und auch institutionellen Investor schwierig, in technologieintensiven Branchen eine Anlageentscheidung aufgrund von Jahresabschlüssen zu treffen. Bath et al. (2001) beobachten dementsprechend bei Analystenschätzungen für technologieintensive Unternehmen eine höhere Verzerrung in den Prognosen als bei Unternehmen mit geringer F&E-Intensität. Um eine effiziente Kapitalallokation zu erzielen, ist es aber notwendig einen Weg zu finden, den Investor über den wahren Wert des Unternehmens zu informieren. Die Informationen sollten dabei objektiv übermittelt werden.

Für Deutschland entwickelte der Arbeitskreis der Schmalenbach-Gesellschaft für Betriebswirtschaft e.V. „Immaterielle Werte im Rechnungswesen“ 2001 einen Vorschlag zur Bilanzierung und Kategorisierung immaterieller Werte. Es soll die Frage geklärt werden, wie immaterielle Werte in einem handelsrechtlichen Abschluss in einer Generalnorm abgebildet werden können. Eine Bilanzierung als immaterieller Vermögensgegenstand soll vorgenommen werden, falls eine abstrakte Aktivierungsmöglichkeit besteht. Ist dies nicht der Fall, soll der immaterielle Vermögens-gegenstand als Rechnungsabgrenzungsposten bilanziert werden. Bei Übernahmen soll die Aktivierung in Form des Goodwills geschehen.[167]

International existieren verschiedene Anpassungsvorschläge und Handlungsaufrufe. Upton (2003, S. 470ff.) fasst die Versuche verschiedener Kommissionen zur Anpassung der Standards an diese Herausforderungen zusammen. Prinzipiell geht es um die

[167] Arbeitskreis „Immaterielle Werte im Rechnungswesen“ (2001). Vor dem Hintergrund der verpflichtenden Einführung der IFRS in Deutschland wird es weiterhin unumgänglich, diese Werte bei der Prüfung zu beachten und bspw. bei Übernahmen eine Fair-Value-Transformation vorzunehmen Jäger/Himmel (2003). Für weitere Vorschläge aus Deutschland siehe bspw. Daum (2002) oder Dawo/Heiden (2001). Für eine aktuelle Analyse siehe Dyckerhoff (2006).

Frage, welche immateriellen Güter sich dazu eignen, quantitativ erfasst und ausgewiesen zu werden, und für welche sich nur ein qualitativer Ausweis anbietet. 1991 forderte das American Institute of Certified Public Accounting (AICPA) unter anderem eine verbesserte Berichterstattung von Managementpraktiken und eine qualitative Messung langfristiger Werttreiber. Allerdings wird der quantitativen Erfassung von immateriellen Werten nur eine geringe Priorität eingeräumt. In einer 2001 veröffentlichten Studie des Steering Committee werden freiwillige qualitative Bewertungen und Veröffentlichungen bezüglich immaterieller Vermögenswerte gefordert. Inwieweit dies dem Investor aufgrund mangelnder objektiver Bewertungsmethoden bei der Anlageentscheidung helfen würde, bleibt fraglich. Ähnliche Ansätze finden sich auch in Kanada sowie europäischen Ländern.[168] Die „High level expert group on the intangible economy" hat im Auftrag der europäischen Kommission einen Bericht über den Einfluss der New Economy auf die Unternehmen, insbesondere die gewachsene Bedeutung von immateriellen Werten, verfasst. Hierbei wird der Bedarf an Bewertungsmethoden im internen und externen Rechnungswesen herausgestellt.[169]

Ein bekannter Versuch einer umfassenden Performancemessung und Berichterstattung ist beispielsweise die Balanced Scorecard von Kaplan und Norton (1999). Ursprünglich war sie für die interne Informationsversorgung des Managements gedacht. Das Konzept wird derzeit vermehrt auch für die externe Berichterstattung eingesetzt. Verschiedene Unternehmen [„Skandia-Navigator" (Skandia, 1998), „Vierklang" der Deutschen Bank (Deutsche Bank, 1999)] bemühen sich, ihr immaterielles Vermögen im Geschäftsbericht zumindest qualitativ zu bewerten. Maul und Menninger (2000) bezeichnen die Anpassungen der Informationspolitik von Unternehmen an die Informationsgesellschaft allgemein als Intellectual Property Statement (IP-Statement). Sie vertreten die Meinung, dass wenn sich der derzeit zu beobachtende Trend zur Informationsgesellschaft und damit der wachsende Anteil immaterieller Werte am Gesamtwert von Unternehmen weiter fortsetzt, kein Weg daran vorbeiführen wird, Intellectual Property Statements als Ergänzung des Jahresabschlusses zu entwickeln und einzuführen. Sie fordern die Ableitung eines „Performance-Index", der die einzelnen Kriterien des Intellectual Property Statements nach ihrer unternehmensbezogenen Gewichtung zusammenfasst und es dadurch ermöglicht, die Wertentwicklung eines Unternehmens in einer Kennziffer zu approximieren. Maul (2000) stellt exemplarisch eine solche

---

168 Forderungen nach der Bewertung von immateriellen Werten finden sich bei den Anregungen des Brooking Instituts in den Niederlanden und dem Institute of Chartered Accountant's in England and New Wales, Upton (2003), S. 484f.

169 Eustace (2000) berichtet über Ziele, Arbeiten und Ergebnisse der Gruppe.

Wissensbilanz für eine Hochschule auf. Hierbei wird deutlich, dass sich insbesondere Patente quantifizieren lassen, für eine Bewertung von Mitarbeitern wird vorgeschlagen, verschiedene Indikatoren heranzuziehen. Speziell für kleinere Unternehmen hat der Arbeitskreis Wissensbilanz (2005) einen Leitfaden zur Erstellung einer Wissensbilanz in der 2. Auflage über das Bundesministerium für Wirtschaft und Arbeit publiziert.[170]

III. Zusammenfassung

Abschließend lässt sich urteilen, dass eine verbesserte Aufklärung des Investors über Chancen und Risiken des Innovationsportfolios bspw. durch eine Erweiterung des derzeitigen Jahresabschlusses um eine „Wissens- und IP-Bilanz" hilfreich und wünschenswert erscheint.[171] Damit ließen sich die aus Informationsasymmetrien resultierenden Finanzierungsprobleme tendenziell verringern. Sollten die Rechnungslegungsgrundsätze und Fehleinschätzungen von Analysten zu Rückgängen in den Ausgaben für F&E führen, wäre dies bedenklich, da Innovationen als Output der F&E die Grundlage für das Wachstum von Volkswirtschaften und Unternehmen darstellen.

Forderungen nach einem gesonderten bzw. verbesserten Ausweis von immateriellem Vermögen sind durchaus vorhanden. Bei einem getrennten Ausweis sollte zwischen quantifizierbaren und nur qualifizierbaren Größen unterschieden werden. Als Vertreter der quantitativ auszuweisenden Gruppe, deren Aktivierung eher möglich scheint, sind Patente und andere Schutzrechte zu nennen. Auch ist es vorstellbar, F&E-Ausgaben zu aktivieren, wenn das Forschungsprojekt ein gewisses Stadium erreicht hat. Wichtig ist es hierbei, objektive und nachvollziehbare Bewertungsmethoden zu finden und verpflichtend einzuführen. Die derzeitige freiwillige Berichterstattung im Lagebericht erfüllt diese Anforderungen, insbesondere wegen der geringen Standardisierung nur begrenzt.

B. Marktorientierte Bewertung von Patenten

Die Bewertungsansätze für immaterielles Vermögen lassen sich in globale (ganzheitliche) Ansätze und in Einzelbewertungen unterteilen. Globale Ansätze messen die

170 Bundesministerium für Wirtschaft und Arbeit (2005). Kivikas/Pfeiffer (2005) stellen einen Erfahrungsbericht über den Einsatz der Wissensbilanz vor.

171 Gelb (2002), S. 473, Benzel/Wandschneider (2002), S. 6. Eine ähnliche Forderung stellt auch Bentele (2004). Nach einem Vergleich verschiedener Möglichkeiten der Bewertung und des Ausweises immaterieller Vermögenswerte scheint ihr ein induktiver-analytischer Ansatz als am besten geeignet. Als induktiv-analytische Ansätze stellt Bentele (2004, S. 86ff.) dabei unter anderem das Intellectual Property Statement von Maul/Menninger (2000) vor.

Summe der Werte aller immateriellen Vermögenswerte eines Unternehmens, die Einzelbewertungen, wie der Name sagt, einzelne immaterielle Vermögenswerte.

I. Ganzheitliche Bewertungsansätze

Der Wert der immateriellen Vermögenswerte wird in den globalen Bewertungsansätzen prinzipiell als Differenz zwischen Marktwert und Buchwert des Unternehmens interpretiert. Er kann also als bewertete Wachstumsoption des Unternehmens gesehen werden. Übersteigt der Marktwert den Buchwert, wird deutlich, dass das Unternehmen durch den Markt höher bewertet wird, als in der Rechnungslegung ausgewiesen.[172] Allerdings birgt dieser Ansatz die typischen Probleme von Maßzahlen in sich, die auf Buch- oder Marktwerten beruhen. Der Buchwert des Eigenkapitals unterliegt rechnungslegungsspezifischen Verzerrungen, aber auch der Marktwert des Eigenkapitals kann Fehlbewertungen und oft hohen Schwankungen unterliegen. Dies ist insbesondere der Fall, wenn Unternehmen viel in immaterielles Vermögen investieren und es darüber nur wenige Informationen und wenige objektive Bewertungsmodelle gibt.[173] Die Aussagekraft des Marktwertes wird im Rahmen von Branchenbetrachtungen etwas verbessert, da man davon ausgehen kann, dass sich eine Fehlbewertung systematisch auf die Unternehmen auswirkt, (Boutellier (2001), S. 5). Ein ähnlich aufgebautes Maß ist Tobin's q. Es entspricht dem Quotienten aus dem Marktwert des Unternehmens und dem Betrag, der notwendig wäre, um die Vermögenswerte des Unternehmens zu erwerben (Replacements Costs). Die Berechnung von Tobin's q gestaltet sich schwierig. Problematisch ist die Bestimmung der verwendeten Größen.[174] Wie bei allen globalen Maßen bezieht sich die Aussage auf das gesamte immaterielle Vermögen des Unter-

---

172 Siehe Boutellier (2001) für einen Überblick über typische Methoden bei der globalen und der Einzelbewertung.

173 Cummins (2003) schlägt deshalb vor, anstatt des beobachteten Marktwertes des Eigenkapitals Analystenschätzungen bei der Berechnung hinzuzuziehen.

174 Chung/Pruitt (1994) zeigen für gelistete Unternehmen, dass die Approximation des Zählers mit der Summe des Marktwerts des Eigenkapitals (Stämme und Vorzüge) + (kurzfristige Verbindlichkeiten – Umlaufvermögen) + Buchwert des langfristigen Fremdkapitals und eine Approximation des Nenners durch die Bilanzsumme sehr stark mit dem exakt berechneten Tobin's q korreliert (Der Regressionskoeffzient schwankt je nach Jahr zwischen 0,917 und 0,993 bei einem minimalen R^2 von 0,966). Dennoch bleibt auch bei dieser Messung die Abhängigkeit von dem Rechnungslegungssystem bestehen. Zur Approximation von Tobin's q siehe auch Teil 2 Kapitel I.

nehmens, und es ist nicht zu erkennen, welche Posten besonderen Wert schaffen.[175]

II. Ansätze zur Bewertung einzelner Projekte und Patente

Bei der Bewertung einzelner immaterieller Werte wird dieses Problem umgangen. Dafür gewinnt die Spezifikation und Bewertung des Risikos an Bedeutung. Je nach Bewertungszweck und Risikoaversion sollten bei der Patentbewertung verschiedene Bewertungsmodelle genutzt werden, die sich hinsichtlich der Bewertung des Risikos unterscheiden. Dienen beispielsweise Patente als Sicherheiten bei der Kreditvergabe,[176] dann ist eine konservative Bewertung notwendig. Bei Schadensersatzansprüchen sind der heutige und auch der vergangene Wert des Patentes und mögliche Lizenzerträge relevant. Im Fall einer Unternehmensübernahme ist das zukünftige Potenzial einer Innovation von Bedeutung. Bei jeder Patentbewertung muss die erste Fragestellung sein, ob der private oder der soziale Wert des Patentes gemessen werden soll.[177] Der soziale Wert spiegelt hierbei die gesamtwirtschaftliche Sichtweise wider, beispielsweise der Nutzen eines Patentes für die medizinische Entwicklung eines Landes. Er kann aber auch in den Vorteilen für den Wettbewerb im Sinne von Spillover- und Diffusionseffekten liegen. Im Fokus der hier vorgestellten Bewertungsmodelle liegt der private Wert des Patentes. Dies ist der Wert, den das Patent für den Patentinhaber besitzt.

Der private Wert eines Patentes kann wiederum unterschiedlich abgegrenzt werden. Das Patent kann losgelöst von der Technologie oder zusammen mit der Technologie bewertet werden. Die erste Methode bestimmt sich durch die Differenz des Wertes der Technologie mit und ohne Patent und bezeichnet die Patentprämie.[178] Schwierig ist hierbei, dass eine Technologie oft von mehreren Patenten geschützt wird. Die Bewertung eines Einzelpatentes ist dadurch nicht immer möglich. Harhoff et al. (1999) grei-

---

175 Als weiteres Modell kann die „Calculated Intangible Value" Methode genannt werden. Der Wert der immateriellen Vermögensgegenstände eines Unternehmens wird anhand des Barwerts der Gesamtkapitalrendite nach Steuern kalkuliert. Allerdings ist die direkte Zuordnung dieses Wertes zu den immateriellen Vermögensgegenständen eher willkürlich. Außerdem ist die Bewertung durch differierende Steuersätze und Abschreibungsmethoden verzerrt, (Boutellier (2001) S. 6). Auch ist es problematisch, die Gewinne zu betrachten, da diese durch die Ausgaben für F&E gemindert werden. Es wäre eventuell möglich, die Gewinne um diese Ausgaben zu bereinigen, siehe bspw. Booth et al (2006) oder das EVA-Konzept von Stern Stewart, siehe Hatfield (2002).

176 Für einen Überblick, welche Bewertungsverfahren von Patenten geeignet sind, um diese bei der Unternehmensfinanzierung einzusetzen, siehe Lipfert/Keil (2005).

177 Die Diskrepanz dieser beiden Werte wird bspw. bei Medikamenten für Entwicklungsländer deutlich. Für die Entwicklung zahlt niemand, da für Einzelne der private Nutzen zwar hoch ist, die Betroffenen aber keine zahlungskräftigen Nachfrager sind. Der soziale Nutzen bleibt aufgrund ausbleibender Forschung daher begrenzt, siehe Kremer (1998).

178 Arora et al. (2003) stellen auf den Begriff der Patentprämie ab, der als proportionaler Wertzuwachs von Innovationen, der durch deren Patentierung erreicht wird, definiert ist. Bei Pitkethly (1997) ist der finanzielle Wert eines Patentes der Wert der (Extra-)Profite bei Ausnutzung der gesamten geschützten Erfindung, im Vergleich zu dem Wert der Profite bei einer Nutzung ohne den Patentschutz.

fen die Bedeutung des Wettbewerbs bei der Berechnung des privaten Patentwerts auf. Sie unterteilen den Patentwert in Verlängerungswert und Gegenstandswert. Beide ergeben sich als Differenz der Profite des Unternehmens im Falle der Inhaberschaft und einer kontrafaktischen Situation. Der Verlängerungswert ist die Differenz zwischen den Gewinnen in Folge einer Patentverlängerung und des Patentauslaufes; der Gegenstandswert die Differenz der Gewinne eines Unternehmens, wenn das betrachtete Unternehmen im Besitz des Patents ist, und der Situation, in der der Wettbewerb das Patent innehat.[179] Reitzig (2002, S. 28) übernimmt diesen Ansatz. Er bezeichnet den Patentwert als „Gegenstandswert des Patentes aus Sicht des Inhabers".[180] Der Patentwert ist dabei eine latente Größe, da der Wert eines Patentes nicht direkt beobachtbar ist. Vielmehr wird der Patentwert sowohl durch beobachtbare als auch durch nichtbeobachtbare Größen bestimmt und kann von daher nicht gemessen, sondern nur abgeschätzt werden. Diese Sichtweise wird im Rahmen der auf Patenten aufbauenden Indikatoren im übernächsten Abschnitt vertieft. Im folgenden Abschnitt werden verschiedene Bewertungsmodelle kurz angesprochen. Dabei wird der Systematisierung von Pitkethly (1997) gefolgt. Die Methoden werden in Abhängigkeit ihrer Fähigkeit, verschiedene Risikofaktoren in der Bewertung zu berücksichtigen, vorgestellt (Abbildung 18).

[179] Oder anders ausgedrückt: Die kontrafaktische Situation beim Verlängerungswert (renewal value) stellt den Fall dar, dass das Patent nicht verlängert und die Erfindung öffentlich verfügbar wird, beim Gegenstandswert (asset value), dass das Patent in den Händen des schärfsten Wettbewerbers liegt, siehe auch Harhoff et al. (1999), S. 5f.

[180] Reitzig (2002), S. 27ff. Der Patentwert ist also die Differenz der Profite des Patentinhabers bei Eigenverwertung und für die Situation, dass der stärkste Wettbewerber die geschützte Technologie vermarktet.

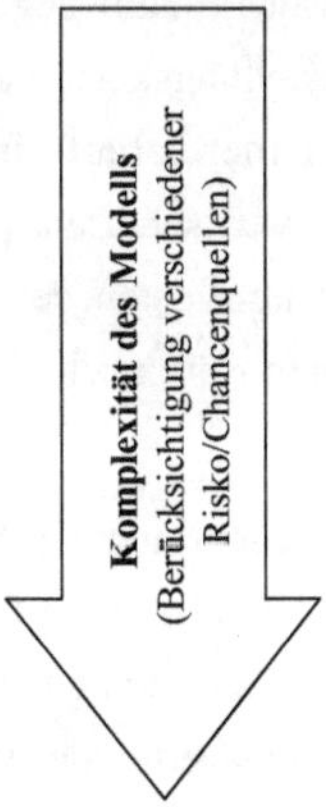

1. **Kosten**
   Kostenbasierte Modelle
2. **Marktbedingungen**
   Marktmodelle
3. **Generierte Cashflows**
   Einkommensmodelle (DCF-Modell)
4. **Zeit**
   DCF-Modell bei Berücksichtigung der Zeit
5. **Unsicherheit**
   DCF-Modelle bei Risikoadjustierung der Cashflows
6. **Flexibilität**
   Entscheidungsbaummodelle
7. **Veränderung des Risikos**
   a) **Diskrete Veränderungen**
      Optionstheoretische Verfahren (Binomialmodell)
   b) **Stetige Veränderungen**
      Optionstheoretische Verfahren (Black-Scholes)
8. **Empirische Verfahren**
   Determinanten des Patentwertes
   Indikatoren zur Operationalisierung der Determinanten

Abbildung 18: Systematisierung der Bewertungsmodelle
Quelle: in Anlehnung an Pitkethely (1997)

1. Kostenansatz und Marktansatz

Der Kostenansatz zieht zur Ermittlung des Patentwerts die Kosten der Erstellung des Patentes heran. Dieser Ansatz basiert auf dem ökonomischen Substitutionsprinzip. Demnach ist ein rational handelnder Marktteilnehmer nicht bereit, für ein Produkt einen höheren Preis zu zahlen als die Kosten, die zur Erstellung des Produktes notwendig sind. Verschiedene Kostenarten können für diesen Ansatz herangezogen werden. Mögliche Kosten sind Herstellungskosten, Opportunitätskosten, Wiederherstellungskosten und Ersatzkosten.[181] Wiederherstellungskosten entsprechen den Kosten, die nötig sind, um einen identischen immateriellen Vermögenswert herzustellen. Ersatzkosten sind die Kosten, die bei der Erstellung eines immateriellen Vermögenswerts, welcher einen entsprechenden Nutzen stiftete anfallen. In beiden Fällen werden die Preise zum Bewertungszeitpunkt als Input angesetzt. Nach Mard (2000) werden gewöhnlich Materialkosten, Arbeitskosten, Gemeinkosten und die Eigentümerrendite in die Bewertung einbezogen.

Problematisch erscheint die Ermittlung der relevanten Kosten. Nutzt man historische Kosten, ist der Rückgriff auf Wiederherstellungskosten und Ersatzkosten nicht mög-

[181] Mard (2000), S. 27 und Boutellier (2001), S. 8.

lich. Es ist auch denkbar, dass immaterielle Vermögensgegenstände zum gegebenen Zeitpunkt nicht reproduzierbar sind und damit auch Wiederherstellungskosten als Bewertungsgrundlage ausscheiden. Boutellier (2001, S. 9) weist ferner darauf hin, dass am Kostenansatz die explizite Annahme, dass Kosten definitiv Wert schaffen, problematisch ist. Bei sehr wertvollen Patenten wird durch Einsatz der Kosten der wahre Wert weit unterschätzt, bei ausgelaufenen oder veralteten Patenten wäre auch eine Unterbewertung denkbar.[182]

Der Marktansatz leitet den Wert des immateriellen Vermögensgegenstandes aus Preisen bereits erfolgter Transaktionen ab. Denkbar sind hier bereits gehandelte Schutzrechte sowie deren Lizenzzahlungen. Auch dieser Ansatz unterliegt erheblichen Problemen, da zum einen die Vergleichbarkeit immaterieller Vermögenswerte oder Patente nicht gegeben ist, zum anderen fraglich ist, wie diese bewertet wurden. Ebenso ist die subjektive Komponente bei der Patentbewertung zu beachten, da der Wert eines immateriellen Vermögensgegenstandes stark von dem jeweiligen Nutzer und Nutzungsmöglichkeiten abhängt, (Pithekly (1997), S. 7). Reitzig (2004, S. 942) beschreibt dieses Phänomen als *„[...] the great idiosyncrasy of a patent's value for different potential owners associated with information asymmetries between potential sellers and buyers, and the dependence of a single patent on its surrounding portfolio of IP assets."* Insbesondere bei der Bewertung über den Marktansatz können subjektive Bewertungsfaktoren zu einer Fehlbewertung für einen potenziellen Käufer führen.

Trotz der Einschränkungen des Kosten- und des Marktansatzes sind diese Ansätze die in der Praxis meist verbreiteten Bewertungsmethoden. Koller und Hentschel (2005) stellen nach einer Befragung von 228 Unternehmen folgende Rangfolge auf. Am häufigsten wird der Marktansatz durch den Vergleich bereits lizenzierter Schutzrechte genutzt, gefolgt von dem auf F&E-Ausgaben basierenden Kostenansatz. An dritter Stelle nennen sie die Bewertung durch den Kaufinteressenten. Die anderen Verfahren sind im Vergleich mehr oder weniger bedeutungslos.

Im Fall von Unternehmen, die nur ein Patent besitzen, auf dem sie ihr Geschäft begründen, stimmt der marktwertorientiere Ansatz mit den globalen Bewertungsansätzen überein. Der Marktwert des Patentes lässt sich als Residualgröße bestimmen. Hierbei werden von dem Marktwert des Unternehmens alle materiellen Vermögenswerte ab-

---

[182] Eine Art des Kostenansatzes, die zukünftige Kosten zur Bewertung nutzt, ist die Betrachtung erwarteter Schadensersatzklagen. Der potenzielle Verletzer eines Patentes kann so über eine Entscheidungsbaumanalyse die erwarteten Schadensersatzansprüche bestimmen. Genauso kann der Patenthalter über dieses Verfahren eine Höchstgrenze für etwaige Lizenzgebühren ermitteln, (Fine/Palmer (2002), S. 535f.)

gezogen und es verbleibt der Patentwert. Handelt es sich um ein vergleichbares Patent, ist dieser Wert übertragbar. Diese Methode hat zwar gegenüber dem Kostenansatz den Vorteil, die Marktbedingungen zu berücksichtigen, allerdings verbleiben aufgrund der mangelnden Vergleichbarkeit und der Ungenauigkeit der Bewertung Zweifel an der Objektivität der Messung.[183]

2. Einkommensansatz und Discounted-Cashflow-Methode

Von dem Aufbau des Modells entsprechen sich der Einkommensansatz und die Discounted-Cashflow-Methode. Bei der ersten werden jedoch Gewinngrößen, bei der zweiten Einzahlungsüberschüsse diskontiert. Im einfachsten Fall werden die Gewinne / Cashflows aus dem Patent über die Lebensdauer prognostiziert und diskontiert.

$$PW = \sum_{i=1}^{T} \frac{CF_i}{(1+k)^i}$$

(1.6)

PW = Patentwert
CF = Cashflow (oder Gewinne)
T = Lebensdauer des Patentes
1 + k = Diskontierungssatz

Die Ermittlung ist relativ einfach, wenn ein Lizenzvertrag vorliegt oder das Patent bereits aktiv genutzt wird und so Erträge und Aufwendungen bekannt sind. Weitere geldwerte Vorteile eines Patentes können die Vermeidung von Lizenzgebühren oder der Ausschluss von Wettbewerbern sein.[184] Auch können Schadensersatzansprüche aus Patentverletzungen zur Bewertung herangezogen werden, Vorteile aus der verbesserten Verhandlungsposition sowie das Eingehen von Kreuzlizenzen.[185] Aber auch in diesen Fällen bleibt die Bestimmung eines risikoadäquaten Diskontierungssatzes schwierig.

Es gibt zwei Möglichkeiten, das Risiko in die Betrachtung mit einzubeziehen. Zum einen kann es im Rahmen der Prognose der (Netto)-Cashflows aus dem Patent, (Certainty-Equivalent) zum anderen kann es im Diskontierungsfaktor berücksichtigt wer-

---

183 Baut ein Unternehmen sein Geschäftsmodell auf einem einzelnen Patent auf, kann die Patentbewertung auch über die Unternehmensbewertung stattfinden. Vergleichbare Patente anderer Unternehmen können über diese Vorgehensweise geschätzt werden, siehe Scherer (1998).

184 Boutellier (2001), S. 10.

185 Harhoff/Reitzig (2004). Grindley/Teece (1997) geben einen Überblick über die Vor- und Nachteile von Kreuzlizenzen und Patentpools und ihre Unterschiede.

den (Risk-Adjusted-Approach).[186] Umso höher das Risiko eines Patentes eingeschätzt wird, desto höher ist der zu wählende Diskontierungssatz. Es müssen also risikogerechte Kapitalkosten ermittelt werden. Dabei kann sich die Höhe des Risikos im Zeitablauf ändern. Eine Möglichkeit, diese Schwankungen zu erfassen, ist, den Bewertungszeitraum in verschiedene Abschnitte einzuteilen und dann verschiedene Kosten anzusetzen. Bei der Bestimmung der Cashflows oder des Diskontierungsfaktors sollten folgende Aspekte beachtet werden:

- Entwicklung des Marktpotenzials,
- technisches Risiko im Sinne von Projektfehlschlägen (Grabowski/Vernont (1994)),
- technisches Risiko im Sinne von eigenen Produkt- und Prozessverbesserungen oder durch Verbesserungen beim Wettbewerb (Treynor (2005), Bockemühl (2001), Reitzig (2002)),
- Rechtstreitigkeiten und folgende Schadensersatzansprüche (Lanjouw und Schankerman (1998)) oder Aufgabe des Produktes bzw. Eintritt von Wettbewerbern und Rückgang des Marktanteils.

Letzteres Risiko ist insbesondere aus der Pharmabranche bekannt und spiegelt sich deutlich in einem Rückgang der Unternehmensbewertung durch den Kapitalmarkt wider. Dieser kann zum einen durch gesenkte Cashflow-Erwartungen oder zum anderen durch einen Anstieg der geforderten Kapitalkosten induziert sein.

Trotz der Verbesserungen der DCF-Methode gegenüber dem Kosten- und dem Marktansatz bleibt ein Kritikpunkt bestehen. In beiden Ansätzen wird unterstellt, dass im Zeitablauf keine neuen Entscheidungen getroffen werden können. Soll diese Flexibilität in die Bewertung mit einfließen, dann bieten sich Entscheidungsbaummodelle (DCF-Modelle unter Berücksichtigung der Flexibilität) oder Realoptionsmodelle an.

3. Entscheidungsbaummodelle

In Entscheidungsbaummodellen (Decision-Tree-Analysis) werden die zu bestimmten Zeitpunkten auftretenden Handlungsalternativen der Akteure berücksichtigt. Die Methodik der Bewertung eines Projektes mithilfe eines Entscheidungsbaums soll an einem einfachen Beispiel verdeutlicht werden. Dazu wird ein patentierfähiges F&E-

---

[186] Copeland/Antikarov (2001), S. 56. Die DCF-Methode findet sich in einschlägigen Grundlagenbüchern zur Finanzierung und Unternehmensbewertung, siehe bspw. Brealy/Myers (2003), S. 240ff.

Projekt im pharmazeutischen Bereich betrachtet. Nach einer ersten Grundlagenforschung hat das Management die Möglichkeit, die Idee entweder patentieren zu lassen oder sie geheim zu halten. Folgend werden verschiedene klinische Phasen durchlaufen (I-III). Nach jeder Phase kann das Projekt abgebrochen werden oder in die nächste Phase eintreten. Bei einem Abbruch entsteht zwar ein Verlust in Höhe der bereits angelaufenen Kosten, es entstehen aber keine weiteren Kosten mehr.

Neben der Alternative des Abbruchs könnte auch eine Erweiterung des Projektes bei der Bewertung berücksichtigt werden. Bei einer Patentanmeldung kann im ersten Jahr nach der Anmeldung die Patentfamilie beispielsweise erweitert werden, das heißt das Patent wird in verschiedenen Ländern angemeldet. Zudem können Schutzpatente in angrenzenden Forschungsfeldern angemeldet werden, die den Wert des Patentes erhöhen oder Wettbewerber von dem Markt fernhalten. Im Laufe des Patentlebens kann es zu Auslizenzierungen, Patentstreitigkeiten und Schadensersatzklagen kommen. Die Ereignisse und die darauf aufbauenden Entscheidungen können beim Entscheidungsbaumverfahren in die Bewertung des Patentes mit einfließen.

Bei der Entscheidungsbaumanalyse werden Ereignisse als Knoten und die möglichen Entwicklungen, bezogen auf den Markt und das Produkt, als Entwicklungspfade dargestellt, die zu einem neuen Ereignisknoten führen. An jedem Knoten wird eine Wahrscheinlichkeit für einen weiteren Entwicklungspfad bestimmt. Am Ende jeden Pfades steht ein aus diesem resultierender Netto-Cashflow des Projektes. In einem Roll-BackVerfahren können diese Ergebnisse mit risikogerechten Kapitalkosten diskontiert werden, sodass am Anfang des Baumes der Projektwert unter Berücksichtigung von Zeit, Risiko und Flexibilität bestimmt werden kann.[187]

In dem hier aufgeführten Beispiel stellt sich die Frage, ob eine Produktinnovation patentiert werden sollte oder nicht. Die Annahmen des Beispiels sind dabei bewusst einfach gehalten, damit die Darstellung nicht an Übersichtlichkeit verliert. Abbildung 19 bildet den Entscheidungsbaum mit den Knoten, Entwicklungspfaden und Eintrittswahrscheinlichkeiten ab.

[187] Zu den Unterschieden zwischen der Discounted-Cashflow-Methode, Entscheidungsbäumen und Realoptionen, siehe Copeland/Antikarov (2001), S. 84ff., Bockemühl (2001), S. 14ff., Pitkethly (1997).

Zu Beginn kann sich ein Unternehmen für oder gegen eine Patentierung entscheiden. Fällt die Entscheidung gegen ein Patent, treten

– mit 20-prozentiger Wahrscheinlichkeit vier,
– mit 40-prozentiger Wahrscheinlichkeit zwei und
– mit 40-prozentiger Wahrscheinlichkeit ein weiterer Wettbewerber in den Markt.

Die Kosten für den Markteintritt belaufen sich auf €40.000. Das über alle Wettbewerber kumulierte Marktpotenzial beträgt €150.000. Zur Vereinfachung werden diese Zahlen unabhängig von der Anzahl der Wettbewerber als konstant angenommen. Als weitere Vereinfachung wird angenommen, dass falls das Unternehmen kein Patent anmeldet, nur ein einziger Umweltzustand eintritt. In Abbildung 19 rechts lassen sich die Gewinne und Verluste je nach Entscheidung und Anzahl eingetretener Wettbewerber erkennen.

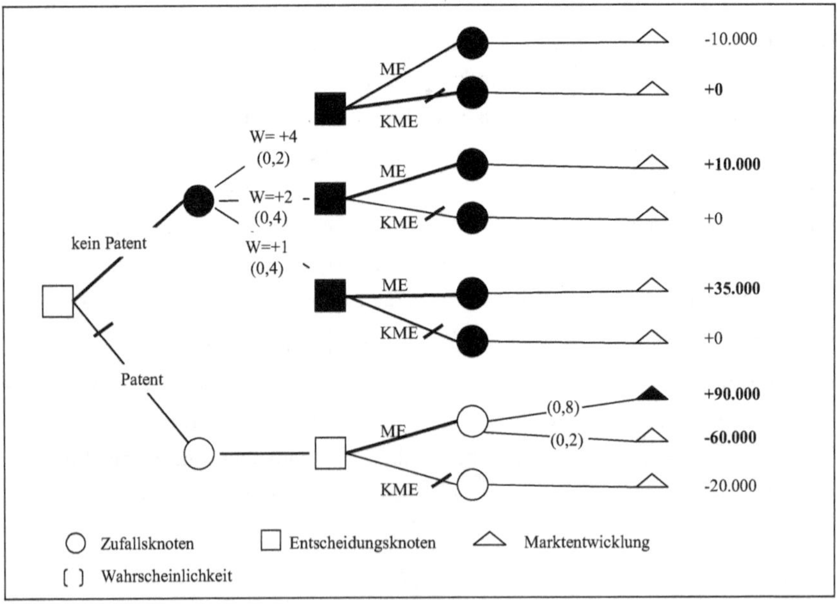

Abbildung 19: Bewertung eines Patentes mit dem Entscheidungsbaum
Quelle: Eigenes Beispiel

Sollten ohne Patentierung vier weitere Wettbewerber in den Markt eintreten, so wäre der Verlust für das Unternehmen €10.000. In diesem Fall sollte es also nicht in den

Markt eintreten und so weder einen Gewinn noch einen Verlust realisieren.[188] Die unter der Bedingung „X Wettbewerber treten in den Markt ein“ zu wählenden Strategien sind jeweils fett gedruckt. Ohne ein Patent wäre der erwartete Gewinn für das Unternehmen dann 18.000 (0,2*0+0,4*10.000+0,4*35.000). Strebt das Unternehmen hingegen einen Patentschutz an, dann können nach Markteintritt zwei Umweltzustände eintreten. Mit 80-prozentiger Wahrscheinlichkeit wird das Produkt ein Erfolg und mit 20-prozentiger Wahrscheinlichkeit ein Verlust.[189] Zu den Markteintrittskosten kommen bei einer angenommenen europäischen Patentanmeldung noch Kosten in Höhe von €20.000 hinzu. Der Gewinn aus dieser Strategie wäre dann 60.000 (0,8*90.000+0,2*(-60.000)). In dieser Situation ist der Wert des Patentschutzes €42.000.

Schon bei diesem einfachen Bespiel wird der Nachteil der Methode offensichtlich. Komplexe Sachverhalte werden schnell unübersichtlich und die Methode ist bei der Bewertung mehrerer Projekte kaum praktikabel.

4. Realoptionsansatz

Der Realoptionsansatz ähnelt im Gedankenkonstrukt dem Entscheidungsbaummodell. Im Gegensatz zur Entscheidungsbaumanalyse werden die Optionen über standardisierte Modelle bewertet. Die Anwendung der Optionsbewertungsmodelle erfordert die Erfüllung verschiedener Annahmen, die bei der Realoptionsbewertung nicht erfüllt sind. Auf die technische Durchführung der Bewertung soll deshalb hier nicht explizit eingegangen werden. Vielmehr soll anhand des gedanklichen Konstruktes „Realoption“ und der verschiedenen Optionstypen aufgezeigt werden, welche Handlungsmöglichkeiten bei der Bewertung von Patenten und Innovationen berücksichtigt werden sollten.

Trigeoris (1993) zeigt, dass Handlungsspielräume zusätzlich zur statischen Bewertung eines Vermögensgegenstandes oder Projektes einen Wert schaffen können. Die Realoption ist dabei der Wert, der zu dem mit statischen Methoden bestimmten Wert addiert wird, um den gesamten Wert eines Objektes zu erfassen.

„Erweiterter Nettobarwert = statischer Nettobarwert + Wert der Handlungsoption(en)“

Eine Handlungsoption besitzt nicht per se einen Wert, sondern nur dann, wenn das Umfeld, in dem die Entscheidung getroffen wird, von Unsicherheit, Informationszu-

---

188 Auch diese Annahme ist stark vereinfacht, dar von Forschungskosten abstrahiert wird. Des Weiteren werden keine Folgeperioden betrachtet, sodass keine Diskontierung stattfindet.

189 Auch in der Situation ohne Patent müssten verschiedene Umweltzustände berücksichtigt werden, aber auch hierauf wird für die Übersichtlichkeit der Darstellung verzichtet.

wächsen und Irreversibilität gekennzeichnet ist. Wäre das Ergebnis einer Investition von Beginn an sicher, würde die Option, verschiedene Entscheidungen im Zeitablauf treffen zu können, keinen Wert haben. Hiermit verbunden ist die Notwendigkeit von Informationszuwächsen. Besitzt der Entscheidungsträger nach mehreren Perioden noch immer die gleichen Informationen wie zu Beginn der Investition, dann hat die Möglichkeit, neue Entscheidungen zu treffen, keinen Wert. Die Irreversibilität bedeutet, dass die Investition mit endgültigen Kosten (Sunk Costs) verbunden ist. Dies impliziert, dass das Investitionsprojekt nicht zu jedem Zeitpunkt für den Gegenwert der bereits getätigten Investitionsausgaben veräußert werden kann. Wäre dies der Fall, würde das Projekt zu keinem Verlust führen können. Verschiedene Handlungen würden nie zu einem Verlust führen und könnten zu Nullkosten rückgängig gemacht werden.[190] Handlungsspielräume können in verschiedenen Ausprägungsformen auftreten. Gängig ist die folgende Klassifikation in sieben Optionstypen.[191]

1) Investitionsoption: Sie beinhaltet das Recht, ein Investitionsprojekt in die Zukunft zu verschieben. Sie ist also vergleichbar mit einem amerikanischen Call. Das Unternehmen hat die Möglichkeit, die Marktentwicklung oder die Konkurrenz zu beobachten und zu einem späteren Zeitpunkt in den Markt einzudringen. Ein angemeldetes Patent kann mit dieser Option verglichen werden. Es ermöglicht dem Patentanmelder, seinen eigenen Markteintritt zu verschieben, ohne dass Wettbewerber in den Markt eintreten können.[192]

2) Abbruchsoption: Der zweite Optionstyp, die Abbruchsoption, ist das Gegenstück zur Investitionsoption. Sie ist mit einem amerikanischen Put vergleichbar, da sie das Recht beinhaltet, ein Projekt frühzeitig abzubrechen, um so Folgekosten zu vermeiden. In der Pharmazeutik spielt diese Option im Rahmen der verschiedenen klinischen Phasen eine große Rolle.

3) / 4) Erweiterungsoption / Einschränkungsoption: Als dritte und vierte Option sind die Erweiterungs- und die Einschränkungsoption, die sich entgegen wirken, zu nennen. Dieses Optionspaar weist ebenfalls Parallelen zu einem amerikanischen Call bzw. Put auf. Die Erweiterungsoption beinhaltet die Möglichkeit, beispielsweise Produktionsanlagen auszuweiten, die Einschränkungsoption, Teile der Anlage zu verkaufen. Ein nationales Patent beinhaltet im ersten Jahr nach der Anmeldung die Erweiterungsoption,

---

190 Pindyck (1991), Dixit/Pindyck (1995), Bockemühl (2001), S. 9ff.

191 Trigeorgis (1993), Brach (2003), Bockemühl (2001), Copeland (2001),.

192 Teece (1986) baut auf dieser Überlegung auf und kommt zu dem Schluss, dass ein Patent so die Erfolgswahrscheinlichkeit eines Projektes erhöhen kann.

die Erfindung auch in anderen Ländern schützen zu lassen.

5) / 6) Stilllegungsoption / Wiedereröffnungsoption: Auch die fünfte und sechste Option stellen ein Optionspaar dar. Die Stilllegungsoption bedingt dabei die zweite, die Wiedereröffnungsoption. Diese ist ohne das vorherige Ausüben der Stilllegungsoption nicht existent. Die Stilllegung ähnelt einem amerikanischen Put allerdings mit dem simultanen Recht, falls sich die Marktentwicklung verbessern sollte, die Tätigkeit wieder aufzunehmen, also einen Call auszuführen.

7) Tauschoption: Sie bietet die Möglichkeit, den Input oder den Output aus einer Produktion zu ändern. In Bezug auf die Forschung könnten andere Forschungsmethoden eingesetzt werden, beispielsweise die Einführung biotechnologischer Forschung.

Treten mehrere Optionen zusammen auf, spricht man von einer Compound Option. Bei der Bewertung von Patenten tritt dies immer auf. Die erste Option beinhaltet das Recht auf eine weitere Option. Die Patentanmeldung kann als erste Option gesehen werden, denn nur wenn diese ausgeübt wird, erwirbt der Optionsinhaber das Recht auf die erste Patentgebührzahlung, die ihm wiederum das Recht einräumt, das Patent auch im nächsten Jahr zu verlängern. Pakes (1986) folgt diesem Ansatz. Der Patenthalter verlängert in seinem Modell das Patent, wenn die Erneuerungsgebühren geringer sind als der Wert des Patentes im nächsten Jahr zuzüglich der Option, das Patent im nächsten Jahr zu verlängern.[193]

Werden Realoptionen zur Bewertung von Patenten genutzt, ist es wichtig sich zu verdeutlichen, dass das Patent und nicht die gesamte Innovation bewertet wird. Das Patent wird grundsätzlich als Recht gesehen, eine bestimmte Technologie ausschließlich zu nutzen. Hier wird das Problem des Realoptionsansatzes deutlich. Er löst die Probleme der Bewertung der zu Grunde liegenden Technologie nicht gänzlich, sondern nur wenn die Wertentwicklung dieser Technologie bekannt ist. Dann ist es möglich, das Patent auf diese Technologie (Innovation) zu bewerten.

Aufbauend auf dieser Überlegung kann ein Patent mit einer Finanzoption verglichen werden. Der Wert der Technologie entspricht dabei dem Underlying. Bei einer Aktienoption wäre das Pendant also die Aktie. Im Gegensatz zur Aktie, ist aber der Preis der Technologie (oder Innovation) nicht zu beobachten und unter Umständen stark

---

193 Weiter Autoren, die Erneuerungsdaten zur Patentbewertung nutzen, sind beispielsweise Lanjouw et al. (1998) oder Gustafsson (2006).

subjektiv.[194]

Findet die Bewertung eines Patentes dementsprechend in Anlehnung an Finanzoptionen statt, so ist es notwendig, die für Finanzoptionen konzipierten Modelle, auf Realoptionen zu übertragen.[195] Dabei kommen das Modell von Black und Scholes (1973), das Binomialmodell von Cox et al. (1979), Quadrionimalmodelle oder Simulationen zum Einsatz.[196] Je nach Realoption bieten sich die verschiedenen Bewertungsmodelle an.[197] Die Anwendung der theoretischen Modelle auf die Bewertung von Realoptionen ist aufgrund der Verletzung vieler Annahmen problematisch. Voraussetzungen für die erfolgreiche Bewertung mit Black-and-Scholes sind, dass die Bildung von Arbitrageportfolios möglich ist und dass die Renditen des Underlyings normal verteilt sind. Die noch einfachste Anpassung ist die bereits bestehende Erweiterung des Modells um Dividenden. Hierbei ist im Sinne von Innovationen der Eintritt von Konkurrenten als Dividenden zu modellieren, da Konkurrenz zu einem Rückgang des Innovationswertes für das Unternehmen führen sollte. Bei Patenten ist es vorstellbar, Dividenden durch Patentanfechtungen zu ersetzen. Hierbei muss allerdings beachtet werden, dass sich Anfechtungen je nach Ausgang des Verfahrens negativ wie positiv auf den Patentwert auswirken können.[198]

Bei der Patentbewertung müssen weiterhin mehrere Risikoquellen berücksichtigt werden. Diesen Optionstyp bezeichnet man als Compound-Rainbow-Option. Die Rainbow-Option steht für zwei oder mehrere Risikoquellen. Im Sinne eines Patentes währen dies typischerweise das technische Risiko, das rechtliche Risiko und das Marktrisiko.[199] Die unterschiedlichen Risikoquellen bedingen, dass ein Patent nicht nach der Black-and-Scholes Formel bewertet werden kann, sondern über ein erweitertes Binomialmodell. Für jede weitere Risikoquelle im Binomialmodell kommen zwei mögliche Entwicklungspfade hinzu. So ist es notwendig, das Patent über einen Quadrinomial-

---

194 Für einen Vergleich der Parallelen zwischen Finanz- und Realoptionen und insbesondere Patenten als Realoptionen, siehe Reitzig (2002), S. 35 und Bockemühl (2001).

195 Das Quadrinomialmodell ist eine Erweiterung des Binomialmodells bei Modellierung verschiedener Risikoquellen, siehe für ein Beispiel Copeland/Antikarov (2001), S. 279ff.

196 Longstaff/Schwartz (1995) geben einen Überblick und entwickeln Simulationsmodelle zur Bewertung von Optionen amerikanischer Art. Amram/Kulatilaka (1999) gehen kurz auf die Möglichkeit ein über Simulationen Realoptionen zu bewerten. Schwarz (2003) nutzt die Monte Carlo Simulation zur Bewertung der Abbruchsoption in einem F&E-Projekt sowie in einem Patent.

197 Aufgrund der Charakteristika von Realoptionen wird insbesondere auf das Binomialmodell zur Bewertung zurückgegriffen, siehe Brach (2003), Copeland (2001), Amram (2003). Schwarz (2003) bewertet ein patentiertes F&E-Projekt mithilfe eines Simulationsmodels, das auf dem Realoptionsansatz basiert.

198 Lanjouw/Schankerman (1998) zeigen auf, dass der Patentwert mit der Anzahl gewonnener Anfechtungen positiv korreliert ist.

199 Reitzig (2002), S. 53, Bockemühl (2001), S. 193ff. diskutieren weitere Risikoquellen. Trigeoris (1993) weist darauf hin, dass nur unsystematische Risikoquellen Berücksichtigung finden sollten.

baum zu bewerten. Es bleibt zu klären, wie genau eine Bewertung bei Missachtung der Modellannahmen sein kann und ob sich der Aufwand der Bewertung in einem exakteren Patentwert wirklich widerspiegelt.

Trotz dieser Schwierigkeiten sind die Überlegungen zu Realoptionen ein hilfreiches Gedankenkonstrukt, um die Werthaltigkeit und Wertpotenziale von Innovationen oder Patenten zu verdeutlichen. Werden die Annahmen und das Bewertungsmodell offen gelegt, so ist die Bewertung auch objektiv nachvollziehbar, was die Vergleichbarkeit verschiedener bewerteter Patente verbessert.

5. Befragungen und weitere Ansätze

Eine empirische Möglichkeit Patentwerte zu ermitteln sind Unternehmensbefragungen. Diese Werte beziehen sich dann allerdings oft auf bereits ausgelaufene Patente. Die erfragten Werte werden meist nur zum Back-Testing der theoretischen oder empirischen Patentbewertungsmodelle eingesetzt.[200] Bei der Modellüberprüfung liefern diese Ergebnisse gute Dienste. Vorteile von Befragungen sind, dass für den Untersuchungszweck relevante Aspekte mit abgedeckt werden können. So können Zusatzinformationen mit erhoben werden. Nachteile sind die Kosten und der hohe Aufwand. Weiterhin ist der so ermittelte Patentwert sehr subjektiv. Harhoff et al. (1999) versuchen, ihn durch bestimmte Fragetechniken zu objektivieren. Prinzipiell stellt der über Befragungen ermittelte Patentwert die genaueste Angabe dar, die aus Sicht des Unternehmens angegeben werden kann.[201] Allerdings muss bei der Befragung darauf geachtet werden, dass die Befragten wirklich in der Lage sind, einen exakten Patentwert zu bestimmen, und sie keinen Interessenkonflikten unterliegen. Es wäre vorstellbar, dass ein Befragter im Sinne des Unternehmens einen hohen Patentwert angibt.

Neuburger (2005) nutzt die Conjoint-Analyse zur Patentbewertung. Zur Bewertung werden bei dieser Methode Patentmerkmale (Ansprüche) herangezogen. Ziel der Methode ist es, einen objektiven Patentwert, unabhängig von dem spezifischen Unternehmenswissen zu ermitteln. Dabei wird die Annahme getroffen, dass das Patent bestmöglich genutzt wird. Zur Ermittlung des Patentwertes werden die Konsumenten nach ihrer Zahlungsbereitschaft hinsichtlich bestimmter Produkteigenschaften, die das Patent schützt, befragt. Auf diesen Aussagen aufbauend, wird ein Patentwert ermittelt.

Im Vergleich zur reinen Befragung ist vorteilhaft, dass nicht der Patenthalter nach ei-

---

200 Harhoff et al. (1999), Reitzig (2002).

201 Reitzig (2002), S. 188f. und S. 309.

nem subjektiven Wert befragt wird. Für das Ziel der vorliegenden Arbeit, die Qualität für eine Vielzahl von Patenten abzuschätzen, ist dieser Ansatz jedoch nicht geeignet.

Contractor (2000, S. 247ff.) leitet ein grundsätzliches Konzept zur Bewertung von immateriellem Vermögen ab. Hierbei werden aus intuitiv logischen Sachverhalten Unter- und Obergrenzen für die Bewertung eines immateriellen Vermögensgegenstandes aufgestellt. Ziel des Ansatzes ist es, im Rahmen von Verhandlungen einen Verhandlungsspielraum zu schaffen, an dem sich die Vertragsparteien beispielsweise bei der Lizenzverhandlung orientieren können.

Eine Marktpreisfindung für Patente in Form von Auktionen findet zu verschiedenen Anlässen statt.[202] Die generelle Ausgestaltung und die Ergebnisse der IP-Auktionen aus jüngster Vergangenheit werden in Teil 3 Kapitel IV näher erläutert. Der Patentwert lässt sich weiterhin über strukturelle Größen des Patentes erfassen. Hierunter lassen sich Absatzzahlen, Preise und Kosten subsumieren. Strukturelle Größen werden oft bei gesetzlich geregelten Bewertungsanlässen[203] oder für die Ausgestaltung von Lizenzverträgen genutzt (Reitzig (2000), S. 84ff.). Die Einzahlungen aus dem Patent werden den Auszahlungen aus dem Patent gegenüber gestellt. Die Prognose der Ein- und Auszahlungen ist eine notwendige Voraussetzung, aber mit hoher Unsicherheit verbunden.

Die Betrachtung struktureller Größen bietet sich zur ex post Bewertung beispielsweise bei der Bestimmung von Schadensersatzansprüchen an. Wobei die Abgrenzung dieses Ansatzes von dem Discounted-Cashflow-Ansatz nicht vollkommen möglich ist. Im folgenden Abschnitt werden die vorgestellten Bewertungsmodelle nochmals im Hinblick auf ihre Stärken und Schwächen zusammengefasst. Im darauf folgenden Kapitel wird der Ansatz der Patentbewertung auf Indikatorenbasis vorgestellt, der auch in der empirischen Untersuchung dieser Arbeit genutzt wird.

---

202 Eine Auktion scheint prinzipiell sinnvoll. Da Patente tendenziell zwar vertretbare aber illiquide Güter sind, gelingt es durch die Bündelung von Angebot und Nachfrage zu einer bestimmten Zeit an einen bestimmten Ort, die Liquidität in dem Markt zu erhöhen. Siehe Schmidt (1977 und 1983) zur Theorie der Börse und den Ansprüchen, die an Märkte gestellt werden und die sie erfüllen können.

203 Hierzu zählen die Schadensersatzbestimmung bei Patentstreitigkeiten nach § 139 DPatG, die Bestimmung des Erfindungswertes nach § 9 und § 10 Arbeitnehmererfindungsgesetz sowie als dritter Bewertungsanlass die Bilanzierung, siehe Reitzig (2002), S. 71ff.

III. Eignung verschiedener Bewertungsmodelle

Zu dem Kosten- und Marktansatz ist prinzipiell anzumerken, dass sie zu wenige der Risikoparameter und Werttreiber der Patente gezielt und patentspezifisch beachten. Der Kostenansatz läuft Gefahr, den Patentwert systematisch zu unterschätzen und dabei Fehlschläge nicht zu bewerten, da der Ansatz impliziert, dass alle Kosten werthaltig sind. Der Marktansatz unterliegt aufgrund fehlender objektiver Preise einer stark subjektiven Komponente. Ein liquider Handel, der zu objektiven Preisen führt, könnte hier Abhilfe schaffen. Studt (2000) beschreibt beispielsweise die Organisation der Handelsplattform p-lx, auf der Patente, Technologien und Lizenzen gehandelt werden können.[204] Auch öffentliche Auktionen, wie die von Ocean Tomo in den USA oder der Intellectual Property Auction AG (IPA) in Deutschland, könnten die Situation verbessern. Bislang ist aber noch davon auszugehen, dass in den meisten Fällen eines Technologiestransfers sehr subjektive, unternehmensspezifische Faktoren in der Bewertung Berücksichtigung finden und somit der Marktpreis keine objektive Bewertungsgrundlage darstellt und für den weiteren, wieder subjektiven Gebrauch, zu Fehlbewertungen führen kann. Der Einkommensansatz und der Discounted-Cashflow-Ansatz werden zusammen betrachtet, da sich die Methodik ähnelt. Einmal werden Gewinne und einmal Zahlungsströme diskontiert. Sie sind nicht von objektiven Größen abhängig, sondern ziehen auf eine „Fall zu Fall" Bewertung ab. Gelingt es, die Risiken und das Potenzial eines Projektes abzuschätzen, scheint diese Möglichkeit durchaus sinnvoll. Sie bietet aber für das Abschätzen der Chancen und Risiken des betrachteten Patentes keinen Lösungsweg. Auch ist es nicht möglich, die Flexibilität, also Handlungsspielräume, in die Bewertung mit einfließen zu lassen. Dieses Manko überwindet die Entscheidungsbaumanalyse ansatzweise. Die Anwendung dieser Methode scheitert aber fast zwangsläufig an der unübersichtlichen Darstellung bei komplexen Bewertungen.

Die Realoptionsansätze sind viel versprechend. Allerdings ist die theoretische Grundlage für ihre Anwendung strittig. Sie sind hauptsächlich als gedankliches Konstrukt bei der Patentbewertung geeignet. Zwar modellieren sie explizit Risiken über die Volatilität des Underlying; hierfür können aber nur schwer beobachtete Daten genutzt werden. Zur Einsetzung eines theoretischen Optionsbewertungsmodells sind im Rahmen von Realoptionen leider viele Modellannahmen nicht erfüllt, was die Ergebnisse schwer interpretierbar werden lässt. Über diese Schwierigkeiten hinausgehend zeigt Bocke-

---

[204] Unter www.pl-x.com wird derzeit aber scheinbar hauptsächlich Software für verschiedene Zwecke des Patentmanagements und der Bewertung angeboten, Stand 30.05.2006. Zu pl-x und anderen Technologiebörsen siehe beispielsweise auch INKASS (2002).

mühl (2001), dass ein Patent oder ein Projekt aus einem Bündel Realoptionen besteht, die sich gegenseitig im Wert beeinflussen.[205] Andrikopoulos (2005, S. 221f.) analysiert die Anwendung des Realoptionsansatzes zur Bewertung immateriellen Vermögens kritisch. Zum einen betont er die Schwierigkeit, ein Arbitrageportfolio aus handelbaren Wertpapieren zu bilden, dessen Zahlungsüberschüsse mit denen immaterieller Vermögensgegenstände übereinstimmen. Als zweiten Punkt führt er an, dass es nicht möglich ist, alle Risikoquellen zur Bestimmung der Volatilität zu beobachten. Drittens sieht er Probleme in der Quantifizierung der Kosten bei der Erstellung immateriellen Vermögens, da diese nicht nur monetär sind. Allerdings vertritt er die Meinung, dass zum Zweck der Finanzierung und der finanziellen Berichterstattung der Realoptionsansatz zweckmäßig sein könnte, da er ein gewisses Maß an Objektivität in die Bewertung bringt.

Allen Methoden ist gemein, dass auf ihren Grundlagen jedes Patent einzeln oder in einem Patentportfolio, welches eine Innovation schützt, bewertet werden muss. Ziel der vorliegenden Arbeit ist es aber, eine Kapitalmarktuntersuchung durchzuführen, um die Werthaltigkeit von Patenten zu zeigen. Von daher soll im Folgenden analysiert werden, ob die Betrachtung bibliographischer Patentindikatoren die Qualität der Patente approximativ quantifizieren kann und sie für den Zweck der empirischen Untersuchung dieser Arbeit geeignet sind. Es wäre dann zu zeigen, ob die Indikatoren in den Aktienkursen eingepreist werden und sich so die unterschiedliche Qualität von Patenten in der Unternehmensbewertung widerspiegelt.

C. Determinanten und ihre Indikatoren

Der Bewertungsansatz baut auf der Überlegung auf, dass ein Patent wegen bestimmter Eigenschaften, die im Folgenden Determinanten genannt werden, wertvoll ist. Voraussetzung für eine objektive Bewertung mit diesem Ansatz ist, dass sich ein Zusammenhang zwischen dem Patentwert und diesen Eigenschaften aufzeigen lässt. Dann würde die so erfolgte Bewertung eine Qualitätsabstufung zwischen den Patenten ermöglichen. Das Ziel ist es also, über Determinanten einen Erwartungswert bezüglich des zukünftigen Wertes eines Patentes zu bestimmten. In der Literatur wurden verschiedene Determinanten identifiziert. Diese sind selber auch nicht immer einfach zu beobachten. Eine Lösung für dieses Dilemma ist, Indikatoren zu beobachten, die wieder-

[205] Zu der Portfoliobewertung von Projekten mit unterschiedlicher Korrelation siehe Brosch (2001). Childs et al. (1998) untersuchen aus Unternehmenssicht, wie Forschungsprojekte mit dem Realoptionsansatz bewertet werden können. Dabei ist relevant, ob die Projekte parallel oder sequenziell investiert werden sollten.

um die Determinanten operationalisieren. In den folgenden Abschnitten werden die Determinanten und ihre Indikatoren näher vorgestellt.

Reitzig (2002) gibt einen ausführlichen Überblick über die Patentbewertung mithilfe von Determinanten und Indikatoren. Dabei werden die Determinaten und die Indikatoren über Befragungen abgeleitet. Zu diesem Zweck interviewt Reitzig (2002, S. 183ff.) die Verantwortlichen für die Patentanmeldungen eines Unternehmens in der Halbleiterindustrie. Die Stichprobe umfasst 127 Patente und ihre Werttreiber (Determinanten, Indikatoren). Reitzig nutzt die Erkenntnisse aus der Befragung, um den Zusammenhang zwischen den Determinanten und dem Patentwert zu analysieren. Dabei bewertet die befragte Expertengruppe sowohl das Patent als auch die Ausprägung der einzelnen Determinanten und zwar zum Zeitpunkt der Patenterteilung sowie ex post, das heißt zum Zeitpunkt der Befragung.[206] Aus seinen Befragungen sowie aus früheren Studien schlussfolgernd, leitet Reitzig (2002, S. 201) folgende sieben Determinanten ab, die im Folgenden als Grundlage genutzt werden: Die Laufzeit des Patentes, die Neuheit/Stand der Technik, das Maß der erfinderischen Tätigkeit, die Umgehungsschwierigkeit, die Schutzbereichsbreite, die Massierung und die Offenbarungsbreite.[207]

Abbildung 20 systematisiert die Determinanten und ihre Indikatoren. Neben der Systematisierung der Determinanten und Indikatoren stellt sie auch den Aufbau des folgenden Kapitels dar. Eine eindeutige Zuordnung der Indikatoren zu den Determinanten ist allerdings nicht immer möglich und teilweise operationalisiert ein Indikator verschiedene Determinanten gleichzeitig. Die Zuordnung in Abbildung 20 ist eher als ein loser Zusammenhang zu interpretieren. Ferner können nicht nur die Determinanten miteinander korrelieren, sondern auch zwischen den Indikatoren können Interdependenzen bestehen (Reitzig 2002, S. 133).

---

[206] Fraglich könnte allerdings sein, ob es den Befragten möglich ist, zwischen diesen beiden Zeitpunkten wirklich exakt zu differenzieren. Weiterhin ist kritisch, dass zwischen den Determinanten zum Teil eine hohe Korrelation herrscht. Nach Reitzig (2002), S. 196, beträgt die Korrelation zwischen der zukünftigen technischen Bedeutung und der geschätzten Nutzungsattraktivität 0,77, zwischen Ersterer und der technischen Umgehungsschwierigkeit 0,54. Es gibt auch Determinanten, deren Korrelation sehr gering ist.

[207] Weitere Determinanten finden sich bei Kloyer (2004), S. 423. Hier werden auch verschiedene Unsicherheitsfaktoren aufgeführt. Da diese, außer in einer Realoptionbetrachtung, den Wert eines Patentes eher schmälern sollten, werden sie an dieser Stelle nicht ausführlicher diskutiert. Des Weiteren sieht Kloyer (2004) die Funktion eines Patentes als Determinante, hier ist dann eine sehr spezifische Analyse notwendig, die nicht den Zielen der Arbeit entspricht eine objektive Bewertungsmethode für viele Patente zu finden.

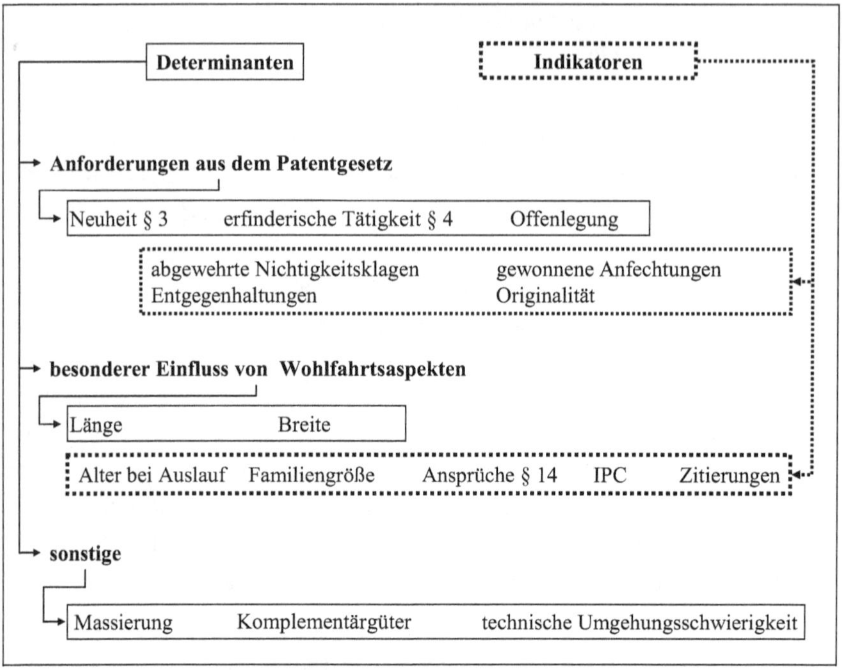

Abbildung 20: Determinanten und Indikatoren des Patentwertes

Quelle: Eigene Darstellung. Anlehnung an die Systematisierung von Reitzig (2002) u.a. S. 317

Die Determinanten (durchgehende Umrahmung) und sie operationalisierende Indikatoren (unterbrochene Umrahmung) werden nach ihren Ursprüngen systematisiert. Dies führt zu der folgenden dreistufigen Gliederung:

Die Mitglieder der ersten Gruppe „Anforderungen aus dem Patentgesetz" Neuheit, erfinderische Tätigkeit und Offenlegung lassen sich direkt aus dem Patentgesetz ableiten. Eine Erfindung muss neu sein (§ 3 PatG) und auf einer erfinderischen Tätigkeit beruhen (§ 4 PatG), um überhaupt patentierbar zu sein. Ebenso muss der Patentanmelder seine Erfindung offen legen, um das Recht auf einen Patentschutz zu erlangen.

Die Determinanten der zweiten Gruppe „besonderer Einfluss von Wohlfahrtsaspekten" Patentlänge und Patentbreite sind zwar auch im Patentgesetz festgelegt, sie besitzen aber einen besonderen Einfluss auf den wohlfahrtsreduzierenden Effekt von Patenten und sind keine notwendigen Bedingungen für einen Patentschutz. Vielmehr sind dies individuell verhandelbare Eigenschaften, deren maximale Ausgestaltung durch den Gesetzgeber gegeben ist (Länge) oder durch den Anmelder und die Prüfer des Patentamtes festgelegt wird (Breite).

Unter den „sonstigen Determinanten" ist neben der Massierung, der Anzahl an Komponenten eines Produktes und Komplementärgütern insbesondere die technische Umgehungsschwierigkeit zu nennen, da diese die Höhe der Kosten bestimmt, die für einen Wettbewerber anfallen würden, wenn er ein vergleichbares Produkt entwickeln möchte, welches das Patent nicht verletzt. Neben den Determinantengruppen werden in den folgenden Abschnitten die Zitierungen getrennt behandelt, da sie verschiedene Determinanten operationalisieren können und oft als Indikator für die allgemeine Patentqualität gesehen werden.

I. Neuheit und Maß der erfinderischen Tätigkeit

Zwar sind diese Determinanten und ihre Indikatoren eher rechtlicher Natur, da der Patentwert aber nur mit der Aufrechterhaltung eines Patentes bei einer Anfechtung erhalten werden kann, ist diese Sichtweise hier unumgänglich. Die Legaldefinitionen über Neuheit[208] und erfinderische Tätigkeit finden sich im Patentgesetz § 3 und § 4.

§ 3 PatG- Neuheit, ältere Anmeldungen, unschädliche Offenbarungen

Abs. 1 Eine Erfindung gilt als neu, wenn sie nicht zum Stand der Technik gehört. Der Stand der Technik umfasst alle Kenntnisse, die vor dem für den Zeitrang (Priorität) der Anmeldung maßgeblichen Tag durch schriftliche oder mündliche Beschreibung, durch Benutzung oder in sonstiger Weise der Öffentlichkeit zugänglich gemacht worden sind.

[208] Es ist nicht eindeutig geklärt, ob ein hoher Innovationsgrad eine erfolgreiche Innovation im wirtschaftlichen Sinne bedeutet. Hauschildt/Salomo (2005) suchen die Ursachen für diese Erkenntnis in Messproblemen bei der Bestimmung des Innovationserfolges und in der Datengrundlage. Wichtig ist, den Innovationsgrad auf die Aufgabenstellung abzustimmen, da ein hoher Innovationsgrad zu einer übermäßigen Komplexität führen kann, was u. U. sogar einen neuen Innovationsmanagementprozess bedingen kann.

§ 4 PatG - Erfinderische Tätigkeit

Eine Erfindung gilt als auf einer erfinderischen Tätigkeit beruhend, wenn sie sich für den Fachmann nicht in nahe liegender Weise aus dem Stand der Technik ergibt. Gehören zum Stand der Technik auch Unterlagen im Sinne des § 3 Abs. 2, so werden diese bei der Beurteilung der erfinderischen Tätigkeit nicht in Betracht gezogen.[209]

Die Neuheit wird von Green und Scotchmer (1995) auch in der ökonomischen Sicht unter der Bezeichnung „non obviousnes" herausgestellt. Reitzig (2003) vertieft diese Ansicht. Als mögliche Indikatoren zur Operationalisierung der Neuheit und erfinderischen Tätigkeit sieht er auf juristischer Seite Anfechtungen und gewonnene Nichtigkeitsklagen [Lanjouw und Schankerman (1997), Reitzig (2003)]. Weist ein Patentamt Anfechtungen ab, bedeutet dies, dass auch bei erneuter Prüfung das Patent die Kriterien Neuheit und erfinderische Tätigkeit erfüllt. Reitzig (2003, S. 12) geht deshalb davon aus, dass die Entscheidung, ein Patent anzufechten, eine Funktion seiner Neuheit und des erfinderischen Schrittes ist. Neben den juristischen Indikatoren können Entegegenhaltungen (Zitierungen) als ökonomische Indikatoren für die Neuheit gesehen werden. Der Vollständigkeit halber wird auch die Offenlegung hier aufgeführt. Allerdings weist diese eine negative Korrelation mit dem Patentwert auf. Es existieren erst wenige Ansätze, die auf den Wert steigernden Effekt beispielsweise durch Irritation der Konkurrenten hinweisen.[210]

---

209 §3 Abs. 2 PatG: Als Stand der Technik gilt auch der Inhalt folgender Patentanmeldungen mit älterem Zeitrang, die erst an oder nach dem für den Zeitrang der jüngeren Anmeldung maßgeblichen Tag der Öffentlichkeit zugänglich gemacht worden sind:
1.) der nationalen Anmeldung in der beim Deutschen Patentamt ursprünglich eingereichten Fassung;
2.) der europäischen Anmeldung in der bei der zuständigen Behörde ursprünglich eingereichten Fassung, wenn mit der Anmeldung für die Bundesrepublik Deutschland Schutz begehrt wird und die Benennungsgebühr für die Bundesrepublik Deutschland nach Artikel 79 Abs. 2 des Europäischen Patentübereinkommens gezahlt ist, es sei denn, dass die europäische Patentanmeldung aus einer internationalen Anmeldung hervorgegangen ist und die in Artikel 158 Abs. 2 des Europäischen Patentübereinkommens genannten Voraussetzungen nicht erfüllt sind;
3.) der internationalen Anmeldung nach dem Patentzusammenarbeitsvertrag in der beim Anmeldeamt ursprünglich eingereichten Fassung, wenn für die Anmeldung das Deutsche Patentamt Bestimmungsamt ist. Beruht der ältere Zeitrang einer Anmeldung auf der Inanspruchnahme der Priorität einer Voranmeldung, so ist Satz 1 nur insoweit anzuwenden, als die danach maßgebliche Fassung nicht über die Fassung der Voranmeldung hinausgeht. Patentanmeldungen nach Satz 1 Nr. 1, für die eine Anordnung nach § 50 Abs. 1 oder 4 des Patentgesetzes erlassen worden ist, gelten vom Ablauf des achtzehnten Monats nach ihrer Einreichung an als der Öffentlichkeit zugänglich gemacht.

210 Reitzig (2002), S. 47. Ziel ist es hier, falsche und unklare Angaben zu machen, um die Konkurrenz zu täuschen. Spätestens nach dem Antrag auf Prüfung und Zulassung sollten „Falschangaben" jedoch auffallen. Da auch der Wettbewerber die Möglichkeit hat, einen Prüfantrag zu stellen, ist diese Gefahr vielleicht nicht sehr hoch.

II. Die Patentlänge und die Patentbreite

Unter der Länge eines Patentes wird seine effektive Schutzdauer verstanden, unter seiner Breite der Umfang der geschützten technischen Anwendungen. Lange und breite Patente versprechen dem Patentinhaber höhere Einnahmen aus dem Patent, da ein langes Patent dem Patentinhaber die Monopolstellung mehrere Jahre gewährt und ein breites Patent den Ausschluss der Wettbewerber aus mehreren Anwendungsgebieten ermöglicht. Letzteres bedeutet, dass es für den Wettbewerber teurer wird, um das Patent „herum-zu-erfinden". Aus wohlfahrtstheoretischen Gesichtspunkten können sehr lange und breite Patente als schädigend gesehen werden. Eine optimale Patentpolitik hat deshalb zum einen zur Aufgabe, Anreize für Innovationen zu fördern, zum anderen die Wettbewerber und Konsumenten nicht zu stark zu schädigen. Die Frage nach der optimalen Patentbreite und Patentlänge wird demzufolge in der Literatur meist nicht aus Sicht des anmeldenden Unternehmens gesehen, sondern aus gesamtwirtschaftlichen Gesichtspunkten.[211] Der Patentschutz darf nicht unendlich sein, wie es bei einem unendlich breiten und langen Patent der Fall wäre. Dies würde neue Forschung nicht zulassen und die alte Forschung über Gebühr entlohnen. Wie bereits in Teil 1 Kapitel II dargelegt, muss durch die Patentpolitik ein Ausgleich zwischen Entlohnung und Anreizen zu Wettbewerb fördernden Innovationen geschaffen werden.[212]

Unter der Länge oder Lebensdauer eines Patentes versteht man die effektive Schutzdauer eines Patentes. Gesetzlich ist eine maximale Schutzdauer von 20 Jahren möglich. Die meisten Patente werden jedoch schon vorher nicht mehr verlängert. Schankermann und Pakes (1986) beobachten für Patente, die nach 1955 angemeldet wurden eine durchschnittliche Lebensdauer von unter acht Jahren. Nur 25 Prozent der Patente leben länger als 13 Jahre.[213] Vermont (2002) beobachtet für aktuelle Patente in den USA eine durchschnittliche Schutzdauer von fünf Jahren. O'Donoghue et al. (1998) geben einen Überblick über die Entwicklung der durchschnittlichen Lebensdauer in

---

211 Vertreter in der Diskussion um die optimale Patentlänge und Patentbreite sind Nordhaus (1969, 1972), Klemperer (1990) sowie Gilbert und Shapiro (1990).

212 Denicolò (1999). Aoki/Small (2004), S. 18 betonen, dass eine sehr enge Patente den Wettbewerb auf einem Markt erhalten können, obwohl der Erfinder eine Monopolstellung innehat.

213 Sie untersuchen England, Frankreich und Deutschland. In Deutschland werden mehr Patente verlängert als in den anderen Ländern, es werden aber auch weniger gewährt. Ca. 1/3 der Anmeldungen wird gewährt, während es in Frankreich und England 93% bzw. 83% sind. Die überdurchschnittliche Verlängerungsrate nimmt in Deutschland in dem sechsten Jahr nach der Patentanmeldung ab. Dies ist auch der Zeitpunkt, zu dem die Verlängerungsgebühren in Deutschland ansteigen.

den vergangenen Jahren.[214] Gustafsson (2006, S. 5) beobachtet für finnische Patente, die nach 1971 erteilt wurden, eine durchschnittliche Lebensdauer von 10 Jahren. Nur 8 Prozent der zwischen 1980 und 1984 erteilten Patente erreichen die maximale Schutzdauer von 20 Jahren.

Es hat sich gezeigt, dass insbesondere Patente mit einer langen Lebensdauer einen hohen Wert besitzen. Da die jährlichen Patentgebühren mit dem Alter der Patente ansteigen, ist der positive Einfluss des Patentalters auf die Patentqualität leicht erklärlich.[215] Schankermann und Pakes (1986) bewerten die Patente eines Jahrgangs, also dem Jahr der Anmeldung, für Frankreich und Großbritannien und dem Jahr der Patentgewährung für Deutschland. Sie bestimmen den Wert in Abhängigkeit des Patentalters. Für beispielsweise fünf Jahre alte Patente ermitteln sie in England einen durchschnittlichen Wert von $6.963, in Frankreich von $6.656 und in Deutschland von $19.124.[216]

Die Patentbreite bezeichnet den Schutzbereich, den ein Patent innehat. Ein breites Patent zeichnet sich dadurch aus, dass es auch angrenzende Technologien abdeckt und dem Patentinhaber deshalb mehr Vermarktungsmöglichkeiten ermöglicht.[217] Gleichzeitig wird es schneller verletzt, da ähnliche Produkte in seinen Schutzbereich eindringen können. Die Patentbreite kann über verschiedene Definitionen konkretisiert werden.[218] Der Patentanmelder kann durch die Formulierung der Patentschrift die Patentbreite und darüber den Patentwert beeinflussen (Reitzig (2002), S. 32f). Eine Legaldefinition des Begriffs findet sich in § 14 PatG.[219] Die Breite wird über die Auslegung der Patentansprüche beim Deutschen Patent- und Markenamt durch § 14 PatG festgelegt, wobei in den Patentansprüchen die Techniken und ihre Anwendungen formuliert

214 Vermont (2002), S. 333, im Allgemeinen wird höchstens von einer durchschnittlichen Lebensdauer von 10 Jahren ausgegangen, wobei die Dauer in Deutschland am längsten ist. Für einen Überblick siehe O'Donoghue et al. (1998), S. 2.

215 Siehe hierzu auch die auf Erneuerungsdaten aufbauenden Patentbewertungsmodelle (Pakes (1984)) oder die Umfrageergebnisse von Harhoff et al. (1999).

216 Nach Schmookler (1966) ist dieser Unterschied mit der unterschiedlichen Größe der Länder zu begründen. Die Marktgröße korreliert positiv mit der Rendite aus einem Patent, zitiert nach Schankerman/Pakes (1986), S. 1073.

217 Beispielsweise kann das Patent in mehreren IPC-Klassen Gültigkeit besitzen. Dieser Operationalisierung folgt Lener (1994). Gay et al. (2005) argumentieren, dass ein Patent wertvoller und breiter ist, wenn es viele Zitierungen aus anderen Technologiefeldern erhält.

218 Einen Überblick verschiedener Definitionen bietet Takalo (2001), S. 34f.

219 Der Schutzbereich des Patentes und der Patentanmeldung wird durch den Inhalt der Patentansprüche bestimmt. Die Beschreibung und die Zeichnungen sind jedoch zur Auslegung der Patentansprüche heranzuziehen. Neben den hier aufgeführten sind folgende Definitionen interessant: Gilbert und Shapiro (1990) definieren die Breite des Patentschutzes als den Rückfluss von Einzahlungen, die der Innovator während der Lebensdauer des Patentes erhält. Green/Scotchmer (1995, S. 21) machen die Breite dafür verantwortlich, wie sich bei sequenzieller Forschung die Gewinne durch Lizenzierung zwischen dem Erstinnovator und dem Folgeinnovator verteilen. In ihrem Modell möchten sie die Breite so wählen, dass die Patentlänge möglichst kurz sein kann. Sie gehen davon aus, dass die Länge eine mangelnde Schutzbereichsbreite kompensiert.

werden, die das Patent schützt. Ein breites Patent kann den Inhaber vor imitierenden Produkten schützen, während ein enges Patent leicht umgangen werden kann, indem ein Substitut erzeugt wird, welches nur geringfügig von der Patentschrift abweicht.[220] Ein breites Patent ermöglicht es dem Inhaber, monopolbedingte Preiserhöhungen zu realisieren, da den Konsumenten weniger ähnliche Produkte zur Auswahl stehen.[221]

Bei der Anmeldung ist zu beachten, dass ein breites Patent der Gefahr ausgesetzt ist, dass angrenzende Produkte seine Marktstellung anfechten werden, sodass eine Aufrechterhaltung des Patentschutzes gefährdet ist. Dabei kann die Patentbreite sowohl vor Imitationen niedriger Qualität als auch höherer Qualität schützen. Gleichzeitig zeigen O'Donoghue et al. (1998, S. 6), dass ein Patent, welches eine führende Breite hat, das heißt die Innovation ist vor Produkten besserer Qualität geschützt, eine längere Lebensdauer hat und vermehrt Lizenzeinnahmen generiert. Neue Produkte verletzen das Patent und führen deshalb nicht zu einem Auslaufen des Patentes, sondern geben dem betrachteten Patent die Möglichkeit, Lizenzeinnahmen zu erzielen. Wie bereits erwähnt, erhöht die Patentbreite die Gefahr, dass Imitatoren das Patent anfechten. Dies kann den Zusammenhang zwischen dem Wert eines Patentes und der Anzahl der Anfechtungen, wie es Reitzig und Harhoff (2004) aufzeigen, erklären. Aus Sicht eines Patentanmelders ist es das Ziel, möglichst breite Patente zu schaffen. Reitzig (2002) weist darauf hin, dass der Anmelder berücksichtigen muss, dass diese Strategie nur Erfolg versprechend ist, wenn das Patent sehr neu ist, da sonst die Gefahr einer Nichtigkeitsklage oder einer erfolgreichen Anfechtung groß ist. Hier wird nochmals deutlich, dass die Indikatoren nicht unabhängig voneinander betrachtet werden sollten.

Klemperer (1990) bezeichnet ein Patent aus volkswirtschaftlicher Sicht im Hinblick auf Breite und Länge als optimal, wenn es dem Erfinder bei den geringsten sozialen Kosten einen Monopolprofit zusichert.[222]

Je nach Ausgestaltung der Konsumentenpräferenzen können sich durch den Patentschutz zwei Wohlfahrtsverluste ergeben: Die Konsumenten wandern entweder zu weniger präferierten, nicht patentierten Konkurrenzgütern ab, was gesamtwirtschaftlich gesehen eine falsche Entscheidung ist (Wohlfahrtsverlust der ersten Art), oder sie werden komplett aus der Produktklasse vertrieben (Wohlfahrtsverlust der zweiten Art). Breite Patente reduzieren so einerseits die Freiheit des Konsumenten, Güter zu substi-

---

220 Takalo (2001), S. 34 und Klemperer (1990), S. 127.

221 Klemperer (1990), S. 113, Lerner (1994), S. 319 und S. 330.

222 Der Monopolprofit ergibt sich aus der Patentbreite bei minimalem Wohlfahrtsverlusten, multipliziert mit der Laufzeit, die erforderlich wäre, den totalen Profit zu erzielen, siehe Klemperer (1990), S. 114.

tuieren und minimieren so den Verlust erster Art. Andererseits kann der Monopolist höhere Preise verlangen, was den Verlust zweiter Art erhöht.[223] Aus Unternehmenssicht ist ein optimales Patent bei ausreichender Neuheit, sodass die Gefahr einer erfolgreichen Anfechtung gering ist, breit und lang. Allerdings ist dies aus marktwirtschaftlicher Sicht keine zufrieden stellende Lösung, sodass durch das Patentrecht der Länge und Breite Grenzen gesetzt sind.

Zur Operationalisierung der Breite eines Patentes können zwei Indikatoren identifiziert werden. Nach § 14 des Patentgesetzes kann die Anzahl der Ansprüche als ein Indikator für die Patentbreite interpretiert werden, da in den Patentansprüchen die genauen Schutzbereiche festgelegt sind. Ebenfalls ist es möglich, die Anzahl IPC-Klassen als Patentbreite zu interpretieren. Diese werden einem Patent im Rahmen des Anmeldeverfahrens zugeordnet. Sie werden als International Patent Classification (IPC) bezeichnet. Das Patent wird einer Hauptklasse und verschiedenen Nebenklassen zugeordnet. Lerner (1994) und Austin (1993, S. 255) nutzen diese Klassifizierung, um die Breite eines Patentes zu bestimmen. In beiden Studien wird der Breite ein signifikanter Einfluss auf den Patentwert zugesagt.

Neben der technischen Breite lässt sich die Familiengröße als (geographische) Breite eines Patentes interpretieren.[224] Eine Patentfamilie umfasst alle Patente, die die gleiche Erfindung auch in unterschiedlichen Ländern schützen. Putnam (1996, S. 86ff.) betrachtet Patentanmeldungen in verschiedenen Ländern im Vergleich zur Betrachtung der Erneuerungsdaten von Patenten als Wertindikator. Der Vorteil liegt in der besseren Datenverfügbarkeit, da Erneuerungsdaten (Patentlänge) für jedes Patent recherchiert werden müssten. Da die Patentgebühren mit der Anzahl internationaler Anmeldungen steigen, können sie als Indikatoren für die Neuheit eines Patentes gesehen werden. Unternehmen werden ein Patent nur in vielen Ländern anmelden, wenn sie von einer entsprechenden Verbreitung der Technologie ausgehen oder von einem genügend hohen Gewinn, um die Kosten der Anmeldung durch das Abhalten von Wettbewerbern zu kompensieren. Ramb und Reitzig (2004) untersuchen den Einfluss der Familiengröße auf den Patentwert und finden einen signifikanten Zusammenhang. Dernis und Khan (2004) weisen ebenfalls auf die Bedeutung von Patentfamilien und insbesondere triadischen Patenten hin. Baudry und Dumont (2006, S. 328) nennen als Vorteile der Beobachtung triadischer Patente, dass keine Verzerrung durch unterschiedliche Patentwe-

---

[223] Im Extremfall unendlich weiter Patente ist keine Konkurrenz innerhalb der Produktklasse möglich, weshalb nur der Verlust zweiter Art zählt siehe Klemperer (1990), S. 115.

[224] Die Patentfamilie wird auch als Indikator für die allgemeine Patentqualität betrachtet.

sen in unterschiedlichen Ländern in der Untersuchung zum Tragen kommt. In der hier vorgenommenen Systematisierung wird die Familiengröße als Indikator für die geographische Breite einer Erfindung und eines Patentes interpretiert. Die Breite der Erfindung begründet sich über die verschiedenen Patente, die zu einer Familie gehören und die gleiche Erfindung schützen. Sie ist somit gegen den Wettbewerb gut abgesichert. Diese Systematisierung wird hier gewählt, da die in der empirischen Untersuchung in Teil 3 der Arbeit genutzte Familiengröße aus den Daten von Derwent ermittelt wird. Derwent definiert die Patentfamilie als alle nationalen und internationalen Patente, die die gleiche Erfindung schützen.[225]

Ein weiteres Indiz für die Relevanz der Patentfamilie ist die Datenbank der OECD für Patentindikatoren auf Länderebene.[226] Die OECD Indikatoren bauen auf triadischen Patenten auf. Beansprucht ein Unternehmen einen internationalen Rechtschutz, spricht dies schon für die Werthaltigkeit des Patentes. Für die Datenbank werden also die Patente ausgewählt, die den Indikator „internationale Patentfamilie" erfüllen.

III. Sonstige Wertdeterminanten

Unter der technischen Umgehungsschwierigkeit wird verstanden, wie schwierig es ist, ein Substitut zu entwickeln, welches das Patent nicht verletzt. Es wurden verschiedene Verfahren entwickelt, ein Beispiel ist das Reverse Engineering. Gallini (1992) argumentiert, dass eine legale Imitation unter Inkaufnahme von hohen Produktionskosten möglich ist. Nach Gallini (1992) wäre es möglich, ein Produkt als patentverletztend einzustufen, wenn die Fixkosten zur Imitation des patentierten Produktes sehr gering sind und so eine vorher festgelegte Grenze unterschreiten.

Im Gegensatz zu den anderen Determinanten stellt die Massierung nicht auf einzelne Patente, sondern auf Produkte ab. Der Begriff zeigt, wie viele Erfindungen an einem Produkt beteiligt sind.[227] Sind für den Schutz eines Produktes viele Patente notwendig, so kann die Innovation an Wert steigen, der Wert des einzelnen Patentes ist jedoch eher geringer. Diese Überlegung gibt Hinweise darauf, dass es notwendig ist, ein Patent im Zusammenhang mit dem gesamten Patentportfolio eines Unternehmens zu se-

---

225 Derwent User Guide (2003): „A patent family is a set of individual patents granted by various countries. Think of a patent family as all the equivalent patent applications corresponding to a single invention, covering different geographical regions. As applications are made for patents of an invention in countries around the world, Derwent links these patents together in a patent family structure. Derwent then tracks the development of the patents, indexing all updates received from the various international patent authorities."

226 OECD (2004). Rohdaten werden von dem europäischen, dem japanischen und dem US-amerikanischen Patentamt gewonnen, S. 13. Bisher sind aber nur länderweite Indikatoren veröffentlicht.

227 Reitzig (2002), S. 50. Als weitere Determinante sind Anfechtungen durch Dritte zu nennen, siehe Harhoff/Reitzig (2004), Lanjouw/Schankerman (1998).

hen. Dies soll jedoch nicht bedeuten, dass nicht auch einzelne Patente wertvoll und erfolgskritisch sein können.[228]

IV. Zitierungen als Indikatoren für die allgemeine Patentqualität

In einer Patentschrift werden auf der ersten Seite Verweise (Entgegenhaltungen, Zitierungen) auf bereits bestehende Patente oder andere wissenschaftliche Quellen (Nicht-Patentliteratur) aufgeführt. Sie beschreiben den Stand der Technik, auf dem das Patent aufbaut. Dabei werden Zitierungen nicht nur als Indikatoren für die Patentqualität verstanden, sondern sie werden auch genutzt, um Spillover-Effekte nachzuverfolgen.[229]

Entgegenhaltungen beziehen sich entweder auf bereits angemeldete Patente oder auf wissenschaftliche Artikel und bringen zum Ausdruck, dass das betrachtete Patent auf diesen Technologien oder Erkenntnissen aufbaut (vgl. Abbildung 21). Spricht man von einer Zitierung, die in der Patentschrift des betrachteten Patentes (Masterpatent, Patent „t=0") aufgeführt ist, handelt es sich um eine Rückwärtszitierung (Patent „t=-1"). Wird das betrachtete Patent von einem späteren Patent (Patent t=+1) zitiert, dann ist dies eine Vorwärtszitierung. Diese erhält das betrachtete Patent im Laufe der Zeit. Vorwärtszitierungen beziehen sich immer nur auf Patentliteratur, nicht auf wissenschaftliche Artikel (vgl. Abbildung 21).

---

228 Beispielsweise wird dies bei Patentklagen, wie zwischen Blackberry-Hersteller und NTP, deutlich. An diesem Fall ist jedoch besonders kritisch der Einfluss von „Patenttrolls" zu sehen. NTP will das Patent eigentlich nicht nutzen, sondern nur von den Gewinnen (in diesem Fall $612 Mio.) aus der Rechtstreitigkeit profitieren. Industrievertreter in Europa möchten einen Verhaltenskodex etablieren, um solche Machenschaften zu verhindern (Krempl (2006)).

229 Hall et al. (2002), S. 405. Die Bedeutung von Spillover-Effekten spielt insbesondere im volkswirtschaftlichen Sinne eine Rolle. So gibt sie Hinweise auf externe Effekte der eigenen Forschung (des Landes, der Branche) auf das Ausland oder andere Branchen. Über die Betrachtung von Zitierungen wird es möglich diese Spillover-Effekte zu lokalisieren. Zu beachten ist, dass insbesondere Grundlagenforschung zu Spillover-Effekten führt. Da diese kaum patentiert wird, kann über Zitierungen nicht das gesamte Ausmaß erkannt werden, siehe Jaffe et al. (1993). Auch werden Zitierungen durch Patentanwälte gesetzt. Es ist also möglich, dass der Erfinder des zitierenden Patentes das zitierte Patent nicht kennt, siehe Hall et al. (2002).

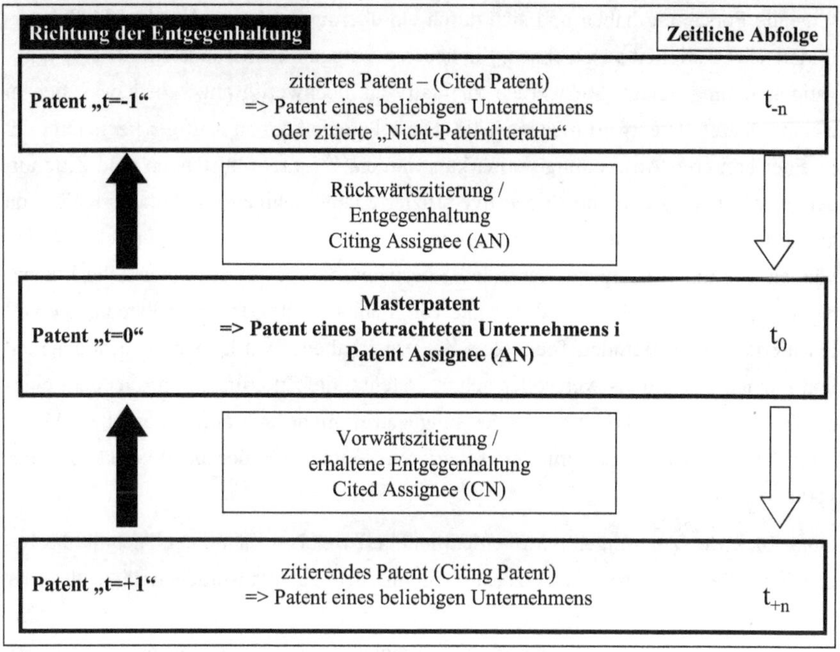

Abbildung 21: Masterpatent, Vorwärts- und Rückwärtszitierungen

Quelle: Eigene Darstellung. Notation in Anlehnung an den Derwent Innovation Index

Die Bedeutungen von Vorwärts- und Rückwärtszitierungen unterscheiden sich. Zur Patentbewertung werden meist Vorwärtszitierungen genutzt.[230] Ihre Wertrelevanz wird von etlichen Studien aufgezeigt.[231] Hall et al. (2000) bewerten Zitierungen und Patente. Eine Zitierung ist dabei $210.000 Wert und ein Patent ca. $1,6 Mio.[232] Da sie den derzeitigen Stand der Technik verdeutlichen, können gleichzeitig Rückschlüsse auf die Leistung des Patentes hinsichtlich Neuheit und Maß der erfinderischen Tätigkeit gezogen werden. Wird ein Patent zitiert, bedeutet dies, dass es durch das neue Patent nicht nichtig wird. Das zitierte Patent steht für den aktuellen Stand der Technik und dies spricht für seine Wertigkeit. Deshalb können Vorwärtszitierungen als ein Indikator für das Maß der erfinderischen Tätigkeit gedeutet werden. Trajtenberg (2002, S. 28) argumentiert, dass Patente, die häufig zitiert werden, einen nachhaltigen Einfluss auf die

---

230 Reitzig (2002), S. 113ff. gibt einen ausführlichen Literaturüberblick.

231 Bloom/van Reenen (2002), Deng et al. (1999), Hall et al. (2005), Lanjouw /Schankerman (2004), Ramb/ Reitzig (2005b), Richardson/Hirschey (2001, 2004).

232 Mit Zitierungen gewichtete Patentstöcke haben einen deutlich höheren Erklärungsgehalt als reine Patentzahlen, siehe zum Beispiel Bloom/van Reenen (2002) oder Hall et al. (2005).

folgende Forschung haben und sich durch ein überdurchschnittlich hohes Maß an erfinderischer Tätigkeit auszeichnen. Sie haben sozusagen den Grundstein für eine Innovationsrichtung gelegt. Sie werden qualitativ als hochwertig angesehen, was sich in einem höheren Patentwert niederschlägt. Diese Patente können häufiger lizenziert oder in einer breiteren Anwendung vermarktet werden.[233] Unter Umständen sind Zitierungen aber nur für große und / oder diversifizierte Unternehmen von höherem Wert, da kleine Unternehmen die Forschungsgrundlage nicht für verschiedene Projekte nutzen können und nicht genügend Kapazitäten besitzen, den Markt auf potenzielle Lizenznehmer hin zu beobachten. In der Studie von Maurseth (2005) werden Patente, die viele Zitierungen aus fremden Technologiefeldern erhalten, zwar länger aufrecht gehalten und können deshalb als wertvoller gelten. Patente, die Zitierungen nur aus dem eigenen Technologiefeld erhalten, werden hingegen weniger lang aufrechterhalten. Maurseth (2005) begründet dies mit dem schärferen Wettbewerb, der das Produkt schneller veralten lässt.

Über Rückwärtszitierungen wird verdeutlicht, auf welchem Stand der Technik das beobachtete Patent aufbaut, und zusammen mit den Patentansprüchen lässt sich der Schutzbereich des Patentes bestimmen.[234] Dabei kann geschlussfolgert werden, dass wenn Patente viele Patente zitieren, sie auf einem breiten Forschungsgebiet aufbauen und deshalb das Risiko eines Fehlschlages geringer ist. Es ist wahrscheinlich, dass es sich um einen etablierten und häufig nachgefragten Produktbereich handelt. Gleichsam kann argumentiert werden, dass in dem Forschungsbereich die Konkurrenz hoch ist und deshalb die Erfolgswahrscheinlichkeit des betrachteten Patentes gering sein könnte.

Rückwärtszitierungen können als Indikatoren für die technische und innovative Bedeutung eines Patentes interpretiert werden und bieten demzufolge Informationen über den Wert eines Patentes. Sie liefern selber einen Wertbeitrag zu dem Patentwert.[235]

---

233 Atallah/Rodríguez (2003), S. 1, Hall et al. (2005), Reitzig (2002), S. 107. Neben Zitierungen von Patenten anderer ist auch eine Selbstzitierung möglich. Treten diese vermehrt auf, kann es auf eine tiefe Forschung hindeuten und wenig Spillover-Effekte in dem Forschungsbereich. Nach Hall et al. (2005) sind „[…] presumably citations to patents that belong to the same assignee represent transfers of knowledge (are) mostly internalized, whereas citations to patents of „others" are closer to the pure notion of diffused spillovers." Je nach Berechnungsmethode schwankt die Anzahl der Selbstzitierungen zwischen 11-13%, die Werte sind jedoch je nach Branche sehr unterschiedlich.

234 Hall et al. (2005), Reitzig (2002), S. 107, Brusoni et al. (2003), S. 7

235 Atallah/Rodríguez (2002), S. 1; Hall et al. (2005), Jaffe et al. (2002), Reitzig (2002), S. 113ff., Sampat/Ziedonis (2002), S. 1, zu der Bewertung aufgrund von Zitierungen Harhoff et al. (1997 und 1999), Sampat/Ziedonis (2002), S. 4 schlussfolgern, dass der durch Patentzitierungen beschriebene Wissenstransfer und die Anzahl der Zitierungen den „social value" eines Patentes beeinflussen, die Anzahl der Zitierungen aber auch Aufschluss über den „private value" eines Patentes gibt.

Bei der Betrachtung von Vorwärtszitierungen sind verschiedene Besonderheiten und Probleme zu beachten. Hall et al. (2001) entwickeln Korrekturmodelle. Diese werden zum einen gebraucht, um zu korrigieren, dass ältere Patente öfter zitiert werden können als junge Patente. Zum anderen, um zu korrigieren, dass sich die Zitierneigung im Zeitablauf ändert. Ältere Patente sind schon länger am Markt und können per se öfter zitiert worden sein, sodass unter Umständen zwei gleich wertvolle Patente nur wegen ihres Altersunterschiedes unterschiedlich oft zitiert werden (Truncation). Weiter beobachten Hall et al. (2001), dass sich die Zitierneigung im Zeitablauf ändert und dass sie in verschiedenen Branchen unterschiedlich hoch ist. Eine weitere Korrekturnotwendigkeit bestünde bei einem internationalen Vergleich, da Harhoff et al. (1997) zeigen, dass beispielsweise US-amerikanische Patente um ein vielfaches mehr zitiert werden als deutsche Patente.

Hall et al. (2001) schlagen zwei getrennte Korrekturverfahren vor. In dem „Fixed effect Approach“ wird die Anzahl der Zitierungen eines Patentes durch die durchschnittliche Anzahl der Zitierungen einer Vergleichspatentgruppe in dem beobachteten Jahr dividiert.[236] Dadurch wird das Truncation Problem behoben, aber nicht die Zitierneigung im Zeitablauf. Hierfür entwickeln sie einen quasi-strukturellen Ansatz. Die Anzahl aller Zitierungen in einem Technologiebereich in einem Jahr wird durch die Anzahl Patente in dem gleichen Technologiebereich geteilt. Dieser Quotient wird als Funktion der Variablen Anmeldejahr, Zitierungsjahr und Lag[237] zwischen Anmelde- und Zitierungsjahr geschätzt. So erhielt ein Patent 1975 im Durchschnitt fünf Zitierungen, in den 90er-Jahren bereits ca. zehn. Dabei wird ersichtlich, dass die Zitierneigung im Jahr 1995 am höchsten ist und dann wieder abnimmt. Eine Korrektur um einen linearen oder konstanten Faktor ist daher nicht ausreichend (Hall et al. (2001), S. 28ff.). Wie bereits erwähnt, hat neben dem Alter und dem Jahr der Anmeldung die Branche einen Einfluss auf die Zitierhäufigkeit. Patente der Bereiche Elektronik, Chemie und Mechanik zitieren mehr, werden aber weniger oft von anderen Branchen zitiert, während die Bereiche Computer und Kommunikation sowie Pharma und Medizin weitaus öfter zitiert werden. Bei einer reinen Betrachtung von Zitierungen als Indikatoren sollte der Indikator weiter spezifiziert werden.

---

[236] Ernst (1998) nutzt in seinem Index of Patent Quality (IPQ) ebenfalls den Vergleich zwischen der Zitierhäufigkeit im Unternehmen relativ zu der der gesamten Untersuchungsgruppe, S. 7.

[237] Die „Citation Lags“ können auf zwei Arten Einfluss auf das Ergebnis haben. Rückwärtige „Citation Lags“ beziehen sich auf den Zeitraum zwischen der Anmeldung des zitierenden Patentes und der (älteren) zitierten Patente. Diese Lücke ist aufgrund der Referenzen des (jüngeren) zitierenden Patentes zu schließen. „Citation Lags“, die in die Zukunft gewandt sind, ergeben sich aufgrund des Zeitraums zwischen einem zitierten Patent und den zukünftigen Zitierungen folgender Patente. Diese Lücke kann nicht geschlossen werden.

V. Zusammengesetzte Indikatoren

Weitere Vorteile könnten kombinierte Indikatoren bieten. So nutzen Lanjouw und Schankermann (2004) für die Patentbewertung mehrere Indikatoren simultan. Die betrachteten Indikatoren sind die Anzahl der Ansprüche, der Vorwärtszitierungen, der Rückwärtszitierungen je Patent und die Familiengröße. Sie finden Hinweise darauf, dass insbesondere in der pharmazeutischen Branche der Indikator Vorwärtszitierungen einen hohen Einfluss auf die Patentqualität hat. Dabei führt die Bildung eines Index zu einer Reduzierung der Varianz in der Bewertung auf ein Viertel des Wertes, im Vergleich zur Bewertung anhand nur eines Indikators.

Viele zusammengesetzte Indikatoren bauen auf Zitierungen, Rückwärts- wie Vorwärtszitierungen, auf. Tabelle 3 gibt einen Überblick über verschiedene Maße, die unterschiedliche Charakteristika von Patenten beschreiben. Die Arbeiten von Trajtenberg (1990) und Trajtenberg et al. (1997), die hier nach einem Wiederabdruck in Jaffe und Trajtenberg (2002) zitiert werden, dienen dabei als grundlegende Arbeiten. Die Aufteilung der Tabelle ist wie folgt: In den Spalten wird nach der Richtung der Zitierungen differenziert – handelt es sich um rückwärts gerichtete Maße, beziehen sie sich hauptsächlich auf Rückwärtszitierungen (RZ), handelt es sich um vorwärts gerichtete Maße, beziehen sie sich hauptsächlich auf Vorwärtszitierungen (VZ). Neben diesen beiden Indikatoren spielt in vielen Maßen die Verteilung über die Patentklassen eine Rolle. Sie können mit den ersten drei Stellen des IPC-Schemas verglichen werden. Demzufolge werden die Maßzahlen in der Tabelle in drei Spalten aufgeführt, in der ersten (1) finden sich die Maße, die auf Rückwärtszitierungen oder einer Kombination aus Rückwärtszitierungen und Patentklassen bestehen, in der zweiten (2) der analoge Sachverhalt für Vorwärtszitierungen und in der Spalte (3) für weitere Indikatorenkombinationen. Die Zeilen beschreiben von (a) bis (g) Maßzahlen einzelner Patente. In Zeile (h) wird eine Möglichkeit zur Aggregation von Maßzahlen am Beispiel der Vorwärtszitierungen zu dem Wissensstock, dem akkumulierten Wissen, aufgezeigt.

Die ersten 5 Zeilen von Tabelle 3 beschreiben Maßzahlen für die allgemeine Relevanz eines Patentes. Trajtenberg (1990) nutzt im Rahmen dieser Maße die Vorwärtszitierungen, um den sozialen Nutzen einzelner Patentgruppen zu bestimmen. Hierfür werden die Anzahl betrachteter Patente und die jeweiligen erhaltenen Zitierungen aufsummiert (aa). Die Korrelation zwischen sozialem Nutzen und mit Vorwärtszitierungen gewichteten Patenten steigt allerdings, wenn ein nichtlinearer Zusammenhang angenommen wird, das heißt die Vorwärtszitierungen werden nicht einfach gezählt, sondern mit einem Exponenten alpha gewichtet (ab). Für große Unternehmen kann der soziale Wert der Patente auch den privaten Wert erhöhen. Dies ist der Fall, wenn die Patente vielfältig im eigenen Unternehmen eingesetzt werden können. Es können dann „Spillover-Effekte" im eigenen Haus genutzt werden. Für kleinere Unternehmen könnte die Wertrelevanz eher geringer oder sogar negativ sein, da es für sie nicht möglich ist, das gesamte Wertpotenzial des Patentes auszuschöpfen.

Trajtenberg et al. (1997) erweitern und ändern das lineare Maß leicht ab (ac und ad). Zum einen werden nur noch die Zitierungen eines einzelnen Patentes, nicht mehr die einer Patentgruppe betrachtet. Zum anderen wird die Relevanz der Patente mit betrachtet, die das betrachtete Patent zitieren. Unabhängig davon, ob die Relevanz über die Anzahl der Rückwärts (ac)- oder der Vorwärtszitierungen (ad) gemessen wird, bestimmt die Anzahl der Vorwärtszitierungen der zweiten Generation die Relevanz der betrachteten Patente. Unter zweiter Generation wird hier verstanden, wie viele Vorwärtszitierungen das zitierte (Rückwärtszitierungen) beziehungsweise das zitierende (Vorwärtszitierungen) erhält. Die Anzahl der Vorwärtszitierungen, die das (ac) zitierte oder (ad) zitierende Patent erhält, wird nicht voll in die Maßzahl eingerechnet. Trajtenberg et al. (1997) schlagen ein λ=0,5 (siehe Tabelle) vor, sodass der Wert der Patente der zweiten Generation (ac =>Vorgänger, ad => Nachfolger) nur zur Hälfte eingerechnet wird. Das Maß von Attalah und Rodriguez (2003) erweitert die Generationenbetrachtung im Rahmen der Vorwärtszitierungen. Erhält das Patent eine Vorwärtszitierung, betrachten sie die Qualität des zitierenden Patentes wiederum über die Anzahl an Vorwärtszitierungen, die das zitierende Patent erhalten hat. Sie errichten eine Zitationskette der indirekt zitierenden Patente bis zu 29 Generationen. Die Umsetzung eines solchen Gewichtungsfaktors ist wegen der Datenlage aber kaum für eine große Stichprobe geeignet.

Der Citation Index (CI)[238] (af) bezieht sich im Gegensatz zu den bisher vorgestellten Indikatoren nicht auf die Qualität eines einzelnen Patentes, sondern auf die durchschnittliche Qualität der Patente eines Unternehmens. Der Citation Index berechnet sich als Quotient aus der durchschnittlichen Anzahl an Vorwärtszitierungen der Patente eines Unternehmens und der durchschnittlichen Anzahl an Vorwärtszitierungen, die Patente der gleichen Patentklasse erhalten. Um eine zeitliche Veränderung in dem CI beobachten zu können, wird er jährlich berechnet. In die Berechnung fließen die Vor-

---

[238] Zu IPIQ siehe eine Fußnote weiter oben. Hirschey/Richardson (2004) untersuchen, inwieweit diese Patentqualitätszahlen einen Einfluss auf den Aktienkurs von Unternehmen haben. Die Informationen über die Kennzahlen gibt es unter www.chiresearch.com. In einer anderen Untersuchung nutzen Hirschey/Richardson (2001) ähnliche Indikatoren des gleichen Anbieters. Allerdings gibt es in den Erläuterungen kleinere Differenzen.

wärtszitierungen eines Jahres ein. Es werden jeweils die Patente eines Unternehmens einbezogen, deren Anmeldung nicht länger als fünf Jahre zurückliegt. Die Wahl des Fünfjahreszeitraumes sollte insbesondere für schnelllebige Technologien ausreichend sein. Die Auswahl wird aber nicht näher erläutert.

Die wiederum von Trajtenberg et al. (1997) eingeführten Maße der Generalität (b) und Originalität (cb) sollen einen tieferen Einblick in die technische Breite bieten, die das Patent abdeckt. Sie bauen beide auf einem Konzentrationsmaß, dem Herfindahlindex, auf und sollen abbilden, inwieweit das Patent als Grundlage für verschiedene Technologien (b) dient, beziehungsweise aus wie vielen unterschiedlichen Technologien das Patent sein Wissen bezieht (cb). Die Werte können zwischen 0 und kleiner 1 liegen. Eine Generalität von 0 würde bedeuten, dass das Patent nur von Patenten einer Patentklasse, gemessen über die ersten drei Stellen des IPC-Codes, zitiert wird, eine Originalität von 0 würde bedeuten, dass das Patent auf dem technischen Wissen nur einer einzelnen Patentklasse aufbaut.

Orlando (2005) (ca) baut sein Maß für die Originalität eines Patentes auf der relativ einfachen Überlegung auf, dass ein Patent, welches viele Vorwärtszitierungen erhält, originell ist. Seines Erachtens scheint die Anzahl der Vorwärtszitierungen von der Anzahl der Rückwärtszitierungen beeinflusst zu werden. Er schlägt vor, die Anzahl der Vorwärtszitierungen zur Gesamtanzahl der Zitierungen ins Verhältnis zu setzen, um einen exakteren Wert für die Originalität eines Patentes zu erlangen. Er begründet dieses Vorgehen aber nicht näher. In dem empirischen Teil der vorliegenden Arbeit liegt der Korrelationskoeffizient zwischen Vorwärtszitierungen und Rückwärtszitierungen bei 0,64, was für einen mäßigen Zusammenhang zwischen den Zitierungsmaßen spricht.

Tabelle 3: Ausgesuchte zusammengesetzte Patentindikatoren

Ausprägungen	**(1) Rückwärtszitierung/ Patentklasse**	**(2) Vorwärtszitierung/ Patentklasse**	**(3) Kombinationen/ Weitere**
(a) Relevanz			
(aa) Linear Trajtenberg (1990)	$\sum_{i=1}^{NRZ}(1+RZ_i)$	$\sum_{i=1}^{NVZ}(1+VZ_i)$	
(ab) Nichtlinear Trajtenberg (1990)		$NVZ\sum_{i=1}^{NVZ}(VZ_i^{\alpha})$	
(ac) 2. Generation THJ[239] (1997)	$NRZ+\lambda\sum_{j=1}^{NVZ_i} NVZ_{i+1,j}$		
(ad) 2. Generation THJ (1997)		$NVZ+\lambda\sum_{j=1}^{NVZ_i} NVZ_{i+1,j}$	
(ae) Indirekte Zitierungen Attlah/ Rodriguez (2002)		$\sum_{j=0}^{M}\left(1-\frac{j}{M+1}\right)VZ_{i,j}$	
(af) Citation Index (CI)*	$\frac{1}{N_U}\sum_{i=1}^{N_U}\sum_{t=1}^{5} VZ_{U,i_{t-5}} \div \frac{NVZ_{P,t}}{N_{P,t}}$		
(b) Generalität THJ (1997)		$1-\sum_{i=1}^{NP}\left(\frac{VZ_{i,p}}{VZ_i}\right)^2$	
(c) Originalität			
(ca) Orlando/Verba (2005)			$\frac{NVZ_i}{NVZ_i+NRZ_i}$
(cb) THJ (1997)	$1-\sum_{i=1}^{NP}\left(\frac{RZ_{i,p}}{RZ_i}\right)^2$		
(d) Abstand			
(da) Technisch THJ (1997)	$\sum_{j=1}^{NRZ}\frac{Tech_j}{RZ_i}$	$\sum_{j=1}^{NVZ}\frac{Tech_j}{VZ_i}$	
(db) Zeitlich THJ (1997)	$\sum_{j=1}^{NRZ}\frac{Lag_j}{RZ_i}$	$\sum_{j=1}^{NVZ}\frac{Lag_j}{VZ_i}$	
(dc) Technology Cycle Time (TCT)*	$Lag_{0,5\,j,i}$ $mit\ j=1,\dots,NRZ$ $TCT_U=\sum_{i=1}^{N}TCT_i$		

239 THJ – Trajtenberg / Henderson / Jaffe.

(e) Wissenschaftliche Grundlage			
(ea) THJ (1997)	$\frac{NWZ_i}{NRZ_i + NWZ_i}$		
(eb) Science Linkage Index*	$\frac{1}{N_U}\sum_{i=1}^{N} NWZ_i$		
(f) Privater Nutzen			
(fa) THJ (1997)	$NSZ_i(RZ)$	$NSZ_i(VZ)$	
(fb)	$\frac{NSZ_i(RZ)}{NSZ_i + NRZ_i}$	$\frac{NSZ_i(VZ)}{NSZ_i + NVZ_i}$	
(g) Breite — Austin (1993) Lerner (1994)			NP_i (Δ 4Stellen)
(h) Wissensstock — Hall et al. (2001)		$K^{VZ}(t) = (1-\delta)K^{VZ}(t-1) + VZ(t)$	

* Indikator von Intellectual Property Intellectual Quotient (IPIQ)[240]

i = bezogen auf Patent i
RZ = Rückwärtszitierungen
VZ = Vorwärtszitierungen
SZ = Selbstzitierungen
WZ = Wissenschaftszitierungen
P = Patentklasse (IPC)
U = bezogen auf ein Unternehmen
N = gesamte Anzahl (bspw. NRZ = Rückwärtszitierungen, die ein Patent erhält, N_U Patente eines Unternehmens)
M = Anzahl indirekter Zitierung
t = Betrachtungszeitpunkt
δ = Abschreibungsrate
Tech = Übereinstimmung der Patentklassen in den ersten drei Stellen=> 1: keine Übereinstimmung, 0,66: 1. Stelle stimmt überein, 0,33: 1. und 2. Stelle stimmen überein, 0: alle drei Stellen stimmen überein.
Lag = Anzahl Jahre zwischen Auftreten der Zitierung und Anmeldung Originalpatent
Generalität: wie konzentriert ist die folgende Forschung auf ein Forschungsgebiet (0=ein Forschungsgebiet => maximale Konzentration)
Originalität: Aus wie vielen Forschungsrichtungen besteht die Forschung (0=ein Forschungsgebiet =>minimale Originalität)
Technischer Abstand: Wie weit entfernt ist die (folgende VZ, eigene RZ) Forschung vom Ursprungsgebiet
Zeitlicher Abstand: Wie lang gibt es die Forschungsrichtung (RZ), wie lange ist mit wenig Fortschritt auf dem Gebiet zu rechnen (VZ)

---

[240] IPIQ geht aus dem CHI-Research / Techline hervor. Die Indikatoren werden in verschiedenen wissenschaftlichen Studien genutzt, (bspw. Deng et al. (1999), Hirschey/Richardson (2002), Hirschey/Richardson (2004)). Auf www.chiresearch.com 28.10.2004 wird der Indikator Science Linkage Index Stand als CII – Current Impact Index bezeichnet. Weitere Indikatoren sind TS – Technology Strength sowie SL und SS – Sience Linkage bzw. Sience Strength.

Der in (d) aufgeführte Abstand auf technischer (da) und zeitlicher (db) Dimension wird von Trajtenberg et al. (1997) auf Rückwärtszitierungen und Vorwärtszitierungen angewandt. Der technische Abstand ist die durchschnittliche Übereinstimmung der ersten drei Stellen der Patentklassen der Rückwärtszitierungen mit den ersten drei Stellen der Patentklassen des betrachteten Patentes. Unterscheiden sich die Patentklassen in den drei ersten Stellen, nimmt die Größe Tech den Wert eins an, bei einer Differenz auf der zweiten und dritten Stelle den Wert 0,66. Sind die ersten beiden Stellen gleich, die dritte aber unterschiedlich, nimmt sie einen Wert von 0,33 an. Gleichen sich alle drei Stellen ist der Abstand gleich null. Das Vorgehen ist für die Vorwärtszitierungen analog. Die Abgrenzung des technischen Abstandes (da) von der Generalität (b) und der Originalität (cb) ist dabei unabdingbar. Sie liegt darin, dass nicht die Konzentration der Patentklassen untersucht wird, mit der sich die Zitierungen über unterschiedliche Patentklassen verteilen, sondern ob die Zitierungen in anderen Klassen anfallen. Der technische Abstand ist ein Maß dafür, ob das Patent auf anderen Technologiefeldern aufbaut, aber nicht, auf wie vielen unterschiedlichen Technologiefeldern es aufbaut.

Der zeitliche Abstand ist das durchschnittliche Alter der zitierten Patente. Im Fall von Rückwärtszitierungen bringt er zum Ausdruck, wie alt der Stand des technischen Wissens ist, auf dem das betrachtete Patent aufbaut. Im Fall der Vorwärtszitierungen sagt er aus, wie lange die Forschung im Schnitt benötigt hat, um das Wissen weiter zu entwickeln. Das in (dc) aufgeführte Maß des Technology-Cycle-Time (TCT) bezieht sich wie der Citation Index (af) auf das gesamte Unternehmen. Die TCT für das Unternehmen ist hierbei die Summe der TCT der Patente eines Unternehmens. Die TCT eines Patentes steht für den Median des Alters der zitierten Patente in Jahren.[241] Über die TCT wird also verdeutlicht, wie alt die Technik, in Gesamtjahren, ist auf die sich die Innovationen des Unternehmens beziehen.

Die Bedeutung der wissenschaftlichen Forschung für das betrachtete Patent (e), kann nur im Sinne von Rückwärtszitierungen betrachtet werden. Im Allgemeinen wird davon ausgegangen, dass Patente, die auf wissenschaftlichen Erkenntnissen aufbauen, von hoher Qualität sind. Da sie auf wissenschaftlicher Grundlagenforschung aufbauen, stehen sie am Anfang einer Technologie.

---

241 Diese Beschreibung stammt von Hirschey/Richardson (2004), da es nicht möglich war über den Anbieter IPIQ exakte Angaben über die Indikatorbestimmung zu erlangen. Zitiert ein in 2000 angemeldetes Patent bspw. 3 Patente, eins aus dem Jahr 1998, eins aus 1997 und eines von 1996, so wäre der TCT = 3, siehe Hirschey (2004) und www.chiresearch.com.

Um die Stärke des wissenschaftlichen Einflusses auf das Patent zu bestimmen, setzen Trajtenberg et al. (1997) die Anzahl der wissenschaftlichen Rückwärtszitierungen zu der Gesamtanzahl der Rückwärtszitierungen ins Verhältnis (ea). Als Science Linkage Indikator (eb) für die Bedeutung der Nicht-Patent-Literatur für die Patente eines Unternehmens, nutzt IPIQ die durchschnittliche Anzahl der Zitierungen zur Nicht-Patent-Literatur der Patente eines Unternehmens.

Der in Zeile (f) aufgeführte private Nutzen kann als erste Kennzahl ausschließlich dem privaten Wert, den ein Patent besitzt, zugesprochen werden. Trajtenberg et al. (1997) nutzen die Summe der Selbstzitierungen, zum einen bezogen auf Rückwärtszitierungen, zum anderen auf Vorwärtszitierungen. Das Maß sollte jedoch eine höhere Erklärungskraft für den privaten Nutzen bieten, wenn es zu den gesamten Rückwärts- und Vorwärtszitierungen ins Verhältnis gesetzt wird (fb). Somit würde deutlicher werden, ob die Technik auch für die Wettbewerber relevant ist. Wäre dies nicht der Fall, könnten die Selbstzitierungen, wenn es sich nicht um ein Patent einer außergewöhnlichen technischen Nische handelt, auch als eine Art Marketinginstrument eingesetzt worden sein. Hall et al. (2005) beobachten eine hohe Wertrelevanz der Selbstzitierungen für den Eigenkapitalwert der Unternehmen, wobei der Einfluss mit der Unternehmensgröße abnimmt, da Patente großer Unternehmen sich grundsätzlich häufiger selber zitieren.

Die in Zeile (g) aufgeführte Breite baut zwar nicht auf Zitierungen auf, soll aber wegen ihrer Vergleichbarkeit mit der Generalität (b) und Originalität (cb) aufgeführt werden. Austin (1993) und Lerner (1994) beobachten, dass sich die Breite über die Anzahl unterschiedlicher IPC-Klassen, positiv auf den privaten Wert eines Unternehmens auswirkt. Hier spielt nicht der vielfältige Einsatz der zitierenden Patente oder der zitierten Patente eine bewertungsrelevante Rolle, sondern vielmehr die Vielschichtigkeit des Patentes an sich.

In der letzten Zeile zeigt die Tabelle in Zeile (h) die von Hall et al. (2001) vorgeschlagene Vorgehensweise zur Aggregation des mit Vorwärtszitierungen gewichteten Patentstocks. Der Betrachtungszeitpunkt ist hierbei t. Die in den Jahren vor und nach t auftretenden Zitierungen werden mit 15 Prozent auf t diskontiert, sodass immer der Gesamtwert zum Zeitpunkt t betrachtet wird. In der Größe $K^{VZ}(t\text{-}1)$ sind die bereits getätigten Vorwärtszitierungen enthalten, in der Größe $VZ(t)$ die heutigen und diskontierten zukünftigen Zitierungen. Hall et al. (2001) finden einen signifikant positiven Einfluss des so berechneten Patentstockes auf den Marktwert der betrachteten Unternehmen.

D. Auswahl eines Indikatorensets

Abschließend sollen Indikatoren ausgewählt werden, die in der empirischen Untersuchung dieser Arbeit als Innovationsindikatoren genutzt werden können. Die Auswahl richtet sich nach der Verfügbarkeit und der Stärke des Zusammenhangs zwischen Indikator und Patent- oder Unternehmenswert, der bereits nachgewiesen werden konnte.

Da eine Kapitalmarktstudie durchgeführt wird, die darauf aufbaut, dass die zu untersuchende Information in den Preis der Wertpapiere einfließen kann, sind die in dieser Arbeit an einen Indikator gestellten Anforderungen, die folgenden:

- Einfach zu beobachten und für Kapitalmarktteilnehmer zugänglich,
- zuverlässig und korrekte Zuordnung zur Innovationstätigkeit,
- frühzeitig zu beobachten.

Die grundsätzliche Entscheidung ist zwischen F&E-Daten und Patentdaten zu treffen. Beiden wird ein positiver Einfluss auf den Marktwert des Unternehmens zugesprochen (vgl. Teil 2 Kapitel I). Das Ziel der Arbeit ist, die Wertrelevanz von Innovationen für den Unternehmenswert deutscher Unternehmen zu überprüfen. Deshalb bieten sich F&E-Ausgaben nur begrenzt an, da sie nach HGB nicht ausgewiesen werden müssen. Sie werden deshalb in der empirischen Untersuchung nur oberflächlich untersucht. Die Verfügbarkeit von Patentdaten ist besser. Da die Patente nicht nur quantitativ, sondern auch qualitativ in die Untersuchung einfließen sollen, wird ihre Werthaltigkeit über ausgesuchte Indikatoren gemessen. Hier sind wegen ihrer Verfügbarkeit gerade die Informationen interessant, die in Form bibliographischer Indikatoren direkt aus der Anmeldeschrift und Patentschrift abgelesen werden können. Die in der Studie genutzten Indikatoren werden im Folgenden, unterteilt nach F&E-Daten und Patentdaten kurz vorgestellt:

Aus den Jahresabschlüssen stehen, falls publiziert, folgende Daten zur Verfügung:

- F&E-Ausgaben,
- aktiviertes immaterielles Vermögen.

Aus der Patentdatenbank Derwent-Innovation-Index stehen folgende Informationen, die die an einen Indikator gestellten Anforderungen erfüllen, zur Verfügung:

- Anzahl Patente eines Unternehmens,
- Anzahl IPC-Klassen eines Patentes,
- Familiengröße,
- Vorwärtszitierungen,
- Rückwärtszitierungen,
- Zitierungen wissenschaftlicher Literatur.

Koller und Hentschel (2005) zeigen explizit für die Patente deutscher Unternehmen, dass diese Indikatoren bewertungsrelevanten Einfluss auf den Patentwert besitzen. Sie approximieren den Patentwert über die Patentlänge ausgelaufener Patente und finden signifikante Korrelationskoeffizienten für die Indikatoren Anzahl der IPC-Klassen, der Anzahl Zitierungen, der Familiengröße und der rechtlichen Schritte. Bis auf den letzten Indikator erfüllen alle die Anforderung, dass sie einfach zu beobachten sind. Sie werden deshalb in die empirische Untersuchung zur Qualifizierung der Patentanzahl einbezogen.

Im Folgenden wird dargestellt, wie die bibliographischen Daten aus einer Offenlegungsschrift oder einer Patentschrift abgelesen werden können. Vereinfacht erfolgt die Erhebung der Indikatoren über Patentdatenbanken, die Daten in maschinenlesbarer Form bereitstellen.

Abbildung 22 zeigt die obere Hälfte der ersten Seite einer Patentschrift. Sie verdeutlicht, wie bibliographische Indikatoren veröffentlicht werden. Vereinfacht wird die Erhebung der Daten durch Datenbanken, welche die bibliographischen Daten der im Pdf-Format vorliegenden Patentschriften für eine Textdatei oder ein Tabellenkalkulationsprogramm aufarbeiten. Die für diese Arbeit genutzte Datenbank, von Thomson Financial (Derwent), wird in Teil 2 näher vorgestellt. Auf der oben dargestellten Patentschrift sind der Anmeldetag (22), der Offenlegungstag (43) der Veröffentlichungstag (45), die Anzahl der IPC-Klassen (51) sowie die Anzahl der Rückwärtszitierungen (56) zu erkennen. Der Schriftartencode lautet DE 198 55 021 C1. Die ersten beiden Buchstaben verdeutlichen, dass es sich um eine Anmeldung beim DPMA für ein deutsches Patent handelt. C1 bringt zum Ausdruck, dass die erste Veröffentlichung der Patentschrift, am 25.05.2000 nach der Anmeldung am 20.11.1998, gleich eine Patenterteilung war. Wäre der Patenterteilung eine Offenlegung vorangegangen, wäre diese mit A1 gekennzeichnet und der Offenlegungstag (42) wäre mit einem Datum versehen. Der Buchstabe (A oder C) steht also für den Stand des Verfahrens, die Zahl für die Anzahl der Gesamtveröffentlichungen zu einer Patentschrift. Dieser Code unterscheidet sich in Abhängigkeit von Land und teilweise auch Zeit. Exemplarisch sind in Anhang II die Schriftartencodes des DPMA aufgelistet.

(19) BUNDESREPUBLIK DEUTSCHLAND

DEUTSCHES PATENT- UND MARKENAMT

(12) **Patentschrift**

(10) **DE 198 55 021 C 1**

(51) Int. Cl.[7]:
C 23 C 16/44
C 03 C 17/22
C 03 C 17/09
C 23 C 16/30
C 03 C 17/00

(21) Aktenzeichen: 198 55 021.9-45
(22) Anmeldetag: 20. 11. 1998
(43) Offenlegungstag: -
(45) Veröffentlichungstag der Patenterteilung: 25. 5. 2000

DE 198 55 021 C 1

Innerhalb von 3 Monaten nach Veröffentlichung der Erteilung kann Einspruch erhoben werden

(73) Patentinhaber:
Hahn-Meitner-Institut Berlin GmbH, 14109 Berlin, DE; Aixtron AG, 52072 Aachen, DE

(74) Vertreter:
Rudolph, M., Pat.-Ass., 10117 Berlin

(72) Erfinder:
Jäger-Waldau, Arnulf A., Dipl.-Phys. Dr., 10585 Berlin, DE; Lux-Steiner, Martha Christina, Prof., Dipl.-Phys. Dr., 14163 Berlin, DE; Jürgensen, Holger, Dr., 52072 Aachen, DE

(56) Für die Beurteilung der Patentfähigkeit in Betracht gezogene Druckschriften:
GB 15 57 605
US 36 17 381
Ber.Hahn-Meitner-Inst. (1998), HMI-B 555, 45-47,

Abbildung 22 : Erste Seite einer Patentschrift

Quelle: DPMA – Datenbank Depatisnet

Neben dem Schriftartencode stehen in der oberen rechten Ecke die IPC-Klassen, deren technischem Bereich das Patent zugeordnet ist. Abbildung 23 schlüsselt die IPC-Klassen für das hier beobachtete Patent exemplarisch für die fett gedruckte Haupt-IPC-Klasse auf. Eine ausführlichere Übersicht befindet sich auf den Internetseiten des Deutschen Patent- und Markenamtes.[242]

[242] http://depatisnet.dpma.de/ipc/ipc.do.

C 23 C 16/44	
– C –	**Chemie und Hüttenwesen**
– 2 –	**Hüttenwesen**
– 3 –	**Beschichtung metallischer Werkstoffe**
– C –	Festlegung verschiedener Beschichtungsarten
– 16 –	genaue Spezifikation der Art und Weise (durch zersetzen gasförmiger Verbindungen)
– 44 –	gekennzeichnet durch den Beschichtungsvorgang

Weitere Ausprägungen in der Klasse Chemie und Hüttenwesen:
- C 21 Eisenhüttenwesen
- C 22 Metallhüttenwesen (Legierungen)
- C 25 elektrolytische Verfahren
- C 30 Züchten von Kristallen

Abbildung 23 : Exemplarische Ausführung der Bedeutung der IPC-Klassen
Quelle: DPMA – Datenbank Depatisnet

Eine vollständige Liste der IPC-Hauptklassen (Sektionen) zeigt die folgende Auflistung:

- Sektion A — Täglicher Lebensbedarf (Lebensmittel, Haushaltsgeräte, Gesundheitswesen / Vergnügen)
- Sektion B — Arbeitsverfahren; Transportieren
- Sektion C — Chemie; Hüttenwesen
- Sektion D — Textilien; Papier
- Sektion E — Bauwesen; Erdbohren; Bergbau
- Sektion F — Maschinenbau; Beleuchtung; Heizung; Waffen; Sprengen
- Sektion G — Physik
- Sektion H — Elektrotechnik

Dabei unterteilt sich jede Sektion, wie am obigen Beispiel demonstriert wurde, in mehrere Unterklassen. Die Rückwärtszitierungen sind ebenfalls aus der Patentschrift ersichtlich. Sie stehen in Abbildung 23 in der unteren rechten Ecke (56) – „Für die Beurteilung der Patentfähigkeit in Betracht gezogene Druckschriften". Die Familiengröße und die Vorwärtszitierungen können nicht aus der Patentschrift abgelesen werden, hierzu sind Patentdatenbanken notwendig.

Neben der Auswahl des Indikators für die Innovationstätigkeit des Unternehmens ist es wichtig, eine geeignete Methode für die Bewertung eines Unternehmens zu finden. Grob lassen sich diese in Möglichkeiten der Produktivitätsmessung und die Bestimmung über den Marktwert des Unternehmens unterteilen. Bei der Betrachtung von Marktwerten sind Event-Studien, Asset-Pricing-Modelle, Tobin's q-Modelle sowie Portfoliobetrachtungen möglich. Die verschiedenen Methoden zur Beurteilung der Werthaltigkeit von Patenten werden in dem Kapitel zur Methodik der empirischen Untersuchung in Teil 2 dargestellt.

Teil 2: Eigene empirische Untersuchung

Abbildung 24 gibt einen Überblick über den Aufbau des zweiten Teils der Arbeit, der empirischen Untersuchung. Dieser Teil beginnt mit der Methodik und dem Literaturüberblick. Die eigene empirische Untersuchung ist in vier Studien unterteilt.

Teil 2:	Aufbau der empirischen Untersuchung
Kapitel I:	Methodik und Literaturüberblick
Kapitel II:	Wertrelevanz von Innovationsindikatoren für etablierte Unternehmen
Kapitel III:	Wertrelevanz von Innovationen für Unternehmen des Neuen Marktes
Kapitel IV:	Patente und Ausfallwahrscheinlichkeit der Unternehmen des Neuen Marktes
Kapitel V:	Bewertung der Patentstrategien bei Unternehmenszusammenschlüssen

Abbildung 24: Aufbau des zweiten Teils der Arbeit

Im ersten Kapitel werden Methoden zur Überprüfung der Wertrelevanz von Innovationen und im zweiten Kapitel die Ergebnisse empirischer Studien zur Wertrelevanz von Patenten und F&E-Ausgaben vorgestellt. Die sich anschließende eigene empirische Untersuchung gliedert sich in vier Kapitel.

Ziel des zweiten Kapitels ist es, einen Überblick über die Wertrelevanz von Patenten und F&E-Ausgaben für in Deutschland notierte Unternehmen zu geben. Zu diesem Zweck wird die Bewertung von Patentanmeldungen und Gewährungen durch den Kapitalmarkt analysiert. Untersuchungsgegenstand sind die im CDAX notierten Unternehmen.

Das dritte Kapitel widmet sich der Kernfrage der Arbeit: Werden tendenziell kleinere, junge innovative Unternehmen durch den Kapitalmarkt fair bewertet und ist es im Umkehrschluss für diese Unternehmen bereits möglich, sich über klassische Eigenkapitaltitel oder Fremdkapitaltitel zu finanzieren. Eine Vorraussetzung für die Finanzierung mit Eigenkapital wäre, dass es dem Kapitalmarkt gelingt, die Unternehmen angemessen zu bewerten. Um diese Frage zu beantworten, wird die Bewertung der Neuemissionen des Neuen Marktes bis zu zwei Jahre nach dem Börsengang in Abhängigkeit ihrer Innovationsaktivität untersucht. Für diese Unternehmen ist es nicht möglich, die Bewertung des Fremdkapitals durch den Kapitalmarkt zu beobachten, da sie in der Regel wegen mangelnder Größe keine handelbaren Fremdkapitaltitel emittiert haben. Da die erwartete Ausfallwahrscheinlichkeit die Bewertung der Fremdkapitaltitel beeinflusst, wird diese im vierten Kapitel analysiert. Dabei wird untersucht, ob Unternehmen, die ihre Technologien mit Patenten schützen eine höhere Überlebenswahrscheinlichkeit haben, als die Unternehmen, die ihre Technologien nicht mit Patenten schützen.

Im fünften Kapitel wird eine weitere Bewertungssituation durch den Kapitalmarkt in Abhängigkeit von Patenten untersucht. Es handelt sich um den Zeitpunkt rund um Unternehmensübernahmen und -zusammenschlüsse. In den forschungsintensiven pharmazeutischen und biotechnologischen Bereichen kann der strategische Einkauf von Forschung einen entscheidenden Einfluss auf den Erfolg der Unternehmensübernahme besitzen. Es ist interessant zu untersuchen, ob der Kapitalmarkt bei diesem Bewertungsanlass Patente berücksichtigt. In diesem Zusammenhang bietet sich zum einen die Möglichkeit zu beobachten, ob die Unternehmen, die sich zusammenschließen Informationen über die Patente des Partners in die Entscheidung mit einfließen lassen. Zum anderen, ob der Kapitalmarkt Übernahmen mit unterschiedlichen Patentstrategien unterschiedlich bewertet. Um einen Einblick in diese Fragestellung zu gewinnen, wird in Kapitel III die Bewertung europäischer Unternehmenszusammenschlüsse der pharmazeutischen und biotechnologischen Industrie untersucht.

Kapitel I: Methodik und Literaturüberblick

Im ersten Teil des Kapitels werden Methoden vorgestellt, mit denen die Werthaltigkeit der Innovationen auf Unternehmensebene überprüft werden kann. Die Produktivitätsmessungen werden bewusst kurz gehalten, da hier eine Kapitalmarktstudie durchgeführt wird. Dies entspricht dem Ziel der Arbeit, zu analysieren, ob der Kapitalmarkt den Wert von Innovationen bereits frühzeitig erkennt und adäquat bewertet. Im zweiten Teil des Kapitels werden Ergebnisse zur Werthaltigkeit von Innovationen sowie zu ihrem Einfluss auf die Überlebenswahrscheinlichkeit vorgestellt.

A. Methodik

I. Der Einfluss von Innovationen auf die Produktivität

Griliches (2000, S. 15ff) erläutert die Diskussion über die Bedeutung immaterieller Vermögensgegenstände für den Unternehmenswert. Sie hat ihre Ursprünge in der Problematik, die Produktivitätssteigerung in einer Volkswirtschaft zu operationalisieren und zu erklären. Nur durch materielle Inputgüter ließ sich die Produktivitätssteigerung durch die Output/Input-Messung im Sinne des totalen Faktorproduktivitätsindex, eine oft genutzte Messgröße, nicht genügend genau bestimmen.[243] Bei den Output/Input-Messungen werden die F&E-Ausgaben, der Fortschritt durch Bildung und andere immaterielle Güter vernachlässigt. Diese Nichtbeachtung hat zur Folge, dass ein Großteil des Produktivitätswachstums nicht erklärt werden kann. Deutlich wird die mangelnde Erklärungskraft, wenn der totale Faktorproduktivitätsindex Werte weit über eins annimmt. Es verbleibt also ein unerklärtes Residuum. Es müssen weitere Größen einbezogen werden, die das Residuum zwischen materiellen Input-Gütern und dem beobachteten Output erklären können. Eine Möglichkeit ist, verschiedene Anpassungen an den Inputgrößen vorzunehmen. Nach Dension (1962) sind charakteristische Anpassungsfaktoren unter anderem Skaleneffekte, Humankapital und F&E. Werden neue Inputfaktoren, wie F&E oder Skaleneffekte, in dem Input-Output-Faktor integriert, nähert sich sein Wert einem Betrag von eins. Somit werden Größen erfasst, die den Output in einer Volkswirtschaft erklären helfen. In früheren Studien gelingt es Griliches, das Produktivitätswachstum durch folgende Einflussgrößen zu erklären:

- Verbesserung der Qualität der Arbeiter (siehe zum Einfluss der Bildung Griliches 1970 und 1977),
- Verbesserungen der Inputqualitäten durch Einkauf aus anderen Industrien,
- lokal ansteigende Skaleneffekte [siehe Griliches und Ringstad (1971)],
- öffentliche und private F&E-Ausgaben, die zum Ziel haben, bessere Produktions- und Organisationstechniken zu finden (Griliches 1980 und 1986).

---

[243] Er kennzeichnet die technische Verbesserung beziehungsweise den Effekt des technischen Prozesses. Ein Wert über ein bedeutet, dass mit gegebenem Input ein höherer Output erzielt werden kann, siehe Griliches (2000, S. 7). Die Bedeutung der Technik und der Forschung für das Outputwachstum kommen schon in frühen Arbeiten zum Ausdruck. Hier steht aber erst die Diskussion über die korrekte Anwendung eines Input-Output-Indexes im Vordergrund. Die Notwendigkeit eines Wachstumsindikators, also beispielsweise F&E-Ausgaben, wird jedoch noch nicht explizit betrachtet. Der hier vorgestellten Diskussion entsprechende Arbeiten darüber, wie sich Produktivität, Effizienz oder technischer Wandel messen lassen und was sie beeinflusst, entstanden Mitte des 20. Jahrhunderts, Giliches (2000), S. 9.

Werden alle Einflussfaktoren in die Gleichung integriert, zeigt Griliches (2000), dass dies sogar zu einer Überspezifikation der totalen Faktorproduktivität führt. Als wichtigste Einflussfaktoren stellt er die Bildung,[244] steigende Skaleneffekte und die Ausgaben für F&E heraus. Lach (1995) untersucht den Einfluss, den der Wissensstock, gemessen über den Patentstock auf die totale Faktorproduktivität besitzt und kommt zu dem Ergebnis, dass sein Einfluss stärker ist als der der kumulierten F&E-Ausgaben.

Die Studien, die den Einfluss von F&E-Ausgaben auf die Produktivität von Unternehmen und Industrien aufzeigen, sind zahlreich. Genutzt werden verschiedene Produktivitätsmaße. Diese lassen sich grob in Modelle der volkswirtschaftlichen Literatur, die den makroökonomischen Einfluss der F&E-Ausgaben untersucht, sowie in Modelle auf Unternehmensebene, unterteilen.[245] Dabei gestaltet sich die Bestimmung der Zeitverzögerungen problematisch, da die F&E-Ausgaben am Anfang eines Forschungsprojektes zu einem Rückgang des Gewinnes führen. Erst nach einem Forschungszyklus, der bis zu zehn Jahre dauern kann, führt das erfolgreiche fertige Produkt zu einem Umsatzwachstum und einer Steigerung der Rentabilität. Erst dann lässt sich der Erfolg der F&E über Produktivitätskennziffern messen. Die Länge der Zeitverzögerung hängt von der genutzten Produktivitätszahl[246] ab sowie von dem Forschungsbereich und dem gewählten Innovationsindikator.[247] Ernst (1999) beobachtet in einer Panelanalyse einen positiven Einfluss von Patentanmeldungen auf den Umsatz. Dabei beträgt die Zeitverzögerung für die Unternehmen aus dem analysierten Maschinenbau drei Jahre. Als ausgesuchte Arbeiten, die den Einfluss von Innovationen auf die Produktivität untersuchen, lassen sich Ernst (1996), Bloom und Van Reenen (2002) und Eberhardt et al. (2004) nennen. Gemein ist den Untersuchungen, dass eine produktivitätssteigernde Wirkung immer nur mit einer Zeitverzögerung nachgewiesen wird. Rouvinen (2002) weist darauf hin, dass, wenn die Zeitverzögerungen in den Stu-

---

244 Die Auswirkungen einer guten Ausbildung auf die Entlohnung haben sich im Zeitablauf gewandelt. Ein deutlicher Anstieg der Löhne der besser Ausgebildeten ist erst seit den 70er Jahren zu erkennen. Griliches (2000), S. 40f.

245 Für einen Überblick siehe bspw. Mairesse/Sassenou (1991) oder Mohnen (1996). Hauber (2002) spricht von Performance und grenzt diese von der reinen Produktivitätsmessung ab. Hierbei werden die internen Berichtssysteme und Qualitätskontrollen beobachtet und zwischen quantitativen und qualitativen Outputmessungen unterschieden. Für die Messung der F&E-Produktivität wurden verschiedene Modelle entwickelt. So werden für die Produktivitätsmessung verschiedene Outputs genutzt. In dem Modell von Crépon et al. (1998) kommen bspw. die Anzahl der Patente und die Arbeitsproduktivität als Outputgrößen zum Einsatz Mairesse/Mohnen (2003).

246 Einen Überblick über Produktivitätsstudien geben bspw. Mairesse/Mohnen (2003).

247 Bei der Betrachtung der Patentanmeldungen als Output müssen beispielsweise mind. 1,5 Jahre als Lag betrachtet werden, da diese in Deutschland erst 18 Monate nach der Anmeldung veröffentlicht werden. VerschiedeneStudien betrachten in diesem Zusammenhang sehr unterschiedliche Timelags, siehe Schwalbach/Zimmermann (1991), Ernst (1999), Bloom/Van Reenen (2002).

dien vernachlässigt oder nicht korrekt bewertet werden, dies zu erheblichen Verzerrungen in der Ergebnisinterpretation führen kann.

In dieser Arbeit wird auf die Marktwertbetrachtung des Unternehmens als abhängige Größe zurückgegriffen. Die Betrachtung des Marktwertes eines Unternehmens bietet eine interessante Alternative, da sich wertsteigernde Effekte durch die Diskontierung zukünftiger Cashflows sofort im Marktwert widerspiegeln sollten. So schreibt Griliches (1981, S. 183):

„ *(...) R&D investments create 'intangible' capital for a firm, it should show up in the valuation of the firm by the market. Such a valuation need not occur only after the long lag of converting an invention into actual product sales. It will, instead, reflect the current present value of expected return from the invention (and from the R&D program as a whole). Thus, it is both possible and interesting to use the market value of the firm as a partial indicator of the expected success of its inventive efforts."*

Zur Bestimmung der Wertrelevanz von Innovationen über den Kapitalmarkt werden verschiedene Studiendesigns benutzt. Im Folgenden werden die grundlegenden Modelle erläutert, anschließend werden in einem Literaturüberblick die Ergebnisse ausgewählter Studien zur Wertrelevanz von Innovationen vorgestellt.

II. Bewertung von Innovationen durch den Kapitalmarkt

Es werden vier verschiedene Ansätze betrachtet, die häufig genutzt werden, um die Wertrelevanz von Innovationen für Unternehmen zu analysieren. Grundsätzlich lassen sich Methoden, die das Verhältnis der Markt-zu-Buchwerte, also Wachstumsoptionen als abhängige Variable, betrachten und solche, die die Rendite, also die Marktwertentwicklung als abhängige Größe, betrachten, unterscheiden. Als Modelle, die die Rendite als Indikator für die Wertrelevanz von Innovationen betrachten, werden Asset-Pricing-Modelle, Portfoliovergleiche und Event-Studien vorgestellt.

1. Markt-zu-Buchwertverhältnis

In diesem Abschnitt wird eine Methodik, die die Wertrelevanz von Innovationsindikatoren über die Bewertung des Unternehmens am Kapitalmarkt relativ zu seinem Buchwert misst, erläutert.

Griliches (1981) leitet den Aufbau des Modells mit Tobin's q als abhängige Variable ab. Grundsätzlich wird eine Regression materieller und immaterieller Vermögensgegenstände als Regressanden auf Tobin's q als Regressor durchgeführt. Hierbei wird bestimmt, wie der Markt immaterielles Vermögen relativ zu materiellem Vermögen bewertet. Ausgehend von dem Unternehmenswert (Marktwert des Fremd- und Eigenkapitals) (V), wird eine Bewertungsgleichung für den Einfluss immateriellen Vermögens auf Tobin's q abgeleitet. Der Unternehmenswert wird über einen Bewertungskoeffizienten (q), der mit der Summe aus materiellem Vermögen (A) und dem Wissenskapital (F&E-Ausgaben und/oder Patente) (K) multipliziert wird, bestimmt:

(2.1) $$V_{it} = q_{it}(A_{it} + K_{it})$$

Der Multiplikator q reflektiert hierbei verschiedene Einflussfaktoren, die sich als Exponent darstellen lassen.

(2.2) $$q_{it} = \exp[m_i + d_t + u_{it}]$$

Hierbei steht m_i für den stetigen Unternehmenseffekt (unsystematisches Risiko), d_t für den Einfluss des Marktes zu dem entsprechenden Zeitpunkt t (systematisches Risiko) und u_{it} für den firmenspezifischen Störterm zum betrachteten Zeitpunkt. Wird Tobin's q als $Q = \frac{V}{A}$ definiert, ergibt sich für das logarithmierte Q:

(2.3) $$\ln Q = \ln\frac{V}{A} = m + d + \ln(1 + \frac{K}{A}) + u$$

Als nächster Schritt wird die nicht beobachtbare Variable K durch vergangene F&E-Ausgaben (Patentanmeldungen oder andere Innovationsindikatoren) (R_{-h}), die um einen Faktor (b_h) bereinigt werden, geschätzt. Da für kleine x, ln(1+x) mit x approximiert werden kann, lässt sich Formel (5) umwandeln in:

(2.4) $$\ln Q \approx m + d + \frac{(\sum b_h R_{-h})}{A} + u$$

Diese Ausgangsformel wird von vielen Studien genutzt, die aufbauend auf Tobin's q die Werthaltigkeit von F&E-Ausgaben und Patenten für den Unternehmenswert und so die Bewertung von Wachstumsoptionen, bestimmen.

Als abhängige Größen werden in den Studien Tobin's q oder auch das Markt-zu-Buchwertverhältnis des Gesamtkapitals oder des Eigenkapitals genutzt. Die Größen ähneln sich in ihrem Aufbau. Beide vergleichen die Bewertung des Unternehmens durch den Markt mit dem nominellen Unternehmenswert. Bei Tobin's q ist der Nenner der Wiederbeschaffungswert des Unternehmens[248], beim Markt-zu-Buchwertverhältnis ist es der in der Bilanz ausgewiesene Wert der Vermögensgegenstände des Unterneh-

---

[248] Zur Erläuterung von Tobin's q siehe beispielsweise Chung/Pruitt (1994).

mens. Kann ein positiver Einfluss der Wissensindikatoren auf die Bewertung des Unternehmens durch den Markt relativ zu seinem Buchwert beobachtet werden, spricht dies dafür, dass Wissensindikatoren eine Wachstumsoption für das Unternehmen darstellen und entsprechend positiv bewertet werden. Dem Unternehmen ist es gelungen, einen Mehrwert zu schaffen und der Kapitalmarkt bewertet die Vermögensgegenstände des Unternehmens zuzüglich einer Prämie.[249] Dies kann zum einen bedeuten, dass der Unternehmenswert auf nicht im Buchwert berücksichtigten Vermögensgegenständen aufbaut, oder der Kapitalmarkt erwartet, dass die Inputfaktoren in Zukunft einen höheren Wert erreichen werden (Wachstumsoption).

Die Betrachtung des Markt-zu-Buchwertverhältnisses zur Bestimmung der Werthaltigkeit von Innovationsindikatoren erscheint plausibel. Es stellt sich jedoch die folgende Frage: Resultiert unter heutigen Rechnungslegungsvorschriften ein positiver Zusammenhang zwischen den F&E-Ausgabenerhöhung und dem Markt-zu-Buchwertverhältnis daraus, dass sich der Zähler vergrößert oder dass sich der Nenner verringert? F&E-Ausgaben werden nicht aktiviert, sondern verringern als Kosten den Gewinn und so den Buchwert des Eigenkapitals.[250] Hand (2001) analysiert über die Zerlegung der Zähler- und Nenner-Einflussfaktoren auf das Markt-zu-Buchwertverhältnis, welcher Effekt bedeutender ist. Er kommt zu dem Ergebnis, dass der Zählereffekt weitaus stärker ausgeprägt ist. Die Variable ist demnach geeignet, eine durch F&E induzierte Wachstumsoption zu operationalisieren. Chauvin und Hirschey (1993, S. 134) schlagen vor, nur den auf den Umsatz bezogenen Marktwert zu betrachten. Dieses Verhältnis wäre weniger stark durch die Rechnungslegung beeinflusst. Sie befürchten sogar, dass Zahlen aus dem Rechnungswesen auch den ökonomischen Wert der materiellen Vermögenswerte nicht korrekt widerspiegeln.[251]

In vielen Studien wird anstatt Tobin's q das Markt-zu-Buchwertverhältnis genutzt, da die Datenverfügbarkeit zur Bestimmung von Tobin's q schlecht ist. Eine exaktere Approximation als das Markt-zu-Buchwertverhältnis für Tobin's q ist beispielsweise nach Chung und Pruitt (1994) möglich:

---

[249] Zitiert nach Kopcke/Rutledge (2004).

[250] Siehe Teil 2 Kapitel III. Die Aktivierungsvorschriften / Verbote sind im HGB hauptsächlich in §247, 248, 266 nach den IAS in IAS 38 und nach den US-GAAP in SFAS 2.12 geregelt. Die EU versucht eine Standardisierung zu erreichen und auch die Richtlinien des HGB sollen über DRS 12 an die IAS angepasst werden.

[251] In der Studie wird der Einfluss von F&E-Ausgaben, von Marketingaufwendungen, des Cashflows, des (vergangenes Umsatz-) Wachstums, des Risikos (Volatilität des Kursverlaufes) und des Marktanteils auf den Marktwert untersucht.

(2.5)
$$q = \frac{MVE + PS + DEBT}{TA}$$

MVE = Marktwert des Eigenkapitals
= ausstehende Stammaktien * Kurs am letzten Handelstag eines Jahres
PS = Liquidationswert der Vorzugsaktien
DEBT = Buchwert der kurzfristigen Verbindlichkeiten abzüglich des Umlaufvermögens zuzüglich des Buchwertes der langfristigen Verbindlichkeiten
TA = Total Assets; Buchwert des Unternehmens

Das so berechnete q weist eine hohe Korrelation mit der Bestimmung des Tobin's q nach Lindenberg und Ross (1981) und Lang und Litzenberger (1989) auf.[252]

1. Edwards-Bell-Ohlson-Modell (EBO-Modell)

Das Edwards-Bell-Ohlson-Modell analysiert in seiner ursprünglichen Form, inwieweit Informationen aus dem Rechnungswesen die Bewertung eines Unternehmens durch den Kapitalmarkt erklären. Das Modell wurde erstmals von Bernard (1995) abgeleitet, der die empirische Anwendung des Modells von Ohlson (1995) und Feltham und Ohlson (1995) analysiert. Da die Modelle auf die Arbeit von Edwards und Bell (1961) zurückzuführen sind, wird der Begriff des EBO-Modells geprägt. Das Ziel des Modells ist es, den Marktwert eines Unternehmens über die Werte aus dem Rechnungswesen zu erklären. Erklärende Variablen sind der Buchwert eines Unternehmens und zukünftige erwartete diskontierte Residualgewinne. Die Ausgangsgleichung des Modells lautet folgendermaßen:

(2.6)
$$v_t = b_t + \sum_{j=1}^{\infty} E_t[(ROE_{t+j} - k)b_{t+j-1}]/(1+k)^j ,$$

mit v = Marktwert des Unternehmens, b = Buchwert des Unternehmens, ROE=Return on Equity und k=Kapitalkosten des Eigenkapitals. Der Marktwert eines Unternehmens bestimmt sich so über seinen Buchwert zuzüglich seines zukünftigen diskontieren Residualeinkommens. Um die Wertrelevanz von Innovationen (F&E-Ausgaben und / oder Patenten) für den Marktwert eines Unternehmens zu analysieren, wird das Modell von verschiedenen Autoren um entsprechende Annahmen und Faktoren erweitert.[253] Exemplarisch soll hier die Erweiterung von Booth et al. (2006) skizziert werden. Die Autoren subtrahieren von obiger Gleichung den Buchwert des Unternehmens und tei-

---

[252] Das R^2 liegt zwischen 0,966 und 0,993, siehe Chung/Pruitt (1994), S. 72. zu ähnlichen Approximationen siehe Brailsford/Timothy (2004) und mit leichter Abweichung Breitzman/Thomas (2002).

[253] An dem Ohlson-Modell orientieren sich beispielsweise auch Hirschey et al. (1998), Hirschey et al. (2001), Hirschey/Richardson (2004).

len sie durch den Buchwert der vergangenen Periode, was zu folgender Gleichung führt:

$$
\begin{aligned}
&V_t = \sum_{j=1}^{\infty} E_t[(ROE_t - k)B_{t+j-1}]/(1+k)^j \\
(2.7) \quad & mit:\ V_t = (v_t - b_b)/b_{t-1} \\
& mit:\ B_{t+j} = b_{t+j}/b_{t-1}
\end{aligned}
$$

Die abhängige Variable V_t wird als Markt-zu-Buchwert-Prämie interpretiert. Weiter nehmen die Autoren an, dass F&E-Ausgaben zwar die aktuellen Gewinne schmälern, langfristig jedoch notwendig sind, um ein positives Residualeinkommen zu generieren. Das Residualeinkommen kann annahmegemäß als ein einstufiger Markovscher Prozess modelliert werden. Das bedeutet für das heutige Residualeinkommen, dass es nur von dem Residualeinkommen der letzten Periode beeinflusst wird und nicht von dem aus noch früheren Perioden. Als weiterer Einflussfaktor dienen die Ausgaben für F&E relativ zum Buchwert der vergangenen Periode. Da diese den Gewinn einer Periode schmälern, werden sie als positiver Faktor in die Gleichung aufgenommen. Der Marktwert eines Unternehmens lässt sich unter diesen Annahmen über folgendes empirisches Modell erklären:

$$(2.8) \quad V_{i,t} = \beta_0 + u_{i,t} + \psi V_{t-1} + \beta_1 ROE_{i,t} - \psi\beta_1 ROE_{i,t-1} + \beta_2 RD_{i,t} + \varepsilon_{i,t}$$

Es wird erwartet, dass $u_{i,t} = \beta_{0,i} - \beta_0 = 0$ ist. Der Marktwert des Unternehmens lässt sich so über die Rendite des Eigenkapitals und der F&E-Intensität, gemessen zum Buchwert des Unternehmens, bestimmen.

Dabei werden nicht in allen Studien die hier erläuterten Annahmen getroffen und teilweise werden anstatt der Ausgaben für F&E intuitiv Patente und Patentindikatoren genutzt. Ziel der Studien ist es dann zu zeigen, dass diese Faktoren Informationen für die Bewertung eines Unternehmens liefern, die über die der Informationen aus der Rechnungslegung hinausgehen.

2. Asset-Pricing-Modelle

Asset-Pricing-Modelle in Form von Mehrfaktorenmodellen werden in zahlreichen Kapitalmarktstudien genutzt, um die Wertrelevanz von Innovationen zu beobachten. Die Grundform eines Mehrfaktorenmodells ist folgende:

$$(2.9) \quad R_i = \alpha_i + \beta_{i,1} f_1 + \ldots + \beta_{i,k} f_k + \varepsilon_i,$$

dabei beschreibt R_i die Bruttorendite, die ein Wertpapier des Unternehmens i generiert.[254] Das α beschreibt die Konstante, β_1 bis β_n sind die Elastizitäten der Einflussfaktoren *f* und können sowohl als Sensitivitätskennzahlen als auch als Risikomaß interpretiert werden.[255]

Ein verbreitetes Modell, um die Wertrelevanz von Innovationen zu analysieren, ist das Modell von Fama und French (1993) [im folgenden Fama-French-Modell (1993)]. Die erwartete Überschussrendite eines Portfolios wird über die Rendite des Marktes über den risikofreien Zins sowie über die Unternehmensgröße und das Buch-zu-Marktwertverhältnis erklärt:

$$(2.10) \qquad r_i - r_f = \alpha_i + \beta_{i,1}(R_m - R_f) + \beta_{i,2}(SMB) + \beta_{i,3}(HML) + \varepsilon_i \ ,$$

R_m-R_f wird als Überschussrendite eines Benchmark-Index über einen risikofreien Zinssatz berechnet. Der Größenfaktor SMB (small minus big) und der Buch-zu-Marktwertfaktor HML (high minus low) werden über Null-Investitionsportfolios bestimmt. So ist der Faktor SMB die Rendite, die sich durch den Leerverkauf eines Portfolios mit großen Unternehmen und die Investition des Betrages in ein Portfolio kleiner Unternehmen ergibt. Analog gilt dies für den HML Faktor. Er entspricht der Rendite, die beim Kauf des Value-Portfolios (hoher Buch-zu-Marktwert) und beim Leerverkauf des Growth-Portfolios (niedriger Buch-zu-Marktwert) generiert wird.[256]

Eine Möglichkeit, die Risikofaktoren zu ermitteln, ist, die Rendite entsprechender Indexstrategien zu berechnen. Der SML Faktor ist dann die Rendite eines Small-Cap Indexes abzüglich der Rendite eines Large-Cap Indexes, für den HML-Faktor wird entsprechend die Rendite eines Value-Indexes abzüglich der Rendite eines Growth-Indexes betrachtet [Drobetz et al. (2004), Bessler und Kurth (2007)]. Cahart (1997) nimmt eine Erweiterung des Fama-French-Modells (1993) vor. Er erweitert das Modell um einen vierten Faktor. Dieser beschreibt das Momentum und wird aus dem Renditeunterschied der Gewinnerwerte und der Verliererwerte der letzten elf Monate bestimmt. Eberhart et al. (2004) vergleichen die Ergebnisse der beiden Modelle und können in ihrer Untersuchung keine signifikanten Unterschied in den Ergebnissen konstatieren.

Um die Wertrelevanz von Innovationen über ein Mehrfaktorenmodell zu überprüfen, bieten sich drei grundsätzliche Möglichkeiten an.

---

254 Oftmals wird auch die Nettorendite über dem risikofreien Zins betrachtet.
255 Opfer (2004), S. 23ff.
256 Zur Performance von Value und Growth-Stocks siehe bspw. Fama/French (1998).

1.) kann die Konstante aus dem Modell als abnormale Rendite interpretiert und durch immaterielles Vermögens erklärt werden.[257] Dies ergibt sich aus der Überlegung heraus, dass für die Erklärung der erwarteten Rendite, bis auf einen Faktor für Innovationen, alle relevanten Faktoren berücksichtigt wurden.

2.) kann ein zusätzlicher Innovationsindikator oder ein ähnlicher Proxy für immaterielles Vermögen in das Modell aufgenommen werden. Dabei wird überprüft, ob der zusätzliche Faktor (beispielsweise F&E-Ausgaben, berücksichtigt als die Differenzrendite zwischen einem Portfolio mit hoher F&E-Intensität abzüglich der Rendite eines Portfolios mit geringer F&E-Intensität), beispielsweise in dem Fama-French-Modell (1993), eine Erklärungskraft besitzt.

3.) können Faktoren aus den ursprünglichen Modellen, beispielsweise Fama und French (1993), durch Wissensindikatoren ausgetauscht werden. Hierbei spielt die Überlegung eine Rolle, dass das Buch-zu-Marktwertverhältnis bereits immaterielles Vermögen zum Ausdruck bringt. Die Interpretation des Faktors ist dadurch verzerrt, dass er nicht wie angenommen Gewinne oder erwartete Cashflows, die nur aus materiellen Vermögensgegenständen resultieren, widerspiegelt. Nelson (2006) ersetzt aus diesem Grund den HML-Faktor unter anderem durch einen F&E-Faktor.

Da bei Mehrfaktormodellen nicht immer sicher ist, dass die gefundenen Faktoren wirklich die Eigenschaften der Unternehmen bewerten, die ihnen zugedacht sind, werden oft auch Portfoliovergleiche genutzt. Wird beispielsweise in einem Mehrfaktorenmodell ein Faktor für die Unternehmensgröße aufgenommen, ist nicht sicher, dass dieser wirklich nur bei kleinen Unternehmen eine hohe Sensitivität aufweist. Es wird nicht ersichtlich, wenn auch große Unternehmen eine hohe Sensitivität gegenüber dem Faktor haben, sodass die Interpretation irreführend sein kann.[258] Anders ist es, wenn die Unternehmen in Abhängigkeit ihrer Größe in Portfolien unterteilt werden, um dann die Rendite zwischen verschiedenen Gruppen zu beobachten. Diese Vorgehensweise wird im folgenden Abschnitt näher erläutert. Es kann jedoch gesagt werden, dass die Beobachtungen der Portfoliovergleiche, die in Mehrfaktormodellen mehrheitlich gefunden Ergebnisse zur Wertrelevanz von Innovationsindikatoren für den Unternehmenswert bestätigen.

---

257 Werden bei der Betrachtung die Bruttorenditen beobachtet, ist zu beachten, dass die Konstante die abnormale Rendite zuzüglich des risikofreien Zinses zum Ausdruck bringt.

258 Für eine detaillierte Analyse der Aussagekraft und Robustheit eines Faktormodells im Vergleich zur Portfoliobetrachtung siehe Daniel/Titman (1997).

3. Ereignisstudien und Portfoliovergleiche

Da Ereignisstudien als Portfoliovergleich zu einem Zeitpunkt oder über einen kurzen Zeitraum interpretiert werden können, werden die beiden Methoden hier gemeinsam vorgestellt. Im Gegensatz zu den bisher vorgestellten Untersuchungen untersuchen Ereignisstudien nicht die langfristigen Bewertungseffekte, sondern betrachten die Reaktionen des Kapitalmarktes auf Unternehmensankündigungen. Hier ist von Interesse, ob und wie schnell der Kapitalmarkt Informationen eines Unternehmens bewertet. Zu diesem Zweck wird die abnormale Rendite des Unternehmens um einen Ereigniszeitpunkt beobachtet. Die abnormale Rendite ist der Renditeunterschied zwischen der beobachteten und der erwarteten Rendite. Wie gezeigt, kann die erwartete Rendite beispielsweise über Asset-Pricing-Modelle bestimmt werden. Andere Möglichkeiten sind, die Marktentwicklung oder die vergangene, durch den Markt erklärte, Entwicklung einer beobachteten Aktie als erwartete Rendite zu interpretieren und von der beobachteten Rendite zu subtrahieren.[259] Brown und Warner (1985) zeigen, dass bei Tagesrenditen, die Art wie die erwartete Rendite bestimmt wird, für das Ergebnis nur eine untergeordnete Rolle spielt. Wird die Entwicklung des Marktes als erwartete Rendite interpretiert, bestimmt sich die abnormale Rendite einer Aktie an einem Tag t und für einen Zeitraum –x bis +x, wobei das Ereignis meist bei x=0 liegt, folgendermaßen:

(2.11)
$$AR_{i,t} = R_{i,t} - R_{m,t}$$
$$CAR_{i,T} = \sum_{T=-x}^{+x} AR_{i,t},$$

mit $AR_{i,t}$ = abnormale Rendite des Unternehmens i zum Zeitpunkt t
mit $R_{i,t}$ = beobachtete Rendite des Unternehmens i zum Zeitpunkt t
mit $R_{m,t}$ = beobachtete Marktrendite zum Zeitpunkt t
mit $CAR_{i,T}$ = kumulierte abnormale Rendite des Unternehmens i über den Zeitraum T von –x bis +x.

Da die Beobachtung der Reaktion einer einzelnen Aktie durch andere unternehmensspezifische Ereignisse überlagert werden kann, bietet es sich an, ein Portfolio aus Unternehmen zu bilden, die durch ein identisches Ereignis charakterisiert werden. Die durchschnittliche abnormale Rendite für das Portfolio P für einen Zeitraum T, zu dem das beobachtete Ergebnis eintritt, wird folgendermaßen bestimmt:

(2.12)
$$\overline{CAR_{P,T}} = \frac{1}{N}\sum_{i=1}^{N} CAR_{i,T}$$

---

[259] Eine ausführliche Darstellung der Methodik und der Interpretation des Verlaufs der so bestimmten abnormalen Renditen findet sich bei Haugen (2001), S. 590ff.

Diese Methodik wurde erstmals von Fama et al. (1969) angewandt und von Fama und French (1970) als Test auf die Kapitalmarkteffizienz vorgeschlagen. Fama (1991, S. 1600f) oder auch Binder (1998) beobachten, dass sich mittlerweile eine Unzahl von Studien dieser Methodik bedient.

Der Bewertungseffekt sollte nur kurzfristig zu beobachten sein, da sich die Renditeentwicklung in einem effizienten Markt nach erfolgter Einpreisung des Ereignisses wieder der erwarteten Rendite anpasst. In einer Ereignisstudie ist es deshalb wichtig, einen eindeutigen Ankündigungstag identifizieren zu können. Dies beeinträchtigt die Eignung der Methode für die Analyse von Innovations- oder Wissensindikatoren. Ein Unternehmen kann die Veränderung der F&E-Ausgaben zu unterschiedlichen Zeiten publizieren. Die Veröffentlichung kann zwischen oder in den Jahresberichten erfolgen. Patentanmeldungen werden zwar durch die Patentämter veröffentlicht, allerdings erst 18 Monate nach ihrer Anmeldung. In der Zwischenzeit kann der Anmelder seine Anmeldung auf anderem Weg veröffentlichen. Eine weitere Alternative wäre die Betrachtung von Patentgewährungen, da diese direkt veröffentlicht werden. Allerdings ist es möglich, dass die Information über die Anmeldung zu diesem Zeitpunkt schon im Preis berücksichtigt ist und es ist durchaus denkbar, dass im Technologiebereich versierte Investoren die Gewährungswahrscheinlichkeit abschätzen können. Dennoch gibt es zu F&E-Ausgaben und Patentgewährungen vereinzelte Ereignisstudien.

Soll die Renditeentwicklung über einen längeren Zeitraum beobachtet werden, so bietet sich kumulative Verknüpfung der Renditen (CAR) nicht an. Über einen langfristigen Zeitraum führt die Kumulierung dazu, dass die Renditeentwicklung überschätzt wird. Verzerrungen können vermieden werden, wenn die Renditen geometrisch verknüpft werden. Die geometrische Verknüpfung führt zur Betrachtung der Buy-and-hold-abnormal-Rendite (BHAR). Diese entspricht der abnormalen Rendite, die ein Investor über die erwartete Rendite hinaus erhält, wenn er die Anlage über einen Beobachtungszeitraum hält.

Zur Berechnung der BHAR wird zuerst die Buy-and-hold-Rendite (BHR) eines Wertpapiers bestimmt.[260] Sie entspricht der absoluten generierten Rendite von dem Zeitpunkt des Kaufs eines Wertpapiers bis zum Zeitpunkt t und dem Verkauf nach T Tagen.

(2.13) $$BHR_{i,T} = \left[\prod_{t=1}^{T}\left(1 + R_{i,t}\right)\right] - 1,$$

[260] Zur Bestimmung der BHAR siehe beispielsweise Kurth (2005), S. 312ff.

wobei $R_{i,t}$ die Rendite einer Aktie i ist, die für T Tage im Portfolio verbleibt. Für ein gleichgewichtiges Portfolio bestehend aus N Aktien ergibt sich die durchschnittliche BHR (dBHR) folgendermaßen:

(2.14) $$dBHR_{P,T} = \frac{1}{N}\sum_{i=1}^{N} BHR_{i,T} ,$$

wobei $dBHR_{P,T}$ die durchschnittliche BHR des Portfolios ist, N die Anzahl der Aktien in dem Portfolio und T die betrachtete Periode. Um die abnormale Rendite zu bestimmen (BHAR), wird von der Rendite eines einzelnen Wertpapiers die Rendite einer Benchmark subtrahiert. Als Benchmarkrendite $R_{M,t}$ wird oft die Rendite eines Marktindizes genutzt.

(2.15a) $$BHAR_T = \left(\prod_{t=1}^{T}(1+R_{i,t})\right) - \left(\prod_{t=1}^{T}(1+R_{M,t})\right)$$

Um die Entwicklung der abnormalen Rendite eines Portfolios von Wertpapieren zu beobachten, wird analog zur Berechnung der absoluten Rendite das arithmetische Mittel der Renditen für das Portfolio berechnet.

(2.15b) $$dBHAR_{P,T} = \frac{1}{N}\sum_{i=1}^{N}\left[\left(\prod_{t=1}^{T}(1+R_{i,t})\right) - \left(\prod_{t=1}^{T}(1+R_{M,t})\right)\right]$$

Mit dieser Methode ist es möglich, die Rendite aus einem gebildeten Portfolio direkt mit der Benchmarkrendite zu vergleichen und darüber hinaus den Unterschied in der abnormalen Rendite verschiedener Portfolios zu analysieren. Im empirischen Teil dieser Arbeit werden mit dieser Methode die Renditen junger Unternehmen mit und ohne Patente verglichen. Die Methodik bietet sich insbesondere für die Betrachtung des Zeitraumes nach dem Börsengang an (Kurth 2005), da es für diese Unternehmen nicht möglich ist, die erwartete Rendite mithilfe eines Modells, welches auf historischen Kursen aufbaut, zu schätzen.

B. Literaturüberblick

Im Literaturüberblick werden zuerst allgemeine Ergebnisse zur Wertrelevanz der Innovationsindikatoren, F&E-Ausgaben, der Anzahl Patente, der bewerteten Patente und der Patentindikatoren auf die Entwicklung des Marktwertes vorgestellt. Anschließend wird der Einfluss von Zeitverzögerungen und anderen Einflussfaktoren auf die Ergebnisse sowie der Einfluss speziell auf junge Unternehmen untersucht. Abschließend wird der Zusammenhang von Innovationen und der Unternehmensausfallwahrscheinlichkeit betrachtet.

I. Bewertungsrelevanz unterschiedlicher Innovationsindikatoren

In einer frühen Studie beobachtet Griliches (1981) einen positiven Einfluss sowohl von F&E-Ausgaben als auch der Anzahl angemeldeter Patente auf den Marktwert des Unternehmens. Cockburn und Griliches (1988) erweitern das Studiendesign und untersuchen zusätzlich den Einfluss eines Indikators für die Effektivität eines Patentes, wodurch sich die Erklärungskraft des Modells erhöhen lässt.

Als eine häufig zitierte Studie ist die von Chan et al. (2001) für den US-amerikanischen Markt zu nennen. Chan et al. (2001) untersuchen den Einfluss F&E-spezifischer Kennzahlen auf Aktienrenditen. Sie teilen alle von COMPUSTAT geführten Unternehmen, die zwischen 1975 und 1995 an der NYSE, AMEX und NASDAQ gelistet waren, in fünf verschiedene Portfolios in Abhängigkeit ihrer F&E-Intensität (F&E/Marktwert des EK) ein.[261] Die Rendite wird zum einen über die BHR, zum anderen über die abnormale Rendite aus einem modifizierten Fama-French Modell (1993) berechnet. Die Unternehmen der F&E-intensivsten Gruppe generieren im Vergleich zu den Unternehmen mit der geringsten F&E-Intensität im Durchschnitt der letzten drei Jahre eine jährliche Überschussrendite von ca. elf Prozent.[262] Gleichsam sind die F&E-intensivsten Unternehmen die Unternehmen, die in der Vergangenheit zu den Verlierern am Kapitalmarkt zählten. Chan et al. (2001, S. 2446) erklären dieses Verhalten mit zu pessimistischen Reaktionen der Investoren in der Vergangenheit auf das Signal „höhere F&E-Ausgaben“. Insgesamt schlussfolgern sie, dass der Einfluss

[261] Chan et al. (2001), S. 2449. Für den englischen Markt siehe auch Green et al. (1996).
[262] Dieses Ergebnis folgt aus der Berechnung der Rendite mit BHR, siehe Chan et al. (2001), S. 2443.

von F&E-Ausgaben auf die Performance am Kapitalmarkt eher schwach ist.[263] Allerdings ist die Volatilität höher als bei Unternehmen ohne F&E-Ausgaben. Dies liegt nach Chan et al. (2001, S. 2453) an der unzureichenden Veröffentlichung der F&E-Ausgaben in den Unternehmensberichten.

Al-Horani et al. (2003) nehmen in das Fama-French-Modell (1993) sowie in das Modell von Fama-French (1992) einen zusätzlichen F&E-Faktor (F&E/Marktwert des EK) in die Schätzung auf.[264] Sie beobachten britische börsennotierte Unternehmen im Zeitraum von 1990 bis 1999. Bei der Erweiterung des Fama-French-Modells (1992) verliert der Marktfaktor seine signifikante Erklärungskraft und der Buch-zu-Marktwertfaktor besitzt nur einen schwachen Einfluss. Demgegenüber steht ein signifikanter Einfluss des F&E-Faktors. Bei einer Betrachtung im Zeitablauf wird ersichtlich, dass sich die Erklärungskraft der Faktoren im Zeitablauf ändert. Interessanterweise verlieren der logarithmierte Marktwert des Eigenkapitals sowie der logarithmierte Buch-zu-Marktwert ab 1999 ihren signifikanten Einfluss, wobei der Einfluss des F&E-zu-Marktwert-Faktors über den gesamten Zeitraum signifikant und positiv bleibt (Al-Horani et al. (2003), S. 38).[265] In einem Portfoliovergleich generieren Unternehmen mit einem niedrigen Verhältnis der F&E-Ausgaben zum Marktwert des Eigenkapitals eine durchschnittliche monatliche Überschussrendite von 0,89 Prozent, Unternehmen mit einem hohen Verhältnis eine Durchschnittsrendite von 2,47 Prozent.

---

[263] Eberhart et al. (2004), S. 627 liefern als Erklärung für den fehlenden Zusammenhang, dass Chan et al. (2001) keine Veränderungen der F&E-Ausgaben beobachten. Eberhart et al. (2004) sind der Meinung, dass der Kapitalmarkt langfristig die F&E-Intensität korrekt einpreist, bei unerwarteten Änderungen aber eine Korrektur vornimmt.

[264] Al-Horani et al. (2003), S. 24 ff. Weitere Untersuchungen für Großbritannien finden sich bei Blundel et al. (1999), für den Zeitraum 1972-1982, Toivanen et al. (2002), 1988-1995. Kallunki/Sahlström (2003) beobachten auf dem finnischen Markt eine positive Bewertung von F&E-Ausgaben. Shortridge (2004) beobachtet, dass im pharmazeutischen Bereich der Kapitalmarkt bei seiner Bewertung zwischen erfolgreichen und nicht erfolgreichen F&E-Ausgaben unterscheidet.

[265] Dass Renditeüberschüsse bestehen bleiben oder sich im Zeitablauf verändern können, begründet Merton (1987), S. 486 damit, dass ein Investor bei seiner Anlageentscheidung, das Risiko eingehen muss, dass der beobachtete Renditeüberschuss zukünftig nicht bestehen bleibt. Er wird diese Anlagestrategie also nur wählen, wenn das Risiko und die Kosten geringer sind als seine erwartete absolute Rendite.

Hall et al. (2004)[266] führen eine Studie für Frankreich[267], Deutschland, Italien, Großbritannien und die USA[268] für die Jahre 1989-1998 durch. Dies ist die erste Studie, die sich auch auf Kontinentaleuropa[269] bezieht. Neben den aktuellen F&E-Ausgaben werden alternativ über fünf bzw. zehn Jahre aktivierte und abgeschriebene Wissenskapitalstöcke (F&E-Ausgaben) genutzt. In allen betrachteten Ländern, außer Italien, haben Ausgaben für F&E einen signifikanten positiven Einfluss[270] auf den Unternehmenswert. Die Unterschiede zwischen den Ländern bzw. Corporate-Governance-Systemen sind nicht mehr zu beobachten, wenn die Eigentümerstruktur der Unternehmen als Kontrollvariable in das Modell aufgenommen wird. Jedoch ist in Kontinentaleuropa der Grenzertrag abnehmend und in angelsächsischen Ländern ansteigend[271] und Ausgaben für F&E schaffen in Großbritannien eine dreimal höhere Rendite als in Deutschland. Insgesamt spricht die Untersuchung für einen positiven Einfluss auf die Bewertung am Kapitalmarkt.

Booth et al. (2006) beobachten in einem modifizierten Edwards-Bell-Ohlson-Modell, dass der F&E-Faktor das erwartete positive, signifikante Vorzeichen besitzt. Nelson (2006) betrachtet in einem modifizierten Fama-French-Modell (1993) einen F&E-Faktor sowie einen Marketingfaktor. Sie werden wie die Fama-French-Faktoren durch Arbitrageportfolios konstruiert (Nelson (2006), S. 30). Das so spezifizierte Modell erklärt industriespezifische Renditen exakter als das Fama-French-Modell (1993), was sich in geringeren abnormalen Renditen ausdrückt. Der F&E-Faktor ist in 38 der 48 Industrien negativ. Zu den Industrien, in denen ein positiver Koeffizient beobachtet

---

266 Diese Studie folgt dem Ansatz von Griliches (1981). Hierbei soll der Wissensstock als Erklärungsfaktor für die Ausprägung von Tobin's q regressiert werden. Weitere frühe Vertreter dieses Ansatzes sind Cockburn/Griliches (1988).

267 Frankreich (79/127 Unternehmen), Deutschland (40/283), Italien (40/86). Die erste Zahl bezieht sich auf Unternehmen mit veröffentlichten F&E-Ausgaben, die zweite Zahl auf die von vornherein betrachteten Unternehmen. F&E-Ausgaben Datensätze stehen für Frankreich 308, Deutschland 339 und Italien 239 zur Verfügung. Im Rahmen eines Robustheitstest wird deutlich, dass dies jeweils repräsentative Sample für die jeweiligen Länder sind, Hall et al. (2004), S. 11. Das Sample für Italien ist aufgrund der geringen Anzahl gelisteter Unternehmen so gering, Hall et al. (2004), S. 9

268 Die Samples für UK (866) und US (6995) sind aufgrund der besseren Datenverfügbarkeit ungleich größer.

269 Insbesondere war im Rahmen dieser Studie die Datenverfügbarkeit problematisch, da es für die untersuchten Länder keine Verpflichtung zur Veröffentlichung von F&E-Ausgaben gibt. Dies führt zu der Gefahr einer verzerrten Stichprobe, da nicht alle Unternehmen ihre F&E-Ausgaben veröffentlichen. Genutzt wurden die Datenbanken Datastream, Worldscope und Global Vantage, Hall et al. (2004), S. 11. Die Wahrscheinlichkeit einer Nicht-Veröffentlichung der F&E-Ausgaben, obwohl das Unternehmen F&E-Ausgaben getätigt hatte, wurde über den Verschuldungsgrad, die Unternehmensgröße und weiteren industriespezifischen Größen geschätzt, Hall et al. (2004), S. 21.

270 Hall et al. (2004), S. 18. Ein Grund für den fehlenden Einfluss in Italien scheint der stark konzentrierte Aktienbesitz zu sein. Wird um diese Größe kontrolliert, zeigt sich, dass die F&E-Größe keinen Effekt mehr auf den Unternehmenswert besitzt, hingegen die Unternehmensbesitzvariable einen positiven Einfluss übernimmt. Allerdings ist der Einfluss über das gesamte Sample hinweg kleiner als eins.

271 Der positive Einfluss in den angelsächsischen Ländern übersteigt dabei den in den kontinentaleuropäischen.

wird, zählen erwartungsgemäß pharmazeutische Produkte und technologieintensive Branchen wie elektronische Ausrüstung (Computer, Messtechnik).[272] In der langfristigen Betrachtung ist das Vier-Faktoren-Modell von Nelson (2006) dem Fama-French-Modell (1993) jedoch nicht überlegen.

Die in diesem Absatz vorgestellten Studien betrachten die Ankündigungseffekte von F&E-Ausgaben. Chan et al. (1990) untersuchen die Ankündigungen von F&E-Ausgaben von an der AMEX sowie an der NYSE gelisteten Unternehmen.[273] Drei Tage um den Ankündigungstag herum (CAR [-1,1]) beträgt die durchschnittliche kumulierte abnormale Rendite (CAR) 1,38 Prozent und unterscheidet sich signifikant von null. Die positive Reaktion bleibt bei gleichzeitiger Bekanntgabe einer Gewinnwarnung bestehen.[274] Anleger scheinen verstärkte Aktivitäten im Bereich F&E als Indikator für bessere Wachstumschancen zu sehen. Allerdings honoriert der Kapitalmarkt nur bei High-Tech-Unternehmen ein gesteigertes Engagement in F&E-Aktivitäten. Die CAR [-1,1] beträgt bei High-Tech-Unternehmen 2,1 Prozent für Unternehmen der Low-Tech-Branche jedoch -0,9 Prozent.[275] Der Beobachtungszeitraum der Studie von Sundaram et al. (1985-1991) liegt zeitlich hinter dem von Chan et al. (1979-1985).[276] Sundaram et al. (1996)[277] finden in ihrem Grundsample keine signifikante abnormale Rendite auf die Ankündigung von Steigerungen der F&E-Ausgaben, allerdings beeinflusst die Höhe der Änderung die abnormale Rendite signifikant (Sundaram et al. (1996), S. 469). Die Ausgabenerhöhung liegt im Schnitt bei 14,5 Prozent. Hierbei handelt es sich um Unternehmen in F&E-intensiven Industrien wie Luftfahrt, Halbleiter und Pharma. Zwei Tage um den Ankündigungstag (CAR [0,1]) beträgt die durchschnittliche markt- und risikoadjustierte kumulierte Rendite über das gesamte Sample nur 0,43 Prozent. Die höchste CAR von 1,36 Prozent zwei Tage um den Ankündigungstag erreichen Unternehmen, die neben einer reinen Ankündigung über Aktivitäten im F&E-Bereich auch steigende Investitionen und stagnierende bzw. sinkende

---

[272] Nelson (2006), S. 35. Das Signifikanzniveau für den Faktorkoeffizienten ist nicht ausgewiesen. Allerdings spricht das generell sehr hohe R^2 für einen hohen Einfluss der Faktoren.

[273] 95 Ankündigungen von an der AMEX sowie an der NYSE gelisteten Unternehmen, im Zeitraum von 1979-1985, Chan et al. (1990), S. 255ff.

[274] Chan et al. (1990), S. 274. Allerdings könnte es auch sein, dass Unternehmen der positive Einfluss gestiegener F&E-Ausgaben durchaus bewusst ist und sie diese beiden Informationen bewusst kombinieren.

[275] Zu den ‚High-Techs' gehören in diesem Zusammenhang Unternehmen aus den Bereichen Pharma- oder Elektronikindustrie, die Stahl- und Metallindustrie zählen dagegen zum ‚Low-Tech'-Sektor.

[276] Die Autoren weisen darauf hin, dass dies mit der Untersuchung von Hall (1993), S. 482 übereinstimmt, wonach die Reaktion auf Ausgaben für F&E in den späten 80er-Jahren signifikant gesunken ist. Die geringere Bewertung durch den Kapitalmarkt lässt sich aber mit einer geringeren internen Rendite der F&E-Ausgaben und einem Rückgang der F&E-Produktivität begründen (Hall 1993).

[277] Sundaram et al. (1996), S. 468. Das Sample besteht aus 125 Ankündigungen von F&E-Aktivitäten durch US-Aktiengesellschaften.

Gewinne bekannt geben. Unternehmen, die nur F&E-Maßnahmen und gleichzeitig Gewinnwarnungen ausgaben, erzielten dagegen im Durchschnitt eine signifikant negative CAR von -3,65 Prozent. Dies widerspricht den Ergebnissen von Chan et al. (1990), die auch bei F&E-Ausgaben und gleichzeitiger Gewinnwarnung eine positive Rendite beobachten. Es wäre denkbar, dass Unternehmen schlechte Ertragszahlen durch die Bekanntgabe von F&E-Ausgaben rechtfertigen wollen. Weiter beobachten Sundaram et al. (1996, S. 464ff) die Reaktionen der Wettbewerber unter Berücksichtigung der Wettbewerbssituation. Bei einem komplementären Wettbewerb wird hierbei eine negative Reaktion bei einem substitutiven Wettbewerb[278] eine positive abnormale Rendite erwartet. Die Ergebnisse werden in der Richtung bestätigt. Die Reaktion bei den Wettbewerbern auf eine Erhöhung der F&E-Ausgaben ist signifikant negativ. Dies ist den Hypothesen entsprechend, insbesondere durch die Fälle bedingt, bei denen der Ankündigungseffekt des beobachteten Unternehmens positiv und der Wettbewerb substitutiv ist.

Pinches et al. (1996, S. 65ff) differenzieren die Ankündigungseffekte von F&E-Ausgabensteigerungen nach der Entwicklungsstufe des F&E-Prozesses.[279] Sie unterscheiden zwischen Ankündigungen auf der Initiierungs-, der Entwicklungs- und auf der Kommerzialisierungsstufe innerhalb des F&E-Prozesses. F&E-Ankündigungen auf der Initiierungs- oder Einführungsebene haben insbesondere bei kleinen Unternehmen einen positiven Einfluss. Der Einfluss der Branchenzugehörigkeit überwiegt jedoch gegenüber dem der Unternehmensgröße. Während im Durchschnitt für alle Unternehmen lediglich eine CAR von 0,96 Prozent, im Zeitraum von zwei Tagen um den Ankündigungstag, zu beobachten ist, liegt diese für Unternehmen aus dem Biotech-Sektor bei durchschnittlich 6,64 Prozent. Innerhalb des Biotech-Sektors bewertet der Kapitalmarkt Ankündigungen auf der Initiierungsebene besonders positiv (9,44 Prozent), wohingegen Ankündigungen auf der Kommerzialisierungsstufe mit einer erzielten CAR von 0,53 Prozent eher als neutral einzuschätzen sind.[280] Eine Erklärung für die Tatsache, dass Investoren auf die Ankündigungen von F&E-Aktivitäten auf der Kommerzialisierungsstufe nicht mehr signifikant positiv reagieren, liegt sicherlich darin,

---

278 Subistitutiver Wettbewerb meint hierbei, dass Ausgaben für F&E durch das Unternehmen A dem Konkurrenten B Marktanteile abnehmen, komplementärer Wettbewerb bedeutet, dass das Unternehmen B ebenfalls mit gesteigerten Ausgaben reagiert und sich die Effekte aufheben, (Sundaram et al. (1996), S. 462). Die Einteilung findet über Beobachtung statt. Es wird beobachtet inwieweit sich der Gewinn von A verändert, bei Veränderung des Outputs von A und B. Bei einer negativen marginalen Änderung wird von einem substitutiven Wettbewerb ausgegangen und vice versa, Sundaram et al. (1996) , S. 463.

279 Pinches et al. (1996), S. 61, Grundlage der Studie sind 527 F&E-Ankündigungen durch US-amerikanische Aktiengesellschaften aus Wachstumsbranchen im Wall Street Journal im Zeitraum von 1977 bis 1989.

280 Pinches et al. (1996), S. 65.

dass ihre positiven Erwartungen über den zukünftigen Erfolg der jeweiligen Aktivität bereits nach Ankündigung auf der Initiierungsebene im Aktienkurs Berücksichtigung finden. Eine andere Erklärung dafür ist, dass die Information bereits durch erfolgreiche Patentierung im Markt verfügbar war. Bei Pinches et al. (1996, S. 68) wird weiterhin deutlich, dass primär Unternehmen in konzentrierten Märkten für ihr Engagement im F&E-Bereich belohnt werden.

Werden nicht die F&E-Ausgaben, sondern Patente als Innovationsindikatoren beobachtet, werden neben der reinen Patentanzahl, wie beispielsweise bei Bosworth und Rogers (2001), auch die in Teil 1 Kapitel III vorgestellten Patentindikatoren genutzt, um die reine Patentzahl zu qualifizieren.

In diesem Abschnitt werden die Ergebnisse der Studien vorgestellt, die die Indikatoren von CHI-Research nutzen. Die Ergebnisse sind gemischt. Thomas (2001) beobachtet, dass ausgesuchte CHI-Research-Patentindikatoren[281] und F&E-Ausgaben einen positiven Einfluss auf den Markt-zu-Buchwert besitzen. Er geht davon aus, dass mit dem über Wissensindikatoren prognostizierten „Technology-Markt-zu-Buchwert" unterbewertete Unternehmen identifiziert werden können. In seiner Studie beobachtet er, dass in der Gruppe, der als unterbewertet identifizierten Unternehmen, in den folgenden zwei Jahren der überwiegende Anteil eine überdurchschnittliche Erhöhung des Markt-zu-Buchwertes aufweist. Hirschey et al. (1998) untersuchen ebenfalls den Einfluss verschiedener Patentindikatoren von CHI-Research. Die F&E-Ausgaben und verschiedene Patentindikatoren, darunter auch die einfache Patentanzahl, haben einen positiven Einfluss auf den Marktwert eines Unternehmens.[282] Hirschey und Richardson (2001) orientieren sich an dem Ohlson-Modell (Ohlson (1995)) und analysieren den Einfluss von Patenten in den USA und Japan. Japanische Unternehmen reagieren im Gegensatz zu US-amerikanischen Unternehmen nur auf mit Indikatoren gewichtete Patentgrößen. Für amerikanische Unternehmen kann ein positiver Effekt der Patentanzahl beobachtet werden.[283] Hirschey und Richardson (2004) beobachten für US-amerikanische Unternehmen, dass F&E-Ausgaben, Patente und die CHI-Indikatoren Citation Impact und Non-Patent-References einen positiven Einfluss auf die Bewertung des Eigenkapitals der Unternehmen am Kapitalmarkt haben. Hierbei steigt die Bedeutung der Patentin-

---

281 Siehe Teil 1 Kapitel II zu kombinierten Patentindikatoren.

282 Hirschey et al. (1998), S. 32 und 34. Beobachtet werden sowohl die Rendite am Markt als auch die Ausprägung der Wachstumsoption, das Markt-zu-Buchwertverhältnis. Dabei ist die Erklärungskraft des Modells mit dem Markt-zu-Buchwert als abhängige Variable höher als die des Modells mit der Rendite als abhängige Variable.

283 Als Indikatoren dienen der Citation Impact Index, Science Linkage, Technology Cycle Time genutzt. Siehe Teil 1 Kapitel II.

dikatoren für Unternehmen mit hohen Wachstumschancen. Für das Gesamtsample haben die reine Patentanzahl und die F&E-Ausgaben eine höhere Erklärungskraft.[284] Deng et al (1999) analysieren eine ähnliche Stichprobe wie Hirschey und Richardson (2001). Sie beobachten neben der Entwicklung des Markt-zu-Buchwertes auch den Renditegenerierungsprozess. Bei Letzterem können sie nur einen schwachen Einfluss der Indikatoren nachweisen, auch wird die Einpreisung nicht sofort vollzogen. Bei der Regression auf die Markt-zu-Buchwerte sind die Ergebnisse jedoch signifikant. Die zum großen Teil fehlende Signifikanz bei der Betrachtung der Rendite erklären die Autoren damit, dass der Kapitalmarkt die Patente schon vorab bewertet und sie zum beobachteten Zeitpunkt keine neue Information mehr darstellen.

Austin (1993) untersucht die Ankündigungseffekte von 565 Patentveröffentlichungen. Neben der Reaktion des beobachteten Unternehmens, werden die Bewertungseffekte der Konkurrenten untersucht. Die erwartete Rendite wird nach dem Capital-Asset-Pricing-Model (CAPM) modelliert. Die abnormale Rendite zum Ereigniszeitpunkt wird über eine Dummy-Variable bestimmt. Sie nimmt den Wert 1 an, wenn das zu analysierende Ereignis im Drei-Tagesfenster auftritt. Interessant an der Untersuchung ist, dass der unterschiedlichen Werthaltigkeit einzelner Patente Rechnung getragen wird. Um überlappende Ereignisse auszuschließen, hiermit ist der Einfluss einer Patentanmeldung durch den Wettbewerber im gleichen Zeitraum gemeint, wird die Stichprobe um die rivalisierenden Patentanmeldungen im gleichen Zeitraum bereinigt. Dies führt zur Betrachtung von 262 verbleibenden Patenten. Die Effekte der isolierten Patente auf den Unternehmenswert sind meist positiv, wobei es in unterschiedlichen Gruppen unterschiedliche Ergebnisse gibt. Besonders positiv (6,78 Prozent) reagieren die Märkte auf im Wall Street Journal veröffentlichte Patente, was mit dem Medieninteresse begründet werden kann, sowie auf Patente, die mit einem Produkt direkt verbunden sind, sodass die Markteinführung wahrscheinlich ist. Die Reaktion auf breite Patente unterscheidet sich positiv aber nicht signifikant von der Reaktion auf enge Patente. Die Patentbreite wird in Abhängigkeit von der Anzahl der vergebenen IPC-Klassen (International Classification Numbers) bestimmt. Der Einfluss rivalisierender Patente wird über den Unterschied der Rendite des Unternehmens, dem das Patent gewährt wurde, gegenüber der Rendite der Wettbewerber untersucht. Hierbei ergibt sich

[284] Hirschey/Richardson (2004) nutzen keinen Renditegenerierungsprozess, sondern lassen den beobachteten Marktpreis einer Aktie erklären. Da sie als einen erklärenden Faktor den vergangen Preis nutzen, wird diese Studie bei den Renditegenerierungsmodellen aufgeführt. Warum die Autoren nicht die Rendite oder zumindest den Marktwert des Unternehmens nutzen, wird nicht erläutert. Die Aussage ist so verzerrt, da nicht die Wachstumsrate erklärt wird, sondern nur die erste Differenz zwischen dem heutigen Preis und dem vorherigen Preis.

die größte Abweichung zwischen der Reaktion des anmeldenden Unternehmens (positiv) und des Wettbewerbers (meist negativ) für Patente, die im Wall Street Journal publiziert werden und für breite Patente (7,61 Prozent bzw. 6,67 Prozent). Die Untersuchung untermauert die Bedeutung, die die Patentgewährungen für Unternehmen und ihre Wettbewerbssituation besitzen. Darüber hinaus weist die Studie darauf hin, dass der Kapitalmarkt zwischen verschieden wertvollen Patenten differenziert. Lerner (1994) konstatiert ebenfalls einen positiven Einfluss der Patentbreite auf die Unternehmensbewertung. Er betrachtet die Bewertung durch Venture Capital Gesellschaften.

Hall et al. (2000) weisen auf die Erklärungskraft von mit Zitierungen gewichteten Patenten hin. Deren Einfluss ist höher als der der reinen Patentanzahl. Hall et al. (2005) schätzen das Modell mit F&E-Ausgaben, mit der Anzahl der Patente im Verhältnis zu den F&E-Ausgaben und mit den mit Zitierungen gewichteten Patenten sowie mit dem Anteil Selbstzitierungen. Dabei haben alle Indikatoren einen signifikanten positiven Einfluss. Eine zusätzliche Zitierung erhöht den Marktwert des Unternehmens um drei Prozent, wobei eine zusätzliche Selbstzitierung sogar zu einer Steigerung von zehn Prozent führt. Diese Beobachtung gilt insbesondere für kleinere Unternehmen. Der Grund dafür, dass der Effekt bei großen Unternehmen geringer ausfällt ist dadurch bedingt, dass ein großes Patentportfolio zu mehr Selbstzitierungen führt. Die Beobachtung widerspricht der intuitiven Überlegung, dass, wenn eine Selbstzitierung vom Kapitalmarkt als Wert steigernd interpretiert wird, die Unternehmen eine Hohe Anzahl Selbstzitierungen um des Zitierens willen anstreben.

Lanjouw und Schankerman (2004, S. 464ff) beobachten, dass die reine Patentanzahl für den Marktwert eines Unternehmens wertrelevant ist. Überraschenderweise steigt die Erklärungskraft des Modells nicht, wenn die Patente über einen Indikator bewertet werden. Der Indikator subsumiert Informationen über die Ansprüche, die Familiengröße und die Zitierungen der Patente eines Unternehmens. Rossi (2005, S. 25) schätzt das Modell von Cahart (1997) für die Unternehmen der NBER-Zitierungspatentdatenbank, die in Hall und Trajtenberg (2002) beschrieben wird. Die Unternehmen werden nach ihrem Patentverhalten in Gruppen unterteilt und für die einzelnen (wertgewichteten) Gruppen wird das „alpha" berechnet. Für die Gruppe mit mehr als 100 Patenten beträgt das alpha 3,3 Prozent p.a. oder 27 Basispunkte pro Monat. Für die Unternehmen mit zehn bis 100 Patentanmeldungen in einem Jahr beträgt das alpha 22 Basispunkte pro Monat. Die Unternehmen mit weniger als zehn und ohne Patentanmeldungen generieren keine signifikante positive abnormale Rendite. Ebenfalls beobachtet Rossi (2005, S. 11) für Unternehmen mit mehr als 100 Patentgewährungen pro Jahr eine um ca. vier Prozentpunkte höhere Profitabilität (EBITDA 16,6 Prozent) als für Unternehmen ohne Patente.

In der empirischen Untersuchung der Arbeit wird die Wertrelevanz der Patentanzahl sowie ausgesuchter Patentindikatoren, der Zitierungen, der Familiengröße sowie der Patentbreite für deutsche Unternehmen analysiert. Bevor die Ergebnisse vorgestellt werden, wird in den nächsten Abschnitten auf weitere Faktoren eingegangen, die die Wertrelevanz von Innovationen beeinflussen können. Die Bedeutung von Innovationen für junge Unternehmen wird ebenfalls vorgestellt.

II. Einflussfaktoren auf die Wertrelevanz von Innovationsindikatoren

Einige Studien legen ihren Fokus auf die Untersuchung der Zeitverzögerung, mit der die Patentierung (oder der F&E-Ausgabe) zu einer Steigerung der Produktivität oder des Marktwertes eines Unternehmens führt. Denn zum einen ist fraglich, ob der Kapitalmarkt in der Lage ist, den Wert von F&E-Ausgaben richtig einzuschätzen, zum anderen, ob es dem Markt gelingt, die Bewertung sofort vorzunehmen, wie es nach der These effizienter Märkte geschehen sollte.[285] Eberhart et al. (2004) beobachten, dass die Kapitalmarktreaktion nicht adäquat für die Werthaltigkeit der F&E-Ausgaben ist. Ihr Ziel ist es, die langfristige Auswirkung von F&E-Ausgaben auf den Aktienmarkt sowie auf die operative Performance zu untersuchen. Hierbei grenzen sie F&E-Ausgaben von anderen typischen Ereignissen (Finanzierungsentscheidungen und Investitionen in Anlagevermögen) im Rahmen von Kapitalmarktuntersuchungen ab. Wegen der stark ausgeprägten immateriellen Komponente kann es zu einer Fehleinschätzung seitens der Investoren kommen. Somit wäre die Kursreaktion auf die Steigerung der F&E-Ausgaben nicht nur kurzfristig abnormal, wie es die Hypothese effizienter Märkte vorhersieht, sondern es käme zu einer langfristigen abnormalen Performance der F&E-ausgabensteigernden Unternehmen, da sich der Kurs nur langsam seinem wahren Wert nähert. Sie finden Hinweise darauf, dass erhöhte F&E-Ausgaben zu einer gesteigerten Produktivität innerhalb der nächsten fünf Jahre führen.[286] Die abnormale Produktivität beträgt je nach Betrachtungszeitraum bis zu 5,22 Prozent. Dem gegenüber steht eine am Aktienmarkt beobachtete jährliche abnormale Rendite, die in Ab-

---

[285] Bond/Cummins (2000) gehen von einer Überbewertung immaterieller Vermögensgegenstände durch den Kapitalmarkt aus. In ihrer Untersuchung überschätzt der Aktienmarkt die zukünftigen Gewinne.

[286] Hierfür betrachten sie den Einfluss der F&E-Ausgaben der letzten fünf Jahre auf die abnormale operative Performance des betrachteten Jahres, die mithilfe eines Vergleichunternehmens bestimmt wird. S. 19. – bzw, Tabelle VII.

hängigkeit des genutzten Modells zwischen 0,43 und 0,74 Prozent schwankt. Über den Fünf-Jahreszeitraum ergäbe sich also eine abnormale Rendite zwischen 2,17 und 3,7 Prozent. Diese Ergebnisse sprechen zum einen dafür, dass der Kapitalmarkt F&E-Ausgaben, eventuell aufgrund des hohen Risikos und der damit verbundenen Unsicherheit, sukzessive bewertet und ihre Werthaltigkeit zusätzlich unterschätzt. Bloom und van Reenen (2002) untersuchen ebenfalls den zeitlichen Verzug, mit dem Patente und mit Zitierungen gewichtete Patente die Produktivität und den Marktwert eines Unternehmens steigern. Die gesamte Patentanzahl sowie die mit Zitierungen gewichteten[287] und vor fünf Jahren angemeldeten Patente haben einen signifikanten Einfluss auf den Kapitalmarktwert der Unternehmen. Deutlich wird hier – im Widerspruch zur Studie von Eberhart et al. (2004), dass die Bewertung durch den Kapitalmarkt sofort stattfindet. Patente werden dabei schneller als F&E-Ausgaben bewertet. Dies könnte dafür sprechen, dass Patente bereits als Output der F&E gesehen werden. Sie können deshalb leichter bewertet und als Innovationsindikatoren zuverlässiger genutzt werden. Lev und Souigiannis (1996) nutzen unter Beachtung zeitlicher Verzögerungen im Jahresabschluss veröffentlichte F&E-Ausgaben als Erklärungsfaktoren für die beobachteten Renditen von 1500 US-amerikanischen Aktiengesellschaften, im Beobachtungszeitraum von 1975-1989. Sie beobachten eine Unterbewertung bei bekannt werden der F&E-Ausgaben von 4,57 Prozent, die sich im Zeitablauf abbaut.

Bei Beachtung der Ergebnisse der vorgestellten Ereignisstudien und der Untersuchungen, die explizit einen Timelag bei der Bewertung analysieren, lässt sich schlussfolgern, dass der Kapitalmarkt relativ direkt auf die Ankündigungen von Innovationen reagiert. Es lässt sich jedoch nicht ganz ausschließen, dass die sofortige Bewertung nicht die gesamte Wertsteigerung widerspiegelt, sondern dass diese erst zeitverzögert, vorgenommen wird. Neben der Zeitverzögerung können weitere Faktoren wie die Branche, die Unternehmensgröße oder das Finanzmarktsystem einen Einfluss auf die Wertrelevanz von Innovationen haben. Tabelle 4 fasst die Ergebnisse ausgesuchter Studien zusammen.

---

[287] Eine Verdoppelung des mit Zitierungen gewichteten Patentstocks erhöht in der Untersuchung den Unternehmenswert um 35%, die langfristige Faktorproduktivität um 3%, siehe Bloom und Van Reenen (2002).

Tabelle 4a: Finanzsystem als Einflussfaktor auf die Bewertung von Innovationen

Autor	Sample	Fragestellung	Ergebnis
Finanzsystem / Corporate Governance			
Swanson/ Singer (2002)	1989-1996; 278 nicht-USA 278 USA	Werden F&E-Ausgaben von US-Unternehmen in den USA unterschiedlich bewertet zu den Ausgaben ausländischer Unternehmen?	Investoren reagieren auf F&E-Ausgaben, die in einem kapitalmarktorientieren Rechnungslegungssystem publiziert werden sensibler als auf Daten ausländischer (kontinentaler) Unternehmen.
Cung et al. (2003)	1991-1995, 1448 Beobachtungen	Beeinflusst die Anzahl der Analysten und die Zusammensetzung des Boards ("outside directors") durch eine verbesserte Corporate Governance die Bewertung von F&E durch den Kapitalmarkt?	Wird ein Unternehmen von überdurchschnittlich vielen Analysten gecovert und sind überdurchschnittlich viele "outside directors" im "Board", bewertet der Kapitalmarkt F&E-Ausgaben positiv. Sonst hat es keinen signifikanten Einfluss und auch die Zugehörigkeit zu einer Industrie sowie der Anteil institutioneller Aktionäre beeinflusst die Bewertung nicht.
Booth et al. (2006)	1991-2001; 10 Länder, 13.892 Beobachtungen, davon 6.812 USA	Reagieren Investoren auf Änderungen der F&E-Ausgaben in marktbasierten stärker als in bankbasierten Finanzsystemen?	Investoren reagieren generell positiv auf Steigerungen der F&E-Ausgaben. Die durch F&E-induzierte Wachstumsprämie wird aber in Märkten mit einem ausgereifteren Aktienmarkt positiver bewertet.
Tylecote/ Ramirez (2006)	Hypothesenbildung wird durch 14 Interviews gestützt.	Entwicklung der Hypothesen zu der Fragestellung, ob das Finanzsystem einen Einfluss darauf hat, in welchen Branchen Innovationen erfolgreich sind.	In kapitalmarktorientierten Finanzsystemen sollten High-Technologien erfolgreich sein, in bankbasierten Systemen Industrien im Medium-High-Tech Bereich

Tabelle 4b: Branche als Einflussfaktor auf die Bewertung von Innovationen

Autor	Sample	Fragestellung	Ergebnis
Unternehmensgröße / Branche			
Chan et al. (1990)	1979-1985; 95 Ankündigungs-effekte F&E; AMEX/NYSE	Reagieren Investoren auf Erhöhungen in verschiedenen Branchen unterschiedlich?	positive Ankündigungseffekte: diese nur auf die High-Tech-Unternehmen zurückzuführen. Für Low-Tech-Unternehmen ist die Reaktion negativ.
Chauvin/ Hirschey (1993)	1988-1990; 1500 Beobachtungen	Bewertet der Kapitalmarkt aufgrund von Skalenelastizitäten und einer größeren Anzahl an verfügbaren Informationen, F&E-Ausgaben größere Unternehmen höher als die der kleineren Konkurrenten?	Die Effektivität von F&E-Ausgaben ist für große Unternehmen ausgeprägter. Allerdings beeinflussen F&E-Ausgaben in allen Größenklassen den Marktwert signigikant positiv. Die Branchenzugehörigkeit beeinflusst die Effektivität von Ausgaben für F&E.
Pinches et al. (1996)	1977-1989; 527 Ankündigungen gesteigerter F&E Ausgaben US-amerikanischer Unternehmen	Welchen Einfluss hat die Entwicklungsstufe, die Branche, die Unternehmensgröße und die Marktkonzentration auf die Bewertung durch den Kapitalmarkt?	Die Reaktion ist besonders positiv, wenn der F&E-Prozess noch auf der Initiierungsebene ist. Am positivsten werden Ankündigungen der Biotechnologiebranche bewertet. Umso konzentrierter der Markt ist, je positiver werden die Ankündigungen bewertet.
Ho et al. (2006)	1979-1998; je nach Betrachtungs-dauer der F&E-Ausgaben (5, 7, 9 Jahre) 4.353 bis 7.640 Beobachtungen	Generieren F&E-Ausgaben unterschiedlich hohe Wachstumsoptionen in Abhängigkeit der Unternehmensgröße, des Verschuldungsgrades und der Konzentration in einer Industrie und gibt es Interdependenzen?	F&E-Ausgaben generieren Wachstumsoptionen. Für große Unternehmen ist der Effekt stärker. Keine signifikante Interaktion zwischen F&E-Ausgaben und dem Verschuldungsgrad (VG). F&E-Ausgaben sind in weniger konzentrierten Märkten effektiver. Bei großen Unternehmen wirkt sich ein hoher VG negativ, bei kleinen Unternehmen positiv auf die Effektivität der F&E aus.

III. Einfluss von Innovationen auf junge Unternehmen

Die bisher vorgestellten Studien bezogen sich hauptsächlich auf notierte, eher etablierte und tendenziell größere Unternehmen. Diese Unternehmen zeichnen sich dadurch aus, dass relativ viele Informationen über sie zur Verfügung stehen.

Ziel der hier vorliegenden Arbeit ist es jedoch, auch die Wertrelevanz für kleine und junge Unternehmen zu analysieren. Es stellt sich die Frage, wie es Investoren gelingt, diese Unternehmen zu bewerten und so die Finanzierung zu risikogerechten Kapitalkosten möglich ist. Eine Möglichkeit, den Einfluss von Innovationen auf den Unternehmenswert und Unternehmenserfolg junger Unternehmen zu messen, ist die Betrachtung von Initial Public Offerings (IPOs). Bei der Erstnotierung können Unternehmen noch relativ klein sein und oft ist der Zeitpunkt des Börsengangs das erste Mal, dass sie Informationen am Markt veröffentlichen. Es ist also interessant zu beobachten, wie der Markt diese Unternehmen in Abhängigkeit ihrer F&E-Intensität und ihrer Patentanmeldungen bewertet.

Zur Analyse der Bewertungseffekte beim Börsengang und der Performance von IPOs ist die Anzahl der Studien eher gering. Prinzipiell können die Studien die Bewertungseffekte am Tag der Börsennotierung in Form des Underpricing oder die Bewertung nach dem Börsengang im Zeitablauf betrachten. In den meisten Studien werden beide Sachverhalte untersucht.

Chung et al. (2005) analysieren die Prämie, die die Investoren bereit sind am Tag des Börsengangs für die immateriellen Vermögensgegenstände eines Unternehmens, also der Wert der über den Buchwert des Unternehmens hinausgeht, zu bezahlen. Die Autoren betrachten zu diesem Zweck zwei Komponenten des Emissionspreises: Die eine entspricht der Bewertung der materiellen Vermögenswerte eines Unternehmens, die andere entspricht dem Wert des immateriellen Vermögens (der Wachstumsprämie). Sie wird grundsätzlich berechnet indem der Buchwert des Eigenkapitals von dem Emissionspreis subtrahiert wird. Ist die so berechnete Wachstumsprämie sehr hoch, nehmen Chung et al. (2005, S. 68) an, dass die Unsicherheit des Unternehmens relativ hoch ist und deshalb auch das Underpricing vergleichsweise hoch sein sollte. Die Ergebnisse unterstützen diese Hypothese. Chung et al. (2005, S. 74) unterteilen die 1.547 IPOs ihres Samples, die zwischen 1996 und 2001 in den USA ihre Erstnotiz hatten, in Abhängigkeit von ihrer Wachstumsprämie in vier Gruppen. Die Gruppe mit der geringsten Wachstumsprämie (55,98 Prozent) hat ein durchschnittliches Underpricing von 15,70 Prozent, die Gruppe mit der höchsten Wachstumsprämie (96,31 Prozent) hat ein deutlich höheres Underpricing von 65,59 Prozent. Die langfristige absolute Rendite ist für alle Gruppen negativ. Allerdings ist in der Stichprobe die Überschussrendite der Gruppe mit einer hohen Wachstumsoption exklusive des Underpricing weniger negativ als für die Gruppe mit der kleinsten Wachstumsoption. Die BHAR inklusive dem Underpricing ist für die Gruppe mit hohen Wachstumsoptionen nach einem Jahr 31,91 Prozent, für die Gruppe mit einer geringen Wachstumsoption ist sie hingegen nur -13,34 Prozent. Auch nach drei Jahren ist die BHAR inklusive Underpricing mit 1,16 Prozent immer noch leicht positiv, wohingegen die Gruppe mit wenigen Wachstumsoptionen bei -36,09 Prozent liegt. Diese langfristige schlechte Performance entspricht den Beobachtungen von Ritter (2003, S. 296), dass IPOs im Vergleich zu nicht neu emittierten Unternehmen, wenn das Underpricing nicht berücksichtigt wird, bis zu fünf Jahren nach dem IPO eine negative Performance aufweisen.

Auch Guo et al. (2006) beobachten, dass die F&E-Intensität positiv mit dem Underpricing und der langfristigen Entwicklung der IPOs korreliert. Sie argumentieren wie Chung et al. (2005), dass F&E-intensive Unternehmen ein höheres Underpricing haben sollten, da die Investoren für die hohen Informationsasymmetrien und Risiken entschädigt werden wollen.[288] Die langfristige Outperformance erklären die Autoren mit den Bewertungsschwierigkeiten, die zum Zeitpunkt der Emission zu einer Unterbewertung führen, die erst im Zeitablauf abgebaut wird. Diese Beobachtung stimmt mit den Studien für etablierte Unternehmen überein, die einen positiven Einfluss von F&E auf die abnormale Renditeentwicklung am Kapitalmarkt finden. Für den Zeitraum von 1980 bis 1995 beobachten Guo et al. (2006, S. 560) ein Underpricing von 15 Prozent für F&E-intensive Unternehmen und eines von elf Prozent für Unternehmen mit geringer F&E-Intensität. Langfristig[289] ist die Performance von den Unternehmen ohne F&E-Ausgaben mit minus sechs Prozent p.a. signifikant negativ und die jährliche Performance der Unternehmen mit F&E-Ausgaben liegt bei ca. drei Prozent, ist aber nicht signifikant von null verschieden.

---

288 Diese Argumentation entspricht der von Chung et al. (2005). Für Modelle, die aufbauend auf Bewertungsschwierigkeiten das Underpricing erklären siehe Kurth (2005), S. 90f.

289 Guo et al. (2006), S. 571. Der Beobachtungszeitraum umschließt drei Jahre, wobei das erste halbe Jahr nicht beobachtet wird.

Guo et al. (2005) untersuchen neben der F&E-Intensität die Auswirkungen des Anteils patentierter Produkte von 122 Biotech-IPOs im Zeitraum 1991 bis 2000 auf die Bewertung der Unternehmen am Emissionstag (Marktwert zu Buchwert) und in der langfristigen Entwicklung durch den Kapitalmarkt. Der Anteil patentierter Produkte beeinflusst die Bewertung des Unternehmens beim Festsetzen der Preisspanne, bei der Festlegung des Emissionspreises sowie am Ende des ersten Emissionstages (Markt-zu-Buchwert) positiv. Die Ausgaben für F&E haben hingegen einen negativen Einfluss. In der langfristigen Performance beobachten Guo et al. (2005) einen negativen Einfluss des Anteils patentierter Produkte auf die Entwicklung des Unternehmens, den sie mit einer Überbewertung zum Zeitpunkt der Emission begründen. Es könnte aber auch sein, dass die Patentierung im Zeitablauf eine Rolle spielt und die Ergebnisse sich verändern könnten, wenn das Patentverhalten über einen längeren Zeitraum beobachtet würde.

Generell scheint sich die höhere Unsicherheit F&E-intensiver und junger Unternehmen in einem höheren Underpricing und einer besseren langfristigen Performance widerzuspiegeln. Für den Einfluss von Patentanmeldungen sind die Ergebnisse nicht so deutlich. Es bleibt also im empirischen Teil der Arbeit die interessante Frage zu klären, wie der Kapitalmarkt Patentanmeldungen von Unternehmen bewertet.

IV. Überlebenswahrscheinlichkeit und der Wert des Fremdkapitals

Der Erfolg eines Unternehmens lässt sich nicht nur über seine Performance bestimmen. Auch die Überlebenswahrscheinlichkeit eines Unternehmens kann für einen Investor bei der Investition entscheidungsrelevant sein. Dabei beeinflussen unterschiedliche Faktoren die Ausfallwahrscheinlichkeit eines Unternehmens. Zu nennen sind beispielsweise der Geschäftslebenszyklus, das Alter, die Unternehmensgröße und das Marktumfeld. Aber auch Innovationen können die Überlebenswahrscheinlichkeit erhöhen. Dies ist besonders interessant, da die Ausfallrate der Unternehmen in den letzen Jahren dramatisch gestiegen ist. Abbildung 25 zeigt die Unternehmensinsolvenzen in Deutschland seit 1950.

Der Anstieg der Insolvenzen betrifft auch an der Börse notierte Unternehmen. So zeigen Fama und French (2004) in einer Untersuchung der Börsengänge an der NASDAQ, dass die Überlebenswahrscheinlichkeit der IPOs im Zeitablauf abgenommen hat. Dies bedeutet, dass bei der Investition in IPOs, die Wahrscheinlichkeit eines Totalverlustes steigt. Ca. 47 Prozent der Unternehmen, die im Zeitraum 1973 bis 1979 an der NASDAQ emittierten, waren zehn Jahre nach dem Börsengang noch operativ tätig.

Für die Börsengänge in dem Zeitraum von 1980 bis 1999 sinkt der Anteil auf 38,2 Prozent.[290]

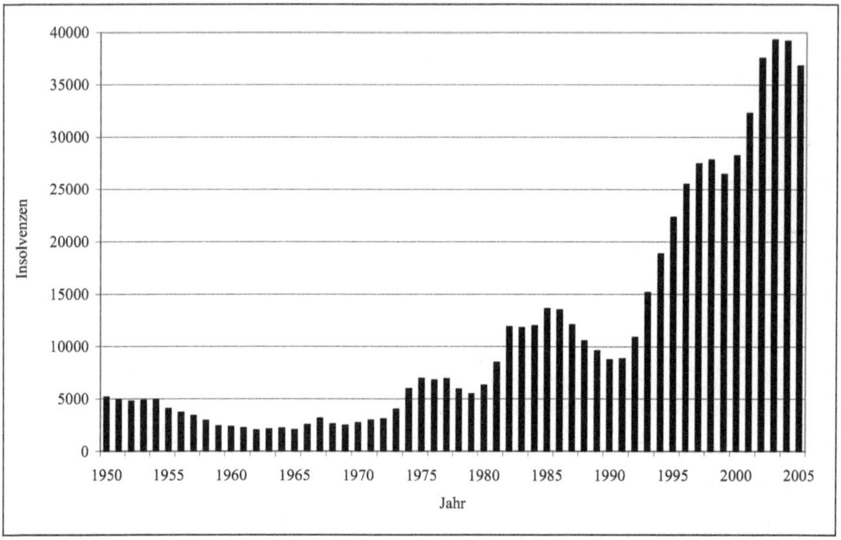

Abbildung 25: Unternehmensinsolvenzen in Deutschland[291]

Quelle: Statistisches Bundesamt.

Von daher stellt sich die Frage, ob es für einen Investor durch Investitionen in Unternehmen mit geschützten Technologien möglich ist, nicht nur seine Rendite zu steigern, sondern auch das Risiko des Ausfalls zu reduzieren.[292] Zu dieser Fragestellung werden zum einen in diesem Abschnitt Studien vorgestellt zum anderen wird sie im empiri-

---

[290] In einer Analyse von Bank IPOs in den USA beobachten Bessler et al. (2005), dass von den 431 IPOs, die zwischen 1971 und 1997 emittierten, nur 20,2 Prozent nach 10 Jahren noch am Markt in ihrer ursprünglichen Form tätig waren. Werden die IPOs der Hot-Issue Phase von 1983 bis 1988 beobachtet, so sinkt der Anteil auf 14 Prozent. Die anderen Unternehmen wurden entweder übernommen oder mussten einen Insolvenzantrag stellen.

[291] Die Interpretation der Ergebnisse ist vorsichtig vorzunehmen, da die Daten um Neugründungen und Anzahl der Unternehmen bereinigt werden müssten. Für eine tendenzielle Aussage, sollte sie aber ausreichen.

[292] Diese Überlegung scheint auf den ersten Blick im Widerspruch zu dem Zusammenhang zwischen Rendite und Risiko zu stehen. Es soll heißen, dass die Unternehmen im Vergleich zu innovativen Unternehmen, die ihre Technologie nicht schützen lassen eine höhere Bewertung erzielen sollten, da das Verwertungsrisiko der Erfindung sinkt. Somit steigt der Unternehmenswert mit der Patentanmeldung. Gleichsam könnte das Risiko eines Totalausfalles im Vergleich zu Unternehmen ohne Patentschutz sinken, da es einfacher möglich ist Wettbewerber von der Imitation der Innovation abzuhalten. Es wird nicht davon ausgegangen, dass sich die Unternehmen durch eine geringere Volatilität im Aktienkurs auszeichnen.

schen Teil anhand der Unternehmen des Neuen Marktes empirisch überprüft.

Die Frage nach der Ausfallwahrscheinlichkeit eines Unternehmens ist keinesfalls neu, verliert aber auch nicht an Relevanz. Traditionsgemäß bauen viele Modelle zur Bestimmung der Ausfallwahrscheinlichkeit auf Bilanzanalysen auf. Ein bekanntes Modell ist das Z-Score Modell von Altman (1968) oder das Zeta-Modell von Altman et al. (1977). Beide bauen methodisch auf der Diskriminanzanalyse auf, versuchen also durch Unterschiede in verschiedenen Bilanzkennzahlen, Unternehmen, die von einem Ausfall bedroht sind, von den überlebenden Unternehmen zu differenzieren. In den wenigsten Studien zur Ausfallwahrscheinlichkeit werden Innovationen berücksichtigt.[293] Dennoch interpretiert Rammer (2005, S. 7) die Umfrageergebnisse des aktuellen Mannheimer-Innovation-Panel (MIP) in der Weise, dass Unternehmen, die in eigene Forschung investieren und sich darauf konzentrieren, eine höhere Überlebenswahrscheinlichkeit haben als Unternehmen mit nur geringen Forschungsaktivitäten. Shi (2003) untersucht, ob für Fremdkapitalgeber die erwartete bessere Entwicklung wegen der F&E-Ausgaben durch das erhöhte Risiko überkompensiert wird. Nach Merton (1974) wirkt sich eine höhere Volatilität in der Unternehmensentwicklung positiv auf den Marktwert des Eigenkapitals aus. Somit profitieren die Eigenkapitalgeber sowohl von dem durch F&E-Ausgaben induzierten höheren Erwartungswert als auch von der höheren Unsicherheit, die sich in einer höheren Volatilität der Unternehmensentwicklung niederschlägt. Auf den Wert des Fremdkapitals hat eine gestiegene Volatilität in der Unternehmensentwicklung jedoch einen negativen Einfluss. Wird neben der Renditeentwicklung auch die Entwicklung der Volatilität betrachtet, lässt sich also erkennen, ob für die Fremdkapitalgeber das Risiko der Investitionen in Innovationen den Wert steigernden Effekt überwiegt. Shi (2003, S. 241) beobachtet für eine Stichprobe von 132 Bonds, die zwischen 1991 und 1994 emittiert wurden, eine Risikoprämie von ca. 23 Basispunkten für die durchschnittliche F&E-Intensität. Erhöht sich die F&E-Intensität, führt dies zu einem Anstieg der Risikoprämie von 20 Basispunkten. Shi (2003) schlussfolgert, dass Investoren in Anleihen F&E-Ausgaben von Seiten des Unternehmens nicht als Investition in einen Vermögensgegenstand bewerten, sondern vielmehr als Erhöhung des Unternehmensrisikos. Dabei wird jedoch nicht untersucht, wie sich der Effekt auf den gesamten Unternehmenswert, also der Summe aus dem

[293] Shi (2003) versucht, diese Lücke zu schließen indem in der Studie der Einfluss der F&E-Intensität auf die Risikoprämie des Fremdkapitals und auf das Rating untersucht wird.

Marktwert des Eigen- und Fremdkapitals, auswirkt.[294]

Czarnitzki und Kraft (2004) untersuchen den Zusammenhang zwischen Rating und Innovationen. Sie analysieren die Daten des Mannheimer-Innovation-Panels im Zeitraum von 1992 bis 1998. Sie finden einen signifikanten Zusammenhang zwischen den Indikatoren (Patente, F&E-Intensität und Anteil neuer Produkte am Umsatz) und dem Rating. Der Einfluss ist jedoch nicht linear, sondern umgekehrt U-förmig. Dies impliziert, dass sich ein zu hoher sowie ein zu niedriger Innovationsanteil negativ auf das Rating auswirken.[295]

In einer frühen Studie für die USA weist Hall (1987) einen positiven Zusammenhang zwischen F&E-Aktivitäten und dem Überleben von Unternehmen nach. Etwas überraschend verringert sich dieser Zusammenhang, wenn Patentanmeldungen in die Analyse mit aufgenommen werden. Cefis und Marsili (2005 und 2006) werten die Umfrageergebnisse des Community Innovation Survey (CIS-2, 1994-96) verknüpft mit den Daten des Business Registers über Insolvenzen aus den Niederlanden aus. Auch hier haben innovative Unternehmen eine höhere Überlebenswahrscheinlichkeit. Ein Unternehmen gilt dabei als innovativ, wenn es 1994-1996 ein neues Produkt oder einen Prozess implementiert hat.

Für an der NASDAQ in den Jahren 1998 bis 2001 emittierte Unternehmen aus dem Softwarebereich untersuchen Cockburn und Wagner (2007) den Einfluss ihrer Patentanmeldungen auf die Überlebenswahrscheinlichkeit der IPOs. Die Patentindikatoren beeinflussen die Sterbewahrscheinlichkeit der Unternehmen nicht, allerdings ist die Hazard-Rate (bedingte Sterbewahrscheinlichkeit, s. Teil 2 Kapitel IV) für Unternehmen ohne Patentanmeldungen signifikant höher. Dies gilt für die Unternehmen, die den Markt wegen Geschäftsaufgabe verlassen haben. Unternehmen mit Patenten mit überdurchschnittlich vielen Zitierungen, müssen den Markt ebenfalls verlassen, wobei hier der Grund die Übernahmen sind. Diese Beobachtung spricht wieder für die Wertrelevanz des Patentindikators Vorwärtszitierungen. Für den deutschen Markt finden Audretsch und Lehmann (2004) ähnliche Ergebnisse. Die Anzahl der Patentanmeldungen beeinflusst die Überlebenswahrscheinlichkeit eines IPOs am Neuen Markt positiv. Dabei wird nur die Anzahl der Patente beobachtet, Qualitätsindikatoren werden in der Analyse nicht näher betrachtet. Wilbon (2002) beobachtet ebenfalls, dass IPOs, die

---

294 In diesem Sinne argumentiert Shi (2003) gegen die in Teil 1 Kapitel III vorgestellten Forderungen, F&E-Ausgaben in der Bilanz als Vermögenswert auszuweisen.

295 Czarnitzki/Kraft (2004). Die Abnahme des Rating lässt sich durch das den F&E-Ausgaben hohe Risiko begründen. Interessant wäre hierbei eine Verknüpfung mit den Innovationsindikatoren und den tatsächlichen Ausfallszahlen.

zum Zeitpunkt des Börsengangs viele Intellectual Property Rights besaßen, mit einer höheren Wahrscheinlichkeit bis zu fünf Jahre nach dem Börsengang überleben. Dies führt er auf ein effektives Technologiemanagement zurück.

C. Zusammenfassung

Generell lässt sich sagen, dass Innovationen einen positiven Einfluss auf die Unternehmensbewertung durch den Kapitalmarkt besitzen. Dass die Bewertung von Unternehmen mit hohem Anteil immateriellen Vermögens aber auch mit mehr Unsicherheit verbunden ist, verdeutlichen neben den Studien für junge Unternehmen auch die Studien von Aboody und Lev (2000) sowie Barth et al. (2001). Stanzel (2007) beobachtet, dass zwar die F&E-Ausgaben die Verzerrung der Gewinnprognosen durch Analysten erhöhen, die Patentanmeldungen jedoch die Genauigkeit der Analystenprognose wieder erhöhen.[296] Die Mehrzahl der aufgeführten Studien unterstreicht die Bewertungsrelevanz immateriellen Vermögens. Dies gilt nicht nur für etablierte, sondern auch für junge Unternehmen. Insbesondere bei Letzteren ist interessant, dass, mit Patenten geschützte, Innovationen auch die Überlebenswahrscheinlichkeit der Unternehmen erhöhen. Insgesamt lässt sich also schlussfolgern, dass eine Kapitalmarktbetrachtung geeignet ist zu analysieren, ob Innovationen für bestimmte Unternehmen wertrelevant sind. Aufbauend auf diesen Überlegungen sowie auf denen des ersten Teils wird folgend der Zusammenhang zwischen der innovativen Tätigkeit und der Unternehmensperformance sowie der Ausfallwahrscheinlichkeit deutscher Unternehmen untersucht.

[296] Weitere Untersuchungen zum Einfluss von immateriellem Vermögen auf das Analystenverhalten sind bspw. Amir et al. (1999), die beobachten, dass Unternehmen mit viel F&E von mehr Analysten beobachtet werden oder Barron et al. (2002), die beobachten, dass die Prognose für Unternehmen mit viel F&E-Ausgaben stärker verzerrt ist, ebenso Gu et al. (2005).

Kapitel II: Einfluss von Patenten auf etablierte Unternehmen

In Abschnitt A des Kapitels zur Wertrelevanz von Patentanmeldungen für in Deutschland notierte Unternehmen werden die Daten und die deskriptive Statistik vorgestellt. In Abschnitt B werden die Ergebnisse des Portfoliovergleiches vorgestellt und in Abschnitt C wird in einer Regressionsanalyse der Einfluss von Patentdaten, der F&E-Ausgaben und der aktivierten immateriellen Vermögenswerte auf die Unternehmensentwicklung und die Wachstumsoptionen in einem Unternehmen untersucht.

A. Daten und deskriptive Statistik

Die Untersuchungseinheit sind die Unternehmen, die im Mai 2005 im CDAX notiert waren. Von den CDAX Unternehmen werden die im DAX notierten Unternehmen wegen ihrer Größe und teilweise überdurchschnittlichen Patentaktivität aus der Untersuchung ausgeschlossen. Der CDAX ist ein AllShare Index der Deutschen Börse, der alle deutschen Werte aus dem Prime Standard und dem General Standard abbildet. Somit wird ein breites Spektrum des deutschen Aktienmarktes durch diesen Index abgedeckt.[297] Die Kursreihendaten stammen von JCF-Research, die Bilanzdaten von Bloomberg und die Patentdaten aus dem Derwent Innovation Index.[298] Neben den Patentdaten werden F&E-Daten und in der Bilanz aktivierte immaterielle Vermögenswerte als Innovationsindikatoren genutzt. Die Betrachtung der F&E-Ausgaben beschränkt die Gruppe auf Unternehmen, die nach US-GAAP bzw. IFRS bilanzieren. Für deutsche Unternehmen bedeutet dies eine erhebliche Einschränkung, da erst seit Einführung des Neuen Marktes in 1997 die Bilanzierung nach internationalen Rechnungslegungsstandards verpflichtend ist. Die Unternehmen haben dabei die Wahl, nach IFRS oder US-GAAP zu bilanzieren.[299]

Der Schwerpunkt liegt deshalb auf der Betrachtung des Einflusses der Patenteinträge auf die Unternehmensbewertung. Es wird dabei an dieser Stelle der Untersuchung nicht zwischen Patentanmeldungen und Patenterteilungen unterschieden, da für beide, wie auch in späteren Teilen der Untersuchung bestätigt wird, ein positiver Effekt auf

---

[297] In den Prime und General Standard können sich Unternehmen des amtlichen Handels aufnehmen lassen. Die Publikationsvorschriften für den Prime Standard sind dabei höher. Zu diesen und weiteren Informationen über den CDAX siehe Deutsche Börse (2006). Dabei scheint es vorteilhaft nur die Unternehmen im amtlichen Handel zu beobachten, da zwischen den Unternehmen im amtlichen Handel und denen im geregelten Markt Bewertungsunterschiede bestehen, siehe Schmidt/Schrader (1993).

[298] Der Derwent Innovation Index wird im dritten Kapitel des zweiten Teiles näher beschrieben, da an dieser Stelle auch die Innovationsindikatoren eine größere Rolle spielen.

[299] Zur Veröffentlichung von F&E-Ausgaben und anderen Innovationsindikatoren siehe Teil 1 Kapitel III.

die Unternehmensbewertung zu erwarten ist. Die im DAX gelisteten Unternehmen werden in die Analyse nicht mit einbezogen, um Verzerrungen durch verfügbare Informationen und die Unternehmensgröße zu verringern. DAX-Unternehmen werden von mehr Analysten und auch öfter bewertet als Nebenwerte. Der Kapitalmarkt verfügt dementsprechend über mehr Informationen als über Unternehmen der anderen Marktsegmente [Stanzel (2007)].

Abbildung 26 zeigt den Aufbau der für die folgende Untersuchung genutzten Daten. Sie setzen sich aus Kursen und Renditen, Bilanzdaten, der Unternehmensbranche und den Patentdaten zusammen. Die fünf Tabellen am linken Rand der Abbildung enthalten die Brancheneinteilung sowie die Kapitalmarktdaten und die Bilanzdaten. Über den Schlüssel aus der JCF-Datenbank können die Tabellen mit den Patenttabellen verknüpft werden. In der zentralen Tabelle (Patente_Unternehmen), die die Patente den Unternehmen zuordnet, werden die aufgezeigten Tabellen miteinander verknüpft.

Der untere rechte Teil der Abbildung zeigt die Abfrage der Patentindikatoren je Patent. Zu diesem Zweck gibt es eine Tabelle, in der die Patentnummer, die Familiennummer, die Haupt-IPC-Klasse und das Anmelde- und Publikationsdatum je Patent enthalten sind. Hinzu kommen fünf weitere Tabellen, in denen zu jedem Patent die einzelnen Indikatoren in ihren Ausprägungen aufgeführt sind, wie sie von Derwent abgefragt wurden (Patente_VZ, _IPC, _Familie, _RZ, _Artikel). Aus Platzgründen sind die Tabellen zur Anzahl und den Ausprägungen der verschiedenen Indikatoren hier nicht explizit aufgeführt.

In den oberen (rechten) drei Tabellen sind die Daten noch weiter aggregiert. Sie zeigen die durchschnittliche Anzahl der Patentindikatoren der Patente eines Unternehmens nach Publikationsjahr, nach Anmeldejahr und je Unternehmen. Die Attribute sind nur exemplarisch in der Tabelle „Patente je Publikationsjahr“ (Pat_Ind_jePubJahr) aufgeführt, sie sind aber auch in den Tabellen „Patente je Anmeldejahr je Unternehmen“ (Pat_Ind_jeANJahr) sowie „Patente je Unternehmen“ (Pat_Ind_jeUnt) enthalten. Im Hinblick auf die Kapitalmarktdaten ist es für das Gesamtsample nur sinnvoll, Daten auf Jahresbasis zu nutzen, da die Bilanzdaten nur jährlich verfügbar sind. Durch die Verzögerungen der Patentdatenveröffentlichungen scheint auch für die Patentdaten eine Aggregation auf Jahresebene sinnvoll. Die genutzten Kapitalmarktdaten sind die Jahresschlusskurse, die absoluten Jahresrenditen und die um den CDAX bereinigten Jahresrenditen.

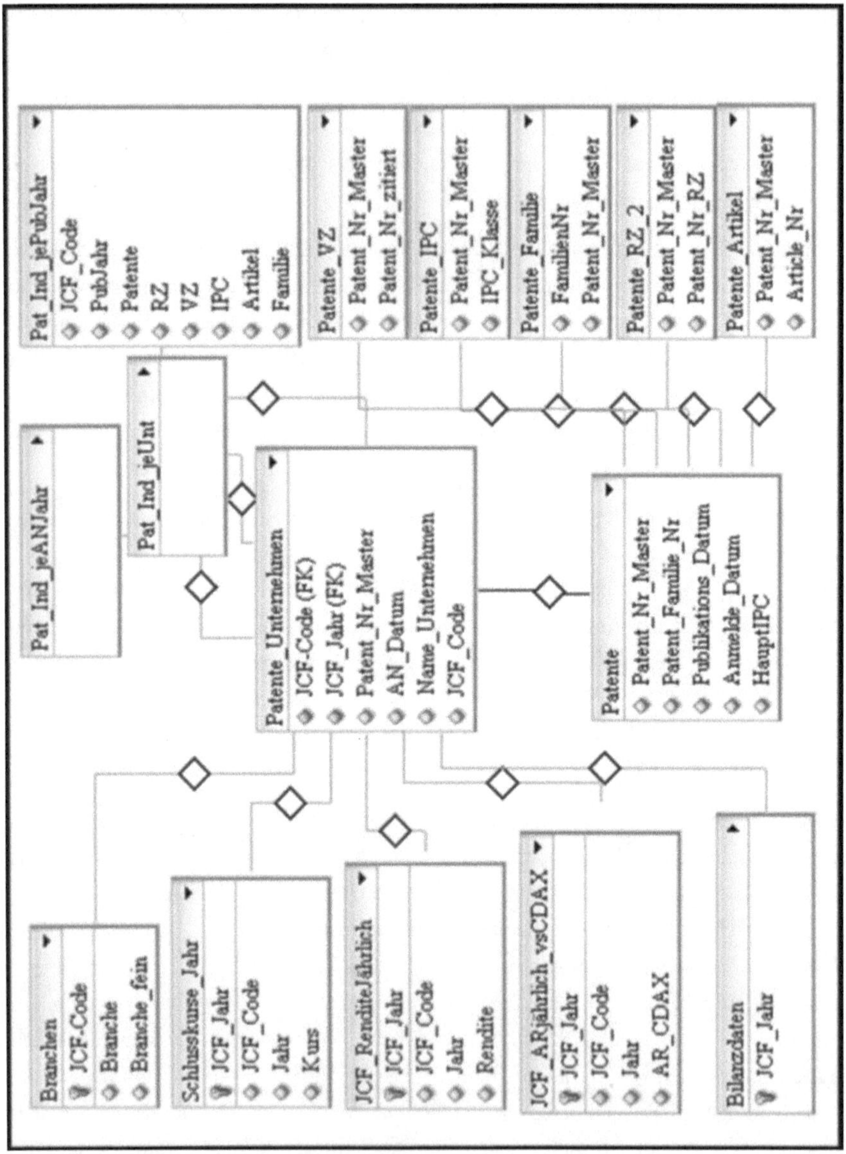

Abbildung 26: Struktur der Daten der CDAX-Unternehmen

Da die Verfügbarkeit und damit die Größe der Datenbasis für die Untersuchung eine wichtige Rolle spielt, werden die Anzahl verfügbarer F&E- und Patentdaten nach Jahren und Branchen näher vorgestellt. F&E-Ausgaben liegen für den Zeitraum 1988 bis 2003 für 1.193 Beobachtungsjahre vor. Diese erstrecken sich über 245 F&E-publizierende Unternehmen, für die in Bloomberg[300] Informationen über F&E-Ausgaben zu finden sind. Dabei steigt die Anzahl publizierender Unternehmen im Zeitablauf. Für das Jahr 1988 liegen beispielsweise nur acht Beobachtungen vor. Die maximale Anzahl an verfügbaren Informationen über F&E-Ausgaben ist im Jahr 2001 zu beobachten, in dem 193 Unternehmen F&E-Ausgaben publizieren.

Tabelle 5: Patenteinträge und F&E-Ausgaben der CDAX-Unternehmen nach Jahren

Jahr	Patente*			F&E-Ausgaben in € Mio.		
	Mittelwert	Stabw.	N	Mittelwert	Stabw.	N
1988	31,29	66,39	85	32,07	74,95	8
1989	43,28	88,42	75	27,02	63,51	10
1990	47,61	94,07	74	34,17	80,79	10
1991	43,06	89,05	83	38,86	79,73	10
1992	46,80	112,91	88	43,75	74,74	11
1993	42,68	107,12	108	36,12	65,49	16
1994	47,61	105,11	108	27,80	57,24	23
1995	50,53	122,43	116	22,00	53,19	29
1996	51,67	134,55	125	16,16	48,08	52
1997	53,78	131,85	132	15,47	46,69	95
1998	52,31	126,65	136	14,41	45,05	113
1999	54,78	152,03	148	14,50	48,83	140
2000	53,29	158,26	151	25,75	89,15	173
2001	60,51	203,29	158	24,71	80,54	193
2002	50,40	150,22	149	29,61	116,74	186
2003	33,92	98,41	142	40,58	134,04	124
2004	13,81	36,69	105			
Gesamt	46,85	128,81	1983	24,59	85,79	1.193

* für Unternehmen und Jahre mit mind. einer Patentanmeldung, alle Branchen

Patente werden von insgesamt 219 Unternehmen angemeldet. Dennoch verringert die Betrachtung der Patenten das Sample nicht so stark wie die Betrachtung der F&E-Ausgaben. Liegen keine Angaben über Patentanmeldungen vor, bedeutet das, dass in

300 Die Daten wurden freundlicherweise von der IPB, Hamburg zur Verfügung gestellt.

dem entsprechenden Jahr keine Patente angemeldet wurden.[301] Anders verhält es sich bei den Ausgaben für F&E; es ist nicht davon auszugehen, dass die nicht publizierenden Unternehmen keine F&E betreiben. Hier wird der Vorteil der Patentdaten deutlich. 2001 ist auch in Bezug auf Patenteinträge das Jahr mit den meisten Beobachtungen. 158 Unternehmen verzeichnen 2001 im Schnitt 60,51 Patenteinträge (siehe Tabelle 5). Wegen der zeitlich verzögerten Veröffentlichung der Patenteinträge durch das Patentamt sinkt die Datenverfügbarkeit ab dem Jahr 2002 deutlich. In der Untersuchung werden die Jahre 2003 und 2004 deshalb nicht oder gesondert beachtet.

Da die Branchenzugehörigkeit eines Unternehmens die Höhe der F&E-Ausgaben und die Bereitschaft, diese zu publizieren sowie die Patentneigung stark beeinflussen kann, werden die einzelnen Branchen gesondert betrachtet. In der Regressionsanalyse wird der Brancheneinfluss zum einen über Branchendummies, zum anderen über Interaktionsterme zwischen den Patenteinträgen und ausgewählten Branchen berücksichtigt. Die Unternehmen verteilen sich über 18 Branchen. Bis auf die Versicherungsbranche gibt es in jeder Branche mindestens einen Vertreter mit Patentanmeldungen. Für die Finanzbranche oder auch die Softwarebranche scheint dies überraschend. Dies kann aber damit erklärt werden, dass auch US-amerikanische Patente in dem Sample enthalten sind. Auch ist in Deutschland oder Europa die Software-Patentierung in Verbindung mit technischen Gerätschaften eingeschränkt möglich. Die meisten Beobachtungsjahre (Jahre*Unternehmen der Branche mit mindestens einer Patentanmeldung) finden sich in den Branchen Industrie (830), Gesundheit (212), Bauindustrie (182), Technology (166), Nicht-Zyklische Konsumgüter (133) sowie Automobil (126) (vgl. Tabelle 6).

Dabei schwankt die Anzahl der Unternehmen in den einzelnen Branchen sehr stark Nach der Brancheneinteilung Dow Jones L2, die von JCF ausgewiesen wird, sind 129 Unternehmen der Industriebranche zuzuordnen, was die hohe Anzahl von Beobachtungsjahren mit Patentanmeldungen relativiert. Die Softwareindustrie ist den 143 Unternehmen des Technologiesektors zugeordnet. Dies erklärt das hohe Verhältnis Beobachtungen mit F&E-Ausgaben (390) zu Beobachtungen mit Patentanmeldungen (166).

---

[301] Eine Ausnahme sind Unternehmen, die beispielsweise in der Rüstungsindustrie tätig sind. Hier herrscht nationales Interesse, diese Patente nicht zu veröffentlichen.

Erwartungsgemäß ist in der Automobilindustrie eine hohe Patentintensität zu beobachten. Die zwölf Unternehmen der Branche haben 126 Beobachtungsjahre mit Patenteinträgen. Dies könnte aber auch dadurch beeinflusst werden, dass die Unternehmen bereits etabliert sind und eine lange Historie aufweisen.

Tabelle 6: Patenteinträge und F&E-Ausgaben der CDAX-Unternehmen nach Branchen[302]

Branche	N	Patente*			F&E - Ausgaben in € Mio.		
		Mittelwert	Stabw.	N	Mittelwert	Stabw.	N
Automobiles	12	97,75	131,66	126	160,42	346,47	33
Banks	12	2,57	1,51	7			
Basic Resources	10	114,86	186,83	49	20,26	18,55	9
Chemicals	10	255,67	459,02	60	76,09	140,14	31
Construction	25	19,65	27,93	182	10,38	6,62	39
Cyclical Goods & Services	29	9,93	11,01	73	9,88	6,85	34
Energy	3	48,94	41,38	48	16,36	4,96	18
Financial Services	54	23,14	26,80	14	7,31	3,32	4
Food & Beverage	18	26,92	28,36	24	10,43	11,91	8
Healthcare	43	23,15	31,25	212	59,29	127,21	132
Industrial Goods & Services	129	43,59	109,97	830	24,50	54,27	405
Media	36	1,86	1,57	7	2,29	4,65	19
Non-Cyclical Goods & Services	25	73,82	124,73	133	16,27	30,77	40
Retail	26	3,61	4,53	18	3,50	3,11	19
Technology	143	5,19	8,75	166	4,92	7,94	390
Telecommunications	6	5,25	5,19	12	7,10	2,28	11
Utilities	8	3,18	2,06	22			
Gesamt	589	46,85	128,81	1983	24,74	86,22	1192

* für Unternehmen und Jahre mit mind. einer Patentanmeldung, 1988-2004

302 Die Gesamtzahl der Unternehmen je Branche summiert sich nicht zu 609, da in der Versicherungsbranche (9 Unternehmen) keine Patente und keine F&E-Ausgaben auftreten und elf Unternehmen keiner Branche zugeordnet sind.

B. Patentaktivität und Performance etablierter Unternehmen

Der Aufbau der Analyse der Bewertungsrelevanz von Innovationsindikatoren wird in dem folgenden Abschnitt erläutert. Die Unternehmen werden, analog zu Chan et al. (2001) und Al-Horani et al. (2003) in Gruppen eingeteilt. Die Rendite einer jeden Gruppe wird bis drei Jahre[303] nach der Portfolioeinteilung betrachtet. Die Unternehmen werden abhängig von den Patentanmeldungen eines Jahres in fünf Gruppen unterteilt. Die erste Gruppe fasst als Vergleichsgruppe alle Unternehmen zusammen, die keine Patenteinträge zu verzeichnen hatten (kp). In den Gruppen 1.Q bis 4.Q sind die Unternehmen nach Quartilen der Patentanmeldung zusammengefasst. Die Jahresrendite wird stetig berechnet und für ein bis drei Jahre nach der Portfolioeinteilung geometrisch verknüpft. Somit wird die Rendite bestimmt, die ein Investor generiert hätte, wenn er zu einem Zeitpunkt t in das Portfolio investiert hätte und diese nach dem Investitionsjahr noch drei weitere Jahre, also insgesamt vier Jahre, hält. Da von Interesse ist, ob sich die Renditen zwischen den Gruppen unterscheiden, werden die absoluten und nicht die abnormalen Renditen miteinander verglichen. Hierbei wird zum einen mit dem t-Test verglichen, ob sich die Mittelwerte unterscheiden. Zum anderen werden die Ergebnisse mit dem Wilkoxon Test auf Unterschiede der Mediane der Gruppe getestet.[304]

Die Abbildungen 27 bis 29 zeigen die Entwicklung der Gruppen. Auf der vertikalen Achse ist die Rendite abgetragen und auf der horizontalen die Gruppeneinteilung. Das Kürzel kp steht für die Unternehmen ohne Patentanmeldungen, 1.Q sind die Unternehmen mit wenigen Anmeldungen (untere 25 Prozent), 2.Q sind die Unternehmen mit Patenteinträgen im zweiten Viertel, 3.Q im dritten Viertel und 4.Q sind die Unternehmen mit den meisten Patenteinträgen.

Wird die gesamte Stichprobe beobachtet (27 sowie Tabelle 7), so ist die Entwicklung des vierten Quartils (4.Q) am besten. Dabei übersteigt die Entwicklung der Unternehmen ohne Patente die Entwicklung sowohl der Unternehmen mit Patenteinträgen aus dem ersten als auch dem zweiten Quartil. Unter der Annahme, dass F&E-Ausgaben und Patente als Innovationsindikatoren ähnliche Sachverhalte messen, ähnelt die Beo-

303 Chan et al. (2001) betrachten auch einen Zeitraum von fünf Jahren, aufgrund der kleineren Datenmenge wird hiervon abgesehen. Al-Horani et al. (2002) bilden die Portfolios ebenfalls jährlich und vergleichen die monatliches Renditen der gebildeten Gruppen. Es ist so an dieser Stelle der Studie von AlHorani et al. (2002, S. 35) noch nicht möglich, die Entwicklung im Zeitablauf nach der Gruppenbildung zu beobachten.

304 Da die Annahme normalverteilter Renditen oft nicht erfüllt ist, werden beide Tests angewandt. Zu den Teststatistiken siehe Anhang IV. Zur Diskussion siehe Opfer (2004), S. 170 ff.

bachtung den Ergebnissen von Chan et al. (2001) sowie von Al-Horani et al. (2003). In deren Studien ist die Entwicklung der Unternehmen ohne veröffentlichte F&E-Ausgaben besser als die der Unternehmen mit einer geringen F&E-Intensität.

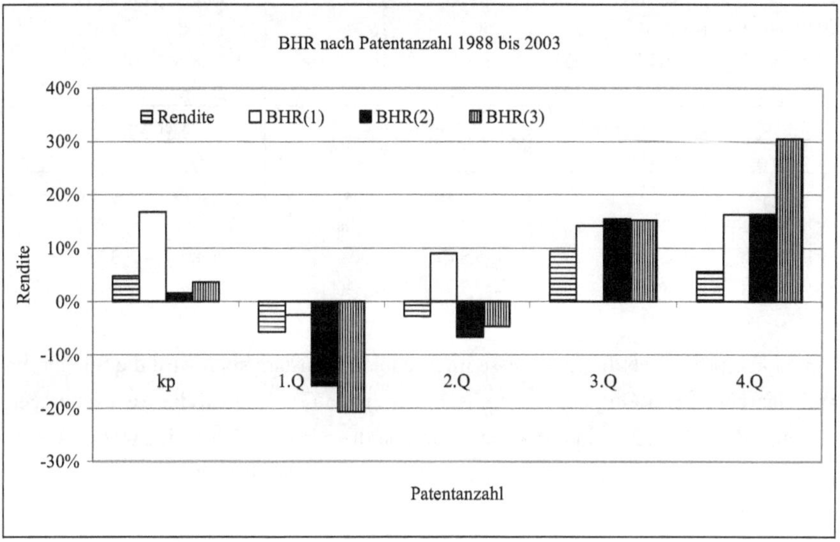

Abbildung 27: BHR bis drei Jahre nach Portfoliobildung, 1988-2003

Im ersten Schritt werden die Mittelwerte und die Mediane der Gruppe ohne Patente (kP) mit denen der Gruppe mit den meisten Patenen verglichen (4.Q). In einem zweiten Schritt werden dieselbigen der Gruppe mit wenigen (1.Q) und mit vielen (4.Q) Patenten verglichen. Zwar erzielen die Unternehmen ohne Patente im Durchschnitt eine positive Performance, werden in der Tabelle jedoch die Mediane beobachtet, so ist der Median der Unternehmen ohne Patente hoch negativ. Sie unterscheiden sich zwischen den Gruppen für jeden betrachteten Zeitraum signifikant. Die Mittelwerte unterscheiden sich nur für die Gruppen mit wenig und mit vielen Patenten. Tabelle 7 zeigt die Anzahl in den Gruppen und die Performance der gebildeten Gruppen.

Tabelle 7: Mittelwerte und Mediane der BHR nach Patenteinträgen, 1988-2003

alle	Anzahl		Mittelwert			Median		
Rendite (R)	kP	4.Q	kP	4.Q	Sig.	kP	4.Q	Sig.
R	2676	324	4,8%	5,6%		-10,2%	0,9%	***
BHR_plus1	2687	333	16,8%	16,3%		-13,8%	5,6%	***
BHR_plus2	2223	295	1,6%	16,4%		-25,8%	3,2%	***
BHR_plus3	1777	257	3,6%	30,5%		-28,8%	1,8%	***
	Anzahl		Mittelwert			Median		
Rendite (R)	1.Q	4.Q	1.Q	4.Q	Sig.	1.Q	4.Q	Sig.
R	255	324	-5,7%	5,6%	***	-10,2%	0,9%	***
BHR_plus1	256	333	-2,5%	16,3%	***	-11,8%	5,6%	***
BHR_plus2	215	295	-15,8%	16,4%	***	-26,8%	3,2%	***
BHR_plus3	176	257	-20,7%	30,5%	***	-30,9%	1,8%	***

Um zu überprüfen, ob die Ergebnisse im Zeitablauf konstant sind, wird die Stichprobe nach Jahren in zwei Gruppen unterteilt. In der ersten Gruppe sind die Beobachtungen der Jahre 1989 bis 1995, in der zweiten Gruppe die der Jahre 1996 bis 2002 zu sehen. Das Jahr 1988 wird wegen der fehlenden Rendite und das Jahr 2003 wegen geringer Patentdaten nicht beachtet.

In dem Zeitraum von 1989 bis 1995 (Abbildung 28) ist die Rendite für die Unternehmen ohne und mit vielen Patenten positiv. In diesen Jahren tritt auch der einzige Fall der Untersuchung auf, bei dem die Rendite (BHR3) der Unternehmen ohne Patente, drei Jahre nach der Portfoliobildung höher ist als die Rendite der Unternehmen des vierten Quartils, also die Unternehmen mit den meisten Patenten.

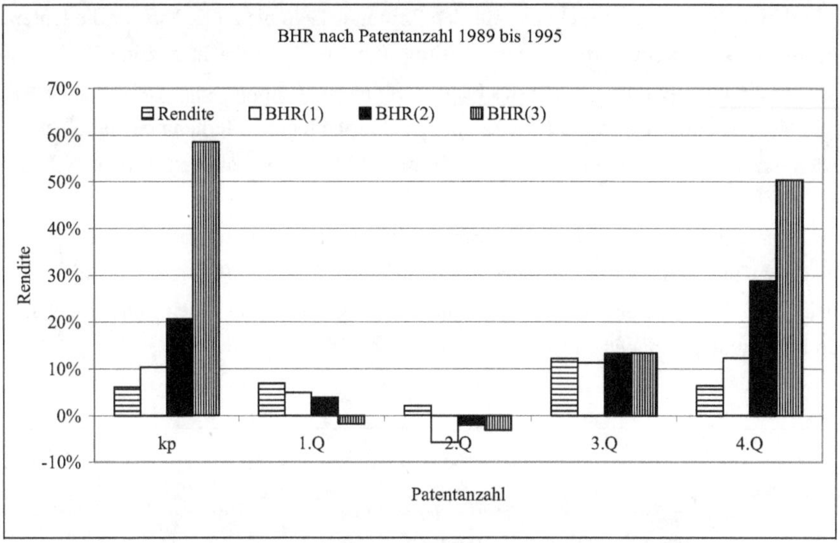

Abbildung 28: BHR bis drei Jahre nach Portfoliobildung, 1989-1995

Wie in Tabelle 8 abzulesen ist, unterscheiden sich die Renditen jedoch weder in den Mittelwerten noch in den Medianen. Auch gibt es keinen Unterschied bei einem Vergleich der Unternehmen ohne Patente mit den Unternehmen mit sehr vielen Patenten und zwischen den Gruppen mit den Unternehmen mit wenigen Patenten (1.Q) und denen mit vielen Patenten (4.Q).

Tabelle 8: Mittelwerte und Mediane der BHR nach Patenteinträgen, 1989-1995.

1989-1995	Anzahl		Mittelwert			Median		
Rendite (R)	kP	4.Q	1.Q	4.Q	Sig.	1.Q	4.Q	Sig.
R	419	88	3,0%	6,4%		-3,2%	4,0%	
BHR_plus1	445	88	10,3%	12,3%		0,4%	4,7%	
BHR_plus2	445	88	20,6%	28,9%		4,3%	9,2%	
BHR_plus3	445	88	58,6%	50,4%		7,7%	9,4%	
	Anzahl		Mittelwert			Median		
Rendite (R)	1.Q	4.Q	1.Q	4.Q	Sig.	1.Q	4.Q	Sig.
R	47	88	6,9%	6,4%		4,6%	4,0%	
BHR_plus1	47	88	4,9%	12,3%		-2,3%	4,7%	
BHR_plus2	47	88	3,9%	28,9%		-6,1%	9,2%	*
BHR_plus3	47	88	-1,7%	50,4%	**	-14,2%	9,4%	**

Abbildung 29 zeigt die Ergebnisse für den Zeitraum 1996 bis 2002. Nur für die Unternehmen des vierten Quartils ist eine positive Rendite zu beobachten. Eine Erklärung könnte die volatile Entwicklung des CDAX in diesem Zeitraum sein. Dabei sind während der Abschwungsphase ab 2000 in der Stichprobe mehr Unternehmen enthalten als während der Aufschwungsphase von 1996 bis 1999. In der späteren Zeitperiode 1996 bis 2002 sind signifikante Unterschiede zwischen den Medianen der Unternehmen ohne Patente und mit vielen Patenten sowie zwischen den Mittelwerten und den Medianen der Unternehmen mit wenigen (1.Q) und vielen Patenten (4.Q) zu erkennen (Tabelle 9). Die Bewertung von Patenten durch den Kapitalmarkt scheint über die Jahre an Bedeutung gewonnen zu haben.

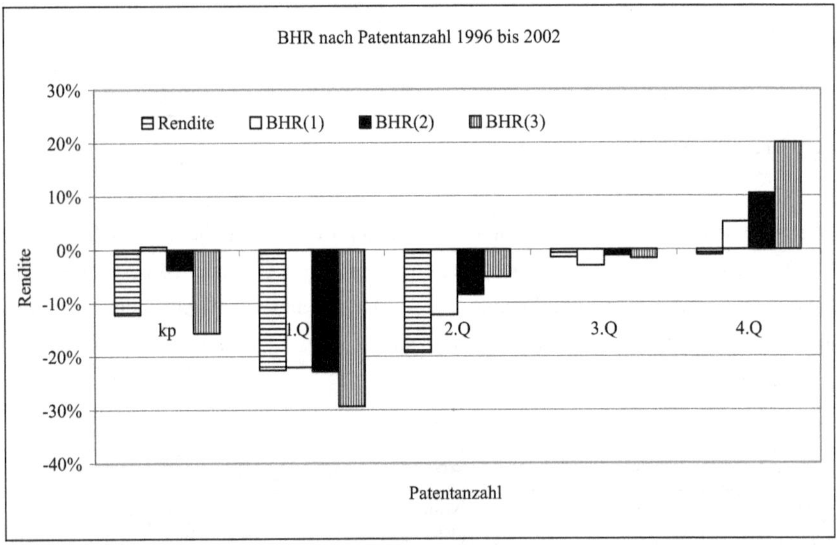

Abbildung 29: BHR bis drei Jahre nach Portfoliobildung, 1996-2002

Der Kapitalmarkt bewertet tendenziell Unternehmen in einem Zeitraum von einem Jahr bis drei Jahre, nachdem sie überdurchschnittlich viele Patentanmeldungen hatten, positiv. Dieser Effekt ist für die Gesamtstichprobe für die Unternehmen mit den meisten Patentanmeldungen zu beobachten. Wird das Sample nach Jahren unterteilt, verschiebt sich das Ergebnis: Bis 1996 erzielten die Unternehmen ohne und mit sehr vielen Patenten hohe Renditen. Wird der Renditevorsprung auf eine Entschädigung für das eingegangene Risiko interpretiert, lässt sich schlussfolgern, dass diese beiden

Gruppen als besonders chancen- aber auch risikoreich eingeschätzt wurden. Diese Ergebnisse stimmen mit denen von Kraft und Cranitzky (2004) überein, die einen umgekehrt U-förmigen Verlauf des Einflusses der F&E-Intensität auf das Rating (Wert des Fremdkapitals) eines Unternehmens beobachten. Entsprechend den Überlegungen von Shi (2003) ist der Einfluss auf die Bewertung des Fremdkapitals dem des Eigenkapitals entgegengesetzt, was dafür spricht, dass die F&E-Ausgaben das Risiko erhöhen, was zu einer höheren Rendite des Eigenkapitals führt und gleichzeitig den Wert der bereits emittierten Fremdkapitaltitel reduziert.

Tabelle 9: Mittelwerte und Mediane der BHR nach Patenteinträgen, 1996-2002

1996-2002	Anzahl		Mittelwert			Median		
Rendite (R)	1.Q	4.Q	1.Q	4.Q	Sig.	1.Q	4.Q	Sig.
R	1778	200	-12,2%	-1,0%		-23,9%	-2,6%	***
BHR_plus1	1769	200	0,6%	5,1%		-31,6%	-4,7%	***
BHR_plus2	1754	198	-3,7%	10,4%		-39,0%	-5,3%	***
BHR_plus3	1308	160	-15,7%	20,0%	*	-50,4%	-4,2%	***
	Anzahl		Mittelwert			Median		
Rendite (R)	1.Q	4.Q	1.Q	4.Q	Sig.	1.Q	4.Q	Sig.
R	167	200	-22,5%	-1,0%	***	-21,9%	-2,6%	***
BHR_plus1	166	200	-22,0%	5,1%	***	-26,9%	-4,7%	***
BHR_plus2	165	198	-22,8%	10,4%	***	-33,3%	-5,3%	***
BHR_plus3	126	160	-29,3%	20,0%	***	-45,8%	-4,2%	***

C. Verschiedene Innovationsindikatoren und Unternehmensperformance

Um die Robustheit der Ergebnisse zu überprüfen, wird die Wertrelevanz von Bilanzkennzahlen, der Höhe der F&E-Ausgaben und der Patentanzahl in einer Regressionsanalyse überprüft. Die Schätzung der Regressionskoeffizienten beinhaltet sowohl eine Zeitreihen- als auch eine Querschnittskomponente. Der Datensatz ist aber nicht mit einem klassischen Panel zu vergleichen. Wie Beck (2001) erläutert, zeichnen sich klassische Paneldaten durch eine sehr große Anzahl an beobachteten Unternehmen (N) und eher wenige Beobachtungszeitpunkte aus. Auch besteht bei Paneluntersuchungen kein Interesse an den Untersuchungsobjekten, sondern an der Grundgesamtheit. Bei den hier vorliegenden Daten können Parallelen zu TSCS-Daten gefunden werden. TS steht hier für Time Series, CS für Cross Sectional. Hauptsächlich treten diese Daten bei politisch-ökonomischen Zusammenhängen auf. Aus statistischer Sicht zeichnen sie sich dadurch aus, dass sie eine Grundgesamtheit abbilden, für die ein Zusammenhang aufgezeigt werden soll. Die Zeitreihe sollte über mindestens 15 zeitliche Beobachtungen laufen und N sollten konstant bleiben. Die optimale Methodik wäre dann nach Beck (2001) eine einfache OLS-Schätzung mit Panel corrected standard errors (PCSE). Diese Anforderungen, insbesondere die konstante Stichprobe über die Jahre, erfüllt die vorliegende Datenbasis ebenfalls nicht. Von daher wird ein ähnlicher Ansatz genutzt, der auch in der Literatur bereits angewandt wurde. Es wird eine Panelschätzung mit „fixed effects" vorgenommen (Hall 1986, Ernst 1996). Ernst (1996, S. 309) vergleicht die Eignung eines Fixed-Effect-Models mit einem Random-Effect-Models.[305] Nach seiner Ausführung bietet sich für den vorliegenden Datensatz ein Fixed-Effect Modell an, da keine Verteilungsannahme über die individuellen Effekte getroffen wird und es auch für geschlossene Datensätze anzuwenden ist. Da sich die Beobachtungseinheit hinsichtlich der Jahre unterscheidet und in der Portfoliobetrachtung die Bewertung in den verschiedenen Jahren zu differieren scheint, wird das Modell mit fixen Jahreseffekten geschätzt. Von einer Betrachtung der Querschnittdummies wird abgesehen, da dies zu viele Freiheitsgrade nutzen würde. Die Störterme werden nach White (diagonal) korrigiert, sodass um eine mögliche Heteroskedastizität der Störterme bereinigt wird.

Um Größenunterschiede der Unternehmen zu berücksichtigen, wird die F&E-Intensität berechnet, das heißt die Größen werden auf die Bilanzsumme bezogen.[306] Eine weitere Möglichkeit wäre, die F&E-Ausgaben auf den Umsatz zu beziehen. Da dieser aber stärker schwankt als die Bilanzsumme, wird die Bilanzsumme bevorzugt.[307] Es werden weiterhin nicht nur die absoluten Größen der Innovationsindikatoren betrachtet, sondern auch ihre Wachstumsraten. Getestet werden der Einfluss der F&E-Intensität, der Veränderung der F&E-Ausgaben sowie der relativen Höhe des aktivierten immateriellen Vermögens. Da die Jahresabschlüsse erst im Folgejahr veröffentlicht werden, werden die Bilanzkennzahlen um ein Jahr verschoben. Neben den Bilanzkennzahlen wird die Anzahl der Patente des beobachteten Jahres sowie die Anzahl der Patenteinträge vor drei Jahren betrachtet. Drei Jahre werden gewählt, da eine Patentgewährung von der Anmeldung bis zur Veröffentlichung ca. drei Jahre benötigt.

---

305 Zum Umgang mit Paneldaten siehe auch Greene (2003), Hsiao (2002) und Wooldridge (2002).

306 Die Patentanmeldezahlen werden nicht auf die Unternehmensgröße bezogen. Für sie wäre eher die Höhe der F&E-Ausgaben eine relevante Bezugsgröße. Dieses Vorgehen würde jedoch das Sample wieder einschränken. Um den Größeneffekten auch in der Patentuntersuchung Rechnung zu tragen, wird die Unternehmensgröße als erklärende Variable in das Modell aufgenommen.

307 Bei der Betrachtung des Umsatzes in einer ausgewählten Stichprobe sank die Erklärungskraft der F&E-Intensität im Vergleich zu den Berechnungen im Bezug zur Bilanz.

In der Regressionsanalyse wird zuerst untersucht, ob die Wachstumsoptionen (Markt-zu-Buchwerte) innovativer Unternehmen durch die identifizierten Innovationsindikatoren beeinflusst werden. Die abhängige Größe ist hier der natürliche Logarithmus des Markt-zu-Buchwertverhältnisses sowie seine absolute Größe.[308] Anschließend werden die Jahresrendite sowie die abnormale Jahresrendite als abhängige Variablen betrachtet. Als Kontrollvariablen werden in Anlehnung an Fama und French (1992) der natürliche Logarithmus des Markt-zu-Buchwertverhältnisses sowie als Korrektur für die Größe der natürliche Logarithmus der gesamten Aktiva in die Regression aufgenommen. Der Markt-zu-Buchwert wird als um ein Jahr verzögerte Variable in das Modell aufgenommen, da der zum Jahresende berechnete Markt-zu-Buchwert nur mit der Rendite zeitgleich beobachtet werden kann.

Mit einer Regressionsanalyse wird die Robustheit der Ergebnisse überprüft. Dabei werden der logarithmierte Markt-zu-Buchwert, die absolute Jahresrendite und die abnormale Jahresrendite als abhängige Variablen untersucht. Die Ergebnisse bestätigen die Zusammenhänge, zeigen aber auch, dass Informationen aus der Bilanz über F&E-Ausgaben die Bewertung am Kapitalmarkt zu beeinflussen scheinen. Werden in Tabelle 10 die Wachstumsoptionen des Unternehmens und der logarithmierte Markt-zu-Buchwert (MtB) als abhängige Variable beobachtet, dann haben die Innovationsindikatoren, Patente und F&E-Ausgaben wie erwartet ein signifikant positives Vorzeichen.

Dieses bleibt auch bei der Aufnahme von Branchendummies bestehen. Werden Interaktionseffekte zwischen Patenten und ausgesuchten Branchen modelliert, wird ein zusätzliches Patent, insbesondere in dem Technologiesektor (außer Software) relativ hoch bewertet. (β=0,046, t=7,29). Auch die F&E-Intensität des vergangenen Jahres spiegelt sich in einer höheren Bewertung wider. Eine Steigerung der Intensität zum Vorjahr führt dagegen nicht zu einer höheren Bewertung. Die aktivierten immateriellen Vermögensgegenstände beeinflussen die Bewertung signifikant negativ. Dies kann ein technischer Effekt sein, da die Aktivierung tendenziell den Buchwert eines Unternehmens erhöht. Gegen diese Vermutung spricht, dass die Veränderung des Anteils aktivierter Vermögensgegenstände keinen Einfluss auf das Markt-zu-Buchwertverhältnis besitzt. Ebenfalls ist der Einfluss des Interaktionsterms (Patente multipliziert mit der logarithmierten Bilanzsumme) nicht signifikant. Das negative Vorzeichen kann dahingehend interpretiert werden, dass die Bewertung zusätzlicher

[308] In Abhängigkeit davon, ob mit wachsender Differenz zwischen Marktwert und Buchwert die Erklärungskraft der Innovationsindikatoren abnimmt, sollte die absolute Zahl oder der Logarithmus besser erklärt werden können.

Patente für größere Unternehmen geringer ausfällt.

Tabelle 10: OLS Regression mit fixen Zeiteffekten Innovationsindikatoren auf den natürlichen Logarithmus des Markt-zu-Buchwertes

abhängige Variable: lnMtB	a)	b)	c)	d)	e)	f)	g)	h)	i)
c	0,92***	1,40***	0,89***	1,39***	0,60***	0,92***	0,63***	0,58***	0,91***
ln_aktiva	-0,05***	-0,05***	-0,05***	-0,05***	-0,04*	-0,07***	-0,01	-0,01	-0,05***
Patente	0,0004**	0,001***							0,00
Patente (-3)			0,0005**	0,001***					
FuE/ Aktiva(-1)					2,28***				
ΔFuE/ Aktiva						-2,12***			
AI/ Aktiva(-1)							-0,27*		
ΔAI/ Aktiva								0,02	
pat* ln_aktiva									-0,0001
Branche_D	nein	ja	nein	ja	nein	nein	nein	nein	nein
Jahre_D	ja	ja	ja	ja	ja	ja	ja	ja	ja
adj. R^2	0,19	0,24	0,19	0,24	0,30	0,28	0,21	0,21	0,19
N	3486	3484	3360	3358	693	653	2015	2004	3486

Aus Tabelle 10 lässt sich schlussfolgern, dass der Kapitalmarkt Patente und andere Innovationsindikatoren als Beitrag zu den Wachstumsoptionen eines Unternehmens sieht. Dabei ist die Erklärungskraft des Modells, wenn F&E-Ausgaben betrachtet werden (Modell e), höher als bei der Betrachtung der Patente (Modell a). Dieses muss nicht zwangsläufig für eine geringer Bewertung von Patenten durch den Kapitalmarkt sprechen, sondern kann unter Umständen auch darauf zurückgeführt werden, dass die F&E-Ausgaben den Gewinn und von daher tendenziell den Bilanzwert eines Unternehmens schmälern und so das Markt-zu-Buchwertverhältnis erhöhen. Eine weitere Tatsache, die den Vergleich der Modelle erschwert, ist die stark verringerte Größe des Samples bei Betrachtung der F&E-Ausgaben.

Tabelle 11 zeigt die Ergebnisse bei Betrachtung der Rendite als abhängige Variable. Auch hier ist der Einfluss der Patentvariablen, bei einem Koeffizienten von 0,02 Prozent, signifikant positiv. Der Koeffizient bringt zum Ausdruck, dass der durchschnittliche Patentwert in der Betrachtungsperiode für das Sample ca. €100.000 ist. Eine Mehranmeldung von 50 Patenten erhöht die Jahresrendite um 1 Prozent.[309] Bei einem durchschnittlichen Marktvolumen (Kurs*ausstehende Aktien) von ca. €500 Mio., bedeutet ein Renditeunterschied von 1 Prozent ein Wachstum um €5 Mio., sodass sich der Wert eines Patentes im Schnitt auf €100.000 beläuft.[310] Auch für die um drei Jahre verschobenen Patenteinträge ist der Einfluss signifikant und positiv. Wird die F&E-Intensität des vergangen Jahres als erklärende Variable aufgenommen, ist auch ihr Einfluss signifikant positiv. Die Erklärungskraft des Modells ist mit 14 Prozent allerdings geringer als bei Betrachtung der Patenteinträge. Eine Steigerung der F&E-Intensität wirkt sich negativ auf die Rendite aus. Allerdings müssen hier Informationsasymmetrien bedacht werden. So könnte es sein, dass die Veränderung der F&E-Intensität noch nicht direkt vollständig bewertet wird, da die F&E-Ausgaben zwar in Quartalsberichten veröffentlicht werden, der Jahresbericht aber erst nach Beginn des neuen Jahres veröffentlicht wird.

Das Verhältnis von aktivierten immateriellen Vermögensgegenständen zum Gesamtvermögen beeinflusst die Renditeentwicklung negativ. Der Koeffizient ist allerdings wegen der unterschiedlichen Rechnungslegungssysteme schwierig zu erklären.[311] Die Veränderung der aktivierten immateriellen Vermögensgegenstände hat keinen Einfluss auf die Rendite. Interessant sind die zu beobachtenden Interaktionseffekte (pat*ln_aktiva). Der Effekt der Patentanmeldungen ist für kleine positiver als für große Unternehmen. Wird die Interaktion zwischen ausgesuchten Branchen und den Patenteinträgen bestimmt, ist insbesondere in der Automobilbranche ein positiver und stärkerer Einfluss zu erkennen (β=0,06, t=2,21). In der Softwarebranche ist er negativ (β=-0,75, t=-6,09), was sicherlich mit den regulatorischen Besonderheiten der Softwarebranche in Bezug auf das Patentrecht in Deutschland zu begründen ist.

---

309 0,0002*50=0,01.

310 Im Vergleich mit dem von Hall et al. (2000) bestimmten durchschnittlichen Patentwert von $1,6 Mio. scheint diese Zahl recht gering. Zu beachten ist aber, dass hier alle Patenteinträge beachtet werden und sich das Sample über verschiedene Branchen erstreckt. Der Wert von €100.000 ähnelt allerdings den durchschnittlichen erzielten Preisen bei der kürzlich stattgefunden Ocean Tomo Auktion, die in Teil 2 Kapitel III vorgestellt wurde.

311 Da der Goodwill bei Unternehmensübernahmen nach allen Rechnungslegungssystemen aktiviert werden darf, könnte eine Interpretation sein, dass Unternehmen mit externem Wachstum einen Renditeabschlag zu verzeichnen haben. Für eine endgültige Aussage wären hier aber viel detailliertere Untersuchungen notwendig.

Tabelle 11: OLS Regression mit fixen Zeiteffekten der Innovationsindikatoren auf die Rendite

abhängige Variable: Rendite

	a)	b)	c)	d)	e)	f)	g)	h)	i)
c	-0,26 ***	-0,15 ***	-0,27 ***	-0,11	-0,50 ***	-0,34 ***	-0,32 ***	-0,40 ***	-0,27 ***
ln_mtb(-1)	-0,02	-0,03	-0,02	-0,02	-0,06 *	-0,06 *	-0,03 *	-0,03 **	-0,02
ln_aktiva	0,03 ***	0,02 ***	0,03 ***	0,02 ***	0,06 ***	0,04 ***	0,04 ***	0,04 ***	0,03 ***
Patente	0,00 **	0,0001 *							0,00
Patente (-3)			0,0003 ***	0,0002 *					
FuE/ Aktiva(-1)					0,69 *				
ΔFuE/ Aktiva						-1,62 ***			
AI/ Aktiva(-1)							-0,56 ***		
ΔAI/ Aktiva								0,26	
pat* ln_aktiva									-0,0001 *
Branche_D	nein	ja	nein	ja	nein	nein	nein	nein	nein
Jahre_D	ja	ja	ja	ja	ja	ja	ja	ja	ja
adj. R^2	0,17	0,18	0,17	0,18	0,14	0,14	0,15	0,13	0,17
N	2532	2530	2493	2491	556	524	1692	1682	2532

Tabelle 12: OLS Regression mit fixen Zeiteffekten der Innovationsindikatoren auf die abnormale Rendite

abhängige Variable: AR vs. CDAX

	a)	b)	c)	d)	e)	f)	g)	h)	i)
c	-0,23 ***	-0,11 **	-0,23 ***	-0,07	-0,36 ***	-0,21 **	-0,20 ***	-0,28 ***	-0,23 ***
ln_mtb(-1)	-0,02	-0,02	-0,02	-0,02	-0,06 *	-0,07 *	-0,03 *	-0,03 **	-0,02
ln_aktiva	0,03 ***	0,02 ***	0,03 ***	0,02 ***	0,06 ***	0,04 ***	0,04 ***	0,04 ***	0,03 ***
Patente	0,00 **	0,0001							0,00 **
Patente (-3)			0,0003 ***	0,0002 *					
FuE/ Aktiva(-1)					0,69 *				
ΔFuE/ Aktiva						-1,62 ***			
AI/ Aktiva(-1)							-0,57 ***		
ΔAI/ Aktiva								0,26	
pat* ln_aktiva									-0,0001 *
Branche_D	nein	ja	nein	ja	nein	nein	nein	nein	nein
Jahre_D	ja	ja	ja	ja	ja	ja	ja	ja	ja
adj. R^2	0,06	0,08	0,06	0,08	0,05	0,06	0,09	0,08	0,06
N	2541	2539	2502	2500	558	526	1701	1691	2541

Tabelle 12 zeigt die Ergebnisse der Modelle, wenn die abnormale Rendite als abhängige Variable betrachtet wird. Die Ergebnisse ändern sich, wenn überhaupt, nur geringfügig.

Zusammenfassend werden Innovationen, gemessen über F&E-Ausgaben oder Patente, vom Kapitalmarkt positiv bewertet. Hierbei spielen der Beobachtungszeitraum sowie die Branche, in der die Unternehmen tätig sind, eine wichtige Rolle. Um das Sample bezogen auf Branche und Zeitraum homogener zu halten und um gezielter auf die Forschungsfrage der vorliegenden Arbeit, also der Finanzierung kleiner Unternehmen, eingehen zu können, wird die Analyse der CDAX Unternehmen nicht weiter vertieft. Vielmehr wird detaillierter auf die Wertrelevanz von Patenten für die Unternehmen des Neuen Marktes eingegangen.

Kapitel III: Einfluss von Patenten auf junge Unternehmen

Da Bewertungs- und Finanzierungsprobleme für junge innovative Unternehmen besonders stark ausgeprägt sind, werden hier die IPOs des Neuen Marktes gesondert betrachtet. Ihr Patentierungsverhalten und dessen Einfluss auf den Erfolg der Unternehmen werden in dem folgenden Teil der empirischen Untersuchung untersucht. Der Unternehmenserfolg wird in zweierlei Hinsicht gemessen: Im ersten Teil wird, im Sinne der Maximierung des Shareholder Value, untersucht, wie der Kapitalmarkt die Patentaktivität der IPO bewertet. Im zweiten Teil wird untersucht, welchen Einfluss Innovationen, gemessen über die Patentaktivität eines Unternehmens, auf das Überleben des IPOs haben. Da die Wertverteilung von Patenten sehr schief ist (Teil 1 Kapitel III), wird die Qualität der Patente eines Unternehmens mit in die Untersuchung einbezogen. Zur Abschätzung der Patentqualität werden die Indikatoren des in Teil 1 Kapitel III herausgearbeiteten Indikatorensets hinzugezogen.

A. Daten und deskriptive Statistik

Der Neue Markt und die Performance der Neuemissionen unter Berücksichtigung verschiedenster Agency Probleme werden von Kurth (2005) ausführlich analysiert. Im Folgenden sollen die Grundzüge und die Entwicklung des Neuen Marktes nur skizziert werden. Die Zeitreihen der täglichen Aktienkurse stammen von Reuters. Dabei handelt es sich um bereinigte Kurse. Sie sind um technische Kursschwankungen, wie Dividendenzahlungen und Aktiensplits bereinigt.[312]

I. Überblick über die Unternehmen des Neuen Marktes

Vor dem Neuen Markt konnte der deutsche Eigenkapitalmarkt eher als unterentwickelt bezeichnet werden und bot insbesondere für kleine und innovative Unternehmen kaum Möglichkeiten, Eigenkapital durch eine Emission an der Börse aufzunehmen. Traditionell finanzieren sich die Unternehmen im bankbasierten Finanzmarkt über Kredite, sodass bis in die 80er Jahre im Schnitt weniger als zehn Unternehmen jährlich an die Börse gingen. Auch in dem Zeitraum 1983 bis 1997 veränderte sich diese Anzahl kaum. Jährlich gab es im Schnitt zwischen 9 und 33 Börsengänge [Bessler und Thies (2007), Thies (2000)]. Die Popularität der Eigenkapitalaufnahme stieg mit dem Börsenaufschwung in den 90ern europaweit. In Deutschland wurde während dieser Aufschwungsphase im Jahr 1997 der Neue Markt als Börsensegment für Technologieunternehmen eröffnet. Diese Finanzierungsquelle gewann für junge innovative Unternehmen enorme Bedeutung. Im Jahr 1997 gingen insgesamt 12 (11) Unternehmen an den Neuen Markt.[313] Nach einem moderaten Anstieg auf 41 (39) Unternehmen im Jahr 1998 stieg die Anzahl an IPOs sprunghaft auf 131 (112) im Jahr 1999 und 133 (114) im Jahr 2000 an. In den darauf folgenden Jahren fiel die Anzahl auf 11 (11) Unternehmen in 2001 und nur einem (1) Unternehmen in 2002.

Die Indexentwicklung des Neuen Marktes reflektiert die IPO Entwicklung und verdeutlicht einmal mehr die Unsicherheit bei der Bewertung junger innovativer Unternehmen. Wie Abbildung 30 zeigt, stieg der Nemax All Share Index von 500 Indexpunkten im März 1997 bis März 2000 um ca. 1.600 Prozent auf 8.583 Indexpunkte. Da auch 80 Prozent aller Neuemissionen in diesem Zeitraum stattfanden, kann diese Phase

---

312 Sauer (1991) beschreibt das Vorgehen „operation blanché“ für die Daten der Karlsruher Kapitalmarktdatenbank. Die Übereinstimmung der Reuters-Daten mit denen der Karlsruher Kapitalmarktdatenbank wurde stichprobenartig kontrolliert.

313 Da in der folgenden Untersuchung nur deutsche IPO betrachtet werden, ist deren Anzahl in Klammern getrennt aufgeführt.

des Neuen Marktes offensichtlich als „Hot-Issue-Phase“ bezeichnet werden (Bessler und Kurth 2005). Nach seinem Maximum im März 2000 fiel der Index stetig. Bis Oktober 2002 verlor er 96 Prozent seines ursprünglichen Wertes und notierte bei ca. 350 Punkten. Die Deutsche Börse AG schloss das Marktsegment im März 2003. Die Gründe sind in den Skandalen und ausbleibenden Börsengängen zu sehen, die hauptsächlich durch die Probleme des Regelwerks des Neuen Marktes verursacht wurden. Kurth (2005, S. 48f.) legt dar, dass es kaum Möglichkeiten gab, das Vertrauen der Investoren zurück zu gewinnen. Da der Neue Markt privatrechtlich organisiert war, bestand zwischen der Börse und den Emittenten eine Vertragsbeziehung und einseitige Änderungen der Regelungen durch die deutsche Börse, die das Anlegervertrauen hätten verbessern können, erwiesen sich als schwierig (Hammen 2003, S. 998).

Die extreme Entwicklung bietet eine exzellente Möglichkeit, die Bewertung von Patenten durch den Kapitalmarkt sowohl in einer Aufschwungs- als auch in einer Abschwungsphase zu beobachten. Nach einer Gesamtanalyse aller IPOs werden deshalb die Hot-Issue-IPOs der Jahre 1997 bis 1999 und die Cold-Issue-IPOs der Jahre 2000 bis 2002 getrennt untersucht. Zwar gingen 2000 noch sehr viele Unternehmen an den Markt, allerdings ist die Phase von einem starken Rückgang des Marktes geprägt. Nach der Definition von Ibbotson und Jaffe (1975) befindet sich ein Markt in einer Hot-Issue Phase, wenn der durchschnittliche Ersttagsgewinn in einem Monat höher ist als der Median. Dieses Kriterium ist für den Neuen Markt aufgrund der geringen Anzahl der Börsengänge in einzelnen Monaten schwierig anzuwenden. Von daher wird für den Neuen Markt der Einteilung von Kurth (2005, S. 353) gefolgt. Die IPOs der Jahre 1997 bis 1999 werden als Hot-Issue-IPOs und die der folgenden Jahre als Cold-Issue-IPOs klassifiziert. Alleine für die Betrachtung des Underpricing werden die ersten drei Monate des Jahres 2000 noch als Hot-Issue-IPOs betrachtet, da bei der Tagesbetrachtung eine differenziertere Einteilung vorteilhafter scheint.[314]

---

314 Die Ergebnisse sind jedoch gegen die unterschiedliche Einteilung robust.

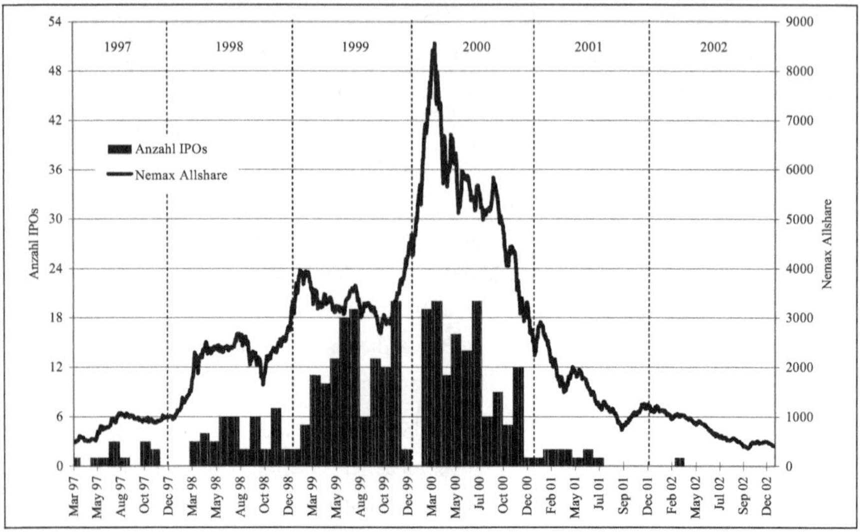

Abbildung 30: Anzahl der IPOs und der Nemax AllShare Index

Quelle: Kurth (2005)

Zwei Aspekte, die in dem theoretischen Teil der Arbeit herausgearbeitet wurden, sind für die Eingrenzung des Samples von entscheidender Bedeutung. Zum einen wurde in Teil 1 Kapitel II erörtert, dass das Patentierungsverhalten eines Unternehmens durch das Patentrecht eines Landes, der Branche in der das Unternehmen tätig ist, der Unternehmensgröße und der Art der Innovation beeinflusst wird. Zum anderen wurde in Teil 2 Kapitel I gezeigt, dass die Wertrelevanz von Patenten für den Unternehmenswert insbesondere für Unternehmen in von Innovationen geprägten Branchen (beispielsweise Technologie) stark ausgeprägt ist.

Die Unternehmen des Neuen Marktes bieten sich demnach besonders für die Untersuchung an. Schließlich war der Neue Markt ein Segment für Technologieunternehmen. Der Innovationsbewertung sollte hier besondere Aufmerksamkeit zukommen. Um keinen Verzerrungen durch das Ursprungsland und seinen Auswirkungen auf das Patentverhalten des Unternehmens zu unterliegen, werden nur die deutschen Unternehmen, die einen Börsengang an den Neuen Markt durchführten, in das Sample aufgenommen.

II. Patentdaten

Die Patente aller deutschen IPOs des Neuen Marktes der Jahre 1997 bis 2002 werden über den „Derwent Innovation Index" abgefragt. Der Derwent Innovation Index von Thomson Financial subsumiert den „Derwent World Patent Index" (DWPI) und den „Derwent Patents Citation Index" (DPCI). Dem Nutzer stehen ca. 11 Mio. Patente aus dem DWPI sowie die dazugehörigen Zitierungen der Patente aus dem DPCI zur Verfügung. Derwent bezieht die Daten von 40 Patentämtern.[315] Darunter befinden sich das US-amerikanische, das europäische, das deutsche und das japanische Patentamt sowie die Anmeldungen bei der WIPO (World Intellectual Property Organisation). Der DPCI baut auf den Daten des DWPI auf und erfasst die von den Patentprüfern und Patentanmeldern angegebenen Zitierungen für die Datenbasis seit 1970. Bis 1997 sind die Angaben über Zitierungen von 16 Patentämtern in der Datenbank enthalten, seit 1997 reduziert sich die Anzahl auf sechs Patentämter.[316]

Die Abfrage orientiert sich an dem Unternehmen, welches das Patent anmeldet. Es wird als Anmelder bezeichnet. Alle deutschen IPOs des Neuen Marktes werden als potenzielle Anmelder betrachtet. Der Derwent Innovation Index bietet die Möglichkeit, alle Patente eines Anmelders nach Jahren abzufragen. Als Anmeldenamen werden der aktuelle Namen der Unternehmen, die Altnamen sowie die Namen der 100 Prozent Töchterunternehmen genutzt. Die Informationen über die Beteiligungen und Altnamen der Unternehmen wurden verschiedenen Jahrgängen des Hoppenstedt Aktienführers zwischen 1997 und 2003 entnommen. Die Patentnummer wird in der Untersuchung und beim Aufbau der Datenbank als Schlüssel genutzt, da sie einer Patentschrift eindeutig zugeordnet werden kann. Darüber hinaus bietet die Patentnummer wichtige Informationen über eine Offenlegung oder Patentschrift.[317]

Als Indikatoren für den Patentwert werden die Indikatoren des in Teil 2 Kapitel III abgeleiteten Indikatorensets genutzt. Das Indikatorenset setzt sich aus der Anzahl und dem Jahr der Patentanmeldungen, den Vorwärts- und Rückwärtszitierungen, Zitierungen der Nicht-Patentliteratur, der Familiengröße und der Anzahl der IPC-Klassen zusammen. Die Indikatoren wurden alle über den „Derwent-World-Patent Index" (DWPI) und den „Derwent-Patent Citation Index" (DPCI) abgefragt.

---

315 Wird in den folgenden Ausführungen zu Derwent von einer Patentschrift gesprochen, steht dies synonym für einen Patenteintrag. In Derwent sind sämtliche Veröffentlichungen enthalten. Dies können Gebrauchsmuster, Patentoffenlegungen, Patentschriften, Übersetzungen oder Verbesserungen sein.

316 Die Informationen über die Datenbank stammen aus dem Derwent Innovation Index Guide aus dem Jahr 2003, für eine Übersicht der Patentämter siehe Anhang III.

317 Siehe Teil 2 Kapitel II.

Die bibliographischen Daten, das heißt die direkten Daten aus der ersten Seite einer Patentschrift, können bei der Abfrage nach den Patenten eines Anmelders aus dem DWPI erfasst werden. Im Sinne des genutzten Indikatorensets sind die bibliographischen Daten das Anmeldedatum, das Publikationsdatum, die Haupt-IPC-Klasse sowie die Neben-IPC-Klassen. Die Familienzugehörigkeit ist keine direkte bibliographische Größe, ist aber ebenfalls im DWPI enthalten.[318] Derwent fasst die nationalen und internationalen Patentanmeldungen, die eine bestimmte Erfindung schützen, zu einer Patentfamilie zusammen und versieht diese Patentgruppe mit einer Familiennummer.[319] Wenn sich an den Patenten der Familie der Status ändert oder neue Anmeldungen hinzukommen, so wird die Patentfamilie von Derwent erweitert. Die Patentabfrage in Derwent ist so gestaltet, dass bei der Abfrage nach einem Patent sämtliche Familienmitglieder aufgelistet werden. Dabei sind in dem Abfrageergebnis neben den Patentnummern sämtliche bibliographische Daten der Patente der Familie enthalten.

Die Rückwärts- und Vorwärtszitierungen aus dem DPCI werden im gleichen Abfragefenster wie die bibliographischen Daten erfasst. Die Rückwärtszitierungen zur Patent- und Nicht-Patent-Literatur können in die Patentabfrage nach dem Anmelder integriert werden. Um die Vorwärtszitierungen zu erhalten, bedarf es einer eigenen Abfrage, die simultan möglich ist, wenn die Anzahl der zu einem Anmelder gehörenden Patentfamilien und zugehörige Vorwärtszitierungen 500 nicht übersteigt. Besitzt das betrachtete Unternehmen mehr als 500 Anmeldungen mit dazugehörigen Vorwärtszitierungen, bietet sich die Möglichkeit, Anmeldungen und Zitierungen getrennt nach Jahren abzufragen. Eine weitere Unterteilung ist nicht möglich. Die Kapazität der Ergebnisliste ist für die IPOs des Neuen Marktes ausreichend.[320] Die Abfrage der Vorwärtszitierungen findet deduktiv statt. Das bedeutet, dass der DPCI die Patente auflistet, die die Patente des beobachteten Unternehmens zitieren. Die Ergebnisliste der Abfrage der zitierenden Patente entspricht im Aufbau der Ergebnisliste der Abfrage nach den Patenten eines Anmelders. Die Patente des betrachteten Unternehmens stehen als Rückwärtszitierungen in der Ergebnisliste der Abfrage nach den Vorwärtszitierungen. Diese Systematik bietet den Vorteil, dass die Ergebnisliste einfach in die für die Untersuchung genutzte

---

318 Dies ist möglich, da in den Patentschriften auf das Prioriätspatent verwiesen wird. So ist anhand eines einzelnen Patentes zwar nicht ersichtlich wie viele Familienmitglieder die entsprechende Familie hat, bei der Einsicht sämtlicher Schriften eines Anmelders, lassen sich diese über das Prioriätspatent zu einer Familie formieren.

319 In der Arbeit wird zur Identifizierung nicht die von Derwent kreierte Nummer erfasst, sondern es wird je abgefragte Patentfamilie eine fortlaufende Nummer vergeben, die für alle Patente einer Familie gleich ist.

320 Einige DAX-Unternehmen hatten weit mehr als 500 Anmeldungen je Jahr. Dies war mit ein Grund dafür, dass diese nicht in der empirischen Untersuchung behandelt wurden, da dies nur zu einer unvollständigen Betrachtung der Patente dieser Unternehmen geführt hätte.

Datenbank integriert werden kann. Die Vorwärtszitierungen stehen als Patente in der Datenbank. Alleine für das anmeldende Unternehmen gibt es keinen Schlüssel. Vielmehr werden seine Patente über die Patente des Anmelders (eines IPO des Neuen Marktes) in der Analyse wieder abgefragt.

Exkurs – Aufbau der Datenbank

Die für die empirische Untersuchung genutzte Datenbank wurde aus Patentdaten des Derwent Innovation Index und aus Reuters' Kapitalmarktdaten aufgebaut. Abbildung 31 bildet den Aufbau der Grunddatenbank ab, von der die weitere Untersuchung ausgeht. In der hier aufgezeigten Version sind die Daten bereits aufbereitet. Je nach Bedarf sind die Indikatoren bereits auf Patent- oder Unternehmensebene aggregiert. So bietet diese Datenbank die Möglichkeit, die Patente eines Unternehmens abzufragen, inklusive des Anmelde- und Veröffentlichungsdatums, der Haupt-IPC-Klasse und der Familiennummer sowie der Anzahl der Vorwärts- und Rückwärtszitierungen, der Anzahl der Zitierungen der Nicht-Patent-Literatur, der Anzahl der Familienmitglieder, der Anzahl der IPC-Klassen. Die Abfrage ist auf Patentebene oder auf Unternehmensebene möglich, wobei die Indikatoren im zweiten Fall als Mittelwerte über die Patente des betrachteten Unternehmens hinweg ausgedrückt sind.

Abbildung 31 zeigt schematisch den Aufbau der Datenbank zur Analyse der Unternehmen des Neuen Marktes. Die mittlere Tabelle Schl_nach_DB_Anbieter ermöglicht es, die Daten der verschiedenen Datenbankanbieter miteinander zu verknüpfen. Die vier Tabellen in der oberen linken Ecke der Abbildung enthalten die verschiedenen Renditemaße. Der Schlüssel der BHR und BHAR Tabelle ist aus der WKN und dem Handelstag nach IPO kombiniert. Die vier Tabellen an der rechten Seite der Abbildung enthalten verschiedene Informationen zu den Unternehmen wie Branche, IPO-Primärmarktdaten, den Status des IPOs im Mai 2005 sowie das Jahr der Unternehmensgründung, den Namen bei der Gründung und den ersten Handelstag. Die unteren drei Tabellen enthalten die Patentdaten und die zugehörige Indikatoren. Diese Tabellen enthält nicht die direkt aus Derwent gezogenen Daten, sondern die bereits nach Patentnummern aggregierten.[321]

[321] In den Ursprungstabellen sind die Indikatoren in ihren Ausprägungen für jedes Patent aufgelistet, sodass es fünf zusätzliche Tabellen gibt. Patentnummer – IPC, Patentnummer – Vorwärtszitierungen, Patentnummer – Rückwärtszitierung, Patentnummer – Familiennummer, Patentnummer – zitierte Artikel, siehe auch Abbildung 34 im vorhergehenden Kapitel.

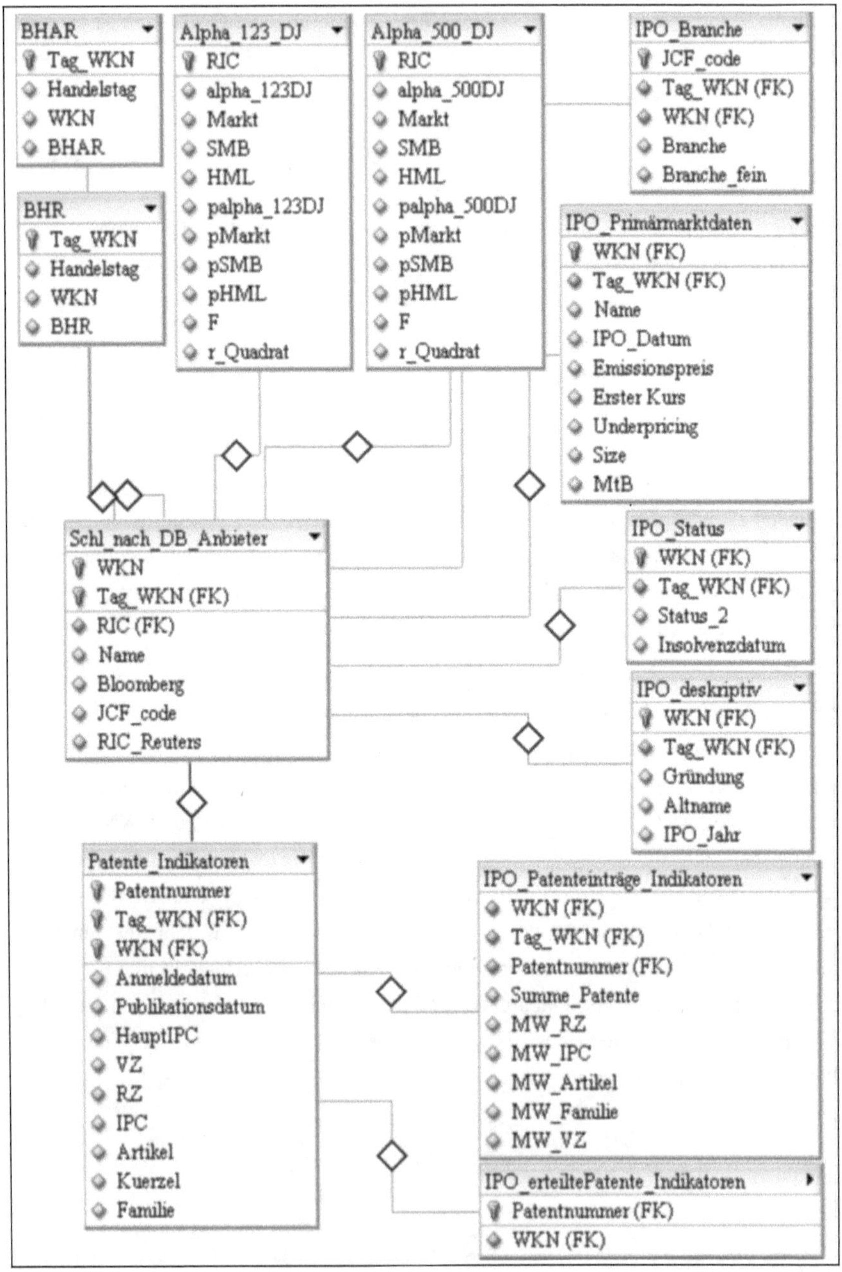

Abbildung 31: Daten der IPOs des Neuen Marktes

Die linke untere Tabelle enthält die Einzelpatente und die Anzahl der Indikatoren je Patent. Die untere rechte Tabelle fasst die Patentanzahl und die Mittelwerte der Indikatoren je Unternehmen zusammen. Dabei werden nur die Anzahl und die Mittelwerte der bereits erteilten Patente betrachtet. Die Attribute sind hier ausgeblendet, die Tabelle enthält jedoch die gleichen Attribute wie die über ihr abgebildete Tabelle. In dieser beziehen sich die Indikatoren auf alle Patenteinträge, d.h. Anmeldungen und Erteilungen sowie sonstige Informationen. Diese Struktur ermöglicht es, sowohl nur die erteilten Patente als auch alle Patenteinträge zu beobachten.

Aus der so gebildeten Datenbank wurden neben den Abfragen für die empirische Untersuchung ebenfalls die im nächsten Abschnitt beschriebenen deskriptiven Statistiken abgeleitet.

III. Patentierungsverhalten der Unternehmen des Neuen Marktes

Das Patentierungsverhalten der deutschen IPOs in den Jahren 1997 und 2002 steht im Mittelpunkt dieses Abschnittes. Abbildung 32 gibt einen Überblick über die durchschnittliche Anzahl der Anmeldungen und der Veröffentlichungen je Unternehmen und Jahr im Zeitablauf.

Das Veröffentlichungsdatum ist dabei um zwei 2 Jahre nach vorne verschoben. Es dauert durchschnittlich zwei Jahre von einer Anmeldung bis zu einer Veröffentlichung. Als Grundgesamtheit werden in Abbildung 32 alle bis zu dem betrachteten Jahr gegründeten Unternehmen definiert.

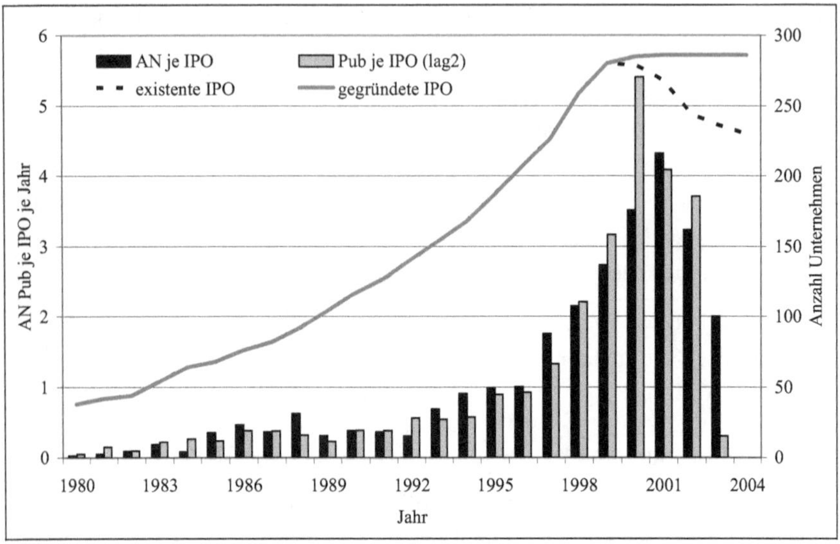

Abbildung 32: Anmeldungen und Publikationen je Unternehmen nach Jahren

Die Publikationen sind um zwei Jahre nach vorne verschoben. Die Anzahl der Unternehmen ist auf der rechten Achse abgetragen, die Anzahl der Patenteinträge je Unternehmen auf der linken Achse.

Quelle: Derwent Innovation Index, Hoppenstedt Aktienführer, Ad-hoc-Mitteilungen

In Abbildung 33 hingegen werden die Patentanmeldungs- und Publikationsjahre auf die Anzahl der Unternehmen bezogen, die in dem Jahr Patente anmeldeten bzw. auf die Anzahl der Unternehmen, über die in dem entsprechenden Jahr Patentschriften publiziert wurden. In beiden Abbildungen ist seit Mitte der 90er-Jahre ein extremer Anstieg der Patentneigung zu erkennen. Diese Beobachtung entspricht den Ergebnissen von Kortum und Lerner (1999) und Hall (2004), die für den US-amerikanischen Markt 1995 einen überproportionalen Anstieg der Patentanmeldungen beobachten, der nicht auf regulartorische Änderungen zurückzuführen ist. Das Deutsche Patentamt und insbesondere das europäische Patentamt weisen in ihren Jahresberichten von 1994 bis 2004 ebenfalls einen, wenn auch abnehmenden, Anstieg der Patentanmeldungen aus.

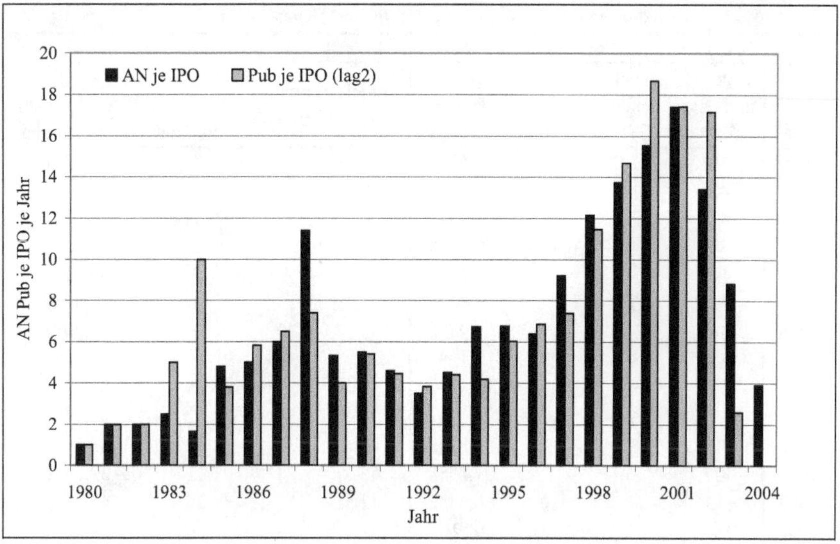

Abbildung 33: Anmeldungen und Publikationen je Unternehmen je Jahr
Die Publikationen sind um zwei Jahre nach vorne verschoben

Quelle: Derwent Innovation Index, Hoppenstedt Aktienführer

Tabelle 13 gibt einen detaillierten Überblick über die Anmeldungen und Publikationen der deutschen Unternehmen des Neuen Marktes. Die erste Spalte im linken Teil der Tabelle zeigt die Anzahl bereits gegründeter Unternehmen seit dem Jahr 1980. Das jüngste IPO wurde im Jahr 2001[322] gegründet und ging 2002 an die Börse.[323] In der zweiten und dritten Spalte sind die Anzahl der IPOs aufgeführt, die in dem betreffenden Jahr eine Anmeldung beim Patentamt eingereicht haben und über die eine Schrift von einem Patentamt veröffentlicht wurde. In der vierten Spalte ist der relative Anteil von Unternehmen abgetragen, der in dem betrachteten Jahr mindestens ein Patent anmeldete. Hier lässt sich bis 2001 ein beinahe stetiger Anstieg erkennen. Das Maximum wird im Jahr 2001 erreicht, in dem ca. 22 Prozent der bis zu diesem Zeitpunkt gegründeten IPOs ein Patent anmelden. Danach nimmt der Anteil anmeldender Unternehmen ab. Dies kann teilweise auf die zeitliche Verschiebung der Veröffentlichung zurückgeführt werden.

---

[322] Nach Angaben der Deutschen Börse AG, Stand 23.10.2006 war das Gründungsjahr 2001 nach Angaben des Hoppenstedt Aktienführers (2003, S. 835) wurde das Unternehmen bereits 2000 gegründet.

[323] Zwar wurde im Regelwerk des Neuen Marktes ein Mindestalter von drei Jahren beim Börsengang empfohlen, jedoch ist dies eher als eine Empfehlung als ein zwingendes Kriterium zu interpretieren, Regelwerk des Neuen Marktes (2002), Abschnitt 2, Nr. 3.2.

Tabelle 13: Gründungen und Patenteinträge der IPO des Neuen Marktes

	(1)	(2)	(3)	(4)	(5)	(6)	(7)	(8)
Jahr	gegründete IPO*	anmeldende IPO	publizierende IPO	Anteil Patentanmelder	Anmeldungen	Publikationen	erteilte Patente Pub. Jahr	Anteil Erteilungen an Publikationen
1980	38	1	3	2,63%	1	3	2	66,67%
1981	42	1	0	2,38%	2	0	0	
1982	44	2	2	4,55%	4	2	1	50,00%
1983	54	4	4	7,41%	10	8	2	25,00%
1984	64	3	3	4,69%	5	6	2	33,33%
1985	68	5	3	7,35%	24	15	3	20,00%
1986	76	7	2	9,21%	35	20	2	10,00%
1987	82	5	5	6,10%	30	19	6	31,58%
1988	92	5	6	5,43%	57	35	18	51,43%
1989	104	6	6	5,77%	32	39	12	30,77%
1990	117	8	5	6,84%	44	37	16	43,24%
1991	127	10	7	7,87%	46	28	11	39,29%
1992	141	12	10	8,51%	42	54	26	48,15%
1993	154	23	13	14,94%	104	58	30	51,72%
1994	168	22	24	13,10%	148	92	28	30,43%
1995	187	26	22	13,90%	176	97	29	29,90%
1996	207	31	27	14,98%	198	113	28	24,78%
1997	227	41	32	18,06%	378	193	67	34,72%
1998	259	43	33	16,60%	522	226	71	31,42%
1999	280	52	47	18,57%	714	347	97	27,95%
2000	285	60	51	21,05%	932	585	151	25,81%
2001	286	63	55	22,03%	1097	808	187	23,14%
2002	286	56	71	19,58%	751	1325	409	30,87%
2003	286	51	61	17,83%	450	1063	372	35,00%
2004	286	35	56	12,24%	137	961	380	39,54%

* da für zwei Unternehmen das Gründungsjahr unbekannt ist, sind hier nur 286 Unternehmen aufgeführt

Insgesamt scheint es, als wäre die Patentneigung zur Zeit des Neuen Marktes höher gewesen als in den vorangegangenen Jahren. Seit der Gründung des Neuen Marktes im Jahr 1997 ist der Anteil patentierender Unternehmen deutlich gestiegen. In dem Zeitraum 1997 bis 2003 melden im Schnitt jährlich 19,10 Prozent der Unternehmen Patente an, in den vorangegangen sieben Jahren hingegen nur 11,45 Prozent. Gleichzeitig sinkt, wie in Spalte (8) der Tabelle zu erkennen ist, der Anteil erteilter Patente an den Gesamtpublikationen der Patentämter (Erteilungsquote). Zu der Zeit des Neuen Marktes ist der Anteil der Erteilungen mit durchschnittlich 29,84 Prozent beinahe um zehn Prozentpunkte geringer als der Durchschnitt über die Jahre 1990 bis 1996. In jener Zeit lag die Erteilungsquote bei 38,22 Prozent. Dies kann zum einen an einer geringeren

Erteilungsquote der Anmeldungen liegen, es ist aber auch möglich, dass sich die Dauer des Erteilungsverfahrens mit der ansteigenden Anzahl der Patentanträge verlängert hat. Neben den vorgestellten Größen zeigt Tabelle 13 in den Spalten fünf, sechs und sieben die jährlichen Anmeldungen, Publikationen bzw. erteilten Patente. Auch hier ist ab Mitte der neunziger Jahre ein rapider Anstieg zu erkennen.

Wie die erste Spalte, dritte Reihe der Tabelle 14 zeigt, melden die Unternehmen über die Jahre im Durchschnitt ca. 22 Patente an. Insgesamt sind für die 288 deutschen Neuemissionen bei den beobachteten Patentämtern zwischen 1968 und 2005 6255 Einträge zu verzeichnen. Das Unternehmen mit den meisten Einträgen hat 553 Einträge zu verzeichnen. Von den 288 deutschen IPOs haben nur 90 Unternehmen überhaupt einen Eintrag bei einem Patentamt. Die folgenden Spalten beziehen sich auf die Patente an sich und stellen verschiedene Kennzahlen der Indikatoren bezogen auf einzelne Patente dar. Es handelt sich um das in Teil 1 Kapitel III abgeleitete Indikatorenset. Dabei beträgt die durchschnittliche Anzahl an IPC-Klassen, denen ein Patent zugeordnet ist 5,88 bei einem Median von 5. Zu einer durchschnittlichen Patentfamilie gehören ca. 7 Patente bei einem Median von 6. Ein Patent zitiert im Durchschnitt ca. 3 weitere Patente, wobei 31,56 Prozent der Patente Rückwärtszitierungen besitzen. Die Indikatoren Vorwärtszitierungen und Zitierungen der Nicht-Patentliteratur werden weit weniger oft beobachtet. Dies ist unter anderem darauf zurückzuführen, dass nur 14,52 Prozent der Patenteinträge zitiert werden und nur 5,72 Prozent der Patente Nicht-Patentliteratur zitieren.

Tabelle14: Patenteinträge und zugehörige Patentindikatoren für die IPOs des Neuen Marktes

		(1)	(2)	(3)	(4)	(5)	(6)
			Patentindikatoren				
		(IPOs) Patenteinträge /je IPO	IPC-Klassen	Familiengröße	Rückwärtszitierungen	Vorwärtszitierungen	Zitierungen Nicht-Patent-Literatur
1	Anzahl	(288)	6255	6255	6255	6255	6255
2	Anzahl > 0	(90)	6255	6255	1974	908	358
3	Mittelwert	21,72	5,88	6,98	2,71	0,63	0,06
4	Std. Abweichung	70,83	4,73	4,47	10,09	3,39	0,26
5	Median	0	5,00	6,00	0,00	0,00	0,00
6	Maximum	553	38,00	30,00	162,00	73,00	4,00
7	Minimum	0	1,00	1,00	0,00	0,00	0,00

Da sich die erteilten Patente von den gesamten Patenteinträgen, also auch Anmeldungen und Gebrauchsmustern, im Hinblick auf die Indikatoren unterscheiden könnten, werden die Indikatoren je erteiltes Patent in Tabelle 15 und die Korrelationskoeffizienten zwischen der Anzahl und den Indikatoren der erteilten Patente und allen Einträgen in Tabelle 16 dargestellt.

Der Anteil erteilter Patente mit Vorwärtszitierungen / Zitierungen der Patentliteratur ähnelt in der Höhe mit 14,5 Prozent / 5,7 Prozent dem Anteil aller Patenteinträge mit den entsprechenden Zitierungen (17,8 Prozent / 8,5 Prozent). Die Anteile bezogen auf die Rückwärtszitierungen unterscheiden sich stärker. So haben nur 31 Prozent der Einträge aber 58 Prozent der erteilten Patente Rückwärtszitierungen. Für diese Verschiebung könnte verantwortlich sein, dass die Patentprüfer bei der Erteilung der Patente weitere Entgegenhaltungen in die Patentschrift aufnehmen. Die durchschnittliche Anzahl der Indikatoren je erteiltes Patent ist deutlich höher als die durchschnittliche Anzahl bezogen auf alle Patenteinträge. Besonders deutlich wird der Unterschied bei den Zitierungen.

Tabelle 15: Erteilte Patente und zugehörige Patentindikatoren für die IPOs des Neuen Marktes

	(1)	(2)	(3)	(4)	(5)	(6)
		Patentindikatoren				
	(IPOs) Patenteinträge /je IPO	IPC-Klassen	Familien-größe	Rückwärts-zitierungen	Vorwärts-zitierungen	Zitierungen Nicht-Patent-Literatur
Anzahl	(288)	1981	1981	1981	1981	1981
Anzahl > 0	(70)	1981	1981	1149	352	169
Mittelwert	6,88	6,23	8,20	6,76	1,32	0,09
Std. Abweichung	25,18	4,79	4,61	16,95	5,67	0,31
Median	0	5,00	8,00	2,00	0,00	0,00
Maximum	247	38,00	30,00	162,00	73,00	3,00
Minimum	0	1,00	1,00	0,00	0,00	0,00

Angesichts dieser Zahlen stellt sich die Frage, ob die Erteilungen oder die gesamten Einträge im Patentamt als Indikatoren genutzt werden sollten. Aus der Überlegung heraus, dass die Anmeldungen früher zu beobachten sind, bieten sie für eine empirische Untersuchung Vorteile. Bei ausschließlicher Betrachtung der Anmeldungen würden erteilte und abgelehnte Patente jeweils einmal beobachtet. Werden Anmeldungen und Erteilungen in die Analyse aufgenommen, werden erteilte Patente meist zweimal beobachtet und somit stärker in der Analyse gewichtet. Eine Ausnahme bilden die Patente, die ohne vorangegangene Offenlegungsschrift sofort erteilt werden. So ist sowohl die alleinige Betrachtung der Patentanmeldungen als auch die alleinige Betrachtung der erteilten Patente mit Stärken und Schwächen versehen. Da beide Informationen für den Kapitalmarkt bewertungsrelevant sein können, werden in der Untersuchung beide Informationen getrennt betrachtet.[324]

Die in Tabelle 16 dargestellten Korrelationskoeffizienten sprechen dafür, dass sich die Ergebnisse der Untersuchung bei Betrachtung aller Patenteinträge und nur erteilter Patente ähneln sollten. Bis auf den Koeffizienten zwischen den Zitierungen der Nicht-Patent-Literatur (Artikel) liegen alle Koeffizienten bei mindestens 0,9.

Tabelle 16: Korrelation der Indikatoren der erteilten Patente und der Patenteinträge.

	alle_Anzahl	alle_RZ	alle_IPC	alle_Artikel	alle_Familie	alle_VZ
erteilt_Anzahl	0,96					
erteilt_RZ		0,89				
erteilt_IPC			0,92			
erteilt_Artikel				0,53		
erteilt_Familie					0,95	
erteilt_VZ						0,93

Im nächsten Schritt wird anhand der Patentdaten überprüft, ob die Länderzugehörigkeit eines Unternehmens beeinflusst, für welches Land ein Unternehmen einen Patentschutz beantragt. Hierzu wird untersucht, ob die deutschen IPOs des Neuen Marktes in einem Ländervergleich vermehrt Patente in Deutschland angemeldet haben. Ein solches Verhalten unterstütze die Entscheidung, nur die deutschen IPOs in die Untersuchung einzubeziehen. Tabelle 17 zeigt alle Patenteinträge differenziert nach dem Anmeldeland. Es wird erwartet, dass die Anmeldungen in Deutschland die internationalen Anmeldungen übersteigen.

Die relativ und absolut am häufigsten vorkommenden Einträge sind deutsche Anmeldungen und Patente (DE) mit ca. 30 Prozent der Einträge, gefolgt von Einträgen beim

---

[324] Dieses Vorgehen wird durch die Ergebnisse von McAleer et al. (2005) gestützt, die sowohl für erfolgreiche und erfolglose Anmeldungen als auch für Patenterteilungen einen positiven Einfluss auf den technischen Wandel nachweisen.

europäischen Patentamt (EP) mit ca. 18 Prozent aller Einträge. Weitere 16 Prozent sind Anmeldungen bei dem USTPO (US) und 13 Prozent sind PCT-Anmeldungen bei der WIPO (WO). Die Anmeldungen konzentrieren sich, wie erwartet, auf Anmeldungen beim DPMA, auch wenn die Anzahl der deutschen Anmeldungen relativ gering ist. Etwas überraschend ist weiterhin die relativ hohe Zahl der Anmeldungen beim australischen Patentamt (AU) mit 8 Prozent. Weiter erwähnenswert sind die Anmeldungen in Japan (JP), Korea (KR) und Spanien (ES) mit ca. 7 Prozent, 2 Prozent bzw. 1 Prozent der Anmeldungen. Die restlichen 5 Prozent aller Anmeldungen verteilen sich auf 24 Patentämter, die ebenfalls in Tabelle 17 aufgeführt sind. Diese Verteilung zeigt eine hohe Anmeldeaktivität deutscher Unternehmen im Ausland. Dabei ist allerdings zu berücksichtigen, dass die im Ausland angemeldeten Patente auch die gleiche Erfindung in Deutschland schützen können und das Prioritätspatent, das älteste Patent einer Patentfamilie, in Deutschland angemeldet sein kann. In Tabelle 17 wird dieser Sachverhalt näher untersucht.

Um die Verteilung der Prioritätspatente in die Analyse mit einzubeziehen, beziehen sich die Werte in der rechten Seite der Tabelle 17 (Prioritätseinträge) auf den ältesten Eintrag einer Patentfamilie, den Prioritätseintrag. Dabei ist nicht für jede Familie eine eindeutige Zuordnung möglich, da das Anmeldedatum in einer Patentfamilie für bis zu acht Anmeldungen in einer Familie identisch ist. Die 6.255 Patentamteinträge verteilen sich auf 1.815 Patentfamilien. Für 1.440 Patentfamilien lässt sich ein Prioritätspatent ermitteln. Das bedeutet, dass es einen Patentamteintrag gibt, der den anderen Familienmitgliedern zeitlich vorausgeht. Von den verbleibenden Patentfamilien findet in 234 Fällen die Anmeldung zweier Einträge am gleichen Tag statt. Oftmals handelt es sich dabei um ein Patent und ein Gebrauchsmuster. In 75 Fällen finden drei Einträge für eine Familie am gleichen Tag statt, in 32 Fällen gibt es vier tagesgleiche Einträge. In 20 Fällen erfolgen fünf, in elf Fällen sechs, in drei Fällen sogar acht Einträge an einem Tag.

Die Verteilung der Prioritätspatente nach Patentämtern deutet darauf hin, dass deutsche Unternehmen dazu tendieren, ihre Erfindungen zuerst beim DPMA zu schützen. 70 Prozent der geschützten Erfindungen haben ihren Erstanspruch in Deutschland.[325] Danach folgen die USA mit 17 Prozent der Anmeldungen und das europäische Patentamt mit 7 Prozent. Australien ist in dieser Übersicht nicht mehr vertreten. Deutsche Unternehmen scheinen also keine originären Erfindungen in Australien anzumelden,

---

[325] Putnam (1996), S. 47 findet für Anmeldungen deutscher Unternehmen eine ähnliche Relation. 35% der Patente werden im Ausland angemeldet.

sondern beantragen nur für solche Erfindungen einen Schutz, für die bereits in anderen Ländern eine Anmeldung vorliegt.[326]

Tabelle 17: Einträge bei internationalen Patentämtern, alle Einträge und Einträge der Priorität

	Patenteinträge			Prioritätseinträge		
Land	Anzahl	relativ	kumuliert	Anzahl	relativ	kumuliert
DE	1811	0,29	0,29	1039	0,72	0,72
EP	1157	0,18	0,47	97	0,07	0,79
US	988	0,16	0,63	250	0,17	0,96
WO	839	0,13	0,77	20	0,01	0,98
AU	511	0,08	0,85	-	-	0,98
JP	431	0,07	0,92	9	0,01	0,98
KR	134	0,02	0,94	4	0,00	0,99
ES	93	0,01	0,95	1	0,00	0,99
TW	61	0,01	0,96	1	0,00	0,99
CA	50	0,01	0,97	1	0,00	0,99
CN	40	0,01	0,98	-	-	0,99
GB	28	0,00	0,98	3	0,00	0,99
NO	20	0,00	0,99	-	-	0,99
BR	16	0,00	0,99	-	-	0,99
FR	12	0,00	0,99	-	-	0,99
MX	10	0,00	0,99	-	-	0,99
IT	8	0,00	0,99	7	0,00	0,99
NL	7	0,00	0,99	3	0,00	1,00
FI	5	0,00	0,99	-	-	1,00
ZA	5	0,00	1,00	-	-	1,00
AT	4	0,00	1,00	-	-	1,00
CZ	4	0,00	1,00	-	-	1,00
HU	4	0,00	1,00	-	-	1,00
SE	4	0,00	1,00	3	0,00	1,00
DK	3	0,00	1,00	-	-	1,00
IL	3	0,00	1,00	-	-	1,00
RU	2	0,00	1,00	1	0,00	1,00
CH	1	0,00	1,00	1	0,00	1,00
CS	1	0,00	1,00	-	-	-
NZ	1	0,00	1,00	-	-	-
SG	1	0,00	1,00	-	-	-
SK	1	0,00	1,00	-	-	-
Summe	6255	1,00		1440	1,00	

[326] Diese Beobachtung entspricht den Ausführungen von Aoki/Small (2004, S. 15f.), dass in Australien (stellvertretend für kleinere Volkswirtschaften mit geringer Patentneigung) 90% der Patente Ausländern gehören und die meisten Patente bereits in anderen Ländern angemeldet wurden.

Abbildung 34 zeigt die Anmeldungen und den Status der Einzelpatente bei ausgesuchten Patentämtern. Deutschland ist hierbei auf 100 Prozent indexiert, um die unterschiedliche Häufigkeit der Anmeldungen zwischen den Ländern zu verdeutlichen. In diese Übersicht ist insbesondere die Häufigkeit der Anmeldungen europäischer oder WIPO-Patente in einem Land zu erkennen. Bei der Betrachtung der Abbildung 34 wird deutlich, dass in Japan und Spanien wenig originäre Erfindungen eingetragen werden. Der längs gestreifte Teil des Balkens, der jeweils mehr als die Hälfte der Einträge in den Ämtern ausmacht, bildet Anerkennungen der Patente ab, die entweder beim europäischen Patentamt oder bei der WIPO beantragt wurden. Für die australischen Einträge ist der Anteil erteilter Patente zu Anmeldungen sehr gering. Von 100 angemeldeten Patenten werden nur acht erteilt. In Deutschland sind es 37 und beim europäischen Patentamt 32. Beim US-amerikanischen Patentamt liegt die Erteilungsquote über 100 Prozent.[327]

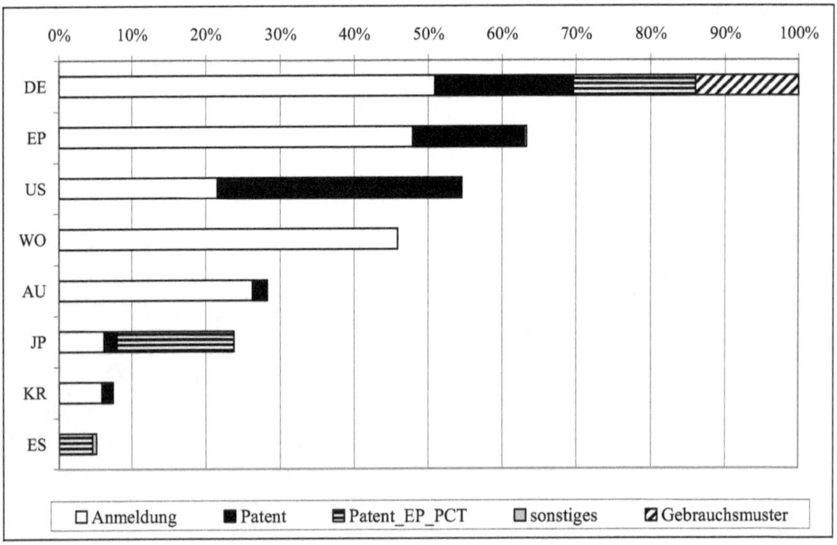

Abbildung 34: Status der Einträge der IPOs bei internationalen Patentämtern

327 Ursächlich hierfür könnte sein, dass in den USA Patente ohne vorangegangene Publizierung der Anmeldeschrift publiziert werden, somit kann hier der Fall auftreten, dass es mehr erteilte Patente als Anmeldungen gibt. Bis 2001 veröffentlichte das amerikanische Patentamt Patente erst, wenn sie bereits erteilt waren, siehe Dernis/Khan (2004), S. 8.

Als letzter Aspekt soll die Zeitverzögerung, mit der Anmeldungen und Patente veröffentlicht werden, nach Patentamt dargestellt werden. Für Deutschland stimmen die durchschnittlichen Veröffentlichungszeiten in Abbildung 35 monatsgenau mit den Angaben des DPMA überein (18 Monate, von einer Anmeldung bis zur Veröffentlichung der Offenlegungsschrift und 36 Monate, von einer Anmeldung bis zu einer Patenterteilung). Einige Veröffentlichungen erfolgen bereits vor 18 Monaten. Diese frühzeitigen Veröffentlichungen sind zum großen Teil Gebrauchsmuster (60 Prozent) zum anderen Patente in der Erstveröffentlichung ohne vorangegangene Offenlegungsschrift (16 Prozent) oder Anmeldungen (22 Prozent), bei denen sich der Anmelder bereit erklärt hat, die Patentanmeldung vorzeitig zu veröffentlichen.[328] Insgesamt wurden 342 der 1.811 Einträge beim DPMA vor 18 Monaten veröffentlicht. Ohne Gebrauchsmuster beläuft sich die Zahl auf 140 (7,7 Prozent).

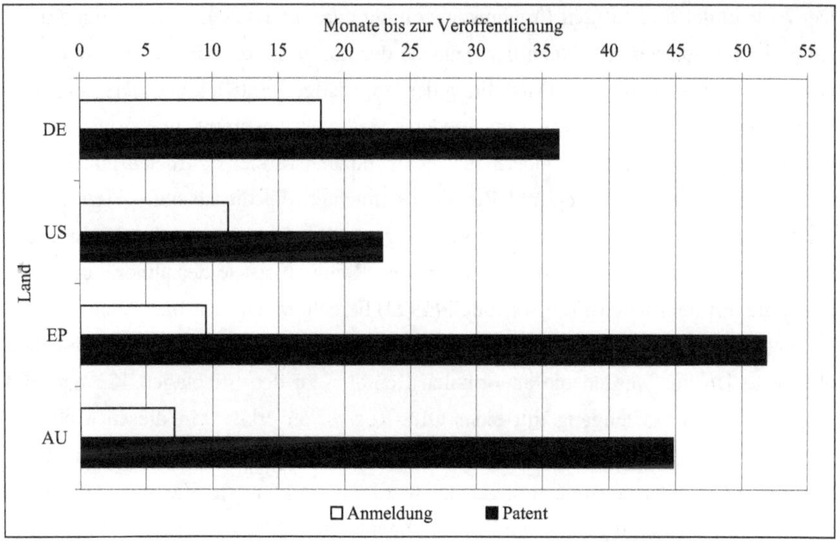

Abbildung 35: Zeit zwischen Anmeldung und Veröffentlichung

Zeitraum zwischen Erstanmeldung beim Patentamt und Veröffentlichung der Anmelde- Patenschrift durch die jeweiligen Patentämter in Monaten.

Quelle: Derwent Innovation Index

328 Strebt der Patentanmelder eine schnelle Offenlegung seiner Anmeldung an, kann er nach § 31 Abs.2 Nr.1 schon vorzeitig einer Veröffentlichung zustimmen.

In der Datenbeschreibung wurde ersichtlich, dass sich das Patentverhalten der betrachteten Unternehmen im Zeitablauf verändert hat. Mitte der neunziger Jahre stieg die Patentneigung immer mehr an, um sich dann ab 2002 wieder zu verringern. Wie erwartet, melden deutsche Unternehmen ihre Erfindungen bevorzugt in Deutschland an, an zweiter und dritter Stelle stehen Anmeldungen beim europäischen und amerikanischen Patentamt. Die Beobachtungen untermauern also die Entscheidung in der Untersuchung, nur die Anmeldungen deutscher Unternehmen zu beobachten. Die Spanne zwischen Anmeldung und Veröffentlichung entspricht für Deutschland im Schnitt genau den Angaben des Patentamtes. Das Patentverhalten des Samples zeigt keine Abweichungen von vorangegangenen Studien auf. In den nächsten Abschnitten werden die Methodik der Untersuchungen und die Ergebnisse vorgestellt.

B. Bewertung von Patenten durch den Kapitalmarkt

Der Aufbau der dreistufigen Ergebnisdarstellung der empirischen Untersuchung ist in Abbildung 36 dargestellt. Nach der Analyse der kurzfristigen Performance der IPOs des Neuen Marktes folgt die Darstellung der langfristigen Entwicklung. Die langfristige Entwicklung wird über drei verschiedene Methoden bestimmt, um zu vermeiden, dass die Ergebnisse auf Besonderheiten des genutzten Modells zurückzuführen sind. Zuerst werden die Buy-and-Hold Renditen betrachtet, die die absolute Performance der Unternehmen abbilden. Anschließend folgt die Analyse der um den Einfluss des Marktes bereinigten Buy-and-Hold abnormalen Renditen sowie der abnormalen Renditen, die mit dem Fama-French-Modell (1993) berechnet wurden. Im letzten Teil des Kapitels werden die Ergebnisse über eine Querschnittsregression auf ihre Robustheit überprüft. Hierfür werden die abnormalen Renditen zu den Stichtagen 123 und 500 Tage nach dem Börsengang mit einer OLS-Regression erklärt. In diesen Modellen werden neben den Patentvariablen auch Kontrollvariablen, für die in vorangegangenen Studien eine Bewertungsrelevanz gezeigt wurde, als erklärende Variable aufgenommen. Es soll die Frage geklärt werden, ob Patente eine Zusatzinformation für die abnormale Unternehmensentwicklung und so für die Investitionsentscheidung der Investoren bieten können.

Auf allen Analysestufen wird grundsätzlich die Performance der Unternehmen mit Patenteinträgen mit der Performance der Unternehmen ohne Patenteinträge verglichen. Dabei ermöglicht es der Neue Markt, die IPOs in Abhängigkeit der Marktphase, während der sie an die Börse gingen, einzuteilen. Dieses Vorgehen erlaubt eine differenzierte Analyse der Bewertungseffekte. Auf jeder Untersuchungsstufe werden deshalb die IPOs in zwei Gruppen unterteilt. Die Hot-Issue-IPOs sind die Unternehmen, die zwischen 1997 und 1999 in der Hot-Issue-Marktphase an die Börse gingen und die Cold-Issue-IPOs sind die Unternehmen, die während der Cold-Issue-Marktphase zwischen 2000 und 2002 an die Börse gingen.

Die Einteilung der empirischen Untersuchung in eine kurzfristige und langfristige Analyse sowie in Hot-Issue und Cold-Issue-IPOs ermöglicht es, alle drei Phänomene, die im Zusammenhang mit dem Börsengang in der Literatur beobachtet werden, in die Analyse der Werthaltigkeit von Patenten für den Unternehmenswert einzubeziehen.[329]

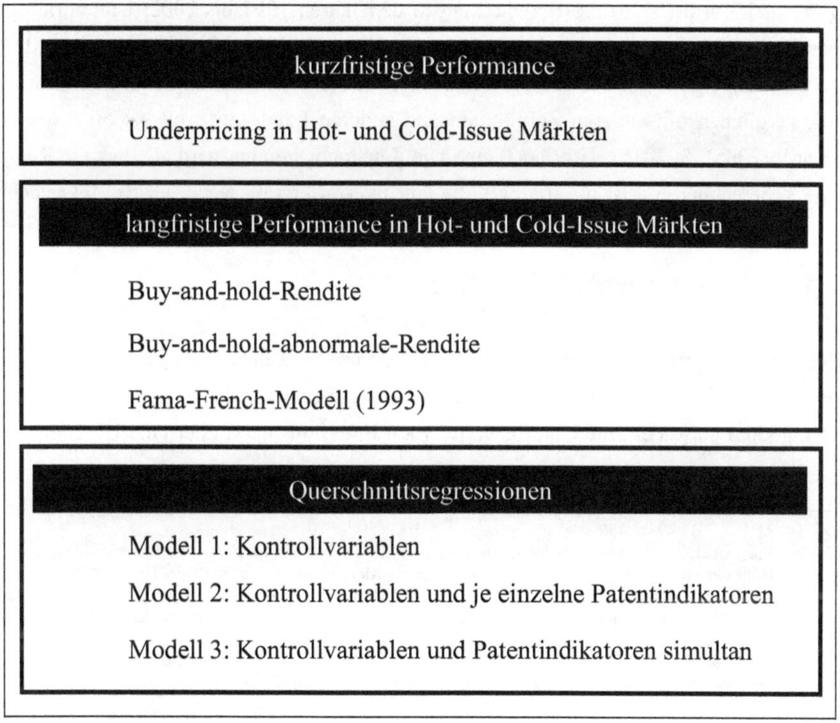

Abbildung 36: Aufbau der Untersuchung der Neuen Markt IPOs

[329] Nach Ritter (2003), S. 279 sind die Phänomene 1.) das kurzfristige Underpricing der IPOs, 2.) Hot-und Cold-Issue Marktphasen und 3.) die langfristige Underperformance der emittierten Unternehmen.

I. Kurzfristige Bewertung – Underpricing

Die Ergebnisse werden entsprechend der vorgestellten Gliederung vorgestellt. Vor der eigentlichen Ergebnispräsentation werden die speziell für diesen Teil genutzte Methodik und der Aufbau der Hypothesen zusammengefasst.

Als typische Phänomene im Zusammenhang mit IPOs werden oft ein kurzfristiges Underpricing (UP) und eine langfristige relative Underperformance genannt. Thies (2000) und Kurth (2005) geben einen ausführlichen Überblick über die theoretischen Erklärungsansätze und die empirische Bedeutung dieser Phänomene. Thies (2000) analysiert die Entwicklung des Underpricing für Deutschland in den Jahren 1980 bis 1997 und Kurth (2005) die Entwicklung in den Jahren 1997 bis 2002. Underpricing beschreibt die Tatsache, dass der erste Sekundärmarktpreis den Emissionspreis der Aktie übersteigt. Diese Zeichnungsrendite fiel für die Unternehmen des Neuen Marktes, verglichen mit anderen Zeiträumen und anderen Ländern,[330] mit ca. 50 Prozent (Kurth (2005), S. 341) relativ hoch aus. Die Zeichnungsrendite wird als diskrete Rendite[331] berechnet und ist die Rendite, die ein Investor erzielt, wenn der das IPO nach der Zuteilung direkt zum ersten Handelskurs verkauft.[332]

(2.16) $$UP = \frac{\text{erster Kurs - Ausgabepreis}}{\text{Ausgabepreis}}$$

Die Zeichnungsrendite bringt zum Ausdruck, ob und in welcher Höhe der Emissionspreis (Ausgabepreis) von dem Preis am Sekundärmarkt abweicht. Für eine Abweichung kann entweder eine Unterbewertung am Emissionsmarkt oder eine Überbewer-

---

330 Für einen Überblick des Underpricing in verschiedenen Zeiträumen und Ländern siehe Ritter/Welch (2001). Die Höhe des Underpricing ist im Vergleich zu früheren Marktphasen ungleich höher. Thies (2000, S. 378) beobachtet ein durchschnittliches Underpricing von 11,4% für die IPO in Deutschland während der Jahre 1977 bis 1995. Ritter/Welch (2001), S. 1797 beobachten für US-amerikanische IPO in dem Zeitraum 1980 bis 2001 ein durchschnittliches Underpricing von 18.8%.

331 Für die gesamte Untersuchung werden diskrete Renditen genutzt. Für eine Diskussion über die Vor- und Nachteile der stetigen und diskreten Renditeberechnung siehe Opfer (2004), S. 165ff. Berechnung für die

$$\text{stetige Rendite}: r_{s,i,t} = \ln\left(\frac{K_{i,t}}{K_{i,t-1}}\right), \text{und diskrete Rendite}: r_{d,\,i,t} = \frac{K_{i,t}}{K_{i,t-1}} - 1$$

mit $K_{i,t}$, $K_{i,t-1}$ Kurs des Wertpapieres i zum Zeitpunkt t, t - 1

Dorfleitner (2002) empfiehlt bei Betrachten der Renditeentwicklung in einer Querschnittsbetrachtung, oder bei der Portfoliobetrachtung sowie bei Ereignisstudein die Nutzung diskreter Renditen. Da sich die hier vorgenommene Untersuchung hauptsächlich Portfolios vergleicht, wird in der vorliegenden Arbeit durchgängig mit diskreten Renditen gearbeitet.

332 Eine Alternative wäre, die Rendite zwischen Ausgabepreis und Schlusskurs des ersten Tages zu beobachten. Da die Daten zum Underpricing von der Deutschen Börse veröffentlicht werden, wird derer Berechnung folgend hier die Zeichnungsrendite im Vergleich zum ersten Handelspreis betrachtet.

tung am Sekundärmarkt ursächlich sein.[333] Die Erklärungsansätze für ein Underpricing sind vielfältig.[334]

Zur Analyse, ob der Kapitalmarkt eine hohe Patentaktivität positiv bewertet, werden die IPOs in Abhängigkeit ihres Patentverhaltens in unterschiedliche Gruppen unterteilt. Um zu klären, ob die Unterschiede in der Performance zwischen den Gruppen signifikant sind, werden verschiedene verteilungsgebundene und verteilungsfreie Testverfahren angewandt. Als ein an die Normalverteilungsannahme gebundener Test, wird der T-Test, und unter Berücksichtigung der Schiefe der Verteilung abnormaler Renditen, der skewness-adjusted T-Test angewandt.[335] Sollen mehr als zwei Gruppen auf Unterschiede in den Mittelwerten getestet werden, wird die Anova genutzt. Als verteilungsfreie Tests für einen Vergleich von zwei Gruppen werden der Mann-Withney-U /Wilkoxon-Test und der Vorzeichen-Test sowie der Kruskil-Wallis-Test zum Vergleich von mehr als zwei Gruppen genutzt.[336]

Beatty und Ritter (1986) argumentieren, dass das Underpricing insbesondere für schwer zu bewertende Unternehmen hoch ausfällt, da Investoren nur bereit sind, in risikoreiche Anlagen zu investieren, wenn sie für die Übernahme des Risikos ausreichend belohnt werden. Im Hinblick auf Technologieunternehmen untermauern die Ergebnisse von Guo et al. (2005) für den US-amerikanischen Markt die Hypothese, da für Unternehmen mit hohen F&E-Ausgaben ein höheres Underpricing zu beobachten ist. Guo et al. (2005) erklären ihre Beobachtung mit der höheren Bewertungsunsicherheit und einem höheren Unternehmensrisiko F&E-intensiver Unternehmen.[337] Werden Patente als ein Proxy für die Technologieintensität eines Unternehmens genutzt, kann keine eindeutige Hypothese aufgestellt werden. Auf der einen Seite sollten Patente Informationsasymmetrien reduzieren, was zu einem geringeren Underpricing führen sollte. Auf der anderen Seite messen sowohl Patente als auch Ausgaben für F&E innovative Tätigkeiten des Unternehmens, was für höhere Unsicherheiten bei der Bewertung spricht und sich somit nach Beatty und Ritter (1986) in einem höheren Underpricing niederschlagen sollte.[338] Allerdings ist es vorstellbar, dass der Effekt, bei den per Definition technologieintensiven Unternehmen des Neuen Marktes, nicht über Patente

---

[333] Zu der Entwicklung des Underpricing für die Unternehmen am Neuen Markt im Zeitablauf siehe Kurth (2005), S. 340ff.

[334] Für einen detaillierten Überblick siehe bspw. Thies (2000), S. 104ff., Ritter (2003), S. 286ff., Kurth (2005), S. 86 ff., Bessler/Becker (2007).

[335] Dieser Test wird beispielsweise von Lyon et al. (1999) bei Renditevergleichen vorgeschlagen. Eine Erweiterung für Gruppenvergleiche stellen Balkin/Mallows (2004) vor.

[336] Zur Methodik der Tests für die Gruppenvergleiche siehe Anhang IV.

[337] Dies entspricht den Überlegungen aus Teil 1 Kapitel I.

[338] Zur Korrelation zwischen F&E-Ausgaben und Patenten siehe Teil 2 Kapitel I

abgebildet werden kann. Vielleicht können die Unternehmen vielmehr dadurch, dass sie Patente anmelden und so einen Teil ihrer Innovationen der Öffentlichkeit zugänglich und überprüfbar machen, Unsicherheiten reduzieren. Wäre Letzteres der Fall, sollten Unternehmen mit Patenten ein geringeres Underpricing aufweisen, als die Vergleichsgruppe.[339]

Für die deutschen IPOs des Neuen Marktes lässt sich zwischen Underpricing und Patentverhalten folgender Zusammenhang beobachten: Das Underpricing der Unternehmen ohne Patente ist mit 56,24 Prozent um ca. 11 Prozentpunkte höher als das Underpricing der IPOs mit Patenten (45,39 Prozent). Die Werte unterscheiden sich jedoch nicht signifikant. Es könnte aber ein Hinweis darauf sein, dass Patente die Bewertungsunsicherheit reduzieren und deshalb vom Markt eine geringere Zeichnungsrendite verlangt wird. Beispielsweise zeigen jedoch Bessler und Kurth (2005), dass viele weitere Faktoren das Underpricing beeinflussen, sodass das Ergebnis mit Vorsicht interpretiert werden muss.

Insbesondere am Neuen Markt könnte die Marktphase einen großen Teil des beobachteten Underpricing erklären. Dabei ist in der Hot-Issue-Phase (1997-1999) ein höheres Underpricing zu erwarten, welches durch eine Überbewertung am Sekundärmarkt erklärt werden kann. Um nähere Erkenntnisse des Einflusses der Marktphase auf die Zeichnungsrendite zu gewinnen, werden die IPOs in zwei Gruppen unterteilt. Die Unternehmen, die während des Aufschwungs zwischen 1997 und März 2000 emittierten (194), werden als Hot-Issue-IPOs bezeichnet und alle folgenden IPOs als Cold-Issue-IPOs (93).[340] Die Höhe und der Vergleich des Underpricing der Unternehmen mit und ohne Patenteinträge, in verschiedenen Marktphasen, sind in Tabelle 18 und Abbildung 37 zu sehen.

In Gruppe 1 werden die Unternehmen mit und ohne Patenteinträge über die Marktphasen hinweg miteinander verglichen. Hier sind keine signifikanten Unterschiede zu erkennen. Werden die IPOs in Gruppe (2) in Abhängigkeit der Marktphase zum Emissionszeitpunkt in Gruppen unterteilt, lassen sich signifikante Unterschiede erkennen.

---

339 Bisherige Studien untersuchen F&E-Ausgaben und den Einfluss auf das Underpricing und finden einen positiven Einfluss der F&E-Intensität auf das Underpricing. Siehe auch Teil 2 Kapitel IV.

340 E.MTV ist wegen der extremen Entwicklung von dieser sowie von allen folgenden Untersuchungen ausgeschlossen. Die Untersuchung wurde auch mit der Einteilung Hot-Issue bis Dezember 1999 und Cold-Issue 2000 bis 2002 durchgeführt. Die Ergebnisse ändern sich dabei in ihrer Höhe aber weder in der Richtung noch in ihrem Signifikanzniveau.

Tabelle 18: Underpricing in Abhängigkeit der Marktphase und der Patente

	Gruppen	N	MW %	t-Statistik	Med %	z-Statistik
(1)	kP	197	56,24	1,13	23,53	1,16
	Patente	90	45,39		16,27	
(2)	cold	93	23,59	4,73***	6,67	5,17***
	hot	194	66,85		31,25	
(3)	hot_kP	145	70,89	1,16	32,76	1,76
	hot_P	49	54,93		21,88	
(4)	cold_kP	52	15,39	2,18**	4,47	2,10**
	cold_P	41	33,99		10,34	
(5)	hot_kP	145	70,89	4,75***	32,76	5,48***
	cold_kP	52	15,39		4,47	
(6)	hot_P	49	54,93	1,36	21,88	1,02
	cold_P	41	33,99		10,34	

Für die Hot-Issue-IPOs ist die durchschnittliche Zeichnungsrendite, wie erwartet, mit 66,85 Prozent signifikant höher als die der Cold-Issue-IPOs (23,59 Prozent). Gleiches gilt für die Mediane. So liegt der Median der Zeichnungsrendite der Hot-Issue-IPOs bei 31,25 Prozent und der der Cold-Issue-IPOs bei 6,67 Prozent. In der Gruppe (3) (hot_kp / hot_p) werden die Hot-Issue-IPOs mit und ohne Patenteinträge verglichen. Bei diesen Gruppen unterscheiden sich weder die Mittelwerte, noch die Mediane der Zeichnungsrenditen signifikant. Allerdings ist für die Unternehmen mit Patenten die Zeichnungsrendite geringer als für die Unternehmen ohne Patente. Dies spricht tendenziell für die These, dass Patente die Bewertungsunsicherheiten reduzieren und deshalb die Unternehmen mit Patenten ein geringeres Underpricing aufweisen.

In der vierten Gruppe der Tabelle 18 (4) wird das Underpricing der Cold-Issue-IPOs mit und ohne Patente verglichen. Das Ergebnis dreht in dieser Phase, das heißt die Unternehmen mit Patenten haben ein höheres Underpricing und die Unterschiede sind signifikant. Unternehmen ohne Patente haben im Mittel mit 15,39 Prozent ein signifikant geringeres Underpricing als Unternehmen mit Patenten (33,99 Prozent). Dieses Ergebnis entspricht in der Richtung dem Ergebnis von Guo et al. (2006), die für den Zeitraum 1980 bis 1995 für F&E-betreibende Unternehmen ein durchschnittliches Underpricing von ca. 15 Prozent und für nicht F&E-betreibende Unternehmen ein durchschnittliches Underpricing von 8,7 Prozent beobachten.

In Anbetracht der Tatsache, dass das Misstrauen der Anleger durch den erlittenen Vertrauensverlust zu der Zeit der Cold-Issue Phase extrem hoch war, könnte es möglich sein, dass die Anleger hier Patente nicht mehr in dem Sinne interpretierten, dass sie

Bewertungsunsicherheiten reduzieren. Es scheint eher möglich, dass Patente als ein Indikator für eine hohe Technologieintensität und deshalb als ein hohes Risiko interpretiert wurden.

In der Gruppe (5) der Tabelle 18 wird die Zeichnungsrendite der Unternehmen ohne Patente auf Unterschiede zwischen Hot-Issue-IPOs und Cold-Issue-IPOs getestet. Abschließend wird in Gruppe (6) die Zeichnungsrendite der Unternehmen mit Patenten auf Unterschiede zwischen Hot-Issue-IPOs und Cold-Issue-IPOs getestet. Es scheint, dass die Eigenschaft „patentanmeldendes“ Unternehmen eine Erklärungskraft auf die Zeichnungsrendite hat, die über die Erklärungskraft der Marktphase hinausgeht. Für die Unternehmen ohne Patente ist sowohl der Mittelwert als auch der Median der Zeichnungsrendite für die Hot-Issue-IPOs signifikant höher als für die Cold-Issue-IPOs, für die Unternehmen mit Patenten ist der Unterschied deutlich geringer und nicht signifikant.

Abbildung 37 stellt die Ergebnisse graphisch dar. Die Balken stehen für die Höhe des Underpricing. Auf der linken Seite der Abbildungen werden die Gruppen auf der Abszisse nach der Marktphase des Börsenganges unterteilt und der weiße Balken steht für Unternehmen ohne Patente, der schwarze Balken für Unternehmen mit Patenten. Auf der rechten Seite sind die Gruppen auf der Abszisse danach gebildet, ob sie Patente anmeldeten oder nicht. Die weißen Balken zeigen das durchschnittliche Underpricing der jeweiligen Hot-Issue-IPOs und die schwarzen Balken das der Cold-Issue-IPOs. Die Sternchen zwischen den Balken repräsentieren das Signifikanzniveau (*** 1%, ** 5%).

Es wird ersichtlich, dass sich bei der Einteilung nach der Marktphase nur in der Cold-Issue Phase das Underpricing zwischen den Unternehmen mit und ohne Patente unterscheidet. Während der Hot-Issue-Phase ist das Underpricing für Unternehmen ohne Patente höher, der Unterschied ist aber nicht signifikant.

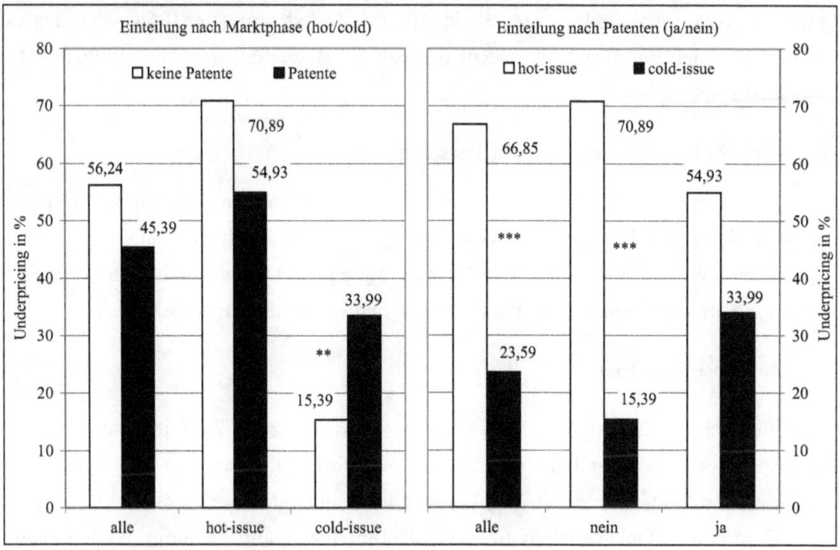

Abbildung 37: Höhe des Underpricing nach Marktphase und Patenten

Bei der Einteilung nach patentierenden Unternehmen und nicht patentierenden Unternehmen und dem Vergleich über die Marktphase hinweg unterscheidet sich das Underpricing in den einzelnen Marktphasen, wenn alle oder die Unternehmen ohne Patente betrachtet werden. Werden die IPOs mit Patenten miteinander verglichen, wird deutlich, dass das Underpricing der Hot-Issue-IPOs geringer ist als das der Hot-Issue-IPOs ohne Patente und dass das Underpricing der Cold-Issue-IPOs mit Patenten höher ist als das der Cold-Issue-IPOs ohne Patente.

Zusammenfassend lässt sich festhalten, dass, wenn der gesamte Markt und die Hot-Issue Phase betrachtet werden, Patente tendenziell die Bewertungsunsicherheit und so das Underpricing zu reduzieren scheinen. Wird der Cold-Issue Markt betrachtet, dann ist das Underpricing für die Unternehmen mit Patenten signifikant höher, was gegen die Hypothese spricht, dass Patente die Bewertungsunsicherheit generell reduzieren. Eine eindeutige Aussage kann so an dieser Stelle nicht getroffen werden. Interessant ist, dass für Unternehmen ohne Patente der Unterschied zwischen Hot-Issue und Cold-Issue-IPOs signifikant ist. Zwischen dem Underpricing der Hot-Issue und der Cold-Issue-IPOs mit Patenten ist kein signifikanter Unterschied zu erkennen. Vorsichtig ließe sich dies so interpretieren, dass die Patentanmeldung einen Einfluss auf die Unternehmensbewertung hat, der den Einfluss der Marktphase dominiert.

In den folgenden Abschnitten wird die langfristige Entwicklung der IPOs näher analysiert, um so einen Einblick in die Nachhaltigkeit der Bewertungsrelevanz der Patentaktivitäten zu gewinnen.

II. Ergebnisse zur langfristigen Performance

Die Ergebnisse der langfristigen Performance gliedern sich in drei Teile. Im ersten Teil wird die Entwicklung der (absoluten) Buy-and-hold-Renditen analysiert. Danach werden die um den Einfluss des Marktes bereinigten BHAR untersucht. Abschließend werden die um die Faktoren von Fama-French bereinigten Renditen betrachtet.

1. Buy-and-hold-Rendite

Die Untersuchung der Buy-and-Hold Rendite (BHR) hat zum Ziel, die absoluten Performanceunterschiede der Unternehmen mit und ohne Patenteinträge zu vergleichen. Die deutschen IPOs werden in (90) Unternehmen mit und (198) Unternehmen ohne Patente unterteilt. Die Renditen für neun Unternehmen können aufgrund fehlender Kapitalmarktdaten nicht beobachtet werden.[341] Aufgrund der extremen Entwicklung der EM.TV von über 11.000 Prozent innerhalb von zwei Jahren wird diese weiterhin aus der Stichprobe entfernt, um Verzerrungen durch einzelne Ausreißer zu vermindern.[342] Von den 198 Unternehmen ohne Patente werden somit nur 190 betrachtet. Da die Interpretation der Unternehmen mit genau einer Patentanmeldung eher schwierig erscheint, werden die Ergebnisse für die Gruppe mit Patentanmeldungen einmal inklusive der Unternehmen mit genau einer Patentanmeldung (88) und einmal exklusive dieser Unternehmen vorgestellt (80).

Besonderes Augenmerk liegt bei der Analyse auf der Betrachtung im Zeitablauf. Deshalb wird die Renditeentwicklung sechs Monate nach dem Börsengang und 24 Monate nach dem Börsengang genauer analysiert. Um einen detaillierten Einblick in die Gruppe mit Patenten zu gewinnen, wird diese nochmals unterteilt. Die Unterteilung findet in zwei Gruppen statt, wobei die Gruppeneinteilung um den Median erfolgt. 40 Unternehmen mit zwei bis 25 Pateneinträgen beziehungsweise mit mehr als 25 Patenteinträgen bilden jeweils eine Gruppe. Insgesamt werden fünf Gruppen miteinander vergli-

[341] eJay AG; Freenet AG; Gigabell AG; IMH.Com AG; LHS AG; SVC Vogel AG; TeldaFax AG; Tomorrow Internet AG; United Vision AG. Von diesen Unternehmen hatten zwei Patenteinträge. Die Kurshistorie war in Reuters zum Zeitpunkt der Abfrage in drei Fällen wegen Insolvenzen und in vier Fällen wegen Übernahmen nicht mehr nachvollziehbar. In zwei Fällen war wegen wechselnder WKN die Zuordnung nicht eindeutig möglich.

[342] Die in der Höhe der Renditeentwicklung folgende Aktie ist die Mobilcom AG mit ca. 4.800% in zwei Jahren.

chen:

1. Unternehmen ohne Patente,
2. Unternehmen mit mindestens einem Patent,
3. Unternehmen mit mindestens zwei Patenten,
4. Unternehmen mit zwei bis 25 Patenten,
5. Unternehmen mit mehr als 25 Patenten.

Abbildung 38 zeigt die Entwicklung der Gruppen ohne Patente, mit mindestens einem Patent und mit mehr als 25 Patenten. Die Renditeentwicklung der Unternehmen mit mehr als einem Patent liegt während des gesamten Zeitraums von 24 Monaten über der Rendite der Unternehmen ohne Patente. Darüber hinaus entwickeln sich die Unternehmen mit vielen Patentanmeldungen besser als die Gruppe der Unternehmen mit mindestens einem Patenteintrag.

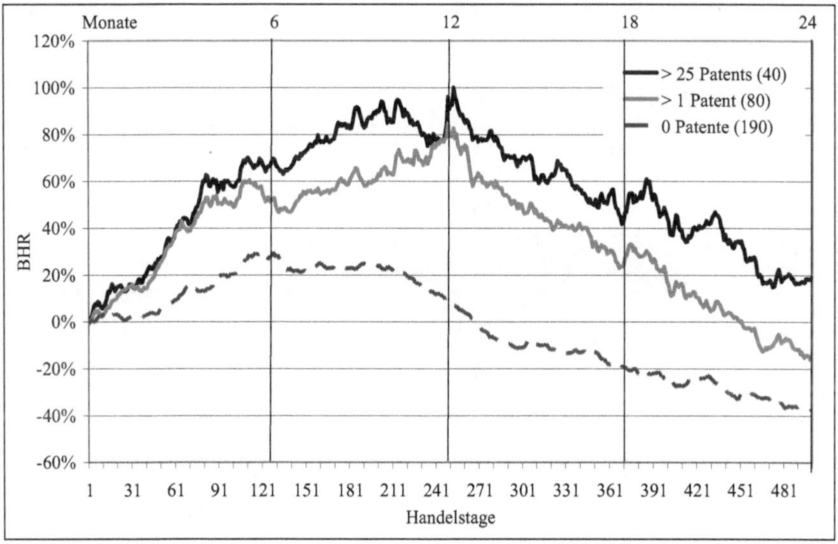

Abbildung 38: BHR nach Anzahl Patente bis 24 Monate nach dem Börsengang

Tabelle 19 vergleicht die Entwicklung der Gruppen nach sechs Monaten (123 Handelstage), zwölf Monaten (250 Handelstage) und 24 Monaten (500 Handelstage) nach dem Börsengang. Sechs Monate nach dem Börsengang ist die Rendite für die Unternehmen mit mindestens einem Patent, für die Unternehmen mit mindestens zwei Patenten und für die Unternehmen ohne Patente positiv. Die Gruppe mit wenigen Patenten ist dabei die einzige Gruppe, deren Rendite sich sechs Monate nach dem Börsengang nicht signifikant von null unterscheidet. Zwölf Monate nach dem Börsengang ist die durchschnittliche Rendite der Unternehmen mit Patenten mit ca. 80 Prozent deutlich höher als die der Unternehmen ohne Patente. Die Unterschiede sind signifikant. Die höchste durchschnittliche Rendite mit ca. 90 Prozent erzielen die Unternehmen mit einer über dem Median liegenden Patentaktivität.

24 Monate nach der Emission liegen die Mediane aller Gruppen außer der Gruppe mit mehr als 25 Patenten signifikant unterhalb von null. Auch haben nur noch die Mittelwerte dieser Untergruppe sowie der Gruppe mit mindestens einem Patent ein positives Vorzeichen.[343] Die Renditen der Gruppen mit vielen Patenten und der ohne Patente sowie der Gruppen mit vielen und mit wenigen Patenten unterscheiden sich bezogen auf den Median (α=0,01) und den Mittelwert (α=0,05) signifikant.

Tabelle 19: BHR nach Anzahl der Patente sechs, zwölf und 24 Monate nach dem Börsengang

Sample		BHR 6 M		t MW	BHR 12 M		t MW	BHR 24 M		t MW
# P	N	MW%	Med%	z Med	MW%	Med%	z Med.	MW%	Med%	z Med.
>0	88	52,97 ***	-4,48 **	1,59	79,80 ***	-24,32	3,02 ***	22,06	-75,45 ***	1,93 **
0	190	25,71 *** ***	-18,35	1,53	9,35	-28,40	2,05 **	-37,74 ***	-80,31 ***	3,40 *
>1	80	51,29 ***	-3,12 **	1,45	79,41 ***	-24,43	2,89 ***	-14,57 ***	-73,59 ***	1,17
0	190	25,71 *** ***	-18,35	1,71 * *	9,35	-28,40	1,98 **	-37,74 ***	-80,31 ***	1,79 *
>25	40	63,99 ***	9,64 ***	1,75 *	90,96 ***	19,07	3,27 ***	18,99	-42,01	2,10 **
0	190	25,71 ***	-18,35	2,99 ***	9,35	-28,40	2,43 **	-37,74 ***	-80,3 ***	3,46 ***
2-25	40	38,58	-26,69	0,37	67,86	-35,55	1,91 *	-48,13 ***	-87,12 ***	0,42
0	190	25,71 *** ***	-18,35	0,37	9,35	-28,40	0,60	-37,74 ***	-80,31 ***	0,71
>25	40	63,99	9,64 ***	0,80	90,96 ***	19,07	0,38	18,99	-42,01	2,10 **
2-25	40	38,58	-26,69	2,47 ***	67,86	-35,55	0,35	-48,13 ***	-87,12	2,90 ***

#P: Anzahl Patente

MW: Mittelwert; Med: Median

t MW - Wert der t-Statistik Differenzen der Mittelwerte zwischen den Gruppen

z Med - Wert der z-Statistik Differenzen der Mediane zwischen den Gruppen

343 Dies verdeutlicht die hohe Bewertung der Unternehmen mit nur einem Patent, die nicht uneingeschränkt auf die Tatsache Patentanmeldung zurückgeführt werden kann.

Um zu überprüfen, ob die Renditeentwicklung nur durch die aktuellen Patentanmeldungen getrieben wird, werden die oben beschriebenen Renditeverläufe mit denen verglichen, die sich ergeben, wenn zur Gruppenbildung nur die Patente, die in dem Zeitraum drei Jahre vor bis drei Jahre nach dem Börsengang angemeldet wurden, berücksichtigt werden. Abbildung 39 verdeutlicht die Parallelen in den Renditeverläufen. Der ähnliche Renditeverlauf lässt sich intuitiv erklären, da die Schutzdauer eines Patentes bis zu 20 Jahre betragen kann und in vielen Fällen, insbesondere bei langen Entwicklungszyklen das operative Ergebnis erst Jahre nach der Patentanmeldung durch das Patent positiv beeinflusst wird.

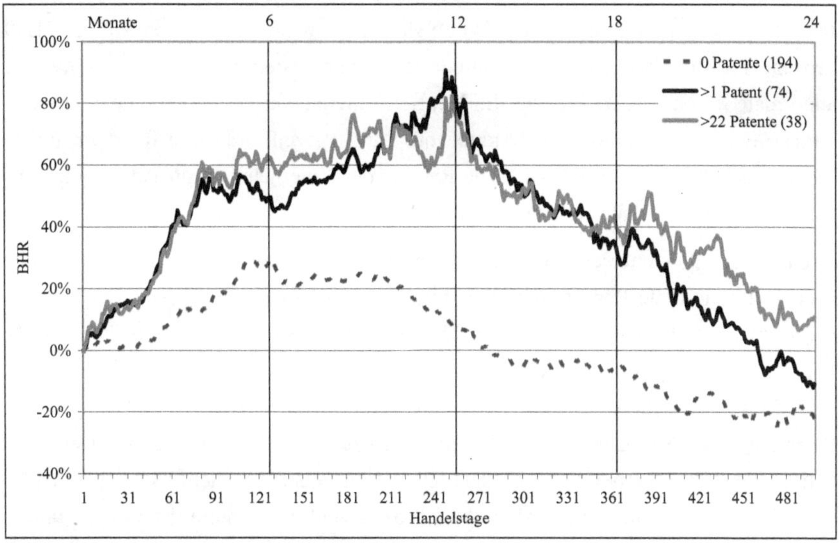

Abbildung 39: BHR nach Anzahl der Patente drei Jahre vor und nach dem IPO

Die Interpretation der absoluten Rendite ist wegen ihrer Abhängigkeit von der Renditeentwicklung des Marktes problematisch. Deshalb wird im folgenden Teil die abnormale Renditeentwicklung der IPO analysiert.

2. Buy-and-Hold abnormal Rendite (BHAR)

Die Untersuchung zur Analyse der abnormalen Rendite ist grundsätzlich entsprechend der Analyse der absoluten Rendite aufgebaut. Zusätzlich werden die IPOs in Abhängigkeit der Marktphase zur Zeit ihres Börsengangs in Hot-Issue-IPOs und Cold-Issue-IPOs unterteilt. So kann überprüft werden, ob die um den Einfluss des Marktes bereinigte Bewertung in unterschiedlichen Marktphasen differiert.[344]

Abbildung 40 zeigt die Wertentwicklung der IPOs in Abhängigkeit der Patentaktivität. Werden nur die Gruppen mit mehr als einer Patentanmeldungen (graue Linie) und Unternehmen ohne Patentanmeldungen (schwarze Linie) verglichen, ist ein deutlicher Unterschied in der abnormalen Renditeentwicklung zu erkennen. Nach sechs Monaten liegt die abnormale Rendite für die Unternehmen mit mehr als einem Patent bei 51,90 Prozent. Für die Unternehmen mit mindestens einem Patent ist die durchschnittliche abnormale Rendite 52,23 Prozent. Im Vergleich hierzu weisen die Unternehmen ohne Patente eine durchschnittliche Rendite von 15,96 Prozent auf. Alle Renditen unterscheiden sich signifikant von null. Die Rendite der Unternehmen mit Patenten ist signifikant höher als die für die Unternehmen ohne Patente.

Nach 12 Monaten unterscheidet sich die Performance der beiden Gruppen noch deutlicher. Die abnormale Rendite der IPOs mit Patenten beträgt 71 Prozent. Die Rendite der IPOs ohne Patente beträgt -2 Prozent. Der Renditeunterschied von 73 Prozentpunkten weicht signifikant von null ab. Nach 24 Monaten ist der Unterschied in den beiden Gruppen deutlich geringer. Die durchschnittliche BHAR für die Gruppe ohne Patente beträgt -6 Prozent, die der Gruppe mit Patenten 31 Prozent (α=0,1, siehe Tabelle 20 und 21). Werden nur die Unternehmen mit mehr als einem Patent betrachtet, sinkt die durchschnittliche BHAR auf 14 Prozent und die Rendite der Gruppe unterscheidet sich nicht signifikant von der Rendite der Unternehmen ohne Patente.

---

344 Die ausgeschiedenen Unternehmen weichen leicht von denen in der obigen Untersuchung ab. Dies liegt an den unterschiedlichen Datenerhebungszeitpunkten. Nicht beobachtet werden die Daten der eJay AG; Gigabell; LHS AG; Repower AG; Teldafax; Tomorrow Internet AG. Für einen Vergleich der Ergebnisse bei identischer Gruppenbildung siehe Bessler/Bittelmeyer (2006).

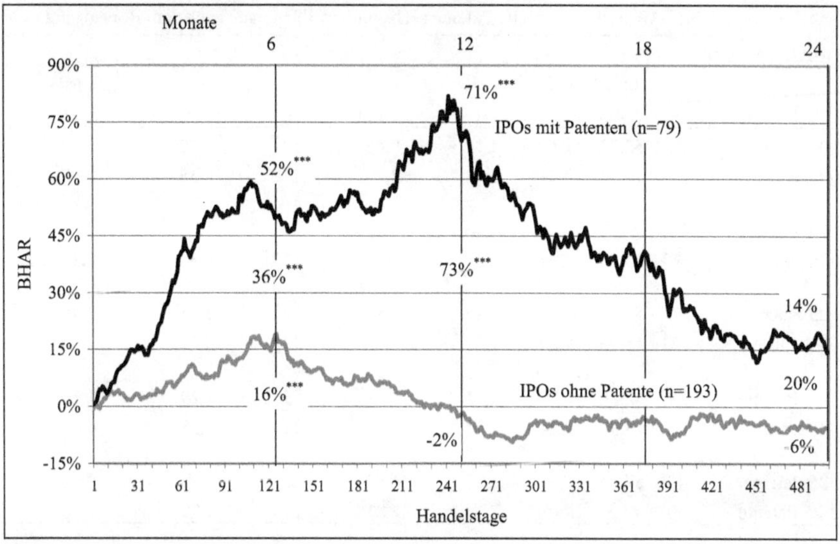

Abbildung 40: BHAR nach Anzahl Patente bis 24 Monate nach dem Börsengang

Um weitere Erkenntnisse über die Bewertungseffekte des Ausmaßes der innovativen Tätigkeit zu erlangen, wird das Sample der Unternehmen mit mehr als einem Patent in zwei gleich große Gruppen geteilt. Wie Tabelle 20 zeigt, beträgt die BHAR der Gruppe mit weniger Patenten[345] (2-25 Patente; 39 Unternehmen) nach sechs Monaten ca. 46 Prozent und nach 24 Monaten -2 Prozent. Die Unternehmen mit mehr als 25 Patenten (40 Unternehmen) entwickeln sich sowohl nach sechs Monaten (ca. 58 Prozent) als auch nach 24 Monaten (ca. 29 Prozent) deutlich besser. Allerdings sind die Unterschiede nicht signifikant. Im Vergleich zu den Unternehmen ohne Patente sind die Unterschiede noch eklatanter. Unternehmen ohne Patente erzielen nach sechs Monaten eine durchschnittliche BHAR von 16 Prozent und nach 24 Monaten eine negative Rendite von -6 Prozent. Der Median liegt nach 24 Monaten bei -11 Prozent und unterscheidet sich signifikant von null sowie von dem Median der Renditen der Unternehmen mit vielen Patenten, der bei ca. 3 Prozent liegt.

[345] In dieser Gruppe sind Unternehmen mit zwischen 2 und 25 Patenten. 25 ist hierbei der Median der Gruppe der Unternehmen mit mehr als einem Patent.

Tabelle 20: BHAR nach Anzahl der Patente sechs und zwölf Monate nach dem Börsengang

BHAR 6 Monate	N	MW %	Med %	t	adj. t	sign	z	t MW z Med
>0 Patente	87	52,23	14,62	4,14***	5,45***	54**	3,30***	2,64***
0 Patente	193	15,96	-9,24	2,28**	2,75***	113**	0,58	2,97***
>1 Patente	79	51,9	16,08	4,00***	5,37***	49**	3,40***	2,61***
0 Patente	193	15,96	-9,24	2,28**	2,75***	113**	0,58	3,10***
>25 Patente	40	57,85	32,81	3,85***	4,83***	28**	3,35***	2,46***
0 Patente	193	15,96	-9,24	2,28**	2,75***	113**	0,58	3,33***
2-25 Patente	39	45,8	7,46	2,13**	2,81***	21	1,29	1,16
0 Patente	193	15,96	-9,24	2,28**	2,75***	113**	0,58	0,49
>25 Patente	40	57,85	32,81	3,85***	4,83***	28**	3,35***	0,46
2-25 Patente	39	45,8	7,46	2,13**	2,81***	21	1,29	1,48

BHAR 12 Monate	N	MW %	Med %	t	adj. t	sign	z	t MW z Med
>0 Patente	87	74,66	14,33	3,34***	4,60***	53*	3,14***	4,13***
0 Patente	193	-2,13	-14,17	-0,29	-0,24	124***	3,32***	4,40***
>1 Patente	79	71,22	14,33	3,12***	4,45***	49**	3,13***	3,94***
0 Patente	193	-2,13	-14,17	-0,29	-0,24	124***	3,32***	3,40***
>25 Patente	40	73,92	20,13	2,83***	3,52***	26*	2,45**	3,78***
0 Patente	193	-2,13	-14,17	-0,29	-0,24	124***	3,32***	3,45***
2-25 Patente	39	68,45	7,57	1,80*	2,58**	23	1,92*	2,98***
0 Patente	193	-2,13	-14,17	-0,29	-0,24	124***	3,32***	3,27***
>25 Patente	40	73,92	20,13	2,83***	3,52***	26*	2,45**	0,12
2-25 Patente	39	68,45	7,57	1,80*	2,58**	23	1,92*	0,50

MW: Mittelwert; Med: Median

t MW - Wert der t-Statistik Differenzen der Mittelwerte zwischen den Gruppen

z Med - Wert der z-Statistik Differenzen der Mediane zwischen den Gruppen

***,**,* signifikant auf dem 1%, 5%, 10%-Level

Tabelle 21: BHAR nach Patenten 24 Monate nach dem Börsengang

BHAR 24 Monate	N	MW %	Med %	t	adj. t	sign	z	t MW z Med
>0 Patente	87	31,3	-1,46	1,36	1,71	44	0,6	1,81*
0 Patente	193	-5,54	-10,62	-0,62	-0,06	133***	4,70***	3,14***
>1 Patente	79	14,51	-1,46	0,91	0,94	40	0,61	1,16
0 Patente	193	-5,54	-10,62	-0,62	-0,06	133***	4,70***	3,20***
>25 Patente	40	29,45	3,29	1,12	1,2	23	1,36	0,01
0 Patente	193	-5,54	-10,62	-0,62	-0,06	133***	4,70***	3,25***
2-25 Patente	39	-1,64	7,47	-0,1	-0,31	23	0,72	0,18
0 Patente	193	-5,54	-10,62	-0,62	-0,06	133***	4,70***	1,6
>25 Patente	40	29,45	3,29	1,12	1,2	23	1,36	0,01
2-25 Patente	39	-1,64	-10,62	-0,96	-0,31	23	0,72	1,63

MW: Mittelwert; Med: Median
t MW - Wert der t-Statistik Differenzen der Mittelwerte zwischen den Gruppen
z Med - Wert der z-Statistik Differenzen der Mediane zwischen den Gruppen
***,**,* signifikant auf dem 1%, 5%, 10%-Level

Eine Erklärung für die zeitweilige positive Entwicklung der Unternehmen mit Patenten könnte auch eine Überbewertung der Patente zu der Zeit der Technologieblase sein. So zeigt Haugen (1986) S. 415f, welche Folgen es für die Kursentwicklung einer Aktie hat, wenn die Wachstumsrate von Seiten der Investoren überschätzt wird. Durch die Überschätzung der Wachstumsrate steigt der Kurs relativ zu dem Preis, den der Markt für die derzeitigen von dem Unternehmen erwirtschafteten Cashflows zahlen würde. Entwickelt sich die Wachstumsrate nun nicht überdurchschnittlich, sondern im Marktschnitt, muss es zu einer relativen Kurskorrektur kommen, was sich nicht nur in einer geringeren Rendite widerspiegelt, sondern auch zu Kursverlusten führen kann. Bei der Betrachtung des Renditeverlaufs der Unternehmen mit Patenten, zeigt sich ein ähnliches Muster. Nach einer extremen Renditeentwicklung fällt der Kurs der patentierenden Unternehmen, bis er das Renditeniveau der Vergleichsunternehmen wieder erreicht.

Bessler und Kurth (2005) finden speziell für den Renditeverlauf der Unternehmen des neuen Marktes eine weitere Erklärung.[346] Sie zeigen, dass unabhängig von der Dauer der vereinbarten Lock-up Frist die Unternehmen, die im ersten Jahr nach dem Börsengang eine besonders positive Performance hatten, nach einem Jahr einen empfindlichen Verlust erlitten. Eine mögliche Erklärung ist, dass neben der vereinbarten Lock-up Frist für Insider eine zweite Lock-up Frist in Form der Spekulationssteuerfreiheit für Engagements, die länger als ein Jahr gehalten wurden, bestand.

Bolton et al. (2006) untersuchen, ob die Vergütung der Manager durch Optionspläne die Unternehmensführung verstärkt dazu veranlasst, die spekulative Komponente im Aktienkurs aktiv zu erhöhen, um so kurzfristig von der Wertentwicklung profitieren zu können.[347] Sie nehmen in dem Modell an, dass die Leerverkaufsmöglichkeiten beschränkt sind und sich Einschätzungen der Investoren bezüglich des fundamentalen Aktienwertes unterscheiden. Sie finden ihr Modell bestätigt. Es besteht die Gefahr, dass die Unternehmensführung wegen Aktienoptionsplänen die kurzfristige spekulative Komponente im Aktienpreis zu Ungunsten des langfristigen fundamentalen Wertes erhöht. Würden die Ergebnisse entsprechend diesem Modell interpretiert, könnten Patente als eine spekulative Komponente interpretiert werden. Die im vorherigen Kapitel vorgestellte Untersuchung der CDAX Unternehmen, das reduzierte Underpricing der Unternehmen mit Patentanmeldungen sowie die im nächsten Kapitel vorgestellte Untersuchung zur Insolvenzwahrscheinlichkeit sprechen jedoch teilweise gegen diese Theorie.

3. Einfluss der Marktphase des Börsengangs auf die BHAR

Bei Betrachtung der abnormalen Performance sollten Bewertungseffekte, die relativ zum Markt gemessen werden, nicht zu einer unterschiedlichen Bewertung führen. Diese Überlegung wird durch die Ergebnisse von Lowry (2003) gestützt.[348] Würden während der Hausse aber im Vergleich zur Baisse unterschiedliche Bewertungsmaßstäbe angesetzt, so sollte sich dies auch in der abnormalen Performance der Unternehmen widerspiegeln. Es könnte also durchaus der Fall sein, dass gerade an einer Technolo-

---

346 Für weitere Erklärungen der „Platzen der Technologieblase der Unternehmen des Neuen Marktes“ siehe beispielsweise Hong et al. (2006), die den Kursrückgang der Technologiewerte insbesondere durch einen Liquiditätseffekt bei Auslauf der Lock-Up-Periode erklären.

347 Zu dem Einfluss der Management- und Mitarbeiteroptionspläne auf die Entwicklung der Unternehmen des neuen Marktes, siehe Bessler et al. (2006 und 2007).

348 Lowry (2003), S. 33. Dieses Ergebnis wird auch beobachtet, wenn das Sample-Portfolio kapitalwertgewichtet ist. Um marktweite Über- oder Unterbewertungen der Unternehmen mit besonderen Charakteristika wird durch die Gewichtung korrigiert.

giebörse innovative Unternehmen, die sich durch Patente auszeichnen, in einer Aufschwungsphase höher bewertet werden und in einer Abschwungsphase - aufgrund der gestiegenen Risikoaversion der Marktteilnehmer - schlechter bewertet werden. Speziell für die IPOs des Neuen Marktes könnte auch die Technologieblase in den Jahren 1998 und 1999 zu einer überdurchschnittlichen Bewertung und einer nachfolgender Korrektur geführt haben. Lowry (2003) findet für die USA einen negativen Einfluss des gesamten Emissionsvolumens einer Periode auf die langfristige absolute Bewertung.[349] Kurth (2005, S. 356) sowie Bessler und Kurth (2006) zeigen für den Neuen Markt, dass IPOs, die während der Hot-Issue Marktphase an den Markt gingen, zu Beginn besonders positiv bewertet wurden, ihre Rendite nach 24 Monaten aber negativ wurde.

Der Methodik von Kurth (2005) folgend, werden wieder die Unternehmen, die in der Zeit 1997 bis 1999 emittierten (152) als Hot Issue IPOs und die Unternehmen, die nach 1999 emittierten (120) als Cold Issue IPOs deklariert. Abbildung 41 zeigt die Ergebnisse für den Hot-Issue-Markt, Abbildung 42 die für den Cold Issue Markt. Wie angenommen, lässt sich in der Hot-Issue Phase nach dem Börsengang für alle IPOs eine positivere Entwicklung beobachten als in der Cold-Issue Phase. Unternehmen mit Patentanmeldungen entwickeln sich in beiden Marktphasen besser als die IPOs ohne Patente.

Abbildung 41 zeigt die Performance der IPOs mit und ohne Patente während der Hot-Issue-Phase, Abbildung 42 zeigt die Performance der Cold-Issue-IPOs mit und ohne Patente. Hot-Issue-IPOs mit Patenten generieren im Schnitt nach sechs Monaten eine BHAR von 77 Prozent. Hot-Issue-IPOs ohne Patente generieren eine BHAR von 26 Prozent. Beide Werte unterscheiden sich signifikant von null und auch die Unterschiede zwischen den Gruppen sind signifikant (Tabelle 22). Die Bewertungsunterschiede ein Jahr nach dem Börsengang sind noch ausgeprägter. Die Rendite der IPOs mit Patenten übersteigt die Rendite des NemaxAllshare um 124 Prozentpunkte, während die Rendite der IPOs ohne Patente sieben Prozentpunkte unter der Benchmark liegt. Die Unterschiede von ca. 130 Prozentpunkten im Mittelwert und 94 Prozentpunkten im Median sind hoch signifikant. In der langfristigen Betrachtung (24 Monate) ist der Unterschied (37 Prozentpunkte) zwischen den beiden Gruppen bezogen auf den Mittelwert nicht signifikant, die Mediane (38 Prozentpunkte) unterscheiden sich jedoch. Die Ergebnisse der Untersuchung stützen die Hypothese, dass während der Hot-Issue Pha-

349 Lowry (2003), S. 32. Die Ergebnisse fallen je nach angewandter Methodik statistisch signifikant aus.

se emittierte IPOs mit Patenten die IPOs ohne Patente sowohl kurzfristig als auch langfristig outperformen.

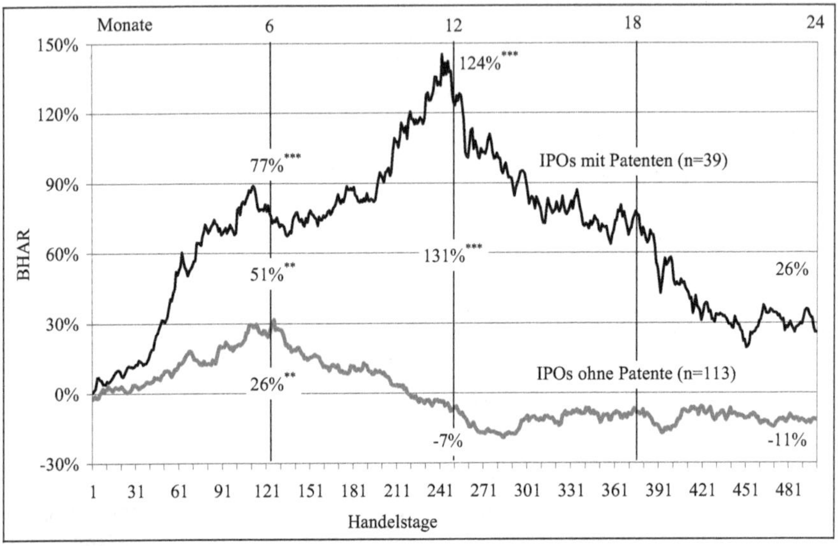

Abbildung 41: BHAR nach Patenten und Markphase: Hot-Issue-IPOs

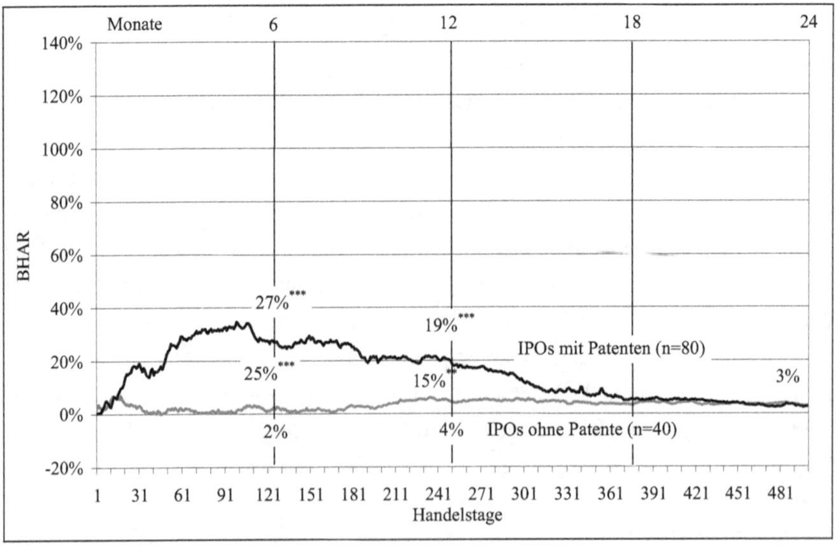

Abbildung 42: BHAR nach Patenten und Markphase: Cold-Issue-IPOs

Tabelle 22: BHAR zu verschiedenen Zeitpunkten, nach Marktphase des Börsengangs und der Anzahl der Patentanmeldungen

BHAR		N	MW %	Median %	t	z	t MW z Med
Hot 6 M	Patente	39	77,00	16,10	3,13 ***	2,39 **	2,09 **
	keine Patente	113	26,10	-11,90	2,25 **	0,10	1,62
Cold 6 M	Patente	40	27,40	16,00	3,56 ***	2,96 ***	3,16 ***
	keine Patente	80	1,70	-8,60	0,38	0,60	3,06 ***
Hot 12 M	Patente	39	124,50	52,50	2,80 ***	2,52 **	3,92 ***
	keine Patente	113	-6,90	-42,00	-0,55	2,74 ***	3,09 ***
Cold 12 M	Patente	40	19,30	7,20	3,00 ***	2,75 ***	2,17 **
	keine Patente	80	4,50	-4,10	1,27	0,54	2,63 ***
Hot 24 M	Patente	39	26,10	8,80	0,83	0,79	1,19
	keine Patente	113	-11,50	-25,90	-0,76	4,41 ***	2,37 **
Cold 24 M	Patente	40	2,70	-2,80	0,94	0,36	0,07
	keine Patente	80	2,90	-3,00	1,41	0,07	0,01

MW: Mittelwert; Med: Median

t MW - Wert der t-Statistik Differenzen der Mittelwerte zwischen den Gruppen

z Med - Wert der z-Statistik Differenzen der Mediane zwischen den Gruppen

***,**,* signifikant auf dem 1%, 5%, 10%-Level

Die BHAR der Cold-Issue-IPOs sind im Vergleich zu den BHAR der Hot-Issue-IPOs für beide Gruppen geringer. Cold-Issue-IPOs mit Patenten haben nach sechs Monaten eine signifikant positive BHAR von 27 Prozent, Cold-Issue-IPOs ohne Patente eine BHAR von nur 2 Prozent. Der Unterschied von 25 Prozentpunkten im Mittelwert und Median ist jeweils auf dem 1 Prozent Niveau signifikant.

Die Outperformance der innovativen Hot-Issue-IPOs steigt bis zu einem Jahr nach dem Börsengang und fällt danach stetig ab. Für die Cold-Issue-IPOs beginnt der Rückgang bereits sechs Monate nach dem Börsengang. Eine Erklärung hierfür könnte der von Bessler und Kurth (2005) aufgezeigte „Steuereffekt" sein. Investoren, die eine Zuteilung erhielten, können Kursgewinne nach einem Jahr steuerfrei realisieren. In Anbetracht der extrem hohen Bewertung der IPOs zu den Zeiten des Neuen Marktes, könnten die gestiegenen Verkäufe nach Ablauf der Spekulationssteuer den Beginn der Kurskorrektur verursacht haben, der dann durch die gestiegene Liquidität im Markt verstärkt wurde.[350] Da die mittlere absolute Rendite der Cold-Issue-IPOs bereits nach 10 Tagen negativ war, konnten in dieser Phase kaum mehr (steuerfreie) Gewinne durch den Verkauf einer Aktie nach Ablauf eines Jahres erzielt werden.

Um der oben aufgestellten Frage, ob der Kapitalmarkt während der Hot-Issue Phase die IPOs generell höher bewertet hat als während der Cold-Issue Phase, vertiefend nachzugehen, wird folgender Vergleich durchgeführt: Die abnormale Performance der Hot-Issue-IPOs mit Patenten wird mit der abnormalen Performance der Cold-Issue-IPOs mit Patenten und die abnormale Performance der Hot-Issue-IPOs ohne Patente wird mit der abnormalen Performance der Cold-Issue-IPOs ohne Patente verglichen. Abbildung 43 und 44 sowie Tabelle 23 verdeutlichen die Entwicklung der Gruppen im Zeitablauf.

Abbildung 43 zeigt die BHAR der Unternehmen mit Patenten in Abhängigkeit der Marktphase. Hot-Issue-IPOs mit Patenten generieren innerhalb eines Jahres eine abnormale Rendite von 124 Prozent. Die Cold-Issue-IPOs outperformen den Markt in den ersten sechs Monaten nur um 26 Prozent. Der Unterschied zwischen den IPOs der beiden Marktphasen von ca. 100 Prozentpunkten unterscheidet sich signifikant von null (Tabelle 23). Auch zwölf Monate nach dem Börsengang ist die Outperformance der Hot-Issue-IPOs mit Patenten signifikant höher als die Outperformance der Cold-Issue-IPOs mit Patenten. Nach 18 und 24 Monaten ist die durchschnittliche Outperformance sowie der Median der Hot-Issue-IPOs immer noch höher als die der Cold-Issue-IPOs. Die Unterschiede sind jedoch nicht mehr signifikant.

Abbildung 44 zeigt die BHAR der Unternehmen ohne Patente in Abhängigkeit der Marktphase. Zwischen den relativen Entwicklungen der Unternehmen ohne Patente lassen sich nur schwach signifikante Unterschiede erkennen. Anscheinend wurden die Hot-Issue-IPOs im Vergleich mit den Cold-Issue-IPOs nicht generell höher als der Markt bewertet. Vielmehr weisen die Hot-Issue-IPOs zwölf Monate nach der Emission eine negative BHAR von bis zu -7 Prozent auf, während sich die Cold-Issue-IPOs nicht schlechter als der Markt entwickeln.

[350] Siehe zum Einfluss des Free Float auf mögliche Kurskorrekturen Hong et al. (2006).

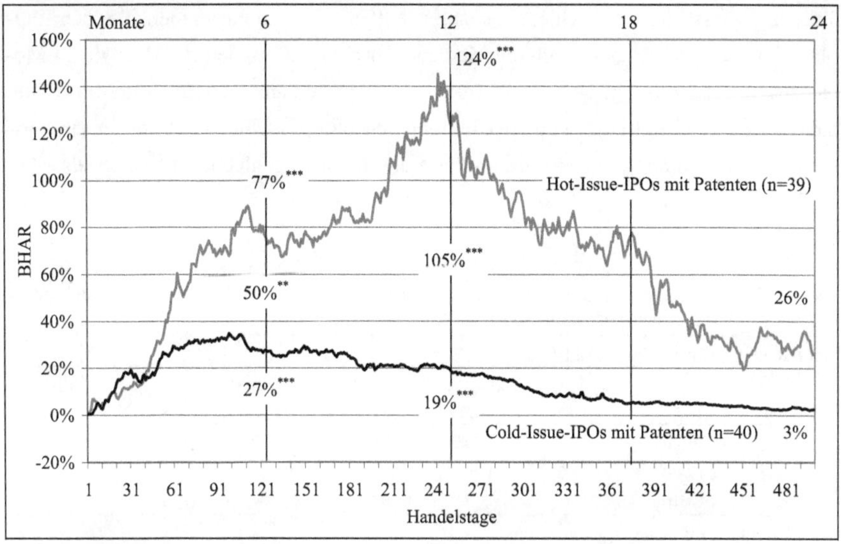

Abbildung 43: BHAR der IPOs mit Patenten nach Marktphase

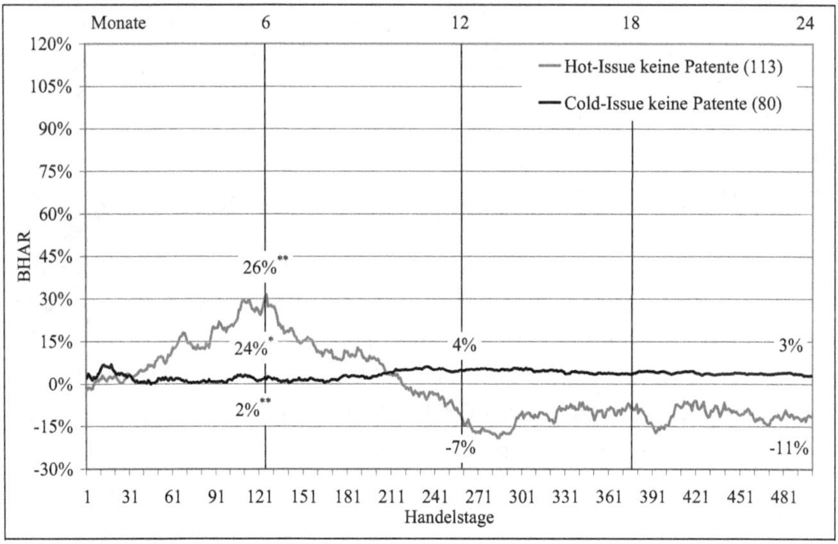

Abbildung 44: BHAR der IPOs ohne Patente nach Marktphase

Tabelle 23 fasst die Unterschiede der vorgestellten Gruppen zusammen. Bei den IPOs ohne Patente unterscheiden sich die Mediane der beiden Gruppen zwölf sowie 24 Monate nach der Emission signifikant (α=0,01). Die Mediane der Hot-Issue-IPOs sind dabei negativ. Langfristig wurden Unternehmen ohne Patente während der euphorischen Marktstimmung der Hot-Issue-Phase anscheinend schlechter bewertet als während der Marktabschwungphase.

Tabelle 23: BHAR der Unternehmen mit & ohne Patente nach Marktphase sechs, zwölf und 24 Monate nach dem Börsengang.

mit Patenten - Hot-Issue vs. Cold-Issue							
Monat	N (H/C)	MW % hot	MW % cold	t MW	Median hot	Median cold	z Med
6	(39/40)	77,0	27,4	1,95*	16,1%	16,0%	0,21
12	(39/40)	124,5	19,3	2,37**	52,5%	7,2%	1,32
24	(39/40)	26,1	2,7	0,73	8,8%	-2,8%	0,57
ohne Patente - Hot-Issue vs. Cold-Issue							
Monat	N (H/C)	MW hot	MW cold	t MW	Median hot	Median cold	z Med
6	(113/80)	26,1	1,7	1,71*	-11,9%	-8,6%	0,65
12	(113/80)	-6,9	4,5	0,76	-42,0%	-4,1%	4,78***
24	(113/80)	-11,5	2,9	0,79	-25,9%	-3,0%	6,37***

MW: Mittelwert; Med: Median

t MW - Wert der t-Statistik Differenzen der Mittelwerte zwischen den Gruppen

z Med - Wert der z-Statistik Differenzen der Mediane zwischen den Gruppen

***,**,* signifikant auf dem 1%, 5%, 10%-Level

Zusammenfassend lässt sich feststellen, dass insbesondere Hot-Issue-IPOs mit Patenten positiv bewertet wurden. Zwar outperformen auch die Cold-Issue-IPOs mit Patenten den Markt, die Outperformance ist aber geringer. Bei einem Vergleich der Performance der Hot- und Cold-Issue-IPOs ohne Patente ähneln sich die Mittelwerte sehr. Die Mediane der durchschnittlichen Rendite der Hot-Issue-IPOs sind jedoch signifikant niedriger. Diese Beobachtungen unterstützen die These, dass Patente insbesondere während der Hot-Issue-Phase und Technologieblase am Neuen Markt temporär sehr hoch bewertet wurden. Im nächsten Abschnitt werden die Renditen nicht nur um den Markt, sondern zusätzlich um Faktoren, die den Risikofaktor Markt-zu-Buchwert und den Faktor Unternehmensgröße widerspiegeln sollen, bereinigt. Der Abschnitt dient dazu, die gefundenen Ergebnisse auf ihre Robustheit hin zu überprüfen.

4. Fama-French-Modell

Die Berechnung der abnormalen Renditen über das Fama-French-Modell (1993) hat sich zu einer Standardmethode entwickelt, um die Ergebnisse der BHAR-Methode auf ihre Robustheit zu überprüfen. Nach der in Teil 2 Kapitel I zur Methodik vorgestellten Methode wird die abnormale Rendite nach sechs Monaten (123 Handelstagen) und nach 24 Monaten (500 Handelstagen) berechnet. Wie bei der Betrachtung der BHAR werden die Gruppen in Abhängigkeit der Patentaktivität der IPOs gebildet und diese bezüglich ihrer durchschnittlichen Entwicklung sowie ihrer Mediane miteinander verglichen. Die Ergebnisse stimmen, wenn auch nicht in der Höhe, so doch in der Tendenz mit denen aus der BHAR Analyse überein.

Tabelle 24: Abnormale Rendite Fama-French-Modell (1993), nach Patenten sechs Monate nach dem Börsengang.

Alpha 6 Monate									
		123	täglich						t MW
Sample	N	MW%	MW%	Med%	t	adj. t	sign	z	z Med
>0 Patente	87	34,73	0,24	0,21	3,99***	3,99***	52**	3,48***	2,86***
0 Patente	193	7,12	0,06	-0,04	1,63*	1,67*	103	0,65	2,57***
>1 Patente	79	35,95	0,25	0,21	4,17***	4,29***	48*	3,49***	2,94***
0 Patente	193	7,12	0,06	-0,04	1,63*	1,67*	103	0,65	2,64***
>25 Patente	40	59,70	0,38	0,35	4,54***	4,39***	29***	3,66***	3,86***
0 Patente	193	7,12	0,06	-0,04	1,63*	1,67*	103	0,65	3,47***
2-25 Patente	39	15,01	0,11%	-0,05	1,42	1,48	20	0,98	0,69
0 Patente	193	7,12	0,06	-0,04	1,63*	1,67*	103	0,65	0,53
>25 Patente	40	59,70	0,38	0,35	4,54***	4,39***	29***	3,66***	2,30**
2-25 Patente	39	15,01	0,11	-0,05	1,42	1,48	20	0,98	2,30**

MW: Mittelwert; Med: Median, t: t-Statistik auf signifikante Unterschiede von MW gegen null, adj. t: Statistik des skewness-adjusted t-Tests, sign: Anzahl positiver Werte aus dem Vorzeichentest, z: Statistik des Wilkoxon Test auf signifikante Unterschiede von Med gegen null.

t MW - Wert der t-Statistik Differenzen der Mittelwerte zwischen den Gruppen

z Med - Wert der z-Statistik Differenzen der Mediane zwischen den Gruppen

***,**,* signifikant auf dem 1%, 5%, 10%-Level

Tabelle 24 zeigt die Entwicklung der IPOs sechs Monate nach dem Börsengang. Unternehmen ohne Patente haben eine durchschnittliche tägliche Outperformance von 0,06 Prozent. Sie generieren approximativ eine abnormale Rendite in Höhe von 7,12

Prozent über den sechs Monatszeitraum nach der Emission.[351] Im Gegensatz hierzu beträgt die tägliche durchschnittliche abnormale Rendite der Unternehmen mit mindestens zwei Patenten 0,25 Prozent. Dies aggregiert sich in sechs Monaten zu 35,95 Prozent und liegt um 28,3 Prozentpunkte signifikant (α=0,01) über der abnormalen Rendite der IPOs ohne Patente. Eine signifikante Outperformance lässt sich auch von der Gruppe mit vielen Patenten (mehr als dem Median) relativ zu der Gruppe ohne Patente sowie relativ zu Gruppen mit wenigen Patenten beobachten.

24 Monate nach der Emission (Tabelle 25) ist die abnormale Entwicklung der Unternehmen mit Patenten, und insbesondere die der Gruppe mit vielen Patenten, signifikant besser als die Entwicklung der Unternehmen ohne Patentanmeldungen. Die abnormale Performance für die Unternehmen ohne Patente ist sowohl bezogen auf den Median als auch bezogen auf den Mittelwert signifikant negativ (α=0,01).

Tabelle 25: Abnormale Rendite Fama-French-Modell (1993), nach Patenten 24 Monate nach dem Börsengang.

Alpha 24 Monate	N	500 MW%	täglich MW%	Med%	t-Value	adj. t	sign	z	t MW z Med
>0 Patente	87	39,01	0,07	0,06	2,49 ***	2,5 **	53 **	2,27 **	3,81 ***
keine Patente	193	-18,88	-0,04	-0,07	-2,83 ***	-2,75 ***	122 ***	3,15 ***	3,7 ***
>1 Patente	79	39,01	0,07	0,06	2,42 ***	2,42 **	48 *	2,18 **	3,73 ***
keine Patente	193	-18,88	-0,04	-0,07	-2,83 ***	-2,75 ***	122 ***	3,15 ***	3,6 ***
>25 Patente	40	89,75	0,13	0,16	3,61 ***	3,51 ***	20	3,15 ***	4,69 ***
keine Patente	193	-18,88	-0,04	-0,07	-2,83 ***	-2,75 ***	122 ***	3,15 ***	4,3 ***
2-25 Patente	39	1,52	0,00	0,00	0,08	0,09	20	0,2	1,19
keine Patente	193	-18,88	-0,04	-0,07	-2,83 ***	-2,75 ***	122 ***	3,15 ***	1,18
>25 Patente	40	89,75	0,13	0,16	3,61 ***	3,51 ***	20	3,15 ***	2,34 **
2-25 Patente	39	1,52	0,00	0,00	0,08	0,09	20	0,2	2,38 **

MW: Mittelwert; Med: Median, t: t-Statistik auf signifikante Unterschiede von MW gegen null, adj. t: Statistik des skewness-adjusted t-Tests, sign: Anzahl positiver Werte aus dem Vorzeichentest, z: Statistik des Wilkoxon Test auf signifikante Unterschiede von Med gegen null.

t MW - Wert der t-Statistik Differenzen der Mittelwerte zwischen den Gruppen

z Med - Wert der z-Statistik Differenzen der Mediane zwischen den Gruppen

***,**,* signifikant auf dem 1%, 5%, 10%-Level

351 $AR_{123} = ((1+0{,}000559)^{123} - 1) * 100$ Dieses Vorgehen in der Berechnung ist nur approximativ zu werten und $AR_{123} = 7{,}12\%$ wird aus Einfachheitsgründen in dieser Form berechnet.

Grundsätzlich bestätigen die Ergebnisse bei der Bestimmung der abnormalen Rendite nach Fama-French die Ergebnisse der BHAR. Dennoch kommt es zu Abweichungen in der Höhe. Da die BHAR nur um den Markt bereinigt sind, die Alphas zusätzlich um eine Risikoprämie für den Markt-zu-Buchwert und die Unternehmensgröße, ist überraschend, dass die nach dem Fama-French-Modell (1993) bestimmte abnormale Rendite im Vergleich mit den BHAR höher ist. Bei der Nutzung des Fama-French-Modells (1993) kann es allerdings zu Verzerrungen kommen. So zeigen Brav et al. (2000), dass das Modell zur Erklärung der Renditen der NASDAQ Unternehmen nicht geeignet ist. Da die NASDAQ ebenfalls ein Segment für Technologiewerte ist, könnte dies die Differenzen teilweise erklären. Die durchschnittliche Erklärungskraft (R^2) des Modells liegt für die IPOs des Neuen Marktes bei 13,6 Prozent. Gleichzeitig haben in 19 Prozent der Fälle der Größenfaktor sowie in 25 Prozent der Fälle der Buch-zu-Marktwertfaktor einen signifikanten Einfluss. Der Einfluss des Marktes ist sogar in 98 Prozent der Fälle signifikant.

Interessant ist, dass bei der Betrachtung der abnormalen Renditen aus dem Fama-French Modell die Unterschiede in der Renditeentwicklung im Zeitablauf weiter zunehmen und insbesondere für die Unternehmen mit vielen Patenten (mehr als 25) auch nach 24 Monaten die auf den Jahreszeitraum approximierte Rendite ca. 90 Prozent beträgt. Die Unterschiede in den Mittelwerten als auch in den Medianen der Renditen zwischen den Gruppen sind dabei auf dem 1 Prozent Niveau signifikant.

5. Querschnittsregressionen

Die Robustheit der Ergebnisse der beiden Methoden zur abnormalen Performancebestimmung wird mit verschiedenen Querschnittsregressionen überprüft. Es wird analysiert, ob die Patentanzahl und die Patentqualität, gemessen über die in Teil 1 Kapitel III beschriebenen Indikatoren, einen positiven Einfluss auf die Renditeentwicklung sechs Monate und 24 Monate nach dem Börsengang haben.

a. Aufbau der Modelle und Methodik

Ziel der Querschnittregression ist es, weitere Einblicke in den Zusammenhang zwischen der langfristigen Unternehmensentwicklung und der Qualität der Patente zu erlangen. Die langfristige Entwicklung wird über die abnormale Rendite nach sechs Monaten sowie nach 24 Monaten gemessen. Sowohl die BHAR als auch das Alpha, jeweils sechs Monate und 24 Monate nach dem Börsengang, werden als abhängige Variable in die Modelle aufgenommen. Für jeden der im Folgenden vorgestellten Modelltypen werden also 4 Modellvarianten untersucht, die sich nur durch die abhängige Variable unterscheiden.

Neben den Patentvariablen werden verschiedene Kontrollvariablen in die Regression aufgenommen, für die Lyon et al. (1999), Gompers und Lerner (1999) sowie Espenlaub et al. (1999) eine Bewertungsrelevanz für IPOs zeigen konnten. Die unternehmensspezifischen Variablen sind der natürliche Logarithmus des Markt-zu-Buchwertverhältnis und die Unternehmensgröße (Emissionsvolumen) zum Zeitpunkt des Börsengangs. Des Weiteren wird um den Einfluss der Branchen mithilfe von Dummievariablen kontrolliert. Als weitere marktspezifische Kontrollvariable wird ein Dummy für die Marktphase, in der das Unternehmen an die Börse ging, in die Regression aufgenommen.

Insgesamt werden 3 Modelltypen in 4 Modellvarianten untersucht. In Modell 1 werden nur die Kontrollvariablen in die Regression aufgenommen.

Modell 1:

(2.17)
$$AR_{T,1} = c + \beta_1 \ln mtb + \beta_2 \ln size + \beta_3 D\_hot + \varepsilon$$
$$=> AR_{T,1} = c + \sum_{k=1}^{3} \beta_k X_k + \varepsilon ,$$

wobei $\beta_k X_k$ für den Vektor der Kontrollvariablen mit den zugehörigen Koeffizienten steht. In Modell 2 werden neben den Kontrollvariablen die Patentanzahl und die empirischen Wertindikatoren einzeln aufgenommen. In Modell 2a ist die reine Patentanzahl integriert, in den Modellen 2b und 2c werden die Indikatoren für die Patentbreite mit aufgenommen, wobei b für die durchschnittliche Anzahl der IPC-Klassen der Patente eines Unternehmens steht und c für die durchschnittliche Familiengröße. In den Modellen 2d bis 2f werden die Zitierungsindikatoren einzeln aufgenommen.

Das Modell (2a) nimmt die Patentanzahl als erklärende Variable auf (Patente), die Modelle (2b) und (2c) beinhalten zum einen den Indikator für die geographische Breite und zum anderen die Schutzrechtbreite. Erstere wird über die durchschnittliche Familiengröße der Patente eines Unternehmens gemessen (Familie), letztere über die durchschnittliche Anzahl der IPC-Klassen, der die Patente eines Unternehmens zugeordnet sind (IPC). Die Modelle (2d) bis (2f) beachten jeweils einen Zitierungsindikator. Das Modell (2d) nutzt neben den Kontrollvariablen die durchschnittliche Anzahl der Rückwärtszitierungen, die von den Patenten eines Unternehmens ausgehen (RZ), (2e) nimmt die durchschnittliche Anzahl der Vorwärtszitierungen auf (VZ) und (2f) die durchschnittliche Anzahl der Zitierungen der Nichtpatentliteratur (Artikel).

Modell 2:

(2.18)
$$AR_{T,2j} = c + \sum_{k=1}^{3} \beta_k X_k + \beta_j I_j + \varepsilon \quad mit\ j = a,b,...,f$$

Im Modell 3 werden die Kontrollvariablen sowie die Patentindikatoren gleichzeitig beobachtet. Da die Indikatoren teilweise korreliert sind, wird um die in dem Modell mögliche Multikollinearität kontrolliert. Multikollinearität kann dazu führen, dass durch den linearen Zusammenhang zwischen den erklärenden Faktoren die Güte der OLS Schätzung abnimmt, was zu kleinen t-Werten und nicht robusten und somit schwer interpretierbaren Koeffizienten führt.

Modell 3:

(2.19)
$$AR_{T,3} = c + \sum_{k=1}^{3} \beta_k X_k + \sum_{j=a}^{f} \beta_j X_j + \varepsilon$$

Bei Betrachtung der Korrelationsmatrix der unabhängigen Variablen aus Modell 3 in Tabelle 26 wird deutlich, dass die Multikollinearität zwischen ihnen relativ stark ausgeprägt ist. Die Gefahr der Multikollinearität tritt auf, wenn der Korrelationskoeffizient zwischen zwei Faktoren größer als 0,8 oder der Variance Inflation Factor größer als zehn ist, (Poddig et al. S. 367ff). Bei den hier vorliegenden Faktoren könnte der Zusammenhang zwischen Patent, IPC und Familie kritisch werden. (Patentanzahl und IPC r=0,61, IPC und Familiengröße r=0,85). Um die Problematik der Multikollinearität abzuschwächen, wird in Modell 3* die Patentanzahl um die Familiengröße und die Anzahl der IPC-Klassen orthogonalisiert.[352]

Durch die Orthogonalisierung werden die Variablen IPC, Familie und Patent, um ihre linearen Abhängigkeiten bereinigt (Tabelle 26).[353] So werden in der Regression nur die Teile der unabhängigen Faktoren aufgenommen, die noch nicht durch andere Faktoren linear erklärt werden. Aus technischer Sicht werden die Residuen einer Regression zwischen den unabhängigen Faktoren in das Modell aufgenommen.

352 Der Vorgang der Orthogonalisierung wird bei der Darstellung der Ergebnisse erläutert.

353 IPC-Patent: r=0,59 IPC-Familie r=0,85, Patent-Familie r=0,61, vgl. Tabelle 29, A.

In einer ersten Regression wird das Residuum IPC (res_IPC) bestimmt. Dies entspricht dem Einfluss, den der Faktor IPC hat, der noch nicht durch den Faktor Patent erklärt wird und es wird folgendermaßen berechnet,

Regression 1:

(2.20) $$x_{IPC} = \beta_0 + \beta_1 x_{Pat} + \varepsilon_{IPC}$$

res_IPC $$\Rightarrow \hat{\varepsilon}_{IPC} = x_{IPC} - \hat{\beta}_0 - \hat{\beta}_1 x_{Pat}$$

Im zweiten Schritt wird der Faktor Patentfamilie um die Informationen bereinigt, die schon in den Faktoren Patent und IPC enthalten sind. Das Residuum aus der folgenden Regression beinhaltet den Erklärungsgehalt, den der Faktor Patentfamilie besitzt, der noch nicht in den Faktoren Patent und IPC enthalten ist (res_Fam2).

Regression 2:

(2.21) $$x_{Fam} = \beta_0 + \beta_1 x_{Pat} + \beta_2 \hat{\varepsilon}_{IPC} + \varepsilon_{Fam}$$

Res_Fam2: $$\Rightarrow \hat{\varepsilon}_{Fam} = x_{Fam} - \hat{\beta}_0 - \hat{\beta}_1 x_{Pat} - \hat{\beta}_2 \hat{\varepsilon}_{IPC}$$

In der ursprünglichen Querschnittregression werden anstatt der Faktoren IPC und Familie die geschätzten Residuen als unabhängige Variablen betrachtet. Da die Reihenfolge der notwendigen Orthogonalisierung nicht eindeutig geklärt werden kann, findet die Berechnung der Residuen auch in umgekehrter Reihenfolge statt. Dies bedeutet, dass die Variable Familie zuerst um den linearen Zusammenhang mit der Variable Patente orthogonalisiert wird (*res_Fam*) und im zweiten Schritt die Variable IPC-Klasse um die Größe Patent und das Residuum *res_Fam* bereinigt wird (*res_IPC2*).

Tabelle 26 zeigt den Effekt, den die Orthogonalisierung auf die Korrelationskoeffizienten zwischen den unabhängigen Variablen hat. Die Korrelationskoeffizienten zwischen den Residuen untereinander sowie zwischen ihnen und den Patenten sind kaum mehr messbar.

Tabelle 26: Korrelationskoeffizienten zwischen den Residuen und der Patentanzahl.

A	Patent	IPC	Familie
Patent	1,00	0,59	0,60
IPC		1,00	0,85
Familie			1,00
B	Patent	res_IPC	res_Fam2
Patent	1,00	0,00	0,00
res_IPC		1,00	0,00
res_Fam2			1,00
C	Patent	res_Fam	res_IPC2
Patent	1,00	0,00	0,00
res_Fam		1,00	0,00
res_IPC2			1,00

b. Robustheit der Ergebnisse der BHAR

Die Ergebnisse werden mit Ausnahme der Ergebnisse des Modells 1, die vorab für alle abhängigen Variablen erläutert werden, sukzessive für die abhängigen Variablen vorgestellt. Dabei wird zuerst der Einfluss der Patenteinträge auf die BHAR nach sechs (BHAR_6M, 123 Handelstage) und nach 24 Monaten (BHAR_24M, 500 Handelstage) betrachtet. Anschließend werden die Modelle mit der nach dem Fama-French-Modell (1993) geschätzten abnormalen Renditen nach sechs Monaten (Alpha_6M, 123 Handelstage) und 24 Monaten (Alpha_24M, 500 Handelstage) analysiert. Für jede abhängige Variable wird zuerst der Einfluss der Patenteinträge und Indikatoren betrachtet. Nachfolgend wird mit Branchendummies um Brancheneffekte korrigiert und abschließend wird der Einfluss der erteilten Patente und der zugehörigen durchschnittlichen Indikatoren beobachtet. Es folgt die Ergebnisdarstellung der Orthogonalisierung und abschließend wird gezeigt, wie sich die Brancheneffekte, gemessen über Interaktionsterme, auf das Modell auswirken.

In Modell 1 variiert der Einfluss der Kontrollvariablen auf die abnormale Rendite je nach Bestimmungsmethode der abnormalen Rendite. Die BHAR nach sechs Monaten werden durch die Marktphase hoch signifikant und durch das Markt-zu-Buchwertverhältnis schwach negativ beeinflusst. Bei der längerfristigen Zweijahresbetrachtung nehmen auch diese Einflüsse ab, während die Einflussstärke des logarithmierten Emissionsvolumens (ln_size) steigt. Werden die Alphas aus dem Fama-French-Modell als abhängige Variablen betrachtet, beeinflusst das logarithmierte Markt-zu-Buchwertverhältnis (ln_mtb) die abnormale Rendite signifikant negativ und die Marktphase beeinflusst sie signifikant positiv. Nach 24 Monaten ist der Einfluss des Emissionsvolumens signifikant positiv. Das adjustierte R^2 ist für beide Methoden der Renditemessung in der kürzeren Betrachtung höher.

In Modell 2 werden die Patentindikatoren sukzessive neben den Kontrollvariablen in das Modell aufgenommen. Auf die BHAR nach sechs Monaten (Tabelle 27) wirkt die Anzahl angemeldeter Patente sowie die Indikatoren: Anzahl IPC-Klassen und Familiengröße signifikant positiv. Das Modell (2a) hat dabei mit einem R^2 von 6,6 Prozent die höchste Erklärungskraft. Die Patentanzahl sowie die Familiengröße beeinflussen die Bewertung sechs Monate nach dem Börsengang signifikant. Dabei bezieht sich die Patentanzahl in dieser Betrachtung auf die gesamten Einträge eines Unternehmens, dies können Anmeldungen, Erteilungen, Übersetzungen und Ähnliches sein. Werden zu den oben vorgestellten Faktoren in Tabelle 28 zusätzlich Branchendummies aufgenommen, sinkt die Erklärungskraft des Modells.[354]

[354] Bei den vorgestellten Ergebnissen wird die Brancheneinteilung nach JCF genutzt. Von JCF werden unterschiedlich detaillierte Brancheneinteilungen angeboten. Um nicht zu viele Freiheitsgrade zu verlieren wird die gröbere Brancheneinteilung in: Basic Materials, Consumer (Cyclical, Non-Cyclical), Financial, Healthcare, Industry, Technologie (2/3 Softwareunternehmen), Telekommunikation genutzt. Auch bei einer feineren Brancheneinteilung oder Zusammenfassung ähnlicher Branchen, ändern sich die Ergebnisse nur geringfügig und bleiben von der Tendenz gleich.

Tabelle 27: BHAR nach sechs Monaten, Patenteinträge - OLS-Regression.

abhängige Variable: BHAR_6M	Modell 1	Modell 2						Modell 3
		(a) Patent	(b) IPC	(c) Familie	(d) VZ	(e) RZ	(f) Artikel	
Konstante	-0,09	0,42	-0,02	-0,04	0,00	-0,06	-0,22	0,31
	-0,07	*0,38*	*-0,02*	*-0,04*	*0,00*	*-0,05*	*-0,19*	*0,27*
ln_mtb	-0,31	-0,29	-0,29	-0,30	-0,31	-0,33	-0,31	-0,29
	-1,75	*-1,65*	*-1,64*	*-1,68*	*-1,73*	*-1,78*	*-1,73*	*-1,58*
ln_size	0,04	0,00	0,03	0,03	0,03	0,03	0,04	0,01
	0,61	*0,05*	*0,46*	*0,49*	*0,50*	*0,58*	*0,71*	*0,14*
d_hotissue	0,33	0,35	0,35	0,35	0,34	0,35	0,34	0,35
	2,83	*3,05*	*3,04*	*3,04*	*2,89*	*2,94*	*2,91*	*3,04*
Patente		0,003						0,003
		3,039						*2,101*
IPC			0,053					-0,011
			2,168					*-0,304*
Familie				0,051				0,025
				2,719				*0,745*
VZ					0,049			-0,015
					1,054			*-0,326*
RZ						0,051		-0,003
						1,321		*-0,062*
Artikel							0,571	0,205
							0,914	*0,397*
adj. R^2	0,033	0,066	0,045	0,049	0,035	0,036	0,031	0,049
N	258	258	258	258	258	258	258	258

Die Querschnittsregression wurde mit White konsistenten Kovarianzen der Standardfehler geschätzt. Die t-Werte stehen unterhalb der Koeffizienten und sind kursiv gedruckt. Die abhängige Variable ist die BHAR nach sechs Monaten. Die Patentindikatoren beziehen sich auf alle Patenteinträge. Die Anzahl ist die gesamte Anzahl der Patenteinträge zwischen 1980 und 2003. Die Indikatoren werden als Mittelwert über die Patente eines Unternehmens hinweg berechnet. Die Regressoren ln_mtb und ln_size sind die natürlichen Logarithmen der Markt-zu-Buchwertverhältnisse und des Emissionsvolumens zum Zeitpunkt des Börsenganges. D_hotissue nimmt den Wert 1 an, wenn es sich um ein Hot-Issue-IPO handelt, sonst 0. Es wird nicht um Brancheneffekte korrigiert.

Tabelle 28: BHAR 123, Patenteinträge und Branchendummies - OLS-Regression

abhängige Variable: BHAR_6M

	Modell 1	Modell 2						Modell 3
		(a) Patent	(b) IPC	(c) Familie	(d) VZ	(e) RZ	(f) Artikel	
Konstante	-1,07	-0,25	-0,80	-0,79	-0,96	-0,97	-1,14	-0,35
	-0,84	*-0,20*	*-0,61*	*-0,61*	*-0,73*	*-0,74*	*-0,89*	*-0,27*
ln_mtb	-0,29	-0,28	-0,28	-0,28	-0,29	-0,30	-0,28	-0,28
	-1,56	*-1,53*	*-1,52*	*-1,55*	*-1,56*	*-1,58*	*-1,55*	*-1,48*
ln_size	0,07	0,03	0,06	0,06	0,07	0,07	0,08	0,03
	1,10	*0,42*	*0,84*	*0,86*	*0,98*	*1,01*	*1,14*	*0,49*
d_hotissue	0,38	0,38	0,38	0,38	0,38	0,39	0,39	0,38
	3,05	*3,10*	*3,06*	*3,07*	*3,05*	*3,09*	*3,10*	*3,07*
Patente		0,003						0,003
		2,555						*2,059*
IPC			0,035					-0,020
			1,238					*-0,447*
Familie				0,036				0,020
				1,705				*0,558*
VZ					0,027			-0,020
					0,566			*-0,422*
RZ						0,034		0,003
						0,858		*0,059*
Artikel							0,421	0,258
							0,723	*0,465*
d_Branche	ja	ja	ja	ja	ja	ja	ja	ja
adj. R^2	0,027	0,047	0,028	0,031	0,025	0,026	0,025	0,029
N	258	258	258	258	258	258	258	258

Die Querschnittsregression wurde mit White konsistenten Kovarianzen der Standardfehler geschätzt. Die t-Werte stehen unterhalb der Koeffizienten und sind kursiv gedruckt. Die abhängige Variable ist die BHAR nach sechs Monaten. Die Patentindikatoren beziehen sich auf alle Patenteinträge. Die Anzahl ist die gesamte Anzahl der Patenteinträge zwischen 1980 und 2003. Die Indikatoren werden als Mittelwert über die Patente eines Unternehmens hinweg berechnet. Die Regressoren ln_mtb und ln_size sind die natürlichen Logarithmen der Markt-zu-Buchwertverhältnisse und des Emissionsvolumens zum Zeitpunkt des Börsenganges. D_hotissue nimmt den Wert 1 an, wenn es sich um ein Hot-Issue-IPO handelt, sonst 0. Es wird um Brancheneffekte korrigiert.

Um zu kontrollieren, ob der Einfluss der erteilten Patente über den Einfluss aller Patenteinträge hinausgeht, werden in Tabelle 29 nicht alle Patenteinträge, sondern nur die erfolgreichen Patentanmeldungen, das heißt die erteilten Patente und ihre zugehörigen Wertindikatoren, genutzt. Wie bereits in dem deskriptiven Teil der empirischen Untersuchung gezeigt wurde, ist die Korrelation zwischen den Patenteinträgen und den erteilten Patenten relativ hoch, sodass keine gravierenden Unterschiede in der Erklärungskraft der Indikatoren und Modelle erwartet werden. Die Ergebnisse der Querschnittsregression bestätigen diese Vermutung. Die Betrachtung erteilter Patente besitzt, sechs Monate nach dem Börsengang, kaum zusätzlichen Informationsgehalt für die Bewertung der Unternehmen. Dieses Ergebnis entspricht auch den Beobachtungen von McAleer et al. (2005). Sie beobachten sowohl für Anmeldungen als auch für gewährte und abgelehnte Patente einen positiven Einfluss auf die technische Leistungsfähigkeit. Allerdings verringert sich die Anzahl der Datensätze der Unternehmen mit Patenten, sodass es für die Regression vorteilhaft ist, die gesamten Patenteinträge als Information zu nutzen.

Der Einfluss der Patentdaten auf die Rendite am Kapitalmarkt wird bei der langfristigen Betrachtung der BHAR (BHAR_24M, Tabelle 30) durchweg geringer. Weder die Anzahl der Patente noch die Familiengröße haben einen signifikanten Einfluss. Die Patentbreite, gemessen über die IPC-Klassen ist auf dem 10 Prozent Niveau signifikant, wobei der Koeffizient dem der Betrachtung von sechs Monaten entspricht. Die Erklärungskraft der Modelle der Patenteinträge für die abnormale Rendite nach 24 Monaten ist gering und beträgt im Maximum (Modell 2c) 1,7 Prozent. Auch in dieser langfristigen Betrachtung erhöht die Aufnahme der Branchendummies nicht die Erklärungskraft des Modells. Die Ergebnisse sind in Tabelle 31 vorgestellt und es scheint, dass die Modelle überspezifiziert sind. Das adjustierte R^2 wird negativ und auch die hier nicht aufgezeigten F-Statistiken sprechen dem Modell keine Erklärungskraft zu. Werden, wie in der kurzfristigen Betrachtung, wieder nur die erteilten Patente und deren Indikatoren neben den Kontrollvariablen in die Modelle aufgenommen, gleicht das Ergebnis dem bei der Betrachtung der BHAR nach sechs Monaten. So zeigt die Tabelle 32, dass die Erklärungskraft leicht über der des Modells mit den Patenteinträgen liegt. Allein der Indikator Anzahl der IPC-Klassen steigt für die erteilten Patente leicht. Eine allgemeingültige Aussage lässt sich hierüber aber nur schwer treffen.

Tabelle 29: BHAR nach sechs Monaten, erteilte Patente - OLS-Regression

abhängige Variable BHAR_6M	Modell 2						Modell 3
	(a) Patent	(b) IPC	(c) Familie	(d) VZ	(e) RZ	(f) Artikel	
Konstante	0,32	0,04	-0,06	0,01	0,01	-0,12	0,16
	0,29	*0,03*	*-0,05*	*0,01*	*0,01*	*-0,11*	*0,14*
ln_mtb	-0,30	-0,29	-0,30	-0,31	-0,32	-0,31	-0,28
	-1,67	*-1,65*	*-1,69*	*-1,73*	*-1,78*	*-1,72*	*-1,53*
ln_size	0,01	0,03	0,03	0,03	0,03	0,04	0,02
	0,17	*0,43*	*0,53*	*0,52*	*0,52*	*0,63*	*0,28*
d_hotissue	0,34	0,34	0,34	0,33	0,35	0,34	0,34
	2,96	*2,94*	*3,00*	*2,85*	*2,99*	*2,90*	*2,97*
erteilte Patente	0,007						0,007
	2,664						*2,428*
IPC		0,045					0,013
		2,011					*0,432*
Familie			0,040				0,012
			2,341				*0,454*
VZ				0,022			-0,035
				0,696			*-0,857*
RZ					0,024		-0,013
					1,820		*-0,736*
Artikel						0,668	0,451
						1,772	*1,329*
adj. R^2	0,058	0,058	0,045	0,031	0,034	0,032	0,046
N	258	258	258	258	258	258	258

Die Querschnittsregression wurde mit White konsistenten Kovarianzen der Standardfehler geschätzt. Die t-Werte stehen unterhalb der Koeffizienten und sind kursiv gedruckt. Die abhängige Variable ist die BHAR nach sechs Monaten. Die Patentindikatoren beziehen sich auf erteilte Patente. Die Anzahl ist die gesamte Anzahl der Patenteinträge zwischen 1980 und 2003. Die Indikatoren werden als Mittelwert über die Patente eines Unternehmens hinweg berechnet. Die Regressoren ln_mtb und ln_size sind die natürlichen Logarithmen der Markt-zu-Buchwertverhältnisse und des Emissionsvolumens zum Zeitpunkt des Börsenganges. D_hotissue nimmt den Wert 1 an, wenn es sich um ein Hot-Issue-IPO handelt, sonst 0. Es wird nicht um Brancheneffekte korrigiert.

Tabelle 30: BHAR nach 24 Monaten, Patenteinträge - OLS-Regression

abhängige Variable: BHAR_24M

	Modell 1	Modell 2						Modell 3
		(a) Patent	(b) IPC	(c) Familie	(d) VZ	(e) RZ	(f) Artikel	
Konstante	-0,82 *-0,56*	-0,73 *-0,49*	-0,76 *-0,52*	-0,78 *-0,53*	-0,84 *-0,56*	-0,83 *-0,56*	-0,98 *-0,65*	-1,06 *-0,68*
ln_mtb	-0,32 *-1,28*	-0,32 *-1,26*	-0,30 *-1,20*	-0,31 *-1,24*	-0,32 *-1,28*	-0,32 *-1,26*	-0,32 *-1,26*	-0,29 *-1,12*
ln_size	0,08 *1,03*	0,07 *0,93*	0,07 *0,92*	0,07 *0,95*	0,08 *1,04*	0,08 *1,03*	0,08 *1,11*	0,08 *1,06*
d_hot	0,06 *0,43*	0,06 *0,45*	0,08 *0,58*	0,08 *0,56*	0,06 *0,42*	0,06 *0,43*	0,07 *0,49*	0,08 *0,55*
Patente		0,001 *0,893*						-0,001 *-0,659*
IPC			0,052 *1,661*					0,019 *0,291*
Familie				0,049 *1,645*				0,069 *0,970*
VZ					-0,006 *-0,194*			-0,039 *-1,002*
RZ						-0,001 *-0,026*		-0,045 *-0,938*
Artikel							0,660 *1,205*	0,401 *0,780*
adj. R^2	0,008	0,005	0,014	0,017	0,004	0,004	0,006	0,007
N	258	258	258	258	258	258	258	258

Die Querschnittsregression wurde mit White konsistenten Kovarianzen der Standardfehler geschätzt. Die t-Werte stehen unterhalb der Koeffizienten und sind kursiv gedruckt. Die abhängige Variable ist die BHAR nach 24 Monaten. Die Patentindikatoren beziehen sich auf alle Patenteinträge. Die Anzahl ist die gesamte Anzahl der Patenteinträge zwischen 1980 und 2003. Die Indikatoren werden als Mittelwert über die Patente eines Unternehmens hinweg berechnet. Die Regressoren ln_mtb und ln_size sind die natürlichen Logarithmen der Markt-zu-Buchwertverhältnisse und des Emissionsvolumens zum Zeitpunkt des Börsenganges. D_hot nimmt den Wert 1 an, wenn es sich um ein Hot-Issue-IPO handelt, sonst 0. Es wird nicht um Brancheneffekte korrigiert.

Tabelle 31: BHAR nach 24 Monaten, Patenteinträge und Branchendummies - OLS-Regression

abhängige Variable: BHAR_24M

	Modell 1	Modell 2						Modell 3
		(a) Patent	(b) IPC	(c) Familie	(d) VZ	(e) RZ	(f) Artikel	
Konstante	-1,33	-1,39	-1,00	-1,03	-1,46	-1,39	-1,38	-1,33
	-0,83	*-0,83*	*-0,63*	*-0,65*	*-0,90*	*-0,85*	*-0,86*	*-0,79*
ln_mtb	-0,31	-0,31	-0,29	-0,30	-0,30	-0,30	-0,30	-0,28
	-1,17	*-1,17*	*-1,13*	*-1,16*	*-1,16*	*-1,12*	*-1,16*	*-1,04*
ln_size	0,10	0,10	0,08	0,08	0,10	0,10	0,10	0,09
	1,21	*1,19*	*0,97*	*1,02*	*1,29*	*1,23*	*1,23*	*1,13*
d_hotissue	0,07	0,07	0,07	0,07	0,07	0,07	0,08	0,07
	0,48	*0,48*	*0,49*	*0,49*	*0,47*	*0,45*	*0,52*	*0,46*
Patente		0,000						-0,001
		-0,248						*-0,812*
IPC			0,041					0,021
			0,999					*0,311*
Familie				0,037				0,059
				0,965				*0,812*
VZ					-0,030			-0,042
					-0,902			*-0,326*
RZ						-0,021		-0,044
						-0,724		*-0,879*
Artikel							0,359	0,228
							0,730	*0,459*
d_Branche	ja	ja	ja	ja	ja	ja	ja	ja
adj. R^2	-0,007	-0,011	-0,006	-0,005	-0,009	-0,010	-0,010	-0,015
N	258	258	258	258	258	258	258	258

Die Querschnittsregression wurde mit White konsistenten Kovarianzen der Standardfehler geschätzt. Die t-Werte stehen unterhalb der Koeffizienten und sind kursiv gedruckt. Die abhängige Variable ist die BHAR nach 24 Monaten. Die Patentindikatoren beziehen sich auf alle Patenteinträge. Die Anzahl ist die gesamte Anzahl der Patenteinträge zwischen 1980 und 2003. Die Indikatoren werden als Mittelwert über die Patente eines Unternehmens hinweg berechnet. Die Regressoren ln_mtb und ln_size sind die natürlichen Logarithmen der Markt-zu-Buchwertverhältnisse und des Emissionsvolumens zum Zeitpunkt des Börsenganges. D_hotissue nimmt den Wert 1 an, wenn es sich um ein Hot-Issue-IPO handelt, sonst 0. Es wird um Brancheneffekte korrigiert.

Tabelle 32: BHAR nach 24 Monaten, erteilte Patente - OLS-Regression

abhängige Variable BHAR_24M	Modell 2						Modell 3
	(a) Patent	(b) IPC	(c) Familie	(d) VZ	(e) RZ	(f) Artikel	
Konstante	-0,72	-0,69	-0,80	-0,88	-0,78	-0,85	-0,99
	-0,48	*-0,47*	*-0,55*	*-0,58*	*-0,52*	*-0,58*	*-0,63*
ln_mtb	-0,31	-0,30	-0,31	-0,32	-0,33	-0,32	-0,29
	-1,26	*-1,20*	*-1,24*	*-1,28*	*-1,28*	*-1,26*	*-1,14*
ln_size	0,07	0,06	0,07	0,08	0,07	0,08	0,08
	0,92	*0,87*	*0,97*	*1,05*	*0,99*	*1,04*	*1,01*
d_hotissue	0,06	0,07	0,07	0,06	0,07	0,06	0,07
	0,44	*0,50*	*0,53*	*0,42*	*0,49*	*0,47*	*0,52*
erteilte Patente	0,002						0,000
	1,061						*-0,019*
IPC		0,050					0,042
		1,719					*0,757*
Familie			0,040				0,024
			1,446				*0,401*
VZ				-0,012			-0,054
				-0,400			*-1,388*
RZ					0,013		-0,008
					0,986		*-0,374*
Artikel						0,546	0,631
						0,957	*1,026*
adj. R^2	0,005	0,016	0,015	0,004	0,005	0,005	0,004
N	258	258	258	258	258	258	258

Die Querschnittsregression wurde mit White konsistenten Kovarianzen der Standardfehler geschätzt. Die t-Werte stehen unterhalb der Koeffizienten und sind kursiv gedruckt. Die abhängige Variable ist die BHAR nach 24 Monaten. Die Patentindikatoren beziehen sich auf erteilte Patente. Die Anzahl ist die gesamte Anzahl der erteilten Patente zwischen 1980 und 2003. Die Indikatoren werden als Mittelwert über die Patente eines Unternehmens hinweg berechnet. Die Regressoren ln_mtb und ln_size sind die natürlichen Logarithmen der Markt-zu-Buchwertverhältnisse und des Emissionsvolumens zum Zeitpunkt des Börsenganges. D_hotissue nimmt den Wert 1 an, wenn es sich um ein Hot-Issue-IPO handelt, sonst 0. Es wird nicht um Brancheneffekte korrigiert.

Die Ergebnisse des vorangegangenen Gruppenvergleiches werden durch die Querschnittsregressionen weiter untermauert. Unternehmen, die Patente und insbesondere hochwertige Patente anmelden, werden sechs Monate nach dem Börsengang positiv bewertet. Diese Bewertung scheint jedoch auch durch eine Überschätzung des wahren Wertes begründet zu sein, die langfristig korrigiert wird. Diese Beobachtung ist über die Branchen hinweg robust. Die Ergebnisse sind ebenfalls robust, wenn anstatt aller Patenteinträge nur die erteilten Patente genutzt werden. Der Kapitalmarkt scheint bei der Bewertung nur marginal zwischen Patentanmeldungen und erfolgreichen Patenterteilungen zu differenzieren.

Darüber hinaus differenziert der Kapitalmarkt nur geringfügig zwischen unterschiedlich wertvollen Patenten, wenn der Patentwert über Patentindikatoren approximiert wird. Zwar ist für die Familiengröße und die IPC-Klassen in der Betrachtung sechs Monate nach dem Börsengang ein signifikanter Einfluss auf die abnormale Rendite zu beobachten, dieser verschwindet aber, wenn die Variablen gemeinsam in das Modell aufgenommen werden. Wegen der Instabilität der Koeffizienten werden die Indikatoren in Tabelle 33 orthogonalisiert. Die Orthogonalisierung erhöht dabei die Erklärungskraft der Patentanzahl, die Residuen besitzen jedoch keine Erklärungskraft, die über die der Patente hinausgeht. Wird der Zweijahreszeitraum betrachtet, besitzt in der nicht-orthogonalisierten Form keine der Patentvariablen einen signifikanten Einfluss auf die BHAR. Werden die Variablen um ihre linearen Abhängigkeiten bereinigt, so gewinnt das zuerst bestimmte Residuum an Einfluss. Die Unabhängigkeit von der Richtung der Orthogonalisierung könnte damit erklärt werden, dass beide Indikatoren ähnlich relevant wahrgenommen werden. Dass nur der Teil, der linear unabhängig von der Patentanzahl ist, einen signifikanten Einfluss besitzt, könnte ein Indiz dafür sein, dass eine unerwartet hohe Anzahl an Familienmitgliedern eines Patentes oder eine große Anzahl IPC-Klassen eines Patentes vom Kapitalmarkt bewertet werden.[355]

In den folgenden Absätzen werden die Ergebnisse für die mit dem Fama-French-Modell bestimmten abnormalen Renditen als abhängige Variable näher betrachtet. Der Ablauf entspricht dem der Analyse der BHAR.

---

355 Wird anstatt der Variable Familie die Familie abzüglich der durchschnittlichen Familiengröße über das Sample hinweg als erklärende Variable genutzt, steigt die Erklärungskraft ebenfalls an.

Tabelle 33: BHAR, Patenteinträge: Orthogonalisiertes Modell - OLS-Regression.

	BHAR6M	BHAR6M	BHAR6M	BHAR24M	BHAR24M	BHAR24M
Konstante	0,366	0,380	0,380	-0,953	-0,886	-0,886
	0,332	*0,344*	*0,344*	*-0,626*	*-0,585*	*-0,585*
ln_mtb	-0,295	-0,295	-0,295	-0,307	-0,307	-0,307
	-1,641	*-1,641*	*-1,641*	*-1,218*	*-1,218*	*-1,218*
ln_size	0,005	0,005	0,005	0,077	0,077	0,077
	0,092	*0,092*	*0,092*	*1,016*	*1,016*	*1,016*
d_hotissue	0,349	0,349	0,349	0,081	0,081	0,081
	3,076	*3,076*	*3,076*	*0,578*	*0,578*	*0,578*
Patente	0,003	0,003	0,003	-0,001	0,001	0,001
	2,122	*3,046*	*3,046*	*-1,036*	*0,818*	*0,818*
IPC	-0,011			0,021		
	-0,309			*0,340*		
Familie	0,022			0,050		
	0,732			*0,787*		
res_ipc		0,009			0,064	
		0,352			*1,592*	
res_fam			0,015			0,064
			0,706			*1,564*
res_ipc2			-0,011			0,021
			-0,309			*0,340*
res_fam2		0,022			0,050	
		0,732			*0,787*	
adj. R^2	0,059	0,059	0,059	0,011	0,011	0,011
N	258	258	258	258	258	258

Die Querschnittsregression wurde mit White konsistenten Kovarianzen der Standardfehler geschätzt. Die t-Werte stehen unterhalb der Koeffizienten und sind kursiv gedruckt. Die abhängigen Variablen sind die BHAR nach sechs und 24 Monaten. Die Patentindikatoren beziehen sich auf alle Patenteinträge. Die Anzahl ist die gesamte Anzahl der Patenteinträge zwischen 1980 und 2003. Die Indikatoren werden als Mittelwert über die Patente eines Unternehmens hinweg berechnet. Die Regressoren ln_mtb und ln_size sind die natürlichen Logarithmen der Markt-zu-Buchwertverhältnisse und des Emissionsvolumens zum Zeitpunkt des Börsenganges. D_hotissue nimmt den Wert 1 an, wenn es sich um ein Hot-Issue-IPO handelt, sonst 0. res_ipc ist das Residuum aus der Regression, wenn die Anzahl IPC-Klassen über die Patentanzahl erklärt wird. Res_fam ist das Residuum, wenn die Familiengröße über die Patentanzahl erklärt wird. Res_ipc2 ist das Residuum aus der Regression IPC=ß+ß*Patente+ßRes_Fam.+e Res_fam2 ist das Residuum aus der Regression: Fam=ß+ß*Patente+ß*res_ipc+e. Es wird nicht um Brancheneffekte korrigiert.

c. Robustheit der Ergebnisse des Fama-French-Modells

Werden die Alphas aus dem Fama-French-Modell als abhängige Variablen implementiert, ist die Erklärungskraft der Modelle im Vergleich zu der Betrachtung der BHAR höher. Dies gilt sowohl für das Modell ohne Patentdaten als auch für die Modelle mit Patentdaten. Das Ergebnis, dass nur die Patentanzahl und die Indikatoren für die Familiengröße und die Schutzbereichsbreite signifikant sind, wird jedoch bestätigt. Die höhere Erklärungskraft der Modelle überrascht auf den ersten Blick, da die Renditen um den Markt-zu-Buchwert und die Unternehmensgröße bereits bereinigt sind. Allerdings werden in der Querschnittsregression die Größen zum Zeitpunkt des Börsengangs genutzt, die von den später am Markt geforderten Risikoprämien abweichen können. Die Variable ln_mtb beeinflusst die abnormale Rendite durchgängig hoch signifikant negativ. Die Marktbewertung zum Zeitpunkt des IPO scheint durch die Prämie für das Markt-zu-Buchwertverhältnis im Zeitablauf nicht erklärt zu werden. Der natürliche Logarithmus des Emissionsvolumens gewinnt nach 500 Tagen an Erklärungskraft, wobei der Einfluss positiv ist.

Im Folgenden werden die Ergebnisse, entsprechend der Reihenfolge im vorangegangen Abschnitt, detailliert vorgestellt.

Tabelle 34 zeigt die Modelle, wenn die abnormale Rendite, berechnet nach Fama-French, 123 Tage nach dem Börsengang als Regressand betrachtet wird. Die Erklärungskraft des Modells 2(a) steigt im Vergleich zu Modell 1 ohne Patentdaten durch die Betrachtung der Patenteinträge um 6 Prozent. Bei der Betrachtung der BHAR waren dies nur 3 Prozent. Eventuell reagieren die abnormalen Renditen durch die zusätzliche Bereinigung im Fama-French-Modell sensibler auf die Information. Die Indikatoren Patentanzahl, IPC-Klassen und Familiengröße sind in der kurzfristigen Betrachtung signifikant positiv. Die Indikatoren für die Zitierungen besitzen keinen signifikanten Einfluss auf die Renditeentwicklung. Die Aufnahme der Branchendummies (Tabelle 35) verbessert die Erklärungskraft der Modelle, wie bei Betrachtung der BHAR, nicht. Dies wäre der Fall, wenn Patente nur in bestimmten Branchen angemeldet würden, die eine besonders hohe Outperformance erzielen, was beispielsweise beim Technologiesektor zu erwarten wäre. Der Einfluss der Patentindikatoren, gemessen über die t-Werte, sinkt nur leicht, gleiches gilt für das adjustiere R^2. Die Erklärungskraft der Patente scheint nicht durch den Einfluss der Branchendummies überlagert zu sein. Einen weiteren Einblick in den Einfluss, den die Branchenzugehörigkeit auf den Einfluss der Patentierung hat, bietet die Aufnahme von Interaktionstermen, die am Ende des Abschnittes vorgestellt wird.

Tabelle 34: Alpha nach sechs Monaten, Patenteinträge - OLS-Regression

abhängige Variable: Alpha_6M, Koeffizienten *100

	Modell 1	Modell 2						Modell 3
		(a) Patent	(b) IPC	(c) Familie	(d) VZ	(e) RZ	(f) Artikel	
Konstante	-0,37	-0,03	-0,32	-0,34	-0,33	-0,35	-0,45	-0,11
	-0,59	*-0,05*	*-0,54*	*-0,57*	*-0,55*	*-0,58*	*-0,72*	*-0,19*
ln_mtb	-0,26	-0,25	-0,25	-0,25	-0,26	-0,27	-0,26	-0,25
	-4,17	*-4,00*	*-3,95*	*-4,06*	*-4,10*	*-4,29*	*-4,13*	*-3,88*
ln_size	0,04	0,02	0,04	0,04	0,04	0,04	0,05	0,02
	1,25	*0,64*	*1,10*	*1,15*	*1,20*	*1,24*	*1,35*	*0,74*
d_hotissue	0,23	0,24	0,25	0,24	0,23	0,24	0,24	0,25
	3,83	*4,18*	*4,18*	*4,14*	*3,84*	*3,93*	*3,97*	*4,22*
Patente		0,002						0,002
		5,505						*3,761*
IPC			0,041					0,019
			2,425					*0,560*
Familie				0,034				0,001
				3,139				*0,023*
VZ					0,020			0,010
					0,500			*0,518*
RZ						0,032		-0,037
						1,171		*-0,901*
Artikel							0,377	0,113
							0,676	*0,222*
adj. R^2	0,092	0,155	0,127	0,124	0,093	0,099	0,093	0,149
N	258	258	258	258	258	258	258	258

Die Querschnittsregression wurde mit White konsistenten Kovarianzen der Standardfehler geschätzt. Die t-Werte stehen unterhalb der Koeffizienten und sind kursiv gedruckt. Die abhängige Variable ist das „Alpha" nach sechs Monaten. Die Patentindikatoren beziehen sich auf alle Patenteinträge. Die Anzahl ist die gesamte Anzahl der Patenteinträge zwischen 1980 und 2003. Die Indikatoren werden als Mittelwert über die Patente eines Unternehmens hinweg berechnet. Die Regressoren ln_mtb und ln_size sind die natürlichen Logarithmen der Markt-zu-Buchwertverhältnisse und des Emissionsvolumens zum Zeitpunkt des Börsenganges. D_hotissue nimmt den Wert 1 an, wenn es sich um ein Hot-Issue-IPO handelt, sonst 0. Es wird nicht um Brancheneffekte korrigiert.

Tabelle 35: Alpha nach sechs Monaten, Patenteinträge und Branchendummies - OLS-Regression

abhängige Variable: Alpha_6M, Koeffizienten *100								
	Modell 1	Modell 2						Modell 3
		(a) Patent	(b) IPC	(c) Familie	(d) VZ	(e) RZ	(f) Artikel	
Konstante	-1,18	-0,58	-0,86	-0,95	-1,14	-1,11	-1,22	-0,57
	-1,71	*-0,89*	*-1,31*	*-1,43*	*-1,67*	*-1,64*	*-1,76*	*-0,86*
ln_mtb	-0,24	-0,24	-0,23	-0,24	-0,24	-0,25	-0,24	-0,23
	-3,72	*-3,71*	*-3,60*	*-3,72*	*-3,71*	*-3,83*	*-3,70*	*-3,57*
ln_size	0,06	0,03	0,04	0,05	0,06	0,06	0,06	0,03
	1,61	*0,77*	*1,18*	*1,33*	*1,56*	*1,55*	*1,66*	*0,73*
d_hotissue	0,24	0,24	0,25	0,25	0,24	0,25	0,25	0,24
	3,93	*3,95*	*3,96*	*3,99*	*3,92*	*3,95*	*4,02*	*3,94*
Patente		0,002						0,002
		4,656						*3,721*
IPC			0,040					0,027
			2,002					*0,769*
Familie				0,028				-0,005
				2,306				*-0,220*
VZ					0,008			-0,040
					0,190			*-0,957*
RZ						0,023		0,011
						0,814		*0,561*
Artikel							0,282	0,089
							0,531	*0,164*
d_Branche	ja	ja	ja	ja	ja	ja	ja	ja
adj. R^2	0,098	0,144	0,163	0,113	0,094	0,099	0,096	0,140
N	258	258	258	258	258	258	258	258

Die Querschnittsregression wurde mit White konsistenten Kovarianzen der Standardfehler geschätzt. Die t-Werte stehen unterhalb der Koeffizienten und sind kursiv gedruckt. Die abhängige Variable ist das „Alpha" nach sechs Monaten. Die Patentindikatoren beziehen sich auf alle Patenteinträge. Die Anzahl ist die gesamte Anzahl der Patenteinträge zwischen 1980 und 2003. Die Indikatoren werden als Mittelwert über die Patente eines Unternehmens hinweg berechnet. Die Regressoren ln_mtb und ln_size sind die natürlichen Logarithmen der Markt-zu-Buchwertverhältnisse und des Emissionsvolumens zum Zeitpunkt des Börsenganges. D_hotissue nimmt den Wert 1 an, wenn es sich um ein Hot-Issue-IPO handelt, sonst 0. Es wird um Brancheneffekte korrigiert.

Tabelle 36: Alpha nach sechs Monaten, erteilte Patente - OLS-Regression

abhängige Variable: Alpha_6M, Koeffizienten *100

	Modell 2						Modell 3
	(a) Patent	(b) IPC	(c) Familie	(d) VZ	(e) RZ	(f) Artikel	
Konstante	-0,10	-0,26	-0,35	-0,31	-0,28	-0,41	-0,24
	-0,17	*-0,45*	*-0,58*	*-0,51*	*-0,47*	*-0,67*	*-0,41*
ln_mtb	-0,25	-0,25	-0,25	-0,26	-0,27	-0,26	-0,24
	-4,04	*-3,94*	*-4,06*	*-4,08*	*-4,29*	*-4,09*	*-3,85*
ln_size	0,03	0,03	0,04	0,04	0,04	0,04	0,03
	0,79	*1,02*	*1,17*	*1,17*	*1,14*	*1,30*	*0,96*
d_hotissue	0,24	0,24	0,24	0,23	0,25	0,24	0,24
	4,02	*4,04*	*4,10*	*3,84*	*4,09*	*4,02*	*4,16*
erteilte Patente	0,005						0,004
	5,336						*3,784*
IPC		0,038					0,030
		2,472					*1,116*
Familie			0,028				-0,007
			2,905				*-0,372*
VZ				0,014			-0,038
				0,484			*-1,133*
RZ					0,024		0,003
					2,040		*0,333*
Artikel						0,833	0,703
						2,790	*2,453*
adj. R^2	0,138	0,129	0,120	0,091	0,109	0,109	0,152
N	258	258	258	258	258	258	258

Die Querschnittsregression wurde mit White konsistenten Kovarianzen der Standardfehler geschätzt. Die t-Werte stehen unterhalb der Koeffizienten und sind kursiv gedruckt. Die abhängige Variable ist das „Alpha" nach sechs Monaten. Die Patentindikatoren beziehen sich auf alle Patenteinträge. Die Anzahl ist die gesamte Anzahl der Patenteinträge zwischen 1980 und 2003. Die Indikatoren werden als Mittelwert über die Patente eines Unternehmens hinweg berechnet. Die Regressoren ln_mtb und ln_size sind die natürlichen Logarithmen der Markt-zu-Buchwertverhältnisse und des Emissionsvolumens zum Zeitpunkt des Börsenganges. D_hotissue nimmt den Wert 1 an, wenn es sich um ein Hot-Issue-IPO handelt, sonst 0. Es wird um Brancheneffekte korrigiert.

In Tabelle 36 werden die Patentindikatoren bezogen auf die Anzahl erteilter Patente und die Anzahl der erteilten Patente anstatt aller Patenteinträge als unabhängige Variablen betrachtet. Die Erklärungskraft der Modelle 2a (Patentanzahl), 2b (IPC-Klassen) und 2d (Vorwärtszitierungen) sinkt leicht. Die Erklärungskraft der Modelle 2c (Familie), 2e (Rückwärtszitierungen) und 2f (Artikel) erhöht sich dagegen. Eine eindeutige Aussage lässt sich nicht treffen und so kann auch bei Betrachtung der Alphas geschlussfolgert werden, dass der Kapitalmarkt sowohl Patentanmeldungen, als auch erfolgreiche Patenterteilungen positiv bewertet.

Die folgenden Tabellen stellen die langfristige Bewertung der Patenteinträge und die zugehörigen Indikatoren ohne und mit Branchendummies und abschließend die Betrachtung des Einflusses der erteilten Patente und zugehörige Indikatoren dar. Wie bei den BHAR verringert sich die Erklärungskraft der Modelle zur langfristigen Performance im Vergleich zur kürzeren Betrachtung, allerdings ist das minimale R^2 für das Modell 2e (Rückwärtszitierungen) mit 5,4 Prozent noch weitaus höher als das maximale R^2 von 1,7 Prozent bei der Betrachtung der BHAR 500. Auch hier verlieren die Patentindikatoren bei der Aufnahme aller Faktoren in das Modell, außer der Patentanzahl, an Signifikanz. Im Gegensatz zu der Betrachtung sechs Monate nach dem Börsengang, steigt bei Aufnahme der Branchendummies in Tabelle 38 die Erklärungskraft des Modells für alle Indikatoren. In Modell 3 fällt der Anstieg allerdings nur geringfügig aus. Dennoch scheint sich der Brancheneffekt langfristig, im Gegensatz zu der Betrachtung der BHAR, auf die Renditeentwicklung auszuwirken.[356] In Tabelle 39 wird der Einfluss der erteilten Patente und der zugehörigen Indikatoren betrachtet. Wie bei allen anderen vorgestellten Ergebnissen ist kein eindeutiger Effekt zu erkennen. Der Kapitalmarkt scheint die Patenterteilungen nicht unterschiedlich zu den Patenteinträgen zu bewerten.

Wie bereits die Analyse der BHAR, schließt die Betrachtung der Alphas mit den Ergebnissen des orthogonalisierten Modells in Tabelle 40. Diese führt wiederum zu einem stabileren Einfluss der Patentanzahl, und auch der Einfluss der Residuen wird im Vergleich zu dem der Indikatoren, insbesondere in der Betrachtung 24 Monate nach dem Börsengang, stärker. Diese Ergebnisse unterstützen die oben aufgestellte Vermutung, dass der nicht mit der Patentanzahl korrelierte Teil der Indikatorausprägungen eine stärkere Erklärungskraft besitzt als der linear abhängige.

---

[356] Eine Kritik an dem Fama-French-Modell (1993) ist, dass es nicht in der Lage ist, Brancheneffekte zu erklären, bspw. Fama/French (1997) und Nelson (2006). Dies erklärt jedoch nicht, warum bei den BHAR keine Brancheneffekte zu erkennen sind, da hier auch nicht um die Branche bereinigt wird.

Tabelle 37: Alpha nach 24 Monaten, Patenteinträge - OLS-Regression

abhängige Variable: Alpha_24M, Koeffizienten *100

	Modell 1	Modell 2						Modell 3
		(a) Patent	(b) IPC	(c) Familie	(d) VZ	(e) RZ	(f) Artikel	
Konst.	-0,46	-0,31	-0,43	-0,45	-0,44	-0,46	-0,55	-0,40
	-1,64	*-1,10*	*-1,54*	*-1,60*	*-1,56*	*-1,63*	*-1,91*	*-1,38*
ln_mtb	-0,09	-0,09	-0,08	-0,09	-0,09	-0,10	-0,09	-0,08
	-3,61	*-3,45*	*-3,24*	*-3,38*	*-3,53*	*-3,72*	*-3,55*	*-3,10*
ln_size	0,03	0,02	0,03	0,03	0,03	0,03	0,04	0,03
	2,01	*1,36*	*1,72*	*1,83*	*1,89*	*1,99*	*2,22*	*1,54*
d_hot	0,06	0,06	0,07	0,06	0,06	0,06	0,06	0,07
	2,10	*2,39*	*2,62*	*2,44*	*2,18*	*2,23*	*2,32*	*2,62*
Patente		0,001						0,001
		5,152						*3,298*
IPC			0,025					0,018
			5,437					*1,657*
Familie				0,019				0,000
				3,893				*-0,025*
VZ					0,015			-0,009
					1,001			*-0,577*
RZ						0,013		-0,006
						1,373		*-0,640*
Artikel							0,370	0,213
							1,907	*1,407*
adj. R^2	0,048	0,116	0,121	0,102	0,056	0,054	0,065	0,132
N	258	258	258	258	258	258	258	258

Die Querschnittsregression wurde mit White konsistenten Kovarianzen der Standardfehler geschätzt. Die t-Werte stehen unterhalb der Koeffizienten und sind kursiv gedruckt. Die abhängige Variable ist das „Alpha" nach 24 Monaten. Die Patentindikatoren beziehen sich auf alle Patenteinträge. Die Anzahl ist die gesamte Anzahl der Patenteinträge zwischen 1980 und 2003. Die Indikatoren werden als Mittelwert über die Patente eines Unternehmens hinweg berechnet. Die Regressoren ln_mtb und ln_size sind die natürlichen Logarithmen der Markt-zu-Buchwertverhältnisse und des Emissionsvolumens zum Zeitpunkt des Börsenganges. D_hotissue nimmt den Wert 1 an, wenn es sich um ein Hot-Issue-IPO handelt, sonst 0. Es wird nicht um Brancheneffekte korrigiert.

Tabelle 38: Alpha nach 24 Monaten, Patenteinträge und Branchendummies - OLS-Regression

abhängige Variable: Alpha_24M, Koeffizienten *100

	Modell 1	Modell 2						Modell 3
		(a) Patent	(b) IPC	(c) Familie	(d) VZ	(e) RZ	(f) Artikel	
Konstante	-0,78	-0,56	-0,61	-0,67	-0,75	-0,76	-0,82	-0,55
	-2,51	*-1,75*	*-1,93*	*-2,17*	*-2,45*	*-2,45*	*-2,59*	*-1,66*
ln_mtb	-0,09	-0,09	-0,08	-0,09	-0,09	-0,09	-0,09	-0,08
	-3,35	*-3,35*	*-3,15*	*-3,29*	*-3,34*	*-3,39*	*-3,31*	*-3,02*
ln_size	0,04	0,03	0,03	0,04	0,04	0,04	0,05	0,03
	2,46	*1,70*	*1,86*	*2,11*	*2,40*	*2,41*	*2,53*	*1,59*
d_hotissue	0,07	0,07	0,07	0,07	0,07	0,07	0,07	0,07
	2,47	*2,49*	*2,59*	*2,53*	*2,48*	*2,49*	*2,61*	*2,54*
Patente		0,001						0,001
		3,521						*2,579*
IPC			0,022					0,020
			3,796					*1,724*
Familie				0,013				-0,003
				2,451				*-0,299*
VZ					0,006			-0,009
					0,448			*-0,588*
RZ						0,006		-0,006
						0,702		*-0,571*
Artikel							0,266	0,161
							1,771	*1,157*
d_Branche	ja	ja	ja	ja	ja	ja	ja	ja
adj. R^2	0,096	0,128	0,131	0,115	0,094	0,094	0,103	0,136
N	258	258	258	258	258	258	258	258

Die Querschnittsregression wurde mit White konsistenten Kovarianzen der Standardfehler geschätzt. Die t-Werte stehen unterhalb der Koeffizienten und sind kursiv gedruckt. Die abhängige Variable ist das „Alpha“ nach 500 Handelstagen. Die Patentindikatoren beziehen sich auf alle Patenteinträge. Die Anzahl ist die gesamte Anzahl der Patenteinträge zwischen 1980 und 2003. Die Indikatoren werden als Mittelwert über die Patente eines Unternehmens hinweg berechnet. Die Regressoren ln_mtb und ln_size sind die natürlichen Logarithmen der Markt-zu-Buchwertverhältnisse und des Emissionsvolumens zum Zeitpunkt des Börsenganges. D_hotissue nimmt den Wert 1 an, wenn es sich um ein Hot-Issue-IPO handelt, sonst 0. Es wird um Brancheneffekte korrigiert.

Tabelle 39: Alpha nach 24 Monaten, erteilte Patente - OLS-Regression

abhängige Variable: Alpha_24M, Koeffizienten *100

	Modell 2						Modell 3
	(a) Patent	(b) IPC	(c) Familie	(d) VZ	(e) RZ	(f) Artikel	
Konstante	-0,34	-0,40	-0,45	-0,42	-0,43	-0,48	-0,38
	-1,21	*-1,43*	*-1,63*	*-1,48*	*-1,53*	*-1,67*	*-1,33*
ln_mtb	-0,09	-0,08	-0,09	-0,09	-0,10	-0,09	-0,08
	-3,48	*-3,26*	*-3,41*	*-3,51*	*-3,73*	*-3,55*	*-3,04*
ln_size	0,02	0,03	0,03	0,03	0,03	0,03	0,02
	1,50	*1,63*	*1,87*	*1,82*	*1,88*	*1,99*	*1,51*
d_hotissue	0,06	0,06	0,06	0,06	0,06	0,06	0,06
	2,27	*2,41*	*2,41*	*2,15*	*2,33*	*2,25*	*2,34*
erteilte Patente	0,002						0,002
	3,519						*3,158*
IPC		0,024					0,023
		6,345					*3,054*
Familie			0,017				-0,002
			4,330				*-0,338*
VZ				0,011			-0,009
				1,061			*-0,745*
RZ					0,009		-0,005
					1,872		*-1,108*
Artikel						0,324	0,204
						2,125	*1,756*
adj. R^2	0,103	0,129	0,103	0,054	0,061	0,061	0,136
N	258	258	258	258	258	258	258

Die Querschnittsregression wurde mit White konsistenten Kovarianzen der Standardfehler geschätzt. Die t-Werte stehen unterhalb der Koeffizienten und sind kursiv gedruckt. Die abhängige Variable ist das „Alpha" nach 24 Monaten. Die Patentindikatoren beziehen sich auf erteilte Patente. Die Anzahl ist die gesamte Anzahl der erteilten Patente zwischen 1980 und 2003. Die Indikatoren werden als Mittelwert über die Patente eines Unternehmens hinweg berechnet. Die Regressoren ln_mtb und ln_size sind die natürlichen Logarithmen der Markt-zu-Buchwertverhältnisse und des Emissionsvolumens zum Zeitpunkt des Börsenganges. D_hotissue nimmt den Wert 1 an, wenn es sich um ein Hot-Issue-IPO handelt, sonst 0. Es wird nicht um Brancheneffekte korrigiert.

Tabelle 40: Alpha, Patenteinträge: Orthogonalisiertes Modell – OLS-Regression

	Alpha6M	Alpha6M	Alpha6M	Alpha24M	Alpha24M	Alpha24M
Konstante	-0,063	-0,051	-0,051	-0,348	-0,335	-0,335
	-0,110	*-0,089*	*-0,089*	*-1,208*	*-1,166*	*-1,166*
ln_mtb	-0,246	-0,246	-0,246	-0,082	-0,082	-0,082
	-3,907	*-3,907*	*-3,907*	*-3,233*	*-3,233*	*-3,233*
ln_size	0,021	0,021	0,021	0,023	0,023	0,023
	0,672	*0,672*	*0,672*	*1,384*	*1,384*	*1,384*
d_hotissue	0,246	0,246	0,246	0,067	0,067	0,067
	4,214	*4,214*	*4,214*	*2,612*	*2,612*	*2,612*
Patente	0,002	0,002	0,002	0,001	0,001	0,001
	3,952	*5,747*	*5,747*	*2,814*	*6,444*	*6,444*
IPC	0,015			0,019		
	0,444			*2,066*		
Familie	0,000			-0,003		
	-0,009			*-0,345*		
res_ipc		0,015			0,017	
		0,758			*2,751*	
res_fam			0,010			0,010
			0,806			*1,716*
res_ipc2			0,015			0,019
			0,444			*2,066*
res_fam2		0,000			-0,003	
		-0,009			*-0,345*	
adj. R^2	0,152	0,152	0,152	0,131	0,131	0,131
N	258	258	258	258	258	258

Koeffizienten *100

Die Querschnittsregression wurde mit White konsistenten Kovarianzen der Standardfehler geschätzt. Die t-Werte stehen unterhalb der Koeffizienten und sind kursiv gedruckt. Die abhängigen Variablen sind die „Alphas" nach 123 und 500 Handelstagen. Die Patentindikatoren beziehen sich auf alle Patenteinträge. Die Anzahl ist die gesamte Anzahl der Patenteinträge zwischen 1980 und 2003. Die Indikatoren werden als Mittelwert über die Patente eines Unternehmens hinweg berechnet. Die Regressoren ln_mtb und ln_size sind die natürlichen Logarithmen der Markt-zu-Buchwertverhältnisse und des Emissionsvolumens zum Zeitpunkt des Börsenganges. D_hotissue nimmt den Wert 1 an, wenn es sich um ein Hot-Issue-IPO handelt, sonst 0. res_ipc ist das Residuum aus der Regression, wenn die Anzahl IPC-Klassen über die Patentanzahl erklärt wird. Res_fam ist das Residuum, wenn die Familiengröße über die Patentanzahl erklärt wird. Res_ipc2 ist das Residuum aus der Regression IPC=ß+ß*Patente+ßRes_Fam.+e Res_fam2 ist das Residuum aus der Regression: Fam=ß+ß*Patente+ß*res_ipc+e. Es wird nicht um Brancheneffekte korrigiert.

d. Betrachtung von Brancheneffekten

Abschließend werden für alle abhängigen Variablen gemeinsam die Brancheneffekte, die über Interaktionstherme gemessen werden, betrachtet. Diese Darstellungsweise wird gewählt, damit der direkte Vergleich zwischen den Modellen einfacher möglich ist.

Anstatt der Branchendummies werden in dieser Untersuchung Interaktionsterme berechnet. Bei den BHAR zeichnen sich in der kurzfristigen Betrachtung die Branchen Pharmazie und Telekommunikation durch eine extrem hohe Patentbewertung aus. Gleichsam sind dies die Branchen, in denen nach 24 Monaten die Koeffizienten für den Einflussfaktor Patente signifikant negativ werden. Für die Alphas kann ein ähnliches Muster betrachtet werden. Allerdings differiert die Bewertung in mehreren Branchen. Sechs Monate nach dem Börsengang werden die Patente der Unternehmen der pharmazeutischen Branche, der Software-Branche und der Telekommunikations-Branche besonders positiv bewertet. Gleichsam sind diese, außer der Software Branche, die Branchen, deren Interaktionsterme nach 24 Monaten ein signifikant negatives Vorzeichen annehmen. Die Patente der Softwarebranche werden nach 24 Monaten nicht mehr besonders positiv bewertet, allerdings steigt die Bedeutung der Patente in den übrigen Technologiesektoren bei der Betrachtung der Alphas.

Tabelle 41: Interaktion zwischen Patenteinträgen und Branchen

Interaktionsterme zwischen Patenteinträgen und Branchen				
	BHAR_6M	BHAR_24M	Alpha_6M*	Alpha_24M*
Konstante	0,53	-0,78	0,10	-0,28
	0,47	*-0,52*	*0,17*	*-0,98*
ln_mtb	-0,29	-0,31	-0,25	-0,08
	-1,62	*-1,22*	*-3,95*	*-3,37*
ln_size	0,00	0,07	0,01	0,02
	-0,07	*0,95*	*0,41*	*1,22*
d_hotissue	0,33	0,08	0,23	0,06
	2,89	*0,57*	*3,99*	*2,40*
Patente	0,002	0,000	0,002	0,001
	3,260	*0,169*	*3,968*	*4,298*
Pat*Bio	0,003	0,001	0,000	0,001
	1,321	*1,051*	*0,558*	*2,827*
Pat*Pharm	**0,022**	**-0,004**	**0,009**	**0,000**
	12,572	***-1,959***	***5,174***	***-0,125***
Pat*Tech	0,003	0,002	**0,002**	**0,002**
	0,583	*0,421*	***0,996***	***2,550***
Pat*SW	0,001	0,002	**0,002**	**0,000**
	0,956	*0,410*	***2,814***	***1,024***
Pat*Tel	**0,010**	**-0,030**	**0,007**	**-0,003**
	4,765	***-10,346***	***7,855***	***-7,233***
adj. R^2	0,068	-0,003	0,157	0,121
N	258	258	258	258

* Koeffizienen *100

Die Querschnittsregression wurde mit White konsistenten Kovarianzen der Standardfehler geschätzt. Die t-Werte stehen unterhalb der Koeffizienten und sind kursiv gedruckt. Die abhängigen Variablen sind die abnormalen Rendite (geschätzt die BHAR oder über das Fama-French Modell 123 Tage und 500 Tage nach dem Börsengang). Die Anzahl ist die gesamte Anzahl der erteilten Patente zwischen 1980 und 2003. Die Regressoren ln_mtb und ln_size sind die natürlichen Logarithmen der Markt-zu-Buchwertverhältnisse und des Emissionsvolumens zum Zeitpunkt des Börsenganges. D_hotissue nimmt den Wert 1 an, wenn es sich um ein Hot-Issue-IPO handelt, sonst 0. Über Interaktionstherme wird die Bewertung in den verschiedenen Branchen geschätzt.

6. Zusammenfassung der Ergebnisse

Die Ergebnisse geben Hinweise darauf hin, dass es für den Kapitalmarkt bewertungsrelevant ist, ob Unternehmen ihre Technologien über Patente schützen. Dies gilt sowohl bei der Ersttagsbewertung als auch bei der Bewertung nach dem Börsengang, unabhängig von der Marktphase während des Börsenganges. Die Stärke des Einflusses der Patente auf die Unternehmensperformance differiert jedoch zwischen den Hot-Issue-IPOs und den Cold-Issue-IPOs.

Bei der Betrachtung des Underpricing konnte die Hypothese, dass Patente Bewertungsunsicherheiten und somit das Underpricing reduzieren nicht für beide Marktphasen bestätigt werden. Für die Hot-Issue-Phase ist für die Unternehmen mit Patenten ein geringeres Underpricing zu erkennen, für Cold-Issue-IPOs ist das Underpricing für Unternehmen mit Patenten jedoch signifikant höher. Das höhere Underpricing in der Cold-Issue-Phase könnte entweder an einer vorsichtigen Bestimmung des Ausgabepreises liegen oder an einer höheren Bewertung am Emissionstag.

Bei Betrachtung der langfristigen Performance wird deutlich, dass insbesondere die Hot-Issue-IPOs mit Patentanmeldungen bis zu einem Jahr nach dem Börsengang extrem positiv bewertet werden, dann aber rapide an Wert verlieren. Eine mögliche Erklärung sind hier überschätzte Wachstumsoptionen, für die im Vorwege bezahlt wurde.

In einer detaillierten Betrachtung im Rahmen verschiedener Querschnittsregressionen wird deutlich, dass der Kapitalmarkt sowohl Patenteinträge als auch erfolgreiche Patenteinträge, das heißt Patenterteilungen positiv bewertet. Die Erklärungskraft der Patentindikatoren, die die Qualität der Patente messen sollen, ist eher gering und beeinflusst die Bewertung nach dem Börsengang nur in dem kürzeren Zeitraum von sechs Monaten. Auch hier gibt es kaum Unterschiede in der Bewertung, wenn alle Patenteinträge mit ihren Indikatoren oder nur erteilte Patente mit ihren Indikatoren betrachtet werden.

Werden die Patentbewertungen in einzelnen Branchen analysiert, werden insbesondere die Patente der pharmazeutischen Branche und der Telekommunikationsbranche nach den ersten sechs Monaten sehr hoch, nach 24 Monaten jedoch sogar negativ bewertet. Diese Volatilität könnte darauf hindeuten, dass in diesen Branchen der Erfolg der Patente besonders relevant ist und die Bewertungsunsicherheiten besonders hoch sind.

Kapitel IV: Patente und Überlebenswahrscheinlichkeit

Das Ziel des zweiten Teils der empirischen Untersuchung der Unternehmen des Neuen Marktes ist zu analysieren, ob die Patentierung einer Innovation einen positiven Einfluss auf die Überlebenswahrscheinlichkeit eines Unternehmens hat. Die Innovationstätigkeit und die Qualität der Innovation wird über die Anzahl der Patentanmeldungen und die Verteilung der empirischen Patentindikatoren des in Teil 1 Kapitel III abgeleiteten Indikatorensets gemessen. Um zu analysieren, ob die Patente das Überleben eines Unternehmens positiv beeinflussen, werden zwei Methoden angewandt.

In der ersten Untersuchung (Abschnitt A) werden zwei Gruppen gebildet. In der einen Gruppe sind die IPOs, die bis Mai 2005 keine Insolvenz angemeldet haben. In der anderen Gruppe sind die Unternehmen, die bis Mai 2005 Insolvenz angemeldet haben.[357] Es wird untersucht, ob sich die beiden Gruppen hinsichtlich ihrer Patentaktivität sowie hinsichtlich der Qualität ihrer Patente unterscheiden.

In der zweiten Untersuchung (Abschnitt B) wird geprüft, ob die Überlebenswahrscheinlichkeit für Unternehmen ohne Patente geringer ist als für Unternehmen mit Patenten.

A. Vergleich der Patentaktivitäten der existenten und insolventen IPOs

Bei der Gruppeneinteilung werden die Ereignisse gestellter Insolvenzantrag und Übernahme des Unternehmens als Ausscheiden aus dem Markt behandelt. [358] Dieses Vorgehen entspricht der Einteilung von Agarwal und Audretsch (2001, S. 27) sowie Cefis und Marsili (2005, S. 1172). Begrifflich werden die Unternehmen, die den Markt verließen, als insolvente Unternehmen, diejenigen, die noch am Markt existierenden, als existente Unternehmen bezeichnet. In der Gruppe insolventer Unternehmen sind 73 Unternehmen. In der Gruppe existenter Unternehmen verbleiben 215. Der Zeitpunkt der Gruppeneinteilung ist Mai 2005. Die Informationen über den Status des Unternehmens stammen aus dem Hoppenstedt Aktienführer oder aus Ad-hoc-Mitteilungen. Die Patentdaten sind mit denen der vorangegangen Untersuchung zur Bewertung der

---

[357] Dabei wird nicht nach dem Ausgang der Insolvenzanmeldung / Insolvenzverfahren differenziert. Auch sind in der Gruppe der IPOs, die eine Insolvenz angemeldet haben auch die übernommenen Unternehmen. Diese Gruppe subsumiert also die Unternehmen, die bis Mai 2005 aus dem Markt ausgeschieden sind.

[358] Da eine Unternehmensübernahme durchaus auch erfolgreiche Unternehmen treffen kann, wird die Entwicklung der übernommenen Unternehmen vor der Übernahme betrachtet. Für die Unternehmen des vorliegenden Samples geht der Übernahme in 9 von 18 Fällen eine negative Unternehmensentwicklung des übernommenen Unternehmens voran, in 6 Fällen ist die Entwicklung eher neutral und nur in 3 Fällen kann die Entwicklung vor der Übernahme als positiv bezeichnet werden.

Unternehmen durch den Kapitalmarkt identisch. Im Durchschnitt haben die Unternehmen 21,72 Patenteinträge. Dabei sind die Patente durchschnittlich 4,85 IPC-Klassen zugeordnet. Die durchschnittliche Familiengröße sind 4,85 Patente und die Patente eines Unternehmens zitieren durchschnittlich 1,98 Patente, und 0,07 Zitierungen beziehen sich auf Nicht-Patent-Literatur. Weiter erhalten die Patente eines Unternehmens durchschnittlich 1,84 Vorwärtszitierungen.[359]

Da es prinzipiell möglich ist, dass der Kapitalmarkt den zukünftigen Ausfall eines Unternehmens frühzeitig antizipiert und die hier untersuchten Innovationsdaten dann durch andere Informationen überlagert würden, wird vor der eigentlichen Untersuchung in Abbildung 45 die Performance der 73 insolventen Unternehmen mit der Performance der 215 existenten Unternehmen verglichen.

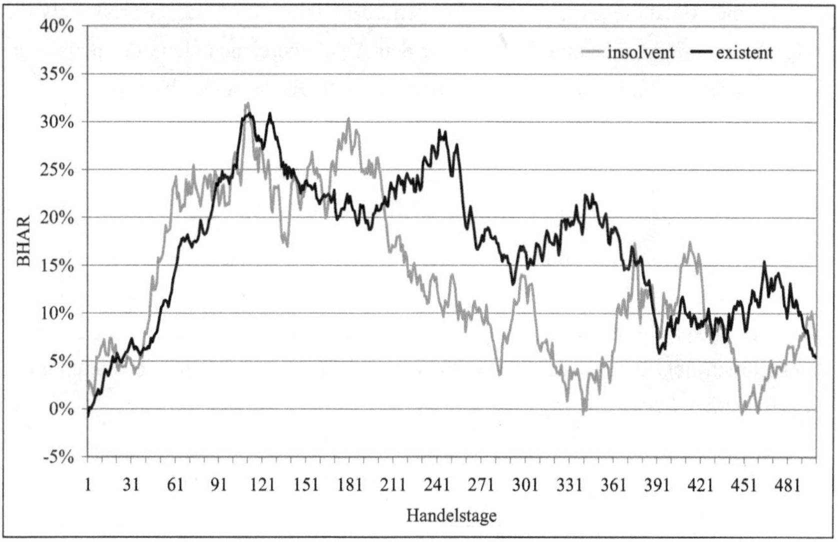

Abbildung 45: BHAR der insolventen und existenten Unternehmen

[359] Die Zahlen zu den Patentindikatoren weichen von denen im deskriptiven Teil der Studie gemachten Angaben ab. Der Grund ist, dass sich die deskriptive Statistik auf die Patente bezieht und hier die Mittelwerte der durchschnittlichen Patentindikatoren je Unternehmen betrachtet werden. Hier wird bewusst nicht mit gewichteten Durchschnitten gearbeitet, da die Qualität der Patente der Unternehmen mit mehr Patenten nicht stärker gewichtet werden soll. Dies könnte den Gruppenvergleich verzerren.

Auf den ersten Blick gibt es bis 24 Monate nach dem Börsengang keine offensichtlichen Unterschiede in der Performance der beiden Unternehmensgruppen. Der Kapitalmarkt scheint in dieser frühen Phase noch nicht in der Lage zu sein, zwischen erfolgreichen und erfolglosen Unternehmen zu differenzieren. Von daher ist es interessant, sich die Patentverteilungen genauer anzusehen.

Um die Gruppen hinsichtlich ihrer Patente und Patentqualität sowie weiterer Kontrollvariablen auf Unterschiede zu untersuchen, werden die entsprechenden Verteilungen auf Homogenität getestet. Neben den oben beschriebenen t-Tests auf Unterschiede in den Mittelwerten, wird der Kolmogorov-Smirnov Test auf Homogenität der Verteilungen angewandt. Die zugehörige Teststatistik lautet:

(2.20) $$D_{n_1;n_2} = \underset{x}{Max} \left| \hat{F}_1(x) - \hat{F}_2(x) \right| ,$$

dabei ist die Annahme gleicher Verteilungen abzulehnen, wenn $D_{n1;n2}$ größer als die Prüfgröße $\Delta_{n;1-\alpha/2}$ ist. Für eine Tabelle mit den Ablehnbereichen siehe beispielsweise Rinne (2003, S. 564). Für große Stichproben wird n folgendermaßen bestimmt:

(2.21) $$n = \left[\frac{n_1 n_2}{n_1 + n_2} \right].$$

Tabelle 42 stellt die Verteilung der Patenteinträge in Abhängigkeit vom Unternehmensstatus dar. Von den 73 insolventen Unternehmen melden 19 Unternehmen Patente an. Das entspricht einem Anteil von 26 Prozent. Für die Gruppe der 215 existenten Unternehmen liegt der Anteil mit 33 Prozent und 71 Unternehmen mit Patentanmeldungen deutlich höher.

Tabelle 42: Anteil Patentanmelder an den insolventen und den existenten IPOs

Gruppe	N	Anteil	IPOs mit Patenten	Anteil
insolvent	73	22%	19	26%
existent	215	65%	71	33%
Ausland	*41*	*12%*		
gesamt	329	100%	90	31%

„Insolvent" ist die Gruppe der IPOs, die bis Mai 2005 einen Insolvenzantrag gestellt haben oder wegen einer Unternehmensübernahme den Markt verließen. „Existent" ist die Gruppe der IPOs, die bis Mai 2005 in ihrer ursprünglichen Form am Markt verblieben. Die Ausländer werden in die Untersuchung nicht einbezogen, da das Patentverhalten durch das Herkunftsland beeinflusst wird. N ist die Anzahl der Unternehmen je Gruppe.

Auch die Anzahl der Patentanmeldungen unterscheidet sich. Wie in Tabelle 43 dargestellt, besitzen die insolventen Unternehmen durchschnittlich nur 6,14 Patenteinträge. Der Durchschnittswert für die existenten Unternehmen liegt hingegen bei 27,01 Einträgen. Die Mittelwerte der Patenteinträge der Gruppen unterscheiden sich auf dem 5 Prozent Niveau (Tabelle 43, p(t<Tkrit)=0,03). Auch die Anzahl der Jahre mit Patentanmeldungen insolventer Unternehmen liegen durchschnittlich ca. 4 Jahre unter der durchschnittlichen Anzahl der existenten Unternehmen. Sie liegt mit ca. 8 Jahren beinahe doppelt so hoch. Beim Vergleich der durchschnittlichen Patentanmeldungen je Jahr ist festzustellen, dass insolvente Unternehmen über einen Vierjahreszeitraum ca. 1,5 Patenteinträge pro Jahr und die existenten Unternehmen über ca. acht Jahre 3,5 Patenteinträge pro Jahr haben.

Tabelle 43: Patentaktivität insolventer und existenter IPOs

	Patente	Jahre mit Patent	Patente pro Jahr
insolvent	6,14	4,05	1,52
existent	27,01	7,69	3,51
p (t<T,krit)	0,03	0,01	

Eine mögliche Erklärung wäre, dass existente Unternehmen durchschnittlich älter sind und deshalb über einen längeren Zeitraum Patente angemeldet haben. Dies erklärt jedoch noch nicht, dass von den existenten Unternehmen auch durchschnittlich pro Jahr mehr Patente angemeldet werden. Um auszuschließen, dass das Unternehmensalter der wahre Grund für die Überlebenswahrscheinlichkeit der Unternehmen ist, wird um den Einfluss des Alters zum Zeitpunkt der IPOs auf die Überlebenswahrscheinlichkeit kontrolliert.

Tabelle 44 zeigt, dass sich die Gruppen in Bezug auf das Alter nicht unterscheiden.[360] Gleiches gilt für die Unternehmensgröße. Die Unternehmensgröße wird über das Emissionsvolumen zum Zeitpunkt des Börsengangs gemessen.[361] Als weitere Emissionsdaten werden in Tabelle 44 die Höhe des Underpricing sowie der Emissionspreis beobachtet. Für beide Größen kann weder zwischen den Mittelwerten (p(t<T,krit))

360 Dabei zeigt beispielsweise Audretsch (1995) für ein breit angelegtes Sample von US-Unternehmen, dass für innovative Unternehmen, die acht Jahre überlebt haben, die Austrittswahrscheinlichkeit aus dem Markt sinkt. In der Studie von Wilbon (2002), S. 136 hingegen ist der Koeffizient zum Einfluss des Alters zum Zeitpunkt des Börsengangs auf die Überlebenswahrscheinlichkeit negativ, wenn auch nicht signifikant.

361 Studien, die einen Einfluss der Unternehmensgröße auf die Überlebenswahrscheinlichkeit nachweisen, nutzen beispielsweise auch die Bilanzsumme bei Markteintritt, Agarwal und Audretsch (2001), S. 28 oder die Anzahl der Beschäftigten, Cefis und Marsili (2005), S. 1174.

noch den Medianen (p(z<Z,krit) noch der Gesamtverteilungen (Lage) (p(d<D,krit) ein signifikanter Unterschied ermittelt werden.

Tabelle 44: Gruppenvergleich des Alters und der Emissionsdaten insolventer und existenter IPOs

	Mittelwert			Median			
	insolvent	existent	p(t<tkrit)	insolvent	existent	p(z<Z,krit)	p(d<D,krit)
Alter in Jahren	7,68	9,26	0,17	5,00	7,50	0,28	0,25
Emissionsvolumen in € Mio.	58,45	73,02	0,58	37,25	38,52	0,87	0,88
Underpricing in %	56,84%	51,47%	0,60	22,50%	22,05%	0,69	0,84
Emissionspreis in €	24,04	26,12	0,28	20,00	23,00	0,22	0,39

Eine weitere Erklärung dafür, dass insolvente Unternehmen weniger Patenteinträge verzeichnen, könnte sein, dass sich die betrachteten Insolvenzanträge in bestimmten Branchen konzentrieren und branchenspezifische Aspekte die Patentneigung dieser Unternehmen beeinflusst haben.[362] Die relativen Häufigkeiten, mit denen die insolventen und existenten Unternehmen in einzelnen Branchen auftreten, werden miteinander verglichen. Die Hypothese der Homogenität dieser Verteilungen kann nicht verworfen werden. Deshalb wird im Weiteren davon ausgegangen, dass auch die Branchenzugehörigkeit keinen Einfluss auf die Ergebnisse hat.

Um nicht nur die Patentaktivität, sondern auch die Patentqualität in die Analyse mit einzubeziehen, werden die Patenteinträge der beiden Unternehmensgruppen mit Patenteinträgen auch hinsichtlich ihrer Qualität verglichen. In Tabelle 45 sind die Mittelwerte der Indikatoren in den Unternehmensgruppen dargestellt. Die Mittelwerte für die insolventen Unternehmen sind durchweg geringer, was auf eine geringere Qualität der Patente hindeutet. In der dritten Reihe der Tabelle 45, (p(t<T,krit) auf der folgenden Seite, stehen die p-Werte für die Wahrscheinlichkeit, dass die Annahme gleicher Mittelwerte nach dem t-Test zu Unrecht verworfen wird. Bis auf die IPC-Klassen und die Rückwärtszitierungen kann für alle Indikatoren die Hypothese gleicher Mittelwerte auf dem 5 Prozent Signifikanzniveau verworfen werden. In der vierten Reihe sind die entsprechenden Wahrscheinlichkeiten für den Kolmogorov-Smirnov Test abgetragen

[362] Siehe zum Einfluss der Branche auf die Patentneigung Teil 1 Kapitel II.

(p(d<D,krit). Die Homogenitätsannahme der Verteilungen der Patentindikatoren über die Gruppen hinweg kann für alle Indikatoren, außer der Familiengröße, mindestens auf dem 10 Prozent Signifikanzniveau verworfen werden.

Tabelle 45: Vergleich der Patentindikatoren existenter und insolventer IPOs

	Patente	IPC	Familie	VZ	RZ	Artikel
insolvent	6,14	3,08	3,68	0,82	1,18	0,01
existent	27,01	4,27	5,16	2,12	2,21	0,08
p(t<T,krit)	0,03	0,08	0,04	0,03	0,10	0,05
p(d<D,krit)	0,002	0,04	0,13	0,05	0,09	0,001

In Abbildung 46 sind die kumulierten Häufigkeitsverteilungen der Patenteinträge für die Gruppe insolventer IPOs im Vergleich mit den existenten IPOs abgetragen. Existente Unternehmen (schwarze Linie) melden häufiger mehr Patente an als insolvente Unternehmen (graue Linie). Bei der Betrachtung der Patentanzahl, bis zu der 90 Prozent der Beobachtungen aufgelaufen sind, ist die korrespondierende Patentanzahl bei den insolventen IPOs ungefähr 40 und bei den existenten IPOs 260. Der maximale Abstand zwischen den kumulierten Häufigkeitsverteilungen ist dabei signifikant und über 40 Prozentpunkte.

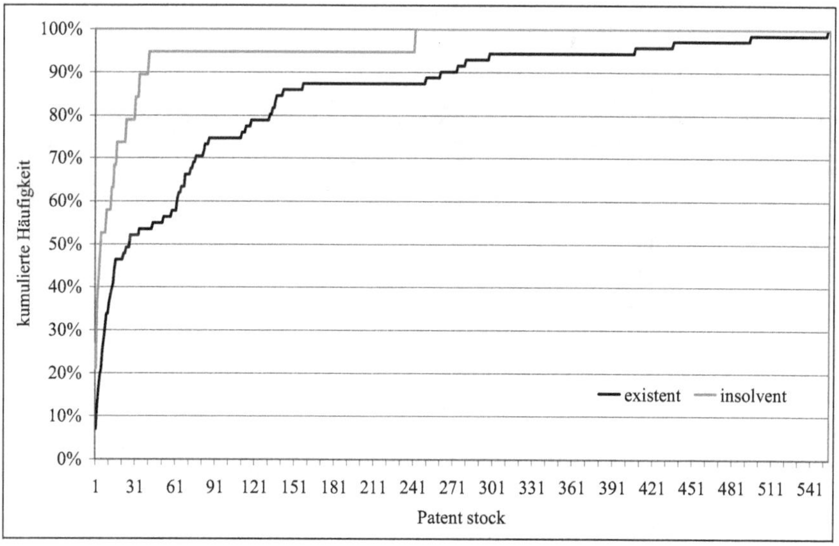

Abbildung 46: Kumulierte Häufigkeiten, Patente existenter & insolventer IPOs

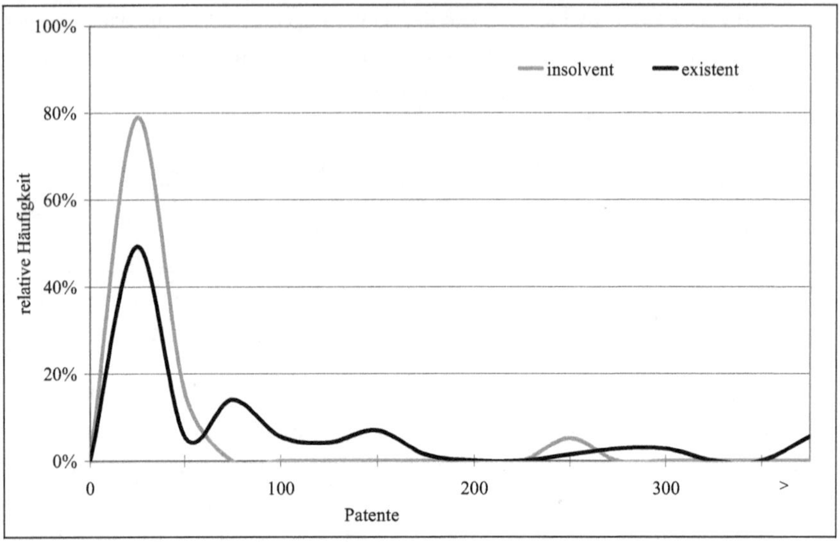

Abbildung 47a: Relative Häufigkeiten, Patente existenter & insolventer IPOs

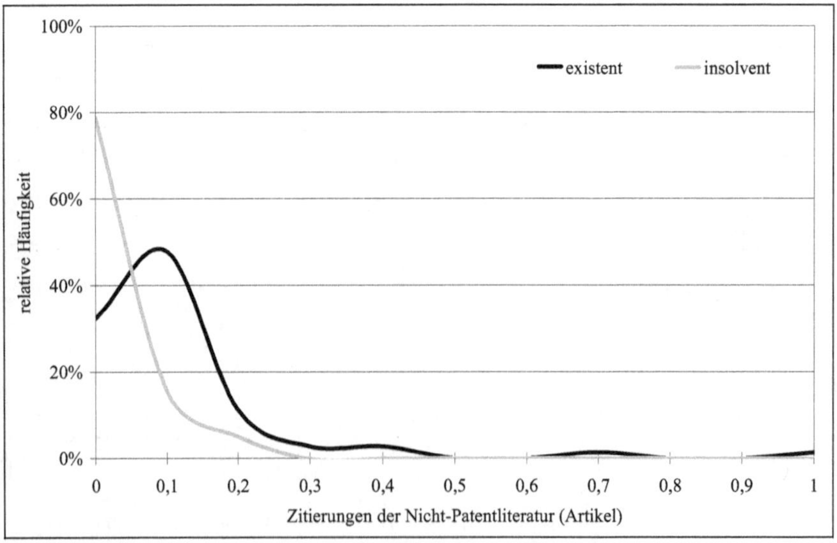

Abbildung 47b: Relative Häufigkeiten, Zitierungen der Nicht-Patentliteratur

Abbildung 47a stellt die Verteilungen der Patentanzahl für die insolventen und existenten Unternehmen dar. Abbildung 47b zeigt die Verteilung der durchschnittlichen Zitierungen der Nicht-Patentliteratur (Artikel) je Unternehmen. In dieser Abbildung sind die relativen Häufigkeiten abgetragen. Abbildung 47a verdeutlicht, dass die existenten Unternehmen (schwarze Linie) eine geringere Häufigkeit bei den niedrigen Patentzahlen aufweisen. Bei Betrachtung der relativen Häufigkeiten der Zitierungen der Nicht-Patentliteratur (b) wird ersichtlich, dass bei 80 Prozent der insolventen IPOs, die Patente anmelden, die Patente keine wissenschaftlichen Artikel zitieren. Der Anteil bei den existenten Unternehmen beläuft sich auf ca. 30 Prozent.

Die vorgestellten Ergebnisse unterstützen die Hypothese, dass Unternehmen, die forschend tätig sind und sich ihre Technologien mit gewerblichen Schutzrechten schützen lassen, eine höhere Überlebenswahrscheinlichkeit haben. Um die Robustheit der Ergebnisse zu überprüfen, werden in der folgenden Analyse die Überlebenswahrscheinlichkeiten der Unternehmen mit Patenten mit denen der Unternehmen ohne Patente verglichen. Die Überlebenswahrscheinlichkeit wird zum einen über die Kaplan-Meier Überlebensfunktion bestimmt. Dabei werden die Überlebensfunktionen verschiedener Unternehmensgruppen miteinander verglichen. Zum anderen werden über die Cox-Regression Einflussfaktoren identifiziert, die einen signifikanten Einfluss auf die Überlebenswahrscheinlichkeit der IPOs des Neuen Marktes hatten.

B. Überlebenswahrscheinlichkeit der IPOs und ihre Patentanmeldungen

Die folgende Analyse gliedert sich in zwei Teile. In dem ersten Teil wird die Kaplan-Meier Überlebensfunktion genutzt, um die Unternehmensgruppen mit und ohne Patenteinträge daraufhin zu untersuchen, ob Unterschiede in ihren Überlebensfunktionen bestehen. Im zweiten Teil werden weitere Einflussfaktoren auf die Hazard-Rate der Unternehmen mit einer proportionalen Cox-Regression analysiert. Hier werden die Patentindikatoren als Qualitätsfaktoren implementiert. Ziel des Kapitels ist zu analysieren, ob Patente und Patentindikatoren die bedingte Überlebenswahrscheinlichkeit, die Hazard-Rate der IPOs, beeinflussen. Hierfür ist es notwendig, wie im folgenden Abschnitt erläutert, die Überlebensdauer oder Verweildauer der Unternehmen zu bestimmen. Das Vorgehen wird im folgenden Abschnitt erläutert

I. Verweildauer der IPOs am neuen Markt

Von dem Zeitpunkt der IPOs (1997 - 2003) bis zum Jahr 2005 können maximal acht und minimal zwei Jahre betrachtet werden. Die Überlebenszeit wird in Monaten ausgedrückt, um mehr unterschiedliche Beobachtungszeitpunkte zu generieren.

Durch den bis Mai 2005 begrenzten Beobachtungszeitraum sind die vorliegenden Daten zufällig rechts zensiert. Dies bedeutet, dass viele Unternehmen aus dem Sample ausscheiden, ohne dass eines der Ereignisse Insolvenz oder Übernahme eingetreten ist, ein Ereignis aber noch eintreten kann. Im Abschnitt zur Methodik wird der Umgang mit zensierten Daten erläutert. Die genutzten Methoden, die Kaplan-Meier Überlebensfunktion sowie die Cox-Regression, sind für den Umgang mit zensierten Daten geeignet.

Aus der Gruppe der insolventen Unternehmen ist die längste Lebensdauer 65 Monate. Die durchschnittliche Verweildauer am Markt beläuft sich auf 33 Monate. Das Unternehmen mit der kürzesten Verweildauer musste zwei Monate nach dem Börsengang Insolvenz anmelden. Die maximale Beobachtungsdauer für die existenten Unternehmen sind 98 Monate. Durchschnittlich werden existente Unternehmen 67 Monate beobachtet. Unter den existenten Unternehmen wird das Unternehmen mit dem kürzesten Beobachtungszeitraum bis zum Ende des Untersuchungszeitraumes, im Mai 2005, 38 Monate beobachtet.

II. Überlebensfunktionen nach Kaplan-Meier, Methodik und Ergebnisse

Die grundlegenden Konzepte bei der Analyse von Überlebenswahrscheinlichkeiten werden im folgenden Abschnitt vorgestellt. Der Schwerpunkt liegt hierbei auf der Kaplan-Meier-Überlebensfunktion.

1. Allgemeine Methodik zu Sterbewahrscheinlichkeiten

Bei der Analyse von Überlebenswahrscheinlichkeiten spielen drei grundlegende Funktionen eine entscheidende Rolle: die Überlebensfunktion, die Dichtefunktion der Ausfallrate und die Hazard-Funktion. Ist eine der Funktionen bekannt, können die anderen beiden bestimmt werden.[363]

Die Überlebensfunktion $S(t)$ drückt die Wahrscheinlichkeit aus, mit der eine Beobachtung den Zeitpunkt t überlebt. Es gilt $S(t)=1-F(t)$, wobei $F(t)$ die Wahrscheinlichkeit ist, mit der eine Beobachtung vor oder zu dem Zeitpunkt t ausfällt. Die Überlebensfunktion zum Zeitpunkt t wird im Fall unzensierter Daten bestimmt durch:

363 Siehe zur Einführung in die Überlebensanalyse Lee/Wang (2003), S. 8ff.

(2.22) $$\hat{S}(t) = \frac{\textit{Anzahl Beobachtungen Überleben } t}{\textit{gesamte Beobachtungen}}$$

Beim Umgang mit Überlebenswahrscheinlichkeiten muss zwischen zensierten und nicht zensierten Daten unterschieden werden. Eine Beobachtung gilt als zensiert, wenn der Zeitpunkt des Ausfalls für die Beobachtung nicht bekannt ist. Bei dem vorliegenden Datensatz tritt der Fall zufällig rechts zensierter Beobachtungen auf, da eine Vielzahl der Unternehmen bei Ende der Beobachtung (noch) nicht ausgefallen ist. Somit ist der Ausfallzeitpunkt nicht bekannt. Es ist nur gewiss, dass die Beobachtung bis zu einem maximalen Zeitpunkt t überlebt hat. Die Kaplan-Meier Methode bietet eine Möglichkeit, die Überlebensfunktion für zensierte Datensätze zu schätzen. Die Überlebensfunktion zu einem Zeitpunkt t wird nach Kaplan-Meier (1958) durch den folgenden Maximum Likelihood Schätzer bestimmt:

(2.23) $$\hat{S}(t) = \prod_{t(r) \leq t} \frac{n-r}{n-r+1},$$

wobei n die Anzahl aller Beobachtungen und r die Anzahl der unzensierten Beobachtungen (Events, Ausfälle) in einem Intervall t ist. So ist n-r die Anzahl der Beobachtungen, die in das Intervall $t_{(r)}$ eingetreten sind und bis Ende $t_{(r)}$ gelebt haben. Die Überlebensfunktion über den Zeitraum k ergibt sich aus dem Produkt der Überlebenswahrscheinlichkeiten in jedem einzelnen Beobachtungsintervall:

(2.24) $$\hat{S}(k) = p_1 * p_2 * ... * p_k,$$

mit p_1, Anteil der Überlebenden des ersten Zeitintervalls, p_2, Anteil der Überlebenden des zweiten Zeitintervalls unter der Bedingung, dass sie das erste Intervall überlebt haben und mit p_k, Anteil der Überlebenden des k-ten Zeitintervalls unter der Bedingung, dass sie das Intervall (k-1) überlebt haben.[364]

Die zweite wichtige Funktion bei der Analyse von Ausfallwahrscheinlichkeiten ist die Dichtefunktion der Ausfallraten (probability density function (pdf)), (f(t)). Sie gibt die Grenzwahrscheinlichkeit an, mit der eine Beobachtung in dem sehr kleinen Intervall Δt ausfällt. Sie ist also die Ableitung der Ausfallfunktion F(t), mit F(t)=1-S(t). Die Dichtefunktion wird auch als unbedingte Ausfallwahrscheinlichkeit bezeichnet.

Die dritte Funktion, die Hazard-Funktion h(t), die in der Cox-Regression als abhängige Variable dient, ist demgegenüber die bedingte Grenzausfallwahrscheinlichkeit einer

---

[364] Für eine Darstellung zur Überlebensfunktion nach Kaplan-Meier siehe Lee/Wang (2003), S. 64ff.

Beobachtung in einem Zeitintervall ($\Delta t \Rightarrow 0$). Sie wird auch als „instaneous failure rate“, „force of mortality“, „conditional mortality rate“ oder „age specific failure rate“ bezeichnet und gibt die Wahrscheinlichkeit eines Ausfalls einer Beobachtung im Intervall Δt unter der Bedingung an, dass die Beobachtung bis zum Zeitpunkt t überlebt hat.

(2.25) $$h(t) = \frac{\lim_{\Delta t \to 0} p(Ausfall,\ in\ \Delta t,\ wenn\ bis\ t\ kein\ Ausfall)}{\Delta t}$$

Die Hazard-Funktion ist der negative natürliche Logarithmus (log) der Überlebensfunktion und kann deshalb aus der kumulierten Überlebensfunktion abgeleitet werden:

(2.26) $$h(t) = -\frac{d}{dt}\log S(t); \quad => H(t) = -\log S(t).$$

Um zu analysieren, ob sich die Überlebensfunktionen einzelner Subsamples unterscheiden, werden der Log-Rank, der Breslow und der Tarone-Ware Test genutzt. Dabei vergleichen alle Tests die lineare Rangstatistik, die bei den Tests nach Breslow und Tarone je nach Zeitpunkt des Ereignisses unterschiedlich stark gewichtet wird. Frühe Ausfälle werden stärker gewichtet.

2. Überlebensfunktionen nach Patenteinträgen und Alter bei IPO

Abbildung 48 zeigt die Überlebensfunktion der IPOs des Neuen Marktes in Abhängigkeit davon, ob die Unternehmen mindestens einen oder ob sie keinen Patenteintrag hatten. An der Abbildung ist zu erkennen, dass die kumulierte Überlebenswahrscheinlichkeit der Unternehmen mit Patenten (schwarze Linie) höher ist, als die der Unternehmen ohne Patente (graue Linie). Die Kreuze in den Linien stellen dabei die zensierten Daten dar. Es ist gut zu erkennen, dass dieses Ereignis die Hazard-Rate nicht verändert. Nach Kaplan-Meier ergibt sich für die Unternehmen ohne Patente eine Überlebenswahrscheinlichkeit von 72,18 Prozent. Dies entspricht einer Hazard-Rate von 32,6 Prozent am Ende des Betrachtungszeitraumes. Die Überlebenswahrscheinlichkeit für die Unternehmen mit Patenten liegt bei 78,14 Prozent. Dies entspricht einer Hazard-Rate von 24,67 Prozent.

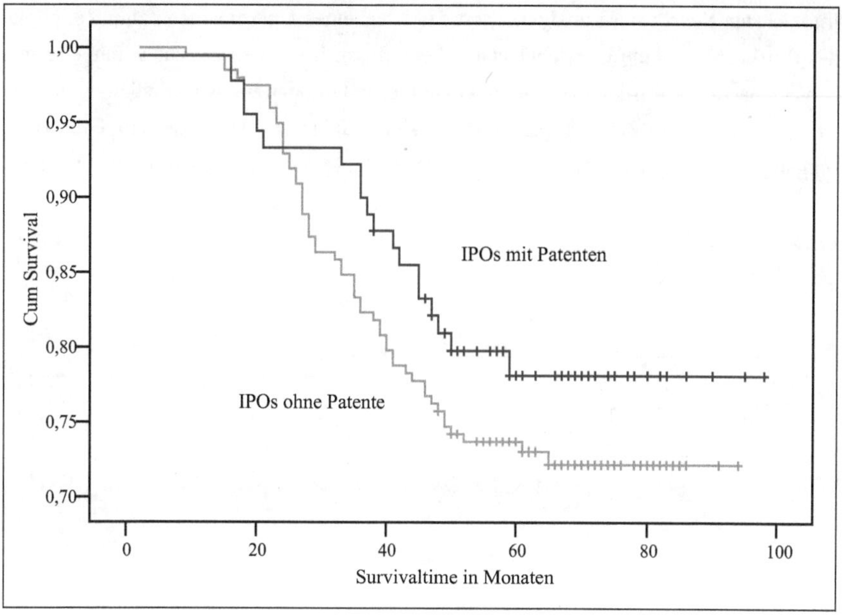

Abbildung 48: Überlebensfunktionen, IPOs mit & ohne Patente

In Tabelle 46 wird der Datensatz detailliert dargestellt. 198 IPOs besitzen keine Patenteinträge. 90 Unternehmen haben Patenteinträge. Von den 198 Unternehmen ohne Patenteinträge scheiden 54 aus dem Markt aus. Dies bedeutet, dass 144 Unternehmen überleben, die den zensierten Daten entsprechen. Von den 90 Unternehmen mit Patenteinträgen überleben 71 Unternehmen. Das entspricht einem Anteil von 78,89 Prozent.

Tabelle 46: Überlebende IPOs mit & ohne Patente

	deskriptive Statistik				Teststatistik		
	Anzahl	Anzahl Events	Anzahl zensiert	zensiert %		Statistik	p(s<S,krit)
IPOs ohne Patente	198	54	144	72,73	Log Rank	1,16	0,28
IPOs mit Patenten	90	19	71	78,89	Breslow	1,24	0,27
Gesamt	288	73	215	74,65	Tarone-Ware	1,2	0,27

In der Teststatistik der Tabelle 46 sind die Tests auf signifikante Unterschiede zwischen den in Abbildung 49 dargestellten Überlebensfunktionen aufgeführt. Die Unterschiede sind nach allen Testverfahren nicht signifikant.

Im nächsten Schritt wird analysiert, ob das Alter eines Unternehmens zum Zeitpunkt des Börsengangs seine Überlebensdauer beeinflusst. Im Gegensatz zur vorangegangenen Beobachtung werden die Unternehmen hier in Gruppen um den Median eingeteilt. 144 IPOs sind beim Börsengang jünger als sieben Jahre und 144 IPOs sind beim Börsengang sieben Jahre oder älter. Die Überlebensfunktionen der beiden Gruppen unterscheiden sich signifikant. Dies ist in Tabelle 46-49 und Abbildung 49 dargestellt. Das Ergebnis ist aber insbesondere auf das Ereignis Übernahme zurückzuführen, da von den 19 übernommenen Unternehmen 13 jünger als sieben Jahre waren.

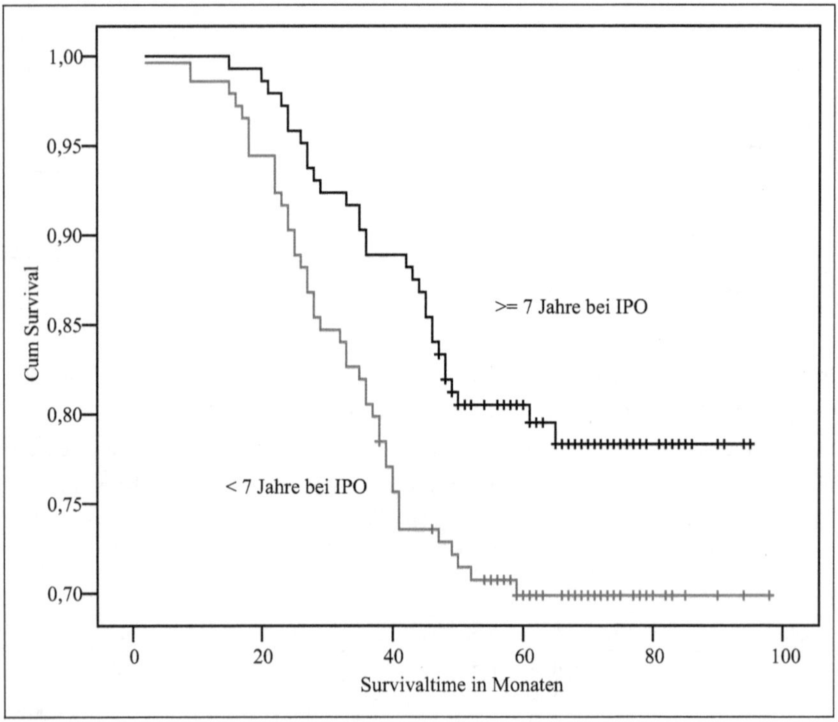

Abbildung 49: Überlebensfunktionen, alte & junge IPOs

Tabelle 47 zeigt, dass 79,17 Prozent der Unternehmen, die beim Börsengang sieben Jahre oder älter waren, keine Insolvenz anmelden mussten. Die Überlebenswahrscheinlichkeit der Unternehmen, die beim Börsengang jünger als sieben Jahre waren, liegt bei 70,14 Prozent. Der Unterschied zwischen den Überlebensfunktionen ist nach allen angewandten Tests signifikant.

Tabelle 47: Überlebende IPOs nach Alter.

	deskriptive Statistik				Teststatistik		
	Anzahl	Anzahl Events	Anzahl zensiert	zensiert %		Statistik	p(s>S,krit)
< 7 Jahre	144	43	101	70,14	Log Rank	3,76	0,05
>= 7 Jahre	144	30	114	79,17	Breslow	4,63	0,03
Gesamt	288	73	215	74,65	Tarone-Ware	4,23	0,04

Das Ergebnis ändert sich, wenn nur die Anmeldung einer Insolvenz als Ereignis definiert wird. Tabelle 48 präsentiert die Ergebnisse. Die Überlebenswahrscheinlichkeit für Unternehmen, die beim Börsengang jünger als sieben Jahre waren liegt bei 79,17 Prozent. Die Überlebenswahrscheinlichkeit für Unternehmen, die beim Börsengang älter oder gleich sieben Jahre waren, liegt bei 83,33 Prozent. Die Unterschiede zwischen den beiden Gruppen sind, wie Tabelle 48 zeigt, nach keiner der Teststatistiken signifikant.

Tabelle 48: Überlebende IPOs nach Alter (nur Insolvenz als Ereignis)

	deskriptive Statistik				Teststatistik		
	Anzahl	Anzahl Events	Anzahl zensiert	zensiert %		Statistik	p(s>S,krit)
< 7 Jahre	144	30	114	79,17	Log Rank	1,44	0,2306
>= 7 Jahre	144	24	120	83,33	Breslow	2,06	0,1515
Gesamt	288	54	234	81,25	Tarone-Ware	1,76	0,1847

Als weitere Kontrolle werden in Tabelle 49 die IPOs danach eingeteilt, ob sie während der Hot-Issue-Marktphase oder während der Cold-Issue-Phase an die Börse gingen.

Tabelle 49: Überlebende IPOs nach Marktphase des Börsengangs

	deskriptive Statistik				Teststatistik		
	Anzahl	Anzahl Events	Anzahl zensiert	zensiert %		Statistik	p(s>S,krit)
Cold-Issue	126	29	97	76,98	Log Rank	0,16	0,69
Hot-Issue	162	44	118	72,84	Breslow	0,06	0,81
Gesamt	288	73	215	74,65	Tarone-Ware	0,1	0,75

Tabelle 49 zeigt, dass 76,98 Prozent der IPOs, die während der Cold-Issue-Phase zwischen 2000 und 2002 an die Börse gingen, bis Mai 2005 weder übernommen wurden noch einen Insolvenzantrag stellen mussten. Von den IPOs die während der Hot-Issue-Phase an die Börse gingen, wurden bis Mai 2005 72,84 Prozent der Unternehmen weder übernommen noch mussten sie einen Insolvenzantrag stellen. Die Überlebensfunktionen unterscheiden sich nicht signifikant.

In diesem Abschnitt wurde gezeigt, dass weder die Unterteilung der IPOs nach Patenteinträgen, noch nach dem Alter, noch nach der Marktphase des Börsengangs Unterschiede in den Überlebensfunktionen der Gruppen erklärt. Im folgenden Abschnitt wird untersucht, ob die Kontinuität, mit der Unternehmen Patente anmelden, ihre Überlebenswahrscheinlichkeit beeinflusst.

3. Einflusse des Zeitpunktes der Patentanmeldung

Es wird analysiert, ob der Zeitpunkt der Patenteinträge vor und/oder nach dem Börsengang, einen nachweisbaren Einfluss auf die Bewertung der IPOs durch den Kapitalmarkt sowie auf ihre Überlebenswahrscheinlichkeit hat. Wenn der Kapitalmarkt Patentanmeldungen positiv bewertet, könnte es der Fall sein, dass das Management eines Unternehmens bewusst Patente anmeldet, um den Marktwert des Unternehmens zu erhöhen. Wenn die Patentanmeldung aber darauf abzielt, den Investor zu beeinflussen und nicht den Wert der technologischen Leistungsfähigkeit des Unternehmens widerspiegelt, könnten gerade diese Unternehmen mit einer höheren Wahrscheinlichkeit einen Insolvenzantrag stellen müssen. Diese Hypothese wird im Folgenden überprüft. Es wird untersucht, welchen Einfluss der Anmeldezeitraum der Patente (vor und/oder nach dem Börsengang) auf die Performance und die Überlebenswahrscheinlichkeit der IPOs hat.

Die Analyse beginnt mit der Bewertung durch den Kapitalmarkt. In Abbildung 50 sind die BHAR der IPO bis 500 Tage nach dem Börsengang, abhängig vom Zeitpunkt der Patentaktivität des Unternehmens, dargestellt. Dabei werden drei Gruppen gebildet:

- In der ersten Gruppe sind die Unternehmen, die nur vor dem Börsengang Patente anmeldeten (8 IPOs),
- in der zweiten Gruppe sind die Unternehmen, die nur nach dem Börsengang

Patente anmeldeten (21 bzw. 23 IPOs)[365] und

- in der dritten Gruppe sind alle Unternehmen, die vor und nach dem Börsengang Patente anmeldeten (58 IPOs).

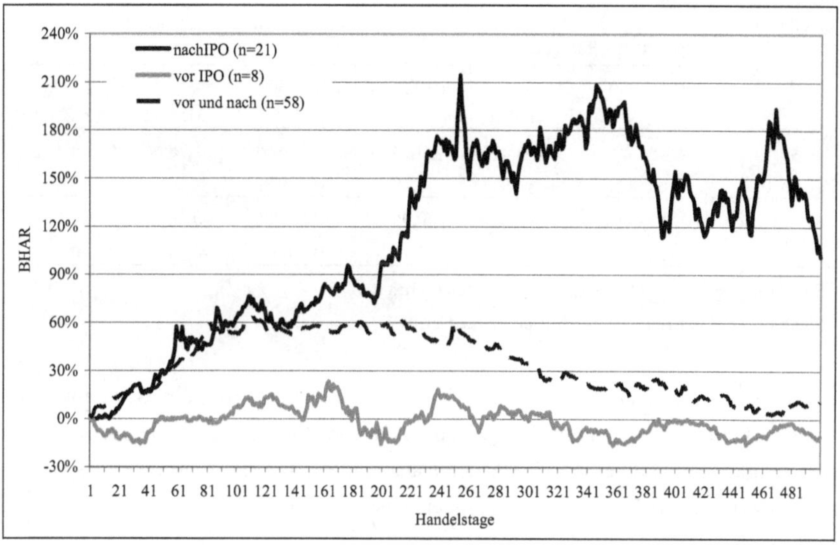

Abbildung 50: BHAR in Abhängigkeit vom Zeitpunkt der Patentanmeldung

Die Renditeverläufe in Abbildung 50 vermitteln den Eindruck, dass insbesondere die Unternehmen, die nur nach dem Börsengang Patente angemeldet haben, am Kapitalmarkt positiv bewertet wurden. In Tabelle 50 wird allerdings deutlich, dass der positive Verlauf der BHAR mit 162 Prozent nach einem Jahr und mit ca. 100 Prozent nach 24 Monaten durch einzelne Unternehmen verursacht wird. Zwar sind sowohl der Mittelwert als auch der Median nach einem Jahr signifikant größer als null, nach 24 Monaten können die Hypothesen, dass Mittelwert und Median größer als null sind jedoch

---

365 Da für zwei von den 23 Unternehmen keine Kurshistorie verfügbar war, werden in der Kapitalmarktbetrachtung nur 21 Unternehmen in der Gruppe beobachtet.

nicht verworfen werden.[366] Auch zwischen den Gruppen können kaum signifikante Unterschiede beobachtet werden. Eine Ausnahme bildet der Vergleich der Mittelwerte der Gruppen mit Patenten nur nach und der Gruppe mit Patenteinträgen vor und nach dem Börsengang (Tabelle 51, BHAR 250, p(t<T,krit)=0,05).

Tabelle 50: BHAR 1 und 2 Jahre nach dem Börsengang in Abhängigkeit des Zeitpunktes der Patentanmeldungen

	BHAR 250		p(t<T,krit)[1]	BHAR 500		p(t<T,krit)[1]
	MW	Median	p(z<Z,krit)[2]	MW	Median	p(z<Z,krit)[2]
Pat_vor	13,12%	6,81%	0,23	-10,79%	-1,78%	0,42
Pat_nach	162,00% **	41,76% **	0,48	101,36%	-4,14%	0,52
Pat_vor_nach	53,62% ***	13,46% **	0,05	10,87%	-0,56%	0,11
Pat_nach	162,00% **	41,76% **	0,19	101,36%	-4,14%	0,70

[1] Signifikanz des Tests auf Unterschiede in den Mittelwerten (t-Test)

[2] Signifikanz des Tests auf Unterschiede in den Medianen (Wilkoxon-Test)

Die Beobachtungen lassen vermuten, dass der Kapitalmarkt bei der Bewertung der Unternehmen mit „Patentanmeldungen nur nach dem Börsengang" große Bewertungsschwierigkeiten hat. Die Strategie, Patente anzumelden, um den Marktwert des Unternehmens zu steigern, scheint nur bedingt erfolgsversprechend.

Im Folgenden wird deshalb der Einfluss des Zeitpunktes der Patentanmeldung auf die Überlebenswahrscheinlichkeit der Unternehmen betrachtet. Zu diesem Zweck werden in Abbildung 51 sowie in den Tabelle 51 und 52 die Überlebensfunktionen der oben beschriebenen Gruppen zuzüglich der Gruppe ohne Patentanmeldungen verglichen.

In Abbildung 51 sind die vier verschiedenen Überlebensfunktionen abgetragen. Es wird deutlich, dass die Unternehmen, die erst nach dem IPO begannen Patente anzumelden, die geringste Überlebenswahrscheinlichkeit besitzen. Wie der Tabelle 51 zu entnehmen ist, beträgt die kumulierte Überlebenswahrscheinlichkeit für diese Gruppe am Ende der Betrachtungsperiode 60,87 Prozent. Demgegenüber beträgt die Überle-

[366] Dabei treibt die Entwicklung der Mobilcom AG die Gruppenentwicklung der Unternehmen mit Patenteinträgen nach dem Börsengang ab ca. ein Jahr nach dem Börsengang. Bis zu einem Jahr nach Börsengang ist die Performanceentwicklung der Gruppe mit und ohne der Mobilcom AG beinahe identisch. Die Mobilcom ist mit nur einem Patent in der Datenbank vertreten und hat eine Performancentwicklung von über 1.500% zwei Jahre nach dem Börsengang. Diese Entwicklung ist aber vielmehr auf die damalige Telekom-Euphorie (1999/2000) zurückzuführen als auf den Patenteintrag. Die Unternehmen in der Gruppe ohne Mobilcom haben im Schnitt eine BHAR von ca. 30%.

benswahrscheinlichkeit für Unternehmen ohne Patente 72,32 Prozent.[367]

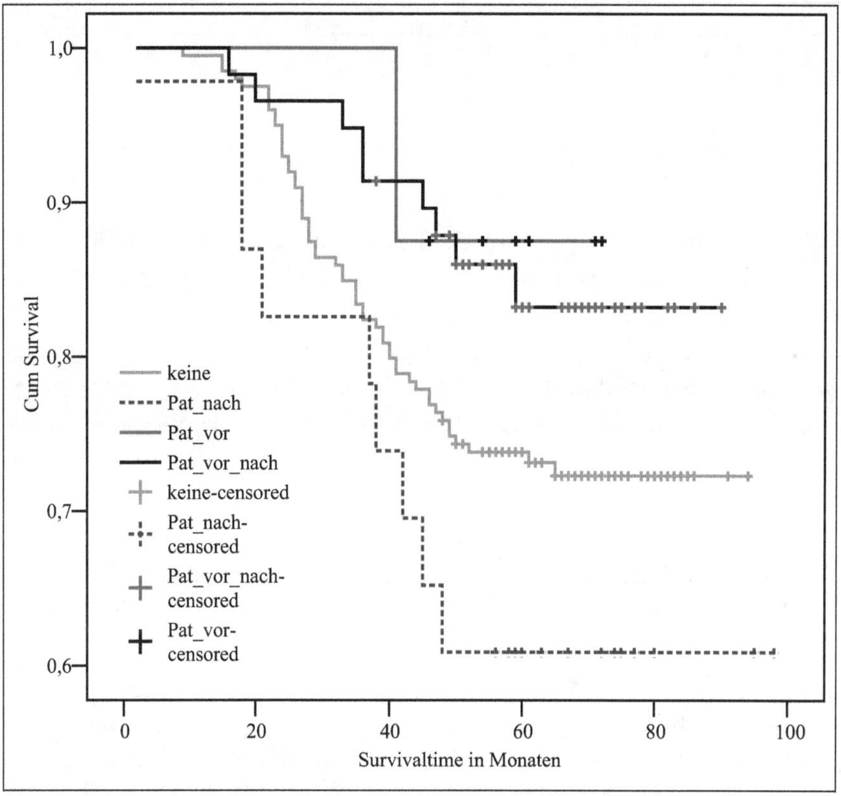

Abbildung 51: Überlebensfunktionen der IPOs, Patentanmeldezeitpunkt

Die Unternehmen, die bereits vor und nur vor dem Börsengang Patente angemeldet haben, haben die geringste Sterbewahrscheinlichkeit. Dies könnte mit der Tatsache zusammenhängen, dass die Unternehmen mit großer Wahrscheinlichkeit bereits vor dem Börsengang relativ etabliert waren. Aber auch für die Unternehmen, die vor und nach dem Börsengang Patente anmeldeten, ist die Überlebenswahrscheinlichkeit mit 83,22 Prozent vergleichsweise hoch.

[367] Diese Zahl entspricht nicht der aus der vorangegangenen Untersuchung, da für die Patente eines Unternehmens die Anmeldezeiten in der Datenbank fehlen. Dieses Unternehmen ist hier in der Gruppe IPOs ohne Patente eingeordnet.

Tabelle 51: Übernahme Insolvenz als Event Daten für IPOs verschiedene Patentanmeldezeiten[368]

	Anzahl	Anzahl Ereignisse	Anzahl zensiert	zensiert %	cum. Survival (KM)
keine Patente	199	54	145	72,86	72,32
Pat_vor	8	1	7	87,5	87,5
Pat_nach	23	9	14	60,87	60,87
Pat_vor_nach	58	9	49	84,48	83,22
Gesamt	288	73	215	74,65	

Bei einem paarweisen Vergleich der Überlebensfunktionen der einzelnen Gruppen in Tabelle 52 lassen sich signifikante Unterschiede zwischen der Überlebensfunktion der Unternehmen ohne Patente und der Gruppe der Unternehmen mit Patentanmeldungen vor und nach dem Börsengang erkennen. Gleiches gilt für die Unterschiede in der Überlebensfunktion zwischen den Gruppen der IPOs, die nur nach dem Börsengang Patente anmeldeten und denen, die vor und nach dem Börsengang Patenteinträge aufweisen.

Tabelle 52: Unterschiede der Überlebensfunktionen nach Patentanmeldezeit

Log Rank Statistik (Signifikanz)			
Faktor	keine Patente	Pat_vor	Pat_nach
Pat_vor	0,79 (0,37)		
Pat_nach	1,71 (0,19)	1,74 (0,19)	
Pat_vor_nach	3,11 (0,08)	0,05 (0,82)	5,64 (0,02)

Die Ergebnisse führen zu der Schlussfolgerung, dass forschende Unternehmen, die kontinuierlich Patente anmelden und so ihre Technologien schützen eine geringere Ausfallwahrscheinlichkeit haben als Unternehmen, die nicht kontinuierlich forschen beziehungsweise ihre Technologien nicht kontinuierlich schützen lassen. Patente scheinen die Marktstellung eines Unternehmens zu festigen und so seine Ausfallwahrscheinlichkeit zu reduzieren. In Bezug auf die Unternehmen des Neuen Marktes, wäre es für den Investor tendenziell vorteilhaft gewesen, in die Unternehmen zu investieren, die bereits Patenteinträge zu verzeichnen hatten.

Da der Vergleich der Überlebensfunktionen es nicht ermöglicht, verschiedene Einflussfaktoren sowie das Ausmaß ihres Einflusses gleichzeitig auf die bedingte Sterbe-

[368] Dabei entspricht die kumulierte Überlebenswahrscheinlichkeit nach Kaplan-Meier, wenn bis zu Eintritt des letzten Ereignisses keine zensierten Daten auftreten, der einfachen Überlebenswahrscheinlichkeit und damit in diesem Fall der Anzahl zensierter Daten, siehe Wang/Lee (2003), S. 70.

wahrscheinlichkeit zu beobachten, wird im nächsten Teil der Untersuchung die Cox-Regression genutzt, um die Robustheit der Ergebnisse weiter zu überprüfen und ferner Faktoren zu identifizieren, die die Ausfallwahrscheinlichkeit der IPOs des Neuen Marktes signifikant beeinflusst haben.

III. Robustheit Check der Ergebnisse mit der Cox-Regression

Das proportionale Hazard Modell von Cox (1972) („die Cox-Regression") ermöglicht es, prognostizierende Variablen oder Kovariaten zu identifizieren, die die Hazard-Rate der Beobachtungen signifikant beeinflussen.[369] Sie wird hier zur Überprüfung der Robustheit der Ergebnisse eingesetzt.

1. Methodik der Cox-Regression und Aufbau der Modelle

Aus technischer Sicht sind Kovariaten[370] Einflussfaktoren, die zu einer Verschiebung der ursprünglichen Hazard-Rate (Baseline-Hazard-Rate), die ohne Beachtung der Kovariaten aus dem Datensatz geschätzt würde, führen. Die Cox-Regression bietet die Möglichkeit, Kovariaten zu identifizieren und zu testen, ob ihr Einfluss signifikant ist. Der Vorteil der Cox Regression gegenüber parametrischen Methoden ist, dass die Verteilung der Hazard-Rate nicht spezifiziert wird. Angenommen wird nur, dass das Verhältnis der Hazard-Rate zwischen zwei Beobachtungen im Zeitablauf konstant bleibt. Zur Schätzung der Überlebensfunktion wird die partielle Likelihood Funktion genutzt. Dabei werden zensierte Daten zur Bestimmung der Grundhazard-Rate (Baseline Hazard-Rate) betrachtet. Zur Schätzung der Koeffizienten der Kovariaten werden nur die unzensierten Beobachtungen herangezogen. Die Funktion der Hazard-Rate unter Beachtung verschiedener Kovariaten hat folgende Form:

$$\begin{aligned} &h(t|x_1 ... x_p) = h_0(t) * g(x_1 ... x_p) \\ &oder\ \ h(t|\mathrm{X}) = h_0(t) g(x) \end{aligned} , \tag{2.27}$$

wobei $h_0(t)$ die grundlegende Hazard-Rate und *g(x)* die Funktion der Kovariaten ist.

---

[369] Da die Cox-Regression ein oft implementiertes Verfahren zur Analyse des Einflusses verschiedener Faktoren auf die Hazardraten der Beobachtungseinheiten ist, werden hier nur kurz die Grundlagen in Anlehnung an Lee/Wang (2003), S. 298 zusammengefasst. Eine ausführliche Erläuterung der Cox-Regression als relatives Risikomodell findet sich auch in Kalbfleisch/Prentice (2002), S. 95ff.

[370] Die Kovariaten können Indikatorvariablen (Dummies) oder prognostizierende Variablen (beobachtete Wertausprägungen) sein.

Das Verhältnis zwischen zwei Beobachtungen ist aufgrund der Unabhängigkeit von $h_0(t)$ von den Kovariaten und von der Zeit unabhängig:

$$\frac{h(t|X_1)}{h(t|X_2)} = \frac{g(X_1)}{g(X_2)} \tag{2.28}$$

Der Funktionsverlauf *g(x)* wird als exponentiell angenommen, sodass sich die Hazard-Funktion folgendermaßen darstellen lässt:

$$h(t|X) = h_0(t) \exp\left(\sum_{j=1}^{p} b_j x_j \right). \tag{2.29}$$

Die mit der partiellen Likelihood Funktion geschätzten Koeffizienten b_j können mit der Wald Statistik und dem Chi^2 Test getestet werden. Ihre Interpretation ist entsprechend ihrem Vorzeichen möglich. Ein positives (negatives) Vorzeichen bedeutet, dass die Variable die Hazard-Rate erhöht (reduziert). Ein Wert für b von 0,5 bedeutet, dass sich die Hazard-Rate um 65 Prozent erhöht, wenn sich die zu b gehörende Kovariate um 1 erhöht ($e^b = 1{,}65$).

Mit der Cox-Regression werden drei verschiedene Modelltypen analysiert. Sie unterscheiden sich zum einen hinsichtlich der Kovariaten, ob diese als Dummyvariablen oder Ausprägungen der Variablen implementiert werden und zum anderen hinsichtlich der Menge und Art der Kovariaten. Prinzipiell werden die bereits beobachteten Faktoren Alter, Patentanmeldungen, Patentanmeldungen nach Anmeldezeitraum sowie die Patentindikatoren genutzt.[371]

In dem ersten Modell werden nur Indikatorvariablen verwandt. Diese sind das Alter des IPOs beim Börsengang, sowie Dummies für den Anmeldezeitpunkt. Sie sind folgendermaßen definiert:

[371] Die Marktphase des Börsengangs wurde in den Modellen ebenfalls getestet, sie hat - wie schon bei Analyse der Überlebensfunktionen - keinen Einfluss auf die Hazard-Rate.

$$D\_Alter = \begin{cases} 1, \text{Alter bei IPO} >= 7 \text{ Jahre} \\ 0, \text{Alter bei IPO} < 7 \text{ Jahre} \end{cases}$$

$$D\_Pat\_vor = \begin{cases} 1, \text{Anmeldungen nur vor IPO} \\ 0, \text{sonstige} \end{cases}$$

$$D\_Pat\_vor\_nach = \begin{cases} 1, \text{Anmeldungen vor und nach IPO} \\ 0, \text{sonstige} \end{cases}$$

$$D\_Pat\_nach = \begin{cases} 1, \text{Anmeldungen nur nach IPO} \\ 0, \text{sonstige} \end{cases}$$

In Modell zwei werden die Ausprägungen der Beobachtungen als Kovariaten aufgenommen. Diese beziehen sich auf das Alter beim Börsengang, auf die gesamte Anzahl der Patenteinträge sowie die Anzahl der Patenteinträge vor dem Börsengang und die Anzahl der Patenteinträge vor und nach dem Börsengang.

Im dritten Modell werden die in Teil 1 Kapitel III vorgestellten Indikatoren für den Patentwert neben dem Dummy für das Alter beim Börsengang und der Patentanzahl als Kovariaten genutzt.

In einem letzten Schritt werden über die „Backward Selection Procedure“ signifikante Kovariaten identifiziert. Bei dieser Methode ist es nicht möglich, die Auswahl der Indikatoren ökonomisch zu begründen, da in jedem Schritt die nicht signifikanten Kovariaten aus dem Modell entfernt werden.

2. Ergebnisse

Die Modelle werden nach der oben genannten Reihenfolge vorgestellt. In Tabelle 53 sind die Ergebnisse des Indikatorvariablen-Modells aufgeführt. In der Tabelle sind die exponierten Koeffizienten (e^b) abgetragen. Ein Wert kleiner eins bedeutet also, dass die bedingte Sterbewahrscheinlichkeit durch diese Indikatorvariable reduziert wird. Analog bedeutet ein Wert größer eins, dass diese Indikatorvariable die bedingte Sterbewahrscheinlichkeit erhöht.[372]

[372] Sind mehrere Dummies in einem Modell, kann der gemeinsame Einfluss, wenn beide Dummies eine 1 annehmen über $\exp(b_1+b_2+..b_n)$ bestimmt werden. Lee/Wang (2003), S. 306.

Tabelle 53: Cox-Regression mit Indikatorvariablen Alter und Patentanmeldezeit

Modell 1: Dummies, Cox Regression					
D_Alter	0,62	0,63	0,64	0,63	0,63
	0,05	*0,06*	*0,06*	*0,05*	*0,04*
D_Pat_vor	0,48				0,38
	0,03				*0,33*
D_Pat_vor_nach		0,52		0,33	0,87
		0,07		*0,02*	*0,90*
D_Pat_nach			0,83	1,68	1,64
			0,49	*0,15*	*0,17*
Signif. (Chi^2)	0,01	0,03	0,12	0,02	0,03

Cox-Regression mit Indikatorvariablen Alter und Patentanmeldezeit. Die p-Werte der Wald-Statistik sind kursiv gedruckt und stehen jeweils unter exp(b). Der p-Wert des Chi^2-Tests drückt das allgemeine Signifikanzniveau der Regression aus.

Da in Modell 1 nur Indikatorvariablen (Dummies) genutzt werden, bedeutet beispielsweise der Wert 0,48 für D_Pat_vor, dass die Hazard-Rate für Unternehmen, die nur vor dem Börsengang Patentanmeldungen hatten um 52 Prozent (0,48-1) geringer ist als die allgemeine Hazard-Rate. Sind die Unternehmen älter als sieben Jahre und haben sie nur vor dem Börsengang Patente angemeldet, reduziert sich die Hazard-Rate um 70 Prozent.[373] Überraschend ist, dass die Indikatorvariable D_Pat_nach die Hazard-Rate ebenfalls, wenn auch nur schwach, reduziert. Allerdings ist der Einfluss nicht signifikant und sobald die Variable mit anderen Indikatoren gemeinsam betrachtet wird, ist der erwartete negative Effekt auf die relative Hazard-Rate zu beobachten. Zwar ist der p-Wert der Wald-Statistik für die Variable D_Pat_nach dann auch kleiner, er erreicht aber kein Signifikanzniveau. Die Ergebnisse der Analyse der Indikatorvariablen bestätigen die Beobachtungen der Kaplan-Meier Überlebensfunktion. Zum einen haben Unternehmen, die beim Börsengang ein gewisses Alter erreicht haben, eine geringere Sterbewahrscheinlichkeit. Zum anderen verringern kontinuierliche Patentanmeldungen die Ausfallwahrscheinlichkeit eines Unternehmens.

Im Folgenden wird das zweite Modell genauer betrachtet. Die Kovariaten sind hier keine Indikatorvariablen, sondern die exakten Ausprägungen der beobachteten Variablen. Die Anzahl der Patentanmeldungen reduziert zu jedem Zeitpunkt (gesamt, vor, nach) die relative Hazard-Rate. Die Reduktion ist allerdings nur marginal. Für die

[373] [exp(-0,726-0,479)=0,30], mit ln(0,622)=-0,479 und ln(0,484)=-0,726.

Anmeldungen vor dem Börsengang ist sie mit 3,7 Prozent für jedes zusätzliche Patent am stärksten ausgeprägt. Werden in der letzten Spalte der Tabelle 54 die Anzahl der Anmeldungen vor und nach dem Börsengang gemeinsam beobachtet, erhöhen die Anmeldungen nach dem Börsengang die relative Hazard-Rate leicht aber nicht signifikant. Dies ist jedoch kein Widerspruch zu der Beobachtung der Indikatorvariablen, da an dieser Stelle der Untersuchung die Patentanmeldungen nach dem Börsengang nicht ausschließen, dass das Unternehmen nicht bereits vor dem Börsengang auch Patente angemeldet hat.

Tabelle 54: Cox-Regression mit Ausprägungen Alter und Anzahl der Patentanmeldungen gesamt, vor und nach dem IPO

Modell 2: Cox-Regression, Ausprägungen					
Alter	0,97	0,97	0,98		
	0,11	*0,10*	*0,13*		
Patente	0,99			0,99	
	0,05			*0,06*	
Patente vor		0,96			0,95
		0,04			*0,06*
Patente nach			0,99		1,01
			0,09		*0,42*
Signif. (Chi²)	0,04	0,04	0,07	0,04	0,10

Cox-Regression mit Ausprägungen Alter und Patentanmeldungen gesamt, vor und nach dem IPO. Die p-Werte der Wald-Statistik sind kursiv gedruckt und stehen jeweils unter exp(b). Der p-Wert des Chi^2-Tests drückt das allgemeine Signifikanzniveau der Regression aus.

In dem dritten Modelltyp wird neben den Patentanmeldungen die Qualität, gemessen über die Patentindikatoren aus Teil 1 Kapitel III, der Patente berücksichtigt. Wie bei dem Vergleich der insolventen und existenten Unternehmen scheinen auch hier die Patentindikatoren einen positiven Einfluss auf die Überlebenswahrscheinlichkeit zu besitzen.

Tabelle 55 präsentiert die Ergebnisse, wenn die Anzahl Patente und die Indikatoren als Kovariaten genutzt werden. Alle Patentindikatoren reduzieren die Hazard-Rate, wenn sie neben dem Alter als einziger Einflussfaktor in das Modell aufgenommen werden. Die größte Reduktion bringt die Anzahl zitierter Nicht-Patentliteratur, was die Ergebnisse aus dem Vergleich der insolventen und existenten IPOs hinsichtlich der Qualität ihrer Patente bestätigt. Werden die Indikatoren gemeinsam in das Modell aufgenommen, verliert jeder einzelner Indikator seine Signifikanz. Das gesamte Modell besitzt aber noch Erklärungskraft, was an der signifikanten Chi^2-Statistik zu erkennen ist.

Tabelle 55: Cox-Regression mit Dummy Alter und Patentindikatoren als Kovariaten.

Modell 3: Cox-Regression, Patentindikatoren							
D_Alter	0,63 *0,05*	0,64 *0,06*	0,65 *0,07*	0,63 *0,05*	0,61 *0,04*	0,64 *0,06*	0,60 *0,03*
Patente						0,99 *0,13*	
IPC	0,89 *0,07*					1,01 *0,94*	
Familie		0,90 *0,06*				1,00 *0,98*	
RZ			0,76 *0,06*				1,00 *0,98*
VZ				0,67 *0,03*			0,84 *0,40*
Artikel					0,00* *0,02*		0,00** *0,13*
Signif. (Chi^2)	0,028	0,027	0,035	0,011	0,015	0,064	0,017

* b=-18,407, ** b=-13,210

Cox-Regression mit D_Alter und Patentindikatoren als Kovariaten. Die p-Werte der Wald-Statistik sind kursiv gedruckt und stehen jeweils unter exp(b). Der p-Wert des Chi2-Tests drückt das allgemeine Signifikanzniveau der Regression aus.

Als letzter Schritt der Untersuchung werden über den rückwärtsgerichteten Selektionsprozess („Backward Selection Procedure) signifikante Kovariaten identifiziert. Dabei werden zuerst alle Kovariaten in das Modell aufgenommen und in jedem neuen Schritt wird die Kovariate entfernt, die den geringsten Einfluss, gemessen über ihre Signifikanz nach Wald, auf die Überlebenszeit besitzt.[374] Tabelle 56 zeigt den Ablauf und das Ergebnis des Verfahrens. Zu Beginn des Modells stehen alle hier vorgestellten Variablen zur Verfügung. Die zugehörigen e^b sind der ersten Spalte (Schritt 1) der Tabelle 56 zu entnehmen.

[374] Lee/Wang (2003), S. 287. Diese Methode ist auch zur Identifikation der Kovariaten bei der Cox-Regression geeignet, wie Lee/Wang (2003), S. 317 an einem Beispiel demonstrieren.

Tabelle 56: Cox-Regression (Backward Verfahren)

Cox-Regression, Dummies und Patentindikatoren, Backward (Wald)	Schritt 1	Schritt 2	Schritt 3	Schritt 4	Schritt 5	Schritt 6	Schritt 7	Schritt 8
D_Alter	0,56	0,56	0,56	0,56	0,56	0,55	0,55	0,58
	0,02	*0,02*	*0,02*	*0,02*	*0,02*	*0,01*	*0,01*	*0,02*
D_Pat_nach	3,01	3,03	3,00	2,71	2,86	2,56	2,21	1,78
	0,02	*0,01*	*0,01*	*0,01*	*0,00*	*0,00*	*0,01*	*0,06*
D_Pat_vor	0,96							
	0,97							
D_Pat_vor_nach	1,56	1,50	1,47	1,28				
	0,70	*0,55*	*0,56*	*0,67*				
Patente	0,99	0,99	0,99	0,99	0,99	0,99	0,99	
	0,30	*0,29*	*0,27*	*0,20*	*0,21*	*0,21*	*0,11*	
IPC	0,98	0,98						
	0,89	*0,88*						
Familie	0,96	0,96	0,95					
	0,77	*0,75*	*0,64*					
RZ	0,87	0,87	0,87	0,86	0,88			
	0,49	*0,49*	*0,47*	*0,45*	*0,46*			
VZ	0,79	0,78	0,78	0,79	0,82	0,77		
	0,36	*0,35*	*0,35*	*0,37*	*0,40*	*0,26*		
Artikel*	0,00	0,00	0,00	0,00	0,00	0,00	0,00	0,00
	0,09	*0,08*	*0,09*	*0,09*	*0,09*	*0,08*	*0,05*	*0,01*
Signif. (Chi^2)	0,05	0,03	0,02	0,01	0,02	0,01	0,01	0,04

* Koeffizient	-13,76	-13,76	-13,74	-13,61	-13,30	-13,73	-15,87	-26,42

Cox-Regression mit Dummies und Patentindikatoren als Kovariaten. Über das Backward Verfahren basierend auf den Signifikanzniveaus der Wald-Statistik werden die Kovariaten schrittweise ausgeschlossen. Die p-Werte der Wald-Statistik sind kursiv gedruckt und stehen jeweils unter exp(b). Der p-Wert des Chi2-Tests drückt das allgemeine Signifikanzniveau der Regression aus.

Da die Indikatorvariable Patent_vor_D mit einem p-Wert von 0,97 die geringste Erklärungskraft besitzt, wird sie als erste aus dem Modell ausgeschlossen. Nach acht Schritten konvergiert das Modell. Alle verbleibenden Indikatoren haben einen signifikanten Einfluss auf die Hazard-Rate. Die verbleibenden Variablen sind der Dummy für das Alter, der die Hazard-Rate reduziert, der Dummy D_Pat_nach für Unternehmen, die erst nach dem Börsengang Patente angemeldet haben, der die Hazard-Rate erhöht und als dritte Variable die Anzahl Zitierungen zur Nicht-Patentliteratur (Artikel), die die Hazard-Rate wieder deutlich reduziert.

IV. Zusammenfassung und Interpretation der Ergebnisse

Die Ergebnisse der Untersuchung zum Einfluss von Patentanmeldungen auf die Überlebenswahrscheinlichkeit der IPOs des Neuen Marktes stützen die Hypothese, dass Unternehmen, die sich ihre Forschungsergebnisse mit Patenten schützen, eine geringere Ausfallwahrscheinlichkeit haben als die Unternehmen, die keine Patente anmelden. Um diese Hypothese zu überprüfen, wurden drei Methoden angewandt.

In einem ersten Schritt wurden die insolventen und die existenten IPOs hinsichtlich ihrer Charakteristika verglichen. Dabei konnten keine Unterschiede hinsichtlich der Verteilungen des Alters beim Börsengang, der Branchenzugehörigkeit, des Emissionsvolumens, des Emissionspreises und des Underpricing gefunden werden, sodass die Unternehmensgruppen in diesen Aspekten als homogen angesehen werden. Im Gegensatz zu den Kontrollvariablen unterscheiden sich die Patentvariablen der gebildeten Gruppen. Die existenten Unternehmen melden mehr Patente an. Die Patente unterscheiden sich zwischen den Gruppen in Bezug auf die Patentindikatoren: IPC-Klassen, Familie, Rückwärtszitierungen, Vorwärtszitierungen und Zitierungen der Nicht-Patentliteratur im Durchschnitt signifikant. Bezogen auf die Homogenität der Verteilungen kann die Hypothese homogener Verteilungen für alle Indikatoren, außer der Familiengröße, mindestens auf dem 10 Prozent Niveau abgelehnt werden.

In einem zweiten Schritt wurden die Überlebensfunktionen für verschiedene Gruppen der IPOs nach Kaplan-Meier geschätzt und auf Unterschiede zwischen den Funktionen getestet. Werden die Gruppen nach dem Alter beim Börsengang in Unternehmen, die älter als sieben Jahre sind und Unternehmen, die jünger als sieben Jahre sind, unterteilt, unterscheiden sich die Überlebensfunktionen signifikant. Dieses Ergebnis ist auf das Ereignis Übernahme zurückzuführen. Zwischen den Unternehmen mit Patentanmeldungen und den Unternehmen ohne Patentanmeldungen kann kein signifikanter Unterschied in den Funktionen beobachtet werden. Die Ursache hierfür wird deutlich, wenn die Gruppen nach dem Zeitpunkt der Patentanmeldung weiter differenziert werden. So haben Unternehmen, die vor und nach dem Börsengang Patente anmeldeten und Unternehmen, die nur vor dem Börsengang Patente anmeldeten eine geringere Sterbewahrscheinlichkeit als die Unternehmen, die nur nach dem Börsengang Patente anmeldeten. Hier ist zu vermuten, dass die Unternehmen, die nur nach dem Börsengang Patente anmeldeten, das Ziel verfolgten, ihre Technologie besser darzustellen.

Allerdings könnte auch ein Grund sein, dass prinzipiell jüngere Unternehmen nur nach dem Börsengang Patente anmeldeten und diese von vornherein eine höhere Sterbewahrscheinlichkeit besitzen.

In einem dritten Schritt wird mit der Cox-Regression der gemeinsame Einfluss verschiedener Faktoren, beispielsweise dem Alter und der Patentaktivität, auf die Sterbewahrscheinlichkeit der IPOs analysiert. Werden für die verschiedenen Einflussfaktoren Alter und Patentanmeldungen zu verschiedenen Zeitpunkten Indikatorvariablen eingesetzt, haben wieder das Alter beim Börsengang und die Patentanmeldung vor oder vor und nach dem Börsengang einen negativen Einfluss auf die Sterbewahrscheinlichkeit. Unternehmen, die nur nach dem Börsengang Patente anmeldeten, haben in der Einzelbetrachtung keine höhere Hazard-Rate. Werden zusätzlich die Indikatoren für Patentanmeldungen vor dem Börsengang sowie das Alter in die Betrachtung aufgenommen, erhöht der Dummy für Patentanmeldungen nach dem Börsengang die Sterbewahrscheinlichkeit der IPOs. Dieses Ergebnis entspricht den Beobachtungen der Kaplan-Meier Funktion.

Werden statt der Indikatorvariablen die Ausprägungen des Alters und der Patentanmeldungen gesamt, vor und nach dem Börsengang betrachtet, verliert der Einflussfaktor Alter an Signifikanz. Diese Beobachtung stimmt mit den Ergebnissen aus dem Gruppenvergleich der ersten Methode überein. Die Patentanmeldezahlen zu jedem Zeitpunkt reduzieren die Sterbewahrscheinlichkeit. Werden die Anmeldezahlen vor und nach dem Börsengang als Kovariaten betrachtet, so reduzieren die Anmeldungen vor dem Börsengang die Sterbewahrscheinlichkeit und die Anmeldungen nach dem Börsengang erhöhen sie. Die Erhöhung ist aber nur marginal und nicht signifikant. Da hier die Anmeldungen auch für die Unternehmen gezählt werden, die vor und nach dem Börsengang Patente anmeldeten, überrascht das Ergebnis nicht. Um den Einfluss der Patentqualität auf die Überlebenswahrscheinlichkeit zu untersuchen, werden die Mittelwerte der Patentindikatoren bezogen auf die Patente der Unternehmen als Kovariaten betrachtet. Dabei haben in einer Einzelbetrachtung alle Indikatoren einen negativen Einfluss auf die Sterbewahrscheinlichkeit. Das Ergebnis entspricht dem des Gruppenvergleiches. Werden sie simultan in das Modell aufgenommen, verlieren sie an Einflussstärke. Deshalb werden aus dem vorgestellten Set an Einflussfaktoren mit einem rückwärtsgerichteten Selektionsprozess signifikante Einflussfaktoren identifiziert. Dabei verbleiben das Alter und die Anzahl der Zitierungen der Nicht-Patentliteratur als Faktoren, die die Überlebenswahrscheinlichkeit positiv beeinflussen in dem Modell. Als eine Kovariate, die die Überlebenswahrscheinlichkeit reduziert, bleibt der Dummy für die Unternehmen, die nur nach dem Börsengang Patente anmeldeten, in dem Modell.

Die bisherigen Ergebnisse führen zu der Schlussfolgerung, dass Unternehmen ihre Überlebenswahrscheinlichkeit durch kontinuierliche Forschung erhöhen können. In dieser Studie wurde die Forschungstätigkeit über Patentanmeldungen approximiert. Es wird davon ausgegangen, dass Patentanmeldungen ein Indikator für erfolgreiche Forschungstätigkeit sind. Werden diese Ergebnisse im Kontext mit der vorangegangenen Untersuchung zur Bewertung der Unternehmen durch den Kapitalmarkt, der ebenfalls die Unternehmen mit Patenten positiv bewertet, gesehen, scheint es für den Investor vorteilhaft, in Unternehmen mit qualitativ hochwertigen Patenten zu investieren. Für Fremdkapitalgeber, beispielsweise Kreditinstitute, sollte es hilfreich sein, Patentanmeldungen in ihrer Kreditvergabeentscheidung oder beim Rating zu berücksichtigen.

Bei genauer Betrachtung des Anmeldezeitpunktes der Patente wird aber auch deutlich, dass die Unternehmen, die nur nach dem Börsengang Patente angemeldet haben, einerseits die höchste Ausfallwahrscheinlichkeit hatten, aber andererseits auch die höchste Rendite. Diese Beobachtung könnte so interpretiert werden, dass der Kapitalmarkt eine Entschädigung für das eingegangene Risiko in Form einer höheren Rendite verlangt. Bei der Finanzierung innovativer Unternehmen steht ein Kapitalgeber hohen Bewertungsunsicherheiten und Risiken gegenüber. Durch Patente scheint es in gewissem Maße möglich, diese Unsicherheiten über Patente zu reduzieren, was beispielsweise in einem geringeren Underpricing und geringeren Verzerrungen der Analystenprognosen zum Ausdruck kommt [Stanzel (2007)]. Eine vollständige Eliminierung der Bewertungsunsicherheit ist jedoch nicht möglich.

Kapitel V: Bedeutung von Patenten bei Unternehmensübernahmen

Neben dem Börsengang ist eine Unternehmensübernahme ein Ereignis, das eine (Neu)Bewertung der sich zusammenschließenden Unternehmen erfordert. Es ist also ein interessanter Zeitpunkt, um zu beobachten, ob der Kapitalmarkt bei der Bewertung von Unternehmen Patentdaten zu Hilfe nimmt. Ist dies der Fall, sollten Unternehmenszusammenschlüsse, bei denen eine Patentstrategie bei der Übernahme zu erkennen ist, anders bewertet werden als Unternehmenszusammenschlüsse ohne gezielte Strategie.

Der Gang der Untersuchung ist in Abbildung 52 dargestellt. In dem folgenden Abschnitt werden zuerst die zu überprüfenden Hypothesen aus vorangegangenen Studien abgeleitet. Dabei werden zwei Hypothesengruppen aufgestellt. Die erste Gruppe ist unabhängig von der Übernahmestrategie, die über Patentdaten gemessen wird. Die zweite Gruppe bezieht sich auf die erwarteten Bewertungseffekte in Abhängigkeit verschiedener Strategien. Anschließend wird der Datensatz vorgestellt. Dann werden die Hypothesen ohne Bezug zur Patentstrategie überprüft, um einen ersten Einblick in die Bewertungseffekte im Hinblick auf die gezogene Stichprobe zu bekommen.

In Teil B des Kapitels werden die Methodik, die Daten und die Ergebnisse vorgestellt, wenn die Zusammenschlüsse anhand der Zitierungsüberlappung in fokussierende und nicht fokussierende Zusammenschlüsse eingeteilt werden. Abschließend werden in Teil C des Kapitels die Ergebnisse vorgestellt, wenn die Zusammenschlüsse mithilfe der IPC-Klassen in fokussierende und diversifizierende Zusammenschlüsse unterteilt werden.

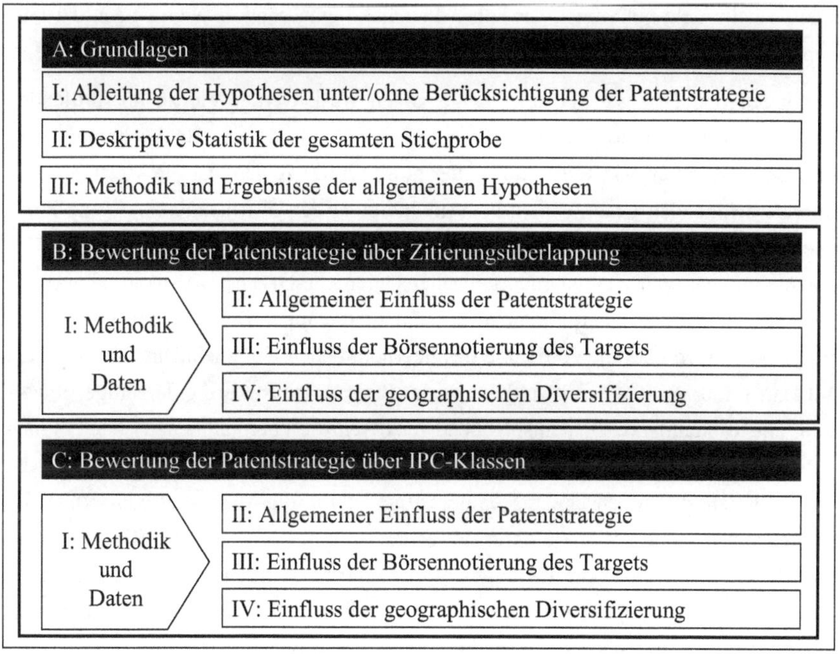

Abbildung 52: Gang der Untersuchung der Bewertungseffekte bei Übernahmen

A. Grundlagen

I. Ableitung der Hypothesen

Ziel der Untersuchung ist, die Ankündigungseffekte einer Übernahme für das übernehmende Unternehmen (Bidder) und das übernommene Unternehmen (Target) unter Berücksichtigung der Patentstrategie neben andern Einflussfaktoren zu untersuchen. Da Patenteinträge in der pharmazeutischen Branche eine besonders hohe Bedeutung besitzen, werden Unternehmenszusammenschlüsse der pharmazeutischen und biotechnologischen Branche untersucht. Die Biotechnologiebranche wird integriert, da ihre Bedeutung im Rahmen der pharmazeutischen Forschung steigt. Die Übernahmen zwischen Unternehmen der beiden Industrien treten vermehrt auf. Die Branchen bieten sich deshalb nicht nur wegen der hohen Patentaktivität, sondern auch wegen der ausgeprägten Konsolidierung als Untersuchungsobjekt an.[375]

Bevor auf den Datensatz genauer eingegangen wird, werden die zu überprüfenden Hypothesen vorgestellt. Die erste Hypothese leitet sich aus den Beobachtungen verschiedener Kapitalmarktstudien ab. Fuller et al. (2002) zeigen, dass in vielen Studien die übernehmenden Unternehmen bei Ankündigung der Übernahme einen empfindlichen Kursverlust erleiden. Fuller et al. (2002) und Conn et al. (2005) beobachten für Ankündigungen von Übernahmen gelisteter Unternehmen eine signifikant abnormale negative Performance der übernehmenden Unternehmen. Diese Beobachtung wird damit begründet, dass die Aktionäre des übernommenen Unternehmens nur zu einem Verkauf seiner Anteile bereit sind, wenn der Preis höher ist als die derzeitige Bewertung am Kapitalmarkt. Dementsprechend reagieren die übernommenen Unternehmen positiv auf die Ankündigung einer Übernahme. Moeller et al. (2005) differenzieren die Unternehmenszusammenschlüsse temporär und führen die Marktwertreduzierung der Bidder auf einzelne große Verlierer der Jahre 1998 bis 2001 zurück. Bis zum Jahre 1997 seien Übernahmen profitabel gewesen. Weiterhin würden insbesondere die Bidder geringer bewertet, die viele Übernahmen vollzogen hätten, da der Kapitalmarkt externes Wachstum nicht als langfristige Strategie positiv bewertet

---

375 Danzon et al. (2004) untersuchen die Beweggründe für und die Performance nach Unternehmenszusammenschlüssen von Unternehmen der pharmazeutischen und biotechnologischen Branche. Dabei zeigen sie auch die Konsolidierung in der Branche in den Jahren 1988 bis 2001 auf. Als Gründe für die Konsolidierung der Branche nennen sie zum einen Patentausläufe und ungenutzte Kapazitäten zum anderen Ineffizienz der übernommenen Unternehmen. Im ersten Fall müssen Unternehmen neue Forschung einkaufen, im zweiten Fall wirkt der Markt der Unternehmenskontrolle und nicht effizient arbeitende Unternehmen werden übernommen.

Diese Erkenntnisse führen zu der ersten und zweiten Hypothese:

Hypothese 1a: *Bei den Biddern sind negative Ankündigungseffekte zu beobachten.*

Hypothese 1b: *Die negativen Ankündigungseffekte sind bei den Biddern bei der Übernahme eines notierten Target besonders ausgeprägt.*

Hypothese 1c: *Die negativen Ankündigungseffekte sind bei den Biddern besonders ausgeprägt, wenn der Bidder regelmäßig Unternehmen übernimmt.*

Hypothese 2: *Bei den Targets sind positive Ankündigungseffekte zu beobachten.*

Die dritte Hypothese bezieht sich auf die Kernfrage des Kapitels. Spielen Patente bei der Neubewertung eines Unternehmens eine Rolle? Ausschlaggebend ist dabei die Strategie des Zusammenschlusses. Es wird zwischen einer Fokussierung und einer Diversifizierung[376] unterschieden. Aufbauend auf vorangegangen Studien ist es jedoch nicht möglich, eine eindeutige Hypothese zu formulieren. Viele Studien weisen darauf hin, dass eine diversifizierende Strategie vom Kapitalmarkt eher mit einem Abschlag bewertet wird. So beobachten Bessler et al. (2001) in einer Analyse des US-amerikanischen Telefonmarktes, dass die übernehmenden Unternehmen einen Kursverlust erfahren, wenn sie eine diversifizierende Strategie verfolgen. Ein Zusammenschluss gilt als diversifizierend, wenn sich ein Ferngesprächanbieter und ein lokale Telefonanbieter vereinen. Diese Beobachtung stimmt mit den Studien von Lang und Stulz (1995), Berger und Ofek (1995) sowie Campa und Kedia (2002) überein, die beobachten, dass diversifizierende Unternehmen vom Kapitalmarkt mit einem Abschlag bewertet werden.

Mehrere Studien finden jedoch abweichende Ergebnisse. So zeigen Gomes und Livdan (2004) modelltheoretisch sowie Breitzman und Thomas (2002) empirisch, dass auch eine diversifizierende Strategie den Marktwert des Bidders steigern kann.[377] Morck und Young (2003) weisen darauf hin, dass für Unternehmen mit viel immateriellem Vermögen der Diversifikationsdiscount weniger stark ausgeprägt ist als für Unternehmen mit wenig immateriellem Vermögen. Dem entspricht die Beobachtung von Cassiman und Veugelers (2005), die Unternehmenszusammenschlüssen mit komplementärer Forschung eine erfolgreichere Forschung und Entwicklung nachsagen als den Unternehmenszusammenschlüssen mit substitutiver Forschung. Mahlich (2005, S. 400)

---

376 Zu der Frage nach den Gründen der Diversifikation im Unternehmen siehe bspw. Aggarwall/Samwick (2003).

377 Die Ergebnisse von Gomes und Livdan (2004) sind dabei auf keine bestimmten Branchen beschränkt, die Ergebnisse von Breitzman und Thomas (2002) beziehen sich auf technologieintensive Unternehmen.

differenziert nach dem Grad der Diversifizierung und geht für den pharmazeutischen Bereich davon aus, dass der Effekt positiv sein sollte, wenn sich die Diversifizierung auf einen verwandten Produktbereich bezieht. Auch Villalonga (2004) beobachtet eine Diversifikationsprämie. Dies führt er auf eine exaktere und objektivere Brancheneinteilung seines Samples im Vergleich mit vorangegangen Studien zurück.

Cockburn und Henderson (2001) sowie Henderson und Cockburn (1996) zeigen, dass sich die Diversifizierung in der Forschung positiv auswirkt, wenn der Erfolg der Forschung über Zulassungsanträge oder Patente gemessen wird.[378] Von daher wird zu der Hypothese 3a eine Alternativhypothese 3a* aufgestellt.

Hypothese 3a: Ankündigungen von Unternehmenszusammenschlüssen, bei denen eine fokussierende Strategie verfolgt wird, werden vom Kapitalmarkt auf Seiten des übernehmenden Unternehmens weniger negativ bewertet, als wenn eine diversifizierende Strategie verfolgt wird.

Hypothese 3a:Ankündigungen von Unternehmenszusammenschlüssen, bei denen eine Forschungsstrategie verfolgt wird, werden vom Kapitalmarkt auf Seiten des übernehmenden Unternehmens weniger negativ oder positiver bewertet, als Unternehmenszusammenschlüsse, bei denen keine Forschungsstrategie zu erkennen ist.*

Moeller und Schlingemann (2005) zeigen, dass die Übernahmen von Unternehmen im Ausland wegen der höheren Unsicherheit beispielsweise wegen abweichender rechtlicher Rahmenbedingungen, negativer bewertet werden als Übernahmen im Inland. Deshalb wird die dritte Hypothese erweitert:

Hypothese 3b: Insbesondere im Fall von geographisch diversifizierenden Übernahmen, das heißt das übernommene Unternehmen ist außereuropäisch, wirken die Ankündigungseffekte fokussierender Strategien weniger negativ auf die Performance des Käufers.

Die Überlegung hinter dieser Hypothese ist, dass der Kapitalmarkt einen geringeren Bewertungsabschlag vornimmt, wenn das übernehmende Unternehmen bei der unsicheren Expansion ins Ausland nicht noch eine neue Forschungsrichtung integrieren muss.

---

[378] Hingegen beobachten Cardinal und Opler (1995), dass innovierende Unternehmen in einem diversifizierten Umfeld nicht produktiver sind als stärker fokusierte Wettbewerber.

II. Deskriptive Statistik

Insgesamt werden 200 Unternehmenszusammenschlüsse beobachtet. Die Informationen über die Zusammenschlüsse stammen aus der M&A-Datenbank von Reuters. In dem Zeitraum 1989 bis 2004 sind in der pharmazeutischen Branche 812 Zusammenschlüsse und in der Biotechnologie 564 Zusammenschlüsse zu beobachten. Das Sample reduziert sich, da nur die europäischen Bidder beobachtet werden. Somit ist es möglich, Übernahmen mit geographischer Diversifizierung abhängig davon zu untersuchen, ob das Target ein europäisches oder ein außereuropäisches Unternehmen ist. Es werden nur die Übernahmen beobachtet, bei denen der Bidder eine Beteiligung von über 50 Prozent erwirbt. Nachdem die Stichprobe nach diesen Kriterien bereinigt wurde, verbleiben 200 Ereignisse. Dabei übernehmen 74 verschiedene Bidder 200 Targets. In Abbildung 53 sind die absoluten Häufigkeiten, mit denen Zusammenschlüsse je Bidder auftreten, abgetragen. 37 Bidder übernehmen während des Beobachtungszeitraums genau ein Unternehmen. 18 Bidder übernehmen zwei Unternehmen, vier Bidder drei und ein Bidder übernimmt vier Unternehmen. 14 Bidder übernehmen mehr als vier Unternehmen, wobei das Unternehmen mit den meisten Übernahmen im Beobachtungszeitraum 15 Unternehmen übernimmt.

Bezogen auf die außereuropäische Ausrichtungen der Übernehmen, lässt sich wie in Tabelle 57 und Abbildung 53 dargestellt beobachten, dass in 116 Fällen ein europäisches Unternehmen und in 84 Fällen ein nicht-europäisches Unternehmen gekauft wurde.[379] Mit 142 Beobachtungen fand der überwiegende Anteil der Zusammenschlüsse in der pharmazeutischen Branche statt. 58 Übernahmen sind der Biotechnologie zuzuordnen.[380] In 34 Fällen war das Target notiert und in 166 Fällen war es nicht notiert oder eine frühere Notierung war nicht mehr nachvollziehbar.

---

379 Hier sind sechs Zusammenschlüsse enthalten, für die im Nachhinein keine Zuordnung mehr möglich war. Die Unterteilung wird vorgenommen, da die Internationalität des Zusammenschlusses die Performance deutlich beeinflussen kann Conn et al. (2006), Gregory/McCorriston (2005).

380 Leider ist es aus der Datenbank nicht möglich zu erkennen, ob der Bidder und das Target aus der gleichen Branche stammen.

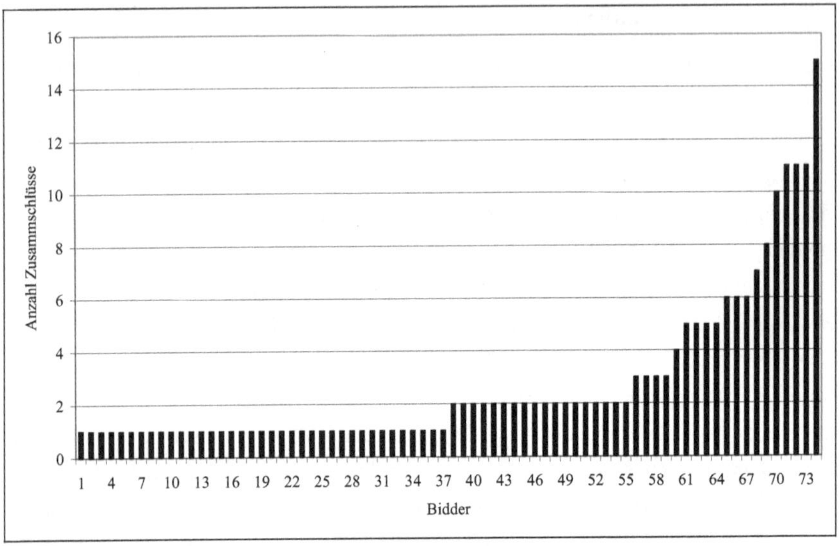

Abbildung 53: Anzahl Zusammenschlüsse je Bidder

Tabelle 57: Zusammensetzung des Samples nach Jahren, Branche und Herkunft

Jahr	Pharma				Biotech			Gesamt
	gesamt	Eu	ka	n_Eu	gesamt	Eu	n_Eu	
1993	1		1					1
1994	1	1						1
1995	3			3				3
1996	10	7		3				10
1997	9	5		4				9
1998	14	4		10	6	3	3	20
1999	15	10	1	4	4	2	2	19
2000	21	13		8	10	4	6	31
2001	16	8		8	9	7	2	25
2002	27	16	1	10	14	9	5	41
2003	13	10		3	11	7	4	24
2004	12	8	3	1	4	2	2	16
Gesamt	142	82	6	54	58	34	24	200

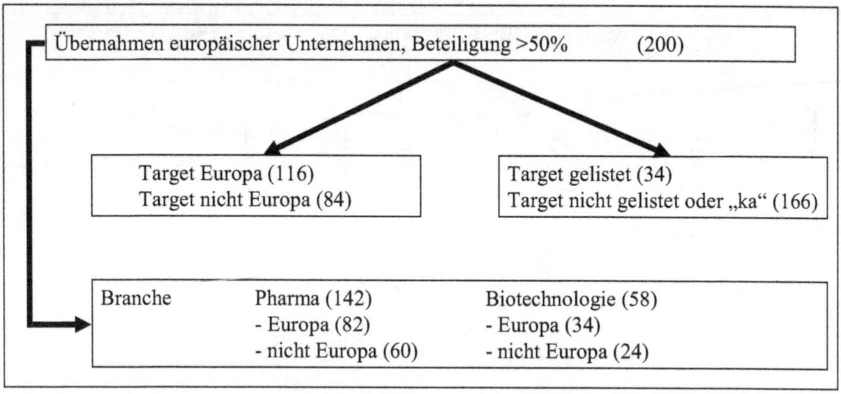

Abbildung 54: Zusammensetzung der Stichprobe

In Abbildung 54 ist die grundsätzliche Zusammensetzung der Stichprobe dargestellt. Die Gruppen, die jeweils zur Überprüfung der Hypothesen gebildet werden, werden an den entsprechenden Stellen detailliert vorgestellt.

III. Methodik und Ergebnisse zu den allgemeinen Hypothesen

In diesem Abschnitt werden die Methodik zur Bewertung der Unternehmenszusammenschlüsse und die Ergebnisse zu den Hypothesen eins und zwei vorgestellt. Eine detaillierte Analyse des Einflusses der Patentstrategie auf die Unternehmensbewertung findet in den beiden folgenden Kapiteln statt.

Um die Ankündigungseffekte auf Unternehmenszusammenschlüsse zu untersuchen, wird die in Teil 2 Kapitel I der Arbeit erläuterte Event-Studien Methode genutzt. Die abnormalen Renditen werden dabei auf Tagesbasis berechnet und kumulativ verknüpft. Für die Zusammenschlüsse aus der pharmazeutischen Branche wird der Pharmaindex Europa der Stoxx Indexwelt als Benchmarkrendite genutzt. Für die Zusammenschlüsse in der Biotechnologie ist der entsprechende Index der Biotechnologieindex Europa der Stoxx Indexwelt. Die Anzahl der Beobachtungen sowie eine Übersicht über die zu testenden Hypothesen zeigt Abbildung 55.

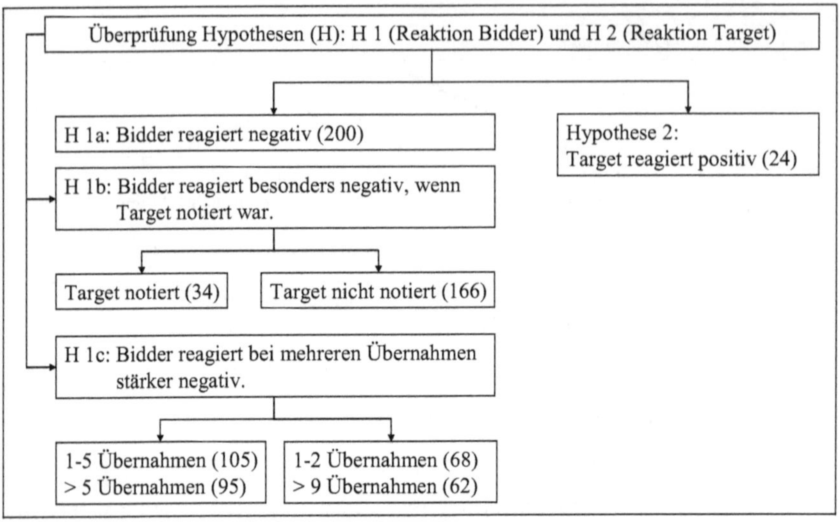

(Zahlen in Klammern entsprechen der Anzahl der Beobachtungen)
Abbildung 55: Gruppenbildung zur Überprüfung von Hypothese 1 und 2

In Abbildung 56 sind die Ergebnisse zur Überprüfung der Hypothesen 1a und 1b dargestellt. Die CAR 20 Tage vor der Ankündigung bis 70 Tage nach der Ankündigung sind für alle Bidder, für die Bidder notierter Targets und die Bidder nicht notierter Targets abgebildet (CAR[-20;70]).

Die gestrichelte Linie zeigt die Reaktion der Bidder über die gesamte Untersuchungseinheit. Die Bewertung ist mit -2,16 Prozent leicht negativ, liegt jedoch nicht signifikant unterhalb von null. Werden die Zusammenschlüsse in Abhängigkeit davon untersucht, ob das Target notiert war oder nicht, unterscheiden sich die Bewertungen. 70 Tage nach der Ankündigung liegt die abnormale Rendite der Bidder notierter Unternehmen durchschnittlich -10,43 Prozent unter ihrem Wert, 20 Tage vor der Ankündigung. Die Bidder privater Unternehmen reagieren mit -0,41 Prozent deutlich weniger. Das Ergebnis unterstützt die Hypothese 1b, dass bei dem übernommenen Unternehmen unterschiedliche Reaktionen in Abhängigkeit davon auftreten, ob das übernommene Unternehmen notiert oder privat war.

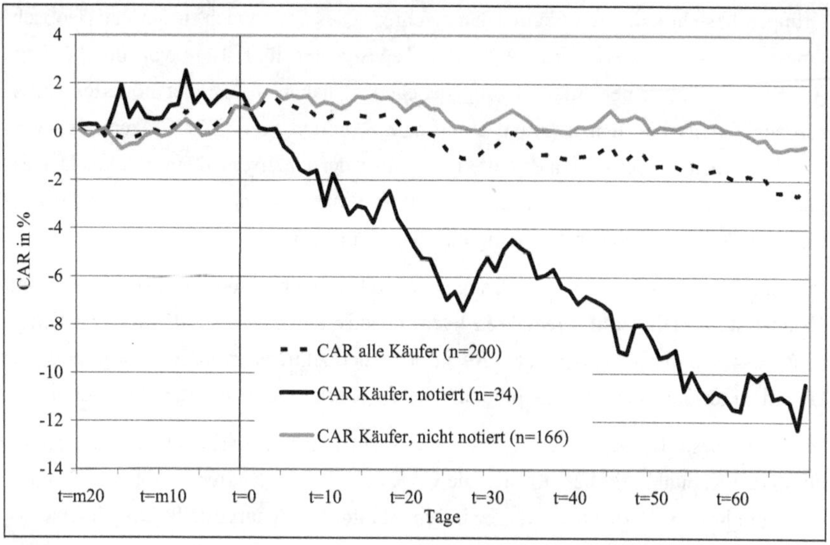

Abbildung 56: CAR der Bidder, notierte & nicht notierte Targets

Tabelle 58: CAR der Bidder, verschiedene Beobachtungszeiträume

	Anzahl	MW in %	p(t<T,krit)	p(t<T,krit) Diff. MW
CAR[-1;1] - Bidder				
notiert	34	0,08	0,90	0,61
nicht notiert	166	0,81	0,16	
CAR[-5;15] - Bidder				
notiert	34	-5,59	0,00	0,01
nicht notiert	166	0,94	0,30	
CAR[-20;70] - Bidder				
notiert	34	-10,43	0,11	0,09
nicht notiert	166	-0,41	0,85	

Vergleich der Mittelwerte der Renditeentwicklung der Bidder nach verschiedenen Gruppen. CAR[-1;1] steht für die kumulierte abnormale Rendite (CAR) ein Tag vor bis ein Tag nach dem Ankündigungstag. CAR[-5;15] steht für die CAR fünf Tage vor bis 15 Tage nach dem Ankündigungstag und CAR[-20;70] steht für die CAR 20 Tage vor bis 70 Tage nach dem Ankündigungstag.

In Tabelle 58 werden die Bewertungseffekte Bidder in verschiedenen Beobachtungsintervallen verglichen. Dabei wird deutlich, dass keine signifikanten Ankündigungseffekte CAR[-1;1] zu beobachten sind. Weder die abnormale Rendite der Bidder, die notierte Unternehmen erwerben, noch die Reaktion der Bidder, die private Unternehmen erwerben unterscheidet sich signifikant von null. Auch zwischen den beiden

Gruppen besteht kein signifikanter Unterschied. Dies ändert sich, wenn der Beobachtungszeitraum erweitert wird. Wird das Tagesfenster fünf Tage vor bis 15 Tage (CAR[-5;15]) nach der Ankündigung beobachtet, haben die Bidder notierter Unternehmen durchschnittlich negative abnormale Renditen von -5,59 Prozent. Im Vergleich mit den Biddern privater Unternehmen ist der Unterschied signifikant. Der Effekt verstärkt sich mit -10,43 Prozent vs. 0,94 Prozent, wenn der Beobachtungszeitraum bis 70 Tage nach der Ankündigung ausgedehnt wird.[381]

Prinzipiell werden die in vorangegangenen Studien beobachteten Hypothesen 1a und 1b unterstützt. Die Bidder reagieren leicht negativ auf die Ankündigung von Unternehmenszusammenschlüssen. Die Reaktionen der Aktienkurse der Käufer notierter Unternehmen sind stärker ausgeprägt als die der Käufer nicht notierter Unternehmen.

Mit Hypothese 1c wird überprüft, ob die Anzahl der Übernahmen die Bewertung durch den Kapitalmarkt beeinflusst. Die CAR [-20;70] der Käufer in Abhängigkeit der durchgeführten Unternehmenskäufe sind in Abbildung 56 dargestellt. Die Unterschiede in der Performance sind dabei nur gering. Zwar notieren die Unternehmen mit mehr als neun Transaktionen 70 Tage nach der Ankündigung knapp über ein halbes Prozent höher als 20 Tage vor der Ankündigung, dieser Wert unterscheidet sich aber nicht signifikant von der Entwicklung der Unternehmen mit nur ein oder zwei Übernahmen. Deren abnormale Rendite liegt zu dem Zeitpunkt bei -2,74 Prozent im Vergleich zu 20 Tagen vor der Ankündigung. Dabei ist der Unterschied zwischen den beiden Gruppen zu keinem Zeitpunkt signifikant. Die Hypothese 1c kann für die Stichprobe nicht gestützt werden. In den folgenden Untersuchungen wird diese Unterteilung deshalb nicht weiter verfolgt.

381 Wir die Renditeentwicklung nach der Ankündigung im Zeitablauf beobachtet, verlieren die Unterschiede jedoch mit wachsendem Beobachtungszeitraum an Signifikanz. Das deutet auf eine größere Streuung in den langfristigen Bewertungen hin.

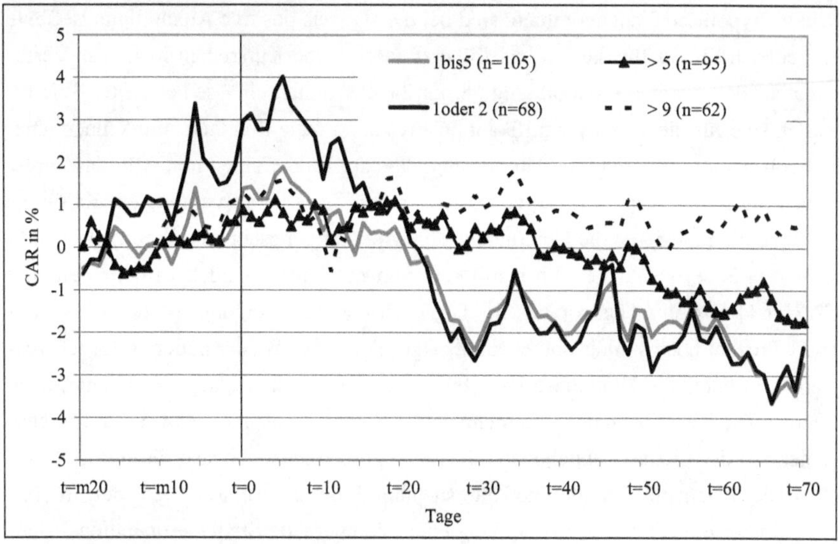

Abbildung 57: CAR der Bidder, Anzahl getätigter Übernahmen

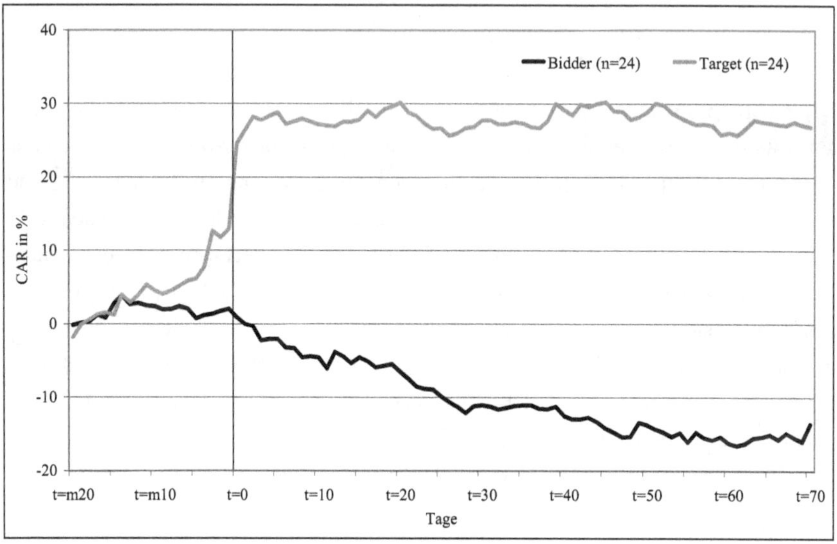

Abbildung 58: CAR der Bidder und der Targets

Wie in Hypothese 2 angenommen, sind bei den Targets positive Ankündigungseffekte zu beobachten. Da für die Targets früherer Jahre keine Kursreihen mehr zur Verfügung standen, werden in Abbildung 58 nur 24 Zusammenschlüsse betrachtet. Wie erwartet, sind für die Targets signifikant positive abnormale Renditen zu erkennen. Diese Beobachtung entspricht der Überlegung, dass der Bidder eine Prämie für das Target zahlen muss. Der Kurs des Targets passt sich dem jeweiligen (vermuteten) Kaufpreis sofort an. So realisieren die Unternehmen am Ankündigungstag eine abnormale Rendite von 11,36 Prozent, die sich signifikant von null unterscheidet. In dem Zeitraum CAR[-1,1] also ein Tag vor bis ein Tag nach der Ankündigung, ist der Effekt mit 14,51 Prozent noch stärker und ebenfalls signifikant. Die Bidder notierter Targets reagieren wir bereits in Hypothese 1b gezeigt mit einer langfristig negativen abnormalen Rendite. Die Reaktionen der Unternehmen des Samples entsprechen bis auf Hypothese 1c den aus der Literatur abgeleiteten. Die Stichprobe bietet sich also für eine Untersuchung der Patentstrategie an. Die Untersuchung findet in zwei Schritten statt. Im Teil B wird über die Zitierungsüberlappung eine fokussierende Strategie operationalisiert. In Teil C werden über die Konzentration der IPC-Klassen vor und nach dem Zusammenschluss diversifizierende, fokussierende und neutrale Patentstrategien identifiziert.

B. Patentstrategie und Zitierungsüberlappung

I. Daten und Methodik

Die Zitierungsüberlappung baut auf den in Teil 1 Kapitel III vorgestellten Zitierungen auf. Zitierungen wurden als Indikatoren für die Patentqualität vorgestellt. Gleichfalls bieten sie auch die Möglichkeit, die Diffusion der Forschung zu beobachten[382] und dementsprechend Unternehmen mit ähnlichen und aufeinander aufbauenden Forschungsrichtungen zu identifizieren. Übernahmen von Unternehmen mit vielen Patenten bieten von daher die Möglichkeit, die Bewertung der Forschungsstrategie durch den Kapitalmarkt zu analysieren. Unternehmenskäufe können nach der Patentstrategie in solche unterteilt werden, die eher ähnliche Forschung einkaufen, also durch eine fokussierende Strategie und solche, die neue Forschungsrichtungen einkaufen, also durch eine diversifizierende Strategie motiviert sind.

---

[382] Siehe zu der Bedeutung von Zitierungen zur Beobachtung von Diffusion oder Spillover Effekten bspw. Jaffe/Trajtenberg (1993), Maurseth/Verspagen (2002) oder Thompson (2006). Letztere differenziert weiter nach der Tatsache ob die Zitierung durch den Anmelder oder den Prüfer gesetzt wurde.

Die genutzten Zitierungsmaße in Studien zu Unternehmenszusammenschlüssen lassen sich grob in drei Gruppen unterteilen. Die erste Gruppe kombiniert Zitierungen als Wertindikator und als Indikator zur Identifikation geeigneter Übernahmekandidaten. Die beiden anderen Gruppen geben Auskunft über die Ähnlichkeit der vorangegangen und derzeitigen Forschungsschwerpunkte der betrachteten Unternehmen. Die beiden letzten Gruppen lassen sich danach unterscheiden, ob sie untersuchen, wie oft sich das übernehmende Unternehmen und der potenzielle Übernahmekandidat gegenseitig zitieren (Mowery et al. 1996) oder ob die Anzahl der gemeinsam zitierten Patente beobachtet wird (Stuart und Podolny 1996).

Vertreter der ersten Gruppe sind die Studien von Breitzman und Thomas (2002) sowie Breitzman et al. (2002). Sie nutzen, bezogen auf verschiedene technische Bereiche der betrachteten Unternehmen, die Anzahl an Vorwärtszitierungen sowie die Indikatoren von CHI-Reserach.[383] Anhand der Indikatoren gelingt es, in der Due-Dilligence technische Bereiche zu identifizieren, in denen der Übernahmekandidat Stärken oder Schwächen aufweist. Weiter werden nach der Methode von Thomas (2001) aus der Gruppe der potenziellen Übernahmekandidaten die Kandidaten, deren Technologien unterbewertet zu sein scheinen, ausgewählt. Da diese Gruppe nicht die Forschungsbereiche der betroffenen Unternehmen vergleicht, sondern nur zur Identifikation geeigneter Übernahmen in Bezug auf die Forschung dient, wird sie hier nicht weiter vertieft. In den folgenden Abschnitten werden die beiden anderen Gruppen ausführlicher vorgestellt.

Das Ziel des Zitierungsmaßes von Mowery et al. (1996) ist zu überprüfen, inwieweit sich die Anzahl gegenseitiger Zitierungen in unterschiedlichen Formen von Forschungsallianzen verändern. Das vorgestellte Maß beschreibt den relativen Anteil der Zitierungen, die von einem Unternehmen ausgehen und ein bestimmtes Unternehmen zitieren. Es kann betrachtet werden, um Übernahmekandidaten mit ähnlicher Forschung zu finden. Es ist kaum sinnvoll anzuwenden, wenn nach komplementärer Forschung gesucht oder eine Diversifizierung angestrebt wird.

Die Überlappung wird in Anlehnung an Mowery et al. (1996) als Verhältnis der Zitierungen, die die Patente des Unternehmens j von den Patenten des Unternehmens i in einem Zeitraum t erhalten, zu der gesamten Anzahl Zitierungen, die von Patenten, die Unternehmen i in dem Zeitraum t anmeldet ausgehen, berechnet:

---

[383] Vgl. Teil 1 Kapitel III.

(2.30)

$$GZR_{i,j,t} = \frac{\sum_{p=1}^{P} Z_{i,j,t,p}}{\sum_{p=1}^{P} Z_{i,t,p}},$$

GZR steht für „Gegenseitig zitierte Patent Rate". Z bezeichnet die Anzahl Patente, auf die das betrachtete Patent p verweist. Gehört das Patent zu Unternehmen j ist Z eins, ansonsten null. P steht für die gesamte Anzahl Patentanmeldungen des Unternehmens i in dem Zeitraum t. Somit drückt der Index GZR den Anteil an Rückwärtszitierungen, bezogen auf Patente eines bestimmten Unternehmens, zu den gesamten Rückwärtszitierungen des Unternehmens in einem bestimmten Zeitraum aus. Zitierte das Unternehmen i insgesamt 100 Patente und 20 der zitierten Patente wären von Unternehmen j angemeldet, so betrüge $GZR_{i,j,t}$=0,2. Mowery et al. (1996) untersuchen 792 Allianzen, die 1985 oder 1986 geschlossen wurden und bei denen mindestens ein Unternehmen US-amerikanisch ist. Die Daten stammen aus der Datenbank „Cooperative Agreement and Technology Indicators". Die Studie zeigt, dass die relative Überlappung zwischen kooperierenden Firmen nach dem Eingehen der Kooperation höher ist als vor der Kooperation.[384]

Die dritte Gruppe untersucht nicht den Anteil der sich gegenseitig zitierenden Patente zweier Unternehmen, sondern den Anteil von zwei Unternehmen gemeinsam zitierten Patente. Stuart und Podolny (1996) untersuchen diese Größe im Sinne einer Matrix. Ihr Ziel ist es ebenfalls, geeignete Kooperationspartner in einer Branche zu identifizieren. Jedes der betrachteten Unternehmen besetzt dabei eine „technologische Nische" und die Maßzahl gibt Auskunft darüber, wie groß die Überschneidungen zwischen zwei Unternehmen in den Nischen sind. Das Maß kann von zwei Seiten gebildet werden. Zum einen kann untersucht werden, wie stark das Unternehmen i in der Nische des Unternehmens j vertreten ist. Genauso kann untersucht werden, wie stark das Unternehmen j in der Nische des Unternehmens i vertreten ist.

384 Mowery et al. (1996), S. 87. Generell können nur wenige der aufgestellten Hypothesen bestätigt werden.

Die Maße werden in Anlehnung an Stuart und Podolny (1996) gebildet:

$$(2.31a) \qquad ZÜ_{i,j,t} = \frac{\sum_{p=1}^{P} Z_{i,p,t} Z_{j,p,t}}{\sum_{p=1}^{P} Z_{i,p,t}},$$

$$(2.31b) \qquad ZÜ_{j,i,t} = \frac{\sum_{p=1}^{P} Z_{i,p,t} Z_{j,p,t}}{\sum_{p=1}^{P} Z_{j,p,t}},$$

$ZÜ_{i,j,t}$ (Gleichung a) steht für die Zitierungsüberlappung des Unternehmens j mit dem Unternehmen i und $ZÜ_{j,i,t}$ (Gleichung b) steht für die Zitierungsüberlappung des Unternehmens i mit dem Unternehmen j. P ist die Summe der zitierten Patente (Ursprungspatente) durch Unternehmen i und Unternehmen j. $Z_{i,p,t}$ nimmt den Wert 1 an, wenn Unternehmen i das Ursprungspatent p zitiert, ansonsten ist der Wert null. Gleiches gilt für $Z_{j,p,t}$, wenn das Unternehmen j das Ursprungspatent p zitiert. Der Zähler gibt also die Anzahl Patente an, die in einer bestimmten Zeit von beiden Unternehmen zitiert wird. Der Zähler ist in beiden Fällen gleich, in Gleichung a bezieht er sich auf die Anzahl Rückwärtszitierungen ausgehend von Patenten des Unternehmens i, im Fall b auf die Anzahl Rückwärtszitierungen ausgehend von Patenten des Unternehmens j. Somit verdeutlichen diese Maße, wie stark das Unternehmen j im Kompetenzbereich des Unternehmens i vertreten ist (a) und vice versa. Zitiert beispielsweise Unternehmen i insgesamt 100 Patente und Unternehmen j 200, wovon 50 Patente von beiden Unternehmen zitiert werden, ergäbe sich für $ZÜ_{i,j,t}$ ein Wert von 0,5 und für $ZÜ_{j,i,t}$ ein Wert von 0,25. Dies verdeutlicht, dass das Unternehmen j einen größeren Anteil der Nische des Unternehmens i abdeckt, als das Unternehmen i an der Nische des Unternehmens j.

Ist das Ziel einer Übernahme eine Spezialisierungsstrategie, sollte sich das Unternehmen i einen Übernahmekandidaten mit einem möglichst hohen $ZÜ_{i,j,t}$ wählen.

Schildt und Laamanen (2003) modifizieren das vorgestellte Maß. Sie beziehen die Anzahl gemeinsam zitierter Patente nicht auf die Anzahl der Rückwärtszitierungen des Unternehmens, sondern auf die Anzahl der angemeldeten Patente (PA) des Unternehmens mit weniger Patentanmeldungen. $Min(PA_{i,t};PA_{j,t})$ steht hierbei für die Anzahl der Patente des Unternehmens mit weniger Patentanmeldungen in einem Zeitraum t.

Der Ansatz von Schildt und Laamanen (2003) hat zum Ziel, die Wahrscheinlichkeit von Kooperationen zwischen Unternehmen zu erklären. Die Patentanzahl des Unternehmens mit weniger Patenten im Nenner zu betrachten, begründen sie mit der Notwendigkeit, die Überschneidung auf die kleinere Technologieressource zu beziehen. Ist das Ziel, nach potenziellen Übernahmekandidaten Ausschau zu halten, bietet es sich an, die Nennergröße sowohl in dem Maß von Stuart und Podolny (1996) als auch von Schildt und Laamanen (2003) auf das übernehmende Unternehmen zu beziehen, von einer fokussierenden Strategieausrichtung des Zusammenschlusses ausgehend.

(2.32)
$$ZÜ^{\min}_{i,j,t} = \frac{\sum_{p=1}^{P} Z_{i,p,t} Z_{j,p,t}}{Min(PA_{i,t}; PA_{j,t})}$$

In der folgenden empirischen Untersuchung wird das Maß von Stuart und Podolny (1996) zur Bestimmung der Patentstrategie genutzt. Der Vorteil gegenüber dem Maß von Mowery et al. (1996) besteht darin, dass sich die Unternehmen nicht zwangsläufig gegenseitig zitieren müssen, um ähnliche Forschung zu besitzen. So ist durchaus vorstellbar, dass Unternehmen auf den gleichen Grundlagenpatenten aufbauen, es also Überschneidungen zwischen den zitierten Patenten gibt, sich die Unternehmen aber nicht gegenseitig zitieren. Als Nennergröße wird die Anzahl Patentanmeldungen des Bidders gewählt. Es wird angenommen, dass der Bidder ein Target entsprechend der Patentstrategie wählt. Wird ein Target mit einem hohen Anteil gemeinsamer Vorgängerpatente, bezogen auf die Patentaktivität des Bidders, übernommen, so wird dies als fokussierende Übernahmestrategie interpretiert.

(2.33)
$$ZÜ^{i=Bidder}_{i,j,t} = \frac{\sum_{p=1}^{P} Z_{i,p,t} Z_{j,p,t}}{(PA_{i,t})}$$

Die Patentdaten, die zur Bestimmung der Zitierungsüberlappung (ZÜ) genutzt werden, stammen aus dem „Derwent Innovation Index“. Für die 74 Bidder werden insgesamt 111.023 Patenteinträge betrachtet, für die 200 Targets 64.260. Die Käufer zitieren 152.959 Patente, die Targets 146.903.[385] Der Anteil gemeinsam zitierter Patente ist

385 Dass die Käufer relativ weniger Patente zitieren, kann auf ein technisches Problem zurückgeführt werden. So ist es nicht möglich, die Patentdaten abzufragen, wenn in einem Jahr mehr als 500 Zitierungen von einem Unternehmen ausgingen. Dieses Phänomen tritt bei den größeren übernehmenden Unternehmen auf.

relativ gering und beläuft sich auf 8.836 Patente, wobei der Zusammenschluss mit den meisten gemeinsamen Vorgängerpatenten 3.088 gemeinsame Vorgänger besitzt. Aus diesem Zusammenschluss resultierte Astra Zeneca, wobei die Zitierungsüberlappung mit 17 Prozent ebenfalls relativ hoch ist. Die größte Überlappung erhält der Zusammenschluss Sky Pharma mit RTP Pharma mit 71 Prozent.[386] Für 58 Unternehmenszusammenschlüssen lässt sich eine Zitierungsüberlappung erkennen. Der Grad Zitierungsüberlappung reicht von 0,006 Prozent bis 71 Prozent. Die Verteilung der Zitierungsüberlappungen zeigt Abbildung 59.

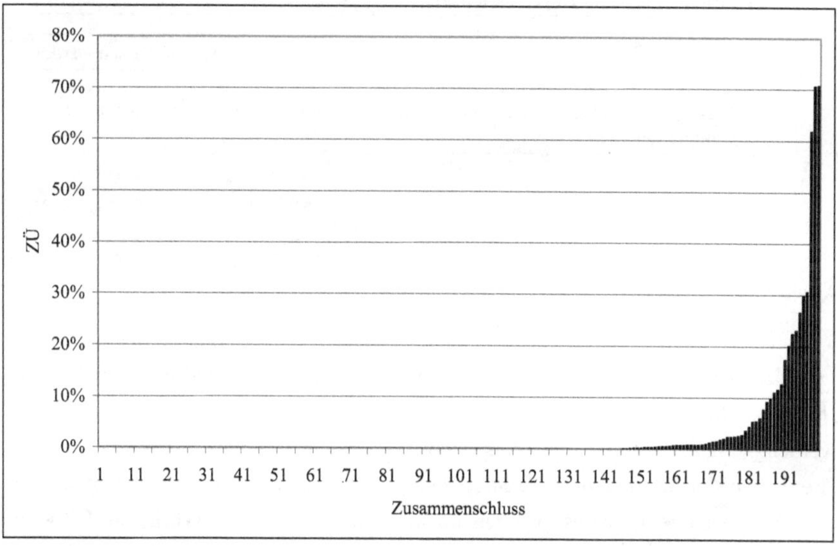

Abbildung 59: Grad der Zitierungsüberlappung der Zusammenschlüsse

II. Ergebnisse

Im Folgenden werden die Kapitalmarktreaktionen in Abhängigkeit von der Patentstrategie vorgestellt. Für die übernommenen Unternehmen stehen in den meisten Fällen keine Marktwerte zur Verfügung, da sie meistens nicht notiert waren. Eine Bewertung des gesamten Zusammenschlusses durch den Kapitalmarkt ist deshalb nicht möglich. Die Analyse beschränkt sich auf die Bewertungseffekte bei den Biddern.

---

386 Dabei zitieren die beiden Unternehmen 292 gemeinsame Patente.

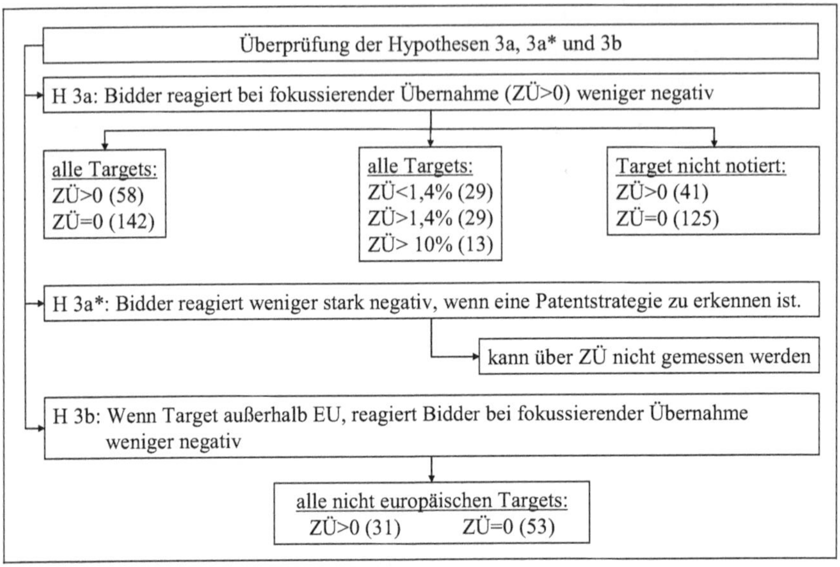

Abbildung 60: Stichprobe zur Überprüfung der Hypothese 3 (ZÜ)

In Abbildung 60 ist die Gruppeneinteilung zur Überprüfung der Hypothese 3 dargestellt. Für die Hypothese 3a werden drei Untersuchungsschritte durchgeführt. Zuerst werden die Kursreaktionen der Bidder über alle Zusammenschlüsse hinweg betrachtet. Hier lassen sich 58 fokussierende Strategien und 142 neutrale Strategien erkennen. Für eine differenziertere Analyse werden im zweiten Untersuchungsschritt die fokussierenden Unternehmenszusammenschlüsse um den Median geteilt. Weiter werden die Zusammenschlüsse getrennt betrachtet, deren Zitierungsüberlappung bei über 10 Prozent liegt. So wird überprüft, ob das Ausmaß der Fokussierung bewertungsrelevant ist.

In dem vorangegangen Abschnitt wurde beobachtet, dass die Bidder besonders negativ reagieren, wenn die Targets notiert waren. Deshalb werden im dritten Untersuchungsschritt nur die Reaktionen der Bidder beobachtet, die nicht notierte Targets übernommen haben. Die Alternativhyphothese 3a* kann nicht untersucht werden, da über die ZÜ keine diversifizierenden Strategien identifiziert werden können. Zur Überprüfung der Hypothese 3b werden nur die Bidder untersucht, die nicht europäische Targets übernommen haben. Da unter Hypothese 3a die Einteilung in notierte und nicht notierte Targets keine relevanten Auswirkungen hatte, werden hier alle Targets betrachtet. So wird auch der Stichprobenumfang nicht zu stark reduziert. Es werden 31 Bidder mit einer fokussierenden Strategie und 53 Bidder ohne Strategie beobachtet.

Abbildung 61 zeigt das Ergebnis für die Überprüfung der Hypothese 3a. Für die Unternehmen, die keine Zitierungsüberlappung mit dem übernommenen Unternehmen besitzen (ZÜ=0, graue Linie), ist kaum eine Kursreaktion zu erkennen. Die Reaktion der Bidder in Zusammenschlüssen mit einer Zitierungsüberlappung ist anfangs positiv. Langfristig notieren die Bidder 70 Tage nach der Ankündigung mit ca. 7 Prozent im Minus. Es wirkt zwar, als sei die langfristige Reaktion der Unternehmen ohne gemeinsam zitierte Patente höher, allerdings sind die Unterschiede in den Mittelwerten, wie Tabelle 59 zeigt, zu keiner Zeit signifikant. Die Hypothese 3a, dass Zusammenschlüsse mit einer fokussierenden Strategie positiver bewertet werden, kann hier nicht unterstützt werden.

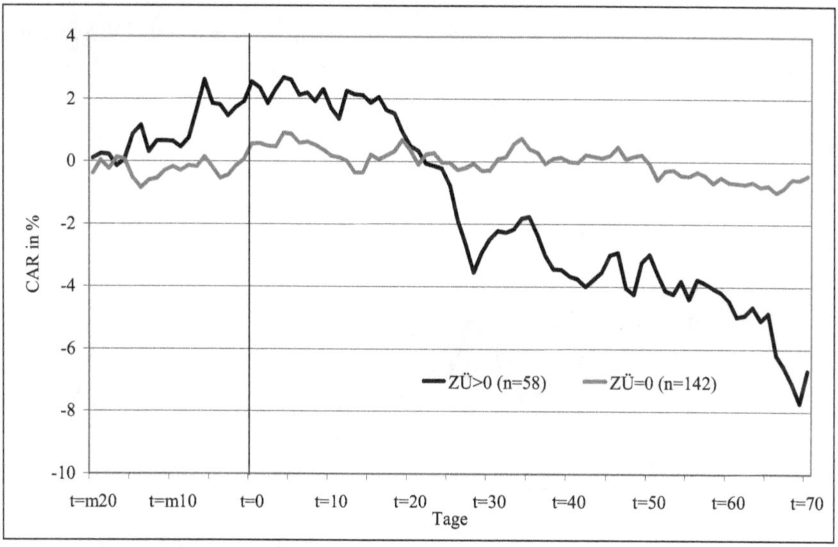

Abbildung 61: CAR der Bidder, fokussierende oder keine Strategie (ZÜ)

Tabelle 59: Mittelwerte und t-Test für die CAR der Bidder nach Strategie (ZÜ)

	Anzahl	CAR[-1;1]	CAR[-1;5]	CAR[-5;15]	CAR[-20;70]
MW ZÜ>0	58	0,62	0,87	-0,75	-6,68
MW ZÜ=0	142	0,71	1,02	0,07	-0,44
p(t<T,krit)		0,94	0,92	0,71	0,19

Vergleich der Mittelwerte der Renditeentwicklung der Bidder nach verschiedenen Gruppen. CAR[-1;1] steht für die kumulierte abnormale Rendite (CAR) ein Tag vor bis ein Tag nach dem Ankündigungstag. CAR[-5;15] steht für die CAR fünf Tage vor bis 15 Tage nach dem Ankündigungstag und CAR[-20;70] steht für die CAR 20 Tage vor bis 70 Tage nach dem Ankündigungstag.

Da insbesondere sehr geringe Ausprägungen der Zitierungsüberlappung nicht für eine gezielte Patentstrategie im Rahmen der Übernahme sprechen, werden die Unternehmenszusammenschlüsse im zweiten Untersuchungsschritt weiter unterteilt. Es werden drei Gruppen gebildet. Zum einen wird die Gruppe mit Zitierungen um den Median geteilt und zum anderen die Zusammenschlüsse bei denen die Zitierungsüberlappung mehr als 10 Prozent beträgt, gesondert betrachtet. Abbildung 62 zeigt die Verläufe der CAR der gebildeten Gruppen. Hier scheint es, als wären insbesondere bei den Zusammenschlüssen mit relativ hohen Werten in der Zitierungsüberlappung positive Ankündigungseffekte zu erkennen. Langfristig bleibt die positive abnormale Rendite jedoch nicht bestehen.

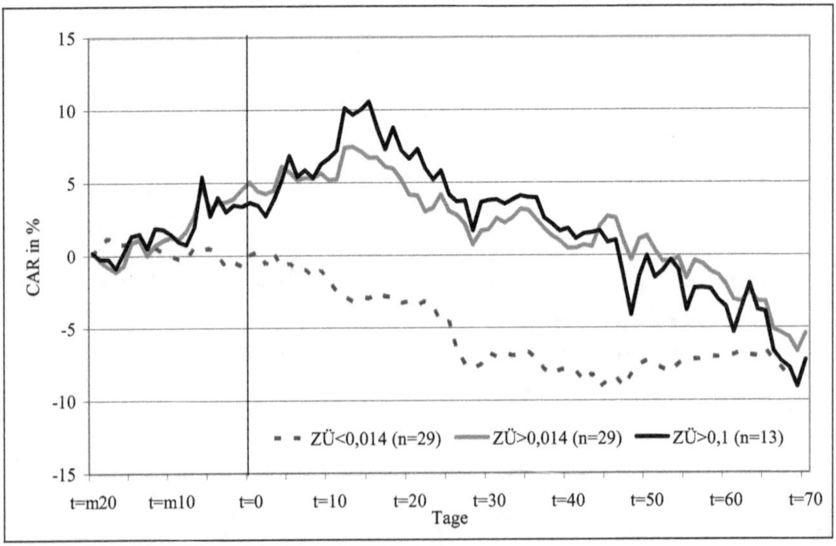

Abbildung 62: CAR der Bidder nach detaillierter Patentstrategie (ZÜ)

Tabelle 60: Mittelwerte und t-Test für die CAR der Bidder nach detaillierter Strategie (ZÜ)

	Anzahl	CAR[-1;1]	CAR[-1;5]	CAR[-5;15]	CAR[-20;70]
MW ZÜ>1,4%	29	0,52	1,83	1,89	-5,42
MW ZÜ<1,4%	29	0,72	-0,08	-3,39	-7,95
p(t<T,krit)		0,92	0,51	0,15	0,76

Vergleich der Mittelwerte der Renditeentwicklung der Bidder nach verschiedenen Gruppen. CAR[-1;1] steht für die kumulierte abnormale Rendite (CAR) ein Tag vor bis ein Tag nach dem Ankündigungstag. CAR[-5;15] steht für die CAR fünf Tage vor bis 15 Tage nach dem Ankündigungstag und CAR[-20;70] steht für die CAR 20 Tage vor bis 70 Tage nach dem Ankündigungstag.

In Tabelle 60 werden die abnormalen Renditen der beiden Gruppen mit geringer und hoher Zitierungsüberlappung verglichen. Wie die Reihe p(t<T,krit) zeigt, sind die Unterschiede in den abnormalen Renditen der Gruppen in keinem Beobachtungsintervall signifikant unterschiedlich.

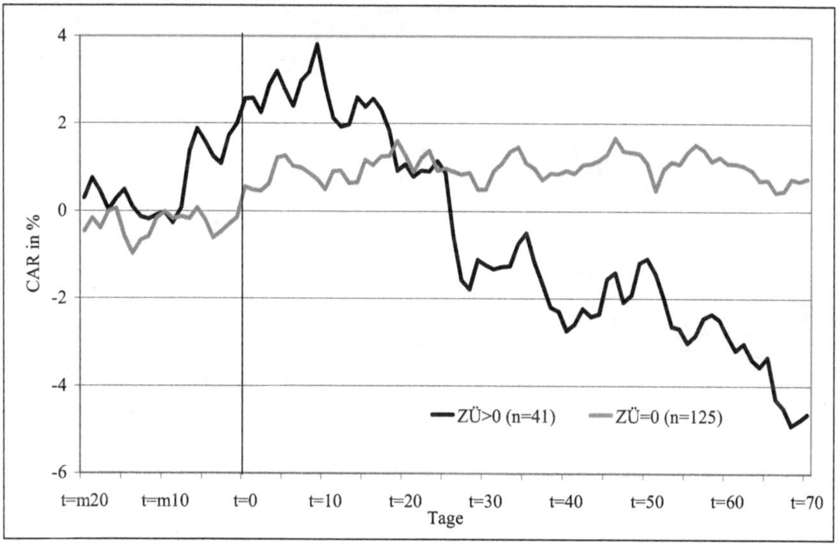

Abbildung 63: CAR der Bidder, privates Target (ZÜ)

Die Übernahme eines notierten Unternehmens hat im Vergleich zur Übernahme eines nicht notierten Unternehmens einen starken negativen Einfluss auf die abnormale Rendite des Bidders. In Abbildung 63 werden nur die Zusammenschlüsse mit und ohne Zitierungsüberlappungen verglichen, bei denen das übernommene Unternehmen nicht notiert war. Die Entwicklung im Zeitablauf bleibt ähnlich. Bei den Unternehmenszusammenschlüssen ohne Zitierungsüberlappung ist die langfristige abnormale Rendite jedoch leicht positiv mit einer CAR[-20;70] von knapp unter einem Prozent. Bei den Übernahmen mit Zitierungsüberlappung ist bis 10 Tage nach der Ankündigung ein Anstieg der abnormalen Rendite zu erkennen, wobei diese positive Reaktion langfristig nivelliert wird und 70 Tage nach der Ankündigung eine negative CAR zu beobachten ist.

Zur Überprüfung der Hypothese 3b, dass insbesondere außereuropäische Übernahmen positiver bewertet werden, wenn sie eine fokussierende Strategie verfolgen, werden in Abbildung 64 und Tabelle 61 die abnormalen Renditen der Käufer, die außereuropäische Unternehmen übernommen haben, verglichen. Wieder werden die Übernahmen fokussierender Strategien zuerst positiver bewertet. Der Unterschied nimmt im Zeitablauf aber wieder ab. Für die Unternehmen, die keine fokussierende Strategie verfolgen, wird die CAR[-20;70] im Gegensatz zu dem Gesamtsample jedoch auch negativ.[387]

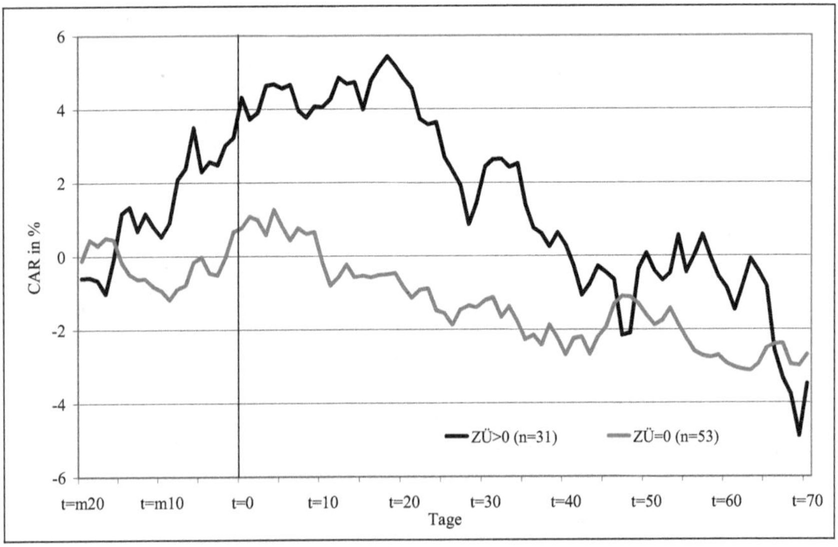

Abbildung 64: CAR der Bidder, außereuropäische Targets (ZÜ)

[387] Die Unterschiede zwischen den CAR der Übernahmen ohne Zitierungsüberlappung in Europa und außerhalb Europas unterscheiden sich jedoch ebenfalls zu keinem Zeitpunkt.

In Tabelle 61 sind die Ergebnisse nach Betrachtungsintervallen dargestellt. Die Unterschiede in der abnormalen Rendite der Gruppen sind dabei in keinem Intervall signifikant.

Tabelle 61: Mittelwerte und t-Test für die CAR der Bidder außereuropäischer Targets nach Patentstrategie (ZÜ)

	Anzahl	CAR[-1;1]	CAR[-1;5]	CAR[-5;15]	CAR[-20;70]
MW ZÜ>0	31	0,70	1,54	0,49	-3,49
MW ZÜ=0	53	1,11	0,85	-0,38	-2,69
p(t<T,krit)		0,85	0,79	0,82	0,92

Mit einer Querschnittsregression werden die Ergebnisse überprüft. Tabelle 62 zeigt, dass der Erklärungsgehalt der beobachteten Faktoren auf die CARs, entsprechend den Ergebnissen der Event-Studie und der längerfristigen Betrachtung, über verschiedene Zeiträume sehr gering ist. Für die Rendite um den Ankündigungstag und in der langfristigen Betrachtung ist der Erklärungsgehalt der Regression gleich null. Alleine für den Zeitraum fünf Tage vor bis 15 Tage nach der Ankündigung erklären die beobachteten Faktoren 4 Prozent der Varianz der Bewertungseffekte.

Tabelle 62: Regression der CARs der Bidder zu verschiedenen Zeiträumen

	CAR[-1;1]	CAR[-5;15]	CAR[-20;70]
Konstante	-0,60	-6,91	-6,43
	-0,40	*-1,46*	*-0,88*
ZÜ	-0,73	25,42	9,15
	-0,13	*2,75*	*0,44*
D_Branche	ja	ja	ja
D_notiert	ja	ja	ja
D_Europa	ja	ja	ja
adj. R^2	-0,01	0,04	0,00
N	200	200	200

OLS-Regression mit White konsistenten Kovarianzen der Standardfehler, *t-Werte kursiv.*

Der Indikator Zitierungsüberlappung ist dabei auf dem 1 Prozent-Niveau signifikant. Dieses Ergebnis unterstützt die Hypothese 3a, dass der Kapitalmarkt Bidder mit fokussierender Strategie um den Ankündigungstag in den Branchen Pharmazeutik und Biotechnologie positiver bewertet als Bidder, bei denen keine Patentstrategie zu erkennen ist. Dieser Effekt kann jedoch nur einen Monat um den Ankündigungszeitpunkt beobachtet werden. Es ist möglich, dass dann weitere Informationen in den Markt kommen, die den Effekt der Patentstrategie überlagern.

Die Patentstrategie, gemessen über die Zitierungsüberlappung, hat einen sehr diffusen Einfluss auf die Bewertung, der keine klare Interpretation zulässt. Ein Grund hierfür könnte sein, dass eine Abgrenzung, ob die Strategie wirklich fokussierend oder die Zitierungsüberlappung nur zufällig ist, bei dieser Methodik kaum möglich ist. Auch ist es nicht möglich, eine diversifizierende Strategie zu erkennen. Diese Schwachstellen versucht die im Folgenden vorgestellte Methodik zu überwinden.

C. Patentstrategie und die Konzentration in den IPC-Klassen

I. Daten und Methodik

In diesem Kapitel wird die Strategie, die das übernehmende Unternehmen mit dem Kauf verfolgt, über die Technologieausrichtung bestimmt. Die Technologieausrichtung des Zusammenschlusses wird über gemeinsame Forschungsfelder, gemessen anhand der IPC-Klassen, bestimmt. Die Einteilung richtet sich nach der Konzentration der Patente über die belegten IPC-Klassen.[388]

Die Konzentration wird über den Variationskoeffizienten gemessen. Die belegten IPC-Klassen sind die Merkmalsträger und die Anzahl der Patente in den jeweiligen IPC-Klassen ist die Merkmalssumme. Zur Strategiebestimmung des Unternehmenszusammenschlusses wird der Variationskoeffizient vor und nach dem Zusammenschluss verglichen. Als Ausgangsgröße dient dabei der Variationskoeffizient des übernehmenden Unternehmens und als Vergleichsgröße die Kennzahl des neu zusammengeschlossenen Unternehmens. Um sicherzustellen, dass aktuelle Forschungsschwerpunkte betrachtet werden, werden nur die IPC-Klassen der Patentanmeldungen drei Jahre vor der Ankündigung des Zusammenschlusses berücksichtigt. Um die Forschungsschwerpunkte nicht zu speziell werden zu lassen, findet die Einteilung nach den ersten drei Stellen der IPC-Klassen statt, sodass in dem Sample ca. 120 verschiedene IPC-Klassen auftreten.

---

388 Ein ähnliches Vorgehen wählt Garcia-Vega (2006, S. 235). Zur Bestimmung der Konzentration der IPC-Klassen eines Unternehmens arbeitet sie mit dem Herfindahl-Index. Saviotti et al. (2005) beobachten die Veränderungen der Wissensbasis im Zeitablauf über die Veränderungen der IPC-Klassen und die Entwicklung der IPC-Klassen nach dem Zusammenschluss von Hoechst und Rhône-Poulenc zu Aventis.

Der Variationskoeffizient (VK) ist ein Maß für die relative Konzentration oder Disparität. Er berechnet sich als Quotient aus Standardabweichung und Mittelwert einer beobachteten Verteilung.[389]

(2.32)
$$VK_i = \frac{s_i}{\bar{x}_i}$$
$$Min = 0 - Gleichverteilung$$
$$Max = \sqrt{n-1} - Ungleichverteilung$$

Zur Strategiebestimmung wird die Verteilung der von einem Unternehmen angemeldeten Patente auf die von dem Unternehmen besetzen IPC-Klassen beobachtet. Bei einer extremen Gleichverteilung der Patente auf die IPC-Klassen, in denen die Forschung durchgeführt wird, nimmt der Variationskoeffizient den Wert null an. In diesem Fall verteilt sich die Forschung auf alle Forschungsschwerpunkte gleichmäßig. Der Maximalwert des Koeffizienten ist $(n-1)^{0,5}$, wobei n die Anzahl der besetzen IPC-Klassen ist. Die Strategie des Zusammenschlusses wird über ΔVK bestimmt.

(2.33)
$$\Delta VK_{Deal} = VK_{Bidder} - VK_{Deal},$$

wobei ΔVK die Differenz der Konzentration über die IPC-Klassen des Bidders und des Unternehmens nach dem Zusammenschluss ist. Da der Koeffizient durch die Anzahl der IPC-Klassen beeinflusst wird, wird neben dem Disparitätsmaß um die Veränderung der Anzahl der belegten IPC-Klassen zwischen übernehmenden Unternehmen und dem Zusammenschluss kontrolliert:

(2.34)
$$\Delta IPC_{Deal} = \sum_{i=1}^{P} IPC_i^{Bidder} - \sum_{t=1}^{P} IPC_i^{Deal}$$

Der für den Käufer berechnete VK wird durch eine geringere Anzahl IPC-Klassen im Vergleich zum Deal folgendermaßen beeinflusst: Ein Zukauf vieler IPC-Klassen erhöht den Ausgangsvariationskoeffizienten, da alle IPC-Klassen, die durch den Zusammenschluss neu belegt sind, in der Ausgangsituation mit null besetzt sind. Die Wahrscheinlichkeit, dass der Zusammenschluss einer fokussierenden Strategie zugeordnet wird, sinkt dementsprechend, wenn das Target in anderen Technologiefeldern forschend tätig ist.[390]

---

[389] Die Berechnung und die Aussage des Variationskoeffizienten werden in Anlehnung an Rinne (2003), S. 112f. vorgestellt.

[390] Da eine nach der Veränderung der Anzahl der IPC-Klassen detaillierte Gruppeneinteilung keine weiteren Erkenntnisse gebracht hat, werden hier nur die Ergebnisse für die Veränderung des Variationskoeffizienten vorgestellt.

Tabelle 63 gibt einen Überblick über die möglichen Kombinationen der betrachteten Kennzahlen und ihre Interpretation. Die Strategien werden in Abhängigkeit der Vorzeichen bestimmt, wobei der Betrag der Veränderung nicht näher beobachtet wird. Den Zusammenschlüssen werden die Strategien Fokussierung (fokus), Diversifizierung (divers) und Neutral (neutral) zugeordnet. Insgesamt lassen sich, wie Tabelle 63 auf der folgenden Seite zeigt, sechs verschiedene Kombinationsmöglichkeiten beobachten:

Tabelle 63: Patentstrategie nach Konzentrationsveränderung in den IPC-Klassen

	IPC_{Bidder} - IPC_{Deal} Δ IPC	VK_{Bidder} - VK_{Deal} Δ VK	Strategie	Anzahl
Fall 1	-	-	fokus	8
Fall 2	-	0	neutral	0
Fall 3	-	+	divers	27
Fall 4	0	-	fokus	17
Fall 5	0	0	neutral	93
Fall 6	0	+	divers	17

Fall 1: Die Differenz bezogen auf die IPC-Klassen ist negativ, ΔIPC(-) und die Veränderung des Variationskoeffizienten ebenfalls, ΔVK(-). Dies bedeutet, dass das übernehmende Unternehmen Forschung eingekauft hat und die Forschung sich stark auf einzelne IPC-Klassen konzentriert. Entweder wurde ein Unternehmen mit überproportional vielen Patenten in bisher unbesetzten IPC-Klassen eingekauft oder es wurde verstärkt in schon vorhandenen Klassen eingekauft und die hinzugekommenen IPC-Klassen sind eher „Randprodukte“. Diese Überlegungen sprechen für eine fokussierende Strategie (vgl. Tabelle 63 und 64, Fall 1).

Fall 2: In dem Deal sind mehr IPC-Klassen besetzt, als das übernehmende Unternehmen alleine besetzt hatte; gleichzeitig bleibt die Disparität konstant. Dieser eher unwahrscheinliche Fall tritt in dem Sample nicht auf.

Fall 3: Wieder vergrößert sich die Anzahl IPC-Klassen. Diesmal verändert sich aber die Disparität hin zu einer gleichmäßigeren Verteilung. ($VK_{Bidder} > VK_{Deal}$). Die hinzu gekauften Klassen sind also ähnlich besetzt wie die bereits vorhanden, und die schlecht besetzten Klassen wurden nachgekauft und so eventuell fehlende Forschung eingekauft. Dies spricht eher für den Einkauf bisher nur gering besetzter Forschungsfelder und wird hier als diversifizierende Strategie interpretiert (vgl. Tabelle 64, Fall 3). Der erste Fall in Tabelle 64 zeigt ein Beispiel für eine Fokussierung. Der Variationskoeffizient vergrößert sich nach dem Zusammenschluss. Es wurde Forschung in der ohnehin bereits stark besetzen Klasse C07 gekauft. Fall 3 zeigt ein Beispiel für eine Diversifizierung. Der Variationskoeffizient des zusammengeschlossenen Unternehmens ist geringer als der des Bidders. Es wurde ein Unternehmen mit Patenten in den vorher kaum besetzten Klassen C07, G01, C12 gekauft.

Tabelle 64: Beispiel für eine fokussierende und eine diversifizierende Strategie

Fokussierung - Fall 1			Diversifizierung - Fall 3		
IPC	Bidder	Deal	IPC	Bidder	Deal
G01	8	11	B01	0	2
C07	39	67	A61	13	17
A01	3	5	C07	4	30
A61	12	37	G01	3	32
C12	17	17	C12	3	26
G06	18	18			
B01	3	9			
B04	0	1			
Mittelwert	12,50	20,63	Mittelwert	4,60	21,40
Stabw.	12,59	21,70	Stabw.	4,93	12,28
VK	1,01	1,05	VK	1,07	0,57
ΔVK		-0,04	ΔVK		0,50

In den folgenden 3 Fällen (Fall 4 bis 6 aus Tabelle 63) verändert sich die Anzahl der IPC-Klassen nicht.

Fall 4: Die relative Konzentration (VK) des Deals steigt gegenüber der Disparität des übernehmenden Unternehmens. Dies bedeutet, dass sich die Patente weniger gleichmäßig auf die IPC-Klassen verteilen. Das übernommene Unternehmen hat insbesondere Patente in den bereits vom Bidder besetzten IPC-Klassen. In Tabelle 65 ist ein Beispiel für diese Strategie (Fall 4) dargestellt. Das Target besaß in der IPC-Klasse C12 am meisten seiner Patente 70 Prozent. Auch 57 Prozent der Patente des Bidders sind der IPC-Klasse C12 zugeordnet (vgl. Tabelle 65, Fall 4). Ein solcher Fall wird als fokussierende Strategie interpretiert.

Fall 5: Weder die Anzahl IPC-Klassen noch das Konzentrationsmaß ändert sich, es ist also keine Forschungsstrategie aus den Maßen abzuleiten. Dieser Fall wird als Neutral im Hinblick auf die Forschungsstrategie eingestuft.

Fall 6: Die Disparität sinkt bei gleicher Anzahl IPC. Die Gleichverteilung zwischen den Klassen steigt demnach. Dies könnte am ehesten als Einkauf komplementärer Forschung, also wieder als diversifizierende Strategie interpretiert werden. Fall 6 in Tabelle 65 zeigt ein entsprechendes Beispiel. Die Patente des Bidders waren relativ gleichmäßig über drei IPC-Klassen verteilt. Nach dem Zusammenschluss sind die gleichen drei IPC-Klassen stark besetzt. Dabei verlagerte sich die Konzentration von der Klasse C07 auf die Klassen A61 und C12, die vorher schwächer besetzt waren (vgl. Tabelle 65, Fall 6).

Tabelle 65: Beispiel einer fokussierenden und einer diversifizierenden Strategie bei gleich bleibender Anzahl der IPC-Klassen

Fokussierung - Fall 4			Diversifizierung - Fall 6		
IPC	Käufer	Deal	IPC	Käufer	Deal
B29	1	1	A61	22	43
A61	40	46	C07	24	34
C07	21	21	C12	14	41
G01	8	8	G01	3	6
C12	94	108			
Mittelwert	32,80	36,80	Mittelwert	15,75	31,00
Stabw.	37,29	43,34	Stabw.	9,54	17,11
VK	1,14	1,18	VK	0,61	0,55
ΔVK		-0,04	ΔVK		0,05

Da die Unterteilung nach der Veränderung der Anzahl der besetzten IPC-Klassen die Ergebnisse der Untersuchung nicht beeinflusst und zu sehr kleinen Gruppen führt, wird die Patentstrategie nur in Abhängigkeit der Veränderung des Variationskoeffizienten festgelegt. Es werden also Fall 1 und Fall 4 als fokussierende Strategie und Fall 3 und Fall 6 als diversifizierende Strategie zusammengefasst.

Der Aufbau der Untersuchung entspricht der Vorgehensweise bei der Methodik der Zitierungsüberlappung. Die Anzahl der Beobachtungen verringert sich auf 162. Es werden nur die Bidder betrachtet, die drei Jahre vor dem Unternehmenszusammenschluss Patente anmeldeten. So soll sichergestellt werden, dass in der Untersuchung aktuelle Forschungsschwerpunkte beobachtet werden.

II. Ergebnisse

Die Ergebnisse werden in drei Stufen vorgestellt. In Abbildung 65 sind der Gang der Untersuchung sowie die Aufteilung der Stichprobe dargestellt. Hypothese 3a und 3a* werden gemeinsam überprüft. Zur Überprüfung der Hypothese 3a* werden die CAR für die Bidder nach unterschiedlichen Patentstrategien betrachtet. Die 162 Beobachtungen teilen sich wie folg: 25 Zusammenschlüsse werden als fokussierend, 93 Zusammenschlüsse als neutral und 44 Zusammenschlüsse als diversifizierend klassifiziert. Anschließend werden die Ergebnisse für die Unternehmenszusammenschlüsse, bei denen das übernommene Unternehmen nicht notiert war, beobachtet. Für diese Analyse verbleiben 129 Beobachtungen. Davon werden 17 als fokussierend, 81 als neutral und 31 als diversifizierend klassifiziert.

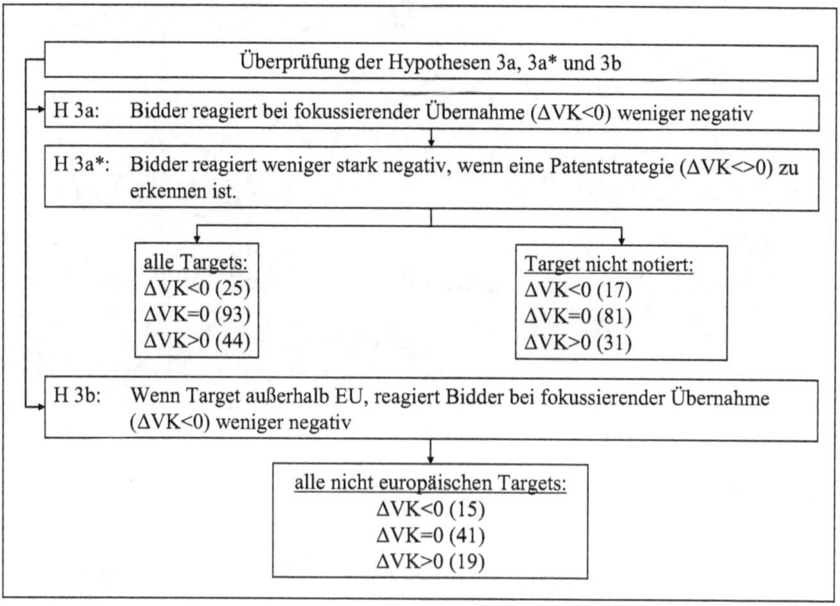

Abbildung 65: Stichprobe zur Überprüfung der Hypothese 3 (IPC)

Zur Überprüfung der Hypothese 3b werden nur die Unternehmenszusammenschlüsse beobachtet, bei denen das Target nicht aus Europa stammt. Es können 75 Zusammenschlüsse beobachtet werden. Von diesen werden 15 als fokussierend, 41 als neutral und 19 als diversifizierend klassifiziert.

Abbildung 66 zeigt die Ergebnisse zu Hypothese 3a*. Die CAR[-20,70] der Bidder sind für alle 162 Beobachtungen dargestellt. Die Balken, in dieser sowie in den folgenden Abbildungen, sind die p-Werte aus der t-Statistik der t-Tests auf signifikante Differenzen zwischen den Mittelwerten der CAR der gebildeten Gruppen. Der Wert für die p-Werte ist auf der rechten Skala abgetragen. In Abbildung 66 sind die p-Werte für den Test auf Unterschiede zwischen den durchschnittlichen CAR der Bidder mit fokussierender Strategie und denen, der Bidder mit neutraler Strategie abgetragen.

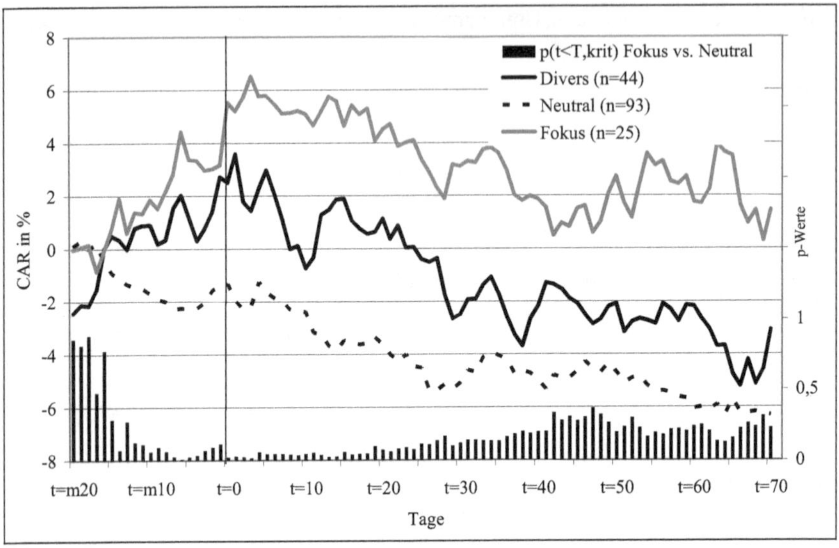

Die Balken sind die p-Werte aus der t-Statistik der t-Tests auf signifikante Differenzen zwischen den Mittelwerten der CAR der Gruppen mit den größeren Renditedifferenzen. Die p-Werte sind auf der rechten Skala abgetragen.

Abbildung 66: CAR der Bidder nach Patentstrategie (IPC)

Die Unternehmen, die eine fokussierende Strategie verfolgen, haben im Gegensatz zu den anderen Gruppen zu keiner Zeit der Beobachtung eine negative abnormale kumulierte Rendite. Um den Ankündigungszeitpunkt liegt die CAR bei über 6 Prozent, während die abnormale Rendite der Bidder mit neutraler Strategie bei -2 Prozent liegt. Dabei ist der Unterschied ca. zehn Tage vor der Ankündigung bis 20 Tage nach der Ankündigung schwach signifikant. Die Bidder, die eine fokussierende Strategie verfolgen, scheinen positiver bewertet zu werden als die restlichen. Dies spricht für die aufgestellte Hypothese 3a, dass es vom Kapitalmarkt positiv bewertet wird, wenn ein Zusammenschluss fokussierender Natur ist. Aber auch die CAR der Bidder diversifizierender Zusammenschlüsse sind höher als die der Bidder bei neutralen Strategien. Die Beobachtung der CAR der Bidder Unternehmen unabhängig davon, ob das Target notiert war oder nicht unterstützt Hypothese 3a*. Bidder, die überhaupt eine Patentstrategie verfolgen werden weniger negativ bewertet, als die Bidder bei denen keine Strategie zu erkennen ist.

Es wurde gezeigt, dass die Bidder eine besonders negative abnormale Rendite haben, wenn das übernommene Unternehmen notiert war. In Abbildung 67 werden deshalb nur die CAR der Bidder nicht notierter Targets verglichen. So wird um den Einfluss, dass das Target notiert war, korrigiert.

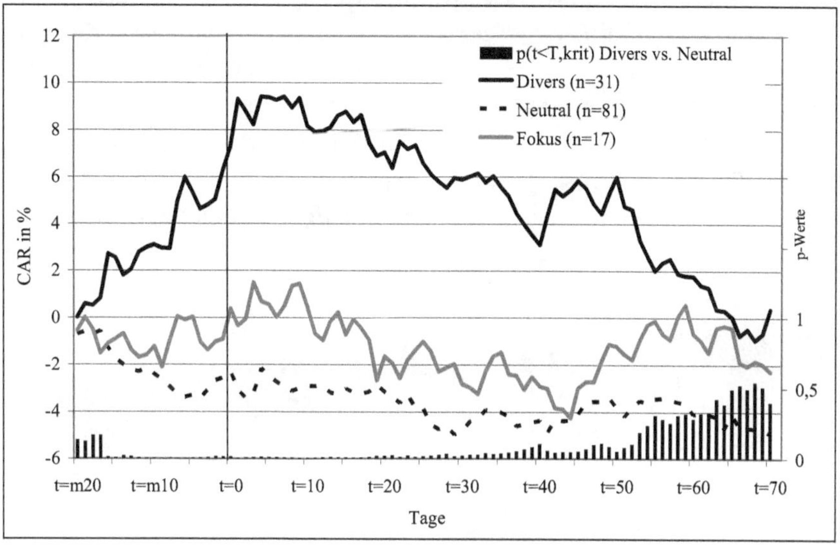

Die Balken sind die p-Werte aus der t-Statistik der t-Tests auf signifikante Differenzen zwischen den Mittelwerten der CAR der Gruppen mit den größeren Renditedifferenzen. Die p-Werte sind auf der rechten Skala abgetragen.

Abbildung 67: CAR der Bidder, private Targets (IPC)

Dabei unterscheidet sich die Bewertung von den oben vorgestellten. Werden nur die Übernahmen nicht notierter Unternehmen verglichen, unterscheidet sich die abnormale Rendite zwischen den Käufern, die eine fokussierende und eine neutrale Strategie verfolgen kaum. Dafür reagieren die Unternehmen, die eine diversifizierende Strategie verfolgen, 20 Tage vor der Ankündigung bis zehn Tage nach der Ankündigung, mit beinahe 10 Prozent extrem positiv. Die Mittelwerte der CAR der Gruppen diversifizierender Zusammenschlüsse und neutraler Zusammenschlüsse unterscheiden sich in dem Zeitraum von ca. zehn Tagen vor der Ankündigung bis 50 Tage nach der Ankündigung signifikant.

In der Regel sind nicht notierte Unternehmen kleiner. Dies bedeutet, dass diversifizierende Strategien positiver bewertet werden, wenn das aufgekaufte Unternehmen kleiner und so leichter zu integrieren ist. Im Umkehrschluss werden fokussierende Strategien insbesondere bei notierten, tendenziell größeren Unternehmen positiv bewertet. Dies könnte vorsichtig interpretiert bedeuten, dass der Kapitalmarkt die Economies of Scale, die durch eine Fokussierung in der Forschung entstehen, erst ab einer kritischen Größe positiv bewertet. Diese Ergebnisse sprechen eher gegen die Hypothese 3a. Da es aber, wie gezeigt, auch Studien gibt, die eine diversifizierende Strategie favorisieren, sind die Ergebnisse der Untersuchung kein Einzelfall. Um auszuschließen, dass es sich um eine Besonderheit des Samples der 162 Unternehmen handelt, werden in Abbildung 68 nochmals die Renditen der Bidder notierter und nicht notierter Targets verglichen. Hier wird wie bei der gesamten Stichprobe der charakteristische stark negative Verlauf der Käufer notierter Unternehmen sichtbar. Die scheinbar deutlichen Unterschiede sind jedoch nicht signifikant.

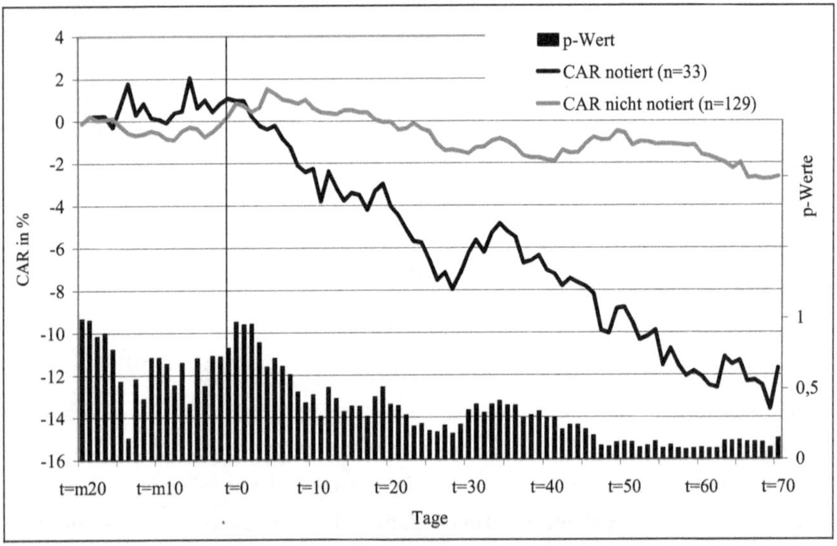

Die Balken sind die p-Werte aus der t-Statistik der t-Tests auf signifikante Differenzen zwischen den Mittelwerten der CAR der Gruppen mit den größeren Renditedifferenzen. Die p-Werte sind auf der rechten Skala abgetragen.

Abbildung 68: CAR der Bidder, notierter & nicht notierte Targets (IPC)

Im letzten Schritt der Untersuchung wird wieder Hypothese 3b überprüft. Hierzu werden in Abbildung 69 nur die Bidder dargestellt, die Unternehmen außerhalb Europas erworben haben. Schon die Anzahl der Gruppenmitglieder ist interessant.

Werden die neutralen und diversifizierenden Beobachtungen betrachtet, liegt der Anteil außereuropäischer Zusammenschlüsse bei ungefähr 44 Prozent (19 von 44). Werden die fokussierenden Zusammenschlüssen betrachtet, liegt er bei 60 Prozent (15 aus 25). Es scheint als konzentrierten sich Unternehmen, wenn sie außerhalb Europas expandieren, auf ihre eigenen Forschungsschwerpunkte. Dies hat den Vorteil, dass neben Risiken aus rechtlichen oder kulturellen Differenzen nicht noch zusätzlich das Risiko neuer Forschung hinzukommt.

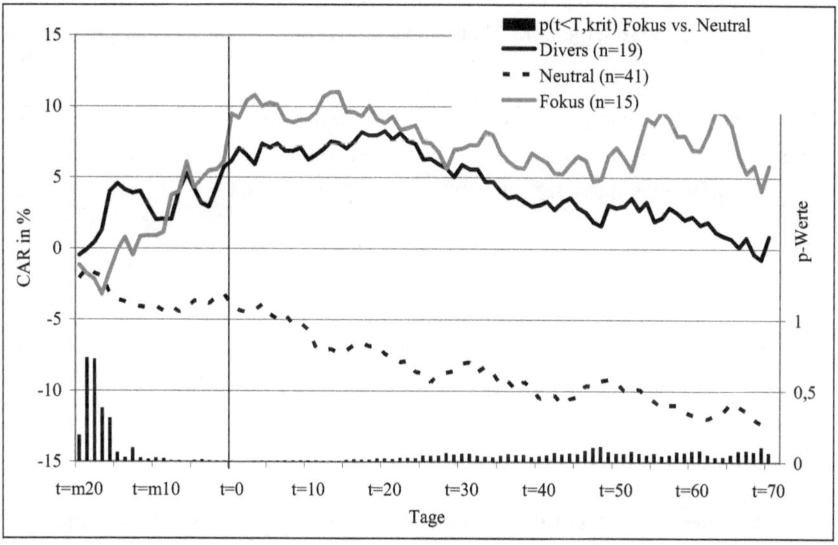

Die Balken sind die p-Werte aus der t-Statistik der t-Tests auf signifikante Differenzen zwischen den Mittelwerten der CAR der Gruppen mit den größeren Renditedifferenzen. Die p-Werte sind auf der rechten Skala abgetragen.

Abbildung 69: CAR der Bidder, außereuropäisches Target (IPC)

Bei dieser Betrachtung zeigt sich, dass unabhängig von der Art der Patentstrategie, die Bidder, die überhaupt eine Patenstrategie verfolgen, positiver bewertet werden als die Bidder, die eine neutrale Strategie verfolgen.[391] Diese Beobachtung ähnelt den Ergeb-

391 Dabei unterscheiden sich die CAR der diversifizierenden und der neutralen im Schnitt auf dem 10% Signifikanzniveau.

nissen von Cloodt et al. (2006).[392] Cloodt et al. (2006) finden Hinweise darauf, dass eine mäßige Überschneidung der Forschungsschwerpunkte sowie ihre mäßige Diversifikation jeweils zu einer positiven Entwicklung der innovativen Performance nach einem Unternehmenszusammenschluss führen. Weiter hat in der Studie der kulturelle Unterschied zwischen den Ländern der beiden sich zusammenschließenden Unternehmen einen positiven Einfluss auf die Performance nach dem Zusammenschluss. Die Innovationsstrategie wird durch die gedanklichen Differenzen neu überdacht und angeregt. Diese Beobachtungen stimmen mit den hier gemachten überein. Die europaübergreifenden Übernahmen, bei denen eine Patentstrategie identifiziert werden kann, werden positiver bewertet als die Übernahmen ohne offensichtliche Forschungsstrategie.

Die Beobachtungen unterstützten die Hypothese 3b, dass bei internationaler Diversifizierung fokussierende Strategien positiv bewertet werden, nicht. Vielmehr wird eine nicht diskutierte Hypothese 3b* unterstützt.

Hypothese 3b: Insbesondere im Fall von geographisch diversifizierenden Übernahmen, das heißt das übernommene Unternehmen ist außereuropäisch, wirken die Ankündigungseffekte von Unternehmenszusammenschlüssen, bei denen überhaupt eine Patentstrategie zu erkennen ist, weniger negativ oder sogar positiv auf die Performance des Bidders.*

D. Zusammenfassung der Ergebnisse

Die Ergebnisse der Analyse der Unternehmenskäufe europäischer Unternehmen im pharmazeutischen und biotechnologischen Bereich sind nicht eindeutig. Es wäre interessant, die Untersuchung auf eine größere Stichprobe auszuweiten und zusätzlich um weitere Einflussfaktoren zu korrigieren. Potenzielle Korrekturfaktoren wären die relative Größe des Targets zum Bidder[393] oder die Art der Bezahlung[394].

---

392 Obwohl sich der Aufbau der Studie stark unterscheidet, da Cloodt et al. (2006) nicht die Kapitalmarktbewertung nach dem Unternehmenszusammenschluss betrachten, sondern den innovativen Output des zusammen geschlossenen Übernehmens. Der innovative Output wird dabei über erteilte Patente operationalisiert. Davon ausgehend, dass wie in den vorangegangenen Untersuchungen dieser Arbeit, Patente durch den Kapitalmarkt positiv bewertet werden, kann hier eine Korrelation unterstellt und die Ergebnisse in ihrer Aussage verglichen werden.

393 Fuller et al.(2002) bezogen auf das gesamte übernommene Unternehmen, Cloodt et al.(2006) bezogen auf die Größe der Wissensbasis des übernommenen Unternehmens.

394 Conn et al. (2005), Chang (1998), Fuller et al. (2002), Sundarsanam/Mahate (2003), Faccio/Masulis (2005), Slovin et al. (2005).

Aber auch diese Untersuchung liefert interessante Einblicke. Entsprechend vorangegangener Studien zu Unternehmenszusammenschlüssen kann keine abnormale Entwicklung der Bidder beobachtet werden, wenn die Stichprobe nicht weiter unterteilt wird. Für die Bewertung der übernommenen Unternehmen wird eine signifikant positive abnormale Rendite um den Ankündigungstag beobachtet. Ferner haben die Branchenzugehörigkeit[395] und die Anzahl Übernahmen eines kaufenden Unternehmens keinen Einfluss auf die Bewertung durch den Kapitalmarkt. Bidder notierter Targets haben eine signifikant negative abnormale Performance nach der Ankündigung der Übernahme.

Ziel des Abschnittes war es zu untersuchen, ob die Übernahmen in Abhängigkeit von der Strategie - Einkauf von Forschung, die der eigenen ähnlich ist (fokussierend) oder Einkauf neuer Forschung (diversifizierend) oder keine Forschung (neutral) – unterschiedlich bewertet werden. Zur Identifizierung der Strategie wurden zwei verschiedene Methoden angewandt. Zum einen wurde die Zitierungsüberlappung, das heißt das Verhältnis aus der Anzahl der von den beiden Unternehmen gemeinsam zitierten Patente zu der Anzahl der von dem kaufenden Unternehmen angemeldeten Patente betrachtet. Zum anderen wurde die Veränderung der Konzentration in den besetzten Technologieklassen vor und nach dem Zusammenschluss als Klassifikationskriterium genutzt. Zusammenfassend lässt sich festhalten, dass es Hinweise auf einen geringen Einfluss der Zitierungsüberlappung gibt. Ein Monat um den Ankündigungszeitpunkt, (fünf Tage vor bis 15 Tage nach der Ankündigung), hat die Zitierungsüberlappung einen signifikanten positiven Einfluss auf die abnormale Rendite der Bidder. Dies kann sowohl bei einem Vergleich der Gruppen als auch in einer Regressionsanalyse beobachtet werden.

Die Ergebnisse für die Strategiebestimmung in Abhängigkeit der besetzten Technologieklassen sind differenzierter. Werden alle Unternehmenszusammenschlüsse gemeinsam betrachtet, werden die Zusammenschlüsse, die eine fokussierende Strategie verfolgen am positivsten bewertet. Ein anderes Bild ergibt sich, wenn nur die Käufer privater Unternehmen betrachtet werden. Dann werden die Bidder, die eine diversifizierende Strategie verfolgen positiv und signifikant höher bewertet als die Bidder, die eine neutrale Strategie verfolgen. Dies könnte dafür sprechen, dass fokussierende Strategien bei Übernahmen großer Unternehmen und diversifizierende Strategien bei Übernahmen kleiner Unternehmen positiv bewertet werden. Werden nur die außereuro-

[395] Die Ergebnisse zur Branche wurden hier nicht vorgestellt, im Rahmen der Untersuchung aber überprüft.

päischen Übernahmen beobachtet, wird deutlich, dass die fokussierende Strategie hier relativ am häufigsten auftritt. 60 Prozent der fokussierenden Übernahmen sind außereuropäisch und nur 44 Prozent der diversifizierenden oder neutralen Strategien orientieren sich außerhalb Europas. Die Bidder mit neutraler Strategie werden negativ und signifikant schlechter bewertet als die Käufer mit einer fokussierender oder einer diversifizierenden Übernahmestrategie.

Insgesamt deuten die Ergebnisse darauf hin, dass die Technologieklassen der Patente der Käufer und der gekauften Unternehmen im Rahmen von Unternehmenszusammenschlüssen Beachtung finden und in die Bewertung des Zusammenschlusses mit einfließen. Diese Ergebnisse stützen erneut die Forderung, Patente vermehrt bei der Unternehmensbewertung und Finanzierung zu betrachten, um so Bewertungsunsicherheiten abzubauen und die Finanzierung der Unternehmen zu erleichtern. Aufbauend auf diesen Ergebnissen wird im folgenden, dritten Teil der Arbeit untersucht, welche Möglichkeiten sich derzeit bieten, innovative Unternehmen zu finanzieren.

Teil 3: Finanzierung innovativer Unternehmen

In diesem Teil werden zunächst die Finanzierungsschwierigkeiten innovativer Unternehmen erläutert, um dann auf mögliche Finanzierungsinstrumente einzugehen. Weiter ist von Interesse, inwiefern das Konzept der Kreditverbriefung auf die patentgestützte Finanzierung anzuwenden ist. Der Schwerpunkt des ersten Kapitels liegt auf den Problemen bei der Finanzierung von Innovationen mit Fremdkapital, da Fremdkapital in dem bankenbasierten deutschen Finanzsystem die vorherrschende Finanzierungsquelle ist.[396] Als weitere Lösungsmöglichkeiten werden verschiedene Eigenkapitalinstrumente und die Verfügbarkeit von Venture Capital in Deutschland vorgestellt. Das dritte Kapitel beschreibt den prinzipiellen Ablauf und die Möglichkeiten der Verbriefung. Die Verbriefung als Finanzinstrument wird hier hervorgehoben, weil sie zum einen die direkte mit der indirekten Finanzierung verknüpft und zum anderen durch ihre Ausgestaltung unterschiedlichste Möglichkeiten der Risikoverteilung ermöglicht. Diese Überlegungen bieten eine Grundlage für die Diskussion über die Möglichkeiten der Patentverbriefung und die Verbriefung der mit Patenten besicherten Krediten. Im vierten Kapitel werden die Konzepte einiger Patentfonds skizziert sowie die derzeitige Entwicklung auf dem Patentfinanzplatz beleuchtet.

Kapitel I: Probleme bei der Finanzierung

Unternehmen mit einer hohen F&E-Intensität stehen wegen des hohen Risikos der F&E-Ausgaben nicht alle Finanzierungsmöglichkeiten zur Verfügung. Verschiedene Studien[397] beobachten einen signifikanten Zusammenhang zwischen der F&E-Intensität eines Unternehmens und seiner Kapitalstruktur. Dabei muss beachtet werden, dass in einem bankorientierten Finanzsystem Unternehmen einen höheren durchschnittlichen Verschuldungsgrad aufweisen als Unternehmen in einem kapitalmarktorientierten System.

---

396 Dabei konzentrieren sich die Überlegungen auf kleine forschungsintensive Unternehmen, da beispielsweise große Unternehmen der pharmazeutischen Branche in Deutschland tendenziell mit viel Eigenkapital ausgestattet sind und im Gegenteil zu den kleinen Unternehmen die Eigenkapitalfinanzierung bevorzugen (Hofman 2003).Folgt man der traditionellen These zur optimalen Kapitalstruktur, wäre bei diesen Unternehmen eher durch die Erhöhung des Verschuldungsgrades der Unternehmen eine Reduzierung der Kapitalkosten möglich.

397 Bagella (1998), Bah/Dumontier (2001), Hall (2002), Aghion (2003), Rossi (2005).

In Deutschland liegt die Eigenkapitalquote beispielsweise bei 20 Prozent und in England bei über 50 Prozent.[398]

Unabhängig vom Finanzsystem werden die Finanzierungsmöglichkeiten für innovative Unternehmen insbesondere durch folgende drei Problemfelder eingeschränkt:

- Hohe Informationsasymmetrien und Principal-Agent-Kosten (Kapitel I A),
- schiefe Wertverteilung von Innovationen und F&E-Projekten (Kapitel I B),
- mangelnde Sicherheiten und hohe Spezifität des Vermögens (Kapitel I B).

A. Immaterielles Vermögen und Informationsasymmetrien

I. Auswirkungen auf die Finanzierungsquelle

Die sehr hohen Informationsasymmetrien zwischen forschenden Unternehmen und externen Investoren erschweren es, die Unternehmen zu bewerten und zu finanzieren.[399] Das Management des Unternehmens besitzt im Vergleich zu externen Kapitalgebern einen erheblichen Wissens- und Informationsvorsprung, nicht nur bezüglich des Stands der Forschung des Unternehmens. Der Anreiz, die Informationsasymmetrien abzubauen, kann gering sein, da die Geheimhaltung des Wissens ein wichtiger Wettbewerbsfaktor sein kann.[400]

Diese Konstellation kann, wie Stiglitz und Weiss (1981) herleiten zu einer Kreditrationierung für junge risikoreiche Unternehmen führen. Ausschlaggebend sind dabei die

---

[398] Siehe auch von Tippelskirch (2000). Eine Studie von Siemens Financial Services (zitiert nach Arnsfeld/Hieb (2004)) spricht von einer Eigenkapitalquote von 50% in England, in Frankreich und in den USA. Hall et al. (2002) beobachten in dem Sample von Dun und Bradstreet für das Jahr 1995 für 500 deutsche Unternehmen mit weniger als 200 Angestellten eine Gesamtfremdkapitalquote von 66,68% und für britische Unternehmen von 58,05%. Unterschiede zeigen sich insbesondere in dem Anteil langfristigen Fremdkapitals. Dies liegt für deutsche Unternehmen bei 28,46% und für britische (UK) bei 9,74%. Berger/Udell (1998) werten die Daten des National Survey of Small Business Finance (NSSBF) von 1993 aus. Im Schnitt sind in den USA kleine Unternehmen zu 49,63% mit Eigenkapital und 50,37% mit Fremdkapital finanziert. Den größten Anteil hat das Eigenkapital der Gründer mit 33% gefolgt von Bankkrediten mit 18,75% (S. 618f.). Dabei verändert sich die Finanzierung im Zeitablauf in Abhängigkeit von Größe, Alter und Informationsverfügbarkeit (S. 623). Bei der Kreditvergabe spielt insbesondere bei jungen Unternehmen weniger die Kreditwürdigkeit des Unternehmens eine Rolle, sondern vielmehr die private Kreditwürdigkeit des Gründers, da dieser in der Regel mit seinem Privatvermögen haftet (S. 626). Brounen et al. (2006) vergleichen die Kapitalstruktur in verschiedenen europäischen Ländern. Dabei untersuchen sie auch die Beweggründe der Finanzvorstände sich für eine bestimmte Kapitalstruktur zu entscheiden.

[399] Wie Agency-Kosten durch Innovationen verstärkt werden, zeigen bspw. Francis/Smith (1995).

[400] Siehe Arundel (1998), Cohen (2000), Reitzig/Harhoff (2002) zu verschieden Strategien bei der Verwertung von Innovationen mit besonderem Blick auf die Vorteilhaftigkeit der Geheimhaltung, siehe auch Teil 2 Kapitel I. Derzeitige Rechnungslegungsvorschriften, die in Teil 1 Kapitel II erläutert wurden, ermöglichen es den Unternehmen, nur wenige Informationen über ihre Forschungsprojekte zu veröffentlichen. In der Untersuchung von Gelb (2002) sind innovative Unternehmen allerdings bereit, Informationen zu veröffentlichen, was sich in einer intensiven Informationspolitik bei Analystentreffen zeigt.

hohen Informationsasymmetrien zwischen Unternehmen und Fremdkapitalgebern und die daraus resultierende Adverse Selektion. Banken sind nicht bereit, Kredite zum markträumenden Zins zu vergeben, da zu dem höheren Zins, zu dem sich Angebot und Nachfrage nach Krediten ausgleichen würden, sich nur die schlechten Kreditnehmer verschulden würden und sich das Risiko für die Bank erhöhen würde. Somit bekommen Unternehmen, obwohl sie bereit wären, höhere Zinsen zu bezahlen, keinen Kredit.

Dabei würde nach Jensen und Meckling (1976) die Finanzierung mit Fremdkapital die aus den Informationsasymmetrien resultierenden Finanzierungsprobleme teilweise lösen. Ist das Management Eigentümer des von ihm geführten Unternehmens, wird es sich bestmöglich anstrengen, den Marktwert des Unternehmens und damit sein Einkommen zu erhöhen. Sobald ein neuer Eigentümer in das Unternehmen eintritt, fließen dem Management die Gewinne aus seiner Anstrengung nicht mehr ungeteilt zu. Von daher besteht die Gefahr, dass das Management privaten Konsum des freien Cashflows[401] (Perks) gegenüber rentablen Investitionen bevorzugt. Es kann dann an den Gewinnen des Unternehmens partizipieren und die Kosten des privaten Konsums teilweise auf den Miteigentümer übertragen. Eine einfache Lösung des Problems scheint die Bereitstellung von Fremdkapital zu sein. Nun muss das Management die Zinsen in voller Höhe zurückzahlen und die durch den privaten Konsum geschmälerten Gewinne fließen ihm alleine zu. Der private Konsum verringert jetzt nur das Einkommen des Managements und nicht die Rendite des externen Fremdkapitalgebers.

Dies gilt jedoch nicht uneingeschränkt für die Finanzierung von Innovationen. Hall (2002, S. 9) weist darauf hin, dass die Fremdkapitalkosten zur Finanzierung von F&E aufgrund der hohen Unsicherheit des Erfolges sehr hoch sind. Die Finanzierung mit Fremdkapital zur Reduzierung des Free Cashflows wäre kontraproduktiv, da dann die Gefahr der Unterinvestition im Sinn von Myer (1977)[402] droht. Es könnten zu wenige Investitionen in F&E getätigt werden. Fremdkapitalfinanzierung löst Agency-Probleme nur, wenn dem Unternehmen hohe freie Cashflows und wenige Wachstumsoptionen, das heißt wenige rentable neue Investitionsprojekte, zur Verfügung stehen. Einen ebenfalls interessanten Aspekt untersuchen Morgan und Abetti (2004). Bei der Analyse von Biotechnologieunternehmen stellen sie die Finanzierung des Unterneh-

[401] Zur Grundlegenden Free Cashflow Problematik siehe Jensen (1986).

[402] Das Unterinvestmentproblem, das von Myer (1977) beschrieben wird, ist eine weitere Gefahr der Agency-Probleme zwischen Eigenkapital- und Fremdkapitalgebern. Hier investieren die Eigenkapitalgeber nicht mehr in Projekte mit positivem Nettobarwert, da die Erträge aus der Investition voll den Fremdkapitalgebern zufließen würden. Die Fremdkapitalgeber kennen diese Gefahr und reagieren mit einem Risikoaufschlag.

mens, neben der fachlichen Kompetenz des Managements, als einen erfolgskritischen Faktor heraus. In die Finanzierungsentscheidungen sollten dabei sowohl kurzfristige Möglichkeiten als auch langfristige Ziele einfließen. Es ist nicht zweckdienlich, über die Kapitalstruktur die heutigen Kapitalkosten zu senken, wenn dies langfristig dem Unternehmen die notwendige Flexibilität nimmt.

Die Beobachtungen von Barclay et al. (2006) unterstützen diese These. Die „Fremdkapitalkapazität" von Wachstumsoptionen scheint negativ zu sein. Sie argumentieren, dass wenn ein Unternehmen seine Wachstumsoptionen durch Investitionen in F&E erhöht, die derzeitigen Vermögenswerte (Einkommen) aber konstant bleiben, der angestrebte Verschuldungsgrad nach unten korrigiert werden muss. Auch Hovakimian et al. (2001) beobachten einen negativen Zusammenhang zwischen dem Verschuldungsgrad und den Wachstumsoptionen eines Unternehmens. Sie interpretieren einen Anstieg des Aktienkurses als das Vorhandensein von Wachstumsoptionen und erkennen, dass Unternehmen ihren angestrebten Verschuldungsgrad so anpassen, dass wenn sich das Verhältnis zwischen derzeitigen Vermögenswerten (assets in place) und Wachstumsoptionen hin zu Wachstumsoptionen verschiebt, Unternehmen eine höhere Eigenkapitalquote anstreben.[403] Wegen des höheren Anteils der Wachstumsoption am Unternehmenswert scheinen die Vorteile der Verschuldung (Reduzierung der freien Cashflows) zu sinken und die Nachteile der Verschuldung (Unterinvestitionsproblem) zu steigen.

Neben der Unterinvestition kann die Finanzierung von F&E mit Fremdkapital zu Vermögensverschiebungseffekten, wie sie von Jensen und Meckling (1976) herausgestellt werden, führen. Dieser Konflikt tritt zwischen Eigen- und Fremdkapitalgebern auf, da Fremdkapitalgeber ab einem gewissen Verschuldungsgrad auch dem Risiko eines Kapitalverlustes ausgesetzt sind. Dies ist der Fall, wenn das Vermögen eines Unternehmens im Fall einer Insolvenz nicht mehr ausreicht, um die Ansprüche der Fremdkapitalgeber zu befriedigen. Schon bevor diese Situation eintritt, kann es für das Management vorteilhaft sein, das Risiko seiner Investitionen zu erhöhen. Bei hohem Risiko des Unternehmens steigt die Chance auf einen hohen Gewinn, der über die Zahlungen an die Fremdkapitalgeber hinausgeht und somit einen Gewinn für die Eigentümer darstellt. Jedoch erhöht sich dann auch das Risiko für die Fremdkapitalgeber. Wird das Unternehmensrisiko nach Vertragsabschluss erhöht, können die Fremdkapitalgeber auf das hohe Risiko nicht mehr mit höheren Renditeforderungen reagieren

[403] Allerdings weisen sie auch darauf hin, dass dieses Verhalten darauf zurückzuführen sein kann, dass bei einem hohen Aktienkurs Eigenkapital relativ günstig auszugeben ist, siehe Hovakimian et al. (2001), S. 23.

und so findet ein Vermögenstransfer hin zu den Eigenkapitalgebern statt. Da es für das Management innovativer Unternehmen besonders einfach ist, das Unternehmensrisiko zu erhöhen, ist es vorstellbar, dass das Risiko der Vermögensverschiebung für innovative Unternehmen besonders hoch ist.

Auf der anderen Seite können risikoaverse Entscheidungen des Managements dazu führen, dass Investitionen in F&E unterbleiben. Manager gehen weniger Risiken ein, als es für einen gut diversifizierten Eigenkapitalgeber wünschenswert wäre. Zum einen kann ein Manager das Risiko scheuen, aus Angst seinen Arbeitsplatz zu verlieren. Zum anderen investiert er nicht in langfristige Projekte, wie F&E-Projekte, da er kurzfristig den Gewinn steigern möchte. Nam et al. (2003) und Coles et al. (2006) argumentieren, dass dieses Risiko geringer ist, wenn die Entlohnung des Managements von der langfristigen Kursentwicklung des Unternehmens abhängt. Dadurch werden die Zielfunktionen des Managements und der externen Eigenkapitalgeber genügend angeglichen. Diese Argumentation stützt die These von Bah und Dumontier (2001) sowie Carpenter und Peterson (2002), dass es für innovative Unternehmen vorteilhaft sein sollte, sich über interne Mittel, Eigenkapital oder kurzfristiges Fremdkapital zu finanzieren.

Deutsche innovative Unternehmen weisen dennoch oft einen hohen Verschuldungsgrad auf. Dabei ist die Finanzierung mit Fremdkapital für forschende Unternehmen problematisch, da Zinsen auch bei schlechter Entwicklung gezahlt werden müssen. Wenn die Unternehmen in diesen Zeiten die F&E-Ausgaben reduzieren, wirkt sich dies langfristig negativ auf den Innovationserfolg aus. Im Gegensatz zur Finanzstruktur in Deutschland zeigen Aghion et al. (2003), dass F&E-intensive Unternehmen in England einen höheren Anteil kurzfristiger Fremdkapitalfinanzierung als Unternehmen ohne F&E-Ausgaben aufweisen und dass mit wachsender F&E-Intensität die Eigenkapitalquote in der Gruppe der Unternehmen mit F&E-Ausgaben steigt. Rossi (2005, S. 16f.) analysiert die Kapitalstruktur von Unternehmen in den USA in Abhängigkeit ihrer F&E-Intensität und ihres Patentanmeldeverhaltens. Hierbei wird deutlich, dass in F&E-intensiven Branchen der Verschuldungsgrad durch die Emission von Eigenkapital reduziert wird. Allerdings emittieren insbesondere die Unternehmen Eigenkapital, die keine Patente anmelden. Diese Beobachtung könnte ein Hinweis darauf sein, dass die Informationsasymmetrien und das Risiko durch Patentanmeldungen sinkt und die Unternehmen dementsprechend Fremdkapital zu geringeren Kosten aufnehmen können, sodass die Ausgabe von Eigenkapitaltiteln nicht mehr vorteilhaft ist. Rossi (2005) hält diese Interpretation jedoch für nicht plausibel, da die patentierenden Unternehmen viele liquide Mittel halten und ihr Verschuldungsgrad nicht steigt. Im Gegensatz zu dieser Beobachtung haben jedoch F&E-intensive Unternehmen einen geringeren Verschuldungsgrad. Das könnte wiederum dafür sprechen, dass wenn Unternehmen in forschungsintensiven Industrien tätig sind, Patente die Aufnahme von Fremdkapital relativ erleichtern. Um diese Frage abschließend zu beantworten, wäre jedoch weitere Forschung notwendig.

II. Möglichkeiten der Vertragsgestaltung

Da in Deutschland die Finanzierung über Kredite etabliert ist, ist es interessant, sich Möglichkeiten anzusehen, die die Probleme bei der Finanzierung mit Fremdkapitel verringern können. Neben der Finanzierungsquelle spielt die Ausgestaltung der Finanzierungsverträge eine entscheidende Rolle bei der Reduzierung der Probleme, die aus Informationsasymmetrien und Unsicherheiten resultieren. Mit der Frage, wie die Interessen des Agenten (Management) an die des Prinzipals (Eigenkapitalgeber) angepasst werden können, beschäftigt sich die Vertragstheorie.[404] Bei der Finanzierung mit Eigenkapital ist es das Ziel, die Cashflow-Rechte und die Kontrollrechte so zwischen Agenten und Prinzipal zu verteilen, dass der Agent im Interesse des Prinzipals handelt. Fremdkapitalgeber besitzen die Möglichkeit, durch vertragliche Ausgestaltungen (Covenants) das Management an gewünschte Verhaltensvorgaben zu binden. Dabei können Dividendenbeschränkungen oder Beschränkungen der Investitionsvorhaben und Finanzierungsentscheidungen vertraglich geregelt werden. Werden die vertraglichen Beschränkungen nicht eingehalten, hat der Fremdkapitalgeber das Recht, die Zinshöhe an die neue Risikosituation anzupassen oder eine vorzeitige Tilgung des Kredites zu verlangen.

Durch vertragliche Beschränkungen der Handlungsmöglichkeiten der Kreditnehmer können die Gefahren des Vermögenstransfers und der Unterinvestition eingeschränkt werden. Die Beschränkung von Dividendenzahlungen verringert die Ausschüttungsmöglichkeiten und reduziert so die Möglichkeiten der Aktionäre, einen Vermögenstransfer zu Lasten der Fremdkapitalgeber vorzunehmen. Auch die Kontrolle von Investitionsvorhaben reduziert die Gefahr der Vermögensverschiebung. In einer restriktiven Form kann das Fremdkapital an spezielle Projekte gebunden sein, in einer weiten Fassung kann das Verbot zur Durchführung bestimmter Projekte vereinbart werden.

---

[404] Zur Vertragstheorie siehe die grundlegenden Arbeiten, beispielsweise von Hart (1995), Harris/Raviv (1991), Shleifer/Vishny (1997), Scharfstein/Stein (2000), Zingales (2000), Hart (2001); zur Verteilung der Kontrollrechte bei Technologieallianzen Lerner/Merges (1998).

Bae et al. (1994) nennen Event-Risk-Covenants, die beispielsweise die Zurückzahlung eines Kredites bei Unternehmenszusammenschlüssen oder sehr großen Investitionsvolumina bedingen. Neben den Einschränkungen der Handlungsspielräume des Managements können dem Fremdkapitalgeber Einwirkungsrechte gewährt werden. Hier ist es insbesondere möglich, durch Aufteilung der Cashflow-Rechte, die Interessen der beteiligten Parteien anzugleichen. Erhält beispielsweise ein Fremdkapitalgeber gleichzeitig eine Call-Option auf das Eigenkapital des Unternehmens, so kann er einen etwaigen Verlust durch Vermögensverschiebungseffekte ausgleichen, da der Wert seiner Call-Option mit dem Anstieg des Eigenkapitalwertes steigt.

Zur Vermeidung des Unterinvesitionsproblems können Finanzierungsentscheidungen beschränkt werden. Dies kann sich auf eine bestimmte Fremdkapitalquote oder auf die Aufnahme von vorrangigen Darlehen beziehen. Nash et al. (2003) argumentieren, dass ein festgesetzter Verschuldungsgrad das Unterinvestitionsproblem vermindert, indem der Betrag der fixen Zahlungen bewusst gering gehalten wird. Ein Verbot zur Emission von gleich- oder vorrangigen Titeln reduziert das Problem der Anspruchsverwässerung im Falle eines Konkurses und damit das Risiko eines Zahlungsausfalls für den Fremdkapitalgeber. Generell reduziert ein geringer Verschuldungsgrad und somit wenig fixe Zinszahlungen wegen des geringen finanziellen Hebels das Risiko für Fremdkapitalgeber.

Die Möglichkeiten zur Reduktion der aus Informationsasymmetrien resultierenden Prinzipal-Agenten-Probleme sind vielfältig. Insbesondere bei der Finanzierung innovativer Unternehmen kommen die Probleme der Innovationsbewertung erschwerend hinzu. Im folgenden Abschnitt wird angesprochen, welche Auswirkungen das hohe Risiko auf die Wertverteilung von Innovationen besitzt.

B. Risiko-Rendite von Innovationen und ihre Eignung als Sicherheit

Die Bewertung eines F&E-Projektes wird durch sein hohes Risiko erschwert. Nach Grabowski (1994) schlägt sich die aus den Risiken resultierende Untersicherheit eines Projektes in einer rechtsschiefen Wertverteilung eines Portfolios aus verschiedenen F&E-Projekten nieder. Nur sehr wenige Projekte bestimmen den positiven Wert eines Projektportfolios. In der Studie von 1994 beobachtet Grabowski, dass nur 30 Prozent der getätigten F&E-Projekte in der Pharmabranche überhaupt einen positiven Nettobarwert besitzen. Zwangsläufig wird eine objektive Bewertung der Projekte in den Anfangsphasen durch die schiefe Verteilung der Erwartungswerte der Projekterfolge erschwert. Die Wertverteilung von Patenten ähnelt in ihrer Form der von F&E-

Projekten. In Abbildung 70 ist eine exemplarische Verteilung von Renditen aus Investitionen in F&E-Projekte dargestellt. Im Durchschnitt erwirtschaften die Projekte zwar eine positive Rendite von ca. 11 Prozent, der Median der Verteilung liegt jedoch bei 0 Prozent. Die Hälfte der beobachteten Projekte erwirtschaftet somit keine positive Rendite. Am häufigsten realisieren die Projekte sogar einen Verlust in Höhe von 10 Prozent. Die durchschnittliche Rendite dieses Portfolios ist also nur positiv, weil es einige wenige Projekte enthält, die das eingesetzte Kapital mehr als verdoppeln.

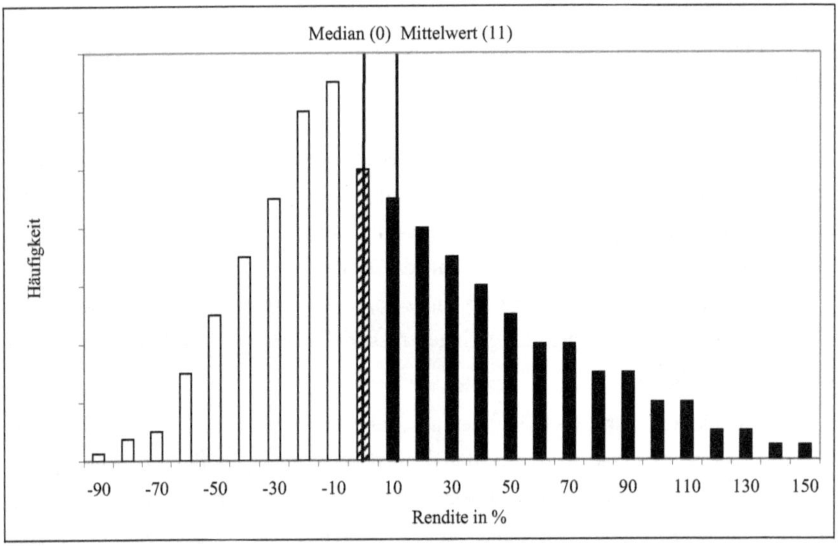

Abbildung 70: Exemplarische Renditeverteilung der Rendite von F&E-Projekten

Quelle: Eigene Darstellung

Die extreme Schiefe erschwert die Prognose des Wertes eines Patentes oder eines Patentportfolios. Schankerman and Pakes (1986) bewerten Patente anhand der Erneuerungsdaten und finden Hinweise auf eine rechtsschiefe Verteilung. Neben dem Anmeldejahr ermitteln sie das Unternehmen selbst als einen entscheidenden Faktor für die Patentqualität. Scherer (1998) unterstützt diese Erkenntnisse anhand verschiedener Untersuchungsdesigns. Er ermittelt die Wertverteilung von 1.) „Royalities“, das heißt Lizenzzahlungen in Abhängigkeit von dem Gewinn, den der Lizenznehmer mit dem Patent erwirtschaftet, 2.) kleinen Unternehmen, die nur von einem Patent abhängig sind, und 3.) Erneuerungsdaten. Harhoff et al. (1999) und Scherer et al. (2000) analysieren Umfragedaten zu Ermittlung der Wertverteilung und bestätigen ebenfalls die rechtsschiefe Verteilung der Patentwerte. Silverberg and Verspagen (2004) untersuchen die Daten des europäischen und US-amerikanischen Patentamtes und unterstützen ebenfalls diese Ergebnisse.

Die rechtsschiefe Verteilung hat zur Folge, dass selbst wenn ein Portfolio von F&E-Projekten oder Patenten finanziert werden soll, eine Diversifizierung nach dem μ-σ-Prinzip nicht mehr möglich ist, sondern eine Betrachtung höherer Momente zur Portfoliooptimierung notwendig wäre. Auf diese Fragestellung soll im Rahmen dieser Arbeit jedoch nicht näher eingegangen werden. Es soll vielmehr geklärt werden, wie Investoren in Deutschland auf die geschilderten Probleme bei der Finanzierung innovativer Unternehmen reagieren. Hierfür wird zuerst der Venture-Capital-Markt als eine Eigenkapitalquelle für Deutschland vorgestellt. Folgend wird der Verbriefungsmarkt, der durch die Verbindung der indirekten mit der direkten Finanzierung eventuell eine viel versprechende Lösungsmöglichkeit bietet, näher betrachtet.

Bei der Kreditvergabe verlangen Banken oft eine Kreditsicherheit. Ist der Kreditnehmer nicht in der Lage, seinen Zahlungsverpflichtungen nachzukommen, kann der Kreditgeber die Sicherheiten verwerten und so seinen Verlust reduzieren. Boecker et al. (1997) unterteilen mögliche Kreditsicherheiten in Kreditsicherheiten aus dem Anlagevermögen, Kreditsicherheiten aus dem Umlaufvermögen und Sicherheiten durch externe Dritte. Aus dieser Kategorisierung wird ersichtlich, dass vor allem junge oder kleine F&E-intensive Unternehmen potenziellen Kapitalgebern kaum Kreditsicherheiten anbieten können. Für Forschungsarbeiten sind meistens keine nennenswerten Grundstücke, Gebäude oder Maschinen[405] notwendig, sodass nur in Ausnahmefällen Kreditsicherheiten des Anlagevermögens in ausreichendem Maße vorhanden sind. Auch das Umlaufvermögen ist nur eingeschränkt geeignet. Insbesondere bei jungen Unternehmen ist der Forderungsbestand in vielen Fällen zu gering, um als werthaltige Sicherheit genutzt werden zu können.

Bah und Dumontier (2001) argumentieren, dass insbesondere in der Anfangsphase eines Forschungsprojektes Löhne und Gehälter den größten Kostenanteil ausmachen. Aus Löhnen und Gehältern resultieren keine direkten physischen Gegenstände wie aus Ausgaben für Gebäude. Sie können nicht als Sicherheiten genutzt werden und es entstehen durch sie keine direkten dinglichen Sicherheiten, die im Fall eines Zahlungsaus-

---

405 Bei Forschungsarbeiten können zwar durchaus Maschinen notwendig sein, allerdings unterliegen diese mit hoher Wahrscheinlichkeit auch einer hohen Spezifität. Auf die Problematik der Spezifität wird im Folgenden eingegangen.

falles übertragen werden könnten. Langfristig sollten aus Forschungsprojekten Innovationen (neue Produkte oder Prozesse) entstehen, die einen gewissen körperlichen Wert innehaben. Jedoch erreicht ein F&E-Projekt die Phase der Vermarktung, wenn überhaupt, oft erst nach mehreren Jahren. Bis zu dem Vermarktungszeitpunkt ist die (immaterielle) Idee, auf der das F&E-Projekt aufbaut, der einzige Vermögensgegenstand. Da gewerbliche Schutzrechte in Form von Patenten für ein Unternehmen wertrelevant zu sein scheinen, stellt sich an dieser Stelle die Frage, ob diese als Kreditsicherheiten genutzt werden könnten.

Klawitter (2004) bewertet die Eignung staatlicher Schutzrechte als Sicherheiten im Rahmen der Fremdkapitalfinanzierung. Da ein Patent eine übertragbare Urkunde darstellt, sein Schutz überprüft und staatlich gesichert ist (siehe Teil 1 Kapitel I)), bietet es sich als Sicherheit an.[406] Dabei ist sowohl die Verpfändung des Patentes als auch die Sicherungsübertragung eines Patentes denkbar. Das Gebrauchsmuster ähnelt dem Patent, seine Gültigkeit unterliegt allerdings keiner staatlichen Prüfung und die Schutzrechtsdauer beträgt statt 20 nur 10 Jahre.[407] Die Marke schützt zwar keine Technologien, aus rechtlicher Sicht ist sie als Kreditsicherheit wiederum geeignet, da ihre Gültigkeit vor Erteilung überprüft wird. Wirtschaftlich ist sie unter der Annahme einer guten Markenpolitik des Unternehmens unter Umständen sehr wertvoll. Im Vergleich mit anderen staatlichen Schutzrechten sind Patente (und Marken) als geprüfte Schutzrechte als Sicherheit am besten geeignet.

Neben der Immaterialität einer Innovation am Anfang der Forschung führt die hohe Spezifität des immateriellen Vermögens dazu, dass es als Sicherheit nur selten akzeptiert wird. Ein Vermögenswert wird als spezifisch bezeichnet, wenn er in seiner zweitbesten Verwendung einen hohen Wertverlust erleidet und infolgedessen am Markt nur mit einem hohen Abschlag veräußert werden kann [Williams (1988)]. Aus Sicht der Verwertung von Patenten kommt erschwerend hinzu, dass die Märkte für den Technologietransfers oft illiquide und wenig transparent sind. Erste Verbesserungen zeigen Patentauktionen und Patentfonds (siehe Teil 3 Kapitel IV). Die Anmeldung eines Patentes bietet als Kreditsicherheit zwar Vorteile gegenüber den reinen Ausgaben für F&E, da es übertragen und juristisch durchgesetzt werden kann, dennoch bleibt das Problem der hohen Spezifität bestehen. Neben der hohen Spezifität treten bei der Bewertung von Patenten Informationsasymmetrien auf und der Erfolg einer Innovation ist schwer vorherzusehen.

---

406 Zum gleichen Ergebnis kommt Coster (1998).
407 Zur Ausgestaltung staatlicher Schutzrechte vgl. Teil 2 Kapitel I D.

Auch wäre es begrüßenswert, Patente oder anderes immaterielles Vermögen zu nutzen, um Informationsasymmetrien bei der Unternehmensbewertung abzubauen. Wie bereits in der Einleitung der Arbeit dargestellt wurde und die Ergebnisse des Arbeitskreises Wissensbilanz verdeutlichen, finden die Werte bisher kaum Berücksichtigung in bankinternen Ratingverfahren.[408]

Kapitel II: Ausgesuchte Finanzierungsmöglichkeiten

A. Finanzierung mit Wagniskapital

Fehlende Kreditsicherheiten und Bewertungsschwierigkeiten lassen es für innovative Unternehmen oftmals attraktiver scheinen, sich durch interne Mittel oder über die Ausgabe von Eigenkapitaltiteln zu finanzieren.[409] Dabei bietet sich aufgrund des geringeren Investorenkreises und somit weniger informationsberechtigter Teilhaber die Finanzierung über Private Equity an. Vor diesem Hintergrund spielt für kleine und junge Unternehmen die Verfügbarkeit und Vertragsausgestaltung von Venture Capital eine große Rolle.[410]

Die Finanzierung mit Private Equity deckt ein breites Spektrum ab. Diese Finanzierungsmöglichkeiten reichen von der Unternehmensgründung über sämtliche Wachstumsphasen bis zur Turnaround- oder Buy-Out-Finanzierung. Findet die Finanzierung während der Frühphasenfinanzierung (Early Stage) oder Wachstumsfinanzierung (Expansion Stage) statt, in der das Unternehmen rentabel werden sollte, ist sie der Venture Capital Finanzierung zuzuordnen. Weitere Venture Capital Finanzierungen sind Maßnahmen in kritischen Phasen (Turnaround-, Replacement- oder Bridge-Financing).[411] Die Finanzierung reifer Unternehmen mit privatem Eigenkapital wird gemeinhin als Buy-Out-Finanzierung bezeichnet, da es sich hier oft um eine Möglichkeit handelt, die Unternehmensnachfolge über Management-Buy-Outs zu finanzieren, was bedeutet, dass das eingesetzte Management das Unternehmen übernimmt.[412] Die folgenden Ausführungen konzentrieren sich auf die Finanzierung mit Venture Capital. Bei der Finan-

---

[408] Siehe auch Loop/Lipfert (2006), http://www.akwissensbilanz.org/, Stand 12.01.2007.

[409] Bah/Dumontier (2002), Aghion (2003), Hall (2002), Bond (2004).

[410] Kortum/Lerner (2000). Für einen aktuellen Überblick über den deutschen Beteiligungsmarkt siehe beispielsweise auch Achleitner et al. (2006).

[411] Diese Einteilung orientiert sich an Leopold et al. (2003).

[412] Auch der Bundesverband deutscher Kapitalbeteiligungsgesellschaften e.V folgt dieser Einteilung, BVK Jahrbuch (2004). Diese Buy-Out Finanzierungen sind oft zu großen Teilen mit Fremdkapital finanziert, wobei die Zinszahlungen aus den Cashflows des zu finanzierenden Unternehmens beglichen werden, (LBO, Leveraged-Buy-Outs).

zierung von Innovationen durch Venture Capital Geber haben sich bestimmte Mechanismen etabliert, die helfen, die Informationsprobleme zu reduzieren. Idealerweise überwachen, kontrollieren und beraten Venture Capital Geber ihre Portfoliounternehmen.

Berger und Udell (1998) fassen die Mechanismen, die Venture Capital Geber einsetzen, um Agency-Problem bei der Finanzierung junger Unternehmen mit privatem Eigenkapital zu finanzieren, wie folgt zusammen: Sie nennen

- das Staging bei der Finanzierung, das heißt das Unternehmen erhält die Beteiligung nicht in voller Höhe, sondern über einen Zeitraum verteilt, wobei dann in jeder Finanzierungsrunde über eine weitere Finanzierung in Abhängigkeit der Entwicklung des Unternehmens entschieden werden kann,[413]
- die Verteilung der Kontrollrechte sowie die Wahl von Fremd- und Eigenkapital-Kombinationen,
- die Entlohnung des Unternehmensgründers,
- restriktive Vertragsbestimmungen,
- Mitbestimmung im Vorstand,
- Vergabe von Wahlrechten an die Venture Capital Geber und
- die Spezialisierung in bestimmten Technologien, um einen besseren Einblick in die Erfolgsaussichten zu bekommen.[414]

Engel (2005) betont die Vorteilhaftigkeit der Kontrollmöglichkeiten, die Venture Capital Geber haben. Durch die Zusammenarbeit mit dem Unternehmen, auch in operativen Fragestellungen, wird das Bewertungsproblem von Technologien abgeschwächt. Gompers und Lerner (1999) argumentieren, dass es anders als rein externen Kapitalgebern Venture Capital Gebern durch die Überwachungsfunktion möglich ist, Einblicke in die Erfolgsaussichten der Innovationen des Unternehmens zu gewinnen und gegebenenfalls in das Geschehen einzugreifen.

Allerdings könnte die Kausalität herrschen, dass Venture Capital Geber erst auf einem Markt auftreten, wenn viele erfolgreich forschende Unternehmen auf dem Markt vertreten sind. Dann wäre es nicht möglich, über Venture Capital eine Art „Anschubfi-

---

[413] Die Finanzierungsfrequenz steigt dabei mit dem Anteil immateriellen Vermögens am Unternehmenswert, Gompers (1995).

[414] Berger/Udell (1998, S. 632f.) geben einen Literaturüberblick zu den einzelnen Mechanismen.

nanzierung" für innovative Märkte zu leisten. Zum anderen ist es für das Aufkommen von Venture Capital wichtig, dass sich für den Venture Capital Geber lukrative Ausstiegsmöglichkeiten aus dem Unternehmen bieten.[415] Romain und van Pottelsberghe (2004a und 2004b) analysieren zum einen den Einfluss von Innovationen auf die Verfügbarkeit von Venture Capital, zum anderen aber auch den Einfluss von Venture Capital auf Innovationen. Sie können keine eindeutige Richtung des Zusammenhangs identifizieren. Kortum und Lerner (2000) widmen sich einer ähnlichen Fragestellung. Auch unter Berücksichtigung verschiedener Kontrollfaktoren kommen sie zu dem Ergebnis, dass Venture Capital die Innovationsaktivitäten der Unternehmen auf gesamtwirtschaftlicher Ebene fördert. Gans und Stern (2002) stellen die Überlegung an, dass Start-up-Unternehmen mit ihren Innovationen eine höhere Rendite erwirtschaften sollten, wenn Venture Capital Geber als Intermediäre fungieren, die in der Verhandlung mit Wettbewerbern eine höhere Expertise und eine bessere Reputation aufweisen. Diese Überlegung stützt die These, dass mehr Verfügbarkeit von Venture Capital die Rendite aus der Vermarktung von Innovationen erhöht und somit Investitionen in Innovationen fördert.

Die Anmeldung gewerblicher Schutzrechte kann, wie die Fremdkapitalfinanzierung, auch die Finanzierung mit Venture Capital erleichtern. Gewerbliche Schutzrechte können sowohl als Schutz für das finanzierte als auch zum Schutz des finanzierenden Unternehmens dienen. Bigus (2004) erwähnt in diesem Zusammenhang das Hold-Up-Problem. Für den Unternehmer (Portfoliounternehmen) besteht hierbei die Gefahr, dass der Venture Capital Geber im Zuge des Stagings das Unternehmen nicht weiter finanziert oder nur zu schlechteren Konditionen. Stimmt das betroffene Unternehmen den neuen Konditionen nicht zu, läuft es Gefahr, dass der Venture Capital Geber die Idee an ein Konkurrenzunternehmen veräußert oder gar ein neues Unternehmen auf den Grundlagen dieser Idee aufbaut. Sind die Ideen des Unternehmens hingegen durch ein Patent geschützt, verringert sich die Abhängigkeit des Portfoliounternehmens von dem Venture Capital Geber. Es wird dem Unternehmen unter Umständen erleichtert, seine Ideen dem Finanzier offen zu legen, ohne sein Recht an der Erfindung zu verlieren.[416]

---

415 Die Relevanz der Ausstiegsmöglichkeit kann am vermehrten Volumen an Venture Capital zur Zeit der Entstehung des Neuen Marktes, wie im hinteren Teil des Abschnittes vorgestellt, erkannt werden.

416 Bigus (2004) diskutiert den Einfluss der Stärke des Patentrechtes auf das skizzierte Hold-Up-Problem. Sind die Schutzrechte für das Unternehmen nicht stark genug, könnte dies dazu führen, dass sich das Unternehmen nicht auf eine stufenweise Finanzierung einlassen möchte.

Auch stellen Patente für Venture Capital Geber ein Qualitätssignal dar. Wertvolle Patente eines Unternehmens können die Bewertung durch Venture Capital Geber positiv beeinflussen, was zu einem höheren Finanzierungsvolumen führen kann [Lerner (1994)]. Dabei scheinen Unternehmen die Vorteile, die durch die Patentierung der Innovationen gegenüber den Venture Capital Gebern entstehen, zu kennen und zu nutzen.

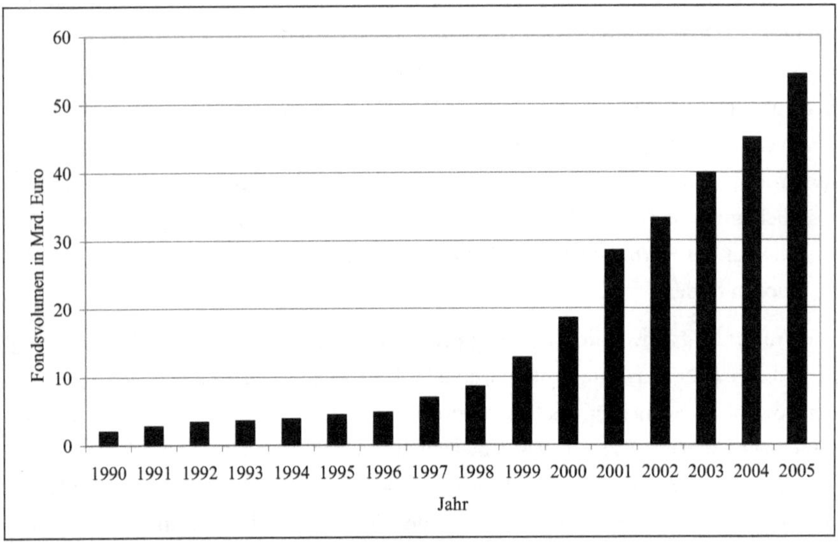

Abbildung 71: Venture Capital Volumen in Deutschland (inkl. Buy-Out Finanzierungen)

Quelle: Jahresstatistik des BVK (2005)

Der Bundesverband deutscher Kapitalbeteiligungsgesellschaften (BVK) veröffentlicht jährlich Statistiken über die Entwicklung des deutschen Beteilungsmarktes.[417] Im Jahr 2005 wurden 170 Gesellschaften erfasst, deren 1.575 Mitarbeiter 37.600 Anfragen nach Eigenkapital bearbeitet haben. Das gesamte Fondsvolumen betrug im Jahr 2005 €54,3 Mrd., von denen €36,8 Mrd. von paneuropäischen Fonds stammen. Abbildung 71 zeigt die Entwicklung des Fondsvolumens seit 1990.

[417] Die folgenden Daten stammen aus der Jahresstatistik des BVK aus dem Jahr 2005. BVK Statistik 2005: http://www.bvk-ev.de/pdf/143.pdf?title=BVK+Statistik+2005+-+Das+Jahr+2005+in+Zahlen, Stand 15.06.2006.

Insbesondere mit der Eröffnung des Neuen Marktes ist seit dem Jahr 1997 ein überproportionaler Anstieg der verfügbaren Mittel zu verzeichnen. Bemerkenswert ist, dass das Aufkommen auch weiter stieg, als das Börsensegment Neuer Markt keine Ausstiegsmöglichkeit für die Venture Capital Geber mehr geboten hatte.

In den Jahren 1998 bis 2000 gewann die Börse durch den Neuen Markt als Ausstiegsmöglichkeit für Venture Capital Geber enorm an Bedeutung (Tabelle 66).

Tabelle 66: Ausstieg von Venture Capital Gebern aus Portfoliounternehmen in Deutschland

Exit	1997	1998	1999	2000	2001	2002	2003	2004	2005
Trade Sales	34%	22%	25%	39%	20%	31%	18%	25%	21%
Buy Back*	22%	30%	21%	17%	18%	4%	10%	11%	15%
Verkauf an der Börse**	3%	14%	19%	12%	8%	6%	8%	6%	23%
Secondary Purchase***	4%	0%	4%	7%	8%	12%	14%	23%	26%
Totalverluste	15%	17%	21%	18%	36%	44%	40%	27%	10%
Sonstige	22%	17%	10%	6%	9%	4%	10%	7%	5%
Volumen in € Mio.	728	537	769	1.262	1.855	2.132	821	1.481	1.864

* werden ab 1998 als Rückzahlung ausgewiesen
** entweder bei IPO oder später
*** Verkauf an Finanzinstitution oder andere Beteiligungsgesellschaft
Quelle: BVK (2006)

So wurden im Jahr 1999 19 Prozent (€146 Mio.) des Ausstiegsvolumens über Verkäufe an der Börse realisiert. In den Jahren vor dem Neuen Markt belief sich dieser Anteil 1994 auf neun Prozent (€32,2 Mio.) und auf ein Minimum in 1997 von drei Prozent (€19,9 Mio.). Das höchste Ausstiegsvolumen über die Börse wurde 2005 mit €434,4 Mio. (ca. 23 Prozent des Gesamtvolumens) erzielt. Dabei ist das Volumen an IPOs mit €116,6 Mio. ungefähr so hoch wie in dem Boomjahr 2000 mit €116,3 Mio. Die restlichen €317,8 Mio. waren Verkäufe bereits notierter Unternehmen. Das Volumen an Verkäufen bereits notierter Unternehmen erreicht in der Vergangenheit in 2001 mit €138,5 Mio. sein temporäres Maximum. Der hohe Anstieg in 2005 könnte darauf zurückzuführen sein, dass Venture Capital Geber bei Rückgang des Neuen Marktes auch nach Ablauf der Lock-up-Periode den Exit über den Verkauf ihrer Anteile nicht anstrebten, sondern das günstige Umfeld im Jahr 2005 für einen Ausstieg aus dem Investment nutzten, wie Bessler und Kurth (2005) darstellen. Weiter auffällig ist im Jahr 2005 der Rückgang der Totalverluste. Diese erreichten im Jahr 2002 mit €941,20 Mio. (44,1 Prozent) ihr Maximum. Im Jahr 2005 liegt der Totalverlust mit €191,5 Mio. zwar immer noch höher als in den Jahren vor 1999, der prozentuale Anteil liegt mit 10 Prozent allerdings sehr niedrig.

Der hohe Anteil an Totalverlusten als „Ausstieg" der Venture Capital Gesellschaften könnte zu einer Verschiebung der finanzierten Phasen hin zu den Later Stage Bereichen geführt haben. Die Verschiebung wird deutlich, wenn die Anteile an Venture Capital Finanzierung und Buy-Out Finanzierung in Abbildung 72 verglichen werden.[418]

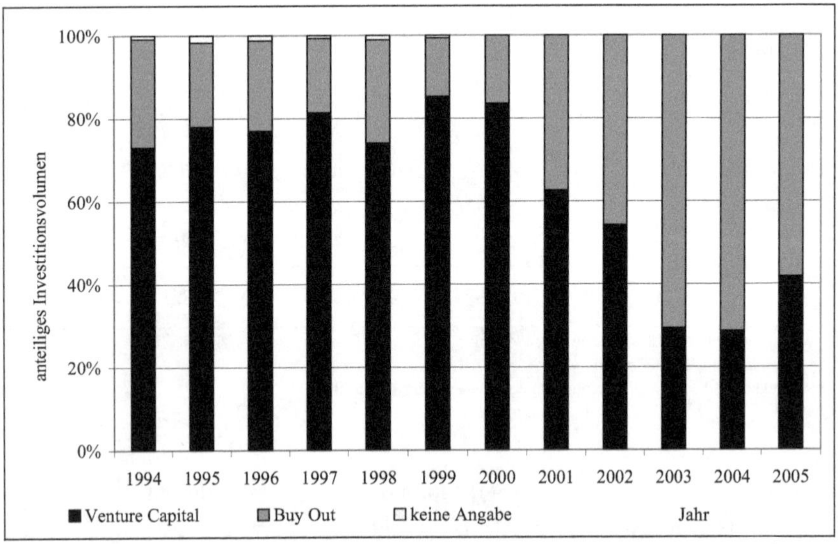

Abbildung 72: Verteilung des Finanzierungsvolumens nach Finanzierungsphasen

Quelle: BVK Jahresstatistik (2005)

418 Die Werte bezogen sich auf die gesamte Finanzierung unabhängig von der Lebensphase des Unternehmens.

Bis zum Jahr 2000 sind ca. 80 Prozent der Finanzierungen in den Venture Capital Bereich einzuordnen. Im Jahr 2000 entspricht dies 2.078 finanzierten Unternehmen oder 95,3 Prozent der finanzierten Unternehmen mit einem Volumen von €3,72 Mrd. In dem Bereich der Buy-Out Finanzierung wurden hingegen nur 77 Unternehmen finanziert. Die Entwicklung bis 2003/2004 verdeutlicht, dass sich das Verhältnis im Finanzierungsvolumen verschoben hat. So sind 2004 70,7 Prozent des Emissionsvolumens der Buy-Out Finanzierung zuzuordnen, dies entspricht einem Volumen von €1,7 Mrd. und 51 Unternehmen. Hier wird deutlich, dass sich nicht nur die Anzahl oder die Anteile der Finanzierung verändert haben, sondern auch das Volumen. Betrug im Jahr 2000 das durchschnittliche Finanzierungsvolumen für eine Venture Capital Finanzierung noch €1,8 Mio., waren es im Jahr 2003 nur €0,85 Mio. Im Gegensatz stieg das durchschnittliche Volumen einer Buy-Out-Finanzierung von €9,5 Mio. in 2000 auf €33,5 Mio. in 2003. Im Jahr 2005 glich sich das Verhältnis zwischen Venture Capital und Buy-Out-Finanzierungen in relativen wie in absoluten Zahlen wieder an den Zeitraum vor dem starken Rückgang des Neuen Marktes an. So wird 2005 ein Anteil von 41,8 Prozent, bei einem durchschnittlichen Volumen von €1,4 Mio. je eines der 901 finanzierten Unternehmen, mit Venture Capital finanziert und 58,2 Prozent sind der Buy-Out-Finanzierung zuzuordnen. Hierbei beträgt das durchschnittliche Volumen €21,6 Mio. je Unternehmen. 82 Unternehmen erhielten eine Buy-Out-Finanzierung. Der Anstieg der Buy-Out-Finanzierung ist sicherlich durch die hohen Verluste, die Investoren in den Jahren 2001 bis 2003 erleiden mussten, zu begründen. Eine weitere Erklärung ist aber auch, dass Buy-Out-Finanzierungen den Venture Capital Gebern eine Exit Möglichkeit bieten (Secondary Purchase). Damit dieser Markt langfristig funktionieren kann, ist jedoch auch ein gesunder Anteil an Frühphasenfinanzierung von Nöten, da sonst die Preise für die zum Verkauf angebotenen Unternehmen zu stark steigen. Dies kann zu einer zu aggressiven Beimischung von Fremdkapital bei der Übernahme führen, was die Unternehmen von konjunkturellen Schwankungen sehr abhängig werden lässt.

Die sich ändernden Gewichte der Finanzierungsphasen zeigen, dass in Deutschland der Markt für privates Eigenkapital noch in Bewegung ist. In den letzten Jahren ist eine Verschiebung hin zu den späteren Finanzierungsphasen zu erkennen. Dies lässt die Frage aufkommen, wer die jungen (innovativen) Unternehmen finanziert.[419] Auch scheint das Volumen für den herrschenden Kapitalbedarf der Unternehmen nicht adäquat. Dies lässt sich sowohl bezogen auf das Gesamtvolumen mit knapp €55 Mrd. sagen, als auch über das Finanzierungsvolumen eines einzelnen Unternehmens. Dies liegt bei einem durchschnittlichen Volumen von €1,4 Mio. [420] Der Kapitalbedarf für kleine Unternehmen ist jedoch meist geringer, sodass die aufzunehmende Summe die detaillierte Prüfung und Überwachung durch einen Venture Capital Geber unrentabel werden lässt.

B. Finanzierung einzelner Projekte mit Eigenkapital

Aufgrund des wertsteigernden Effektes und des Risikoprofils von F&E-Investitionen sollte bei renditebewussten und risikofreudigen Anlegern ausreichendes Interesse vorhanden sein, eine reine Eigenkapitalfinanzierung zu ermöglichen. Dabei könnte es zweckdienlich sein, einen F&E-intensiven Unternehmensteil abzuspalten und über die Emission von Eigenkapitaltiteln zu finanzieren. Die Finanzierung erfolgt dann durch die Emission von Wertpapieren, denen F&E-Programme oder Patentpools zu Grunde liegen. Den Unternehmen stehen hier verschiedene Alternativen zur Auswahl. Mögliche Eigenkapitaltitel sind Neuemissionen in Form von Spin-offs oder die Ausgabe von Tracking Stocks. Letztere sind Stammaktien, deren verbriefte Rechte sich auf eine spezielle Geschäftseinheit beziehen.[421] Krishnaswami und Subramaniam (1999) stellen die Bewertungseffekte und den Abbau asymmetrischer Informationen im Zuge von Spin-offs vor, wobei insbesondere bei Unternehmen mit hohen Informationsasymmetrien die Bewertungseffekte bei dem abspaltenden Unternehmen positiv sind. Bray und Lee (2000) erläutern die Möglichkeiten des Technologietransfers von Universitäten durch Spin-offs. Die Einnahmen durch die Gründung eines Start-ups aufgrund eines patentierten Produktes und dessen Verkauf führen durchschnittlich zu höheren Einnahmen als die Lizenzierung des gleichen Produktes. Die höchsten Werte erreichen dabei die Spin-offs, die in Regionen mit einem hohen Angebot an Venture Capital ausgegliedert werden. Dabei führen einzelne sehr hoch bewertete Spin-offs zu einem höheren Durchschnittswert.

---

419 Eine Möglichkeit ist die staatliche Förderung der Risikofinanzierung. Die Bewertungen fallen unterschiedlich aus, was auch mit den unterschiedlichen Gestaltungen der Programme begründet werden kann. Siehe für Deutschland Almus /Prantl (2001), die in der Förderung einen Erfolg sehen, Lerner (1999) beobachtet für geförderte Unternehmen ebenfalls eine bessere Entwicklung. Für Schweden findet Svensson (2004) negative Effekte, die er aber hauptsächlich auf die Strukturierung des Programms zurückführt.

420 Eine exaktere Verteilung des Finanzierungsvolumens je Unternehmen ist leider nicht verfügbar.

421 Lev (1999), S. 27, Slovin et al. (1995), Steiner/Natusch (1996), Sustmann (2003).

Eine speziell auf F&E-Projekte zugeschnittene Finanzierungsalternative ist die off-balance-sheet Finanzierung mit Eigenkapital. Beatty et al. (1995) untersuchen die Vorteile der „Research and Development Financial Organisation" (RDFO). Analog zur Verbriefung werden F&E-Projekte an ein eigens dafür gegründetes Unternehmen ausgelagert. Diese Zweckgesellschaft wird über die Emission von Finanztiteln finanziert. Dies ist für die finanzierenden Unternehmen vorteilhaft, da die F&E-Ausgaben nicht mehr als Kosten verbucht werden müssen und somit die Gewinne der Periode nicht reduzieren, was zu einer besseren Kapitalmarktbewertung führen könnte.[422] Dahingegen können Investoren mit einem hohen marginalen Steuersatz bei der Investition in RDFOs von der direkten steuerlichen Abzugsfähigkeit der F&E-Ausgaben profitieren. Nachteilig an diesem Konstrukt sind zum einen die hohen Transaktionskosten, die zweimal so hoch sind wie bei der Ausgabe von reinem Eigenkapital. Zum anderen bestehen potenzielle Adverse Selection und Moral Hazard Probleme. Erstere entstehen, wenn das sich finanzierende Unternehmen nur sehr risikoreiche F&E-Projekte auslagert. Letztere entstehen, wenn das Unternehmen nach der Finanzierung seine Anstrengungen in die Projekte reduziert. Beatty et al. (1995) vergleichen die Motive zur Gründung von 166 RDFOs im Zeitraum von 1981 bis 1990 mit den Motiven zur Ausgabe von Wandelanleihen. In dem Untersuchungszeitraum scheinen die hohen Informationskosten die Unternehmen von der Bildung eine RDFO abzuhalten, da insbesondere Unternehmen mit wenig internen Finanzierungsmöglichkeiten RDFOs nutzen. Einen großen Einfluss auf die Gründung einer RDFO hat das Motiv der Steuererleichterung für die Investoren und das Vorhaben, die Bilanzkennzahlen zur weiteren Fremdkapitalaufnahme zu verbessern. Die Steigerung des Eigenkapitalwertes ist kein Motiv zur Gründung einer RDFO.

Solt (1993) analysiert die Vorteilhaftigkeit von „Stock Warrants Off-Balance-Sheet Research and Development" (SWORD). Dies ist eine ähnliche Konstruktion in die verschiedene Optionsscheine zur Interessensangleichung und als Signal integriert werden. Je Eigenkapitaltitel wird ein Optionsschein auf einen Anteil der Muttergesellschaft (Stock Warrant) ausgegeben. Sollte die Mutter Informationsasymmetrien ausnutzen und ihre Gewinne zu Lasten der neuen Kapitalgeber ausweiten (Verwässerungsproblematik), profitieren diese über die eingebaute Option ebenfalls. Die Mutter selbst erhält eine Call Option auf das neu gegründete Unternehmen. So kann sie es beispielsweise im Fall einer feindlichen Übernahme wieder eingliedern. Solt (1993)

---

422 siehe zur bilanziellen Behandlung von F&E-Ausgaben Teil 1 Kapitel III.

versucht die Bewertungseffekte der Bildung von SWORDs zu analysieren.[423] Die Analyse wird erschwert, da sowohl die Investition in F&E, als auch die Wahl des Finanzinstrumentes den Unternehmenswert beeinflussen können.[424] Von den vier Unternehmen reagieren drei signifikant positiv auf die Finanzierung mit SWORDs. Diese, der Projektfinanzierung ähnlichen Finanzierungsarten, sind allerdings nur für Produkte geeignet, die bereits nahe der Entwicklungsreife sind. Sie bestehen im Gegensatz zur Projektfinanzierung und der Verbriefung nur aus Eigenkapital.

Insgesamt sind diese Finanzierungsansätze nicht weit verbreitet. Wegen der wachsenden Bedeutung des Wissens als Produktionsfaktor, ist es interessant nicht etablierte oder sogar neue Finanzkonzepte zu analysieren. Vorab wird vorgestellt, warum Finanzinnovationen entstehen, wer sie entwickelt und unter welchen Voraussetzungen sie welchen Marktteilnehmern Nutzen stiften.

Kapitel III: Grundlagen zu Finanzinnovationen

A. Finanzinnovationen und die Effizienz von Kapitalmärkten

Als Gründe für Finanzinnovationen werden oft die Effizienzsteigerung und die Komplettierung des Kapitalmarktes genannt.[425] Um die optimale Allokation der Anlage der Investoren in die Projekte mit der bestmöglichen Verwendung zu gewähren, sollte der Kapitalmarkt informationseffizient[426] und verfahrenseffizient[427] sein.

---

[423] Solt (1993, S. 182ff.) unterscheidet weiter die Effekte in Ankündigungseffekte und Effekte bei Gründung der Transaktion. Die Bewertungsverläufe der vier Unternehmen sind dabei sehr unterschiedlich.

[424] Siehe hierzu auch Teil 2 Kapitel IV der vorliegenden Arbeit. Solt (1993, S. 181) erläutert, dass das Finanzinstrument wegen der Signaleffekte durch die verschiedenen Optionsscheine und der Aufteilung des Projektes in mehrere homogene Parten, was es den Investoren erlaubt, ihr Portfolio zu diversifizieren, zu positiven Reaktionen führen könnte. Da die von Solt (1993) untersuchte Stichprobe nur vier Unternehmen beinhaltet, ist eine differenzierte Analyse, ob die Investition in F&E oder die Finanzierungsart bewertungsrelevant ist, nicht möglich.

[425] Siehe zum Beispiel Van Horne (1985), Miller (1986), Merton (1992). Auch wenn das explizite Konzept effizienter Märkte bei Van Horne am deutlichsten wird, legen den anderen Arbeiten ähnliche Begründungen oder Teilbereiche zu Grunde.

[426] Ein Kapitalmarkt kann dabei nach Fama (1970) auf drei verschiedenen Stufen informationseffizient sein. Die Stufe der Informationseffizienz wird danach gemessen, welche Informationen in den Kursen am Kapitalmarkt eingepreist sind. Sind alle Informationen in den Kursen enthalten, führt dies gleichsam dazu, dass Investoren keinen Ausgleich in Form höherer Kapitalkosten für Risiken aus Agency-Problemen verlangen. Die drei angesprochenen Informationseffizienzformen sind die schwache – alle historischen öffentlich verfügbaren Informationen sind in den Kursen enthalten, die mittelstarke – alle historischen und heute öffentlich verfügbaren Informationen sind in den Kursen enthalten, und die starke Form – alle historischen heute öffentlich verfügbaren und privaten Informationen sind in den Kursen enthalten.

[427] Schmidt (1977) erläutert insbesondere die Relevanz der Minimierung der marktorganisationsbestimmenden Kosten zur Steigerung der Verfahrenseffizienz. Die wichtigste Rolle spielen dabei die Transaktionskosten.

Dies impliziert, dass die Anlagemittel zu minimalen Transaktionskosten zu ihrer besten Verwendung gelangen. Ein effizienter Finanzmarkt ist also informationseffizient (faire Bewertung) sowie verfahrenseffizient (geringe Transaktionskosten) und ermöglicht eine effiziente Allokation der Finanzmittel. Ein weiterer Grund für Finanzinnovationen sind unvollständige Märkte. Ist der Markt vollständig, so existiert in jedem Umweltzustand für jedes Risiko-Rendite-Profil eine geeignete Anlage- und Finanzierungsmöglichkeit.[428]

I. Definitionen und Bedeutung

In weiten Teilen dieses Abschnittes wird den Überlegungen von Van Horne (1985 und 2001) zur Erklärung von Finanzinnovationen gefolgt. Sein Konzept ist sehr umfassend. Viele Arbeiten decken Teilbereiche des Konzeptes ab und bieten von daher an verschieden Stellen interessante Anknüpfungspunkte und Ergänzungen. Van Horne (1985) versteht unter einer Finanzinnovation ein neues Finanzinstrument oder einen Finanzprozess.[429] Sie kann auch nur eine Modifikation einer bestehenden Idee sein.[430]

Nach Van Horne haben Finanzinnovationen eine Berechtigung, wenn sie zur Vervollständigung der Märkte beitragen. Auf einem unvollständigen Markt kommt es zu höheren Reibungskosten, da Investoren eine höhere Rendite fordern, wenn eine Anlage nicht ihrem Risiko-Rendite-Profil entspricht. Aber auch Informationsasymmetrien zwischen Unternehmen und Investoren können zu Reibungsverlusten führen. Finanzinnovationen haben demnach auch eine Berechtigung, wenn sie helfen, durch Informationsasymmetrien induzierte Agency-Kosten zu reduzieren. Agency-Kosten können reduziert werden, indem Informationsasymmetrien zwischen Überschusseinheiten (Anleger) und Defiziteinheiten (Unternehmen) abgebaut werden oder die Zielfunktio-

---

428 Diese Überlegung kann insofern erweitert werden, dass es auch für jede Defiziteinheit eine geeignete Finanzierungsmöglichkeit geben muss. Dieser Gedankengang wird von Merton (1992, S. 12) explizit aufgegriffen.

429 Die Unterteilung in Produkt- und Prozessinnovationen, die nicht immer trennscharf stattfinden kann, wird in den meisten Studien zu Finanzinnovationen aufgeführt und hier nicht immer explizit erwähnt. Tebroke (2001) nennt zusätzlich Systeminnovationen, die in früheren Definitionen am Ehesten den Prozessinnovationen zugerechnet werden können. Als Beispiel für eine Systeminnovation nennt Tebroke (2001, S. 812) den Neuen Markt in Deutschland. Als reine Prozessinnovation sieht er die Verbriefung, die im Abschnitt B dieses Kapitels vorgestellt wird.

430 Miller (1986) sieht die Modifikation eines bestehenden Produktes nicht als Finanzinnovation, bemerkt aber, dass Innovationen unter Umständen lange unentdeckt sind und erst durch makroökonomische Änderungen an Einfluss gewinnen, S. 460. Merton (1992, S. 13) weist ebenfalls darauf hin, dass beispielsweise börsengehandelte Optionen nicht wirklich „neu" waren, aber durch das organisatorische Umfeld eine hohe Bedeutung erlangt haben und deshalb beachtenswert sind.

nen des Kapitalgebers und des Managements aneinander angepasst werden.[431]

Merton (1992, S. 12) verknüpft explizit den finanzwirtschaftlichen mit dem realen Sektor. Im Grunde ähnelt seine Forderung an Finanzinnovationen der Van Hornes, denn das Ziel effizienter Kapitalmärkte ist es letztendlich, dass die realwirtschaftlichen Investitionen getätigt werden können, die gesamtwirtschaftlich den größten Nutzen stiften. Finanzinnovationen sollen nach Merton das Finanzsystem so verändern, dass es die Entwicklung der Realwirtschaft fördert. Der Kapitalmarkt erfüllt hierfür zwei Aufgaben. Zum einen soll er es den Investoren ermöglichen, grundlegende risikoarme Investitionen zu tätigen oder bewusst finanzielle Risiken zu tragen. Zum anderen hat der Kapitalmarkt die Aufgabe, möglichst viele Informationen für die Bewertung von Wertpapieren zur Verfügung zu stellen.

Frame und White (2004, S. 118) definieren Finanzinnovationen als etwas Neues, das Kosten und/oder Risiken reduziert oder ein verbessertes Produkt, einen Service oder ein Instrument darstellt, welches die Ansprüche der Marktteilnehmer besser befriedigt als bisher vom Markt angebotene Lösungen. Frame und White (2004) diskutieren weiter die Unterschiede zwischen Finanzinnovationen und Innovationen auf dem realen Sektor. Die Finanzinnovationsforschung unterscheidet sich von der Innovationsforschung auf dem realen Sektor stark, da weder F&E-Ausgaben noch Patente für den Innovationsprozess eine maßgebliche Rolle spielen.[432]

Auch Ben-Horim und Silber (1977) definieren Finanzinnovationen nicht direkt, sondern über ihren Zweck. Dieser ist, finanzielle Beschränkungen, denen Unternehmen ausgesetzt sind, zu verringern oder zu umgehen. Die Beschränkungen können hierbei durch den Markt, durch die Regierung oder durch das Unternehmen selbst auferlegt sein.

II. Ursachen und Aufgaben

Von einer Finanzinnovation wird nicht erwartet, die vollkommene Kapitalmarkteffizienz oder Vollständigkeit zu generieren, sondern nur, den Kapitalmarkt diesem Zustand näher zu bringen. Wenn die äußeren Umstände konstant bleiben, wird der Kapitalmarkt einen Zustand erreichen in dem bei gegebener Verfahrenseffizienz die Finanzinstrumente auf dem Markt existieren, die für diesen Zustand die geringsten A-

---

[431] Beispielsweise Van Horne (2001). Aber auch die meisten anderen Arbeiten zu Finanzinnovationen berücksichtigen Informationsasymmetrien in unterschiedlichen Weisen als einen Treiber für Finanzinnovationen.

[432] Zu den Unterschieden und Gemeinsamkeiten der Forschung von Finanzinnovationen und Innovationen des Industriesektors siehe auch Allen/Gale (1995), S. 45ff.

gency-Kosten hervorrufen (Van Horne (2001), S. 12). Befindet sich der Kapitalmarkt in solch einem Steady-State, gibt es keinen Anlass für Finanzinnovationen. Treten in einem Finanzsystem Änderungen auf, die auf Seiten der Überschusseinheiten oder Defiziteinheiten zu vermehrten Kosten führen, so kann es möglich sein, diese durch Finanzinnovationen zu reduzieren.[433]

Mögliche Änderungen mit Auswirkungen auf das Finanzsystem, die Finanzinnovationen hervorrufen können, werden von verschiedenen Autoren abweichend unterteilt. Van Horne (1985) nennt sechs Bereiche:

1. gestiegene Volatilität auf den Zinsmärkten oder in der Inflationsrate,[434]
2. regulartorische Änderungen,
3. Steueränderungen,[435]
4. technischer Wandel,
5. der Level der ökonomischen Aktivität in Form der konjunkturellen Phasen, da er die Risikoneigung von Investoren beeinflusst,
6. die akademische Ausbildung, die eine theoretische Ableitung und Fundierung der Finanzinnovationen ermöglicht.

In Millers Konzept von 1986 treten nur regulartorische und steuerliche Änderungen als Initiatoren auf, wobei Miller in seiner Schlussbetrachtung darauf hinweist, dass das Aufheben von Regulierungen die Volatilität in den Finanzmärkten erhöhen kann und deshalb entsprechend Punkt (1) von Van Horne (1985) der Bedarf an Finanzinnovationen geweckt wird. Frame und White (2004) folgen der Einteilung von Campbell (1988)[436] und weisen explizit auf Interaktionen zwischen den Änderungen hin. So hat die „Regulation Q“[437] an sich bis zu Beginn der Hochzinsphase in den späten 60ern und frühen 70ern zu keinen Finanzinnovationen geführt, war dann aber maßgeblich verantwortlich für die Einführung von Geldmarktfonds und auf Dollar basierende eu-

[433] Die Annahme, dass sich äußere Umstände ändern müssen, damit Finanzinnovationen entstehen, treffen alle hier vorgestellten Studien.

[434] Dies würde den Bedarf an Absicherungsinstrumenten erhöhen.

[435] Insbesondere regulatorische Änderungen und Steueränderungen können dazu führen, dass Finanzinstrumente entwickelt werden, um die ursprüngliche risikoadjustierte Rendite zu gewähren.

[436] Sie nennen Änderungen in technologischen Möglichkeiten und akademischen Fortschritt, Makroökonomische Bedingungen, Regulierungen und Steuern.

[437] Nach Regulation Q war es Geschäftsbanken nicht erlaubt, den Zinssatz für Einlagen nach oben anzupassen. Während der Hochzinsphase in den 60ern / 70ern waren Anleger nicht mehr gewillt, Einlagen bei der Bank zu halten, sondern bevorzugten die Anlage in die damals neuen Geldmarktfonds.

ropäische Konten.[438] Darüber hinaus waren Geldmarktfonds nur aufgrund verbesserter Rechnerleistung, also Technologien möglich.

Ob Finanzinnovationen wirklich auf Änderungen äußerer Umstände zurückzuführen sind, untersuchen nach Frame und White (2004) nur zwei empirische Studien: Lerner (2002) und Ben-Horim und Silber (1977). Ben-Horim und Silber (1977) analysieren, ob ein zeitlicher Zusammenhang zwischen gestiegenen Kosten bei Einhaltung bestimmter Beschränkungen oder rechtlicher Auflagen und dem Aufkommen von Finanzinnovationen besteht. Sie finden Hinweise darauf, dass Finanzinstitute auf regulartorisch bedingte Preissteigerungen im Bankgeschäft nach einem Timelag mit Finanzinnovationen reagieren.[439] Lerner (2002) analysiert, wie sich der Präzedenzfall State Street vs. Signature Financial Group, in dem 1998 die Patentierungsfähigkeit von Geschäftsmodellen und Finanzpatenten explizit bestätigt wurde, auf das Vorkommen von Finanzinnovationen auswirkt. Patentanmeldungen und Gewährungen im Finanzbereich stiegen nach dem Beschluss. Allerdings ist diese Fragestellung nicht unbedingt mit dem Einfluss geänderter makroökonomischer Bedingungen gleich zu setzten, sondern mehr eine Frage, ob eine Finanzinnovation mit einem Patent geschützt werden kann und soll.

Extern angestoßene Finanzinnovationen sind nur möglich, wenn eine entsprechende Infrastruktur für ihre Entwicklung und Verbreitung zur Verfügung steht. Hier ist erstens die technologische Leistungsfähigkeit der Systeme zu nennen, mit denen die Finanzinstrumente bewertet oder auf denen sie gehandelt werden sollen [Van Horne (1985), Tufano (2003), Frame und White (2004)]. Bestimmte Innovationen werden durch spezielle Technologien erst ermöglicht. Beispiele hierfür sind Internet IPOs oder komplexe Bewertungsmodelle, deren Berechnung nur aufgrund gestiegener Rechnerleistung möglicht wurde (Tufano (2003), S. 322). Zweitens spielt das Wissen um bestimmte Bewertungsmöglichkeiten eine entscheidende Rolle. So hat beispielsweise die Optionsbewertungsformel von Black and Scholes sämtliche auf Optionen aufbauende Innovationen erst ermöglicht [Van Horne (1985), Frame und White (2004)]. Für die Problemstellung der vorliegenden Arbeit wäre eine objektive Bewertungsmethode von Wissen eine ausschlaggebende Komponente.

---

438 Siehe hierzu Miller (1986), S. 462. Für die Konten in Europa galt die Regulation Q nicht, sodass Banken ihre Einlagenkonten zu ihren Tochtergesellschaften in Europa verlagern konnten und dort Zinsen in Höhe des markträumenden Niveaus zahlen konnten.

439 Mit gestiegenen Kosten für Eigenkapital und Fremdkapital für die Banken werden unter anderen die Finanzinnovationen nachrangige Schuldscheine, der Eurodollar-Bondmarkt und kurzlaufende Bankschatzbriefe sowie Kreditrückkäufe erklärt.

Finanzinnovationen erfüllen verschiedene Funktionen bei der Effizienzsteigerung der Kapitalmärkte. Dabei ist es durchaus möglich, dass eine Finanzinnovation mehrere Ineffizienzen abschwächt. Eine Einzelanalyse aller bisherigen Finanzinnovationen ist aufgrund der enormen Anzahl kaum sinnvoll. Tufano (2003) argumentiert, dass allein zwischen 1980 und 2001 über 1.800 unterschiedliche Finanzinnovationen auf Unternehmensseite entstanden. Er zieht eine Kategorisierung nach funktionalen Kriterien vor. Finnerty und Emery[440] (2002) teilen Finanzinnovationen nach instrumentalen sowie nach funktionalen Kriterien ein. Auf instrumentaler Seite findet eine Einteilung in Fremdkapital, strukturierte Produkte, Mezzanine-Kapital[441], Vorzugsaktien, wandelbare Wertpapiere und Stammkapital statt. Auf der funktionellen Seite gibt es je nach Instrument Abweichungen in den genannten Funktionen. Als häufigste Funktionen nennen sie die Risikoallokation, die Reduzierung von Agency-Kosten, die Reduzierung von Transaktionskosten und Steuern sowie das Umgehen oder die Reaktion auf bestimmte Regulierungen. Letzteres hat den Zweck, dass Renditeprofile, die von den Änderungen betroffen sind, wieder angeboten werden können.

Nach Merton (1992) ermöglicht ein funktionierender Kapitalmarkt, der sich durch Vollständigkeit, hohe Liquidität und geringe Agency-Kosten auszeichnet, den Kapitalmarktteilnehmern, ihr Risiko gezielt zu managen. Merton (1992) analysiert deshalb, wie Finanzinnovationen Kapitalmarktteilnehmer beim Risikomanagement unterstützen können und so den Kapitalmarkt vervollständigen:

- Finanzinnovationen wie Swaps oder Futures erlauben den Verkauf der Risikoquelle zu geringeren Transaktionskosten als es auf dem Kassamarkt möglich wäre.
- Soll das Risiko durch Diversifizierung verringert werden, können auf dem Kassamarkt Aktienbaskets (Fonds) oder auf dem Terminmarkt Indexfutures und Swaps genutzt werden.
- Als dritte Möglichkeit kann sich der Investor über Versicherungen gegen Risiken absichern, wobei Optionen zur Absicherung bestehender Positionen genutzt werden können. Index Futures und Optionen sind unter diesen Gesichtspunkten

---

440 In verschiedenen vorangegangenen Studien listet Finnerty ebenfalls die derzeitigen Finanzinnovationen auf, was sich zu mehr als 60 Wertpapierinnovationen summiert (Finnerty (1988), Finnerty (1992) und Finnerty (2001)), zitiert nach Tufano (2003), S. 311.

441 Finnerty/Emeryn (2002, S. 34) nennen dies Fixed-Rate Capital Securities und beschreiben sie als „Festverzinsliche Wertpapiere mit vorzugsaktienähnlichem Charakter". Ziel ist es, wie bei der Mezzanine-Finanzierung auch, das Rating durch eigenkapitalähnliche Titel zu verbessern und es dennoch dem Emittenten zu ermöglichen, die Zinszahlungen steuerlich geltend zu machen.

Finanzinnovationen, die die Effizienz der Kapitalmärkte gesteigert haben.[442]

Da durch die Globalisierung prinzipiell die Unsicherheit in den Märkten steigt, stimuliert nach Tufano (2003) diese Kategorie sämtliche Volatilitätsabsicherungsprodukte wie Optionen oder Swaps. Als ein historisches Beispiel nennt Tufano (2003, S. 321) die im Jahr 1925 von Rand-Kardex emittierte inflationsindexierte Anleihe. Diese Anleihenart erfreut sich in den USA und in den letzten Jahren auch in Europa vermehrter Beliebtheit. Auch in Deutschland wurde im März 2006 eine solche Anleihe emittiert.[443]

Tufano (2003) nennt Asset-Backed-Securities (ABS) eine Finanzinnovation, die ein Risikomanagement durch das Poolen und die anschließende Tranchenbildung ermöglicht. Wie genau dieses Finanzinstrument funktioniert und welche Vorteile es für die Finanzierung innovativer Unternehmen aus konzeptioneller Sicht auch durch die Verknüpfung der indirekten Finanzierung über Banken mit der direkten Finanzierung über den Kapitalmarkt bietet, wird in Abschnitt B ausführlich analysiert.

III. Privater und sozialer Nutzen

Allein aus dem Ziel heraus, die Effizienz der Kapitalmärkte zu erhöhen, würde sich wohl kaum ein Anbieter von Finanzinnovationen finden. Deshalb verweist Van Horne (1985, S. 622ff.) darauf, dass ein Anreiz zur Kreation neuer Finanztitel nur besteht, wenn Finanzmarktakteure aus der Kreation der Finanztitel Gewinne erzielen können. Dieser Anreiz birgt aber auch die Gefahr, dass Finanzinnovationen nur auf den Markt gebracht werden, weil der Intermediär mit ihnen Provisionserträge erzielen kann. Im Hinblick auf die Verbesserung der Kapitalmärkte wirkt diese Art der Finanzinnovationen kontraproduktiv. Ebenso sind Finanzinnovationen nicht erwünscht, wenn sie nur auf die kurzfristige Verbesserung der Bilanzkennzahlen ausgerichtet sind, da sie dann langfristig zu einer schlechten wirtschaftlichen Entwicklung führen könnten.

Es stellt sich also die Frage, wie beurteilt werden kann, ob eine Finanzinnovation erfolgreich ist. Miller (1986) misst der Erfolgsmessung einer Innovation eine hohe Bedeutung zu. Grundsätzlich ist für Miller eine Innovation dann erfolgreich, wenn sie langfristig am Markt bestehen bleibt und auch nach Wegfall der anfänglich ausschlag-

---

442 In seinen Implikationen kreiert Merton (1992) eine Welt, in der der Handel Institutioneller in Basket und Indices den Handel in einzelnen Aktien übersteigt. Hiermit würde das Risiko des Handels einzelner Wertpapiere auf die privaten Anleger verschoben. Aus dieser Überlegung leitet er ab, dass es wichtig ist, darauf zu achten, dass auch der Anlegerschutz auf Finanzinnovationen abgestimmt wird.

443 Börsenzeitung, 08.03.2006, Nr. 47, S. 1 und S. 17, siehe auch Priermeier (2004) oder Sack/Elsasser (2004) für die USA.

gebenden Änderung am Markt nachgefragt wird. Merton (1992) misst den Wert der Finanzinnovationen daran, ob sie einen ökonomischen Wert bringen oder nur ihrem Erfinder eine (ungerechtfertigte) Rendite. Beispiele wie Märkte für den Derivatehandel, die die Transaktionskosten beim Hedgen von Risiken senken, sowie Investmentfonds, die privaten Haushalten Anlagemöglichkeiten in unterschiedlichen Anlageklassen bieten, sprechen aber für einen sozialen Nutzen von Finanzinnovationen. Auch zeigt Merton (1992) für einen hypothetischen Swap, bei dem die Marktrenditen eines kleinen Landes mit stark reguliertem Kapitalmarkt mit den Renditen des Weltmarktes geswapt werden und so den Kapitalmarktakteuren des kleinen Landes eine internationale Diversifikation ermöglichen, ohne dass Kapital aus dem Land abfließt, dass Finanzinnovationen aus Effizienzgesichtspunkten eine Existenzberechtigung haben.

Demnach besteht die Gefahr, dass die durch die Finanzinnovation höhere Rendite wegen des gleichzeitig erhöhten und unter Umständen versteckten Risikos meist vernichtet werden kann. Beispiele wären Vermögensverschiebungseffekte, wenn Eigenkapitalgeber durch das Finanzinstrument ihr eigenes Vermögen zu Lasten der Fremdkapitalgeber erhöhen [Nanda und Yun (1996)] oder der Emittent die Papiere über ihrem Wert emittiert [Jarrow und O'Hara (1989)]. Nach Elul (1995) streut der Nutzen zufällig über die Kapitalmarktteilnehmer und ist netto nicht immer positiv.[444]

IV. Entwicklung von Finanzinnovationen

Tufano (2003) beschäftigt sich mit der Frage, wer Finanzinnovationen entwickelt und wer davon profitiert. Mögliche Kandidaten sind Börsen, Investmentbanken und Geschäftsbanken. Sein Fokus liegt jedoch auf der Fragestellung, ob große oder kleine Unternehmen innovativ tätig werden. Er schlussfolgert, dass die großen Unternehmen aufgrund ihrer höheren Marktmacht erfolgreicher Innovationen an den Markt bringen können. Ein Gewinn durch höhere Spreads als bei den Produkten der Imitatoren kann nicht nachgewiesen werden, obwohl die Spreads sinken, wenn sich der Wettbewerb in dem Markt verschärft. Nach Lerner (2006) sind die meisten Innovationen dem Bereich Handel und Underwriting zuzuordnen (33,5 Prozent), gefolgt von Innovationen im Asset Management (26,2 Prozent) sowie dem Privatkundengeschäft oder Hypothekardarlehen (11,6 Prozent). Die Innovatoren verteilen sich dabei auf die Institute der Bereiche Wertpapierhändler, Geschäftsbanken und andere Kreditinstitute. Die Datengrundlage besteht aus den Finanzinnovationen, die in Artikeln im Wallstreet Journal publiziert wurden, sowie Innovationen, die mit Finanzpatenten geschützt sind. Insbe-

---

[444] Zur Aufteilung des Risikos von Finanzinnovationen siehe auch Allen/Gale (1995).

sondere große Finanzinstitute entwickeln Finanzinnovationen, wobei die Anzahl der Finanzinnovationen zur Unternehmensgröße unterproportional steigt. Weniger profitable Unternehmen erfinden mehr (Lerner (2006), S. 240). Bis zu vier Jahren nach der Erfindung steigt die Profitabilität der weniger profitabel erfindenden Finanzinstitute, sie bleibt allerdings hinter der Profitabilität der nicht erfindenden zurück (Lerner (2006), S. 243).

Wird die Innovationstätigkeit über die Patentanmeldeaktivität im Finanzsektor gemessen, wirken sich das Alter positiv und der Verschuldungsgrad negativ auf die Innovationsaktivität aus. Ebenso wirkt die generelle Innovationstätigkeit der Region negativ auf die Patentanmeldungen. Als Haupteinflussfaktor auf das Patentverhalten findet Lerner (2006) die Industriezugehörigkeit der betroffenen Unternehmen. Dabei sind insbesondere Unternehmen, die zwar Finanzinnovationen generieren aber nicht den Finanzdienstleistern zuzuordnen sind, eher gewillt Patente anzumelden.

Empirisch sind Finanzinnovationen noch nicht allumfassend untersucht worden. Frame und White (2004) finden für ihren Überblick über Finanzinnovationen 39 empirische Studien, wobei nur 21 unterschiedliche Finanzinnovationen analysiert werden.[445] Frame und White weisen auf die Relevanz des Diffusionsprozesses der Finanzinnovation hin, die sie als genauso wichtig bezeichnen, wie die Entwicklung der Innovation selbst. Netzwerkeffekte und ihr Einfluss auf den Erfolg einer Innovation wurden dabei bisher kaum erforscht. Netzwerkeffekte bedeuten, dass eine Innovation umso wertvoller wird, je mehr Personen sie nutzen. Im Bereich von Finanzinnovationen spielt dies beispielsweise bei Handelssystemen eine wichtige Rolle. Ein Handel zu geringen Transaktionskosten ist nur bei ausreichender Liquidität möglich.[446]

Da also nicht nur die Kreation einer Finanzinnovation für den Innovator wichtig ist, sondern insbesondere die Marktdurchdringung, stellt sich die Frage, welcher Mechanismus hierfür geeignet ist.[447]

Prinzipiell stellt sich die Möglichkeit der Geheimhaltung oder der Patentierung, wobei Letztere mit einer Veröffentlichung der Idee einhergeht. Da eine Finanzinnovation nicht geheim gehalten werden kann, da der Investor über das Produkt informiert wer-

---

[445] Als mögliche Forschungsfelder nennen sie die Einflüsse makroökonomischer Faktoren, Kunden und Nutzer von Finanzinnovationen, Diffusion der Innovation und soziale Wohlfahrt.

[446] Zur Bedeutung der Liquidität in Handelssystemen siehe bspw. die Ausführung von Book (2002) zu dem Erfolg des Bund Futures auf der elektronischen Handelsplattform Eurex gegenüber der Liffe; oder Bessler/Book/Preuss (2006).

[447] Für die Marktdurchdringung sind die Marktakteure ebenso ein wichtiges Kriterium. So beobachten Akhavein et al. (2005), dass Banken mit vielen Zweigstellen Finanzinnovationen schneller einsetzen.

den möchte, muss dieser Mechanismus oft ausgeschlossen werden. Die Patentierung von Finanzinnovationen gestaltet sich ebenfalls schwierig. Im deutschen Patentrecht ist die Patentierung von Geschäftsmodellen oder Finanzpatenten nicht möglich. In den USA werden Patente auf Geschäftsmethoden und Finanzmethoden (Finanzinnovationen) zwar seit 1908 gewährt, ihre Validität wird allerdings oft angezweifelt (Lerner (2002), S. 903).[448] Seit dem Entscheid des Court of Appeals for the Federal Circuit (CAFC)[449] im Jahr 1998, in dem das Gericht den Ausschluss von Geschäftmethoden aus der Patentierbarkeit explizit ausgenommen hat, ist in den USA die Patentierung von Geschäftsmethoden möglich.[450] Lerner (2002) nutzt die gestiegene Bereitschaft zu Finanzpatenten, um die Unterschiede in der Patentierungsneigung universitärer Einrichtungen der Finanzwirtschaft mit denen anderer Fachbereiche und Fächern, zu vergleichen. Im Bereich Finanzierung ist der Anteil an Universitätspatenten signifikant geringer als beispielsweise der Anteil in den Naturwissenschaften.[451] Dies ist zum einen auf ein mangelndes Verständnis der Universitäten über die Patentierbarkeit ihrer Forschung zurückzuführen zum anderen auf die mangelnde Expertise der Patentprüfer in finanzwirtschaftlichen Zusammenhängen.

Ziel der Finanzinnovationen ist also eine Verbesserung der Effizienzsteigerung oder eine Komplettierung des Kapitalmarktes. Als eine Finanzinnovation mit sehr großer Verbreitung sind die Asset-Backed-Securities zu nennen.

---

448 Die Diskussion um die Patentierbarkeit der Optionspreisbewertung von Black und Scholes verdeutlicht die Streitfrage (Petruzzi et al. (1990), S. 630f.).

449 Dieses Gericht wurde als zentrale Institution für Patentangelegenheiten 1982 gegründet.

450 Hierunter fallen auch Patente für Finanzmethoden. In dem Pilotfall zwischen State Street gegen Signature Financial Group wurde ein Patent bestätigt, das ein Softwareprogramm zur Bewertung von Publikumsfonds schützt. Lerner (2002), S. 903.

451 Lerner (2002), S. 909, da diese Thematik für die weiteren Ausführungen der Arbeit keine Bedeutung spielt wird hierauf nicht näher eingegangen.

B. Finanzierungstheoretische Bedeutung von Asset-Backed-Securities (ABS)

I. Grundlagen und Entwicklung der Finanzierung mit ABS

Der Vorteil der Finanzierung durch Asset-Backed-Securities (ABS) wird in der Reduzierung der Kapitalkosten,[452] der Informationsasymmetrien und der Anreizproblemen[453] gesehen. Als Synonym für eine ABS-Transaktion wird oft einfach der Begriff Verbriefung (Securitisation) genutzt. Im weiteren Sinne beschreibt Verbriefung aber nur, dass sich ein Unternehmen direkt über den Kapitalmarkt, also über die Ausgabe handelbarer Wertpapiere finanziert.[454] Im engeren Sinne meint die Verbriefung die Finanzierung über ABS. Bei dieser Finanzierung werden illiquide Vermögenswerte aus der Aktivseite der Bilanz (Assets) des finanzierenden Unternehmens (Originator) ausgegliedert und an eine Zweckgesellschaft (Special Purpose Vehicle, SPV), die eigens zu diesem Zweck gegründet wurde, verkauft. Das SPV finanziert den Kauf der Assets durch die Ausgabe von liquiden Wertpapieren auf dem Kapitalmarkt.[455]

Die Zweckgesellschaft wird eingerichtet, um eine rechtliche Trennung zwischen den Assets und dem Originator zu erlangen. Dies stellt sicher, dass bei einer Insolvenz des Originators die übrigen Financiers nicht auf die ausgegliederten Assets und umgekehrt, bei einem Ausfall der Assets, die Investoren in die ABS nicht auf die anderen Vermögenswerte des Originators zurückgreifen können.[456]

Die Finanzierung über ABS wird als objektgestützte außerbilanzielle Finanzierung bezeichnet, da sich die Bilanz durch die Finanzmittelaufnahme nicht verlängert und das Unternehmen nicht mit seinem gesamten Vermögen haftet. Sind die verkauften Assets von höherem Rating als das Rating des gesamten Unternehmens, sind die Kapitalkosten geringer, als wenn sich das Unternehmen direkt finanzieren würde. Doch

---

452 Schwarcz (1994, S. 134) schreibt „.....: *securitization is an alchemy that really works.*"

453 Altrock/Rieso (1997) beobachten die Vorteile der Verbriefung für Kreditinstitute aus einer neoinstitutionalistischen Perspektive.Bain (1997) untersucht die Auswirkungen einer ABS-Emission auf den Unternehmenswert und findet, dass dies die einzige Finanzierungsart ist, die durch die Reduzierung von Informationsasymmetrien und Anreizproblemen sowohl das Wohl der Eigenkapitalgeber als auch der Fremdkapitalgeber steigert. Siehe insbesondere seine Übersicht auf S. 102. Bigus (2000) führt eine finanzierungstheoretische Analyse über die Vorteilhaftigkeit für Unternehmen im Vergleich mit der Eigen- und Fremdkapitalfinanzierung durch.

454 Bär (1998), S. 59 stellt ausführlich die Begebenheiten dar, die zu einer verstärkten Finanzierung über den Kapitalmarkt seit den 80er-Jahren geführt haben.

455 Bär (1998), S. 3f. Weitere beteiligte Parteien sind der Servicer, der für die Strukturierung und den Ablauf der Tranksaktion verantwortlich ist, sowie oftmals ein Treuhänder, der die Verwahrung der Wertpapiere übernimmt. Weiter spielen Ratingagenturen bei der Einschätzung der Bonität der emittierten Wertpapiere eine wichtige Rolle.

456 Welche rechtlichen Ausgestaltungsformen diese Forderung der Insolvenzunabhängigkeit des SPV von dem Originator hat, behandelt Gehring (1999), S. 143 ff. ausführlich.

auch selbst wenn die Assets nicht von höherer Qualität sind, können die Kapitalkosten durch eine zusätzliche Besicherung (Credit Enhancement) verringert werden [Hill (1997)]. Darüber hinaus fließen dem Unternehmen durch den Verkauf der Assets liquide Mittel zu, welche beispielsweise durch Kredittilgung und einer damit einhergehenden Erhöhung der Eigenkapitalquote die Bilanzkennzahlen verbessern können. Eine hohe Eigenkapitalquote führt ceteris paribus zu einem höheren Rating, sodass sich auch die Fremdkapitalkosten des Unternehmens durch die Verbriefung senken lassen.[457]

Die Ergebnisse von Bain (1997) bestätigen diese Überlegungen. So führt die Ausgabe von Asset-Backed-Securities sowohl zu einer Erhöhung des Eigenkapitalwertes als auch des Marktwertes des Fremdkapitals. Lockwood et al. (1996) zeigen, dass sich der Eigenkapitalwert von Banken und Finanzgesellschaften durch die Verbriefung steigern lässt.[458]

Die ersten ABS wurden in den USA in den 70er-Jahren in Form von Mortgage-Backed-Securities (MBS) emittiert. Da einer MBS als Assets Hypotheken zugrunde liegen, ähneln sie in ihrer Zielsetzung den deutschen Pfandbriefen bzw. internationalen „covered bonds“. Sie unterscheiden sich aber in ihrer Funktionsweise.[459] Erst im Laufe der Zeit wurden auch weitere Assets,[460] wie Forderungen aus Autofinanzierungen, Kreditkartenforderungen, Handelsforderungen, Leasing oder auch Studentenkredite[461] verbrieft. Letztere werden auch als ABS im engeren Sinne bezeichnet, wobei dann ABS im weiteren Sinne die MBS, die ABS (i.e.S) sowie die Collateral-Debt-

---

457 Zu den Vorteilen, die aus der Ausgliederung resultieren, siehe bspw. Hill (1997), Bigus (2000), Schwarcz (1994).

458 Lockwood et al. (1996), S. 158 zeigen, dass der Effekt nur für gesunde Banken positiv ist, während für Banken mit geringem finanziellen Rückhalt (financial slack) die Liquiditätsbeschaffung über die Kreditverbriefung eher negativ gesehen wird. Der Eigenkapitalwert von Industrieunternehmen ändert sich bei einer Verbriefung nicht signifikant.

459 Insbesondere charakteristisch für eine MBS ist, dass die emittierten Wertpapiere nur durch den zu Grunde liegenden Pool gedeckt sind, bei der Pfandbriefemission haftet die emittierende Bank mit dem gesamten Vermögen und es wird kein SPV gegründet. Ein wichtiger Unterschied bei der Bestimmung der Vorteilhaftigkeit dieser (komplementären) Strukturen ist, dass für eine Pfandbriefemission eine Hypothek nur mit 60% ihres Wertes als Sicherheit dient und dies für MBS nicht beschränkt ist. Pfingsten (2001), Specht /Kaunze (2002).

460 Fabozzi (2000) beschreibt die Besonderheiten der verschiedenen ABS sehr ausführlich und gibt auch einen guten Überblick über die Marktentwicklung im Zeitablauf.

461 Die frühen Entwicklungen fanden hauptsächlich in den USA statt. Dabei ist wichtig darauf hinzuweisen, dass die Transaktionen hauptsächlich von staatlichen oder teilstaatlichen Institutionen durchgeführt wurden und mit einer (staatlichen) Garantie versehen waren. Für einen Überblick und die Entwicklung über die (teilweise noch) staatlichen Agenturen: „Government National Mortgage Association“ (GNMA oder Giniie Mae), „Federal National Mortgage Association“ (FNMA oder Fannie Mae) und „Federal Home Loan Mortgage Corporation“ (FHLMC oder Freddie Mac) siehe Saunders (2000), S. 664ff. (Chapter 28). In den USA ebenfalls etabliert ist der Markt für verbriefte Studentenkredite. Hierbei ist die mittlerweile private Agentur Sallie Mae ein wichtiger Originator, siehe www.salliemae.com, Stand 12.05.2006.

Obligation (CDO) einschließen.[462] Den CDO liegen als Assets Kredite (Collateral-Loan-Obligation) oder Anleihen (Collateral-Bond-Obligation) zugrunde. Die Verbriefung von Krediten ist naturgemäß für das Bilanzmanagement von Banken wichtig.[463] Daneben kann eine CDO-Transaktion aus Renditegründen stattfinden. Der Originator ist dann der Meinung, dass er entweder durch das aktive Management des Assetpools (Market-Value-CDOs) oder alleine durch Pooling und Tranchenbildung einen Gewinn erzielen kann (Cashflow-CDOs).[464]

Die Kategorisierung der ABS verdeutlicht, was für eine hohe Bedeutung dem zu Grunde liegenden Asset zugesprochen wird. Fabozzi (2000, S. 321ff.) teilt sie grundsätzlich in amortisierende und nichtamortisierende Assets ein. Bei amortisierenden Assets sind die Tilgungs- und Zinszahlungen im Voraus festgesetzt. Unter Umständen kann es durch vorzeitige Rückzahlungen (Prepayments) zu außerplanmäßigen Zahlungen kommen. Bei den nichtamortisierenden Assets, wie bei den Kreditkartenforderungen, gibt es keinen festgelegten Zahlungsplan. Hier kommt als zusätzliche Unsicherheit die Prognose der erwarteten Kreditaufnahme und Tilgung hinzu. Um diese Unsicherheit zu reduzieren, werden diese Assets revolvierend verbrieft. Dies bedeutet, dass der Servicer der Transaktion über einen bestimmten Zeitraum die Tilgungszahlungen der Kreditnehmer nicht an die Investoren auszahlt, sondern in neue Forderungen investiert. Erst nach Ablauf einer vorher festgelegten Frist werden die ABS-Papiere getilgt.

Es gibt zwei grundsätzliche Ausgestaltungen der ABS. Die synthetische Verbriefung sowie den „wahren Verkauf", besser bekannt als True-Sale. Im ersten Fall werden die Assets nicht aus der Bilanz ausgegliedert, sondern nur das den Assets inhärente Risiko wird über einen Kreditausfallswap (CDS) ausgelagert. Beim True-Sale verkauft der Originator die Assets an die Zweckgesellschaft, sie werden also aus der Bilanz herausgenommen. Dem Originator fließen direkt liquide Mittel zu, sodass die Verbriefung eine wichtige Rolle beim Liquiditätsmanagement einnimmt. Das SPV finanziert den Kauf des Assetpools über die Ausgabe von ABS am Kapitalmarkt (linke Seite der Abbildung 73).[465]

---

462 Dieser Einteilung folgen beispielsweise auch Bär (1998), S. 47 ohne CDOs, Jobst (2002), S. 5.

463 Deutsche Bundesbank (1997), S. 58. Hierbei spielt die Beschaffung von Liquidität eine große Rolle, die zur Verbesserung der Bilanzkennzahlen oder zum Folgegeschäft eingesetzt werden kann. Ob das Folgegeschäft die Eigenkapitalrentabilität des Unternehmens steigert, hängt allerdings von der Marge ab, siehe Bund (2000), S. 182.

464 Jobst (2002), S. 7. Bund (2000), Schorin/Weinreich (2000).

465 Bei der Analyse des Finanzmarktes ist darauf zu achten, dass die Buchkredite der Banken durch die gestiegenen True-Sale Transaktionen zurückgehen, obwohl sich eigentlich durch die Verbriefung das Kreditangebot und die Nachfrage wegen geringerer Kosten erhöhen (Europäische Zentralbank (2005), S. 22).

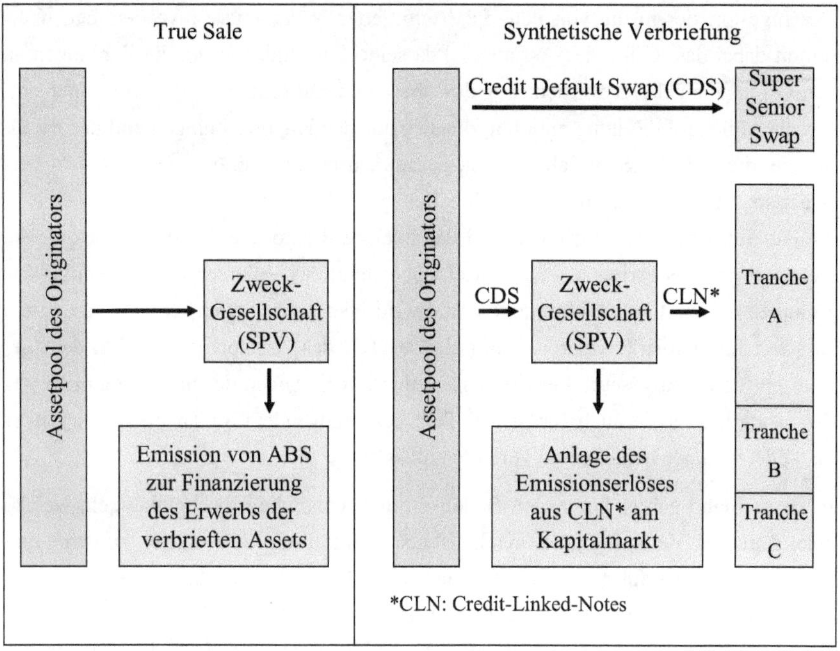

Abbildung 73: True-Sale Verbriefung vs. Synthetische Verbriefung
Quelle: Europäische Zentralbank (2005), S. 21

Im Fall der synthetischen Verbriefung (Abbildung 73, rechte Seite),[466] geht der Originator mit dem SPV einen Credit Default Swap ein. Bei Ausfall der Assets ist das SPV als Sicherungsgeber verpflichtet, dem Originator den entstandenen Verlust zu ersetzen. Das SPV investiert einen Betrag, in eine risikolose Anleihe oder einen risikolosen Pool. Diesen Anleihenkauf finanziert das SPV durch Ausgabe von Wertpapieren (Credit-Linked-Notes) am Kapitalmarkt. Erleidet der abzusichernde Assetpool des Originators einen Ausfall, dann übernimmt das SPV diesen Ausfall aus den regelmäßigen Cashflows der risikolosen Anlage oder dem Verkauf der risikolosen Anlage.[467]

---

466 Diese Art der Verbriefung, bei der Credit-Linked-Notes emittiert werden, wird auch als semi-synthetisch bezeichnet. Eine rein synthetische Verbriefung würde bei dieser Einteilung nur über CDS strukturiert werden und könnte auch ohne ein SPV abgewickelt werden. Siehe hierzu auch Deutsche Bundesbank (2004b).

467 Neben dem CDS können auch Währungs- oder Zinsswaps in die Transaktion aufgenommen werden.

Der Investor, der in die von dem SPV emittierten Wertpapiere investiert hat, übernimmt dabei das Risiko des Assetpools, da seine Einzahlungen um die Zahlungen an den Originator gekürzt werden. Für das übernommene Risiko wird er mit einer entsprechend höheren Rendite entlohnt, die sich aus den Kuponzahlungen und der Swapprämie, die sich das SPV zahlen lässt, zusammensetzt. Dabei emittiert das SPV verschiedene Tranchen, die mit unterschiedlichen Risiken behaftet sind. Die Tranche C hat dabei das geringste Volumen und das höchste Risiko, die Tranche A das meiste Volumen und das geringste Risiko. Meist übersteigt das Volumen des Assetpools das Volumen der emittierten Wertpapiere und wird über einen Super Senior Swap einem weiteren Kapitalmarktakteur verkauft. Dieser Teil des Assetpools ist dabei dem geringsten Risiko ausgesetzt. Für die Bank bringt das Eingehen des Super Senior Swaps den Vorteil, dass sie auch für diesen Teil, bei genügender Bonität des Swappartner kein oder weniger Eigenkapital vorhalten muss.[468]

In Deutschland gab es lange Zeit Bedenken und rechtliche Einschränkungen, was zu einer stärkeren Verbreitung der synthetischen Verbriefung im Vergleich zu den True-Sale Transaktionen führte. In dem Monatsbericht der deutschen Bundesbank von April 1997 werden diese Bedenken aufgeführt. Erstens wurde der Trend zur „Disintermediation“ kritisch gesehen.[469] Zweitens gab es Bedenken, dass durch den Kreditverkauf das Vertrauensverhältnis zwischen Bank und Kunde zerstört würde.[470]

Drittens wurde befürchtet, dass Banken sich dazu verleiten lassen würden, nur hochwertige Kredite zu verbriefen und so ihr Restportfolio zu schädigen (Cherry-Picking) oder aber nur risikoreiche Kredite zu verbriefen (Lemon-Selling). Demzufolge würden

---

468 Deutsche Bundesbank (2004a), S. 31. Banken mussten nach Basel I ihre risikogewichteten Aktiva (Kredite) unabhängig von dem Risiko (mit einigen Ausnahmen) mit 8% Eigenkapital unterlegen, sodass die Verbriefung Banken *„...zu einer bilanzentlastenden, eigenkapitalsparenden und kostengünstigen Refinanzierung...“* verhelfen kann, Deutsche Bundesbank (1997) S. 59. Geht die Bank eine Verbriefung ein, verkauft sie das Kreditrisiko und befreit somit den Kredit von den Eigenkapitalanforderungen. Zwar übernimmt die Bank in der Regel das höchste Ausfallrisiko wieder selber, Jones (2000, S. 43) geht aber davon aus, dass es genügt 4% des Portfolios einzubehalten, um für die restlichen Tranchen ein Investment-Grade Rating zu erhalten. Auch wenn diese 4% auf einer Dollar-zu-Dollar Basis mit Eigenkapital unterlegt werden müssen, sind die Eigenkapitalforderungen geringer als die standardmäßigen 8% Eigenkapital. Auch durch die Regelungen von Basel II wird eine Dollar-zu-Dollar Unterlegung der risikoreichen Tranche mit Eigenkapital gefordert, da sie mit einem Faktor von 1.250, also in voller Höhe (1250*8%) mit Eigenkapital unterlegt werden muss, Basel Committee on Banking Supervision (2001).

469 Sengera (2002) beschreibt die Auswirkungen der Verbriefung auf die Zusammenarbeit zwischen Banken und Kunden. Müller (2004) weist darauf hin, dass gerade durch die Verbriefung Transparenz in der Kreditvergabe entstehen kann und die Kundenbeziehung verbessert werden kann (S. 160).

470 Vielmehr wurde im Juni 2003 vom OLG eine einstweilige Verfügung ausgegeben, hiernach wären Forderungsabtretungen unwirksam, wenn sie unter das Bankgeheimnis fielen (AZ 8 U 84/04). Die Beschlüsse des Landgerichts Frankfurt (AZ 2/21 O 96/02) und Koblenz erkennen aber kein Abtretungsverbot durch das Bankgeheimnis, weder für notleidende Kredite, noch wenn der Kreditnehmer sich vertragsmäßig verhält. Diese Urteile haben auch den Weg für die TSI geebnet, Börsenzeitung, 30.12.2004, Nr. 253, S. 3.

sie sich bei der Kreditvergabe weniger Mühe geben.

Der Erfolg der Verbriefungstransaktionen in den USA aber auch anderen europäischen Ländern sollte insbesondere die letzten Bedenken hinfällig werden lassen. Auch gegen das Lemon-Selling spricht, dass die Bank in der Regel die (risikoreichste) First-Loss-Tranche selber behält und diese in gesamter Höhe von den Eigenmitteln abgezogen werden muss. Nichtsdestotrotz oder gerade deshalb ist es wichtig, gesetzliche Rahmenbedingungen zu schaffen.[471]

Ein weiterer Grund für die synthetische Verbriefung war die gewerbesteuerliche Behandlung der SPVs in Deutschland. Dies führte dazu, dass die meisten Zweckgesellschaften im Ausland angesiedelt waren und somit das Vertrauen der Investoren teilweise eingeschränkt war. Am 11.07.2003 hat der Bundesrat der Änderung des Gewerbesteuerrechtes zugestimmt, sodass Zweckgesellschaften zur Verbriefung von Bankforderungen bei der Ermittlung der Gewerbesteuer von der Zurechnung der Dauerschuldzinsen befreit sind.[472] Hommel et al. (2005) zeigen die positiven Auswirkungen dieses Entschlusses auf den deutschen Verbriefungsmarkt. Sie schätzen (S. 394), dass mit der Gewerbesteuerbefreiung das True-Sale Volumen im Jahr 2009 in einem Intervall von 10 und ca. €32 Mrd. liegen wird, und bei einer Situation ohne Gewerbesteuerbefreiung nur zwischen €6,8 und €21 Mrd. Weiter schlussfolgern sie, dass sich die Gewerbesteuerbefreiung kaum negativ auf das Steueraufkommen auswirken wird (S. 397), da der Rückgang im einstelligen Millionenbereich liegen wird und durch einen Anstieg der Körperschaftsteuer ausgeglichen werden sollte. Im Jahr 2006 lag das Verbriefungsvolumen für Deutschland schon bei über €66 Mrd. Ungefähr die Hälfte des Volumens wurden über True-Sale Transaktionen verbrieft.[473]

Diese rechtlichen und steuerlichen Änderungen wurden insbesondere durch die Tue-Sale-Initiative (TSI) angestoßen. Die TSI wurde 2003 von 13 Banken ins Leben gerufen. Ihr Ziel ist es, den Verbriefungsmarkt über True-Sales in Deutschland zu fördern. Dabei wird teilnehmenden und nicht-teilnehmenden Banken die Möglichkeit geboten, die TSI-Plattform zur Kreditverbriefung zu nutzen. Bisher wurde diese Plattform von VW bereits zum dritten Mal zur Refinanzierung von Autofinanzierungen genutzt und

---

471 Im Rahmen des Neuen Basler Accordes (Basel II) gibt es hierzu eigens ein Konsultationspapier zur Asset Securitisation, siehe Bank for International Settlement (2001), http://www.bis.org/publ/bcbsca06.pdf, Stand 12.06.2006. Dass die Relevanz der Verbriefung auch von staatlicher Seite anerkannt wird, wird auch durch die Aufnahme in den Finanzmarkt-Förderplan deutlich. http://www.bundesfinanzministerium.de/lang_de/DE/Service/Downloads/Downloads__2/17309__1,templateId=raw,property=publicationFile.pdf, Stand 12.06.2006.

472 Börsenzeitung, 12.07.2003, Nr. 132, S. 7.

473 Börsenzeitung, 23.12.2006, Nr. 248, S. 3.

zu Beginn 2006 erstmalig von der Dresdner-Bank zur Verbriefung von Mittelstandskrediten über ein Volumen von €3 Mrd.[474]

Bis Januar 2007 wurden zehn Transaktionen über die TSI-Plattform abgeschlossen und sechs Transaktionen von der TSI zertifiziert, was bedeutet, dass die Transaktionen dem TSI Standard entsprechen. Insbesondere die Transaktion der Dresdner Bank verdeutlicht, wie die Verbriefung dazu beitragen kann, den Banken die Finanzierung des Mittelstandes zu erleichtern, ohne dass der Mittelstand den strengen Anforderungen des Kapitalmarktes ausgesetzt ist. Wie bereits dargestellt, ist der deutsche Mittelstand sehr stark von der Finanzierung mit Bankkrediten abhängig. Senegera (2002) argumentiert, dass für die Banken dieses Geschäft aber aufgrund der Bewertungsunsicherheiten und des Rückgangs der Zinsmarge immer schwieriger wird.

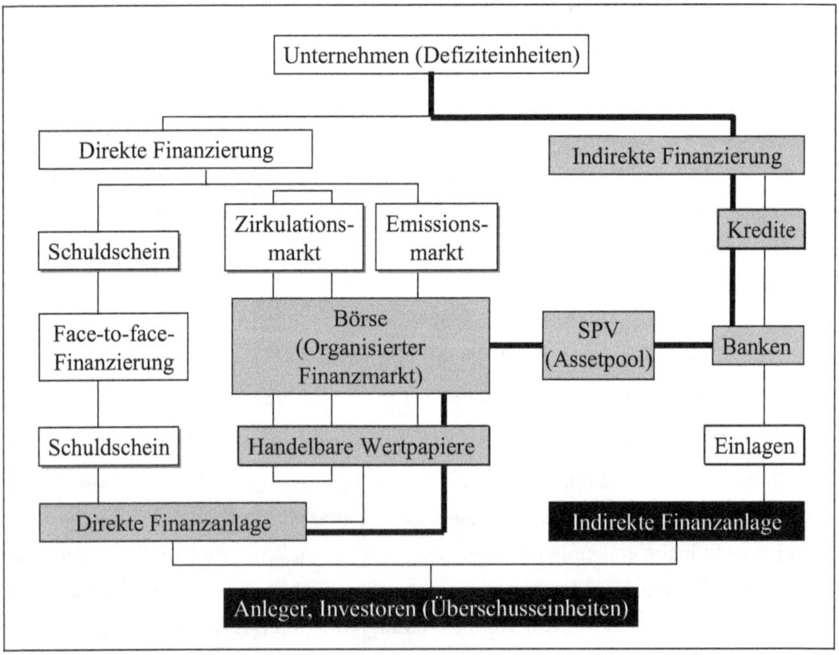

Abbildung 74: Verbriefung, indirekte, direkte Finanzierung

Quelle: In Anlehnung an Bessler (1999)

474 Ausführliche Informationen stehen auf http://www.true-sale-international.de zur Verfügung. (Stand 13.03.2006) einen Überblick geben Glüder/Bechtold (2004). Informationen zur VW Transaktion Börsenzeitung vom 17.08.2005, Nr. 157, S. 4.

Wenn sich für sie eine Möglichkeit bietet, die vergebenen Kredite nicht mehr durch das Einlagengeschäft zu finanzieren, sondern direkt über den Kapitalmarkt, könnte dies die Finanzierungssituation entspannen. Bessler (1999) zeigt, dass Banken einen Informationsvorteil bei der indirekten Finanzierung und Kreditvergabe besitzen. Durch die Verknüpfung der indirekten mit der direkten Finanzierung könnten Banken diesen Vorteil weiterhin nutzen und ihre Bewertungsvorteile an den Kapitalmarkt weitergeben (vgl. Abbildung 74).[475]

Neben Banken können auch große Unternehmen direkt als Originatoren bei der Verbriefung auftreten. Diesen Transaktionen liegen dann meist Kundenforderungen als Assets zu Grunde.[476] Der Ablauf der Transaktion ist ähnlich, wobei eine Bank meist als Servicer fungiert und sich dafür entlohnen lässt. Oft werden die Kundenforderungen über eine Multi-Seller-Plattform verbrieft. Diese beinhaltet eine Zweckgesellschaft, die sich durch die Ausgabe von Asset-Backed-Commercial-Papern über den Kapitalmarkt finanziert.

II. Risiko und Rating von Asset-Backed-Securities

Durch verschiedene Möglichkeiten der Besicherung sind ABS ein sehr flexibel auszugestaltendes Finanzinstrument. Die Anforderungen an die Besicherung einer ABS werden dabei durch das gewünschte Rating determiniert. Der Ablauf ist also folgender: Zuerst muss das Risiko des Assetpools bestimmt, dann das gewünschte Rating festgelegt werden, um dann im Anschluss geeignete Sicherungsmechanismen mit in die Struktur aufzunehmen.

Um das Risiko eines besicherten Kredites zu schätzen, muss der Loss-Given-Default (LGD) bestimmt werden. Gemeinhin sind die verbrieften Forderungen bereits besichert, beispielsweise bei der Verbriefung von Hypotheken oder von Autofinanzierungen. Durch zeitliche Verzögerungen bei der Verwertung der Sicherheit oder durch Abwertungen des Marktpreises der Sicherheit kann es aber dennoch zu Verlusten kommen. Mit solchen Kosten lässt sich die Schwere des Ausfalls eines Kredites bestimmen.

---

475 Müller (2004) argumentiert, dass durch die Möglichkeit der Verbriefung der Kredite an den Mittelstand die Bereitschaft der Banken Kredite zu vergeben aufrecht gehalten werden sollte und auch Hommel et al. (2005) weisen auf den Vorteil der Verknüpfung der indirekten mit der direkten Finanzierung hin. Zu den Aufgaben der Banken bei der indirekten Finanzierung siehe bspw. Allen/Santogmero (2001).

476 Für einen detaillierten Überblick über mögliche Ausgestaltungsformen der Asset-Backed-Securities siehe Stone/Zissu (1997).

Bär (1998, S. 259ff.) stellt folgendes Beispiel vor: Für eine Immobilie im Wert von €100.000 wird ein Kredit über €75.000 gegeben, der mit der Immobilie besichert ist. Angenommen der Marktwert (= Verkaufspreis bei Ausfall des Kreditnehmers) der Immobilie fällt auf €65.000[477] und es entstehen bei der Verwertung zusätzliche Kosten für Rechtsangelegenheiten in Höhe von €2.438 und ein Zinsverlust von €15.750.[478] Dem Kreditgeber entsteht ein Verlust in Höhe von €28.188 (2.438+15.750+10.000). Der in Prozent ausgedrückte LGD beträgt in diesem Beispiel 37,6 Prozent.[479] Um den erwarteten Verlust zu bestimmen, muss diese Zahl mit der erwarteten Eintrittswahrscheinlichkeit des Ausfalls multipliziert werden. Umso höher das angestrebte Rating ist, desto höher wird die Ausfallwahrscheinlichkeit (Probability of Default, PD) (bspw. 12 Prozent für ein AAA-Rating) angenommen. Multipliziert man die Ausfallwahrscheinlichkeit mit der Höhe des LGD, erhält man den erwarteten Verlust des Kredites (Expected-Loss-Default, ELD) (4,5 Prozent). Durch das Credit Enhancement wird dieser so berechnete erwartete Verlust des Kredites (ELD_K) dem erwarteten Verlust einer Benchmark (ELD_B) angepasst. Wäre die Ausfallwahrscheinlichkeit der Benchmark (AAA-Rating) halb so hoch, also 6 Prozent, betrüge der erwartete Verlust 0,06*37,6%=2,25%. Diesem Wert soll der erwartete Verlust des Kredites inklusive Credit Enhancement (ELD_{CE}) angepasst werden:

$$\begin{aligned} & ELD_{CE} = PD_K * (LGD_K - CE) \\ & => CE = LGD_K - ELD_{CE} / PD_K \\ & => CE = 37{,}6\% - 2{,}25\% / 0{,}12 \\ & => CE = 18{,}85\% \end{aligned} \tag{2.35}$$

Soll die Transaktion ein Rating entsprechend der Benchmark erhalten, müsste das Credit Enhancement 18,85 Prozent betragen.[480]

Nun stellt sich die Frage, welche Möglichkeiten der Kreditverbesserung es gibt und wie hiermit eine Verringerung der Loss-Given-Default um ca. 19 Prozent erreicht werden kann. Prinzipiell können die Besicherungsmechanismen in interne und externe Besicherungen unterschieden werden. Die interne Besicherung ergibt sich aus der

---

477 Dieses entspricht einem Stress-Test Level von 35%, also einem Wertverlust von 35% der Immobilie. Der Verlust wird so hoch angenommen, um das notwendige Credit Enhancement zu erhöhen und somit die Wahrscheinlichkeit, dass der Kreditgeber bzw. der Investor der Mortgage-Backed-Security (MBS) einen Verlust erleidet, zu verringern.

478 Der Zins wird mit 14% angenommen und es wird angenommen, dass die Verwertung der Immobilie 18 Monate in Anspruch nimmt.

479 €28.1888/75.000.

480 Wichtig ist bei der Ratingverbesserung eines Pooles, den Effekt der Diversifizierung (Kovarianzen zwischen den einzelnen Assets) zur Bestimmung des Exposure at Default (EAD) mit einzubeziehen. Hierdurch wird das benötigte Credit Enhancement unter Umständen bereits verringert (Borgel et al. (2004).

Transaktion heraus und findet in Form der wirtschaftlichen Übersicherung, der Subordination (Tranchenbildung) oder durch die Bildung von Reservefonds statt. Bei der externen Sicherung übernehmen entweder der Originator oder verbundene Gesellschaften einen Teil des Risikos in Form von beschränkten Rückkaufszusagen oder Forderungsausfallgarantien sowie Patronatserklärungen. Aber auch externe Dritte können durch einen Akkreditiv oder Surety Bonds, eine Versicherung des Pools oder durch verpfändete Geldeinlagen und Kreditlinien einen Teil des Risikos der Transaktion übernehmen. Die Mechanismen können auch in einer Transaktion kombiniert werden, wobei wichtig ist, dass die Partei das Risiko trägt, das sie am besten tragen kann.[481] Hinzu kommt die Bedeutung des Ratings der Transaktion. Hierbei wird, wie bereits angesprochen, nicht die fertige Transaktion geratet. Vielmehr wird ein Rating festgelegt und die Transaktion wird so ausgestaltet, dass sie dieses Rating erfüllt. Für den Investor, der in eine AAA geratete ABS-Transaktion investiert, ist das Risiko sehr gering und gut kalkulierbar.

Bär (1998, S. 271)[482] listet die Risiken auf, die eine Ratingagentur in Betracht zieht und die durch eine sorgfältige Strukturierung umgangen werden können. Das Risiko beginnt mit der Auswahl der Assets, die in den Pool genommen werden. Hier sind das Cherry-Picking[483] und Lemon-Selling als Gefahren zu nennen. Unter Cherry-Picking versteht man, dass der Originator nur die guten Assets verkauft, um Vertrauen auf dem ABS-Markt zu gewinnen und nur geringe Kosten der Absicherung übernehmen zu müssen. Für die Investoren, die ihre Gelder in dem Unternehmen des Originators anlegen, erhöht sich damit das Risiko der verbleibenden Assets. Die Gefahr des Lemon-Sellings stellt hingegen die verbleibenden Investoren besser und birgt für die ABS-Investoren Risiken. Hill (1997) sieht aber genau darin den Reiz der ABS. Diese Lemons können durch Besicherung an Qualität gewinnen. Gleichzeitig sollte das Rating auch des restlichen Unternehmens steigen. Rating Agenturen stellen im Allgemeinen Forderungen an den Diversifikationsgrad und an die Auswahlmechanismen bei der Wahl der Assets, die in den Pool kommen. Wird beispielsweise eine CDO von Standard&Poors (S&P) geratet, werden Ansprüche an die Konzentration in einem Pool gestellt. S&P nennt als einen Schwellenwert, ab dem das Risiko erheblich steigt, wenn

481 Zu verschiedenen Credit Enhancement Mechanismen, siehe Silver (2000), S. 21, Bartelt (1994), Standard & Poors (2002), zum Rating von Verbriefungen allgemein siehe auch Althaus (2003).

482 Ein ähnliches Vorgehen wie das im Folgenden beschriebene, erläutert auch Silver (2000), S. 23 ff.

483 Jones (2000), S. 42 zeigt, wie über Cherry-Picking durch Banken regulatorische Eigenkapitalarbitrage betrieben werden kann. Selbst wenn die verbleibenden Assets zu 100% mit EK hinterlegt werden müssen (Dollar-je-Dollar), verringert sich die Eigenkapitalbelastung, wenn der Anteil verbleibender Assets weniger als 8% ist, obwohl eigentlich das gesamte Risiko in der Bankbilanz verblieben ist.

weniger als 30 verschiedene Schuldner in einem Pool sind oder die Konzentration einzelner Schuldner in dem Pool über drei Prozent steigt.[484] Sind nur zehn Schuldner in einem Pool vertreten, wird ein schuldnerspezifisches Rating durchgeführt. Weiter ist die Diversifikation über Industrien wichtig. Eine Streuung über 13 Industrien, von der keine ein höheres Gewicht als acht Prozent des Pools hat, das heißt die Industrien müssen gleich verteilt sein, ist anzustreben. Eine geringere Streuung schlägt sich in einem schlechteren Rating nieder. Dabei ist zu beachten, dass die Korrelation in einzelnen Industriezweigen unterschiedlich ausfällt.[485]

Neben den Portfolio- müssen Struktur- und rechtliche Risiken beachtet werden. Unter Strukturrisiken sind Schwachstellen in den Systemen und der Bonität der beteiligten Parteien zu verstehen. Rechtliche Risiken beziehen sich insbesondere auf vertragliche Sicherheiten, die wahre Trennung der Assets von dem Originator (off-balance-sheet-Finanzierung) und dass die Zweckgesellschaft rechtlich unhabhängig von dem Originator und somit von seiner etwaigen Insolvenz nicht betroffen ist (bankruptcy remote). Sollten in der Transaktion Währungs- oder Zinsrisiken enthalten sein, bietet sich die Absicherung des Pools über Swaps, Futures oder Optionen an.[486]

Ein Risiko, das insbesondere bei den MBS auftritt, ist das Prepayment Risiko, also das Risiko einer vorzeitigen Rückzahlung. Bei in Deutschland strukturierten Transaktionen ist dieses Risiko geringer, da von dem Kreditnehmer eine Vorfälligkeitsgebühr verlangt wird, wenn er seinen Kredit oder seine Hypothek vor Ablauf der Laufzeit tilgen möchte.[487]

Für einen Schuldner ist es prinzipiell vorteilhaft, einen Kredit mit langer Laufzeit umzuschulden, wenn das Zinsniveau auf dem Kapitalmarkt gesunken ist. Für den Gläubiger oder den Investor einer ABS ist dieses Verhalten in doppelter Hinsicht nachteilig. Zum einen bekommt er sein langfristig angelegtes Geld frühzeitig zurück, wenn die Zinsen niedriger sind und sich für ihn keine vergleichbare Anlagemöglichkeit bietet (Contraction Risk). Auch steigt der Marktwert der Transaktion bei einem Zinsrück-

---

[484] Die Anzahl von 30 Schuldnern in einem Pool ist dabei schon sehr gering. Bei der Verbriefung von Genussrechten, auf die später eingegangen werden wird, sind zwischen 20 und 60 Unternehmen in einem Pool, die jeweils einzeln geratet werden.

[485] Diese Hinweise stammen aus den Rating Kriterien von Standard & Poors, Standard & Poors (2002), S. 35f.

[486] Bär (1998), S. 271, Silver (2000).

[487] Bei der Verbriefung von Autofinanzierungen, ist das Risiko jedoch beispielsweise gegeben. Gründe für eine vorzeitige Rückzahlung sind Vollkasskoschäden, die den Autokredit sofort auszahlen, Verkäufe des Autos oder Kauf eines neuen Autos. Die Vorfälligkeitsentschädigung lässt sich als die Summe der noch ausstehenden Zinsen abzüglich der Zinsen, die bei Anlage des frühzeitig getilgten Nominalbetrages in eine risikolose Anleihe erwirtschaftet werden, diskontiert auf den aktuellen Zeitpunkt, berechnen. Der Diskontierungsfaktor kann schon bei Abschluss des Kreditvertrages fixiert werden (BGH Urteil vom 30.11.2004 XI ZR (285/03)).

gang wegen der frühzeitigen Rückzahlungen nicht wie bei einem Straight-Bond an, sondern er verhält sich vergleichbar mit einem Bond mit integrierter Call-Option, nimmt also ab einem bestimmten (niedrigen) Zinsniveau einen konkaven Verlauf an.

Steigt das Zinsniveau hingegen, würde der Investor es bevorzugen, dass der Kreditnehmer seinen Kredit vor Fälligkeit tilgt. Aber genau dann besteht für den Kreditnehmer ein geringeres Interesse an einer vorzeitigen Rückzahlung (Extension Risk).[488]

Durch die Strukturierung der MBS in unterschiedlichen Tranchen kann das Risiko der frühzeitigen Rückzahlung für die Investoren durch die Ausgabe von Collateral-Mortgage-Obligations (CMO) kalkulierbar werden. Die Kupons und Tilgungszahlungen an die Investoren der CMO setzten sich aus den Zins- und vorzeitigen und planmäßigen Tilgungszahlungen des Assetpools zusammen. Ziel der CMOs ist es nun, das Risiko der vorzeitigen Rückzahlung kalkulierbar zu machen und den Investoren Wertpapiere anzubieten, deren Auszahlungsprofil bekannt ist. Um das zu erreichen, wird die CMO in verschiedenen Tranchen mit unter Umständen unterschiedlichen Laufzeiten und Kuponhöhen emittiert. Die erste, die sicherste Tranche hat die kürzeste Laufzeit und die geringsten Kuponzahlungen sowie das geringste Verlustrisiko. Gewährleistet wird dies, da sich die Zahlungen an die Investoren dieser Tranche aus Zinsen, Tilgungszahlungen und vorzeitigen Rückzahlungen aus dem Assetpool zusammensetzen. Die nachrangigen Tranchen erhalten, bis die erste Tranche vollständig getilgt ist, nur Zinszahlungen. Nach vollständiger Rückzahlung der ersten Tranche fließen der zweiten Tranche mit mittlerem Risiko und Kupon neben Zins- auch Tilgungs- und vorzeitige Rückzahlungen zu.[489] Im Anschluss wird die dritte Tranche bedient. Neben den gerateten Tranchen wird noch eine nachrangige Junior-Tranche ohne Rating ausgegeben. Diese wird erst nach Tilgung der letzten gerateten zurückgezahlt. Somit ist das Risiko dieser Tranche, überhaupt eine Zahlung zu erhalten am höchsten. Im Gegenzug sind die Zahlungen dann nicht auf eine bestimmte Kuponhöhe beschränkt, sondern die Investoren erhalten alle einfließenden Zahlungen. Eine Möglichkeit, das Risiko der vorzeitigen Rückzahlung aber auch das Risiko des Ausfalles einzelner Assets in dem Pool kalkulierbar werden zu lassen, ist somit die im Rahmen des Credit Enhancements angesprochene und in vielen Transaktionen genutzte Subordination

---

488 Neben der Zinsentwicklung gibt es weitere Gründe für eine vorzeitige Rückzahlung. Es spielen private Gründe, wie der Wechsel eines Arbeitsplatzes, Scheidung oder Ähnliches eine Rolle bei der Entscheidung zur vorfälligen Kredittilgung, siehe Van Horne (2001).

489 Die Entwicklung des Prepaymentrisikos ist ebenfalls kalkulierbar. Ausgehend von der Public Securitiy Administration (PSA) wird die Rückzahlungsgeschwindigkeit geschätzt, Van Horne (2001).

oder Tranchenbildung.[490]

Im folgenden Abschnitt soll geklärt werden, ob die Tranchenbildung wirklich zu einer Reduzierung der Kapitalkosten führen kann oder die Kosten der Tranchierung den Nutzen überwiegen.

III. Finanzierungstheoretische Bedeutung der Tranchenbildung

Wie bereits beschrieben, wird bei der Tranchenbildung der Assetpool nicht durch ein einzelnes Wertpapier mit gleichen Konditionen für jeden Investor finanziert, sondern vielmehr in verschiedenen Tranchen mit unterschiedlichen Rendite-Risiko-Profilen. Die Transaktion teilt sich in eine Fremdkapitaltranche mit dem geringsten Risiko und geringstem Kupon, eine Mezzanine Tranche mit mittlerem Risiko und mittlerem Kupon und eine Eigenkapitaltranche mit hohem Risiko und hoher erwarteter Rendite. Je nach Ausgestaltung bietet diese letzte Tranche dem Originator die Möglichkeit, die First-Loss-Tranche zu übernehmen. Dieses Vorgehen sichert den Investor beispielsweise vor den Gefahren des Lemon-Selling. Es dient als Signal, dass der Originator nicht einfach seine risikoreichsten Assets an den Kapitalmarkt auslagert.[491]

Das Zusammenlegen verschiedener Assets in einem Pool und die Tranchenbildung lassen nach Tufano (2003) ABS drei der Funktionen, durch die Finanzinnovationen den Markt vervollständigen können, erfüllen. Sie ermöglichen es, Risiko neu zu verteilen, indem bestehende Assets zusammengelegt und anschließend durch Tranchenbildung der emittierten Wertpapiere verschiedene Rendite-Risiko-Profile bedient werden. Da sich die Tranchen auch bezogen auf die Laufzeit unterscheiden können, ermöglicht die Emission von ABS die räumliche und zeitliche Allokation der Finanzmittel sowie den Abbau von Informationsasymmetrien wie im Laufe dieses Abschnittes gezeigt wird.

---

490 Um das Risiko der vorzeitigen Rückzahlung zu umgehen, wurden auch so genannte Pay-through-Strukturen entwickelt. Hierbei werden die vorzeitigen Tilgungen in einem Geldmarktfonds angelegt und die so erwirtschafteten Zinsen werden zu gegebener Zeit an den Investor ausgezahlt. Fabozzi (2000).

491 Insbesondere für Banken ist es für die Solvenzsicherung wichtig, dass es nicht zu massenhaften Abzügen der Einlagen kommt. Dies würde eine Bank in die Insolvenz treiben, da im Normalfall die Einlagen nicht mit liquiden Mitteln, sondern mit Krediten gedeckt sind, die nicht sofort liquidiert werden können, siehe Bessler (1999 und 2001).

Arnold (1976) erläutert, wie sich durch das Zusammenlegen zu Globalpositionen Risiken hedgen, kumulieren und diversifizieren und wie sich durch die Zerlegung einer Globalposition in homogene und heterogene Parten verschiedene Risiko-Rendite-Profile der Investoren bedienen lassen. Insgesamt sollte dies zu geringeren Renditeforderungen der Investoren führen. Dieser grundlegende Gedanke des Financial Engineering soll hier dargestellt werden, ohne vertiefend auf diesen Prozess einzugehen. Werden verschiedene Vermögenswerte zu einer Globalposition zusammengelegt, ist je nach Korrelation zwischen den Assets die Kreation eines bestimmten Risikoprofils möglich. Bei der Bewertung der Ausfallwahrscheinlichkeit des Pools müssen diese Zusammenhänge beachtet werden.

Sind die betrachteten Asset nicht perfekt korreliert ($-1<r<1$), so ist es möglich die Risiken zu diversifizieren, also das Risiko der Globalposition zu verringern. Besteht eine perfekt negative Korrelation, gleichen sich die Risiken der betrachteten Assets aus und ein Hedge wird möglich, sodass das Gesamtrisiko gleich null ist. Ist die Korrelation perfekt positiv, können Risiken kumuliert werden (Arnold (1976, S. 1510f.), Abbildung 75). Die in einer solchen Art zusammengelegte Globalposition wäre im Sinne der ABS der Assetpool. Bei einer Verbriefung sollten die Assets hinreichend homogen und möglichst wenig korreliert sein.

Die mit dem Assetpool gedeckten Wertpapiere können jetzt entweder in homogene Parten oder heterogene Parten zerlegt werden. Im ersten Fall erwirbt jeder Investor das gleiche Risiko. Dieser Versicherungseffekt, dass ein großes Risiko in viele kleine gleiche Parten unterteilt wird, kann man regelmäßig bei Publikumsfonds beobachten.[492] Sind potenzielle Investoren allerdings unterschiedlich risikofreudig, bietet es sich an, das Risiko in Parten mit unterschiedlichen Risikoprofilen, also heterogenen Parten an den Markt zu verkaufen. Dann kann sich jeder Investor, seiner Risikoneigung entsprechend, für ein Investment entscheiden. Dieser Effekt ist auch bei der einfachen Unternehmensfinanzierung zu erkennen. Die meisten Unternehmen sind heterogen finanziert, nämlich mit Eigenkapital, Fremdkapital oder auch hybriden Finanztiteln.[493] Bei der Verbriefung ist bei der Strukturierung von Collateral-Mortgage-Obligations oder auch Collateral-Debt-Obligations, wie oben vorgestellt, regelmäßig eine Aufteilung in heterogene Parten zu beobachten.

---

[492] Obwohl auch hier unter Umständen unterschiedliche Tranchen mit verschiedenen Modalitäten ausgegeben werden.

[493] Arnold (1976), S. 1507f.

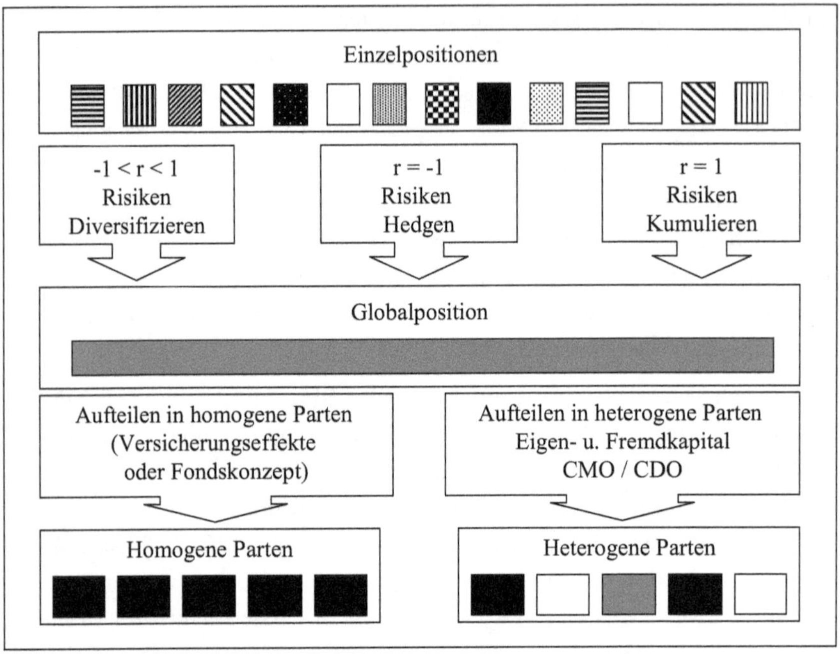

Abbildung 75: Zusammenlegen von Einzelrisiken und Aufteilung in Parten

Quelle: Graphische Darstellung in Anlehnung an den Text von Arnold (1976)

Die Tranchenbildung ist jedoch nur gerechtfertigt, wenn ihre Kosten für den Originator durch einen höheren Emissionserlös überkompensiert werden. Allen und Gale (1988) untersuchen, wie emittierte Wertpapiere ausgestaltet sein sollten, damit der Emittent den höchsten Emissionserlös erzielt. In ihrem Modell ist die Informationsverteilung symmetrisch, und bei der Emission von Wertpapieren fallen Transaktionskosten an. Obwohl die Ausgabe von mehreren unterschiedlichen Wertpapieren dann mit höheren Kosten verbunden ist, kann dieses Vorgehen den Emissionserlös des Unternehmens steigern, wenn die Zahlungsströme in jedem Umweltzustand dem Investor zufließen, der sie am höchsten schätzt. Dass es überhaupt Wertpapierhandel gibt, begründen Allen und Gale (1988) mit unterschiedlichen Risikopräferenzen und Eigenschaften der Investoren. Dadurch sind Investoren bereit, für unterschiedliche Wertpapiere unterschiedliche Preise zu bezahlen. Die Emission unterschiedlicher Wertpapiere ist dann für das Unternehmen rentabel, wenn die höhere Zahlungsbereitschaft die höheren Kosten überkompensiert.[494] Dies wäre der Fall, wenn sich ein Unternehmen entschließt, neben Eigenkapital auch risikoloses Fremdkapital zu emittieren und gleichzeitig risikoaverse Investoren auf dem Markt sind (Allen und Gale (1988), S. 245). Für ein optimales Wertpapierdesign genügt die Ausgabe von Fremd- und Eigenkapital nicht. Es ist vielmehr optimal, wenn in jedem Zustand die Gruppe die Cashflows des Unternehmens erhält, die sie am höchsten schätzt. In dem Modell von Allen und Gale erhalten die übrigen Investoren in diesem Zustand keine Zahlungen. Es ist auch möglich, dass verschiedene Investorengruppen die Zahlungen in einem Zustand gleich hoch schätzen, (Allen und Gale (1988), S. 253).

Boot und Thakor (1993) zeigen in einem Modell mit rationalen Erwartungen unter Beachtung von Informationsasymmetrien, dass es für den Emittenten vorteilhaft ist, Wertpapiere mit unterschiedlichen Zahlungsansprüchen zu emittieren. Ferner kann der Emissionserlös noch erhöht werden, wenn Wertpapiere guter Unternehmen zuerst gepoolt und dann über verschiedene Tranchen wieder refinanziert werden. Grundgedanke des Modells ist, dass es jedem Investor möglich ist, sich zu bestimmten Kosten über die Qualität des Unternehmens zu informieren. Diese Möglichkeit wird aber nicht von allen Investoren genutzt. Emittiert das Unternehmen informationssensitive Wertpapiere (Eigenkapital) und nicht informationssensitive Wertpapiere (Fremdkapital), erwerben die informierten Investoren die informationssensitiven Titel und sind bereit, für diese mehr zu bezahlen. Die Wertpapiere nähern sich ihrem wahren Wert. Durch die Aufteilung des Wertpapiers in informationssensitive Tranchen wird es dem Informationen suchenden Investor ermöglicht, seine Information zu leveragen, da er den nicht informationssensitiven Teil nicht mit erwirbt. Für die Unternehmen wird der Emissionserlös maximiert, wenn der Informationsgehalt im Gleichgewichtspreis steigt. Boot und Thakor (1993) haben im Gegensatz zu Allen und Gale (1988) nicht die Vervollständigung der Märkte zum Ziel, sondern die Erhöhung der Informationsverfügbarkeit.[495] Wenn ein Intermediär auf dem Markt auftritt, der die Wertpapiere der guten Unternehmen aufkauft und den Kauf ähnlich wie bei einer ABS über die Emission einer informationssensitiven und einer nichtsensitiven Tranche finanziert, bringt dies den Emissionserlös näher an den wahren Wert. Dies liegt daran, dass durch die (In-

---

494 Allen/Gale (1988), S. 233. Zu beachten ist, dass Leerverkäufe in dem Modell nicht erlaubt sind. Die Emission verschiedener Papiere ist nur rentabel, wenn es Investoren nicht möglich ist, über kostenlose Leerverkäufe die gleiche Risikostruktur zu kreieren.

495 Boot/Thakor (1993), S. 1351. Auch unterscheiden sich die Annahmen von denen von Allen/Gale (1988) bezüglich der Risikoaversion. Bei Boot/Thakor sind die Investoren risikoneutral. Weiter verfolgen Boot/Thakor (1993) eine angebotsorientierte Sichtweise, wohingegen Allen/Gale (1988) die Frage klären, wann die Nachfrager (Investoren) bereit sind, mehr für ein Wertpapier zu zahlen.

formations-)Diversifikation im Pool die Unsicherheit (Noise) in der Bewertung der einzelnen Wertpapiere reduziert werden kann.[496]

DeMarzo (2005) stellt ein Modell unter der Annahme asymmetrischer Informationsverteilung, zum einen zwischen Emittent und Investoren, zum anderen zwischen den Investoren untereinander auf. Ein informierter Intermediär kann dann in einem Einperioden-Modell sowie in einer dynamischen Betrachtung durch Pooling und Tranchenbildung Gewinne erzielen. Die Gewinne werden durch den Abbau der durch Informationsasymmetrien induzierten Kosten möglich.[497] Der informierte Intermediär kauft unterbewertete Assets und verkauft diese zu ihrem fairen Wert. Allerdings würde er auf dem Kapitalmarkt keinen Käufer finden, der mehr als den durchschnittlichen Preis für das Asset bezahlt, da die schlechter informierten Käufer die Qualität nicht einschätzen können. Poolt der informierte Intermediär die Assets und emittiert nur eine Tranche, erhält er nur den durchschnittlichen Wert für die Assets.[498] Emittiert der Intermediär jedoch verschiedene Tranchen mit fixen Renditeprofilen, kann er den Erlös, angenommen das Volumen des Pools ist ausreichend groß, aus dem Verkauf der Assets maximieren. Sind die Assets in einem Pool nicht perfekt korreliert, ist dieses Vorgehen auch für einen uninformierten Intermediär vorteilhaft. Darüber hinaus beeinflusst die Art des Informationsgewinnes des Intermediäres im Zeitablauf die Vorteilhaftigkeit des Poolens und der Tranchenbildung. Ist der Informationsgewinn eher allgemeiner Natur, dann bringt das Poolen Vorteile, ist der Informationsgewinn assetspezifisch, dann bringt das Poolen weniger Vorteile, da die Nachteile des Informationsverlustes durch das Poolen wieder steigen. Ähnliches geschieht, wenn die Risiken im Pool zu heterogen sind. Damit begründet DeMarzo (2005), dass es zwar CMOs gibt aber keine Pools, die aus unterschiedlichen Forderungen bestehen. Eine gewisse Homogenität des Pools ist erstrebenswert.

Weiterhin zeigt DeMarzo (2005), dass das Poolen der Assets ebenfalls den Verkaufswert verschiedener Assets steigern kann, selbst wenn keine Tranchenbildung durchgeführt wird. Dies ist dann der Fall, wenn der Emittent, also der Intermediär, nicht besser informiert ist als die Investoren und es auf dem Markt gut informierte und schlecht

---

496 Boot/Thakor (1993), S. 1368. Bei der nicht gepoolten Finanzierung, ist der Noise in der Bewertung notwenig, damit überhaupt Anreize zum Handeln entstehen (S.1358).

497 Dieser Fall entspricht beispielsweise der Mittelstandsfinanzierung über Banken und die Verbriefung dieser Kredite durch die Bank oder über bereitgestellte Verbriefungsplattformen.

498 Dies ist der Fall, da in dem Modell die Erlösfunktion in Abhängigkeit von der Qualität der Assets als konvex fallend angesehen wird. Es ist also möglich für die Assets höherer Qualität einen höheren Preis zu verlangen und für die Assets niedriger einen niedrigen wobei der Gesamterlös über dem Durchschnittspreis der Assets liegt. DeMarzo (2005), S. 9f.

informierte Investoren gibt. DeMarzo begründet diesen Vorteil mit dem "Underpricingargument" von Rock (1986). Rock erklärt das beobachtete Underpricing im Rahmen von Initial Public Offerings damit, dass sich weniger informierte Investoren aus dem Markt zurückziehen würden, wenn sie nie Gewinne durch das Zeichnen von Aktien erzielen würden. Um die Liquidität im Markt zu erhalten, ist es wichtig, dass auch weniger informierte Investoren einen Gewinn in Höhe des Underpricing erzielen können. Werden die Assets gepoolt, greift das Argument nicht mehr, da besser informierte Investoren nun nicht mehr die Möglichkeit besitzen, gezielt die wertvolleren Assets zu kaufen. Somit würde in Summe für den gesamten Pool der faire Wert bezahlt. Riddiough (1997) analysiert wiederum in einem Modell unter Annahme asymmetrischer Informationen, wie es durch das Design von ABS gelingt, die Informationskosten zu senken. Der Verkäufer risikoreicher Assets kann durch das Einbehalten der nachrangigen Tranche den Wert der Assets im Pool signalisieren. Der Verlust aus dem Lemon-Selling-Problem bei unterschiedlich informierten Kapitalmarktteilnehmern wird durch das Einbehalten der risikoreichen Tranche abgemildert. Gleichzeitig profitiert der Emittent mit dem Pooling von dem diversifizierenden Effekt, der die Wahrscheinlichkeit extremer Wertentwicklungen verringert.[499]

Obwohl die vorgestellten Erklärungsansätze verschiedene Annahmen treffen, kommen sie alle zu dem Ergebnis, dass es für den Emittenten oder für den Investor die beste Alternative ist, wenn Wertpapiere gepoolt und in mehreren Tranchen refinanziert werden. Für die Finanzierung von Innovationen, die, wie gezeigt, hohen Unsicherheiten und Informationsasymmetrien unterliegen, scheint das Poolen aufgrund des diversifizierenden Effektes in der Wertentwicklung und in den Informationsasymmetrien geeignet zu sein. Darüber hinaus bietet die Tranchenbildung die Möglichkeit, verschiedene Investorenkreise anzusprechen. Die Grundfinanzierung kann über nichtinformationssensitive Tranchen abgedeckt werden und für besser informierte oder risikofreudigere Investoren bietet sich die Anlage in informationssensitive Titel an. Den Überlegungen von DeMarzo (2005) folgend, ist dabei zu beachten, dass der Pool durch ausreichend homogene Innovationen gedeckt ist. Stellt man sich vor, dass sich die Homogenität auf einzelne Industrien oder Technologien bezieht, könnte ein Experte auf dem Gebiet bei der Titelauswahl eine wichtige Rolle einnehmen. Auch könnte die Diversi-

[499] Der Emittent sollte ebenfalls die Kontrolle über etwaige Nachverhandlungen bei Ausfall eines Kreditnehmers haben, da er überlegene Informationen hat. Dabei ist zu beachten, dass bei Nachverhandlungen die Größe der Nachranganleihe vergrößert wird, da sonst ein Vermögenstransfer von der sicheren Tranche auf die Nachrangtranche stattfinden könnte, da die Verlängerung eines Kredites eines risikoreichen Schuldners von den reinen Fremdkapitalgebern nicht erwünscht ist, Riddiough (1997), S. 137ff.

fikation besonders ausgeprägt sein, wenn beispielsweise mit unterschiedlichen Methoden an einer Technologie geforscht wird, was die Erfolgswahrscheinlichkeit des Gesamtprojektes erhöht.

Firla-Cuchra und Jenkinson (2005) untersuchen, inwieweit sich die oben aufgeführten Überlegungen zur Tranchenbildung bei Vorhandensein von Informationsasymmetrien und zur Vervollständigung der Märkte und weitere Hypothesen empirisch überprüfen lassen. Grundlage ist eine Datenbank von JP Morgen, mit der den Autoren 1.605 europäische Emissionen mit insgesamt 5.161 Tranchen in den Jahren 1987 bis 2003 zur Verfügung standen. Das Untersuchungssample bilden schließlich 824 Emissionen mit 2.518 Tranchen für die Preise verfügbar sind. Als erste Hypothese untersuchen sie, ob in entwickelten Märkten mit besser informierten und ausgebildeten („sophisticated") Investoren mehr Tranchen emittiert werden. Firla-Cuchra und Jenkinson (2005, S. 9f.) unterstützen diese These, da in den USA tendenziell mehr Tranchen gebildet werden und auch in Europa die durchschnittliche Anzahl ausgegebener Tranchen im Zeitablauf steigt. Die Tranchenbildung scheint des Weiteren eine Reaktion auf unvollkommene Märkte zu sein, da sich viele Tranchen nicht nur bezüglich ihres Ratings sondern auch bezogen auf die Restlaufzeit, Währungen und Ähnliches unterscheiden.[500] Die Anzahl ausgegebener Tranchen steigt mit der Komplexität der zu bewertenden Assets, was die Hypothese unterstützt, dass die Tranchenbildung bei Vorliegen von Informationsasymmetrien vorteilhaft ist. Dabei ist ein Pool an Konsumentenkrediten annahmegemäß leichter zu bewerten als beispielsweise die Verbriefung gesamter Geschäftseinheiten.[501] Die Beobachtungen bestätigen die Theorien, dass Tranchenbildung insbesondere dann vorteilhaft ist, wenn die Märkte unvollkommen sind und Informationsasymmetrien in den Märkten bestehen.

500 Firla-Cuchra und Jenkinson (2005), S. 13. Dabei müssen immer auch Liquiditätsaspekte beachtet werden. So zeigen die Autoren auch, dass große Emissionen in mehr Tranchen unterteilt sind.

501 Firla-Cuchra und Jenkinson (2005), S. 15f. und S. 20. Ein Pool von Konsumentenkrediten birgt wegen der Vielzahl an Krediten und des hohen Diversifikationsgrades ein geringeres Bewertungsrisiko.

Kapitel IV: Aktuelle Entwicklungen in der Patentfinanzierung

A. Verbriefung von Intellectual Property Rights

Ein frühes Beispiel einer Art Patentverbriefung und Finanzierung mit einem hybriden Finanzierungsinstrument ist die Ausgabe des Genussscheines von NSU, die mit den Lizenzzahlungen des Wankelmotors gedeckt waren. Bereits Hidding (1969, S. 146f.) beschreibt die Gefahren, die ein solches Instrument, insbesondere ohne die Möglichkeit zur Risikodiversifizierung, birgt.[502] Der Misserfolg der Transaktion bestätigt diese Bedenken. So erhielt das Patent nach Emission des Genussscheines kaum noch neue Lizenznehmer, was dazu führte, dass den Investoren des Genusscheines, der zur Ausgabezeit im Telefonhandel zu 230 DM gehandelt wurde, insgesamt je Schein nur 33,88 DM zurückgezahlt wurden.[503]

Etwas häufiger werden Musikrechte als Assets in Verbriefungen genutzt. Ein bekanntes Beispiel ist die Verbriefung der Musikrechte von David Bowie im Jahre 1998. Die Strukturierung der Transaktion über $55 Mio. mit 10 Jahren Laufzeit übernahm die Pullman Gruppe.[504] Diese hat im Jahr 2003 auch ein Patent „Method and device for pooling intellectual property assets for Securitisation" angemeldet. Die Anmeldung beinhaltet die Ansprüche an das Poolen bis zu 500 verschiedener Intellectual Properties, wobei sowohl Copyrights, Patente, Marken und Trade Secrets eingeschlossen sind. Die in der Patenschrift beschriebene Struktur und der Ablauf der Transaktion ähneln dabei sehr den bekannten ABS-Transaktionen.[505] Bei der Verbriefung von Musikrechten werden sämtliche Vermarktungsrechte an einzelnen Titeln auf eine Zweckgesellschaft übertragen, die auch über die Insolvenz des Künstlers hinaus die Rechte an der Musik behält. Bisher sind diese Deals jedoch Privatplatzierungen. Dies erschwert es, einen Überblick über den Gesamtmarkt zu bekommen. Monga (2005) stellt neben Transaktionen, die Musikrechte verbriefen, auch Beispiele für die Verbriefung von Markennamen, Filmrechten und Patenten vor. Eine Übersicht über bisherige Transaktionen zeigt Tabelle 67. Dabei betont Monga, dass das Risiko bei der Verbriefung von Patenten höher ist als bei Musikrechten, da die Wahrscheinlichkeit eines Er-

---

502 Der Genussschein wurde ausgegeben, damit die Aktionäre der NSU Motorenwerke AG im Zuge der Verschmelzung mit der Auto Union GmbH (später Audi) an dem Patent auf den Wankelmotor weiter profitieren konnten und damit die Aktie des fusionierten Unternehmens Audi NSU Auto Union AG nicht durch die spekulative Komponente der zukünftigen Lizenzen des Wankelmotors zu volatil würde.

503 Frantzen (1993), S. 69f.

504 http://www.pullmanco.com/. Der erfolgreichen Verbriefung folgten weitere Projekte.

505 Patentanmeldung US20330225653 A1 vom 4. Dezember 2003.

folges schwerer abzusehen ist. Neben den Beispielen zur Finanzierung des Wankelmotors und der Sale-and-Lease-Back Transaktion von Rhomed[506] scheint die Verbriefung der HIV-Medikamente Zerit und Videx diese Behauptung zu stützen. Fischer (2002, S. 489ff.) beschreibt die im Jahr 2000 aufgelegte Transaktion. Insgesamt wurde die Transaktion durch Patente im geschätzten Wert von $115 Mio. besichert. Ausgegeben wurden $75,15 Mio. Fremdkapital (Senior und Mezzanine), wobei die Senior Tranche von Standard&Poors ein A Rating erhielt. Ursprünglich war eine Laufzeit von sechs Jahren geplant. Die Zahlungen an die Investoren sollten durch die Zahlungen des Lizenznehmers Bristol Myers Squibb finanziert werden. Da Bristol Myers Squibb seine Medikamentenpreise überraschend drastisch senkte, entsprachen die Cashflows aus den Lizenzzahlungen nicht den Erwartungen, was zu einer frühzeitigen Auflösung der Transaktion führte.[507] Auch dieses Beispiel verdeutlicht einmal mehr, wie risikoreich die Investition in Intellectual Property ist, wenn keine Möglichkeiten zur Diversifizierung bestehen. Weitere Bespiele für gescheiterte IP-Verbriefungen geben Borod und Cassidy (2005, S. 56). Dass Patente nur selten verbrieft wurden, begründen sie damit, dass Unternehmen deren Patentpool ausreichend groß wäre, selber ein gutes Rating haben, sodass die Verbriefung die Finanzierungskosten nicht senken kann. Bei kleinen Unternehmen, denen eine Verbesserung des Ratings nutzen würde, ist der Patentpool nicht ausreichend groß. Hier wäre es vielleicht zweckdienlich, eine Multi-Seller-Transaktion, ähnlich den Asset-Backed-Commercial-Paper Programmen, zu nutzen.

Den Risiken bei der Verbriefung von Lizenzen aus geistigem Eigentum müssen sich auch die Ratingagenturen bewusst werden. So betont Eisbrück (2002)[508] die Notwendigkeit, die Erfolgswahrscheinlichkeit unter technologischen und marketingspezifischen Gesichtspunkten zu analysieren. Auch Jennewein (2005) weist darauf hin, dass eine gezielte Marketingstrategie den Lebenszyklus einer Technologie verlängern kann. Ein weiteres wichtiges Kriterium ist der mögliche Ausfall der bisherigen Lizenznehmer (Eisbrück (2002), S. 445) oder auch der Lizenzgeber [Borod und Cassidy (2005)]. Weitere Risiken sind in der Service-Struktur oder rechtlichen Risiken zu sehen. Es spielt eine große Rolle, wem die Rechte Insolvenzfall zugesprochen werden.[509]

---

[506] Siehe zu der Transaktion Lerner/Tufano (1997) und für weitere Patentlizenzierungen Crawford (2002).

[507] Etwas widersprüchliche Angaben finden sich in Borod und Cassidy (2005, S. 56), die die Auflösung der Transaktion auf November 2000 datieren und Monga (2005) die von Ende 2002 schreibt.

[508] Eisbrück (2002) beschreibt in dem Artikel zu großen Teilen das Ratingverfahren von Moody's beim Rating von verbrieften Rechten auf geistiges Eigentum mit Schwerpunkt auf Musikrechten.

[509] Zu den rechtlichen Grundlagen, siehe bspw. Stickebrock (2004), Empting (2003), S. 166ff. zu den Regelungen der Massezugehörigkeit von Lizenzverträgen und S. 182ff. zu den Verfügungsbefugnissen im Insolvenzfall. Weitere rechtliche Risiken sind Patentklagen.

Tabelle 67: Ausgewählte IP-Finanztransaktionen

Issuer	Jahr	Volumen	Laufzeit in Jahren	Art	Quelle
NSU (Audi)	1969		15	Genussschein, der mit 70% der Lizenzzahlungen aus dem Wankelmotor (von NSU) bedient werden sollte. Ursprüngliches Ziel war die Altaktionäre der NSU bei der Fusion mit VW weiter an dem NSU Gewinn teilhaben zu lassen.	Hidding (1969) Frantzen (1993)
David Bowie	1998	$55 Mio.	10	Verbriefung von Musikrechten auf Songs	Monga (2005)
Bio Pharma Royality Trust	2000	$57 Mio.(FK) $22 Mio. (Mezzanine) $21 Mio. (EK)		Verbriefung von Patenten und Lizenzzahlungen auf Aids Medikamente Zerit und Videx	Fischer (2002)
Dreamworks SKG	2002	$1 Mrd.		Verbriefung von Filmrechten eines Filmportfolios	Monga (2005)
Ge Commercial Finance & Motorola	2004	$50 Mio.		Motorola verkauft Patente an GE durch Einmalbetrag und Beteiligung an zukünftigen Lizenzen	Monga (2005)
BCBG May Azra	2004	$53 Mio.		Verbriefung von Markenrechten	Monga (2005)
Royalty Securitisation Trust	2004	$229 Mio.		Verbriefung von Royalties aus 23 biopharmazeutischen Produkten der Portfoliounternehmen von Paul Capital	News Release Paul Capital Partners (2004)

B. IP-Fonds

Neben den Konzepten, die sich auf die Finanzierung entweder einzelner Technologien oder einzelner Patente beziehen, gibt es auch erste Fondskonzepte, die Patentportfolien finanzieren. Neben einer Finanzanzierungsalternative für die betroffenen Unternehmen bieten diese Fonds eine interessante Anlagemöglichkeit für Investoren. Der Fonds übernimmt die Rolle eines Intermediäres. Neben der reinen Finanzierungsfunktion unterstützt der Fonds die Unternehmen meist auch bei der Patentvermarktung oder die Fonds übernehmen sogar die Patentverwertung. Das Ziel der Patentverwertung oder Veredlung ist, aus der nicht oder nur kaum genutzten Ressource Patent ein werthaltiges Produkt zu schaffen und so die Cashflows des Unternehmens zu steigern und für den Investor eine attraktive risikogerechte Rendite zu generieren.

Ein Beispiel für eine Transaktion, die den Vorteil aus dem Poolen der Assets nutzt, ist der von Lipfert und Scheffer (2005) vorgestellte Spezialfonds „Patent Value Fund" der IP Bewertungs- AG aus Hamburg. Dieser wurde ursprünglich für private Investoren aufgelegt und dann um ein Konzept für institutionelle Investoren erweitert. In der ersten Auflage wurde nur in Patente von Einzelerfindern sowie insolventen Unternehmen investiert, sodass Industrie- und Managementrisiken der Unternehmen weitestgehend ignoriert werden konnten. Das Risiko eines solchen Fonds wird hauptsächlich von den bereits vergebenen Lizenzen der Patente in dem Pool bestimmt.

Als erster öffentlicher, geschlossener Patentfonds ist der „Patent-Invest I", der durch die Credit Suisse First Boston vertrieben und von der Financial System GmbH & Co. KG aufgelegt wird, zu nennen.[510] Der Fonds kauft und verwertet in mindestens einem Land gewährte Patente, die bereits gewerblich angewendet werden und denen ein besonderes Potenzial zugesprochen wird. Der Kaufpreis je Patent beträgt €30.000.[511] Bis auf Abzüge diverser Kosten partizipieren die Investoren an den Wertsteigerungen bis zu einer Hurdle Rate von 10 Prozent uneingeschränkt und erst dann werden die beteiligten Unternehmen an den Gewinnen in verschiedenen Tranchen beteiligt. Hier wird

---

510 Weitere verbundene Unternehmen sind die Steinbeis Transferzentrum Technologiebewertung und Innovationsberatung (TIB) sowie die Patev GmbH & Co. KG, Fondsprospekt Patent Invest I (2005.

511 Laut dem Fondsprospekt des Patent Invest I (http://www.patentfonds.de) ist das Minimalvolumen des Fonds €5,3 Mio. (S. 4) und die minimale Anzahl gekaufter Patente 30 (S. 42). Der Patentkauf führt demnach zu Investitionen von €900.000 und €4,4 Mio. sind Liquiditätsreserve und andere Fondskosten (S. 45f.). Um den Investoren die Rendite von 10% p.a. andienen zu können, müsste die Patentverwertung ohne Berücksichtigung von Steuern eine Rückzahlung von €7,05 Mio. nach drei Jahren erbringen, was bedeutet, dass jedes Patent in der Verwertung ca. €235.143 erbringen müsste, als ca. das 8-fache des Kaufpreises. Das Risiko in diesem Fond ist nach dieser Rechnung nicht unerheblich. Zum einen ist die Bewertung eines Patentes sehr schwierig, zum anderen stellt sich die Frage, ob nicht nur die Unternehmen mit schlechten Patenten („Lemons") diese für €30.000 verkaufen würden.

ein Vorteil der Tranchenbildung deutlich. Die Investoren, die bezüglich Patentverwertung weniger informiert sind, erhalten die erste Tranche und die Experten in der Patentbewertung werden erst nachrangig bedient. Dabei handelt es sich um einen Blind Pool. Das bedeutet, dass die Patente den Investoren sowie dem Fondmanagement zum Zeitpunkt der Zeichnung noch nicht bekannt waren.[512]

Ein weiterer Patentfonds, der „Patent Select I" der Deutschen Bank, verspricht dem Investor insbesondere durch die gezielte Verwertung und Veredelung der zwölf erworbenen und zum Zeitpunkt der Zeichnung bereits bekannten Patente und Patentfamilien eine Rendite von 182 Prozent bei einer Laufzeit von sechs Jahren und so eine anualisierte Rendite von ca. 19 Prozent. Das Fondsvolumen beläuft sich auf €24,5 Mio. Für insgesamt €1,3 Mio. werden die vorher selektierten Patente erworben. Die Differenz zwischen eingesammelten Volumen und Kaufpreis der Patente wird insbesondere für die Veredelung genutzt. Der Kaufpreis kann relativ gering sein, da auch die Patentverkäufer an den Veredelungserlösen im Zeitablauf beteiligt sind.[513] Ein Folgeprodukt ist im Herbst 2007 geplant.[514]

Neben den vorgestellten Fonds, die die Patente aus dem Unternehmen ausgliedern, gibt es Fonds, die in Unternehmen mit Patenten investieren und diese teilweise in ihrer Patentstrategie beraten. Bei dem Konzept der Patentpool Innovations Management GmbH aus dem Jahr 2006 investieren die Investoren in Form typischer stiller Beteiligungen Mezzanine Kapital in die Patentpool Trust II GmbH & Co. KG. Diese investiert in Portfoliounternehmen, wobei sie durch die Patentpool Venture Consult GmbH & Co. KG beraten wird. Die Beratung der Portfoliounternehmen ist nicht explizit vorgesehen. Das Fondsvolumen beträgt €40 Mio. Die Rückzahlung des Fonds ist im Jahre 2010 in Form einer einmaligen Ausschüttung von 181,6 Prozent vorgesehen.[515]

---

512 Der Fonds konnte nach Aussage von Andreas Fritsch (Finance System) schnell platziert werden und es konnte das Maximalvolumen von €20 Mio. eingesammelt werden. Bisher sind noch keine Patente in den Pool aufgenommen worden, für 2006 ist die Aufnahme von fünf Patenten geplant. o.V. (2006b), S. 4f. (Fondszeitung vom 02.03.2006. Da insgesamt bei einem Volumen von €20 Mio. die Investition in 128 Patente angestrebt ist, scheint diese Zahl etwas gering. Dennoch soll im September 2006 der Patent Invest II mit einem Volumen von €40 Mio. aufgelegt werden, o.V. (2006), S. 4 (Fondszeitung vom 02.03.2006).

513 Die Angaben zur Renditeentwicklung und Kostenstruktur des Fonds stammen aus dem Fondsprospekt, Patent Select I (2006).

514 Financial Times Deutschland, 29.05.2007. http://www.ftd.de/boersen_maerkte/geldanlage/:Portfolio%20Investieren%20Eigentum/205530.html, Stand 16.06.2007.

515 Das Volumen soll zu 88,7% investiert werden. Patentpool Trust II GmbH & Co. KG (2006).

Ein ähnliches Fondskonstrukt wurde von der Ocean Tomo Bank in den USA aufgelegt. Der Fonds investiert entweder in Form von nachrangigen Darlehen Mezzanine-Kapital in etablierte US-amerikanische oder japanische Unternehmen mit einem Volumen von $5 bis $25 Mio. je Unternehmen. Insgesamt soll das Fondsvolumen $200 Mio. betragen. In Ausnahmefällen ist auch eine Eigenkapitalfinanzierung möglich, wenn das Fondsmanagement davon ausgeht, dass sich der Wert des Portfoliounternehmens durch intensive Beratung erhöhen lässt. In Ausnahmefällen werden auch insolvente Unternehmen finanziert. Dies geschieht dann, wenn es möglich scheint, durch die aktive Vermarktung der vorhandenen IP-Rechte eine positive Rendite zu erwirtschaften.[516]

Die IP-Fonds sind ein erster Schritt den Patentmarkt mit dem Kapitalmarkt zu verknüpfen. Es bieten sich hier zum einen für die Möglichkeiten durch den Verkauf oder die Verwertung ihrer nur rudimentär genutzten Patente ihre Cashflows zu erhöhen. Gleichsam erhalten sie liquide Mittel, so dass sie ihre Kapitalkosten senken können oder überhaupt die Möglichkeit zur Kapitalaufnahme erhalten. Bisher ist die Anlageklasse IP-Fonds nur wenigen Inestoren zugänglich, was an den relativ hohen Mindestanlagen und den geschlossenen Fonds liegt. Neben diesen fondsgetriebenen Restriktionen ist derzeit auch fraglich, wie hoch das Vertrauen der Investoren in diese neue Anlageklasse derzeit überhaupt sein kann. Nach Ablauf der geplanten Fondslaufzeiten wird sich zeigen, ob es den Patentfonds gelingt, ihre Renditeversprechungen zu halten und somit das Vertrauen der Anleger zu stärken.

C. IP-Auktionen

In jüngster Vergangenheit häufen sich die weltweiten IP-Auktionen. Im Rahmen einer IP-Auktion werden Intellectual Property Rights, meist Patente, über eine Live-Auktion versteigert. Live-Auktion bedeutet, dass die Anbieter und die Nachfrager an einem Ort physisch zusammen treffen. Schon vor der Auktion werden die zur Versteigerung anstehenden Schutzrechte in Katalogen veröffentlicht. Für die Interessenten ist es also möglich, vorab eine Auswahl zu treffen und eine Bewertung vorzunehmen. Am Tag der Auktion sind ferner über den direkten Kontakt mit den Verkäufern Gespräche möglich.

Lipfert et al. (2007) stellen vor, welches Effizienzsteigerungspotential auf dem Technologiemarkt vorhanden ist und welchen Einfluss Patentauktionen auf denselben ha-

---

[516] http://www.oceantomo.com

ben können. Derzeit ist der Patentmarkt noch intransparent und wegen hoher Such- und Informationskosten durch hohe Transaktionskosten gezeichnet. Da Patentauktionen eine einheitliche Plattform, Bündelung von Angebot und Nachfrage und standardisierte Verträge bieten, leisten sie einen nicht unerheblichen Beitrag zur Informationssteigerung und Reduzierung der Transaktionskosten.[517] Ferner sind sie insbesondere für Gegenstände geeignet, denen die Kaufinteressenten sehr subjektive Werte beimessen.

Als ein aktuelles Beispiel lässt sich die Auktion von Ocean Tomo im April 2006 mit 400 Marktteilnehmern und 78 zu versteigernden Lots, bestehend aus jeweils mehreren Patenten nennen. 26 zum Verkauf stehende Lots wurden während der Auktion zu insgesamt $3.026.000 versteigert. Dabei wurden zwei Lots mit mehr als einer Million Dollar bewertet, zwei Lots zu ca. $100.000. 18 Lots wurden zwischen $20.000 und $10.000 bewertet und vier Lots zu weniger als $10.000. Die restlichen 52 Lots wurden in einer zweiten privaten Auktionsrunde zum Verkauf angeboten und erzielten insgesamt einen Verkaufserlös von ca. $6 Mio. Die Veranstalter bezeichnen die Auktion als einen großen Erfolg und führten im Oktober 2006 sowie im April 2007 erneute Auktionen durch, deren Ergebnisse Tabelle 68 zusammenfasst.[518] Aus Sicht der Verkäufer soll angemerkt werden, dass von den 26 versteigerten Patenten nur drei den limitierten Minimalwert erzielten. Die anderen 23 verkauften Patente wurden ohne Limit zur Auktion angeboten (without Reserve) und erzielten in den meisten Fällen nur einen Bruchteil der im Katalog von den Verkäufern angegebenen Wertvorstellungen.[519]

Bei der ersten Deutschen Patentauktion am 14./15. Mai 2007 in München wurden Patente und Lizenzen verschiedener Branchen zum Verkauf angeboten. Die Verkäufer konnten zwischen der holländischen (Start beim Maximalpreis) und der englischen (Start beim Tiefstpreis) Auktionsform wählen. Weiter weisen Lipfert et al. (2007) darauf hin, dass den Unternehmen, wie bei den Auktionen von Ocean Tomo, die Möglichkeit gegeben wurde ein Limit zu setzten. Wählt der Verkäufer das Limit relativ hoch, ist zwar die Wahrscheinlichkeit gering, dass er das Patent verkauft, er erhält aber eine gute Schätzung für den Marktwert seines Patentes. Im Vergleich zu den Auktionen von Ocean Tomo ist der Verkaufserlös insgesamt sowie per Lot relativ gering.

---

517 Zur Bedeutung von Transaktionskosten bei der Preisfindung auf Märkten und Börsen siehe Schmidt (1983).

518 Ocean Tomo (2006a) www.oceantomo.com/auction_results.html, Ocean Tomo (2006b) www.oceantomo.com/auctions.html, Stand 29.05.2006.

519 Abgleich der Angaben des Auktionskataloges mit denen von www.oceantomo.com/auctions.html, Stand 29.05.2006. In München wurde im Frühjahr 2007 von der IPA die erste Auktion in Deutschland durchgeführt www.ip-auction.de, Stand 17.05.2007. Für eine Beschreibung des Resultates und einer Interpretation was diese Entwicklung für den Patentmarkt bedeutet, siehe Teil 3 Kapitel IV.

Allerdings findet die Anzahl Patente je Lot in dieser Betrachtung keine Berücksichtigung, so dass ein direkter Vergleich nicht möglich ist.

Tabelle 68: Überblick über durchgeführte IP-Auktionen

Veranstalter	Ort / Datum	Objekte	Verkaufserlös
Ocean Tomo	San Francisco 06.04.2006	Patente	26 der 78 Lots während der Auktion ($3.026.100) nach der Auktion 5 weitere Lots ($5.420.000)
Ocean Tomo	New York City 26.10.2006	Patente Copyrights Domainnamen	25 Lots während der Auktion ($23.903.000) davon ein Lot zu $16.500.000
Ocean Tomo	Chicago 19.04.2007	Patente	34 der 67 Lots während der Auktion ($11.429.000) nach der Auktion ($1.100.000)
Ocean Tomo	London 01.06.2007	Patente	14 Lots während der Auktion ($8.100.503)
IPA	München 14/15.05.2007	Patente Lizenzen Marken	24 der 83 Lots während der Auktion (€500.000)
Ocean Tomo	geplant Chicago 24.10.2007	Patente, Marken, Copyrights, Domainnamen	
IPA	geplant Deutschland Herbst		

Quelle: Presseerklärungen von Ocean Tomo Auctions LLC und der IPA AG.

Die Verkaufserlöse der von Ocean Tomo Capital durchgeführten Auktionen steigen im Zeitablauf. Bei dem Erfolg der Auktion in New York muss jedoch beachtet werden, dass ca. 70% der Erlöse nur durch einen einzigen Lot erzielt wurden. Hier wird die Schiefe der Wertverteilung von immateriellem Vermögen wieder besonders deutlich.

Sollten sich die Anzahl und die Verkaufserlöse der Patentauktionen zukünftig weiter so positiv entwickeln, würde dies einen wichtigen Schritt für den Patentmarkt bedeuten. Die Auktionen bieten für Unternehmen und IP-Intermediäre eine gute Alternative zur Patentverwertung. Dies gilt sowohl für Unternehmen, die ihre Lizenzen verkaufen möchten, als auch für Patentfonds sowie Finanzdienstleister und Banken, wenn sie beispielsweise Patente als Sicherheiten akzeptieren würden und es zum Verwertungsfall käme.

D. Zusammenfassung und Ausblick

Die vorgestellten Patentfonds und Patentauktionen zeigen, dass sich die in der Einleitung der Arbeit angesprochene Verknüpfung des Kapitalmarktes mit dem Patentmarkt abzeichnet. Dabei sind die Auktionen derzeit als ein Primärmarkt zu sehen, auf dem die Patente verkauft werden können. Ein sich anschließender Sekundärmarkt, auf dem unter Umständen vermehrt Lizenzen gehandelt würden, könnte die Liquidität weiter erhöhen. Ähnliches gilt für die Patentfonds. Derzeit werden sie als geschlossene Fonds mit relativ hohen Mindestbeträgen aufgelegt, sodass nicht von einer Finanztitelklasse für eine breite Investorenschicht gesprochen werden kann. Ein Handel der Finanztitel auf dem Sekundärmarkt ist nur eingeschränkt möglich. Bisher gibt es auch noch keine Erfahrungswerte, ob die Patentfonds die angekündigten Renditen erzielen können. Die stetige Erhöhung der Verkaufserlöse je Lot bei den Auktionen deutet jedoch darauf hin, dass die Marktteilnehmer den Schutzrechten eine immer größere Bedeutung beimessen und die Möglichkeiten zum Handel nutzen. Dies lässt hoffen, dass die Patentfonds die angekündigten Renditen generieren können, auch wenn die in der vorliegenden Arbeit angesprochen Risiken der Bewertung und Verwertung nicht abschließend ausgeräumt sind.

Eine weitere erwähnenswerte Entwicklung ist die Bildung von Patent Indizes durch Oceon Tomo.[520] Oceon Tomo berechnet die Indexe über das Verhältnis des Patentwertes zum Buchwert, wobei der Patentwert mit einer eigenen Methode bestimmt wird. Mittlerweile werden drei Indizes berechnet und laut Website werden nicht näher spezifizierte Wertpapiere auf die Indizes angeboten. Die Bildung und Veröffentlichung solcher Indizes ist ein weiterer Schritt die bestehenden Intransparenzen der Patentmärkte und Informationsasymmetrien auf den Finanzmärkten, bezogen auf immaterielles Vermögen zu reduzieren. Ihre positive Entwicklung in der historischen Berechnung spricht darüber hinaus für die Bedeutung und Wertrelevanz qualitativ hochwertiger Patente für Unternehmen.

Neben den Patentfonds und Patentauktionen könnte auch die Verbriefung die Finanzierungssituation für kleinere Unternehmen in Deutschland verbessern. Dies lässt der wachsende Trend zu verschiedenen Verbriefungsformen möglich erscheinen. Zu nennen ist die Finanzierung von Genussrechten oder Nachrangkapital mittelständischer Unternehmen. Unternehmen emittieren Genussrechte, die in einer Zweckgesellschaft

---

[520] Oceon Tomo 300 Patent Index (neben einem Growth und einem Value Index). www.oceantomo.com/indexes.html, Stand 16.06.2007.

zu einer Globalposition zusammengelegt werden, um dann über den Kapitalmarkt refinanziert zu werden. Diese Finanzierungsform erfreut sich wachsender Beliebtheit und seit der ersten Transaktion im Jahr 2004 wurden 16 weitere Transaktionen mit einem Gesamtvolumen von bisher ca. €4,5 Mrd. platziert.[521]

Eine Patentverbriefung ist in einer ähnlichen Form vorstellbar.[522] Die Transaktionen, die Genussscheine mittelständischer Unternehmen verbriefen, unterscheiden sich von den typischen Verbriefungstransaktionen, da der Pool der finanzierten Unternehmen mit 20 bis 60 Unternehmen je Transaktion relativ gering ist. Diese geringe Granularität macht eine Einzelbewertung der Unternehmen notwendig. Da Patente einen wertsteigernden Effekt für Unternehmen haben, könnten sie zum einen helfen, erfolgreiche Unternehmen zu identifizieren und nur diese in den Pool aufzunehmen und zum anderen wäre es vorstellbar, dass keine Genussrechte oder Nachrangdarlehen im klassischen Sinne, sondern mit Patenten besicherte Finanztitel verbrieft würden.[523] Mit Patenten gedeckte Finanztitel könnten über eine Zweckgesellschaft ausgegeben werden, die sich dann über die Ausgabe von verschiedenen Tranchen refinanziert. Die Tranchen könnten sich durch unterschiedliche Laufzeiten und Kuponhöhen auszeichnen, sodass spezielle Rendite-Risiko-Profile von Investoren bedient werden könnten, was insgesamt zu geringeren Kapitalkosten für innovative Unternehmen führen sollte. Eine solche Transaktion hätte zwei entscheidende Vorteile:

- Der Intermediär, die Zweckgesellschaft, kann das Risiko an den Kapitalmarkt transferieren. Um auszuschließen, dass der Intermediär sich nicht bestmöglich anstrengt, bietet sich eine Performance abhängige Bezahlung beispielsweise in Form der Übernahme des First-Loss-Pieces an.
- Auch für relativ kleine Unternehmen wird die Finanzierung über den Kapitalmarkt möglich, ohne dass erfolgskritische Informationen am Kapitalmarkt veröffentlicht würden. Es wäre möglich, dass die Zweckgesellschaft den Auswahlprozess zur Poolaufnahme vornimmt und den Investoren nur ausgewählte aggregierte Unternehmens- und Patentinformationen zukommen lässt.

521 www.peopleanddeals.de/file_download/38, Stand 21.12.2006. Betreiber der Seite und Quelle ist die Zeitschrift Finance.

522 Zu dieser Idee siehe auch Bessler et a. (2003). Hier werden die Vorteile des Handels zur Senkung der Kapitalkosten detaillierter vorgestellt. Siehe auch Edwards (2001) und Ehrhart (2006) zu ähnlichen Überlegungen und zur allgemeinen Bereitschaft der Patentfinanzierung Handelsblatt vom 29.06.2006.

523 Börsenzeitung, 05.03.2005. Zu diesem Zeitpunkt gab es erst zwei PREPS-Transaktionen gemeinsam von der HypoVereinsbank mit der Schweizer Capital Efficiency.

Neben diesen Vorteilen sind aber auch entscheidende Risiken zu beachten:

- Bisher gibt es zwar erste Standards aber noch keine standardisierten objektiv anerkannten Bewertungsverfahren für Patente.[524]
- Es müsste sichergestellt werden, dass das Unternehmen Anreize hat, die Vermarktung seines Patentes aktiv voranzutreiben.
- Neben den technischen und Vermarktungsrisiken sind Patente nicht unerheblichen rechtlichen Risiken ausgesetzt. Bei der Finanzierung von Patenten scheint es deshalb unumgänglich neben Finanzexperten, Experten auf dem Gebiet der Technologiebewertung und des Patentrechts in die Transaktion zu integrieren.

Die derzeitige Entwicklung lässt es möglich erscheinen, dass neben den Patentfonds auch Verbriefungsstrukturen entstehen könnten. Eine notwendige Voraussetzungen sind jedoch ein Erfolg der Patentfonds auch nach Ablauf der geplanten Laufzeiten sowie eine sorgfältige Strukturierung unter Beachtung der marktseitigen, der technischen und der juristischen Risiken.

---

[524] IDW ES 5, ein Entwurf des Instituts der Wirtschaftsprüfer zu den Grundsätzen zur Bewertung immaterieller Vermögenswerte, IDW (2006) sowie die Grundsätze ordnungsgemäßter Patentbewertung (PAS 1070) des DIN – Deutsches Institut für Normung e.V., DIN (2007).

Schlussbetrachtung und Fazit

Die grundsätzliche Idee der vorliegenden Arbeit ist, dass Ineffizienzen bei der Finanzierung innovativer Unternehmen durch den Einsatz von Patenten oder Informationen über Patente reduziert werden können. Es sind unterschiedlichste Einsatzmöglichkeiten von Fondskonzepten über Kreditsicherheiten bis zur Emission von Asset-Backed-Securities denkbar, die in Teilen bereits praktiziert werden.

Die Arbeit gliedert sich in drei Teile. In dem ersten Teil werden Grundlagen zu Patenten, ihre Relevanz für den Innovationserfolg und grundsätzliche Patentbewertungsmöglichkeiten vorgestellt. In Deutschland scheint dabei von der technologischen Seite genügend Potenzial zum Einsatz von Patenten bei der Finanzierung vorhanden. Im internationalen Vergleich ist die Patentaktivität hoch. Der Teil schließt mit der Erarbeitung eines Indikatorensets zur Patentbewertung, dessen Werthaltigkeit im zweiten Teil der Arbeit empirisch untersucht wird. In dem empirischen Teil wird analysiert, inwieweit der deutsche Kapitalmarkt Patente bewertet. Zusammenfassend lässt sich festhalten, dass der Kapitalmarkt teilweise Patente in der Unternehmensbewertung berücksichtigt. Die Bewertungsunsicherheiten können aber nicht vollständig eliminiert werden. Es bleiben Informationsasymmetrien bestehen. Diese Beobachtungen führen zu der in Teil 3 abgeleiteten Hypothese, dass eine Finanzierung in Anlehnung an die Verbriefung eine Lösung für die Patentfinanzierung darstellen könnte. Um die Eignung dieses Lösungsansatzes beurteilen zu können, werden in diesem Teil die Finanzierungsprobleme innovativer Unternehmen analysiert und die Grundlagen möglicher Patentverbriefungen aufgezeigt. Ebenso werden die aktuellen Entwicklungen auf dem Patent- und Kapitalmarkt in Form von Patentfonds und Patentauktionen vorgestellt.

Anhand der Zusammenfassung der Ergebnisse der empirischen Untersuchung soll nochmals die Werthaltigkeit von Patenten für Unternehmen am deutschen Kapitalmarkt aufgezeigt werden. Daneben werden auch die bei innovativen Unternehmen bestehenden Unsicherheiten bei der Unternehmensbewertung in Form von Überbewertungen und Bewertungskorrekturen deutlich. Die Zusammenfassung der Ergebnisse findet in der Reihenfolge der Untersuchungen statt:

- Etablierte Unternehmen des CDAX mit vielen Patentanmeldungen erzielten im Vergleich mit den nicht anmeldenden Unternehmen eine signifikant höhere Rendite. Betrachtet wurde ein rollierender Dreijahresvergleich. Dabei verändert sich die Bewertung im Zeitablauf. In den Jahren 1989 bis 1995 erzielen Unternehmen mit vielen Patentanmeldungen zwar eine höhere aber keine signifikant höhere Rendite. In den Jahren 1996 bis 2002, in denen auch die Patentneigung der deutschen Unternehmen anstieg, ist die erzielte Rendite der Unternehmen mit vielen Patentanmeldungen signifikant höher als die der Unternehmen mit weniger Patentanmeldungen. Dieses Ergebnis deutet auf ein in der jüngeren Vergangenheit gestiegenes Bewusstsein der Marktteilnehmer bezüglich der Relevanz von Patenten für den Unternehmenswert hin.

- Für junge Unternehmen, die gerade ihren Börsengang vollzogen hatten, scheinen Patente Bewertungsunsicherheiten zu reduzieren. Unternehmen mit Patentanmeldungen besitzen ein durchschnittlich geringeres Underpricing. Allerdings ist dieses Ergebnis von der Marktphase des Börsenganges abhängig. So war das Underpricing für die Unternehmen mit Patenten während der Cold-Issue Phase am Neuen Markt höher als das für die Unternehmen ohne Patente. Diese Beobachtung könnte mit dem extremen Pessimismus der Anleger bezüglich der Technologiewerte von 2000 bis 2003 zusammenhängen.

Wird die längerfristige Entwicklung der IPOs beobachtet, werden die Unternehmen mit Patenten bis ein Jahr nach dem Börsengang positiver bewertet als die Unternehmen ohne Patentanmeldungen. Für die IPOs der Hot-Issue-Phase fällt dabei der Zeitraum der hohen Bewertung länger aus als für IPOs der Cold-Issue-Phase. Dies ist nicht überraschend, da es durchaus plausibel ist, dass während dieser extremen Euphorie Wachstumsoptionen in Form von Patenten überbewertet wurden und die Korrektur erst im Zeitablauf einsetzte. Die Ergebnisse sind dabei weitestgehend davon unabhängig, ob alle Patenteinträge oder nur die Patenterteilungen untersucht werden. Weiter wird bei der Betrachtung der Unternehmen des Neuen Marktes deutlich, dass das hier genutzte Verfahren der Qualitätseinstufung von Patenten über Indikatoren nicht für eine exakte Bewertung ausreichend zu sein scheint. Die Ergebnisse sprechen vielmehr dafür, einen Experten mit der Patentbewertung zu betreuen. Dieser könnte sich allerdings zumindest teilweise auf die Aussagekraft der Indikatoren berufen.

Die Aussagekraft der Indikatoren demonstrieren sowohl die Ergebnisse zur Unternehmensentwicklung als auch in ausgeprägtem Maß die Ergebnisse zur Überlebenswahrscheinlichkeit der IPOs des Neuen Marktes. Insbesondere scheinen die Indikatoren die Ausfallwahrscheinlichkeit signifikant zu reduzieren. Weiterhin deuten die Ergebnisse darauf hin, dass es für den Unternehmenserfolg besonders wichtig ist, dass ein Unternehmen kontinuierlich Forschung betreibt und die Forschungsergebnisse über Patente schützt. Das Ausfallrisiko für die Unternehmen, die sowohl vor als auch nach dem Börsengang Patente anmeldeten, ist signifikant geringer als das der Unternehmen, die nur nach dem Börsengang Patente anmeldeten. Dabei ist wichtig anzumerken, dass die Patente über das Alter des IPOs hinaus eine Erklärungskraft besitzen, da es sonst der Fall sein könnte, dass nur etablierte (ältere) Unternehmen vor und nach dem Börsengang Patente anmelden und deshalb die Überlebenswahrscheinlichkeit für vermeintlich kontinuierlich forschende Unternehmen höher wäre.

- In dem letzten Teil der Untersuchung wird die Bewertung von Ankündigungen von Unternehmenszusammenschlüssen durch den Kapitalmarkt untersucht. Die Unternehmenszusammenschlüsse werden dahingehend unterteilt, ob eine Patentstrategie zu erkennen ist oder nicht. Das Ziel dieser Untersuchung ist weniger die Wertrelevanz von Patenten für ein Unternehmen, sondern vielmehr die Bedeutung von Gemeinsamkeiten und Unterschieden in den Forschungsrichtungen der sich zusammenschließenden Unternehmen aufzuzeigen. Die Forschungsausrichtungen von Unternehmenszusammenschlüssen scheinen die Bewertung des Bidders durch den Kapitalmarkt teilweise zu beeinflussen. Werden die Zusammenschlüsse nach Zusammenschlüssen in gleichen Forschungsfeldern (fokussierende Strategie) sowie in komplementäre Forschungsfelder (diversifizierende Strategie) unterteilt, liefern die Ergebnisse Hinweise darauf, dass fokussierende Strategien bei tendenziell größeren Übernahmekandidaten positiv bewertet werden und diversifizierende Strategien eher bei der Übernahme kleinerer Unternehmen. Weiter scheint bei Übernahmen außereuropäischer Unternehmen die Tatsache, dass überhaupt eine Forschungsstrategie zu erkennen ist, positiv bewertet zu werden.

Es wurde gezeigt, dass technologieintensive Unternehmen Bewertungsschwierigkeiten ausgesetzt sind, wobei diese durch Patente reduziert werden. Diese Erkenntnis verdeutlicht einmal mehr die Schwierigkeiten, die entstehen, wenn die Finanzierung innovativer Unternehmen durch Banken ohne besondere Expertise in der Technologiebewertung geschehen soll. Es scheint daher sinnvoll, dass spezialisierte Institute, die Kompetenzen auf der Finanzierungsseite sowie auf der Technologieseite besitzen, die Bewertung und Finanzierung unterstützen. Dabei verdeutlichen die Renditeziele der aufgezeigten Patentfonds das Renditepotenzial, das in der Veredelung und Verwertung von Patenten zu schlummern scheint. Derzeit stehen die geschlossenen Fonds nur einer eingeschränkten Anlegerzahl zur Verfügung und werden sich auch erst behaupten müssen. Da bisher Fonds nur aufgelegt wurden, die ihre vorgesehene Laufzeit, zu der die Ausschüttungen anstehen, noch nicht erreicht haben, bleibt es interessant ihre Entwicklung zu verfolgen.

Der Technologiehandel ist derzeit eher ein Transfermarkt, auf dem spezialisierte Akteure ihre benötigten Techniken einkaufen. Der Vorteil an dem Handel von Finanztiteln ist, dass man die Technologie nicht selber nutzen muss, um von ihr zu profitieren. Auch die Bewertung alleine würde dem Investor einen Nutzen bringen. Dadurch, dass die Menge an Akteuren, die Technologien zu bewerten versuchen, wüchse, sollte die Informationsverfügbarkeit und so die Qualität der Preise steigen. Ein Beispiel ist der von Oceon Tomo berechnete Patentindex. Die Patente der Unternehmen werden bewertet und die Unternehmen mit den höchsten Patentwerten veröffentlicht. Zwar wird die Bewertung einzelner Patente so nicht ersichtlich, jedoch die Wertrelevanz qualitativ hochwertiger Patente für die Unternehmen.

Die Patentauktionen zeigen, dass es auch Ansätze gibt Patente direkt zu handeln. Sie führen zu einer Reduzierung der Bewertungsprobleme. Es werden subjektive Preise für die Patente veröffentlicht, die in dem Augenblick der Auktion zu Marktpreisen werden. Somit erhöht sich die Anzahl der veröffentlichten Preise für Patente, was neben dem Informationsgewinn für die gehandelten Patente wegen des Benchmarkcharakters die Bewertung anderer Patente ebenfalls erleichtert.

Die aktuellen Entwicklungen auf dem Kapitalmarkt und dem Patentmarkt sind dabei viel versprechend. Immer mehr Intermediäre übernehmen die Patentbewertung und Verwertung und ermöglichen es gleichzeitig auch Finanzinvestoren an dem durch Patente induziertem Unternehmenswachstum teilzuhaben. Dabei besteht in dem Markt noch ein enormes Entwicklungspotential. In dem derzeitigen Stadium bleibt abzuwarten, ob die neuen Finanzprodukte ihre Renditeversprechungen halten können und so die Anleger Vertrauen in die neue Anlageklasse Patent gewinnen.

Anhang

Anhang I: Kursreaktionen auf Informationen über Patente im pharmazeutischen Bereich

Unternehmen	Nachricht	Kursreaktion	Quelle	Datum
Genentech	positive Testergebnisse von Avastin bei der Therapie von Lungentumoren	45%	Börsen Zeitung	30.04.2005
Celgene	positive Testergebnisse von Revlimid	allgemein: sehr hoch bewertet		
Schwarz Pharma	Teva muss Produktion von univasc einstellen	postiv	Börsen Zeitung	06.01.2005
Schwarz Pharma	positive Testergebnisse von Fesoterodin	6.90%	Börsen Zeitung	14.05.2005
Medigene	Zulassung von Leuprogel	21%	Börsen Zeitung	11.12.2003
Schwarz Pharma	Zulassung Parkinson Pflaster	9%	Börsen Zeitung	21.12.2005
Schwarz Pharma	positive Phase3 Studienergebnisse bei Parkinson	7%	Börsen Zeitung	21.12.2005
Schwarz Pharma	erfolgreicher Abschluss der Phase III für Epilepsiemittel Lacosamid	10.20%	Börsen Zeitung	30.03.2006
Bristol-Myers	Dezember 2001: FDA verweigert Beantragung von Erbitux	negative Kursreaktion	Wall Street Journal Europe	04.07.2005
Merck&Co	weltweiter Verkaufsstopp von Vioxx	-25.00%	Börsen Zeitung	01.10.2004
Schering	Zulassing von Darmkrebsmittel PTK/ZK verzögert sich	-14.90%	Börsen Zeitung	22.03.2005
Astra Zeneca	Exanta wird von der FDA abgelehnt	-7.00%	Wall Street Journal Europe	30.09.2004
Pfizer	Celebrex-Tests werden eingestellt	-19.90%	Börsen Zeitung	18.12.2004
Astra Zeneca	Iresse wirkt nicht	-9.10%	Börsen Zeitung	18.12.2004
Altana	zieht Antrag auf Zulassung von Daxas zurück	-7%	Handelsblatt	16.11.2005
Schering	Zulassung Yaz verzögert sich - Streitigkeit über Betaferon Rechte	-3%	Börsen Zeitung	10.12.2005
Pfizer	mehrere Patente laufen aus	-3%	Handelsblatt	12.02.2006
Astra Zeneca	Todesfall nach Cholesterinsenker	-0.30%	Börsen Zeitung	11.01.2005
Pfizer	Nebenwirkungen bei Arthritis Medikament zur Krebsvorsorge	-10%	Handelsblatt	20.12.2004
Eli Lilly	Nebenwirkungen - Aufmerksamkeitestörung	-7%	Handelsblatt	20.12.2004
Astra Zeneca	Nebenwirkungen	-10%	Handelsblatt	20.12.2004
Astra Zeneca	Crestor wird von der FDA als riskant bezeichnet	-9.00%	Handelsblatt	23.11.2004

Glaxo-Smithkline	Serevent wird von der FDA als riskant bezeichnet	-4%	Handelsblatt	23.11.2004
Eli Lilly	neue Warnhinweise auf Verpackung (Strattera)	-6.80%	Börsen Zeitung	18.12.2004
Astra Zeneca	Teva benatragt Marktzulassung für Konkurrenzsprodukt in USA	-1.76%	Handelsblatt	29.09.2005
Sanofi	gewinnt Patenstreit um Blutverdünner Plavix gegen Apotex (Kanada, Generikahersteller)	2.40%	Börsen Zeitung	23.03.2005
Morphosys	gütige Einigung im Patentstreit mit Eli Lilly	6.60%	Börsen Zeitung	24.09.2005
Research in Motion	Patentverletzung - Blackberry verlezt Patente von NTP	-8%	FAZ	16.12.2004
Merck&Co	Gericht verklagt Merck auf 253 Mio. dollar Schadensersatz wegen Vioxx	-7.70%	FAZ	23.08.2005
Adidas	Anklage von Nike: Verletzung der patentierten SoxTechnik durch A3 Dämpfungssystem	-1.60%	Börsen Zeitung	21.03.2006
Astra Zeneca	negativer Ausgang der Streitikgeit um Toprol	-4.30%	Börsen Zeitung	19.01.2006
Novartis	Partner von Schering bei Darmkrebsmittel	-0.90%		
Novartis	Übernahme von Hexal und Eon Labs, damit grösster Generikahersteller der Welt	2.70%	Börsen Zeitung	22.02.2005
Bayer	kauft Vertreibsrechte ausserhalb der USA für Potenzpille Levitra zurück	keine	Börsen Zeitung	11.01.2005
Morphosys	Kooperation mit Novartis	postiv	Handelsblatt	08.12.2004
Schwarz Pharma	Erwerb der Rechte an Rotigotin (vorher nur Lizenz)	1.50%	Börsen Zeitung	16.07.2005
Schwarz Pharma	Schwarz Pharma schließt Abkommen mit Pfizer über Vermarktung von Fesoterodin	14.20%	Börsen Zeitung	14.04.2006
Altana	Altana und Pfizer beenden Kooperation beim Atemwegsmittel Daxas (Schritt ging von Pfizer aus, da erste Studie keine signifikanten Ergebnisse brachte	-15.70%	Börsen Zeitung	02.07.2005
Evotec	Ankündigung von Millardensummen in Wirkstoffforschung	-3.40%	Börsen Zeitung	23.03.2005

Anhang II: Schriftartencodes des Deutschen Patent- und Markenamtes

Schriftartencodes des DPMA bis 2004

A1	Offenlegungsschrift als 1. Publikation
B1	vor 1981 Auslegeschrift als 1. Publikation - Veröffentlichung vor Ablauf der 18-Monatsfrist
B2	vor 1981 Auslegeschrift als 1. Publikation - Veröffentlichung vor Ablauf der 18-Monatsfrist
C1	1981-2004 Patentschrift als 1. Publikation (ohne Offenlegungsschrift)
C2	1981-2004 Patentschrift als 2. Publikation - Änderung nach Einspruch; Europäische Erteilung im Vorwege oder internationale Anmeldung mit Bestimmungsland DE
C3	1981-2004 Patentschrift als 3. Publikation - Änderung nach Einspruchsverfahren (nach A1 und C2) oder Beschränkungsverfahren (nach C1 und C2)
C4	1981-2004 Patentschrift als 4. Publikation - Änderung nach Einspruchs- und Beschränkungsverfahren (nach A1, C2 und C3)
T1	Veröffentlichung einer internationalen Anmeldung in deutscher Sprache
U	Gebrauchsmuster

Schriftartencodes des DPMA seit 2004 (C- werden durch B-Schriften ersetzt)

A1	Offenlegungsschrift - im Normalfall 18 Monate nach Prioritätstag
A8 / A9	Berichtigung der Offenlegungsschrift Titelseite / Gesamtschrift
B3	Patentschrift als 1. Publikation (altes C1 wird nun als B3 ausgewiesen)
B4	Patentschrift als 2. Publikation - nach Offenlegungsschrift oder nach internationaler Anmeldung
B8 / B9	Berichtigung der Patentschrift Titelseite / Gesamtschrift
C5	geänderte Patentschrift nach Einspruchs- Beschränkungs- und Nichtigkeitsverfahren
C8 / C9	Berichtigung der geänderten Patentschrift Titelseite / Gesamtschrift
T1 - T9	Übersetzungen von T1 Ansprüchen T2 europäischer Patentschriften T3 geänderter europäischer Patentschriften T4 berichtigte Übersetzung T5 Veröffentlichung internationaler Anmeldung T8 / T9 Berichtigungen europäischer und internationaler Patentschriften Titelseite / Gesamtschrift

Anhang III: Im Derwent Innovation Index erfasste Patentämter

Land	Kürzel	Informationen	erteilte Patente	Anmeldungen
Argentinien	AR	nur 1975	ja	nein
Australien	AU	seit 1983	ja	ja
Österreich	AT	seit 1975	ja	ja
Belgien	BE	seit 1963	ja	ja
Brazilien	BR	seit 1976	nein	ja
Kanada	CA	seit 1963	ja	nein
China	CN	seit 1987	seit 1993	ja
Tschechei	CZ	seit 1994	ja	ja
Tschechesslowakei	CS	1975-1994	ja	ja
Dänemark	DK	seit 1997	ja	ja
Europäsiche Patente	EP	seit 1978	ja	ja
Finnland	FI	seit 1974	ja	ja
Frankreich	FR	seit 1963	ja	ja
Deutschland	DE /DD	seit 1963	ja	ja
Ungarn	HU	seit 1975	ja	ja
Irland	IE	seit 1995	ja	nein
Israel	IL	seit 1995	nein	ja
Italien	IT	seit 1978	ja	nein
Japan	JP	seit 1963	seit 1996	ja
Südkorea	KR	seit 1986	nein	ja
Luxemburg	LU	seit 1984	nein	ja
Mexiko	MX	seit 1998	ja	ja
Niederlande	NL	seit 1963	ja	ja
Neuseeland	NZ	seit 1993	ja	nein
Norwegen	NO	seit 1974	seit 1997	ja
Patent Cooperation Treaty (PCT)	WO	seit 1978	nein	ja
Philippinen	PH	seit 1987	ja	nein
Portugal	PT	seit 1974	nein	ja
Rumänien	RO	seit 1975	ja	nein
Russland	RU / SU	seit 1994	ja	ja
Singapur	SG	seit 1995	nein	ja
Slowakei	SK	seit 1994	ja	ja
Südafrika	ZA	seit 1963	ja	nein
Spanien	ES	seit 1983	ja	ja
Schweden	SE	seit 1974	ja	ja
Schweiz	CH	seit 1963	ja	ja
Taiwan	TW	seit 1993	nein	ja
England	GB	seit 1963	ja	ja
USA	US	seit 1963	ja	seit 2001

Anhang IV: Methodik für die Vergleiche der Gruppenmittelwerte

Die Teststatistik für den t-Test, ob sich der Mittelwert normalverteilter Beobachtungen von dem hypothetischen Mittelwert μ_0 unterscheidet, ($\mu_0 = 0$) lautet folgendermaßen.

(A.1)
$$t = \frac{(\overline{X}_n - \mu_0)\sqrt{n}}{S_n}$$
$$S_n = \sqrt{\frac{1}{n-1}\sum(X_i - \overline{X}_n)^2}$$

Hierbei ist t die Teststatistik, X der empirisch beobachtete Mittelwert, n die Anzahl der Beobachtungen und S die Streuung.[525] Um der Tatsache Rechnung zu tragen, dass abnormale Renditen oft schief verteilt sind, wird zur Kontrolle der Skewness-Adjusted-t-Test genutzt. Die Prüfgröße t_{sa} wird hierbei um die beobachtete Schiefe der Verteilung bereinigt.

(A.2)
$$t_{sa} = \sqrt{n}(T + \frac{1}{3}\hat{\gamma} * T^2 + \frac{1}{6n}\hat{\gamma})$$
$$mit: \hat{\gamma} = Schiefeparamter$$
$$mit: T = \frac{t}{\sqrt{n}}$$

Sollen die Mittelwerte $\overline{X}$ zweier beobachteter Verteilungen eins und zwei verglichen werden, wird von unbekannten aber gleichen Varianzen ausgegangen und folgende Teststatistik genutzt:

(A.3)
$$t = \frac{|\overline{X}_1 - \overline{X}_2 - \delta|}{S_d}$$
$$S_d = \sqrt{\frac{(n_1 - 1)S_1^2 + (n_2 - 1)S_2^2}{n_1 + n_2 - 2}}\sqrt{\frac{n_1 + n_2}{n_1 n_2}}$$

Das δ entspricht der Differenz der Mittelwerte auf die unter H_0 getestet werden soll, ist für die in der Untersuchung betrachteten Fälle also null.

Die Mittelwerte von drei oder mehr Gruppen werden mit der Anova (Analysis of Variance) auf signifikante Unterschiede überprüft. Die Teststatistik baut auf dem Verhältnis der Varianzen innerhalb der Gruppen mit den Varianzen zwischen den Gruppen auf.

---

[525] Diese Teststatistik sowie die in diesem Abschnitt folgenden entsprechen in ihrer Notation und Interpretation Rinne (2003), wenn keine anderen Angaben gemacht werden.

(A.4)

$$F = \frac{MSS_b}{MSS_w} = \frac{\frac{SS_b}{k-1}}{\frac{SS_w}{n-k}}$$

$$SS_b = \sum_{i=1}^{k} n_i(\overline{X}_i - \overline{X})^2$$

$$SS_w = \sum_{i=1}^{k}\sum_{j=1}^{n_i}(X_{j,i} - \overline{X_i})^2$$

Mit:
n = Anzahl gesamter Beobachtungen
k = Anzahl beobachteter Gruppen (i=1 bis k)
i = zugehörig zu Gruppe k_i
X = Beobachtung
SS_b = Varianz zwischen den Gruppen
SS_w = Varianz innerhalb der Gruppen

Als verteilungsfreie Tests für Unterschiede in dem Lageparameter (Median) zwischen zwei Gruppen werden der Vorzeichentest, der Wilkoxon Rangsummentest und zur Unterscheidung von mehr als zwei Gruppen der Kruskil-Wallis-Test genutzt.

Für den parameterfreien allgemeinen Vorzeichentest ist folgende Teststatistik relevant:

(A.5)

$$V_n^+ = \sum_{i=1}^{n} V_i \qquad V_i = 1,\ wenn\ d_i = x_i - a_0 > 0,\ \ sonst\ = 0$$

$$V_n^+\ Bi(n;0{,}5)$$

Grundsätzlich wird jede Ausprägung darauf hin beobachtet, ob sie kleiner oder größer als ein Wert α_0 ist. Soll auf einen Unterschied von null getestet werden, nimmt α_0 den Wert null an und die Nullhypothese lautet, dass der Median null ist. Die Prüfgröße ist binomialverteilt, weil sie nur zwei Ausprägungen null und Eins annehmen kann. Da die Anzahl positiver Beobachtungen gezählt wird, wenn auf den Unterschied der Mediane von null gestestet werden soll, werden in den Ergebnisstabellen der empirischen Untersuchung unter der Teststatistik des Vorzeichentestes (s) die Anzahl positiver Beobachtungen aufgeführt.

Als weiterer Test wird der Wilcoxon-Vorzeichen-Rangtest implementiert, der nicht nur die Tatsache, dass die Beobachtung α_0 unter oder überschreitet in die Betrachtung mit einbezieht, sondern zusätzlich die Höhe der Abweichung in Form ihres Ranges mit beobachtet. Die Teststatistik baut auf der allgemeinen linearen Rangstatistik auf, die Gewichtung entspricht hierbei dem Rang, den die Beobachtung innehat. Durch die Gewichtung des Indikators Z_i, der bei positiven Abweichungen den Wert Eins, bei negativen den Wert null annimmt, werden nur die positiven Abweichungen von dem hypothetischen Median (α_0) aufsummiert:

(A.6)

$$W_n^+ := \sum_{i=1}^{n} R_i^+ * Z_i$$

$$mit\ R_i^+ := R(|D_i|)\ mit\ D_i = X_i - \alpha_0$$

$$mit\ Z_i = \begin{cases} 1, & falls\ D_i > 0;\ d.h.\ X_i > \alpha_0. \\ 0, & falls\ D_i < 0;\ d.h.\ X_i < \alpha_0 \end{cases}$$

Der Test auf Unterschiede in der Lage zweier Verteilungen ist der Wilcoxon Rangsummentest / U-Test von Mann-Whitney. Die beiden Tests können, so lange keine mittleren Rangzahlen aufgrund von Bindungen vergeben werden müssen, ineinander übergeführt werden. Der Wilcoxon Rangsummentest baut ebenfalls auf der linearen Rangstatistik der Verteilungen auf:

(A.7)

$$W_n := \sum_{i=1}^{n} iV_i = \sum_{j=1}^{n_x} R(X_j)$$

$$mit:\ H_0 : F_Y(z) = F_X(z)\ \forall\ z\ \in IR$$

$$und:\ H_1 : F_Y(z) = F_X(z - \alpha)\ \forall\ z\ \in IR\ und\ \alpha \neq 0$$

Dabei werden bei einem Vergleich der Lageparameter zweier Verteilungen nur Ränge der X Verteilung betrachtet. Ein kleiner Wert für W bedeutet dabei, dass der Lageparameter von X stochastisch kleiner ist als der von Y, das heißt die Verteilung ist nach links verschoben. Für die Testgröße α: Differenz der Lageparameter der Verteilungen, bedeutet dies, dass α kleiner null ist. Um zu überprüfen, ob sich die Mediane dreier Gruppen unterscheiden, wird der verteilungsfreie Kruskil-Wallis –Test genutzt, der wie der Wilcoxon-Test auf den Rängen der Beobachtungen aufbaut.

Literaturverzeichnis

Aboody, David und Baruch Lev (2000), Information Asymmetry, R&D, and Insider Gains, in: Journal of Finance 55 (6), S. 2474-2766.

Achleitner, Ann-Kristin, Tchouvakhina, Margarita, Zimmermann, Volker und Nick Ehrhart (2006), Der deutsche Beteiligungsmarkt: Entwicklung der Anbieterstruktur, in: Finanz Betrieb (7-8), S. 440-449.

Agarwal, Rajshree und David B. Audretsch (2001), Does Entry Size Matter? The Impact of the Life Cycle and Technology on Firm Survival, in: Journal of Industrial Economics 49 (1), S. 21-43.

Aggarwal, Rajesh K. und Andrew A. Samwick (2003), Why Do Managers Diversify Their Firms? Agency Reconsidered, in: Journal of Finance 58 (1), S. 71-118.

Aghion, Philippe, Bond, Stephen, Klemm, Alexander und Ioana Marinescu (2004), Technology and Financial Structure: Are Innovative Firms Different? in: Journal of the European Economic Association 2 (2-3), S. 277-288.

Akhavein, Jalal, Frame, Scott W. und Lawrence J. White (2005), The Diffusion of Financial Innovations: An Examination of the Adaption of Small Business Credit Scoring by Large Banking Organizations, in: Journal of Business 78 (2), S. 577-597.

Al-Horani, A., Pope, P. F. und A. W. Stark (2003), Research and Development Activity and Expected Returns in the United Kingdom, in: European Finance Review 7, S. 27-46.

Al-Obaidan, Abdullah und Gerald Scully (1995), The Theory and Measurement of the Net Benefits of Multinationality: The Case of the International Petroleum Industry, in: Applied Economics 27 (2), S. 231-238.

Allee, Verna (2000), The Value Evolution: Adressing Larger Implications of an Intellectual Capital and Intangibles Perpective, in: Journal of Intellectual Capital 1 (1), S. 17-32.

Allen, Franklin und Gale Douglas (1988), Optimal Security Desing, in: Review of Financial Studies 1 (3), S. 229-263.

Allen, Franklin und Gale Douglas (1995), Financial Innovation and Risk Sharing, 2. Aufl., MIT Press.

Allen, Franklin und Anthony M. Santomero (2001), What Do Financial Intermediaries Do? in: Journal of Banking & Finance 25 (2), S. 271-294.

Althaus, Torsten (2003), Verbriefung in Deutschland aus Sicht der Ratingagentur, in: Kreditwesen (12), S. 632-638.

Altman, Edward I. (1968), Financial Ratios, Discriminant Analysis and the Prediction of Corporate Bankruptcy, in: Journal of Finance 23 (September), S. 589-609.

Altman, Edward I., Haldeman, R. und P. Narayanan (1977), ZETA Analysis: A New Model to Identify Bankruptcy Risk of Corporations, in: Journal of Banking & Finance 1 (1), S. 29-54.

Altrock, Frank und Sven Rieso (1997), Asset Backed Securities zur Finanzierung von Kreditinstituten: eine finanzierungstheoretische Analyse, Diskussionsbeiträge des ifk Westfälische Wilhelms-Universität Münster.

Amir, Eli, Lev, Baruch und Theodore Sougiannis (1999), What Value Analysts?, Working Paper, Tel Aviv University.

Amram, Martha und Nalin Kulatilaka (1999), Real Options, Harvard Business School Press.

Amram, Martha (2003), The Value of Film Studios, in: Journal of Applied Corporate Finance (2), S. 24-43.

Andersen, Birgitte (2004), If 'Intellectual Property Rights' is the Answer, What is the Question? Revisiting the Patent Controversies, in: Economic of Innovation and New Technology 13 (4), S. 417-442.

Andrikopoulos, Andreas (2005), The Real-Option Approach to Intellectual Capital Analysis: A Critique, in: Knowledge and Process Management 12 (3), S. 217-224.

Anton, James J. und Dennis A. Yao (2004), Little Patents and Big Secrets: Managing Intellectual Property, in: RAND Journal of Economics 35 (1), S. 1-22.

Aoki, Reiko und Thomas J. Prusa (1996), Product Development and the Timing of Information Disclosure under U.S. and Japanese Patent Systems, in: Journal of The Japanese International Economies 10 (3), S. 233-249.

Aoki, Reiko und John Small (2004), Compulsory Licensing of Technology and the Essential Facilities Doctrine, in: Information Economics and Policy 16 (1), S. 13-29.

Arbeitskreis der SGfB, Immaterielle Werte im Rechnungswesen (2001), Kategorisierung und bilanzielle Erfassung immaterieller Werte, in: Der Betrieb (19), S. 989-995.

Arnold, Hans (1976), Risikentransformation, in: Hans Büschgen (Hrsg.), Handwörterbuch der Finanzwirtschaft, Enzyklopädie der Betriebswirtschaftslehre, Poeschel, S. 1506-1516.

Arnsfeld, Torsten und Otto Hieb (2004), Alternative Wege in der Mittelstandsfinanzierung, in: Finanz Betrieb (10), S. 664-667.

Arora, Ashish, Ceccagnoli, Marco und Wesley M. Cohen (2003), R&D And the Patent Premium, in: NBER Working Paper (w9431).

Arrow, Kenneth J. (1962), Economic Welfare and the Allocation of Resources for Invention, The Rate and Direction of Inventive Activity: Economic and Social Factors. A Conference of the Universities: NBER and the Committee on Economic Growth of the Social Sience Research Council., Princeton University Press, S. 609-625.

Arundel, Anthony und Isabelle Kabla (1998), What Percentage of Innovations Are Patented? Empirical Estimates for European Firms, in: Research Policy 27 (2), S. 127-141.

Arundel, Anthony (2001), The Relative Effectiveness of Patents and Secrecy for Appropriation, in: Research Policy 30 (4), S. 611-624.

Astra Zeneca (2002), Geschäftsbericht 2002.

Astra Zeneca (2003), Geschäftsbericht 2003.

Astra Zeneca (2004), Geschäftsbericht 2004.

Atallah, Gamal und Gabriel Rodriguez (2006), Indirect Patent Citations, in: Scientometrics 67 (3), S. 437-465.

Audretsch, David B. (1995), Innovation, Growth and Survival, in: International Journal of Industrial Organisation 13 (4), S. 441-457.

Audretsch, David B. und Erik E. Lehmann (2004), The Effect of Experience, Ownership, and Knowledge on IPO Survival: Evidence from the Neuer Markt, in: Discussion Paper 04/10, Diskussionspapier der Forschergruppe "Heterogene Arbeit: Positive und Normative Aspekte der Qualifikationsstruktur der Arbeit, Konstanz.

Austin, David H. (1993), The Value of Intangible Assets - An Event-Study Approach to Measuring Innovative Output: The Case of Biotechnology, in: American Economic Review 83 (2), S. 253-258.

Bae, Sung C., Klein, Daniel P. und Raj Padmaraj (1994), Event Risk, Bond Covenants, Agency Costs of Debt and Equity, and Stockholder Wealth, in: Financial Management 23 (4), S. 28-41.

Bagella, Michele und Leonardo Bechetti (1998), The Optimal Financing Strategy of a High-Tech Firm: The Role of Warrants, in: Journal of Economic Behavior & Organization 35 (1), S. 1-23.

Bah, Rahim und Dumontier Pascal (2001), R&D Intensity and Corporate Finanical Policy: Some International Evidence, in: Journal of Business Finance & Accounting (5&6), S. 671-692.

Bain, Craig R. (1997), Securitization & Optimal Security Design, Dissertation Universität Trier.

Balkin, Sandy D. und Colin L. Mallows (2001), An Adjusted, Asymmetric Two-Sample t-Test, in: American Statistician 55 (3), S. 203-206.

Bär, Hans Peter (1998), Asset Securitisation, 2. Aufl., Haupt.

Barclay, Michael J., Smith, Clifford W. Jr. und Erwan Morellec (2006), On the Debt Capacity of Growth Options, in: Journal of Business 79 (1), S. 37-59.

Barron, Orie E., Byard, Donald, Kile, Charles und Edward J. Riedl (2002), High-Technology Intangibles and Analysts' Forecasts, in: Journal of Accounting Research 40 (2), S. 289-312.

Barth, Mary E., Kasznik, Ron und Maureen F. McNichols (2001), Analyst Coverage and Intangible Assets, in: Journal of Accounting Research 39 (1), S. 1-34.

Basberg, Björn L. (1987), Patents and the Measurement of Technology Change: A Survey of the Literature, in: Research Policy 16 (2-4), S. 131-141.

Basel Committee on Banking Supervision (2001), Asset Securitisation, Supporting Document to the New Basel Capital Accord.

Bass, Hans H. (1999), Joseph A. Schumpeter (1883-1950) Innovation und schöpferische Zerstörung: der Unternehmer als Motor der Entwicklung, in: E+Z - Entwicklung und Zusammenarbeit (7/8), S. 215-218.

Baudry, Marc und Beatrice Dumont (2006), Comparing Firms' Triadic Patent Application Across Countries: Is there a Gap in Terms of R&D Effort or a Gap in Terms of Performance, in: Research Policy 35 (2), S. 324-342.

Baumol, William J. (2002), Entrepreneurship, Innovation and Growth: The David-Goliath Symbiosis, in: Journal of Entrepreneurial Finance & Business Ventures 7 (2), S. 1-10.

Baumol, William J. (2003), Innovation and Growth: Two Common Misaprehensions, in: Journal of Policy Modeling 25 (5), S. 435-444.

Beatty, Randolf P. und Jay R. Ritter (1986), Investment Banking, Reputation, and the Underpricing of Initial Public Offerings, in: Journal of Financial Economics 15 (1-2), S. 213-232.

Beatty, Anne, Berger, Philip G. und Joseph Magliolo (1995), Motives for Forming Research & Development Financing Organizations, in: Journal of Accounting and Economics 19 (2-3), S. 411-442.

Beck, Nathaniel (2001), Time-Series-Cross-Section Data: What Have we Learned in the Past Few Years? in: Annual Review Politics Sciences (4), S. 271-293.

Bentele, Martina (2004), Immaterielle Vermögenswerte in der Unternehmensberichterstattung, Peter Lang.

Benzel, Ute und Wandschneider Ulrich (2001), Management von Intellectual Property, Andersen.

Berger, Philip G. und Eli Ofek (1995), Diversification's Effect on Firm Value, in: Journal of Financial Economics 37 (1), S. 39-65.

Berger, Philip G. und Eli Ofek (1996), Bustup Takeover of Value-Destroying Diversified Firms, in: Journal of Finance 51 (4), S. 1175-1200.

Berger, Allen N. und Gregory F. Udell (1998), The Economics of Small Business Finance: The Roles of Private Equity and Debt Markets in the Financial Growth Cycle, in: Journal of Banking & Finance 22 (6-8), S. 613-673.

Bernard, Victor L. (1995), The Feltham-Ohlson Framework: Implications for Empiricists, in: Contemporary Accounting Research 11 (2), S. 733-747.

Bessler, Wolfgang (1999), Bank: Theoretische Fundierung, in: Thießen F. (Hrsg.), Enzyklopädisches Lexikon für das Geld- Bank- und Börsenwesen, Fritz-Knapp, S. 114-131.

Bessler, Wolfgang (2001), Maximalbelastungstheorie und Zinsrisikomanagement, in: H. Schmidt, E. Ketzel und Prigge S., (Hrsg.), Gedenkschrift Wolfgang Stützel 2000, J.C.B Mohr (Paul Siebeck), S. 15-48.

Bessler, Wolfgang und Christoph Becker (2007), Initial Public Offerings, in: Friedrich Thießen (Hrsg.), Knapps Enzyklopädisches Lexikon des Geld- Bank- und Börsenwesens, Fritz Knapp,.

Bessler, Wolfgang, Becker, Christoph und Daniil Wagner (2006), Ausgestaltung und Anreizwirkung von Aktienoptionsplänen für Mitarbeiter junger, innovativer Unternehmen, in: Working Paper, Universität Giessen.

Bessler, Wolfgang, Bittelmeyer, Claudia und Stephan Lipfert (2003), Zur Bedeutung von wissensbasierten immateriellen Vermögensgegenständen für die Bewertung von kleinen und mittleren Unternehmen, in: Jörn-Axel Meyer (Hrsg.), Unternehmensbewertung und Basel II in kleinen und mittleren Unternehmen, Eul-Verlag, S. 309-334.

Bessler, Wolfgang, Book, Thomas und Andreas Preuß (2006), Elektronischer Handel versus Parketthandel: Der Wechsel in der Marktführung im Bund-Future-Handel von der LIFFE zur DTB/Eurex, in: Wolfgang Bessler (Hrsg.), Börsen, Banken und Kapitalmärkte, Festschrift für Hartmut Schmidt zum 65. Geburtstag, Schriften zum Bank- und Börsenwesen, Band 7, S. 157-186.

Bessler, Wolfgang und Andreas Kurth (2003), Zur Bedeutung von Venture Capital für die Finanzierung von kleinen und mittleren Unternehmen - Eine empirische Untersuchung der Exit Strategien am Neuen Markt, in: Jörn-Axel Meyer (Hrsg.), Unternehmensbewertung und Basel II in kleinen und mittleren Unternehmen, Eul-Verlag, S. 267-287.

Bessler, Wolfgang und Andreas Kurth (2005), Exit Strategies of Venture Capitalists in Hot Issue Markets: Evidence from Germany, in: Journal of Entrepreneurial Finance & Business Ventures 10 (August), S. 27-51.

Bessler, Wolfgang und Andreas Kurth (2006), Die Auswirkungen der Spekulationssteuer auf die Verkaufsentscheidungen der Anleger in Deutschland, in: Zeitschrift für Bankrecht und Bankwirtschaft (1), S. 1-15.

Bessler, Wolfgang und Andreas Kurth (2007), Agency Problems and the Performance of IPOs in Germany: Venture Capital, Lock-up Periods and Bank Ownership, in: European Journal of Finance 13 (1), S. 29-63.

Bessler, Wolfgang und Stefan Thies (2004), Zur Bedeutung und Ermittlung von Kapitalkosten, in: A.-K. Achleitner und Thoma, G.F. (Hrsg.), Hanbook of Corporate Finance: Konzepte, Strategien und Praxiswissen für das moderne Finanzmanagement, S. 1-46.

Bessler, Wolfgang und Stefan Thies (2007), The Long-Run Performance of Initial Public Offerings in Germany, in: Managerial Finance forthcoming.

Bigus, Jochen (2000), Finanzierung über Asset Backed Securities - Ansatzpunkte für eine finanzierungstheoretische Analyse, in: Zeitschrift für Bankrecht und Bankwirtschaft 12 (1), S. 33-44.

Bigus, Jochen (2004), Staging of Venture Financing, Investor Opportunism, and Patent Law, in: Journal of Business Finance & Accounting 33 (7-8), S. 939-960.

Binder, John J. (1998), The Event Study Methodology Since 1969, in: Review of Finance and Accounting 11, S. 111-137.

Black, Fischer und Myron Scholes (1973), The Pricing of Options and Corporate Liabilities, in: Journal of Political Economy 81 (3), S. 637-654.

Blind, Knut, Edler, Jakob, Frietsch, Rainer und Ulrich Schmoch (2006), Motives to Patent: Empirical Evidence from Germany, in: Research Policy 35 (June), S. 655-672.

Bloom, Nicholas und John van Reenen (2002), Patents, Real Options and Firm Performance, in: Economic Journal 112 (March), S. C97-C116.

Blundell, Richard, Griffith, Rachel und John Van Reenen (1999), Market Share, Market Value and Innovation in a Panel of British Manufactoring Firms, in: Review of Economic Studies 66, S. 529-554.

Bockemühl, Melanie (2001), Realoptionstheorie und die Bewertung von Produktinnovationen, 1. Aufl., Deutscher Universitätsverlag.

Boecker, Thorsten, Eitel, Gottfried und Marcel Weinberg (1997), Kreditsicherheiten, Gabler.

Boldrin, Michele und David Levine (2004), Rent-Seeking and Innovation, in: Journal of Monetary Economics 51 (1), S. 127-160.

Bolton, Patrick, Scheinkman, José und Wei Xiong (2006), Executive Compensation and Short-termist Behavior in Speculative Markets, in: Review of Economic Studies 73 (3), S. 577-610.

Bond, Philip (2004), Bank and Nonbank Financial Intermediation, in: Journal of Finance 59 (6), S. 2489-2529.

Book, Thomas (2001), Elektronischer Börsenhandel und globale Märkte, Deutscher Universitätsverlag.

Boot, Arnoud W.A. und Anjan V. Thakor (1993), Security Design, in: Journal of Finance 48 (4), S. 1349-1378.

Booth, Geoffrey G., Juttila, Juha, Kallunki, Juha-Pekka, Rahiala, Markku und Petri Sahlström (2006), How Does the Financial Environment Affect the Stock Market Valuation of R&D Spending? in: Journal of Financial Intermediation 15 (April), S. 197-214.

Borgel, Günter, Kandel, Andreas, Platt, Bastian und Andreas Rust (2004), Korrelierende Kreditausfälle bei Asset Backed Securities - Bewertungsmodelle auf dem Prüfstand, in: Kreditwesen (3), S. 151-156.

Borod, Ronald S. und Thomas J. Cassidy (2005), Clearing the Hurdles for IP Securitisation in the US, in: Intellectual Asset Management (October/November), S. 55-58.

Bosworth, Derek und Mark Rogers (2001), Market Value, R&D and Intellectual Property: An Empirical Analysis of Large Australian Firms, in: Economic Record 77 (239), S. 323-337.

Bouteiller, Christophe (2002), The Evaluation of Intangibles: Advocating for an Option Based Approach, 6th Alternative Perspectives of Finance Conference, Reims Management School.

Brach, Marion A. (2003), Real Options in Practice, Wiley Finance.

Brailsford, Timothy J. und Daniel Yeoh (2004), Agency Problems and Capital Expenditure Announcements, in: Journal of Business 77 (2), S. 223-256.

Brav, Alon, Geczy, Christopher und Paul A. Gompers (2000), Is the Abnormal Return Following Equity Issuance Anomalous? in: Journal of Financial Economics 56 (2), S. 209-249.

Brealey, Richard A. und Stewart C. Myers (2003), Principles of Corporate Finance, 7. Aufl., Mc Graw Hill.

Breitzman, Anthony und Thomas Patrick (2002), Using Patent Citation Analysis to Target/Value M&A Candidates, in: Research Technology Management (September-October), S. 28-30.

Breitzman, Anthony, Thomas, Patrick und Margaret Cheney (2002), Technological Powerhouse of Diluted Competence: Techniques for Assessing Mergers via Patent Analysis, in: R&D Management 32 (1), S. 1-10.

Brockhoff, Klaus (1999), Forschung und Entwicklung: Planung und Kontrolle, 5. Aufl., Oldenbourg.

Brosch, Rainer (2001), Portfolio Aspects in Real Options Management, Working Paper University of Frankfurt (February).

Brown, Stephan J. und Jerold B. Warner (1985), Using Daily Stock Returns: The Case of Event Studies, in: Journal of Financial Economics 14 (1), S. 3-32.

Brown, Mark G. und Raynold A. Svenson (1998), Measuring R&D Productivity, in: Research Technology Management (November-December), S. 30-35.

Brusoni, Stefano, Criscuolo, Paola und Aldo Geuna (2003), The Knowledge Bases of the World's Largest Pharmaceuticals Groups: What do Patent Citations to Non-Patent Literature Reveal? in: Economics of Innovation and New Technology 14 (5), S. 395-415.

Bund, Stefan (2000), Collateralized Debt Obligations: Die Formel 1 unter den Asset Backed Securities, in: Die Bank (3), S. 196-201.

Bundesministerium für Wirtschaft und Arbeit (2005), Wissensbilanz - Made in Germany, Dokumentation (536).

BVK Statistik (2005), url: http://www.bvk-ev.de/pdf?title=BVK+Statistik+-+das+jahr+2005+in+zahlen, Stand 15.06.2006.

Cahart, Mark M. (1997), On Persistence in Mutual Fund Performance, in: Journal of Finance 52 (1), S. 57-82.

Cardinal, Laura B. und Tim C. Opler (1995), Corporate Diversification and Innovative Efficiency: An Empirical Study, in: Journal of Accounting and Economics 19, S. 365-381.

Carpenter, Robert E. und Bruce C. Petersen (2002), Capital Market Imperfections, High-Tech Investment, and New Equity Financing, in: Economic Journal 112 (Februar), S. F54-F72.

Carper, William B. (2002), The Early Development of Human Resource Accounting Including the Impact of Evolving Asset Valuation Theory, 9th World Congress of Accounting Historical.

Cassiman, Bruno, Colombo, Massimo, Garrone, Paola und Reinhilde Veugelers (2005), The Impact of M&A on the R&D Process: An Empirical Analysis of the Role of Technological- and Market-Relatedness, in: Research Policy 34 (2), S. 195-220.

Cefis, Elena und Orietta Marsili (2005), A Matter of Life and Death: Innovation and Firm Survival, in: Industrial and Corporate Change 14 (6), S. 1167-1192.

Cefis, Elena und Orietta Marsili (2006), Suvivor: The Role of Innovation in Firms' Survival, in: Research Policy 35 (5), S. 626-641.

Chan, Han S., Martin, John D. und John W. Kensinger (1990), Corporate Research and Development Expenditures and Share Value, in: Journal of Financial Economics 26 (2), S. 255-276.

Chan, Louis K. C., Lakonishok, Josef und Theodore Sougiannis (2001), The Stock Market Valuation of Research and Development Expenditures, in: Journal of Finance 66 (6), S. 2431-2456.

Chang, Saeyoung (1998), Takeovers of Privately Held Targets, Methods of Payment, and Bidder Returns, in: Journal of Finance 53 (2), S. 773-784.

Chaudhuri, Shubham, Goldberg, Pinelopi K. und Panle Jia (2003), The Effects of Extending Intellectual Property Rights Protection to Developing Countries: A Case Study of the Indian Pharmaceutical Market, NBER Working Paper (w10159).

Chauvin, Keith W. und Mark Hirschey (1993), Advertising, R&D Expenditures and the Market Value of the Firm, in: Financial Management 22 (4), S. 128-141.

Chiang, Catherine C. (2004), The Determinants of Investor Valuation of R&D Expenditure in the Software Industry, in: Review of Finance and Accounting 22, S. 293-313.

Childs, Paul D., Ott, Steven H. und Alexander J. Irianits (1998), Capital Budgeting for Interrelated Projects: A Real Options Approach, in: Journal of Financial and Quantitative Analysis 33 (3), 305-334.

Chung, KeeH. und Stephen W. Pruitt (1994), A Simple Approximation of Tobin's q, in: Financial Management 23 (3), S. 70-74.

Chung, Kee H., Wright, Peter und Ben Kedia (2003), Corporate Governance and Market Valuation of Capital and R&D Investments, in: Review of Financial Economics 12 (2), S. 161-172.

Chung, Kee H., Li, Mingsheng und Linda Yu (2005), Assets in Place, Growth Opportunities, and IPO Returns, in: Financial Management 34 (3), S. 65-88.

Cloodt, Myriam, Hagedoorn, John und Hans Van Kranenburg (2006), Mergers and Acquisitions: Their Effect on the Innovative Performance of Companies in High-Tech Industries, in: Research Policy 35 (June), S. 642-653.

Cockburn, Iain und Zvi Griliches (1988), The Estimation and Measurement of Spillover Effects of R&D Investment, in: American Economic Review 78, S. 419-423.

Cockburn, Ian und Rebecca Henderson (1996), Scale, Scope, and Spillovers: The Determinants of Research Productivity in Drug Discovery, in: RAND Journal of Economics 27, S. 32-60.

Cockburn, Ian und Rebecca Henderson (2001), Scale and Scope in Drug Development: Unpacking the Advantages of Size in Pharmaceutical Research, in: Journal of Health Economics 20 (6), S. 1033-1057.

Cockburn, Iain M. und Stefan Wagner (2007), Patents and the Survival of Internet Related NASDAQ-IPOs, in: NBER Working Paper (w13146).

Cohen, Wesley M., Nelson, Richard R. und John Walsh (2000), Protecting their Intellecutal Assets: Appropriability Conditions and why U.S. Manufacturing Firms Patent (or Not), in: NBER Working Paper (w7552).

Coles, Jeffrey L., Daniel, Naveen D. und Lalitha Naveen (2006), Managerial Incentives and Risk-Taking, in: Journal of Financial Economics 79 (2), S. 431-468.

Conn, Robert L., Cosh, Andy, Guest, Paul M. und Alan Hughes (2005), The Impact of UK Acquirers of Domestic, Cross-border, Public and Private Acquisitions, in: Journal of Business Finance & Accounting 32 (5/6), S. 815-870.

Contractor, Farok J. (2000), Valuing Corporate Knowledge and Intangible Assets: Some General Principles, in: Knowledge and Process Management 7 (4), S. 242-255.

Copeland, Tom und Vladimir Antikarov (2001), Real Options a Practitioner's Guide, Texere.

Coster, Robin L. A. (1998), Financing and Securing Intellectual Property, url: http://www.bereskinparr.com, Stand 18.09.2002.

Cox, David R. (1972), Regression Models and Life Tables, in: Journal of the Royal Statistical Society Series B 34, S. 187-220.

Cox, John C., Ross, Stephen A. und Mark Rubinstein (1979), Option Pricing: A Simplified Approach, in: Journal of Financial Economics 7 (3), S. 229-263.

Crawford, Richard (2002), Intellectual Property Leasing and its Implications for the Leasing Industry 2002, Equipment Leasing and Finance Foundation Research Report.

Crépon, Bruno, Duguet, Emmanuel und Jaques Mairesse (1998), Research, Innovation and Productivity: An Econometric Analysis at the Firm Level, in: Economics of Innovation and New Technology 7 (2), S. 115-158.

Cummins, Jason G. (2003), A New Approach to the Valuation of Intangible Capital, NBER Working Paper (w9924).

Czarntzki, Dirk und Kornelius Kraft (2004), Innovation Indicators and Corporate Credit Ratings: Evidence from German Firms, in: Economics Letters 82 (3), S. 377-384.

D'Arcy, Anne, Mori, Michiyo und Christine Roßbach (2004), Die Bilanzierung immaterieller Vermögenswerte in den Abschlüssen börsennotierter Unternehmen in Deutschland und Japan, in: Kapitalmarktorientierte Rechnungslegung (2), S. 67-77.

Dangel, Peter, Hofstetter, Ulrich und Patrick Otto (2001), Analyse von Jahresabschlüssen nach US-GAAP und IAS, 1. Aufl., Schäffer-Poeschel.

Daniel, Kent und Sheridan Titman (1997), Evidence on the Characteristics of Cross Sectional Variation in Stock Returns, in: Journal of Finance 52 (1), S. 1-32.

Daniels, John und Jeffrey Bracker (1989), Profit Performance: Do Foreign Operations Make a Difference? in: Management International Review 29, S. 46-56.

Danzon, Patrick, Epstein, Andrew und Nicholson Sean (2004), Mergers and Acquisitions in the Pharmaceutical and Biotech Industries, in: NBER Working Paper (w10336).

Daum, Jürgen H. (2002), Werttreiber Intangible Assets: Brauchen wir ein neues Rechnungsesen und Controlling, in: Controlling (1), S. 16-24.

Davis, Julie L. und Suzanne S. Harrison (2001), Edison in the Boardroom, Wiley-Intellectual Capital Series.

Dawo, Sasche und Matthias Heiden (2001), Aktuelle Entwicklungen zur Erfassung immaterieller Werte in der externen Berichterstattung, in: Deutsches Steuerrecht 40, S. 1716-1724.

Del Monte, Alfredo und Erasmo Papagani (2003), R&D and the Growth of Firms: Empirical Analysis of a Panel of Italien Firms, in: Research Policy 32 (6), S. 1003-1014.

DeMarzo, Peter M. (2005), The Pooling and Tranching of Securities: A Model of Informed Intermediation, in: Review of Financial Studies 18 (1), S. 1-35.

Deng, Zhen, Lev, Baruch und Francis Narin (1999), Science and Technology as Predictors of Stock Performance, in: Financial Analyst Journal 55 (Mai/June), S. 20-32.

Denicolò, Vincenzo und Luigi Alberto Franzoni (2004a), Patents, Secrets, and the First-Inventor Defense, in: Journal of Economics & Management Strategy 13 (3), S. 517-538.

Denicolò, Vincenzo und Luigi, Alberto Franzoni (2004b), The Contract Theory of Patents, in: International Review of Law and Economics 23 (4), S. 365-380.

Denis, David J., Denis, Diane K. und Keven Yost (2002), Global Diversification, Industrial Diversification, and Firm Value, in: Journal of Finance 57 (5), S. 1951-1979.

Denison, Edward F. (1962), The Sources of Economic Growth in the U.S. and the Alternatives before Us, Supplementary Paper No. 13 New York Committee for Economic Development.

Dernis, Hélène, Khan, Mosahid (2004), Triadic Patent Families Methodology, in: OECD Science, Technology and Industry Working Papers, Paris 2004-2.

Derwent (2003), Derwent Innovation Index, 1. Aufl., Thomson Scientific.

Deutsche Bank (1999), Aktionäre, Kunden, Mitarbeiter und Gesellschaft, url: http://www.deutsche-bank.de/ir/pdfs/018-054_shareholder-Society.pdf, Stand 12.01.2007.

Deutsche Bundesbank (1997), Asset-Backed Securities in Deutschland: Die Veräußerung und Verbriefung von Kreditforderungen durch deutsche Kreditinstitute, in: Monatsbericht (April), S. 57-67.

Deutsche Bundesbank (2004a), Neue Eigenkapitalanforderungen für Kreditinstitute (Basel II), in: Monatsbericht (September), S. 75-100.

Deutsche Bundesbank (2004b), Instrumente zum Kreditrisikotransfer: Einsatz bei deutschen Banken und Aspekte der Finanzstabilität, in: Monatsbericht (April), S. 27-45.

Deutsche Börse (2006), Leitfaden zu den Aktienindizes der Deutschen Börse, url: www.deutsche-boerse.com/mda, Stand 10.12.2006.

Deutsche Rechnungslegungs Standards Committee (2005), Deutsche Rechnungslegungs Standards (DRS), 8. Ergänzungslieferung, Schäffer-Poeschel.

DIN (2007), Grundsätze ordnungsgemäßer Patentbewertung, PAS 1070, Beuth.

Dixit, Avinash K. und Robert S. Pindyck (1994), Investment under Uncertainty, Princeton.

Dorfleitner, Gregor (2002), Stetige versus diskrete Renditen: Überlegungen zur richtigen Verwendung beider Begriffe in Theorie und Praxis, in: Kredit und Kapital 35, S. 216-241.

DPMA (2000), Jahresbericht 2000.

DPMA (2005a), Merkblatt für Patentanmelder, url: http://www.dpma.de/formulare/p2791.pdhttp://www.dpma.de/formulare/p2791.pdf, Stand 10.12.2006.

DPMA (2005b), Merkblatt für Gebrauchsmusteranmelder, url: http://www.dpma.de/formulare/g6181.pdf, Stand 10.12.2006.

DPMA (2005c), Jahresbericht 2005.

Drobetz, Wolfgang, Schillhofer, A. und H. Zimmermann (2004), Corporate Governance and Expected Stock Returns: Evidence from Germany, in: European Financial Management 10, S. 253-293.

Duguet, Emmanuel und Isabelle Kabla (1998), Appropiration Strategy and the Motivations to Use the Patent System: an Econometric Analysis at the Firm Level in French Manufacturing, in: Annales D'Economie et de Statistique (49/50), S. 289-327.

Dyckerhoff, Christian (2006), Innovationen im Jahresabschluss? in: Zeitschrift für betriebswirtschaftliche Forschung Sonderheft 54 (6), S. 32-57.

Eberhart, Allan C., Maxwell, William F. und Akhtar R. Siddique (2004), An Examination of Long-Term Abnormal Stock Returns and Operating Performance Following R&D Increases, in: Journal of Finance 59 (2), S. 623-650.

Edvinsson, Leif und Patrick Sullivan (1996), Developing a Model for Managing Intellectual Capital, in: European Management Journal 14 (4), S. 356-364.

Edwards, David (2001), Patent Backed Securitization: Blueprint For a New Asset Class, in: Gerling NCM, S. 1-11.

Ehrhart, Nick (2006), Immaterielle Vermögenswerte und Unternehmensfinanzierung, in: KfW-Bankengruppe (Hrsg.), Mittelstands- und Strukturpolitik - Sonderband 'Innovationen im Mittelstand', S. 145-161.

Eisbrück, Jay H. (2002), Credit Analysis of Intellectual Property Securitization, in: Bruce Berman (Hrsg.), From Ideas to Assets - Investing Wisely in Intellectual Property, Wiley, S. 441-458.

Elton, Jeffrey J., Shah, Baiju R. und John N. Voyzey (2002), Intellectual Property: Partnering for Profit, in: McKinsey Quarterly (4), S. 1-5.

Empting, Tobias (2003), Immaterialgüterrechte in der Insolvenz, 1. Aufl., Peter Lang.

Ernst, Holger (1996), Patentinformationen für die strategische Planung von Forschung und Entwicklung, Deutscher Universitätsverlag.

Ernst, Holger (1998), Industrial Research as a Source of Important Patents, in: Research Policy 27 (1), S. 1-15.

Ernst, Holger (1999), Führen Patentanmeldungen zu einem nachfolgenden Anstieg des Unternehmenserfolges? - Eine Panelanalyse, in: Zeitschrift für betriebswirtschaftliche Forschung 51 (12), S. 1146-1168.

Espenlaub, Susanne, Garret, Ian und Wei Peng. Mung (1999), Conflicts of Interest and the Performance of Venture-Capital-Backed IPOs: A Preliminary Look at the UK, in: Venture Capital 1 (4), S. 325-349.

Esser, Maik und Jens Hackenberger (2004), Bilanzierung immaterieller Vermögenswerte des Anlagevermögens nach IFRS und US-GAAP, in: Kapitalmarktorientieres Rechnungswesen (10), S. 402-414.

Europäische Zentralbank (2005), Der Einfluss der Kreditverbriefung durch MFIs auf die monetäre Analyse im Euro Währungsgebiet, in: Monatsbericht (September), S. 20-23.

Europäische Kommission (2007), Glossary - Community Patent, url: http://europa.eu/scadplus/glossary/community_patent_de.htm, Stand 12.01.2007.

Europäisches Parlament; Europäischer Rat (2002), Verordnung (EG) Nr. 1606/2002 des europäischen Parlamentes und des Rates vom 19. Juli 2002 betreffend die Anwendung internationaler Rechnungslegungsstandards, in: Amtsblatt der Europäischen Gemeinschaften (L243/1), S. 1-4.

Eustace, Ckark (2000), The Intangible Economy Impact and Policy Issues Report of the European High Level Expert Group on the Intangible Economy, European Commission.

Fabozzi, Frank J. (2000), Bond Markets, Analysis and Strategies, 4. Aufl., Prentice Hall.

Faccio, Mara und Ronald W. Masulis (2005), The Choice of Payment Method in European Mergers and Acquisitions, in: Journal of Finance 60 (3), S. 1345-1389.

Fama, Eugene F. (1970), Efficient Capital Markets: A Review of Theory and Empirical Work, in: Journal of Finance 25 (5), S. 383-417.

Fama, Eugene F. (1991), Efficient Capital Markets: II, in: Journal of Finance 46 (5), S. 1575-1617.

Fama, Eugene F., Fisher, Lawrence, Jensen, Micheal C. und Richard Roll (1969), The Adjustment of Stock Prices to New Information, in: International Economic Review 10 (1), S. 1-21.

Fama, Eugene F. und Kenneth, R. French (1992), The Cross-Section of Expected Stock Returns, in: Journal of Finance 47 (2), S. 427-465.

Fama, Eugene F. und Kenneth R. French (1993), Common Risk Factors in the Returns on Stocks and Bonds, in: Journal of Financial Economics 33 (1), S. 3-56.

Fama, Eugene und Kenneth R. French (1998), Value versus Growth: The International Evidence, in: Journal of Finance 53 (6), S. 1975-1998.

Fama, Eugene F. und Kenneth R. French (2004), New Lists: Fundamentals and Survival Rates, in: Journal of Financial Economics 73 (2), S. 229-269.

Feltham, Gerald A. und James A. Ohlson (1995), Valuation and Clean Surplus Accounting for Operating and Financial Activities, in: Contemporary Accounting Research 11 (2), S. 689-731.

Fine, Christopher R. und Donald C. Palmer (2002), Patents on Wall Street, in: Bruce Berman (Hrsg.), From Ideas to Assets - Investing Wisely in Intellectual Property, John Wiley & Sons, S. 511-539.

Fink, Carsten (2000), How Stronger Patent Protection in India Might Affect the Behavior of Transnational Pharmaceutical Industries, Working Paper Policy Research (2352).

Finnerty, John D. (1990), Financial Engineering in Corporate Finance, in: Clifford W. Jr. Smith und Smithson, Charles W. (Hrsg.), The Handbook of Financial Engineering, Harper Business Book, S. 69-108.

Finnerty, John D. und Douglas R. Emery (2002), Corporate Securities Innovation: An Update, in: Journal of Applied Finance (Spring/Summer), S. 21-47.

Firla-Chuchra, Maciej und Tim Jenkinson (2005), Why are Securitization Issues Tranched?, Working Paper University of Oxford.

Fischer, Bernhard H. (2002), New Patent Issue: BioPharma Royality Trust, in: Bruce Berman (Hrsg.), From Ideas to Assets - Investing Wisely in Intellectual Property Rights, Wiley, S. 485-496.

Frame, Scott W. und Lawrence J. White (2004), Empirical Studies of Financial Innovations: Lots of Talk, Little Action? in: Journal of Economic Literature 42 (1), S. 116-144.

Francis, Jennifer und Abbie Smith (1995), Agency Costs and Innovation: Some Empirical Evidence, in: Journal of Accounting and Economics 19 (2-3), S. 383-409.

Frantzen, Christopher (1993), Genußscheine, Carl Heymanns.

Frieder, Laura und Avanidhar Subrahmanyam (2005), Brand Perceptions and the Market for Common Stock, in: Journal of Financial and Quantitative Analysis 40 (1), S. 57-85.

Fuller, Kathleen, Netter, Jeffrey und Mike Stegmoller (2002), What Do Returns to Acquiring FirmsTell Us? Evidence from Firms that Make Many Acquisitions, in: Journal of Finance 56 (4), S. 1763-1793.

Gallini, Nancy (1992), Patent Policy and Costly Imitation, in: RAND Journal of Economics 23 (1), S. 52-63.

Gans, Joshua S. und Scott Stern (2004), The Product Market and the Market for 'Ideas': Commercialization Strategies for Technology Entrepreneurs, in: Research Policy 32 (2), S. 1-19.

Garcia-Vega, Maria (2006), Does Technological Diversification Promote Innovation? An Empirical Analysis for European Firms, in: Research Policiy 35 (2), S. 230-246.

Gay, C., Le Bas, C. und K. Touach (2005), The Determinants of Patent Citations: An Empirical Analysis of French and British Patents in the US, in: Economics of Innovation and New Technology 14 (5), S. 339-350.

Gehring, Babett (1999), Asset-Backed Securities im amerikanischen und im deutschen Recht, C.H. Beck.

Gelb, David S. (2002), Intangible Assets and Firm's Disclosure, in: Journal of Business Finance & Accounting 29 (3), S. 457-476.

Gilbert, Richard und Carl Shapiro (1990), Optimal Patent Lenght and Breadth, in: RAND Journal of Economics 21 (1), S. 106-112.

Glüder, Dieter und Hartmut Bechtold (2004), ABS Made in Germany, in: Die Bank (12), S. 18-21.

Gomes, Lenn und Kannan Ramaswamy (1999), An Empirical Examination of the Form of the Relationship Between Multinationality and Performance, in: Journal of International Business Studies 30 (1), S. 173-188.

Gomes, Joao und Dmitry Livdan (2004), Optimal Diversification: Reconciling Theory and Evidence, in: Journal of Finance 59 (2), S. 507-535.

Gompers, Paul A. und Josh Lerner (1999), Conflict of Interest in the Issuance of Public Securities: Evidence from Venture Capital, in: Journal of Law and Economics 42 (1), S. 1-28.

Grabowski, Henry G. und John M. Vernon (1994), Returns to R&D on New Drug Introductions in the 1980, in: Journal of Health Economics 13 (4), S. 383-406.

Green, Jerry R. und Suzanne Scotchmer (1995), On the Division of Profit in Sequential Innovation, in: RAND Journal of Economics 26 (1), S. 20-33.

Green, Peter J., Stark, Andrew W. und Hardy M. Thomas (1996), UK Evidence on the Market Valuation of Research and Development Expenditures, in: Journal of Business Finance & Accounting 23 (2), S. 191-216.

Greene, William H. (2003), Econometric Analysis, Upper Saddle River.

Gregory, Alan und Steve McCorriston (2005), Foreign Acquisitions by UK Limited Companies: Short- and Long-run Performance, in: Journal of Empirical Finance 12, S. 99-125.

Greif, Siegfried und Dieter Schmiedl (2002), Patentatlas Deutschland, 1. Aufl., Deutsches Patent- und Markenamt.

Griliches, Zvi (1970), Notes on the Role of Education in Production Functions and Growth Accounting, in: Hansen L. (Hrsg.), Education, Income and Human Capital NBER Studies in Income and Wealth, Columbia University Press, S. 71-115.

Griliches, Zvi und V. Ringstad (1971), Economies of Scale and the Form of the Production Function, North Holland.

Griliches, Zvi (1973), Research Expenditures and Growth Accounting, in: B.R. Wiliams (Hrsg.), Science and Technology in Economic Growth, MacMillan, S. 59-95.

Griliches, Zvi (1977), Estimating the Return to Schooling: Some Econometric Problems, in: Econometrica 45 (1), S. 1-22.

Griliches, Zvi (1980), Returns to Research and Development Expenditures in the Private Sector, in: J.W. Kendrick und Vaccara, B. (Hrsg.), New Developments in Productivity Measurement, Chicago University Press, S. 419-454.

Griliches, Zvi (1981), Market Value, R&D, and Patents, in: Economics Letters 7 (2), S. 183-187.

Griliches, Zvi (1986), Productivity, R&D, and Basic Research at the Firm Level in the 1970s, in: American Economic Review 76 (1), S. 141-154.

Griliches, Zvi (1990), Patent Statistics as Economic Indicators: A Survey, in: Journal of Economic Literature 28 (4), S. 1661-1707.

Griliches, Zvi (2000), R&D, Education, and Productivity a Retrospecitve, Harvard University Press.

Grindley, Peter C. und David Teece (1997), Managing Intellectual Capital - Licensing and Cross-Licensing in Seminconductors and Electronics, in: California Management Review 39 (2), S. 8-41.

Gu, Feng und Weimin Wang (2005), Intangible Assets, Information Complexity, and Analysts' Earnings Forecasts, in: Journal of Business Finance & Accounting 32 (9-10), S. 1673-1702.

Guo, Re-Jin, Lev, Baruch und Nan Zhou (2005), The Valuation of Biotech IPOs, in: Journal of Accounting, Auditing & Finance 21 (3), S. 423-459.

Guo, Re-Jin, Lev, Baruch und Sharles Chi (2006), Explaining the Short- and Long-Term IPO Anomalies by R&D, in: Journal of Business Finance & Accounting 33 (3&4), S. 555-579.

Gustafsson, Charlotta (2006), The Value of Patents by Patent Characteristics - Evidence from Finland, Working Paper Swedish School of Economics and HECER Helsinki.

Hagedoorn, John und Myriam Cloodt (2003), Measuring Innovative Performance: Is There an Advantage in Using Multiple Indicators? in: Research Policy 32 (8), S. 1365-1379.

Hall, Bronwyn H. (1987), The Relationship between Firm Size and Firm Growth in the US Manufacturing Sector, in: Journal of Industrial Economics 35 (4), S. 583-606.

Hall, Bronwyn H. (1993), The Stock Market's Valuation of R&D Investment During the 1980, in: AEA Papers and Proceedings 83 (2), S. 259-264.

Hall, Bronwyn H. (2002), The Financing of Research and Development, in: NBER Working Paper (w8773).

Hall, Bronwyn H., Griliches, Zvi und Jerry A. Hausman (1986), Patents and R and D: Is There a Lag? in: International Economic Review 27 (2), S. 265-282.

Hall, Bronwyn H. und Rose M. Ham (1999), The Patent Paradox Revisited: Determinants of Patenting in the US Seminconductor Industry, 1980-94, NBER Working Paper (w7062).

Hall, Bronwyn H., Jaffe, Adam und Manuel Trajtenberg (2000), Market Value and Patent Citations: a First Look, NBER Working Paper (w7741).

Hall, Bronwyn H., Jaffe, Adam B. und Manuel Traijtenberg (2002), The NBER Patent Citation Data File: Lessons, Insights and Methofological Tools, in: Adam B Jaffe und Trajtenberg, Manuel (Hrsg.), Patents, Citations & Innovations - A Window on the Knowledge Economy, MIT-Press, S. 403-459.

Hall, Bronwyn H., Jaffe, Adam und Manuel Trajtenberg (2005), Market Value and Patent Citations, in: RAND Journal of Economics 36 (1), S. 16-38.

Hall, Bronwyn H. und Raffaele Oriani (2004), Does the Market Value R&D Investment by European Firms? Evidence from a Panel of Manufactoring Firms in France, Germany, and Italy, Working Paper University of California at Berkeley.

Haller, Axel und Ralph D. Linz (2001), Intellectual Capital Bericht als Teil des Lageberichts, in: Der Betrieb 54 (20), S. 1045-1052.

Hammen, Horst (2003), Zwischenberichtspflicht im Geregelten Markt der Frankfurter Wertpapierbörse? in: Wertpapier Mitteilungen 57 (21), S. 997-1044.

Harhoff, Dietmar (2006), Patente - Fluch oder Segen für Innovationen, in: Zeitschrift für betriebswirtschaftliche Forschung Sonderheft 54, S. 86-109.

Harhoff, Dietmar, Narin, Francis, Scherer, Frederic M. und Katrin Vopel (1999), Citation Frequency and the Value of Patented Inventions, in: Review of Economics and Statistics 81 (3), S. 511-515.

Harhoff, Dietmar und Markus Reitzig (2002), Strategien zur Gewinnmaximierung bei der Anmeldung von Patenten, in: Zeitrschrift für Betriebswirtschaft (5), S. 509-530.

Harhoff, Dietmar und Markus Reitzig (2004), Determinants of Opposition Against EPO Patent Grants - the Case of Biotechnology and Pharmaceuticals, in: International Journal of Industrial Organization 22 (4), S. 443-480.

Harris, Milton und Artur Raviv (1991), The Theory of Capital Structure, in: Journal of Finance 46 (1), S. 299-355.

Hart, Oliver (1995), Firms, Contracts, and Financial Structure, Oxford University Press.

Hart, Oliver (2001), Finanical Contracting, in: Journal of Economic Literature 39 (4), S. 1079-1100.

Hatfield, Galen R. (2002), R&D in an EVA World, in: Research Technology Management 45 (1), S. 41-47.

Hauber, Robert (2002), Performance Measurement in der Forschung und Entwicklung, Gabler.

Haugen, Robert A. (1986), Modern Investment Theory, 1. Aufl., Prentice Hall.

Haugen, Robert A. (2001), Modern Investment Theory, 5. Aufl., Prentice Hall.

Hausschildt, Jürgen und Sören Salomo (2005), Je innovativer, desto erfolgreicher? Eine kritische Analyse des Zusammenhangs zwischen Innovationsgrad und Innovationserfolg, in: Journal für Betriebswirtschaft 55 (1), S. 3-20.

Healy, Paul M., Myers, Stewart C. und Christopher D. Howe (2002), R&D Accounting and the Tradeoff Between Relevance and Objectivity, in: Journal of Accounting Research 40 (3), S. 677-710.

Hidding, Bruno (1969), Vor NSU-Genüssen wird gewarnt, in: Wertpapier, S. 146-147.

Hill, Claire A. (1997), Securitization: a Low-Cost Sweetenter for Lemons, in: Journal of Applied Corporate Finance 10 (1), S. 64-71.

Hirschey, Mark und Vernon J. Richardson (2001), Valuation Effects of Patent Quality: A Comparison for Japanese and US Firms, in: Pacific-Basin Finance Journal 9 (1), S. 65-82.

Hirschey, Mark und Vernon J. Richardson (2002), Information Content of Accounting Goodwill Numbers, in: Journal of Accounting and Public Policy 21 (3), S. 173-191.

Hirschey, Mark und Vernon J. Richardson (2004), Are Scientific Indicators of Patent Quality Useful to Investors? in: Journal of Empirical Finance 11 (1), S. 91-107.

Hirschey, Mark, Richardson, Vernon J. und Susan W. Scholz (1998), Value Relevance of Nonfinancial Information: The Case of Patent Data, Working Paper University of Kansas.

Ho, Yew H:, Keh, Hean T. und Jin M. Ong (2005), The Effects of R&D and Advertising on Firm Value: An Examination of Manufacturing and Nonmanufacturing Firms, in: IEEE Transactions on Engineering Management 52 (1), S. 1-12.

Ho, Yew K. und Hean T. Keh (2006), Are R&D and Advertising Complementary or Competing Resources? An Examination of Strategic Groups in the Manufacturing Sector, Working Paper University of Singapore.

Homberg, Andreas, Elter, Vera-Carina und Manuel Rothenburger (2004), Bilanzierung von Humankapital nach IFRS am Beispiel des Spielervermögens im Profisport, in: Kapitalmarktorientierte Rechnungslegung (6), S. 249-263.

Hommel, Ulrich, Schmittat, Johannes, Petersen, Markus und Georg F. Altenkirch (2005), Verbriefung von Handelsforderungen als Finanzierungsinstrument für den Mittelstand, in: Finanz Betrieb (6), S. 389-404.

Hong, Harrison, Scheinkman José; Xiong, und Wei Xiong (2006), Asset Float and Speculative Bubbles, in: Journal of Finance 61 (3), S. 1073-1117.

Hoppenstedt Aktienführer (1997), Hoppenstedt Financial Information GmbH.

Hoppenstedt Aktienführer (1999), Hoppenstedt Financial Information GmbH.

Hoppenstedt Aktienführer (2001), Hoppenstedt Financial Information GmbH.

Hoppenstedt Aktienführer (2003), Hoppenstedt Financial Information GmbH.

Hoppenstedt Aktienführer (2005), Hoppenstedt Financial Information GmbH.

Horstmann, Ignatius, MacDonald, Glenn M. und Alan Slivinski (1985), Patents as Information Transfer Mechanisms: To Patent or (Maybe) Not to Patent, in: Journal of Political Economy 93 (5), S. 837-858.

Hovakimian, Armen, Opler, Tim und Sheridan Titman (2001), The Debt-Equtiy Choice, in: Journal of Financial and Quantitative Analysis 36 (1), S. 1-24.

Hsiao, Cheng (2003), Analysis of Panel Data, 2. Aufl., Cambridge University Press.

Hubbard, Glenn R. und Darius Palia (1999), A Reecamination of the Conglomerate Merger Wave in the 1960s: An Internal Capital Market View, in: Journal of Finance 54 (3), S. 1131-1152.

Ibbotson, Robert G. und Jaffrey F. Jaffe (1975), Hot Issue' Markets, in: Journal of Finance 30 (4), S. 1027-1042.

IDW (2006), Entwurf IDW Standard: Grundsätze zur Bewertung immaterieller Vermögenswerte (IDW ES 5), http://www.idw.de/idw/download/IDW_20ES_205.pdf?id=413472&property =Inhalt, Stand 01.07.2007.

Ilzhöfer, Volker (2002), Patent-, Marken- und Urheberrecht, 5. Aufl., Franz Vahlen.

INKASS (2002), Survey of Knowledge Marketplaces, European Commission Report.

International Financial Reporting Standards IFRS (2005), International Financial Reporting Standards IFRS einschließlich International Accounting Standards (IAS) und Interpretationen - Die amtlichen EU-Texte Englisch-Deutsch, 2. Aufl., IDW.

IP-Auction (2007), url: http://www.ip-auction.eu/DE-IP-AUCTION-ZEITPLAN.htm, Stand 12.01.2007.

Jaffe, Adam B. und Josh Lerner (2004), Innovation and its Discontents, Princeton University Press.

Jaffe, Adam B., Trajtenberg, Manuel und Michael S. Fogarty (2002), The Meaning of Patent Citations: Report on the NBER / Case Western Reserve Surrey of Patentees, in: Adam B. Jaffe und Trajtenber, Manuel (Hrsg.), Patents, Citations & Innovations, MIT-Press, S. 379-402.

Jaffe, Adam B., Trajtenberg, Manuel und Rebecca Henderson (1993), Geographic Localisation of Knowledge Spillovers as Evidenced by Patent Citiations, in: Quarterly Journal of Economics 108 (3), S. 577-598.

Jäger, Wolfgang (2002), Analysten entdecken das Human Capital, in: Personalwirtschaft (12), S. 16-18.

Jäger, Rainer und Holger Himmel (2003), Die Fair Value-Bewertung immaterieller Vermögenswerte vor dem Hintergrund der Umsetzung internationaler Rechnungslegungsstandards, in: Betriebswirtschaftliche Forschung und Praxis (4), S. 419-441.

Jennewein, Klaus (2005), Intellectual Property Management, Physica-Verlag.

Jensen, Michael C. und William H. Meckling (1976), Theory of the Firm: Managerial Behavior, Agency Costs and Ownership Structure, in: Journal of Financial Economics 3 (4), S. 305-360.

Jensen, Michael C. (1986), Agency Costs of Free Cash Flow, Corporate Finance, and Takeovers, in: American Economic Review 76 (2), S. 323-329.

Jobst, Andreas A. (2002), Collateralised Loan Obligations (CLOs) - A Primer, CFS Working Paper 2002/13.

Jones, David (2000), Emerging Problems with the Basel Capital Accord: Regulatory Capital Arbitrage and Related Issues, in: Journal of Banking & Finance 24 (1-2), S. 35-58.

Kalbfleisch, John D. und Ross L. Prentice (2002), The Statistical Analysis of Failure Time Data, Wiley-Interscience.

Kallunki, Juha-Pekka und Petri Sahlström (2003), Stock Market Valuation of R&D-Expenditures in R&D-Intensive Economy: Evidence from Finnland, in: Finnish Journal of Business Economics 2 (3), S. 109-121.

Kanodia, Chandra, Sapra, Haresh und Raghu Venugopalan (2004), Should Intangibles Be Measured: What Are the Economic Trade-Offs, in: Journal of Accounting Research 42 (1), S. 89-120.

Kaplan, Edward L. und Paul Meier (1958), Nonparametric Estimation from Incomplete Observations, in: Journal of The American Statistical Association 53, S. 457-481.

Kaplan, Robert S. und David P. Norton (1999), The Balanced Scorecard: Translating Strategy into Action, Harvard Business School Press.

Katrishen, Frances A. und Nicos A. Scordis (1998), Economics of Scale in Services: A Study of Multinational Insurers, in: Journal of International Business Studies 29 (2), S. 305-323.

Kaufmann, Lutz und Daniel Schmidt (2004), Einflüsse der Biotechnologie auf die strategische Planung in der Pharmazeutischen Industrie, in: Betriebswirtschaft in Forschung und Praxis (3), S. 292-305.

Kim, Jinyoung und Gerald Marschke (2005), Labor Mobility of Scientists, Technological Diffusion, and the Firm's Patenting Decision, in: RAND Journal of Economics 36 (2), S. 298-317.

Kivikas, Mart und Guido Pfeiffer (2005), Wissensbilanzierung als Chance für den Standort Deutschland: Ein Fallbeispiel, in: Finanz Betrieb (12), S. 799-807.

Klawitter, Christian und Hombrecher Lars (2004), Gewerbliche Schutzrechte und Urheberrechte als Kreditsicherheiten, in: Wertpapier-Mitteilungen (25), S. 1213-1219.

Klemperer, Paul (1990), How Broad Should the Scope of Patent Protection Be, in: RAND Journal of Economics 21 (1), S. 113-130.

Kloyer, Martin (2004), Methoden der Patentbewertung, in: Peter Horváth und Möller, Klaus (Hrsg.), Vahlen, S. 419-431.

Koller, Hans und Marc Hentschel (2005), Die Bewertung von Intellectual Property Rights - Verfahren, Anwendung, Eignung und ihre Konsequenzen für die Bewertung von Intangible Assets, in: K. Matzler, H.H. Hinterhuber und Rothenberger S., (Hrsg.), Handbuch der Intangible Assets, Erich Schmidt Verlag, S. 299-329.

Kopcke, Richard W. und Matthew S. Rutledge (2004), Stock Prices and the Equity Premium during the Recent Bull and Bear Market, in: New England Economic Review (First Quarter), S. 63-85.

Kortum, Samuel und Josh Lerner (1999), What is Behind the Recent Surge in Patenting, in: Research Policy 28 (1), S. 1-22.

Kortum, Samuel und Josh Lerner (2000), Assessing the Contribution of Venture Capital to Innovation, in: RAND Journal of Economics 31 (4), S. 674-692.

Kose, John und Eli Ofek (1995), Asset Sales and Increase in Focus, in: Journal of Financial Economics 37 (1), S. 105-126.

Kotabe, Masaaki, Srinivasan, Srini S. und Preet S. Aulakh (2002), Multinationality and Firm Performance: The Moderating Role of R&D and Marketing Capabilities, in: Journal of International Business Studies 33 (1), S. 79-97.

Kothari, S.P., Laguerre, Ted E. und Andrew J. Leone (2002), Capitalization Versus Expensing: Evidence on the Untcertainty of Future Earnings from Capital Expenditures Versus R&D Outlays, in: Review of Accounting Studies 7 (4), S. 355-382.

Kremer, Michael (1998), Patent Buyouts: a Mechanism for Encouraging Innovation, in: Quarterly Journal of Economics 113 (4), S. 1137-1168.

Krempl, Stefan (2006), Selbstregulierung soll Blackberry-Patentfälle in Europa verhindern, url: http://www.heise.de/newsticker/meldung/82298, Stand 09.12.2006.

Krishnaswami, Sudha und Venkat Subramaniam (1999), Information Asymmetry, Valuation, and the Corporate Spin-off Decision, in: Journal of Financial Economics 53 (1), S. 73-112.

Kurth, Andreas (2005), Agency Probleme und Performance von Initial Public Offerings: Eine empirische Analyse, Deutscher Universtitätsverlag.

Lach, Saul (1995), Patents and Productivity Growth at the Industry Level: A First Look, in: Economics Letters 49 (1), S. 101-108.

Lang, Larry H.P. und Robert H. Litzenberger (1989), Dividend Announcements Cash Flow Signalling vs. Free Cash Flow Hypothesis? in: Journal of Financial Economics 24 (1), S. 181-191.

Lang, Larry H.P. und René M. Stulz (1995), Tobin's q, Corporate Diversification, and Firm Performance, in: Journal of Political Economy 102 (6), S. 1248-1280.

Langecker, Alexander und Melanie Mühlberger (2003), Berichterstattung über immaterielle Vermögenswerte im Konzabschluss: Vergleichende Gegenüberstellung von DRS 12, IAS 38 und IAS rev., in: Kapitalmarktorientierte Rechnungslegung (3), S. 109-123.

Lanjouw, Jean O., Pakes, Ariel und Jonathan Putnam (1998), How to Count Patents and Value Intellectual Property: Uses of Patent Renewal and Application Data, in: Journal of Industrial Economics 46 (4), S. 405-432.

Lanjouw, Jean O. und Mark Schankerman (1998), Stylized Facts of Patent Litigation: Value, Scope and Ownership, NBER Working Paper (w6297).

Lanjouw, Jean O. und Mark Schankerman (2004), Patent Quality and Research Productivity: Measuring Innovation with Multiple Indicators, in: Economic Journal 114 (495), S. 441-465.

Lee, Elisa T. und Wenyu J. Wang (2003), Statistical Methods for Survival Data, 3. Aufl., Wiley-Interscience.

Leopold, Günter, Frommann, Holger und Thomas Kühr (2003), Private Equity - Venture Capital, 2. Aufl., Vahlen.

Lerner, Joshua (1994), The Importance of Patent Scope: An Empirical Analysis, in: RAND Journal of Economics 25 (2), S. 319-333.

Lerner, Josh (1999), The Government as Venture Capitalist: The Long-Run Impact of the SBIR Program, in: Journal of Business 72 (3), S. 285-318.

Lerner, Josh (2002), Where does State Street Lead? A First Look at Finance Patents, 1971 to 2000, in: Journal of Finance 57 (2), S. 901-928.

Lerner, Josh (2006), The New New Financial Thing: The Origins of Financial Innovations, in: Journal of Financial Economics 79 (2), S. 223-255.

Lerner, Josh und Robert P. Merges (1998), The Control of Technology Alliances: An Empirical Analysis of the Biotechnology Industry, in: Journal of Industrial Economics 46 (2), S. 125-156.

Lerner, Josh und Jean Tirole (2002), Some Simple Economics of Open Source, in: Journal of Industrial Economics 50 (2), S. 197-234.

Lerner, Joshua und Peter Tufano (1997), Aberlyn Capital Management: July 1993, in: Harvard Business School Case Study (9-294-083), S. 1-29.

Lerner, Josh und Julie Wulf (2006), Innovation and Incentives: Evidence from Corporate R&D, NBER Working Paper (w11944).

Lev, Baruch (1999), R&D and Capital Markets, in: Journal of Applied Corporate Finance 11 (4), S. 21-35.

Lev, Baruch (2005), Intangible Assets: Concepts and Measurements, in: Encyclopedia of Social Measurement 2, S. 299-305.

Lev, Baruch, Nissim, Doron und Jacob Thomas (2005), On the Informational Usefullness of R&D Capitalization and Amortization, Working Paper Columbia University.

Lev, Baruch und Theodore Sougiannis (1996), The Capitalization, Amortization, and Value Relevance of R&D, in: Journal of Accounting and Economics 21 (1), S. 107-138.

Lev, Baruch und Paul Zarowin (2003), The Boundaries of Financial Reporting and How to Extend them., in: John R.M. Hand und Lev, Baruch (Hrsg.), Intangible Assets - Value Measures and Risks, Oxford University Press, S. 487-511.

Licht, Georg und Konrad Zoz (1998), Patent and R&D: An Econometric Investigation Using Applications for German, European and US Patents by German Companies, in: Annales D'Economie et de Statistique (49/50), S. 329-360.

Lindenberg, Eric B. und Stephen A. Ross (1981), Tobin's q Ratio and Industrial Organisation, in: Journal of Business 54 (1), S. 1-32.

Lipfert, Stephan und Matthias Keil (2005), Patentbewertung als Basis für die Unternehmensfinanzierung: Ein praxisorientierter Überblick, in: Mitteilungen der deutschen Patentanwälte 96, S. 444-448.

Lipfert, Stephan, Ostler, Juliane und Boris Peters (2007), Patentauktionen - ein geeignetes Mittel zur Entwicklung eines Marktes für gewerbliche Schutzrechte? in: Mitteilungen der deutschen Patentanwälte (5), S. 212-219.

Lipfert, Stephan und Guido Von Scheffer (2005), Europe's first Patent Value Fund, in: Intellectual Asset Management (December/January), S. 15-18.

Lockwood, Larry J., Rutherford, Ronald C. und Martin J. Herrera (1996), Wealth Effects of Asset Securitization, in: Journal of Banking & Finance 20 (1), S. 151-164.

Longstaff, Francis A. und Eduardo S. Schwartz (1995), A Simple Approach to Valuing Risky Fixed and Floating Rate Debt, in: Journal of Finance 50 (3), S. 789-819.

Loop, Dirk und Stephan Lipfert (2006), Patentbasierte Unternehmensfinanzierung, in: Bankpraktiker (12), S. 594-599.

Lowry, Michelle (2003), Why Does IPO Volume Fluctuate So Much? in: Journal of Financial Economics 67 (1), S. 3-40.

Lyon, J. D., Barber, M.D. und C.-L. Tsai (1999), Improved Methods for Tests of Long-Run Abnormal Stock Returns, in: Journal of Finance 54 (1), S. 165-201.

Machlup, Fritz (2000), Patentrecht in der Kritik, in: Fragen der Freiheit (253), url: http://www.sffo.de/sffo/machlup1.htm, Stand 23.05.2003.

Mahlich, Jörg (2005), Erfolgsfaktoren von forschungsintensiven Firmen am Beispiel der Pharmaindustrie, in: Die Betriebswirtschaft 65 (4), S. 396-410.

Mairesse, J und M. Sassenou (1991), R&D and Productivity: A Survey of Econometric Studies at the Firm Level, in: Science-Technology Industry Review 8, S. 9-34.

Mairesse, Jacque und Pierre Mohnen (2003), R&D and Productivity: A Reexamination in Light of the Innovation Survey, DRUID Summer Conference.

Mansfield, Edwin (1986), Patents and Innovation: An Empirical Study, in: Management Science 32 (2), S. 173-181.

Mansfield, Edwin, Schwartz Mark; Wagner, und Samuel Wagner (1981), Imitation Costs and Patents: An Empirical Study, in: The Economic Journal 91 (364), S. 907-918.

Mard, Michael J. (2000), Finanical Factors - Cost Approach to Valuing Intellectual Property, in: Licensing Journal (August), S. 27-28.

Maul, Karl-Heinz und Jutta Menninger (2000), Das 'Intellectual Property Statement' - eine notwendige Ergänzung des Jahresabschlusses, in: Der Betrieb 53 (11), S. 529-533.

Maul, Karl-Heinz (2000), Wissensbilanzen als Teil des handelsrechtlichen Jahresabschlusses - Wissensbilanzen dargestellt am Beispiel des Jahresabschlusses von Hochschulen, in: Deutsches Steuerrecht 38 (47), S. 2009-2016.

Maurer, Stephen M. und Suzanne Scotchmer (2006), Open Source Software: The New Intellectual Property Paradigm, NBER Working Paper (w12148).

Maurseth, Per B. und Bart Verspagen (2002), Kowledge Spillovers in Europe: A Patent Ciations Analysis, in: Scandinavian Journal of Economics 104 (4), S. 531-545.

Maurseth, Per Botolf (2005), Lovely But Dangerous: The Impact of Patent Citations on Patent Renewal, in: Economics of Innovation and New Technology 14 (5), S. 351-374.

McAleer, Michael und Daniel J. Slottje (2005), Patent Activity and Technical Change in US Industries, Elsevier.

Mercurio, Bryan C. (2004), TRIPS, Patents, and Access to Life-Saving Drugs in the Developing World, in: Marquette Intellectual Property Law Review 8 (2), S. 211-250.

Merton, Robert C. (1974), On the Pricing of Corporate Debt: The Risk Structure of Interest Rates, in: Journal of Finance 29 (2), S. 449-470.

Merton, Robert C. (1987), A Simple Model of Capital Market Equilibrium with Incomplete Information, in: Journal of Finance 42 (3), S. 483-510.

Merton, Robert C. (1992), Financial Innovation and Economic Performance, in: Journal of Applied Corporate Finance (Winter), S. 12-22.

Miller, Merton H. (1986), Financial Innovation: The Last Twenty Years and the Next, in: Journal of Financial and Quantitative Analysis 21 (4), S. 459-471.

Mishra, Chandra und David H. Gobeli (1998), Managerial Incentives, Internationalization, and Market Valuation of Multinational Firms, in: Journal of International Business Studies 29 (3), S. 583-597.

Moeller, Sara B., Schlingemann, Frederik P. und René M. Stulz (2005), Wealth Destruction on a Massive Scale? A Study of Acquiring-firm Returns in the Recent Merger Wave, in: Journal of Finance 60 (2), S. 757-815.

Mohnen, Pierre (1996), R&D Externalities and Productivity Growth, in: StI Review OECD 18, S. 39-66.

Monga, Vipal (2005), Soft Assets and Hard Cash, url: www.pullmanco.com/softassets.htm, Stand 11.03.2005.

Montgomery, Cynthia und Birger Wernerfelt (1988), Tobin's q and the Importance of Focus in Firm Performance, in: American Economic Review 78 (1), S. 246-250.

Morck, Randall und Bernard Yeung (2003), Why Firms Diversify: Internalization vs. Agency Behaviour, in: John Hand und Lev Baruch, (Hrsg.), Intangible Assets, Oxford University Press, S. 269-302.

Moser, Petra (2005), How Do Patent Laws Influence Innovation? Evidence from Nineteenth-Century World Fairs, in: American Economic Review 95 (4), S. 1214-1236.

Mowery, David C., Oxley, Joanne E. und Brian S. Silverman (1996), Strategic Alliances and Interfirm Knowledge Transfer, in: Strategic Management Journal 17 (Winter), S. 77-91.

Müller, Klaus-Peter (2004), Wenn Kredite handelbar werden - Perspektiven für integrierte Banken und die Mittelstandsfinanzierung, in: Die Bank (3), S. 156-161.

Myers, Stewart C. (1977), Determinants of Corporate Borrowing, in: Journal of Financial Economics 5 (2), S. 147-175.

Nakamura, Leonard I. (2003), The Rise in Gross Private Investment in Intangible Assets since 1978, Working Paper Federal Reserve Bank of Philadelphia.

Nam, Jouhan, Ottoo, Richard E. und John. H. Thornton (2003), The Effect of Managerial Incentives to Bear Risk on Corporate Capital Structure and R&D Investment, in: Financial Review 38 (1), S. 77-101.

Nelson, James M. (2006), Intangible Assets, Book-to-Market, and Common Stock Returns, in: Journal of Financial Research 29 (1), S. 21-41.

Nordhaus, Williams D. (1969), Invention Growth, and Welfare: A Theoretical Treatment of Technological Change, Cambridge.

Nordhaus, William D. (1972), The Optimum Life of a Patent: Reply, in: American Economic Review 62 (3), S. 428-431.

O'Donoghue, Ted, Scotchmer, Suzanne und Jaques-Francois Thisse (1998), Patent Breadth, Patent Life, and the Pace of Technological Progress, in: Journal of Economics & Management Strategy 7 (1), S. 1-32.

Ocean Tomo (2005), Ocean Tomo Capital Brochure, url: http://www.oceantomo.com/pdfs/ocean_tomo_capital_brochure.pdf, Stand 29.05.2006.

Ocean Tomo (2006a), World's First Live, Multi-Lot Patent Auction Exeeding Expectations, url: http://www.oceantomo.com/auction_results.html, Stand 29.05.2006.

Ocean Tomo (2006b), Auctions, url: http://www.oceantomo.com/auction.html, Stand 29.05.2006.

OECD (2002), Science Technology and Industry Outlook 2002.

OECD (2004), Compendium of Patent Statistics 2004.

OECD (2006), Compendium of Patent Statistics 2006.

Ohlson, James A. (1995), Earnings, Book Value, and Dividends in Security Valuation, in: Contemporary Accounting Research 11 (2), S. 661-687.

Opfer, Heiko (2004), Zeitvariable Asset-Pricing-Modelle für den deutschen Aktienmarkt, Deutscher Universitätsverlag.

Orlando, Michael J. und Michael Verba (2005), Do Only Big Cities Innovate? Technological Maturity and the Location of Innovation, in: Economic Review of the Federal Reserve Bank of Kansas City (2. Quarter), S. 31-57.

o. V. (2006a), Patente: Wie gut sind die deutschen Erfinder? in: Harvard Business Manager (März), S. 36-37.

o.V. (2006b), Patente Investments, in: Fondszeitung - Alternative Investments 5 (4), S. 3-5.

Pakes, Ariel und Zvi Griliches (1984), Patents and R&D at the Firm Level A First Look, in: Griliches Zvi (Hrsg.), R&D, Patents and Productivity, The University of Chicago Press, S. 55-72.

Pakes, Ariel (1986), Patents as Options: Some Estimates of the Value of Holding European Patent Stocks, in: Econometrica 54 (4), S. 755-784.

Patent Select I (2006), Fondsprospekt - Zyrus Beteiligungsgesellschaft mbH & Co. Patente I KG, Deutsche Bank und Clou Partners.

PatentInvest 1 (2005), Fondsprospekt - Finance System GmbH & Co. KG, Credit Suisse.

Patentpool Trust II GmbH & Co. KG (2006), Fondsprospekt - Trust II GmbH & Co. KG, Patentpool Konzeptions- und Marketing GmbH.

Petruzzi, Christopher, Del Valle, Marguerite und Stephen Judlowe (1990), Patent and Copyriht Protection for Innovations in Finance, in: Clifford W. Jr. Smith und Smithon, Charles W. (Hrsg.), Handbook of Financial Engineering, Harper Business Book, S. 625-634.

Pfeil, Oliver P. und Hendrik J. Vater (2002), 'Die kleine Unternehmensbewertung' oder die neuen Vorschriften zur Goodwill- und Intangible-Bilanzierung nach SFAS No. 141 und SFAS No. 142, in: Kapitalmarktorientierte Rechnungslegung (2), S. 66-81.

Pfingsten, Andreas und Susanne Homöller (2001), Refinanzierung von Hypothekendarlehen - Pfandbriefemissionen versus MBS-Transaktionen, in: Der langfristige Kredit (17), S. 619-621.

Picot, Arnold und Matthias Maier (1993), Interdependenzen zwischen betriebswirtschaftlichen Organisationsmodellen und Informationsmodellen, in: Information Management (3), S. 6-15.

Pinches, Goerge E., Narayanan, V. K. und Kelm Kathryn M. (1996), How the Market Values the Different Stages of Corporate R&D - Initiation, Progess, and Commercialization, in: Journal of Applied Corporate Finance 9 (1), S. 60-69.

Pindyck, Robert S. (1991), Irreversibility, Uncertainty, and Investment, in: Journal of Economic Literature 29 (3), S. 1110-1148.

Pitkethly, Robert (1997), The Valuation of Patents: A Review of Patent Valuation Methods with Consideration of Option Based Methods and the Potential for further Research, Working Paper Said Business School.

Poddig, Thomas, Dichtl, Hubert und Kerstin Petersmeier (2003), Statistik, Ökonometrie, Optimierung: Methoden und ihre praktische Anwendungen in Finanzanalyse und Portfoliomanagement, 3. Aufl., Uhlenbruch.

PriceWaterhouseCoopers (2003), Immaterielle Werte und andere weiche Faktoren in der Unternehmensberichterstattung - eine Bestandsaufnahme, Industriestudie (2), S. 1-35.

Priermeier, Thomas (2004), Inflationsindexierte Bundesanleihen - Bereicherung des Anlageunisversums, in: Die Bank (2), S. 92-95.

Putnam, Jonathan D. (1996), The Value of International Patent Rights, UMI Dissertation Services.

Rajan, Raghuram, Servaes, Henri und Luigi Zingales (2000), The Cost of Diversity: The Diversification Discount and Inefficient Investment, in: Journal of Finance 55 (1), S. 35.

Ramb, Fred und Markus Reitzig (2005a), Comparing the Value Relevance of R&D Reporting in Germany: Standard and Selection Effects, Discussion Paper Deutsche Bundesbank, Series 1: Economic Studies (36/2005).

Ramb, Fred und Markus Reitzig (2005b), Who do You Trust while Shares are on Roller-Coaster Ride? Balance Sheet and Patent Data as Sources of Investor Information During Volatile Market Times, Working Paper Danish Research Unit for Industrial Dynamics (05-15).

Rammer, Christian (2005), FuE-Verhalten von jungen Unternehmen in Deutschland - eine Panelanalyse für den Zeitraum 1998-2003, in: Studien zum deutschen Innovationsystem ZEW Nr. 8.

Reitzig (2002), Die Bewertung von Patentrechten, Deutscher Universitätsverlag.

Reitzig, Markus (2003), What Determines Patent Value? Insights from the Semiconductor Industry, in: Research Policy 32, S. 13-26.

Reitzig, Markus (2004), Improving Patent Valuations for Management Purposes - Validating New Indicators by Analyzing Application Rationales, in: Research Policy 33 (6-7), S. 939-957.

Reitzig, Markus, Henkel, Joachim und Christopher Heath (2003), Who Really Profits from Patent Infringements?, DRUID Summer Conference on Creating, Sharing and Transferring Knowledge.

Reize, Frank (2006), KfW-Mittelstandspanel 2006, KfW Bankengruppe.

Riddiough, Timothy J. (1997), Optimal Design and Governance of Asset-Backed-Securities, in: Journal of Financial Intermediation 6 (2), S. 121-152.

Rinne, Horst (2003), Taschenbuch der Statistik, 3. Aufl., Harri Deutsch.

Ritter, Jay und Ivo Welch (2002), A Review of IPO Activity, Pricing and Allocations, in: Journal of Finance 57 (4), S. 1795-1828.

Ritter, Jay R. (2003), Investment Banking and Securities Issuance, in: Geroge M. Constantinides, Milton Harris und Stulz, René M. (Hrsg.), Handbook of the Economics of Finance, Elsevier, S. 255-336.

Rivette, G.-K. und D. Kline (2000), Discovering New Value in Intellectual Property, in: Harvard Business Review (January-February), S. 1-12.

Rock, Kevin (1986), Why New Issues Are Underpriced, in: Journal of Financial Economics 15 (1-2), S. 187-212.

Romain, Astrid und Bruno Van Pottelsberghe de la Potterie (2004a), The Economic Impact of Venture Capital, in: Studies of the Economic Research Center Deutsche Bundesbank Nr. 18/2004.

Romain, Astrid und Bruno Van Pottelsberghe de la Potterie (2004b), The Determinants of Venture Capital - additional Evidence, in: Studies of the Economic Research Center Deutsche Bundesbank N.19/2004.

Romer, Paul (2003), The Soft Revolution: Achieving Growth by Managing Intangibles, in: John Hand und Lev Baruch, (Hrsg.), Intangible Assets, Oxford Universtiy Press, S. 63-94.

Roos, Johan (1998), Exploring the Concept of Intellectual Capital, in: Long Range Planning 31 (1), S. 150-153.

Roos, Johan, Roos, Göran, Edvinsson, Leif und Nicola Carlo Dragonetti (1998), Intellectual Capital, New Yorker University Press.

Rossi, Stefano (2005), Patents, Capital Structure and the Demand for Corporate Securities, in: AFA 2006 Boston Meetings Paper.

Rouvinen, Petri (2002), R&D-Productivity Dynamics: Causality, Lags, and 'Dry Holes', in: Journal of Applied Economics 5 (1), S. 123-156.

Sack, Brian und Robert Elsasser (2004), Treasury Inflation-Indexed Debt: A Review of the U.S. Experience, in: Economic Policy Review 10 (1), S. 47-63.

Saint-Paul, Gilles (2004), Are Intellectual Property Rights Unfair, in: Labour Economics 11 (1), S. 129-144.

Sampat, Bhaven N. und Arvids A. Ziedonis (2002), Cite Seeing: Patent Citations and the Economic Value of Patents, Working Paper Georgia Institiute of Technology Atlanta.

Sauer, Andreas (1991), Die Bereinigung von Aktienkursen - ein kurzer Überblick über Konzept und praktische Umsetzung., in: Deutsche Finanzdatenbank - DFDB Karlsruhe - Mannheim - Aachen.

Saunders, Anthony (2000), Financial Institutions Management, 3. Aufl., McGraw Hill.

Saviotti, Paolo, De Looze, Marie-Angèle und M.A. Maupertuis (2005), Knowledge Dynamics, Firm Strategy, Mergers and Acquisitions in the Biotechnology Based Sectors, in: Economics of Innovation and New Technology 14 (1-2), S. 103-124.

Schankerman, Mark und Pakes Ariel (1986), Estimates of the Value of Patent Rights in European Countries During the Post-1950 Period, in: Economic Journal 96 (384), S. 1052-1076.

Schankerman, Mark (1998), How Valuable Is Patent Protection? Estimates by Technology Field, in: RAND Journal of Economics 29 (1), S. 77-107.

Scharfstein, David S. und Jeremy C. Stein (2000), The Dark Side of Internal Capital Markets: Divisional Rent Seeking and Inefficient Investment, in: Journal of Finance 55 (6), S. 2537-2564.

Scherer, Frederic M. (1965), Firm Size, Market Structure, Opportunity, And the Output of Patented Inventions, in: American Economic Review 55 (5), S. 1097-1125.

Scherer, Frederic, M. (1998), The Size Distribution of Profits from Innovation, in: Annales D'Economie et de Statistique (49/50), S. 495-516.

Scherer, Frederic. M. und Dietmar Harhoff (2000), Technology Policy for a World of Skew-Distributed Outcomes, in: Research Policy 29 (4-5), S. 559-566.

Schildbach, Thomas (2002), US-GAAP Amerikanische Rechnungslegung und ihre Grundlagen, 2. Aufl., Franz Vahlen.

Schildt, Henri und Tomi Laamanen (2003), Who Acquires Whom? The Effects of Alliance Networks and Resource Similarity on Acquisition Behavior, Working Paper Helsinki University of Technology.

Schmidt, Hartmut (1977), Vorteile und Nachteile eines integrierten Zirkulationsmarktes für Wertpapiere gegenüber einem gespaltenem Effektenmarkt., in: Kommission der Europäischen Gemeinschaften (Hrsg.), Luxemburg.

Schmidt, Hartmut (1983), Marktorganisationsbestimmte Kosten und Transaktionskosten als börsenpolitische Kategorien, in: Kredit und Kapital 16, S. 184-204.

Schmidt, Hartmut und Thorsten Schrader (1993), Kurseffekte beim Wechsel in den Geregelten Markt, in: Zeitrschrift für betriebswirtschaftliche Forschung (Sonderheft 31), S. 227-275.

Schorin, Charles und Steven Weinreich (2000), Collateralized Debt Obligations, in: Frank J. Fabozzi (Hrsg.), Investing in Asset-Backed Securities, Frank J. Fabozzi Associates, S. 241-277.

Schumpeter, Joseph A. (1993), Kapitalismus, Sozialismus und Demokratie, 7. Aufl., Franke.

Schwalbach, Joachim und Klaus F. Zimmermann (1991), Ein Poisson-Modell zur Schätzung von Produktionsfunktionen neuen Wissens, in: Zeitschrift für Betriebswirtschaft 61 (4), S. 441-449.

Schwarcz, Steven L. (1994), The Alchemy of Asset Securitization, in: Stanford Journal of Law, Business & Finance 1:133 (133), S. 133-154.

Schwartz, Michael (1999), The Value of R&D, in: EVAluation Stern Stuart Europe Limited 1 (3), S. 1-11.

Schwartz, Eduardo S. (2003), Patents and R&D as Real Options, in: NBER Working Paper (w10114).

Schwarz Pharma (2002), Vierter Quartalsbericht 2002.

Schwarz Pharma (2003), Geschäftsbericht 2003.

Schwarz Pharma (2004), Geschäftsbericht 2004.

Scotchmer, Suzanne (2004), Innovation and Incentives, MIT Presss.

Seetharaman, A., Sooria, Hadi Helmi Bin Zaini und A.S. Saravanan (2002), Intellectual Capital Accounting and Reporting in the Knowledge Economy, in: Journal of Intellectual Capital 3 (2), S. 128-148.

Senegera, Jürgen (2002), Verbriefung - und Disintermediation? in: Die Bank (2), S. 238-242.

Sherry, Edward F. und David J. Teece (2004), Royalities, Evolving Patent Rights, and the Value of Innovation, in: Research Policy 33 (2), S. 179-191.

Shi, Charles (2003), On the Trade-off Between the Future Benefits and Riskiness of R&D: A Bondholders Perspective, in: Journal of Accounting and Economics 35 (2), S. 227-254.

Shleifer, Andrei und Robert W. Vishny (1997), A Survey of Corporate Governance, in: Journal of Finance 52 (2), S. 737-783.

Shortridge, Rebecca T. (2004), Market Valuation of Successful versus Non-successful R&D Efforts in the Pharmaceutical Industry, in: Journal of Business Finance & Accounting 31 (9&10), S. 1301-1326.

Silver, Andrew A. (2000), Rating Asset-Backed Securities, in: Frank J. Fabozzi (Hrsg.), Investing in Asset-Backed Securities, Fabozzi Associates, S. 17-41.

Silverberg, Gerald und Bart Verspagen (2004), The Size Distribution of Innovations Revisited: An Application of Extreme Value Statistics to Citation and Value Measures of Patent Significance, Working Paper Eindhoven Centre for Innovation Studies (04.17).

Slovin, Myron B., Sushka, Marie E. und Steven R. Ferraro (1995), A Comparison of the Information Conveyed by Equity Carve-outs, Spin-offs, and Asset Sell-offs, in: Journal of Financial Economics 37 (1), S. 89-104.

Slovin, Myron B., Sushka, Marie E. und John A. Polonchek (2005), Methods of Payment in Asset Sales: Contracting with Equity versus Cash, in: Journal of Finance 60 (5), S. 2385-2407.

Solt, Michael E. (1993), SWORD Financing of Innovation in the Biotechnology Industry, in: Financial Management (Summer), S. 173-187.

Specht, Birgit und Sophia Kauntze (2002), MBS- einkomplementäres Instrument zum Pfandbrief, in: Immobilien & Finanzierung (23), S. 762-765.

Standard & Poors (2002), Global CBO/CLO Criteria, Standard&Poors.

Stanzel, Matthias (2007), Determinanten der Researchqualität von Finanzanalysten, Deutscher Universitätsverlag.

Steiner, Manfred und Ingo Natusch (1996), Tracking stocks - innovatves Instrument der Beteiligungsfinanzierung, in: Die Bank (10), S. 580-585.

Stickelbrock, Barbara (2004), Urheberrechtliche Nutzungsrechte in der Insolvenz, in: Wertpapiermitteilungen 58 (12), S. 550-563.

Stiglitz, Joseph E. und Andrew Weiss (1981), Credit Rationing in Markets with Imperfect Information, in: American Economic Journal 71 (3), S. 393-410.

Stones, Charles A. und Anne Zissu (1997), Asset Backed Commercial Paper: Get with the Program, in: Journal of Applied Corporate Finance 10 (1), S. 72-78.

Stuart, Toby E. und Joel M. Podolny (1996), Local Search and the Evolution of Technological Capabilities, in: Strategic Management Journal 17 (1), S. 21-38.

Studt, Tim (2000), New Web Opportunities for IP Managers, in: R&D Magazine (June), S. E8-E10.

Sudarsanam, Sudi und Ashraf A. Mahate (2003), Glamour Acquirers, Methods of Payment and Post-acquisition Performance: The UK Evidence, in: Journal of Business Finance & Accounting 30 (1 & 2), S. 299-341.

Sundaram, Anant K., John, Teresa A. und John Kose (1996), An Empirical Analysis of Strategic Competition and Firm Values the Case of R&D Competition, in: Journal of Financial Economics 40 (3), S. 459-486.

Sustmann, Marco (2003), Tracking Stocks, in: Achleitner; Thoma (Hrsg.), Handbuch Corporate Finance, Deutscher Wirtschaftsdienst, S. 1-29.

Svensson, Roger (2004), Commercialization of Patents and External Financing during the R&D-Phase, Working Paper Research Institute of Industrial Economics Stockholm.

Swanson, Zane L. und Robert Singer (2002), Are Investor Reactions to R&D Influenced by the Corporate Headquarters Location? in: Review of Quantitative Finance and Accounting 18 (1), S. 5-19.

Takalo, Tuomas und Vesa Kanniainen (2000), Do Patents Slow Down Technological Progress? Real Options in Research, Patenting and Market Introduction, in: International Journal of Industrial Organization 18 (7), S. 1105-1127.

Takalo, Tuomas (2001), On the Optimal Patent Policy, in: Finnish Economic Papers 14 (1), S. 33-40.

Tapon, Francis und Mona Thong (1999), Research Collaborations by Multi-national Research Oriented Pharmaceutical Firms: 1988-1997, in: R&D Management 29 (3), S. 219-231.

Taylor, C. T. und Z.A. Silberston (1973), The Economic Impact of the Patent System: A Study of the British Experience, Cambridge University Press.

Tebroke, Hermann-Josef (2001), Finanzinnovationen, in: Wolfgang Gerke und Steiner, Manfred (Hrsg.), Handwörterbuch des Bank- und Finanzwesens, Schäffer-Poeschel, S. 811-825.

Teece, David J. (1986), Profiting from Technological Innovation: Implications for Integration, Collaboration, Licensing and Public Policy, in: Research Policy 15 (6), S. 285-305.

Thies, Stefan (2000), Finanzierungsentscheidungen, Informationseffekte und Long-Run-Performance am deutschen Kapitalmarkt, Deutscher Universitätsverlag.

Thomas, Patrick (2001), A Relationship Between Technology Indicators and Stock Market Performance, in: Scientometrics 51 (1), S. 319-333.

Thompson, Peter (2006), Patent Citations and the Geography of Knowledge Spillovers: Evidence from Inventor- and Examiner-Added Citations, in: Review of Economics and Statistics 88 (2), S. 383-388.

Toivanen, Otto, Stoneman, Paul und Derek Boswoth (2002), Innovation and the Market Value of UK Firms, 1989-1995, in: Oxford Bulletin of Economics and Statistics 64 (39), S. 39-61.

Trajtenberg, Manuel (1990), A Penny for Your Quotes: Patent Citations and the Value of Innovations, in: RAND Journal of Economics 21 (1), S. 172-187, Wiederabdruck in: Trajtenberg, Manuel (2002), A Penny for your Quotes: Patent Citations and the Value of Innovations, in: Adam B, Jaffe und Trajtenberg, Manuel (Hrsg.), Patents, Citations & Innovations, MIT Press, S. 25-50.

Trajtenberg, Manuel, Henderson, Rebecca und Adam B. Jaffe (1997), University Versus Corporate Patents: A Window for the Basicness of Invention, in: Economics of Innovation and New Technology 5 (1), S. 19-50, Wiederabdruck in: Trajtenberg, Manuel, Henderson, Rebecca und Adam B. Jaffe (2002), University Versus Corporate Patents: A Window for the Basicness of Invention, in: Adam B. Jaffe und Trajtenberg, Manuel (Hrsg.), Patents, Citations & Innovation, MIT Press, S. 51-87.

Trautwein, Andreas (2006), Wertrelevanz von Patentinformationen im Kontext der Rechnungslegung: Eine empirische Betrachtung für börsennotierte Kapitalgesellschaften in Deutschland, Deutscher Universtitätsverlag.

Treynor, Jack (2005), The Investment Value of an Idea, in: Financial Analyst Journal 61 (3), S. 21-25.

Trigeoris, Lenos (1993), Real Options and Interactions with Financial Flexibility, in: Financial Management 22 (3), S. 202-224.

Tufano, Peter (2003), Financial Innovation, in: G.M. Constantinides, M. Harris und Stulz R., (Hrsg.), Handbook of the Economics and Finance, Elsevier, S. 307-235.

Tylecote, Andrew und Paulina Ramirez (2006), Corporate Governance and Innovation: The UK Compared with the US and "Insider" Economies, in: Research Policy 35 (1), S. 160-180.

United States Patent and Trademark Office (2003), Method and Device for Pooling Intellectual Property Assets for Securitization, Patent Nr. 20303225653.

United States Patent and Trademark Office (2006), Fee Information, url: http://www.uspto.gov/go/fees/fee2006october14.htm, Stand 12.01.2007.

Upton, Wayne S. Jr (2003), Challenges from the New Economy for Business and Financial Reporting, in: John Hand und Lev, Baruch (Hrsg.), Intangible Assets - Values, Measures, and Risks, Oxford University Press, S. 469-486.

Van Horne, James C. (1985), Of Financial Innovations and Excesses, in: Journal of Finance 40 (3), S. 621-631.

Van Horne, James C. (2001), Financial Markets Rates and Flows, 6. Aufl., Prentice Hall.

Vermont, Samson (2002), The Economics of Patent Litigation, in: Bruce Berman (Hrsg.), From Ideas to Asset: Investing Wisely in Intellectual Property, Wiley, S. 327-372.

Villalonga, Belén (2004), Diversification Discount or Premium? New Evidence from the Business Information Tracking Series, in: Journal of Finance 59 (2), S. 479-506.

Von Tippelskirch, Alexander (2002), Strategien im Firmenkundengeschäft aus Sicht einer Spezialbank für den Mittelstand, in: Dieter Krimphove und Tytko, Dagmar (Hrsg.), Praktiker-Handbuch Unternehmensfinanzierung, Schäffer-Poeschel, S. 819-848.

Wagner, Marc (2006), Finanzanalyse und Immaterielle Werte, Vahlen.

Wälde, Klaus und Ulrich Woitek (2004), R&D Expenditure in G7 Countries and the Implications for Endogenous Flucuations and Growth, in: Economics Letters 82 (1), S. 91-97.

Wilbon, Anthony D. (2002), Predicting Survival of High-Technology Initial Public Offerings, in: Journal of High Technology Management Research 13 (1), S. 127-141.

Williams, Oliver E. (1988), Corporate Finance and Corporate Governance, in: Journal of Finance 43 (3), S. 567-591.

Wilson, Daniel (2003), Are We Running out of New Ideas? A Look at Patents and R&D, in: Federal Reserve Bank of San Francisco - Economics Letter (26), S. 1-3.

Wooldridge, Jeffrey M. (2002), Econometric Analysis of Cross Section and Panel Data, 1. Aufl., The MIT Press.

World Trade Organization (2007), „Agreement on Trade Related Aspects of Intellectuel Property Rights" (TRIPs), in: Anhang C der Marrakesh Erklärung http://www.wto.org/english/docs_e/legal_e/27-trips.pdf, Stand 12.01.2007.

Zimmermann, Klaus F. und Joachim Schwalbach (1991), Determinanten der Patentaktivität, in: Ifo-Studien 14, S. 201-227.

Zingales, Luigi (2000), In Search of New Foundations, in: Journal of Finance 55 (4), S. 1623-1653.

Quellen aus Tageszeitungen:

Börsenzeitung vom 14.11.2001, S. 8, Bui, Franz C.: Das Dilemma mit den Softwarepatenten.

Börsenzeitung vom 12.07.2003, Nr. 132, S. 7, o.V.: Bundesrat macht Weg für ABS frei.

Börsenzeitung vom 13.08.2003, S. 9, o.V.: Microsoft muss 521 Mill. Dollar zahlen Schadenersatz wegen Verletzung eines Patents.

Handelsblatt vom 25.09.2003, o.V.: Europaparlament präzisiert die Patentierbarkeit von Software.

Börsenzeitung vom 13.12.2003, S. 9, o.V.: Urteil gibt Schwarz Pharma Auftrieb.

Börsenzeitung vom 04.08.2004, Nr. 148, S. 10, Milbradt, Claudia: Filmlizenzen als Kreditsicherungsmittel.

Börsenzeitung vom 31.12.2004, S. 3, ohne Verfasser: Urteil räumt Hürden für Kreditverkäufe aus dem Weg Landgericht Frankfurt erkennt bei notleidenden Forderungen gegenüber Privatpersonen kein Abtretungsverbot durch Bankgeheimnis.

Börsenzeitung vom 05.03.2005, S. B4, Berger, Günther: Kapitalmarkt für Mittelstandfinanzierung immer bedeutender.

Börsenzeitung vom 07.07.2005, S. 7, o.V.: EU-Parlament kippt Software-Patent Industrie: Chance zur Rechtsharmonisierung verpasst.

Börsenzeitung vom 01.12.2005, S. 29, Schmid, Sebastian: Patente fürs Portfolio - Fonds investieren in kapitalschwache Erfinder.

Börsenzeitung vom 16.12.2005, Nr. 243, S. 18, o.V.: Bund plant Emissionen von 230 Mrd. Euro Inflationsindexierte Anleihen sollen im nächsten Jahr 'bei entsprechendem Marktumfeld' kommen.

Börsenzeitung vom 19.12.2006, Nr. 244, S. 18, o.v.: Refinanzierungsvolumen des Bundes sink 2007 nimmt der Staat 12 Mrd. Euro weniger auf als in diesem Jahr - Ausbau des Linker-Segmentes.

Börsenzeitung vom 23.12.2006, Nr. 248, S. 3, Frühauf, Markus: 'Steuerliches Umfeld beschränkt deutschen ABS-Markt' Viele Zweckgesellschaften gehen ins Ausland - Standort muss weiter gestärkt werden - Verbriefungen gewinnen an Akzeptanz.

Financial Times Deutschland vom 29.05.2007, Cohnen-Beck, Claudia: Investieren in geistiges Eigentum, (2007), http://www.ftd.de/boersen_maerkte/geldanlage/:Portfolio%20Investieren%20Eigentum/205530.html, Stand 12.06.2007.

Frankfurter Allgemeine Zeitung vom 06.10.2003, S. 22, Küting, Karlheinz und Johannes Wirth: Wenn die Eigenkapitalquoten stärker schwanken.

Handelsblatt vom 01.10.2003, S. C1, Hofmann, Siegfried: Deutsche Biotech-Firmen schauen mit Neid in die USA.

Handelsblatt vom 06.10.2003, S. 11, Bullinger, Hans-Jörg: Innovationsoffensive als Fitnesskur.

Wall Street Journal Europe vom 15.12.2003, S. A10, Krim, Jonathan: U.S. Patent Office is Criticized.

Sonstige Online-Quellen:

Basel Committee on Banking Supervision, http://www.bis.org/bcbs/.

Deutsches Patent- und Markenamt, http://www.dpma.de/index.htm.

Deutsches Patentgesetz, http://www.patentgesetz.de/.

Europäisches Patentamt http://www.european-patent-office.org.

Gesetz über die Kosten des Deutschen Patent- und Markenamts und des Bundespatentgerichts (Patentkostengesetz - PatKostG), http://transpatent.com/gesetze/pkosteng.html#Anlage.

IP-Auction, http://www.ip-auction.eu/.

IP-Auction Presseerklärung zur IP-Auktion Mai 2007 http://www.ip-auction.eu/pdf/070516_IPA_NACHAUKTION_engl.pdf, Stand 20.06.2007.

IPIQ / Chi-Research, http://www.patentboard.com/home/index.asp.

Japanisches Patentamt http://www.jpo.go.jp/.

Ocean Tomo, http://www.oceantomo.com/.

Ocean Tomo Presseerklärung zur IP-Auktion April 2006: http://www.oceantomo.com/press/Post-Post-Auction_5.11.06.pdf, Stand 20.06.2007.

Ocean Tomo Presseerklärung zur IP-Auktion Oktober 2006: http://www.oceantomo.com/press/PostAuctionPressRelease.pdf, Stand 20.06.2007.

Ocean Tomo Presseerklärung zur IP-Auktion April 2007: http://www.oceantomo.com/press/spring2007_results.pdf, Stand 20.06.2007.

Pullman, www.pullmanco.com.

True Sale Inititative, http://www.true-sale-international.de.

US-amerikanisches Patentamt, http://www.uspto.gov/.

World Intellectual Property Organization, http://www.wipo.org.

World Trade Organization, http://www.wto.org.

FSC
www.fsc.org
MIX
Papier | Fördert gute Waldnutzung
FSC® C083411

Kolibri 360 GmbH
Ferdinand-Jühlke-Straße 7
99095 Erfurt, Deutschland
produktsicherheit@kolibri360.de